《中华人民共和国增值税法》自2026年1月1日起实施

中华人民共和国
增值税法
释义与实用指南

翟继光　周连杰 ◎ 编著

条文释义　·　权威解读　·　税收优惠
征收管理　·　热点问答　·　典型案例

立信会计出版社
LIXIN ACCOUNTING PUBLISHING HOUSE

图书在版编目（CIP）数据

《中华人民共和国增值税法》释义与实用指南 / 翟继光，周连杰编著 . -- 上海：立信会计出版社，2025. 3. -- ISBN 978-7-5429-7887-5

Ⅰ. D922.229.5

中国国家版本馆 CIP 数据核字第 2025CQ3374 号

责任编辑　毕芸芸

《中华人民共和国增值税法》释义与实用指南
ZHONGHUARENMINGONGHEGUO ZENGZHISHUIFA SHIYI YU SHIYONG ZHINAN

出版发行	立信会计出版社
地　　址	上海市中山西路 2230 号　　邮政编码　200235
电　　话	（021）64411389　　　　　　传　　真　（021）64411325
网　　址	www.lixinaph.com　　　　　　电子邮箱　lixinaph2019@126.com
网上书店	http：//lixin.jd.com　　　　　http：//lxkjcbs.tmall.com
经　　销	各地新华书店
印　　刷	北京鑫海金澳胶印有限公司
开　　本	787 毫米 ×1092 毫米　　1/16
印　　张	29
字　　数	576 千字
版　　次	2025 年 3 月第 1 版
印　　次	2025 年 3 月第 1 次
书　　号	ISBN 978-7-5429-7887-5/D
定　　价	98.00 元

如有印订差错，请与本社联系调换

前　言

增值税是我国第一大税种，在保证税收收入稳定、提升财政治理能力等方面发挥着至关重要的作用。2019年11月，财政部和国家税务总局联合起草了《中华人民共和国增值税法（征求意见稿）》，向社会公开征求意见；2020年5月，在调研及听取各方意见的基础上，起草了《中华人民共和国增值税法（送审稿）》。2022年，司法部会同财政部、国家税务总局在送审稿的基础上形成了《中华人民共和国增值税法（草案）》。同年12月，《中华人民共和国增值税法（草案）》首次提请全国人民代表大会常务委员会审议。2023年8月，全国人民代表大会常务委员会对《中华人民共和国增值税法（草案）》进行了二次审议。2024年12月25日，第十四届全国人民代表大会常务委员会第十三次会议表决通过《中华人民共和国增值税法》（以下简称《增值税法》），该法自2026年1月1日起施行。为帮助广大企业及财务会计人员掌握增值税法的主要内容，我们组织相关专家编写了《〈中华人民共和国增值税法〉释义与实用指南》一书。

本书全面阐述了《增值税法》各条款的含义及其适用注意事项。全书分为六章，分别介绍《增值税法》的总则、税率、应纳税额、税收优惠、征收管理和附则等内容。此外，本书还在附录中收录了部分增值税热点问答。

本书具有以下两个特点：第一，本书对《增值税法》的各条款均进行了权威解读和释义，在兼顾理论性的前提下，力求通俗易懂。本书第一主编长期从事增值税法的教学和研究工作，且曾多次参与财政部、国家税务总局、中国法学会等组织的专家研讨会，对《增值税法》的释义比较权威。第二，本书全面收录了与《增值税法》相关的法律、法规、规章和司法解释，让读者在了解各条款基本含义之后能够对我国现行有效的增值税法律、法规、规章和司法解释有一个全面认识，便于实务操作和资料查证。

本书由翟继光教授和周连杰同志担任主编。本书引用的法律、法规和其他规范性文件均截至2024年12月31日。本书既适宜作为广大企业及财务会计人员了解和掌握增值税制度的参考书，也适宜作为各级税务机关宣传普及增值税法的科普读物，还适宜作为高等院校学生和研究人员的参考资料。

由于编写时间紧、工作量大，本书难免有不足之处，恳请广大读者和学界专家提出宝贵意见。如您有任何建议或指正，请和翟继光老师联系（邮箱：jiguangq@cupl.edu.cn），我们将在再版时予以修正。

编　者

2025 年 1 月 2 日

目 录

第一章 总则 ··· 1

　第一条 ··· 1

　　《增值税法》原文 ··· 1

　　条文释义 ·· 1

　第二条 ··· 1

　　《增值税法》原文 ··· 1

　　条文释义 ·· 2

　　法律法规与政策指引 ··· 2

　第三条 ··· 15

　　《增值税法》原文 ··· 15

　　条文释义 ·· 15

　　法律法规与政策指引 ··· 16

　第四条 ··· 33

　　《增值税法》原文 ··· 33

　　条文释义 ·· 34

　　法律法规与政策指引 ··· 34

　第五条 ··· 38

　　《增值税法》原文 ··· 38

　　条文释义 ·· 38

　　法律法规与政策指引 ··· 39

第六条 ··· 41
　　　《增值税法》原文 ··· 41
　　　条文释义 ··· 42
　　　法律法规与政策指引 ·· 42

　　第七条 ··· 60
　　　《增值税法》原文 ··· 60
　　　条文释义 ··· 60
　　　法律法规与政策指引 ·· 61

　　第八条 ··· 69
　　　《增值税法》原文 ··· 69
　　　条文释义 ··· 70
　　　法律法规与政策指引 ·· 70

　　第九条 ··· 80
　　　《增值税法》原文 ··· 80
　　　条文释义 ··· 80
　　　法律法规与政策指引 ·· 81

第二章　税率 ··· 92
　　第十条 ··· 92
　　　《增值税法》原文 ··· 92
　　　条文释义 ··· 93
　　　法律法规与政策指引 ·· 94

　　第十一条 ·· 105
　　　《增值税法》原文 ·· 105
　　　条文释义 ·· 105
　　　法律法规与政策指引 ··· 105

　　第十二条 ·· 108
　　　《增值税法》原文 ·· 108
　　　条文释义 ·· 108
　　　法律法规与政策指引 ··· 108

第十三条 ········· 109
《增值税法》原文 ········· 109
条文释义 ········· 109
法律法规与政策指引 ········· 109

第三章 应纳税额 ········· 111

第十四条 ········· 111
《增值税法》原文 ········· 111
条文释义 ········· 111
法律法规与政策指引 ········· 112

第十五条 ········· 119
《增值税法》原文 ········· 119
法律法规与政策指引 ········· 120

第十六条 ········· 120
《增值税法》原文 ········· 120
条文释义 ········· 121
法律法规与政策指引 ········· 121

第十七条 ········· 148
《增值税法》原文 ········· 148
条文释义 ········· 148
法律法规与政策指引 ········· 149

第十八条 ········· 155
《增值税法》原文 ········· 155
条文释义 ········· 155
法律法规与政策指引 ········· 155

第十九条 ········· 161
《增值税法》原文 ········· 161
条文释义 ········· 161
法律法规与政策指引 ········· 161

第二十条 ·· 162
　　　《增值税法》原文 ·· 162
　　　法律法规与政策指引 ··· 162

　　第二十一条 ·· 164
　　　《增值税法》原文 ·· 164
　　　条文释义 ·· 164
　　　法律法规与政策指引 ··· 164

　　第二十二条 ·· 173
　　　《增值税法》原文 ·· 173
　　　条文释义 ·· 173
　　　法律法规与政策指引 ··· 174

第四章　税收优惠 ·· 180
　　第二十三条 ·· 180
　　　《增值税法》原文 ·· 180
　　　条文释义 ·· 180
　　　法律法规与政策指引 ··· 180

　　第二十四条 ·· 181
　　　《增值税法》原文 ·· 181
　　　条文释义 ·· 182
　　　法律法规与政策指引 ··· 183

　　第二十五条 ·· 185
　　　《增值税法》原文 ·· 185
　　　条文释义 ·· 185
　　　法律法规与政策指引 ··· 186

　　第二十六条 ·· 242
　　　《增值税法》原文 ·· 242
　　　条文释义 ·· 243
　　　法律法规与政策指引 ··· 243

第二十七条 ·· 243
　　　《增值税法》原文 ·· 243
　　　条文释义 ·· 243
　　　法律法规与政策指引 ·· 244

第五章　征收管理 ·· 245

　　第二十八条 ·· 245
　　　《增值税法》原文 ·· 245
　　　条文释义 ·· 245
　　　法律法规与政策指引 ·· 246

　　第二十九条 ·· 248
　　　《增值税法》原文 ·· 248
　　　条文释义 ·· 249
　　　法律法规与政策指引 ·· 250

　　第三十条 ·· 256
　　　《增值税法》原文 ·· 256
　　　条文释义 ·· 256
　　　法律法规与政策指引 ·· 257

　　第三十一条 ·· 258
　　　《增值税法》原文 ·· 258
　　　条文释义 ·· 258
　　　法律法规与政策指引 ·· 259

　　第三十二条 ·· 259
　　　《增值税法》原文 ·· 259
　　　条文释义 ·· 259
　　　法律法规与政策指引 ·· 259

　　第三十三条 ·· 264
　　　《增值税法》原文 ·· 264
　　　条文释义 ·· 265
　　　法律法规与政策指引 ·· 265

第三十四条 ··· 338
　　　《增值税法》原文 ··· 338
　　　条文释义 ··· 338
　　　法律法规与政策指引 ·· 338

　　第三十五条 ··· 379
　　　《增值税法》原文 ··· 379
　　　条文释义 ··· 379
　　　法律法规与政策指引 ·· 380

　　第三十六条 ··· 392
　　　《增值税法》原文 ··· 392
　　　条文释义 ··· 393
　　　法律法规与政策指引 ·· 393

　　第三十七条 ··· 420
　　　《增值税法》原文 ··· 420
　　　条文释义 ··· 420
　　　法律法规与政策指引 ·· 420

第六章　附则 ·· 443
　　第三十八条 ··· 443
　　　《增值税法》原文 ··· 443
　　　条文释义 ··· 443
　　　法律法规与政策指引 ·· 443

附录　增值税热点问答 ··· 444
　　一、征收管理 ·· 444
　　二、增值税优惠 ··· 448
　　三、纳税申报 ·· 450

第一章 总则

【《增值税法》原文】

第一条 为了健全有利于高质量发展的增值税制度，规范增值税的征收和缴纳，保护纳税人的合法权益，制定本法。

【条文释义】

本条规定了增值税的立法目的。

2017年，党的十九大首次提出高质量发展的新表述。2021年，习近平总书记多次强调"高质量发展"，意义重大。2021年3月30日，中共中央政治局召开会议，审议《关于新时代推动中部地区高质量发展的指导意见》。2021年9月14日，国务院批复国家发展改革委、财政部、自然资源部关于推进资源型地区高质量发展"十四五"实施方案。2024年7月15日至18日，中国共产党第二十届中央委员会第三次全体会议在北京举行，会议通过《中国共产党第二十届中央委员会第三次全体会议公报》。全会提出，高质量发展是全面建设社会主义现代化国家的首要任务。必须以新发展理念引领改革，立足新发展阶段，深化供给侧结构性改革，完善推动高质量发展激励约束机制，塑造发展新动能新优势。

增值税作为我国第一大税种，对推动经济社会高质量发展意义重大，因此，增值税立法应当有利于高质量发展。《增值税法》立法的首要目的就是健全有利于高质量发展的增值税制度。

我国目前开征18个税种，其中14个税种已经完成立法。每个税种法都有其独特的立法目的，《增值税法》以规范增值税的征收和缴纳作为其独特的立法目的。

纳税人权利保护是税收法治建设的出发点和落脚点，只有以加强纳税人权利保护为方向的税收法治建设才能取得预期的效果。增值税作为我国第一大税种，涉及的纳税人众多，因此，增值税立法的重要目的之一就是保护纳税人的合法权益。

【《增值税法》原文】

第二条 增值税税收工作应当贯彻落实党和国家路线方针政策、决策部署，为国民经济和社会发展服务。

〖草案二次审议稿〗

第二条 增值税工作应当贯彻落实党和国家路线方针政策、决策部署，为国民经济和社会发展服务。

【条文释义】

本条规定了增值税税收工作的指导方针。

党和国家在增值税领域有一系列路线方针政策和决策部署，这些都是我国增值税税收工作应当遵循的指导方针。2024年7月18日，中国共产党第二十届中央委员会第三次全体会议审议通过《中共中央关于进一步全面深化改革、推进中国式现代化的决定》，提出"健全有利于高质量发展、社会公平、市场统一的税收制度，优化税制结构。研究同新业态相适应的税收制度。全面落实税收法定原则，规范税收优惠政策，完善对重点领域和关键环节支持机制。健全直接税体系，完善综合和分类相结合的个人所得税制度，规范经营所得、资本所得、财产所得税收政策，实行劳动性所得统一征税。深化税收征管改革"。

增值税是我国的第一大税种，增值税税收工作是税收工作的重中之重。增值税的具体制度设计及相关征管工作对实现"高质量发展、社会公平、市场统一"具有重要意义，必须时刻将党和国家对增值税的路线方针政策和决策部署作为增值税税收工作的最高指导方针。

包括增值税在内的税收政策是促进经济社会发展的重要工具，增值税的制度设计及其具体征管工作应当以为国民经济和社会发展服务为重要指导方针。

【法律法规与政策指引】

《中共中央办公厅 国务院办公厅关于进一步深化税收征管改革的意见》（2021年3月24日）

近年来，我国税收制度改革不断深化，税收征管体制持续优化，纳税服务和税务执法的规范性、便捷性、精准性不断提升。为深入推进税务领域"放管服"改革，完善税务监管体系，打造市场化法治化国际化营商环境，更好服务市场主体发展，现就进一步深化税收征管改革提出如下意见。

一、总体要求

（一）指导思想。以习近平新时代中国特色社会主义思想为指导，全面贯彻党的十九大和十九届二中、三中、四中、五中全会精神，围绕把握新发展阶段、贯彻新发展理念、构建新发展格局，深化税收征管制度改革，着力建设以服务纳税人缴费人为中心、以发票电子化改革为突破口、以税收大数据为驱动力的具有高集成功能、高安全性能、高应用效能的智慧税务，深入推进精确执法、精细服务、精准监管、精诚共治，大幅提高税法遵从度和社会满意度，明显降低征纳成本，充分发挥税收在国家治理中的基础性、支柱性、保障性作用，为推动高质量发展提供有力支撑。

（二）工作原则。坚持党的全面领导，确保党中央、国务院决策部署不折不扣落实到位；坚持依法治税，善于运用法治思维和法治方式深化改革，不断优化税务执法方式，着力提升税收法治化水平；坚持为民便民，进一步完善利企便民服务措施，更好满足纳税人缴费人合理需求；坚持问题导向，着力补短板强弱项，切实解决税收征管中的突出问题；坚持改革创新，深化税务领域"放管服"改革，推动税务执法、服务、监管的理念和方式手段等全方位变革；坚持系统观念，统筹推进各项改革措施，整体性集成式提升税收治理效能。

（三）主要目标。到2022年，在税务执法规范性、税费服务便捷性、税务监管精准性上取得重要进展。到2023年，基本建成"无风险不打扰、有违法要追究、全过程强智控"的税务执法新体系，实现从经验式执法向科学精确执法转变；基本建成"线下服务无死角、线上服务不打烊、定制服务广覆盖"的税费服务新体系，实现从无差别服务向精细化、智能化、个性化服务转变；基本建成以"双随机、一公开"监管和"互联网＋监管"为基本手段、以重点监管为补充、以"信用＋风险"监管为基础的税务监管新体系，实现从"以票管税"向"以数治税"分类精准监管转变。到2025年，深化税收征管制度改革取得显著成效，基本建成功能强大的智慧税务，形成国内一流的智能化行政应用系统，全方位提高税务执法、服务、监管能力。

二、全面推进税收征管数字化升级和智能化改造

（四）加快推进智慧税务建设。充分运用大数据、云计算、人工智能、移动互联网等现代信息技术，着力推进内外部涉税数据汇聚联通、线上线下有机贯通，驱动税务执法、服务、监管制度创新和业务变革，进一步优化组织体系和资源配置。2022年基本实现法人税费信息"一户式"、自然人税费信息"一人式"智能归集，2023年基本实现税务机关信息"一局式"、税务人员信息"一员式"智能归集，深入推进对纳税人缴费人行为的自动分析管理、对税务人员履责的全过程自控考核考评、对税务决策信息和任务的自主分类推送。2025年实现税务执法、服务、监管与大数据智能化应用深度融合、高效联动、全面升级。

（五）稳步实施发票电子化改革。2021年建成全国统一的电子发票服务平台，24小时在线免费为纳税人提供电子发票申领、开具、交付、查验等服务。制定出台电子发票国家标准，有序推进铁路、民航等领域发票电子化，2025年基本实现发票全领域、全环节、全要素电子化，着力降低制度性交易成本。

（六）深化税收大数据共享应用。探索区块链技术在社会保险费征收、房地产交易和不动产登记等方面的应用，并持续拓展在促进涉税涉费信息共享等领域的应用。不断完

善税收大数据云平台，加强数据资源开发利用，持续推进与国家及有关部门信息系统互联互通。2025年建成税务部门与相关部门常态化、制度化数据共享协调机制，依法保障涉税涉费必要信息获取；健全涉税涉费信息对外提供机制，打造规模大、类型多、价值高、颗粒度细的税收大数据，高效发挥数据要素驱动作用。完善税收大数据安全治理体系和管理制度，加强安全态势感知平台建设，常态化开展数据安全风险评估和检查，健全监测预警和应急处置机制，确保数据全生命周期安全。加强智能化税收大数据分析，不断强化税收大数据在经济运行研判和社会管理等领域的深层次应用。

三、不断完善税务执法制度和机制

（七）健全税费法律法规制度。全面落实税收法定原则，加快推进将现行税收暂行条例上升为法律。完善现代税收制度，更好发挥税收作用，促进建立现代财税体制。推动修订税收征收管理法、反洗钱法、发票管理办法等法律法规和规章。加强非税收入管理法制化建设。

（八）严格规范税务执法行为。坚持依法依规征税收费，做到应收尽收。同时，坚决防止落实税费优惠政策不到位、征收"过头税费"及对税收工作进行不当行政干预等行为。全面落实行政执法公示、执法全过程记录、重大执法决定法制审核制度，推进执法信息网上录入、执法程序网上流转、执法活动网上监督、执法结果网上查询，2023年基本建成税务执法质量智能控制体系。不断完善税务执法及税费服务相关工作规范，持续健全行政处罚裁量基准制度。

（九）不断提升税务执法精确度。创新行政执法方式，有效运用说服教育、约谈警示等非强制性执法方式，让执法既有力度又有温度，做到宽严相济、法理相融。坚决防止粗放式、选择性、"一刀切"执法。准确把握一般涉税违法与涉税犯罪的界限，做到依法处置、罚当其责。在税务执法领域研究推广"首违不罚"清单制度。坚持包容审慎原则，积极支持新产业、新业态、新模式健康发展，以问题为导向完善税务执法，促进依法纳税和公平竞争。

（十）加强税务执法区域协同。推进区域间税务执法标准统一，实现执法信息互通、执法结果互认，更好服务国家区域协调发展战略。简化企业涉税涉费事项跨省迁移办理程序，2022年基本实现资质异地共认。持续扩大跨省经营企业全国通办涉税涉费事项范围，2025年基本实现全国通办。

（十一）强化税务执法内部控制和监督。2022年基本构建起全面覆盖、全程防控、全员有责的税务执法风险信息化内控监督体系，将税务执法风险防范措施嵌入信息系统，实现事前预警、事中阻断、事后追责。强化内外部审计监督和重大税务违法案件"一案双查"，不断完善对税务执法行为的常态化、精准化、机制化监督。

四、大力推行优质高效智能税费服务

（十二）确保税费优惠政策直达快享。2021年实现征管操作办法与税费优惠政策同步发布、同步解读，增强政策落实的及时性、确定性、一致性。进一步精简享受优惠政策办理流程和手续，持续扩大"自行判别、自行申报、事后监管"范围，确保便利操作、快速享受、有效监管。2022年实现依法运用大数据精准推送优惠政策信息，促进市场主体充分享受政策红利。

（十三）切实减轻办税缴费负担。积极通过信息系统采集数据，加强部门间数据共享，着力减少纳税人缴费人重复报送。全面推行税务证明事项告知承诺制，拓展容缺办理事项，持续扩大涉税资料由事前报送改为留存备查的范围。

（十四）全面改进办税缴费方式。2021年基本实现企业税费事项能网上办理，个人税费事项能掌上办理。2022年建成全国统一规范的电子税务局，不断拓展"非接触式""不见面"办税缴费服务。逐步改变以表单为载体的传统申报模式，2023年基本实现信息系统自动提取数据、自动计算税额、自动预填申报，纳税人缴费人确认或补正后即可线上提交。

（十五）持续压减纳税缴费次数和时间。落实《优化营商环境条例》，对标国际先进水平，大力推进税（费）种综合申报，依法简并部分税种征期，减少申报次数和时间。扩大部门间数据共享范围，加快企业出口退税事项全环节办理速度，2022年税务部门办理正常出口退税的平均时间压缩至6个工作日以内，对高信用级别企业进一步缩短办理时间。

（十六）积极推行智能型个性化服务。全面改造提升12366税费服务平台，加快推动向以24小时智能咨询为主转变，2022年基本实现全国咨询"一线通答"。运用税收大数据智能分析识别纳税人缴费人的实际体验、个性需求等，精准提供线上服务。持续优化线下服务，更好满足特殊人员、特殊事项的服务需求。

（十七）维护纳税人缴费人合法权益。完善纳税人缴费人权利救济和税费争议解决机制，畅通诉求有效收集、快速响应和及时反馈渠道。探索实施大企业税收事先裁定并建立健全相关制度。健全纳税人缴费人个人信息保护等制度，依法加强税费数据查询权限和留痕等管理，严格保护纳税人缴费人及扣缴义务人的商业秘密、个人隐私等，严防个人信息泄露和滥用等。税务机关和税务人员违反有关法律法规规定、因疏于监管造成重大损失的，依法严肃追究责任。

五、精准实施税务监管

（十八）建立健全以"信用+风险"为基础的新型监管机制。健全守信激励和失信惩戒制度，充分发挥纳税信用在社会信用体系中的基础性作用。建立健全纳税缴费信用评价制度，对纳税缴费信用高的市场主体给予更多便利。在全面推行实名办税缴费制度基础上，实行纳税人缴费人动态信用等级分类和智能化风险监管，既以最严格的标准防范逃避税，又避免影响企业正常生产经营。健全以"数据集成+优质服务+提醒纠错+依法查处"为主要内容的自然人税费服务与监管体系。依法加强对高收入高净值人员的税费服务与监管。

（十九）加强重点领域风险防控和监管。对逃避税问题多发的行业、地区和人群，根据税收风险适当提高"双随机、一公开"抽查比例。对隐瞒收入、虚列成本、转移利润以及利用"税收洼地""阴阳合同"和关联交易等逃避税行为，加强预防性制度建设，加大依法防控和监督检查力度。

（二十）依法严厉打击涉税违法犯罪行为。充分发挥税收大数据作用，依托税务网络可信身份体系对发票开具、使用等进行全环节即时验证和监控，实现对虚开骗税等违法犯罪行为惩处从事后打击向事前事中精准防范转变。健全违法查处体系，充分依托国家"互联网+监管"系统多元数据汇聚功能，精准有效打击"假企业"虚开发票、"假出口"骗取退税、"假申报"骗取税费优惠等行为，保障国家税收安全。对重大涉税违法犯罪案件，依法从严查处曝光并按照有关规定纳入企业和个人信用记录，共享至全国信用信息平台。

六、持续深化拓展税收共治格局

（二十一）加强部门协作。大力推进会计核算和财务管理信息化，通过电子发票与财政支付、金融支付和各类单位财务核算系统、电子档案管理信息系统的衔接，加快推进电子发票无纸化报销、入账、归档、存储。持续深化"银税互动"，助力解决小微企业融资难融资贵问题。加强情报交换、信息通报和执法联动，积极推进跨部门协同监管。

（二十二）加强社会协同。积极发挥行业协会和社会中介组织作用，支持第三方按市场化原则为纳税人提供个性化服务，加强对涉税中介组织的执业监管和行业监管。大力开展税费法律法规的普及宣传，持续深化青少年税收法治教育，发挥税法宣传教育的预防和引导作用，在全社会营造诚信纳税的浓厚氛围。

（二十三）强化税收司法保障。公安部门要强化涉税犯罪案件查办工作力量，做实健全公安派驻税务联络机制。实行警税双方制度化、信息化、常态化联合办案，进一步畅通行政执法与刑事执法衔接工作机制。检察机关发现负有税务监管相关职责的行政机关不依法履责的，应依法提出检察建议。完善涉税司法解释，明晰司法裁判标准。

（二十四）强化国际税收合作。深度参与数字经济等领域的国际税收规则和标准制定，持续推动全球税收治理体系建设。落实防止税基侵蚀和利润转移行动计划，严厉打击国际逃避税，保护外资企业合法权益，维护我国税收利益。不断完善"一带一路"税收征管合作机制，支持发展中国家提高税收征管能力。进一步扩大和完善税收协定网络，加大跨境涉税争议案件协商力度，实施好对所得避免双重征税的双边协定，为高质量引进来和高水平走出去提供支撑。

七、强化税务组织保障

（二十五）优化征管职责和力量。强化市县税务机构在日常性服务、涉税涉费事项办理和风险应对等方面的职责，适当上移全局性、复杂性税费服务和管理职责。不断优化业务流程，合理划分业务边界，科学界定岗位职责，建立健全闭环管理机制。加大人力资源向风险管理、税费分析、大数据应用等领域倾斜力度，增强税务稽查执法力量。

（二十六）加强征管能力建设。坚持更高标准、更高要求，着力建设德才兼备的高素质税务执法队伍，加大税务领军人才和各层次骨干人才培养力度。高质量建设和应用学习兴税平台，促进学习日常化、工作学习化。

（二十七）改进提升绩效考评。在实现税务执法、税费服务、税务监管行为全过程记录和数字化智能归集基础上，推动绩效管理渗入业务流程、融入岗责体系、嵌入信息系统，对税务执法等实施自动化考评，将法治素养和依法履职情况作为考核评价干部的重要内容，促进工作质效持续提升。

八、认真抓好贯彻实施

（二十八）加强组织领导。各地区各有关部门要增强"四个意识"、坚定"四个自信"、做到"两个维护"，切实履行职责，密切协调配合，确保各项任务落地见效。税务总局要牵头组织实施，积极研究解决工作推进中遇到的重大问题，加强协调沟通，抓好贯彻落实。地方各级党委和政府要按照税务系统实行双重领导管理体制的要求，在依法依规征税收费、落实减税降费、推进税收共治、强化司法保障、深化信息共享、加强税法普及、强化经费保障等方面提供支持。

（二十九）加强跟踪问效。在税务领域深入推行"好差评"制度，适时开展监督检查和评估总结，减轻基层负担，促进执法方式持续优化、征管效能持续提升。

（三十）加强宣传引导。税务总局要会同有关部门认真做好宣传工作，准确解读便民利企政策措施，及时回应社会关切，正确引导社会预期，营造良好舆论氛围。

《营业税改征增值税试点实施办法》（财税〔2016〕36号附件1）

第八条　纳税人应当按照国家统一的会计制度进行增值税会计核算。

《增值税会计处理规定》（财会〔2016〕22号印发）

根据《中华人民共和国增值税暂行条例》和《关于全面推开营业税改征增值税试点的通知》（财税〔2016〕36号）等有关规定，现对增值税有关会计处理规定如下：

一、会计科目及专栏设置

增值税一般纳税人应当在"应交税费"科目下设置"应交增值税""未交增值税""预交增值税""待抵扣进项税额""待认证进项税额""待转销项税额""增值税留抵税额""简易计税""转让金融商品应交增值税""代扣代交增值税"等明细科目。

（一）增值税一般纳税人应在"应交增值税"明细账内设置"进项税额""销项税额

抵减""已交税金""转出未交增值税""减免税款""出口抵减内销产品应纳税额""销项税额""出口退税""进项税额转出""转出多交增值税"等专栏。其中：

1."进项税额"专栏，记录一般纳税人购进货物、加工修理修配劳务、服务、无形资产或不动产而支付或负担的、准予从当期销项税额中抵扣的增值税额；

2."销项税额抵减"专栏，记录一般纳税人按照现行增值税制度规定因扣减销售额而减少的销项税额；

3."已交税金"专栏，记录一般纳税人当月已交纳的应交增值税额；

4."转出未交增值税"和"转出多交增值税"专栏，分别记录一般纳税人月度终了转出当月应交未交或多交的增值税额；

5."减免税款"专栏，记录一般纳税人按现行增值税制度规定准予减免的增值税额；

6."出口抵减内销产品应纳税额"专栏，记录实行"免、抵、退"办法的一般纳税人按规定计算的出口货物的进项税抵减内销产品的应纳税额；

7."销项税额"专栏，记录一般纳税人销售货物、加工修理修配劳务、服务、无形资产或不动产应收取的增值税额；

8."出口退税"专栏，记录一般纳税人出口货物、加工修理修配劳务、服务、无形资产按规定退回的增值税额；

9."进项税额转出"专栏，记录一般纳税人购进货物、加工修理修配劳务、服务、无形资产或不动产等发生非正常损失以及其他原因而不应从销项税额中抵扣、按规定转出的进项税额。

（二）"未交增值税"明细科目，核算一般纳税人月度终了从"应交增值税"或"预交增值税"明细科目转入当月应交未交、多交或预缴的增值税额，以及当月交纳以前期间未交的增值税额。

（三）"预交增值税"明细科目，核算一般纳税人转让不动产、提供不动产经营租赁服务、提供建筑服务、采用预收款方式销售自行开发的房地产项目等，以及其他按现行增值税制度规定应预缴的增值税额。

（四）"待抵扣进项税额"明细科目，核算一般纳税人已取得增值税扣税凭证并经税务机关认证，按照现行增值税制度规定准予以后期间从销项税额中抵扣的进项税额。包括：一般纳税人自2016年5月1日后取得并按固定资产核算的不动产或者2016年5月1日后取得的不动产在建工程，按现行增值税制度规定准予以后期间从销项税额中抵扣的进项税额；实行纳税辅导期管理的一般纳税人取得的尚未交叉稽核比对的增值税扣税凭证上注明或计算的进项税额。

（五）"待认证进项税额"明细科目，核算一般纳税人由于未经税务机关认证而不得从当期销项税额中抵扣的进项税额。包括：一般纳税人已取得增值税扣税凭证、按照现行增值税制度规定准予从销项税额中抵扣，但尚未经税务机关认证的进项税额；一般纳税人已申请稽核但尚未取得稽核相符结果的海关缴款书进项税额。

（六）"待转销项税额"明细科目，核算一般纳税人销售货物、加工修理修配劳务、服务、无形资产或不动产，已确认相关收入（或利得）但尚未发生增值税纳税义务而需于以后期间确认为销项税额的增值税额。

（七）"增值税留抵税额"明细科目，核算兼有销售服务、无形资产或者不动产的原增值税一般纳税人，截止到纳入营改增试点之日前的增值税期末留抵税额按照现行增值税制度规定不得从销售服务、无形资产或不动产的销项税额中抵扣的增值税留抵税额。

（八）"简易计税"明细科目，核算一般纳税人采用简易计税方法发生的增值税计提、扣减、预缴、缴纳等业务。

（九）"转让金融商品应交增值税"明细科目，核算增值税纳税人转让金融商品发生的增值税额。

（十）"代扣代交增值税"明细科目，核算纳税人购进在境内未设经营机构的境外单位或个人在境内的应税行为代扣代缴的增值税。

小规模纳税人只需在"应交税费"科目下设置"应交增值税"明细科目，不需要设置上述专栏及除"转让金融商品应交增值税""代扣代交增值税"外的明细科目。

二、账务处理

（一）取得资产或接受劳务等业务的账务处理。

1. 采购等业务进项税额允许抵扣的账务处理。一般纳税人购进货物、加工修理修配劳务、服务、无形资产或不动产，按应计入相关成本费用或资产的金额，借记"在途物资"或"原材料""库存商品""生产成本""无形资产""固定资产""管理费用"等科目，按当月已认证的可抵扣增值税额，借记"应交税费——应交增值税（进项税额）"科目，按当月未认证的可抵扣增值税额，借记"应交税费——待认证进项税额"科目，按应付或实际支付的金额，贷记"应付账款""应付票据""银行存款"等科目。发生退货的，如原增值税专用发票已做认证，应根据税务机关开具的红字增值税专用发票做相反的会计分录；如原增值税专用发票未做认证，应将发票退回并做相反的会计分录。

2. 采购等业务进项税额不得抵扣的账务处理。一般纳税人购进货物、加工修理修配劳务、服务、无形资产或不动产，用于简易计税方法计税项目、免征增值税项目、集体福利或个人消费等，其进项税额按照现行增值税制度规定不得从销项税额中抵扣的，取得增值税专用发票时，应借记相关成本费用或资产科目，借记"应交税费——待认证进项税额"科目，贷记"银行存款""应付账款"等科目，经税务机关认证后，应借记相关成本费用或资产科目，贷记"应交税费——应交增值税（进项税额转出）"科目。

3. 购进不动产或不动产在建工程按规定进项税额分年抵扣的账务处理。一般纳税人自2016年5月1日后取得并按固定资产核算的不动产或者2016年5月1日后取得的不动产在建工程，其进项税额按现行增值税制度规定自取得之日起分2年从销项税额中抵扣的，应当按取得成本，借记"固定资产""在建工程"等科目，按当期可抵扣的增值税额，借记"应交税费——应交增值税（进项税额）"科目，按以后期间可抵扣的增值税额，借记"应交税费——待抵扣进项税额"科目，按应付或实际支付的金额，贷记"应付账款""应付票据""银行存款"等科目。尚未抵扣的进项税额待以后期间允许抵扣时，按允许抵扣的金额，借记"应交税费——应交增值税（进项税额）"科目，贷记"应交税费——待抵扣进项税额"科目。

4. 货物等已验收入库但尚未取得增值税扣税凭证的账务处理。一般纳税人购进的货物等已到达并验收入库，但尚未收到增值税扣税凭证并未付款的，应在月末按货物清单或相关合同协议上的价格暂估入账，不需要将增值税的进项税额暂估入账。下月初，用红字冲销原暂估入账金额，待取得相关增值税扣税凭证并经认证后，按应计入相关成本费用或资产的金额，借记"原材料""库存商品""固定资产""无形资产"等科目，按可抵扣的增值税额，借记"应交税费——应交增值税（进项税额）"科目，按应付金额，贷记"应付账款"等科目。

5. 小规模纳税人采购等业务的账务处理。小规模纳税人购买物资、服务、无形资产或不动产，取得增值税专用发票上注明的增值税应计入相关成本费用或资产，不通过"应交税费——应交增值税"科目核算。

6. 购买方作为扣缴义务人的账务处理。按照现行增值税制度规定，境外单位或个人在境内发生应税行为，在境内未设有经营机构的，以购买方为增值税扣缴义务人。境内一般纳税人购进服务、无形资产或不动产，按应计入相关成本费用或资产的金额，借记"生产成本""无形资产""固定资产""管理费用"等科目，按可抵扣的增值税额，借记"应交税费——进项税额"科目（小规模纳税人应借记相关成本费用或资产科目），按应付或实际支付的金额，贷记"应付账款"等科目，按应代扣代缴的增值税额，贷记"应交税费——代扣代交增值税"科目。实际缴纳代扣代缴增值税时，按代扣代缴的增值税额，借记"应交税费——代扣代交增值税"科目，贷记"银行存款"科目。

（二）销售等业务的账务处理。

1. 销售业务的账务处理。企业销售货物、加工修理修配劳务、服务、无形资产或不动产，应当按应收或已收的金额，借记"应收账款""应收票据""银行存款"等科目，按取得的收入金额，贷记"主营业务收入""其他业务收入""固定资产清理""工程结算"等科目，按现行增值税制度规定计算的销项税额（或采用简易计税方法计算的应纳增值税额），贷记"应交税费——应交增值税（销项税额）"或"应交税费——简易计税"科目（小规模纳税人应贷记"应交税费——应交增值税"科目）。发生销售退回的，应根据按规定开具的红字增值税专用发票做相反的会计分录。

按照国家统一的会计制度确认收入或利得的时点早于按照增值税制度确认增值税纳税义务发生时点的，应将相关销项税额记入"应交税费——待转销项税额"科目，待实际发生纳税义务时再转入"应交税费——应交增值税（销项税额）"或"应交税费——简易计税"科目。

按照增值税制度确认增值税纳税义务发生时点早于按照国家统一的会计制度确认收入或利得的时点的，应将应纳增值税额，借记"应收账款"科目，贷记"应交税费——应交增值税（销项税额）"或"应交税费——简易计税"科目，按照国家统一的会计制度确认收入或利得时，应按扣除增值税销项税额后的金额确认收入。

2. 视同销售的账务处理。企业发生税法上视同销售的行为，应当按照企业会计准则制度相关规定进行相应的会计处理，并按照现行增值税制度规定计算的销项税额（或采用简易计税方法计算的应纳增值税额），借记"应付职工薪酬""利润分配"等科目，贷记"应交税费——应交增值税（销项税额）"或"应交税费——简易计税"科目（小规模纳税人应记入"应交税费——应交增值税"科目）。

3. 全面试行营业税改征增值税前已确认收入，此后产生增值税纳税义务的账务处理。企业营业税改征增值税前已确认收入，但因未产生营业税纳税义务而未计提营业税的，在达到增值税纳税义务时点时，企业应在确认应交增值税销项税额的同时冲减当期收入；已经计提营业税且未缴纳的，在达到增值税纳税义务时点时，应借记"应交税费——应交营业税""应交税费——应交城市维护建设税""应交税费——应交教育费附加"等科目，贷记"主营业务收入"科目，并根据调整后的收入计算确定记入"应交税费——待转销项税额"科目的金额，同时冲减收入。

全面试行营业税改征增值税后，"营业税金及附加"科目名称调整为"税金及附加"科目，该科目核算企业经营活动发生的消费税、城市维护建设税、资源税、教育费附加及房产税、土地使用税、车船使用税、印花税等相关税费；利润表中的"营业税金及附加"项目调整为"税金及附加"项目。

（三）差额征税的账务处理。

1. 企业发生相关成本费用允许扣减销售额的账务处理。按现行增值税制度规定企业发生相关成本费用允许扣减销售额的，发生成本费用时，按应付或实际支付的金额，借记"主营业务成本""存货""工程施工"等科目，贷记"应付账款""应付票据""银行存款"等科目。待取得合规增值税扣税凭证且纳税义务发生时，按照允许抵扣的税额，借记"应交税费——应交增值税（销项税额抵减）"或"应交税费——简易计税"科目（小规模纳税人应借记"应交税费——应交增值税"科目），贷记"主营业务成本""存货"“工程施工"等科目。

2.金融商品转让按规定以盈亏相抵后的余额作为销售额的账务处理。金融商品实际转让月末,如产生转让收益,则按应纳税额借记"投资收益"等科目,贷记"应交税费——转让金融商品应交增值税"科目;如产生转让损失,则按可结转下月抵扣税额,借记"应交税费——转让金融商品应交增值税"科目,贷记"投资收益"等科目。缴纳增值税时,应借记"应交税费——转让金融商品应交增值税"科目,贷记"银行存款"科目。年末,本科目如有借方余额,则借记"投资收益"等科目,贷记"应交税费——转让金融商品应交增值税"科目。

(四)出口退税的账务处理。

为核算纳税人出口货物应收取的出口退税款,设置"应收出口退税款"科目,该科目借方反映销售出口货物按规定向税务机关申报应退回的增值税、消费税等,贷方反映实际收到的出口货物应退回的增值税、消费税等。期末借方余额,反映尚未收到的应退税额。

1.未实行"免、抵、退"办法的一般纳税人出口货物按规定退税的,按规定计算的应收出口退税额,借记"应收出口退税款"科目,贷记"应交税费——应交增值税(出口退税)"科目,收到出口退税时,借记"银行存款"科目,贷记"应收出口退税款"科目;退税额低于购进时取得的增值税专用发票上的增值税额的差额,借记"主营业务成本"科目,贷记"应交税费——应交增值税(进项税额转出)"科目。

2.实行"免、抵、退"办法的一般纳税人出口货物,在货物出口销售后结转产品销售成本时,按规定计算的退税额低于购进时取得的增值税专用发票上的增值税额的差额,借记"主营业务成本"科目,贷记"应交税费——应交增值税(进项税额转出)"科目;按规定计算的当期出口货物的进项税抵减内销产品的应纳税额,借记"应交税费——应交增值税(出口抵减内销产品应纳税额)"科目,贷记"应交税费——应交增值税(出口退税)"科目。在规定期限内,内销产品的应纳税额不足以抵减出口货物的进项税额,不足部分按有关税法规定给予退税的,应在实际收到退税款时,借记"银行存款"科目,贷记"应交税费——应交增值税(出口退税)"科目。

(五)进项税额抵扣情况发生改变的账务处理。

因发生非正常损失或改变用途等,原已计入进项税额、待抵扣进项税额或待认证进项税额,但按现行增值税制度规定不得从销项税额中抵扣的,借记"待处理财产损溢""应付职工薪酬""固定资产""无形资产"等科目,贷记"应交税费——应交增值税(进项税额转出)""应交税费——待抵扣进项税额"或"应交税费——待认证进项税额"科目;原不得抵扣且未抵扣进项税额的固定资产、无形资产等,因改变用途等用于允许抵扣进项税额的应税项目的,应按允许抵扣的进项税额,借记"应交税费——应交增值税（进项税额）"科目，贷记"固定资产""无形资产"等科目。固定资产、无形资产等经上述调整后，应按调整后的账面价值在剩余尚可使用寿命内计提折旧或摊销。

一般纳税人购进时已全额计提进项税额的货物或服务等转用于不动产在建工程的，对于结转以后期间的进项税额，应借记"应交税费——待抵扣进项税额"科目，贷记"应交税费——应交增值税（进项税额转出）"科目。

（六）月末转出多交增值税和未交增值税的账务处理。

月度终了，企业应当将当月应交未交或多交的增值税自"应交增值税"明细科目转入"未交增值税"明细科目。对于当月应交未交的增值税，借记"应交税费——应交增值税（转出未交增值税）"科目，贷记"应交税费——未交增值税"科目；对于当月多交的增值税，借记"应交税费——未交增值税"科目，贷记"应交税费——应交增值税（转出多交增值税）"科目。

（七）缴纳增值税的账务处理。

1. 交纳当月应交增值税的账务处理。企业交纳当月应交的增值税，借记"应交税费——应交增值税（已交税金）"科目（小规模纳税人应借记"应交税费——应交增值税"科目），贷记"银行存款"科目。

2. 交纳以前期间未交增值税的账务处理。企业交纳以前期间未交的增值税，借记"应交税费——未交增值税"科目，贷记"银行存款"科目。

3. 预缴增值税的账务处理。企业预缴增值税时，借记"应交税费——预交增值税"科目，贷记"银行存款"科目。月末，企业应将"预交增值税"明细科目余额转入"未交增值税"明细科目，借记"应交税费——未交增值税"科目，贷记"应交税费——预交增值税"科目。房地产开发企业等在预缴增值税后，应直至纳税义务发生时方可从"应交税费——预交增值税"科目结转至"应交税费——未交增值税"科目。

4. 减免增值税的账务处理。对于当期直接减免的增值税，借记"应交税金——应交增值税（减免税款）"科目，贷记损益类相关科目。

（八）增值税期末留抵税额的账务处理。

纳入营改增试点当月月初，原增值税一般纳税人应按不得从销售服务、无形资产或不动产的销项税额中抵扣的增值税留抵税额，借记"应交税费——增值税留抵税额"科目，贷记"应交税费——应交增值税（进项税额转出）"科目。待以后期间允许抵扣时，按允许抵扣的金额，借记"应交税费——应交增值税（进项税额）"科目，贷记"应交税费——增值税留抵税额"科目。

（九）增值税税控系统专用设备和技术维护费用抵减增值税额的账务处理。

按现行增值税制度规定，企业初次购买增值税税控系统专用设备支付的费用以及缴纳的技术维护费允许在增值税应纳税额中全额抵减的，按规定抵减的增值税应纳税额,借记"应交税费——应交增值税(减免税款)"科目(小规模纳税人应借记"应交税费——应交增值税"科目),贷记"管理费用"等科目。

(十)关于小微企业免征增值税的会计处理规定。

小微企业在取得销售收入时,应当按照税法的规定计算应交增值税,并确认为应交税费,在达到增值税制度规定的免征增值税条件时,将有关应交增值税转入当期损益。

三、财务报表相关项目列示

"应交税费"科目下的"应交增值税""未交增值税""待抵扣进项税额""待认证进项税额""增值税留抵税额"等明细科目期末借方余额应根据情况,在资产负债表中的"其他流动资产"或"其他非流动资产"项目列示;"应交税费——待转销项税额"等科目期末贷方余额应根据情况,在资产负债表中的"其他流动负债"或"其他非流动负债"项目列示;"应交税费"科目下的"未交增值税""简易计税""转让金融商品应交增值税""代扣代交增值税"等科目期末贷方余额应在资产负债表中的"应交税费"项目列示。

四、附则

本规定自发布之日起施行,国家统一的会计制度中相关规定与本规定不一致的,应按本规定执行。2016年5月1日至本规定施行之间发生的交易由于本规定而影响资产、负债等金额的,应按本规定调整。《营业税改征增值税试点有关企业会计处理规定》(财会〔2012〕13号)及《关于小微企业免征增值税和营业税的会计处理规定》(财会〔2013〕24号)等原有关增值税会计处理的规定同时废止。

《财政部 税务总局 国务院扶贫[1]办关于扶贫货物捐赠免征增值税政策的公告》(财政部 税务总局 国务院扶贫办公告2019年第55号)

为支持脱贫攻坚,现就扶贫货物捐赠免征增值税政策公告如下:

一、自2019年1月1日至2022年12月31日,对单位或者个体工商户将自产、委托加工或购买的货物通过公益性社会组织、县级及以上人民政府及其组成部门和直属机构,或直接无偿捐赠给目标脱贫地区的单位和个人,免征增值税。在政策执行期限内,目标脱贫地区实现脱贫的,可继续适用上述政策。

"目标脱贫地区"包括832个国家扶贫开发工作重点县、集中连片特困地区县(新疆阿克苏地区6县1市享受片区政策)和建档立卡贫困村。

二、在2015年1月1日至2018年12月31日期间已发生的符合上述条件的扶贫货物捐赠,可追溯执行上述增值税政策。

三、在本公告发布之前已征收入库的按上述规定应予免征的增值税税款,可抵减纳

---

[1] 2021年2月改为国家乡村振兴局。

税人以后月份应缴纳的增值税税款或者办理税款退库。已向购买方开具增值税专用发票的，应将专用发票追回后方可办理免税。无法追回专用发票的，不予免税。

四、各地扶贫办公室与税务部门要加强沟通，明确当地"目标脱贫地区"具体范围，确保政策落实落地。

特此公告。

《财政部　税务总局　人力资源社会保障部　国家乡村振兴局关于延长部分扶贫税收优惠政策执行期限的公告》（财政部　税务总局　人力资源社会保障部　国家乡村振兴局公告 2021 年第 18 号）

为贯彻落实《中共中央　国务院关于实现巩固拓展脱贫攻坚成果同乡村振兴有效衔接的意见》精神，严格落实过渡期内"四个不摘"的要求，现将有关税收政策公告如下：

《财政部　税务总局　人力资源社会保障部　国务院扶贫办关于进一步支持和促进重点群体创业就业有关税收政策的通知》（财税〔2019〕22 号）、《财政部　税务总局　国务院扶贫办关于企业扶贫捐赠所得税税前扣除政策的公告》（财政部　税务总局　国务院扶贫办公告 2019 年第 49 号）、《财政部　税务总局　国务院扶贫办关于扶贫货物捐赠免征增值税政策的公告》（财政部　税务总局　国务院扶贫办公告 2019 年第 55 号）中规定的税收优惠政策，执行期限延长至 2025 年 12 月 31 日。

特此公告。

【《增值税法》原文】

第三条　在中华人民共和国境内（以下简称境内）销售货物、服务、无形资产、不动产（以下称应税交易），以及进口货物的单位和个人（包括个体工商户），为增值税的纳税人，应当依照本法规定缴纳增值税。

销售货物、服务、无形资产、不动产，是指有偿转让货物、不动产的所有权，有偿提供服务，有偿转让无形资产的所有权或者使用权。

〖草案二次审议稿〗

第一条　在中华人民共和国境内（以下简称境内）销售货物、服务、无形资产、不动产（以下称应税交易），以及进口货物的单位和个人，为增值税的纳税人，应当依照本法规定缴纳增值税。

销售货物、服务、无形资产、不动产，是指有偿转让货物、不动产的所有权，有偿提供服务，有偿转让无形资产的所有权或者使用权。

【条文释义】

本条规定了增值税的纳税人和征税范围。

增值税的纳税人是在中华人民共和国境内销售货物、服务、无形资产、不动产，以及进口货物的单位和个人。销售，是指有偿转让货物、服务、无形资产、不动产的所有权。有偿，是指取得货币、货物或者其他经济利益。单位，是指企业、行政单位、事业单位、军事单位、社会团体及其他单位。个人，是指个体工商户和其他个人。

增值税的征税范围包括：

（1）销售货物。货物，是指有形动产，包括电力、热力、气体在内。

（2）销售服务。服务包括加工服务、修理修配服务、交通运输服务、邮政服务、电信服务、建筑服务、金融服务、现代服务、生活服务。加工服务，是指受托加工货物，即委托方提供原料及主要材料，受托方按照委托方的要求，制造货物并收取加工费的业务。修理修配服务，是指受托对损伤和丧失功能的货物进行修复，使其恢复原状和功能的业务。交通运输服务，是指利用运输工具将货物或者旅客送达目的地，使其空间位置得到转移的业务活动。邮政服务，是指中国邮政集团公司及其所属邮政企业提供邮件寄递、邮政汇兑和机要通信等邮政基本服务的业务活动。电信服务，是指利用有线、无线的电磁系统或者光电系统等各种通信网络资源，提供语音通话服务，传送、发射、接收或者应用图像、短信等电子数据和信息的业务活动。建筑服务，是指各类建筑物、构筑物及其附属设施的建造、修缮、装饰，线路、管道、设备、设施等的安装以及其他工程作业的业务活动。金融服务，是指经营金融保险的业务活动。现代服务，是指围绕制造业、文化产业、现代物流产业等提供技术性、知识性服务的业务活动。生活服务，是指为满足城乡居民日常生活需求提供的各类服务活动。

（3）销售无形资产。销售无形资产，是指转让无形资产所有权或者使用权的业务活动。无形资产，是指不具实物形态，但能带来经济利益的资产，包括技术、商标、著作权、商誉、自然资源使用权和其他权益性无形资产。

（4）销售不动产。销售不动产，是指转让不动产所有权的业务活动。不动产，是指不能移动或者移动后会引起性质、形状改变的财产，包括建筑物、构筑物等。

【法律法规与政策指引】

《中华人民共和国增值税暂行条例》（2017年修订）

第一条 在中华人民共和国境内销售货物或者加工、修理修配劳务（以下简称劳务），销售服务、无形资产、不动产以及进口货物的单位和个人，为增值税的纳税人，应当依照本条例缴纳增值税。

《中华人民共和国增值税暂行条例实施细则》（2011年修订）

第二条 条例第一条所称货物，是指有形动产，包括电力、热力、气体在内。

条例第一条所称加工，是指受托加工货物，即委托方提供原料及主要材料，受托方按照委托方的要求，制造货物并收取加工费的业务。

条例第一条所称修理修配，是指受托对损伤和丧失功能的货物进行修复，使其恢复原状和功能的业务。

第三条 条例第一条所称销售货物，是指有偿转让货物的所有权。

条例第一条所称提供加工、修理修配劳务（以下称应税劳务），是指有偿提供加工、修理修配劳务。单位或者个体工商户聘用的员工为本单位或者雇主提供加工、修理修配劳务，不包括在内。

本细则所称有偿，是指从购买方取得货币、货物或者其他经济利益。

第九条 条例第一条所称单位，是指企业、行政单位、事业单位、军事单位、社会团体及其他单位。

条例第一条所称个人，是指个体工商户和其他个人。

第十条 单位租赁或者承包给其他单位或者个人经营的，以承租人或者承包人为纳税人。

《营业税改征增值税试点实施办法》（财税〔2016〕36号附件1）

第一条 在中华人民共和国境内（以下称境内）销售服务、无形资产或者不动产（以下称应税行为）的单位和个人，为增值税纳税人，应当按照本办法缴纳增值税，不缴纳营业税。

单位，是指企业、行政单位、事业单位、军事单位、社会团体及其他单位。个人，是指个体工商户和其他个人。

第二条 单位以承包、承租、挂靠方式经营的，承包人、承租人、挂靠人（以下统称承包人）以发包人、出租人、被挂靠人（以下统称发包人）名义对外经营并由发包人承担相关法律责任的，以该发包人为纳税人。否则，以承包人为纳税人。

第七条 两个或者两个以上的纳税人，经财政部和国家税务总局批准可以视为一个纳税人合并纳税。具体办法由财政部和国家税务总局另行制定。

第九条 应税行为的具体范围，按照本办法所附的《销售服务、无形资产、不动产注释》执行。

第十一条 有偿，是指取得货币、货物或者其他经济利益。

附：

销售服务、无形资产、不动产注释

一、销售服务

销售服务，是指提供交通运输服务、邮政服务、电信服务、建筑服务、金融服务、现代服务、生活服务。

（一）交通运输服务。

交通运输服务，是指利用运输工具将货物或者旅客送达目的地，使其空间位置

得到转移的业务活动。包括陆路运输服务、水路运输服务、航空运输服务和管道运输服务。

1. 陆路运输服务。

陆路运输服务，是指通过陆路（地上或者地下）运送货物或者旅客的运输业务活动，包括铁路运输服务和其他陆路运输服务。

（1）铁路运输服务，是指通过铁路运送货物或者旅客的运输业务活动。

（2）其他陆路运输服务，是指铁路运输以外的陆路运输业务活动。包括公路运输、缆车运输、索道运输、地铁运输、城市轻轨运输等。

出租车公司向使用本公司自有出租车的出租车司机收取的管理费用，按照陆路运输服务缴纳增值税。

2. 水路运输服务。

水路运输服务，是指通过江、河、湖、川等天然、人工水道或者海洋航道运送货物或者旅客的运输业务活动。

水路运输的程租、期租业务，属于水路运输服务。

程租业务，是指运输企业为租船人完成某一特定航次的运输任务并收取租赁费的业务。

期租业务，是指运输企业将配备有操作人员的船舶承租给他人使用一定期限，承租期内听候承租方调遣，不论是否经营，均按天向承租方收取租赁费，发生的固定费用均由船东负担的业务。

3. 航空运输服务。

航空运输服务，是指通过空中航线运送货物或者旅客的运输业务活动。

航空运输的湿租业务，属于航空运输服务。

湿租业务，是指航空运输企业将配备有机组人员的飞机承租给他人使用一定期限，承租期内听候承租方调遣，不论是否经营，均按一定标准向承租方收取租赁费，发生的固定费用均由承租方承担的业务。

航天运输服务，按照航空运输服务缴纳增值税。

航天运输服务，是指利用火箭等载体将卫星、空间探测器等空间飞行器发射到空间轨道的业务活动。

4. 管道运输服务。

管道运输服务，是指通过管道设施输送气体、液体、固体物质的运输业务活动。

无运输工具承运业务，按照交通运输服务缴纳增值税。

无运输工具承运业务，是指经营者以承运人身份与托运人签订运输服务合同，收取运费并承担承运人责任，然后委托实际承运人完成运输服务的经营活动。

（二）邮政服务。

邮政服务，是指中国邮政集团公司及其所属邮政企业提供邮件寄递、邮政汇兑和机要通信等邮政基本服务的业务活动。包括邮政普遍服务、邮政特殊服务和其他邮政服务。

1. 邮政普遍服务。

邮政普遍服务，是指函件、包裹等邮件寄递，以及邮票发行、报刊发行和邮政汇兑等业务活动。

函件，是指信函、印刷品、邮资封片卡、无名址函件和邮政小包等。

包裹，是指按照封装上的名址递送给特定个人或者单位的独立封装的物品，其重量不超过五十千克，任何一边的尺寸不超过一百五十厘米，长、宽、高合计不超过三百厘米。

2. 邮政特殊服务。

邮政特殊服务，是指义务兵平常信函、机要通信、盲人读物和革命烈士遗物的寄递等业务活动。

3. 其他邮政服务。

其他邮政服务，是指邮册等邮品销售、邮政代理等业务活动。

（三）电信服务。

电信服务，是指利用有线、无线的电磁系统或者光电系统等各种通信网络资源，提供语音通话服务，传送、发射、接收或者应用图像、短信等电子数据和信息的业务活动。包括基础电信服务和增值电信服务。

1. 基础电信服务。

基础电信服务，是指利用固网、移动网、卫星、互联网，提供语音通话服务的业务活动，以及出租或者出售带宽、波长等网络元素的业务活动。

2. 增值电信服务。

增值电信服务，是指利用固网、移动网、卫星、互联网、有线电视网络，提供短信和彩信服务、电子数据和信息的传输及应用服务、互联网接入服务等业务活动。

卫星电视信号落地转接服务，按照增值电信服务缴纳增值税。

（四）建筑服务。

建筑服务，是指各类建筑物、构筑物及其附属设施的建造、修缮、装饰，线路、管道、设备、设施等的安装以及其他工程作业的业务活动。包括工程服务、安装服务、修缮服务、装饰服务和其他建筑服务。

1. 工程服务。

工程服务，是指新建、改建各种建筑物、构筑物的工程作业，包括与建筑物相连的各种设备或者支柱、操作平台的安装或者装设工程作业，以及各种窑炉和金属结构工程作业。

2. 安装服务。

安装服务，是指生产设备、动力设备、起重设备、运输设备、传动设备、医疗实验设备以及其他各种设备、设施的装配、安置工程作业，包括与被安装设备相连的工作台、梯子、栏杆的装设工程作业，以及被安装设备的绝缘、防腐、保温、油漆等工程作业。

固定电话、有线电视、宽带、水、电、燃气、暖气等经营者向用户收取的安装费、初装费、开户费、扩容费以及类似收费，按照安装服务缴纳增值税。

3. 修缮服务。

修缮服务，是指对建筑物、构筑物进行修补、加固、养护、改善，使之恢复原来的使用价值或者延长其使用期限的工程作业。

4. 装饰服务。

装饰服务，是指对建筑物、构筑物进行修饰装修，使之美观或者具有特定用途的工程作业。

5. 其他建筑服务。

其他建筑服务，是指上列工程作业之外的各种工程作业服务，如钻井（打井）、拆除建筑物或者构筑物、平整土地、园林绿化、疏浚（不包括航道疏浚）、建筑物平移、搭脚手架、爆破、矿山穿孔、表面附着物（包括岩层、土层、沙层等）剥离和清理等工程作业。

（五）金融服务。

金融服务，是指经营金融保险的业务活动。包括贷款服务、直接收费金融服务、保险服务和金融商品转让。

1. 贷款服务。

贷款，是指将资金贷与他人使用而取得利息收入的业务活动。

各种占用、拆借资金取得的收入，包括金融商品持有期间（含到期）利息（保本收益、报酬、资金占用费、补偿金等）收入、信用卡透支利息收入、买入返售金融商品利息收入、融资融券收取的利息收入，以及融资性售后回租、押汇、罚息、票据贴现、转贷等业务取得的利息及利息性质的收入，按照贷款服务缴纳增值税。

融资性售后回租，是指承租方以融资为目的，将资产出售给从事融资性售后回租业务的企业后，从事融资性售后回租业务的企业将该资产出租给承租方的业务活动。

以货币资金投资收取的固定利润或者保底利润，按照贷款服务缴纳增值税。

2. 直接收费金融服务。

直接收费金融服务，是指为货币资金融通及其他金融业务提供相关服务并且收取费用的业务活动。包括提供货币兑换、账户管理、电子银行、信用卡、信用证、财务担保、资产管理、信托管理、基金管理、金融交易场所（平台）管理、资金结算、资金清算、金融支付等服务。

3. 保险服务。

保险服务，是指投保人根据合同约定，向保险人支付保险费，保险人对于合同约定的可能发生的事故因其发生所造成的财产损失承担赔偿保险金责任，或者当被保险人死亡、伤残、疾病或者达到合同约定的年龄、期限等条件时承担给付保险金责任的商业保险行为。包括人身保险服务和财产保险服务。

人身保险服务，是指以人的寿命和身体为保险标的的保险业务活动。

财产保险服务，是指以财产及其有关利益为保险标的的保险业务活动。

4. 金融商品转让。

金融商品转让，是指转让外汇、有价证券、非货物期货和其他金融商品所有权的业务活动。

其他金融商品转让包括基金、信托、理财产品等各类资产管理产品和各种金融衍生品的转让。

（六）现代服务。

现代服务，是指围绕制造业、文化产业、现代物流产业等提供技术性、知识性服务的业务活动。包括研发和技术服务、信息技术服务、文化创意服务、物流辅助服务、租赁服务、鉴证咨询服务、广播影视服务、商务辅助服务和其他现代服务。

1. 研发和技术服务。

研发和技术服务，包括研发服务、合同能源管理服务、工程勘察勘探服务、专业技术服务。

（1）研发服务，也称技术开发服务，是指就新技术、新产品、新工艺或者新材料及其系统进行研究与试验开发的业务活动。

（2）合同能源管理服务，是指节能服务公司与用能单位以契约形式约定节能目标，节能服务公司提供必要的服务，用能单位以节能效果支付节能服务公司投入及其合理报酬的业务活动。

（3）工程勘察勘探服务，是指在采矿、工程施工前后，对地形、地质构造、地下资源蕴藏情况进行实地调查的业务活动。

（4）专业技术服务，是指气象服务、地震服务、海洋服务、测绘服务、城市规划、环境与生态监测服务等专项技术服务。

2. 信息技术服务。

信息技术服务，是指利用计算机、通信网络等技术对信息进行生产、收集、处理、加工、存储、运输、检索和利用，并提供信息服务的业务活动。包括软件服务、电路设计及测试服务、信息系统服务、业务流程管理服务和信息系统增值服务。

（1）软件服务，是指提供软件开发服务、软件维护服务、软件测试服务的业务活动。

（2）电路设计及测试服务，是指提供集成电路和电子电路产品设计、测试及相关技术支持服务的业务活动。

（3）信息系统服务，是指提供信息系统集成、网络管理、网站内容维护、桌面管理与维护、信息系统应用、基础信息技术管理平台整合、信息技术基础设施管理、数据中心、托管中心、信息安全服务、在线杀毒、虚拟主机等业务活动。包括网站对非自有的网络游戏提供的网络运营服务。

（4）业务流程管理服务，是指依托信息技术提供的人力资源管理、财务经济管理、审计管理、税务管理、物流信息管理、经营信息管理和呼叫中心等服务的活动。

（5）信息系统增值服务，是指利用信息系统资源为用户附加提供的信息技术服务。包括数据处理、分析和整合、数据库管理、数据备份、数据存储、容灾服务、电子商务平台等。

3. 文化创意服务。

文化创意服务，包括设计服务、知识产权服务、广告服务和会议展览服务。

（1）设计服务，是指把计划、规划、设想通过文字、语言、图画、声音、视觉等形式传递出来的业务活动。包括工业设计、内部管理设计、业务运作设计、供应链设计、造型设计、服装设计、环境设计、平面设计、包装设计、动漫设计、网游设计、展示设计、网站设计、机械设计、工程设计、广告设计、创意策划、文印晒图等。

（2）知识产权服务，是指处理知识产权事务的业务活动。包括对专利、商标、著作权、软件、集成电路布图设计的登记、鉴定、评估、认证、检索服务。

（3）广告服务，是指利用图书、报纸、杂志、广播、电视、电影、幻灯、路牌、招贴、橱窗、霓虹灯、灯箱、互联网等各种形式为客户的商品、经营服务项目、文体节目或者通告、声明等委托事项进行宣传和提供相关服务的业务活动。包括广告代理和广告的发布、播映、宣传、展示等。

（4）会议展览服务，是指为商品流通、促销、展示、经贸洽谈、民间交流、企业沟通、国际往来等举办或者组织安排的各类展览和会议的业务活动。

4. 物流辅助服务。

物流辅助服务，包括航空服务、港口码头服务、货运客运场站服务、打捞救助服务、装卸搬运服务、仓储服务和收派服务。

（1）航空服务，包括航空地面服务和通用航空服务。

航空地面服务，是指航空公司、飞机场、民航管理局、航站等向在境内航行或者在境内机场停留的境内外飞机或者其他飞行器提供的导航等劳务性地面服务的业务活动。

包括旅客安全检查服务、停机坪管理服务、机场候机厅管理服务、飞机清洗消毒服务、空中飞行管理服务、飞机起降服务、飞行通讯服务、地面信号服务、飞机安全服务、飞机跑道管理服务、空中交通管理服务等。

通用航空服务，是指为专业工作提供飞行服务的业务活动，包括航空摄影、航空培训、航空测量、航空勘探、航空护林、航空吊挂播洒、航空降雨、航空气象探测、航空海洋监测、航空科学实验等。

（2）港口码头服务，是指港务船舶调度服务、船舶通讯服务、航道管理服务、航道疏浚服务、灯塔管理服务、航标管理服务、船舶引航服务、理货服务、系解缆服务、停泊和移泊服务、海上船舶溢油清除服务、水上交通管理服务、船只专业清洗消毒检测服务和防止船只漏油服务等为船只提供服务的业务活动。

港口设施经营人收取的港口设施保安费按照港口码头服务缴纳增值税。

（3）货运客运场站服务，是指货运客运场站提供货物配载服务、运输组织服务、中转换乘服务、车辆调度服务、票务服务、货物打包整理、铁路线路使用服务、加挂铁路客车服务、铁路行包专列发送服务、铁路到达和中转服务、铁路车辆编解服务、车辆挂运服务、铁路接触网服务、铁路机车牵引服务等业务活动。

（4）打捞救助服务，是指提供船舶人员救助、船舶财产救助、水上救助和沉船沉物打捞服务的业务活动。

（5）装卸搬运服务，是指使用装卸搬运工具或者人力、畜力将货物在运输工具之间、装卸现场之间或者运输工具与装卸现场之间进行装卸和搬运的业务活动。

（6）仓储服务，是指利用仓库、货场或者其他场所代客贮放、保管货物的业务活动。

（7）收派服务，是指接受寄件人委托，在承诺的时限内完成函件和包裹的收件、分拣、派送服务的业务活动。

收件服务，是指从寄件人收取函件和包裹，并运送到服务提供方同城的集散中心的业务活动。

分拣服务，是指服务提供方在其集散中心对函件和包裹进行归类、分发的业务活动。

派送服务，是指服务提供方从其集散中心将函件和包裹送达同城的收件人的业务活动。

5.租赁服务。

租赁服务，包括融资租赁服务和经营租赁服务。

（1）融资租赁服务，是指具有融资性质和所有权转移特点的租赁活动。即出租人根据承租人所要求的规格、型号、性能等条件购入有形动产或者不动产租赁给承租人，合同期内租赁物所有权属于出租人，承租人只拥有使用权，合同期满付清租金后，承租人有权按照残值购入租赁物，以拥有其所有权。不论出租人是否将租赁物销售给承租人，均属于融资租赁。

按照标的物的不同，融资租赁服务可分为有形动产融资租赁服务和不动产融资租赁服务。

融资性售后回租不按照本税目缴纳增值税。

（2）经营租赁服务，是指在约定时间内将有形动产或者不动产转让他人使用且租赁物所有权不变更的业务活动。

按照标的物的不同，经营租赁服务可分为有形动产经营租赁服务和不动产经营租赁服务。

将建筑物、构筑物等不动产或者飞机、车辆等有形动产的广告位出租给其他单位或者个人用于发布广告，按照经营租赁服务缴纳增值税。

车辆停放服务、道路通行服务（包括过路费、过桥费、过闸费等）等按照不动产经营租赁服务缴纳增值税。

水路运输的光租业务、航空运输的干租业务，属于经营租赁。

光租业务，是指运输企业将船舶在约定的时间内出租给他人使用，不配备操作人员，不承担运输过程中发生的各项费用，只收取固定租赁费的业务活动。

干租业务，是指航空运输企业将飞机在约定的时间内出租给他人使用，不配备机组人员，不承担运输过程中发生的各项费用，只收取固定租赁费的业务活动。

6. 鉴证咨询服务。

鉴证咨询服务，包括认证服务、鉴证服务和咨询服务。

（1）认证服务，是指具有专业资质的单位利用检测、检验、计量等技术，证明产品、服务、管理体系符合相关技术规范、相关技术规范的强制性要求或者标准的业务活动。

（2）鉴证服务，是指具有专业资质的单位受托对相关事项进行鉴证，发表具有证明力的意见的业务活动。包括会计鉴证、税务鉴证、法律鉴证、职业技能鉴定、工程造价鉴证、工程监理、资产评估、环境评估、房地产土地评估、建筑图纸审核、医疗事故鉴定等。

（3）咨询服务，是指提供信息、建议、策划、顾问等服务的活动。包括金融、软件、技术、财务、税收、法律、内部管理、业务运作、流程管理、健康等方面的咨询。

翻译服务和市场调查服务按照咨询服务缴纳增值税。

7. 广播影视服务。

广播影视服务，包括广播影视节目（作品）的制作服务、发行服务和播映（含放映，下同）服务。

（1）广播影视节目（作品）制作服务，是指进行专题（特别节目）、专栏、综艺、体育、动画片、广播剧、电视剧、电影等广播影视节目和作品制作的服务。具体包括与广播影视节目和作品相关的策划、采编、拍摄、录音、音视频文字图片素材制作、场景布置、后期的剪辑、翻译（编译）、字幕制作、片头、片尾、片花制作、特效制作、影片修复、编目和确权等业务活动。

（2）广播影视节目（作品）发行服务，是指以分账、买断、委托等方式，向影院、电台、电视台、网站等单位和个人发行广播影视节目（作品）以及转让体育赛事等活动的报道及播映权的业务活动。

（3）广播影视节目（作品）播映服务，是指在影院、剧院、录像厅及其他场所播映广播影视节目（作品），以及通过电台、电视台、卫星通信、互联网、有线电视等无线或者有线装置播映广播影视节目（作品）的业务活动。

8. 商务辅助服务。

商务辅助服务，包括企业管理服务、经纪代理服务、人力资源服务、安全保护服务。

（1）企业管理服务，是指提供总部管理、投资与资产管理、市场管理、物业管理、日常综合管理等服务的业务活动。

（2）经纪代理服务，是指各类经纪、中介、代理服务。包括金融代理、知识产权代理、货物运输代理、代理报关、法律代理、房地产中介、职业中介、婚姻中介、代理记账、拍卖等。

货物运输代理服务，是指接受货物收货人、发货人、船舶所有人、船舶承租人或者船舶经营人的委托，以委托人的名义，为委托人办理货物运输、装卸、仓储和船舶进出港口、引航、靠泊等相关手续的业务活动。

代理报关服务，是指接受进出口货物的收、发货人委托，代为办理报关手续的业务活动。

（3）人力资源服务，是指提供公共就业、劳务派遣、人才委托招聘、劳动力外包等服务的业务活动。

（4）安全保护服务，是指提供保护人身安全和财产安全，维护社会治安等的业务活动。包括场所住宅保安、特种保安、安全系统监控以及其他安保服务。

9. 其他现代服务。

其他现代服务，是指除研发和技术服务、信息技术服务、文化创意服务、物流辅助服务、租赁服务、鉴证咨询服务、广播影视服务和商务辅助服务以外的现代服务。

（七）生活服务。

生活服务，是指为满足城乡居民日常生活需求提供的各类服务活动。包括文化体育服务、教育医疗服务、旅游娱乐服务、餐饮住宿服务、居民日常服务和其他生活服务。

1. 文化体育服务。

文化体育服务，包括文化服务和体育服务。

（1）文化服务，是指为满足社会公众文化生活需求提供的各种服务。包括：文艺创作、文艺表演、文化比赛，图书馆的图书和资料借阅，档案馆的档案管理，文物及非物质遗产保护，组织举办宗教活动、科技活动、文化活动，提供游览场所。

（2）体育服务，是指组织举办体育比赛、体育表演、体育活动，以及提供体育训练、体育指导、体育管理的业务活动。

2. 教育医疗服务。

教育医疗服务，包括教育服务和医疗服务。

（1）教育服务，是指提供学历教育服务、非学历教育服务、教育辅助服务的业务活动。

学历教育服务，是指根据教育行政管理部门确定或者认可的招生和教学计划组织教学，并颁发相应学历证书的业务活动。包括初等教育、初级中等教育、高级中等教育、高等教育等。

非学历教育服务，包括学前教育、各类培训、演讲、讲座、报告会等。

教育辅助服务，包括教育测评、考试、招生等服务。

（2）医疗服务，是指提供医学检查、诊断、治疗、康复、预防、保健、接生、计划生育、防疫服务等方面的服务，以及与这些服务有关的提供药品、医用材料器具、救护车、病房住宿和伙食的业务。

3. 旅游娱乐服务。

旅游娱乐服务，包括旅游服务和娱乐服务。

（1）旅游服务，是指根据旅游者的要求，组织安排交通、游览、住宿、餐饮、购物、文娱、商务等服务的业务活动。

（2）娱乐服务，是指为娱乐活动同时提供场所和服务的业务。

具体包括：歌厅、舞厅、夜总会、酒吧、台球、高尔夫球、保龄球、游艺（包括射击、狩猎、跑马、游戏机、蹦极、卡丁车、热气球、动力伞、射箭、飞镖）。

4. 餐饮住宿服务。

餐饮住宿服务，包括餐饮服务和住宿服务。

（1）餐饮服务，是指通过同时提供饮食和饮食场所的方式为消费者提供饮食消费服务的业务活动。

（2）住宿服务，是指提供住宿场所及配套服务等的活动。包括宾馆、旅馆、旅社、度假村和其他经营性住宿场所提供的住宿服务。

5. 居民日常服务。

居民日常服务，是指主要为满足居民个人及其家庭日常生活需求提供的服务，包括市容市政管理、家政、婚庆、养老、殡葬、照料和护理、救助救济、美容美发、按摩、桑拿、氧吧、足疗、沐浴、洗染、摄影扩印等服务。

6.其他生活服务。

其他生活服务,是指除文化体育服务、教育医疗服务、旅游娱乐服务、餐饮住宿服务和居民日常服务之外的生活服务。

二、销售无形资产

销售无形资产,是指转让无形资产所有权或者使用权的业务活动。无形资产,是指不具实物形态,但能带来经济利益的资产,包括技术、商标、著作权、商誉、自然资源使用权和其他权益性无形资产。

技术,包括专利技术和非专利技术。

自然资源使用权,包括土地使用权、海域使用权、探矿权、采矿权、取水权和其他自然资源使用权。

其他权益性无形资产,包括基础设施资产经营权、公共事业特许权、配额、经营权(包括特许经营权、连锁经营权、其他经营权)、经销权、分销权、代理权、会员权、席位权、网络游戏虚拟道具、域名、名称权、肖像权、冠名权、转会费等。

三、销售不动产

销售不动产,是指转让不动产所有权的业务活动。不动产,是指不能移动或者移动后会引起性质、形状改变的财产,包括建筑物、构筑物等。

建筑物,包括住宅、商业营业用房、办公楼等可供居住、工作或者进行其他活动的建造物。

构筑物,包括道路、桥梁、隧道、水坝等建造物。

转让建筑物有限产权或者永久使用权的,转让在建的建筑物或者构筑物所有权的,以及在转让建筑物或者构筑物时一并转让其所占土地的使用权的,按照销售不动产缴纳增值税。

《货物期货征收增值税具体办法》(1994年11月9日国税发〔1994〕244号公布)

根据国家税务总局《增值税若干具体问题的规定》,"货物期货应当征收增值税"。现将对货物期货征收增值税的具体办法规定如下:

一、货物期货交易增值税的纳税环节为期货的实物交割环节。

二、货物期货交易增值的计税依据为交割时的不含税价格(不含增值税的实际成交额)。

$$不含税价格 = 含税价格 \div (1+增值税税率)$$

三、货物期货交易增值税的纳税人为:

(一)交割时采取由期货交易所开具发票的,以期货交易所为纳税人。

期货交易所增值税按次计算,其进项税额为该货物交割时供货会员单位开具的增值税专用发票上注明的销项税额,期货交易所本身发生的各种进项不得抵扣。

(二)交割时采取由供货的会员单位直接将发票开给购货会员单位的,以供货会员单位为纳税人。

《增值税若干具体问题的规定》(1993年12月28日国税发〔1993〕154号公布)

一、征税范围

(一)货物期货(包括商品期货和贵金属期货),应当征收增值税。

(二)银行销售金银的业务,应当征收增值税。

……

(四)基本建设单位和从事建筑安装业务的企业附设的工厂、车间生产的水泥预制构件、其他构件或建筑材料,用于本单位或本企业的建筑工程的,应在移送使用时征收增值税。但对其在建筑现场制造的预制构件,凡直接用于本单位或本企业建筑工程的,不征收增值税。

(五)典当业的死当物品销售业务和寄售业代委托人销售寄售物品的业务,均应征收增值税。

(六)因转让著作所有权而发生的销售电影母片、录像带母带、录音磁带母带的业务,以及因转让专利技术和非专利技术的所有权而发生的销售计算机软件的业务,不征收增值税。

(七)供应或开采未经加工的天然水(如水库供应农业灌溉用水,工厂自采地下水用于生产),不征收增值税。

(八)邮政部门销售集邮邮票、首日封,应当征收增值税。

(九)缝纫,应当征收增值税。

《财政部 国家税务总局关于明确金融 房地产开发 教育辅助服务等增值税政策的通知》(财税〔2016〕140号)

各省、自治区、直辖市、计划单列市财政厅(局)、国家税务局,地方税务局,新疆生产建设兵团财务局:

现将营改增试点期间有关金融、房地产开发、教育辅助服务等政策补充通知如下:

一、《销售服务、无形资产、不动产注释》(财税〔2016〕36号)第一条第(五)项第1点所称"保本收益、报酬、资金占用费、补偿金",是指合同中明确承诺到期本金可全部收回的投资收益。金融商品持有期间(含到期)取得的非保本的上述收益,不属于利息或利息性质的收入,不征收增值税。

二、纳税人购入基金、信托、理财产品等各类资产管理产品持有至到期,不属于《销售服务、无形资产、不动产注释》(财税〔2016〕36号)第一条第(五)项第4点所称的金融商品转让。

三、证券公司、保险公司、金融租赁公司、证券基金管理公司、证券投资基金以及其他经人民银行、银监会①、证监会、保监会②批准成立且经营金融保险业务的机构发放贷款后,自结息日起90天内发生的应收未收利息按现行规定缴纳增值税,自结息日起90天后发生的应收未收利息暂不缴纳增值税,待实际收到利息时按规定缴纳增值税。

四、资管产品运营过程中发生的增值税应税行为,以资管产品管理人为增值税纳税人。

五、纳税人2016年1—4月份转让金融商品出现的负差,可结转下一纳税期,与2016年5—12月份转让金融商品销售额相抵。

六、《财政部 国家税务总局关于全面推开营业税改征增值税试点的通知》(财税〔2016〕36号)所称"人民银行、银监会或者商务部批准""商务部授权的省级商务主管部门和国家经济技术开发区批准"从事融资租赁业务(含融资性售后回租业务)的试点纳税人(含试点纳税人中的一般纳税人),包括经上述部门备案从事融资租赁业务的试点纳税人。

七、《营业税改征增值税试点有关事项的规定》(财税〔2016〕36号)第一条第(三)项第10点中"向政府部门支付的土地价款",包括土地受让人向政府部门支付的征地和拆迁补偿费用、土地前期开发费用和土地出让收益等。

房地产开发企业中的一般纳税人销售其开发的房地产项目(选择简易计税方法的房地产老项目除外),在取得土地时向其他单位或个人支付的拆迁补偿费用也允许在计算销售额时扣除。纳税人按上述规定扣除拆迁补偿费用时,应提供拆迁协议、拆迁双方支付和取得拆迁补偿费用凭证等能够证明拆迁补偿费用真实性的材料。

八、房地产开发企业(包括多个房地产开发企业组成的联合体)受让土地向政府部门支付土地价款后,设立项目公司对该受让土地进行开发,同时符合下列条件的,可由项目公司按规定扣除房地产开发企业向政府部门支付的土地价款。

(一)房地产开发企业、项目公司、政府部门三方签订变更协议或补充合同,将土地受让人变更为项目公司;

(二)政府部门出让土地的用途、规划等条件不变的情况下,签署变更协议或补充合同时,土地价款总额不变;

(三)项目公司的全部股权由受让土地的房地产开发企业持有。

九、提供餐饮服务的纳税人销售的外卖食品,按照"餐饮服务"缴纳增值税。

十、宾馆、旅馆、旅社、度假村和其他经营性住宿场所提供会议场地及配套服务的活动,按照"会议展览服务"缴纳增值税。

十一、纳税人在游览场所经营索道、摆渡车、电瓶车、游船等取得的收入,按照

---

①② 2018年改为中国银行保险监督管理委员会,2023年改为国家金融监督管理总局。

"文化体育服务"缴纳增值税。

十二、非企业性单位中的一般纳税人提供的研发和技术服务、信息技术服务、鉴证咨询服务,以及销售技术、著作权等无形资产,可以选择简易计税方法按照3%征收率计算缴纳增值税。

非企业性单位中的一般纳税人提供《营业税改征增值税试点过渡政策的规定》(财税〔2016〕36号)第一条第(二十六)项中的"技术转让、技术开发和与之相关的技术咨询、技术服务",可以参照上述规定,选择简易计税方法按照3%征收率计算缴纳增值税。

十三、一般纳税人提供教育辅助服务,可以选择简易计税方法按照3%征收率计算缴纳增值税。

十四、纳税人提供武装守护押运服务,按照"安全保护服务"缴纳增值税。

十五、物业服务企业为业主提供的装修服务,按照"建筑服务"缴纳增值税。

十六、纳税人将建筑施工设备出租给他人使用并配备操作人员的,按照"建筑服务"缴纳增值税。

十七、自2017年1月1日起,生产企业销售自产的海洋工程结构物,或者融资租赁企业及其设立的项目子公司、金融租赁公司及其设立的项目子公司购买并以融资租赁方式出租的国内生产企业生产的海洋工程结构物,应按规定缴纳增值税,不再适用《财政部 国家税务总局关于出口货物劳务增值税和消费税政策的通知》(财税〔2012〕39号)或者《财政部 国家税务总局关于在全国开展融资租赁货物出口退税政策试点的通知》(财税〔2014〕62号)规定的增值税出口退税政策,但购买方或者承租方为按实物征收增值税的中外合作油(气)田开采企业的除外。

2017年1月1日前签订的海洋工程结构物销售合同或者融资租赁合同,在合同到期前,可继续按现行相关出口退税政策执行。

十八、本通知除第十七条规定的政策外,其他均自2016年5月1日起执行。此前已征的应予免征或不征的增值税,可抵减纳税人以后月份应缴纳的增值税。

《国家税务总局关于土地价款扣除时间等增值税征管问题的公告》(国家税务总局公告2016年第86号)

为细化落实《财政部 国家税务总局关于明确金融 房地产开发 教育辅助服务等增值税政策的通知》(财税〔2016〕140号)和进一步明确营改增试点运行中反映的操作问题,现将有关事项公告如下:

一、房地产开发企业向政府部门支付的土地价款,以及向其他单位或个人支付的拆迁补偿费用,按照财税〔2016〕140号文件第七、八条规定,允许在计算销售额时扣除但未扣除的,从2016年12月份(税款所属期)起按照现行规定计算扣除。

二、财税〔2016〕140号文件第九、十、十一、十四、十五、十六条明确的税目适用问题，按以下方式处理：

（一）不涉及税率适用问题的不调整申报；

（二）纳税人原适用的税率高于财税〔2016〕140号文件所明确税目对应税率的，多申报的销项税额可以抵减以后月份的销项税额；

（三）纳税人原适用的税率低于财税〔2016〕140号文件所明确税目对应税率的，不调整申报，并从2016年12月份（税款所属期）起按照财税〔2016〕140号文件执行。

纳税人已就相关业务向购买方开具增值税专用发票的，应将增值税专用发票收回并重新开具；无法收回的不再调整。

三、财税〔2016〕140号文件第十八条规定的"此前已征的应予免征或不征的增值税，可抵减纳税人以后月份应缴纳的增值税"，按以下方式处理：

（一）应予免征或不征增值税业务已按照一般计税方法缴纳增值税的，以该业务对应的销项税额抵减以后月份的销项税额，同时按照现行规定计算不得从销项税额中抵扣的进项税额；

（二）应予免征或不征增值税业务已按照简易计税方法缴纳增值税的，以该业务对应的增值税应纳税额抵减以后月份的增值税应纳税额。

纳税人已就应予免征或不征增值税业务向购买方开具增值税专用发票的，应将增值税专用发票收回后方可享受免征或不征增值税政策。

四、保险公司开展共保业务时，按照以下规定开具增值税发票：

（一）主承保人与投保人签订保险合同并全额收取保费，然后再与其他共保人签订共保协议并支付共保保费的，由主承保人向投保人全额开具发票，其他共保人向主承保人开具发票；

（二）主承保人和其他共保人共同与投保人签订保险合同并分别收取保费的，由主承保人和其他共保人分别就各自获得的保费收入向投保人开具发票。

五、《国家税务总局关于发布〈房地产开发企业销售自行开发的房地产项目增值税征收管理暂行办法〉的公告》（国家税务总局公告2016年第18号）第五条中，"当期销售房地产项目建筑面积""房地产项目可供销售建筑面积"，是指计容积率地上建筑面积，不包括地下车位建筑面积。

六、纳税人办理无偿赠与或受赠不动产免征增值税的手续，按照《国家税务总局关于进一步简化和规范个人无偿赠与或受赠不动产免征营业税、个人所得税所需证明资料的公告》（国家税务总局公告2015年第75号，以下称《公告》）的规定执行。《公告》第一条第（四）项第2目"经公证的能够证明有权继承或接受遗赠的证明资料原件及复印件"，修改为"有权继承或接受遗赠的证明资料原件及复印件"。

七、纳税人出租不动产，租赁合同中约定免租期的，不属于《营业税改征增值税试点实施办法》（财税〔2016〕36号文件印发）第十四条规定的视同销售服务。

本公告自发布之日起施行。

特此公告。

《财政部 国家税务总局关于资管产品增值税政策有关问题的补充通知》（财税〔2017〕2号）

各省、自治区、直辖市、计划单列市财政厅（局）、国家税务局，地方税务局，新疆生产建设兵团财务局：

现就《财政部 国家税务总局关于明确金融 房地产开发 教育辅助服务等增值税政策的通知》（财税〔2016〕140号）第四条规定的"资管产品运营过程中发生的增值税应税行为，以资管产品管理人为增值税纳税人"问题补充通知如下：

2017年7月1日（含）以后，资管产品运营过程中发生的增值税应税行为，以资管产品管理人为增值税纳税人，按照现行规定缴纳增值税。

对资管产品在2017年7月1日前运营过程中发生的增值税应税行为，未缴纳增值税的，不再缴纳；已缴纳增值税的，已纳税额从资管产品管理人以后月份的增值税应纳税额中抵减。

资管产品运营过程中发生增值税应税行为的具体征收管理办法，由国家税务总局另行制定。

《财政部税务总局关于租入固定资产进项税额抵扣等增值税政策的通知》（财税〔2017〕90号）

二、自2018年1月1日起，纳税人已售票但客户逾期未消费取得的运输逾期票证收入，按照"交通运输服务"缴纳增值税。纳税人为客户办理退票而向客户收取的退票费、手续费等收入，按照"其他现代服务"缴纳增值税。

《财政部 税务总局关于明确无偿转让股票等增值税政策的公告》（财政部 税务总局公告2020年第40号）

一、纳税人无偿转让股票时，转出方以该股票的买入价为卖出价，按照"金融商品转让"计算缴纳增值税；在转入方将上述股票再转让时，以原转出方的卖出价为买入价，按照"金融商品转让"计算缴纳增值税。

《财政部 税务总局关于延续境外机构投资境内债券市场企业所得税、增值税政策的公告》（财政部 税务总局公告2021年第34号）

为进一步推动债券市场对外开放，现将有关税收政策公告如下：

自2021年11月7日起至2025年12月31日止，对境外机构投资境内债券市场取得的债券利息收入暂免征收企业所得税和增值税。

上述暂免征收企业所得税的范围不包括境外机构在境内设立的机构、场所取得的与该机构、场所有实际联系的债券利息。

《中华人民共和国民法典》（2020年5月28日第十三届全国人民代表大会第三次会议通过）

第十三条　自然人从出生时起到死亡时止，具有民事权利能力，依法享有民事权利，承担民事义务。

第十七条　十八周岁以上的自然人为成年人。不满十八周岁的自然人为未成年人。

第十八条　成年人为完全民事行为能力人，可以独立实施民事法律行为。

十六周岁以上的未成年人，以自己的劳动收入为主要生活来源的，视为完全民事行为能力人。

第五十五条　农村集体经济组织的成员，依法取得农村土地承包经营权，从事家庭承包经营的，为农村承包经营户。

第五十六条　个体工商户的债务，个人经营的，以个人财产承担；家庭经营的，以家庭财产承担；无法区分的，以家庭财产承担。

农村承包经营户的债务，以从事农村土地承包经营的农户财产承担；事实上由农户部分成员经营的，以该部分成员的财产承担。

第五十七条　法人是具有民事权利能力和民事行为能力，依法独立享有民事权利和承担民事义务的组织。

第七十六条　以取得利润并分配给股东等出资人为目的成立的法人，为营利法人。

营利法人包括有限责任公司、股份有限公司和其他企业法人等。

【《增值税法》原文】

第四条　在境内发生应税交易，是指下列情形：

（一）销售货物的，货物的起运地或者所在地在境内；

（二）销售或者租赁不动产、转让自然资源使用权的，不动产、自然资源所在地在境内；

（三）销售金融商品的，金融商品在境内发行，或者销售方为境内单位和个人；

（四）除本条第二项、第三项规定外，销售服务、无形资产的，服务、无形资产在境内消费，或者销售方为境内单位和个人。

〔草案二次审议稿〕

第三条　在境内发生应税交易，是指下列情形：

（一）销售货物的，货物的起运地或者所在地在境内；

（二）销售或者租赁不动产、转让自然资源使用权的，不动产、自然资源所在地在境内；

（三）销售金融商品的，金融商品在境内发行，或者销售方为境内单位和个人；

（四）除本条第二项、第三项规定外，销售服务、无形资产的，服务、无形资产在境内消费，或者销售方为境内单位和个人。

【条文释义】

本条规定了境内发生应税行为的情形。

只有在中国境内发生的应税交易，中国才有征税权，才需要在中国缴纳增值税。不同应税行为，其发生地的判断标准不同。

对于销售货物而言，其境内发生的判断标准为货物的起运地或者所在地在境内。货物从中国境内甲地运往中国境内乙地，属于典型的发生在中国境内的销售货物行为，需缴纳增值税。货物从中国境内甲地运往中国境外乙地，属于出口行为，出口货物不征增值税。货物从中国境外甲地运往中国境内乙地，属于进口行为，进口货物需要缴纳增值税。

对于销售或者租赁不动产、转让自然资源使用权而言，其境内发生的判断标准为不动产、自然资源所在地在境内。境内主体向境内主体销售或者租赁不动产、转让自然资源使用权，属于典型的发生在中国境内的应税行为。境内主体向境外主体或者境外主体向境内主体销售或者租赁不动产、转让自然资源使用权，也属于发生在中国境内的应税行为。

对于销售金融商品而言，其境内发生的判断标准为金融商品在境内发行，或者销售方为境内单位和个人。中国企业在上海、深圳、北京证交所发行股票，销售该股票属于典型的在中国境内销售金融商品的行为。中国境内单位和个人销售位于境内或者境外的金融商品，也属于发生在中国境内的销售金融商品行为。

除上述规定外，对于销售服务、无形资产而言，其境内发生的判断标准为服务、无形资产在境内消费，或者销售方为境内单位和个人。中国游客或者外国游客在中国境内酒店住宿，属于典型的发生在中国境内的销售服务行为。中国航空公司将乘客从中国境内运往中国境外，也属于发生在中国境内的销售服务行为。

【法律法规与政策指引】

《中华人民共和国增值税暂行条例实施细则》（2011年修订）

第八条 条例第一条所称在中华人民共和国境内（以下简称境内）销售货物或者提供加工、修理修配劳务，是指：

（一）销售货物的起运地或者所在地在境内；

（二）提供的应税劳务发生在境内。

《营业税改征增值税试点实施办法》(财税〔2016〕36号附件1)

第十二条 在境内销售服务、无形资产或者不动产,是指:

(一)服务(租赁不动产除外)或者无形资产(自然资源使用权除外)的销售方或者购买方在境内;

(二)所销售或者租赁的不动产在境内;

(三)所销售自然资源使用权的自然资源在境内;

(四)财政部和国家税务总局规定的其他情形。

第十三条 下列情形不属于在境内销售服务或者无形资产:

(一)境外单位或者个人向境内单位或者个人销售完全在境外发生的服务。

(二)境外单位或者个人向境内单位或者个人销售完全在境外使用的无形资产。

(三)境外单位或者个人向境内单位或者个人出租完全在境外使用的有形动产。

(四)财政部和国家税务总局规定的其他情形。

《财政部 国家税务总局关于原油和铁矿石期货保税交割业务增值税政策的通知》(财税〔2015〕35号)

各省、自治区、直辖市、计划单列市财政厅(局)、国家税务局:

根据国务院批复精神,现将原油和铁矿石期货保税交割业务有关增值税政策通知如下:

一、上海国际能源交易中心股份有限公司的会员和客户通过上海国际能源交易中心股份有限公司交易的原油期货保税交割业务,大连商品交易所的会员和客户通过大连商品交易所交易的铁矿石期货保税交割业务,暂免征收增值税。

二、期货保税交割的销售方,在向主管税务机关申报纳税时,应出具当期期货保税交割的书面说明、上海国际能源交易中心股份有限公司或大连商品交易所的交割结算单、保税仓单等资料。

三、上述期货交易中实际交割的原油和铁矿石,如果发生进口或者出口的,统一按照现行货物进出口税收政策执行。非保税货物发生的期货实物交割仍按《国家税务总局关于下发〈货物期货征收增值税具体办法〉的通知》(国税发〔1994〕244号)的规定执行。

四、本通知自2015年4月1日起执行。

《国家税务总局关于上海国际能源交易中心原油期货保税交割业务增值税管理问题的公告》(国家税务总局公告2017年第29号)

根据《财政部 国家税务总局关于原油和铁矿石期货保税交割业务增值税政策的通知》(财税〔2015〕35号),上海国际能源交易中心股份有限公司(以下简称"上海国际能源交易中心")开展的原油期货保税交割业务暂免征收增值税。现将有关增值税管理问

题公告如下:

一、上海国际能源交易中心开展的原油期货保税交割业务(以下简称"原油期货保税交割业务")是指参与原油期货保税交割业务的境内机构、境外机构,通过上海国际能源交易中心,以海关特殊监管区域或场所内处于保税监管状态的原油货物为期货实物交割标的物,开展的原油期货实物交割业务。

二、境内机构包括上海国际能源交易中心的会员单位(含期货公司会员和非期货公司会员),以及通过会员单位在上海国际能源交易中心开展原油期货保税交割业务的境内客户;

境外机构包括在上海国际能源交易中心开展原油期货保税交割业务的境外经纪机构和境外参与者。

三、对境内机构的增值税管理按以下规定执行:

(一)境内机构均应注册登记为增值税纳税人。

(二)境内机构应在首次申报原油期货保税交割业务免税时,向主管税务机关提交从事原油期货保税交割业务的书面说明,办理免税备案。

(三)原油期货保税交割业务的卖方为境内机构时,应向买方开具增值税普通发票。即境内卖方客户应向卖方会员单位开具增值税普通发票,卖方会员单位应向上海国际能源交易中心开具增值税普通发票,上海国际能源交易中心应向买方会员单位开具增值税普通发票,买方会员单位应向境内或境外买方客户开具增值税普通发票。开票金额均为上海国际能源交易中心保税交割结算单上注明的保税交割结算金额。

(四)境内机构应将免税业务对应的保税交割结算单及开具和收取的发票、收付款凭证以及保税标准仓单清单等资料按月整理成册,留存备查。

四、原油期货保税交割业务的卖方为境外机构时,卖方会员单位应向卖方索取相应的收款凭证,并以此作为免税依据。

五、上海国际能源交易中心的增值税管理规定,参照本公告第三条对境内机构的增值税管理规定执行。

六、上海期货交易所与上海国际能源交易中心其他期货品种的保税交割业务,适用免征增值税政策的,其增值税管理参照本公告执行。

七、本公告自发布之日起施行。

特此公告。

《国家税务总局关于大连商品交易所铁矿石期货保税交割业务增值税管理问题的公告》(国家税务总局公告2018年第19号)

根据《财政部 国家税务总局关于原油和铁矿石期货保税交割业务增值税政策的通知》(财税〔2015〕35号),大连商品交易所开展的铁矿石期货保税交割业务暂免征收增值税。现将有关增值税管理问题公告如下：

一、大连商品交易所开展的铁矿石期货保税交割业务（以下简称"铁矿石期货保税交割业务"）是指参与铁矿石期货保税交割业务的境内机构、境外机构，通过大连商品交易所，以海关特殊监管区域或场所内处于保税监管状态的铁矿石货物为期货实物交割标的物，开展的铁矿石期货实物交割业务。

二、境内机构包括大连商品交易所的会员单位（含期货公司会员和非期货公司会员），以及通过会员单位在大连商品交易所开展铁矿石期货保税交割业务的境内客户；

境外机构包括在大连商品交易所开展铁矿石期货保税交割业务的境外经纪机构和境外参与者。

三、对境内机构的增值税管理按以下规定执行：

（一）境内机构均应注册登记为增值税纳税人。

（二）境内机构应在首次申报铁矿石期货保税交割业务免税时，向主管税务机关提交从事铁矿石期货保税交割业务的书面说明，办理免税备案。

（三）铁矿石期货保税交割业务的卖方为境内机构时，应向买方开具增值税普通发票。即境内卖方客户应向卖方会员单位开具增值税普通发票，卖方会员单位应向大连商品交易所开具增值税普通发票，大连商品交易所应向买方会员单位开具增值税普通发票，买方会员单位应向境内或境外买方客户开具增值税普通发票。开票金额均为大连商品交易所保税交割结算单上注明的保税交割结算金额。

（四）境内机构应将免税业务对应的保税交割结算单及开具和收取的发票、收付款凭证以及保税标准仓单清单等资料按月整理成册，留存备查。

四、铁矿石期货保税交割业务的卖方为境外机构时，卖方会员单位应向卖方索取相应的收款凭证，并以此作为免税依据。

五、大连商品交易所的增值税管理规定，参照本公告第三条对境内机构的增值税管理规定执行。

六、大连商品交易所其他期货品种的保税交割业务，适用免征增值税政策的，其增值税管理参照本公告执行。

七、本公告自发布之日起施行。

特此公告。

《财政部　海关总署　税务总局关于中国（上海）自由贸易试验区临港新片区有关增值税政策的通知》（财税〔2021〕3号）

各省、自治区、直辖市、计划单列市财政厅（局）、国家税务局，海关总署广东分署、各直属海关，新疆生产建设兵团财政局：

为贯彻落实《国务院关于印发中国（上海）自由贸易试验区临港新片区总体方案的

通知》（国发〔2019〕15号）精神，现将有关增值税政策通知如下：

一、对《财政部 海关总署 税务总局关于完善启运港退税政策的通知》（财税〔2018〕5号）作如下修改：

将第二条第（三）项修改为：

"（三）经停港。

本通知所列启运港均可作为经停港。承运适用启运港退税政策货物的船舶，可在经停港加装、卸载货物。

从经停港加装的货物，需为已报关出口、经由上述第（二）项规定的离境港离境的集装箱货物。"

在第二条中增加一项，作为第（六）项："危险品不适用启运港退税政策"。

二、对注册在洋山特殊综合保税区内的企业，在洋山特殊综合保税区内提供交通运输服务、装卸搬运服务和仓储服务取得的收入，免征增值税。交通运输服务、装卸搬运服务和仓储服务的具体范围，按照《销售服务、无形资产、不动产注释》（财税〔2016〕36号印发）执行。

三、本通知自2021年1月1日起执行。其中，本通知第二条执行时间至2024年12月31日。

【《增值税法》原文】

第五条 有下列情形之一的，视同应税交易，应当依照本法规定缴纳增值税：

（一）单位和个体工商户将自产或者委托加工的货物用于集体福利或者个人消费；

（二）单位和个体工商户无偿转让货物；

（三）单位和个人无偿转让无形资产、不动产或者金融商品。

【草案二次审议稿】

第四条 有下列情形之一的，视同应税交易，应当依照本法规定缴纳增值税：

（一）单位和个体工商户将自产或者委托加工的货物用于集体福利或者个人消费；

（二）单位和个体工商户无偿转让货物；

（三）单位和个人无偿转让无形资产、不动产或者金融商品；

（四）国务院规定的其他情形。

【条文释义】

本条规定了视同应税交易制度。

有些交易本身并不符合应税交易的构成要件，但为了防止避税、确保增值税抵扣链条完整以及实现纳税人之间税负的公平，法律特意将某些在经济实质上与应税交易效果相同的行为视同应税交易。

单位和个体工商户将自产或者委托加工的货物用于集体福利或者个人消费应视同应税交易。因为增值税是由最终的消费者负担的，将货物用于集体福利或者个人消费就已经进入消费领域，应当缴纳增值税。这里需要注意的是，只有将自产或者委托加工的货物用于集体福利或者个人消费才视同应税交易，如果将外购的货物用于集体福利或者个人消费不视同应税交易，这种情况下只是进项税额不允许抵扣，并不视同销售货物。本条规定与第二十一条的规定要对照着理解。另外，如果是个人（不含个体工商户）将自产或者委托加工的货物用于集体福利（客观上不可能）或者个人消费也不视同应税交易。个人自产货物用于个人消费主要是家庭生产领域，自己给自己或者家人做饭、自己骑自行车或者开车运送自己等行为均不缴纳增值税。

单位和个体工商户无偿转让货物应视同应税交易。无偿转让货物有可能进入最终消费领域，应当纳税；即使继续保留在流动领域，为确保增值税抵扣链条的完整，也应当按照销售来计算并缴纳增值税，否则转让方缺少销项税额、受让方缺少进项税额，增值税抵扣将出现异常。需要注意的是，如果是个人（不含个体工商户）无偿转让货物，不视同应税交易。如亲朋好友之间互赠物品、个人捐赠物品等均不缴纳增值税。

单位和个人无偿转让无形资产、不动产或者金融商品应视同应税交易。为防止避税，任何主体，包括个人，如果无偿转让的是无形资产、不动产或者金融商品，均应视同应税交易。如亲朋好友之间赠送房屋，均应视同应税交易，但符合法定免税情形的免于缴纳增值税。

【法律法规与政策指引】

《中华人民共和国增值税暂行条例实施细则》（2011年修订）

第四条　单位或者个体工商户的下列行为，视同销售货物：

（一）将货物交付其他单位或者个人代销；

（二）销售代销货物；

（三）设有两个以上机构并实行统一核算的纳税人，将货物从一个机构移送其他机构用于销售，但相关机构设在同一县（市）的除外；

（四）将自产或者委托加工的货物用于非增值税应税项目；

（五）将自产、委托加工的货物用于集体福利或者个人消费；

（六）将自产、委托加工或者购进的货物作为投资，提供给其他单位或者个体工商户；

（七）将自产、委托加工或者购进的货物分配给股东或者投资者；

（八）将自产、委托加工或者购进的货物无偿赠送其他单位或者个人。

《营业税改征增值税试点实施办法》（财税〔2016〕36号附件1）

第十四条　下列情形视同销售服务、无形资产或者不动产：

（一）单位或者个体工商户向其他单位或者个人无偿提供服务，但用于公益事业或者以社会公众为对象的除外。

（二）单位或者个人向其他单位或个人无偿转让无形资产或者不动产，但用于公益事业或者以社会公众为对象的除外。

（三）财政部和国家税务总局规定的其他情形。

《国家税务总局关于纳税人无偿赠送粉煤灰征收增值税问题的公告》（国家税务总局公告2011年第32号）

现将纳税人无偿赠送粉煤灰征收增值税问题公告如下：

纳税人将粉煤灰无偿提供给他人，应根据《中华人民共和国增值税暂行条例实施细则》第四条的规定征收增值税。销售额应根据《中华人民共和国增值税暂行条例实施细则》第十六条的规定确定。

本公告自2011年6月1日起执行。此前执行与本公告不一致的，按照本公告的规定调整。

特此公告。

《国家税务总局关于纳税人无偿赠送煤矸石征收增值税问题的公告》（国家税务总局公告2013年第70号）

现将纳税人无偿赠送煤矸石征收增值税问题公告如下：

纳税人将煤矸石无偿提供给他人，应根据《中华人民共和国增值税暂行条例实施细则》第四条的规定征收增值税，销售额应根据《中华人民共和国增值税暂行条例实施细则》第十六条的规定确定。

本公告自2014年1月1日起施行。此前已发生并处理的事项，不再做调整；未处理的，按本公告规定执行。

特此公告。

《中华人民共和国民法典》（2020年5月28日第十三届全国人民代表大会第三次会议通过）

第六百五十七条　赠与合同是赠与人将自己的财产无偿给予受赠人，受赠人表示接受赠与的合同。

第六百五十八条　赠与人在赠与财产的权利转移之前可以撤销赠与。

经过公证的赠与合同或者依法不得撤销的具有救灾、扶贫、助残等公益、道德义务性质的赠与合同，不适用前款规定。

第六百五十九条　赠与的财产依法需要办理登记或者其他手续的，应当办理有关手续。

第六百六十条　经过公证的赠与合同或者依法不得撤销的具有救灾、扶贫、助残等公益、道德义务性质的赠与合同，赠与人不交付赠与财产的，受赠人可以请求交付。

依据前款规定应当交付的赠与财产因赠与人故意或者重大过失致使毁损、灭失的，赠与人应当承担赔偿责任。

第六百六十一条 赠与可以附义务。

赠与附义务的，受赠人应当按照约定履行义务。

第六百六十二条 赠与的财产有瑕疵的，赠与人不承担责任。附义务的赠与，赠与的财产有瑕疵的，赠与人在附义务的限度内承担与出卖人相同的责任。

赠与人故意不告知瑕疵或者保证无瑕疵，造成受赠人损失的，应当承担赔偿责任。

第六百六十三条 受赠人有下列情形之一的，赠与人可以撤销赠与：

（一）严重侵害赠与人或者赠与人近亲属的合法权益；

（二）对赠与人有扶养义务而不履行；

（三）不履行赠与合同约定的义务。

赠与人的撤销权，自知道或者应当知道撤销事由之日起一年内行使。

第六百六十四条 因受赠人的违法行为致使赠与人死亡或者丧失民事行为能力的，赠与人的继承人或者法定代理人可以撤销赠与。

赠与人的继承人或者法定代理人的撤销权，自知道或者应当知道撤销事由之日起六个月内行使。

第六百六十五条 撤销权人撤销赠与的，可以向受赠人请求返还赠与的财产。

第六百六十六条 赠与人的经济状况显著恶化，严重影响其生产经营或者家庭生活的，可以不再履行赠与义务。

【《增值税法》原文】

第六条 有下列情形之一的，不属于应税交易，不征收增值税：

（一）员工为受雇单位或者雇主提供取得工资、薪金的服务；

（二）收取行政事业性收费、政府性基金；

（三）依照法律规定被征收、征用而取得补偿；

（四）取得存款利息收入。

〖草案二次审议稿〗

第五条 有下列情形之一的，不属于应税交易，不征收增值税：

（一）员工为受雇单位或者雇主提供取得工资、薪金的服务；

（二）收取行政事业性收费、政府性基金；

（三）依照法律规定被征收、征用而取得补偿；

（四）取得存款利息收入。

【条文释义】

本条规定了不属于应税交易的情形。

有些行为看似符合应税交易的构成要件,但实质上并非经营行为或者属于政府行为,因而不应纳入增值税的征税范围。

员工为受雇单位或者雇主提供取得工资、薪金的服务,不属于应税交易,不征收增值税。该行为属于单位内部行为,对员工而言,并非经营行为,故不应纳入增值税的征税范围。员工为公司、个体工商户或者个人雇主提供取得工资、薪金的服务,均不属于应税交易,不征收增值税。这里需要强调的是,员工和受雇单位或者雇主之间要形成雇佣和被雇佣的关系,即应当签订劳动合同,应当缴纳社保,应当按照"工资、薪金所得"申报缴纳个人所得税。如果签订的是劳务合同,不缴纳社保,按照"劳务报酬所得"申报缴纳个人所得税则属于增值税的征税范围,除依法免税的外,需要缴纳增值税。

收取行政事业性收费、政府性基金,不属于应税交易,不征收增值税。无论是政府机关、事业单位,还是公司、个体工商户,只要收取的是行政事业性收费、政府性基金,均不属于应税交易,不征收增值税。因为上述收费的最终取得主体是政府,如果对行政事业性收费、政府性基金征税,相当于对政府本身征税。单位和个人收取的行政事业性收费、政府性基金应当全额上缴国库或者按照法律规定处置才能认为不属于应税交易,不征收增值税。

依照法律规定被征收、征用而取得补偿,不属于应税交易,不征收增值税。这种行为不是交易行为,且其补偿资金来自财政,如果征税,税负将由财政负担,因此,不宜列入增值税的征税范围。

取得存款利息收入,不属于应税交易,不征收增值税。储户将资金存入银行取得存款利息的行为不是经营行为,同时,为鼓励储蓄,也不宜将该行为列入增值税的征税范围。需要注意的是,只有储户将资金存入银行等具有合法吸收存款资格的主体,取得的存款利息收入,才不属于应税交易,不征收增值税。如果单位和个人将资金借给他人使用,根据合同约定取得利息收入,该行为属于增值税应税行为,除依法免税外,应当缴纳增值税。

【法律法规与政策指引】

《国家税务总局关于二手车经营业务有关增值税问题的公告》(国家税务总局公告2012年第23号)

为加强管理,现将二手车经营业务有关增值税问题公告如下:

经批准允许从事二手车经销业务的纳税人按照《机动车登记规定》的有关规定,收购二手车时将其办理过户登记到自己名下,销售时再将该二手车过户登记到买家名下的行为，属于《中华人民共和国增值税暂行条例》规定的销售货物的行为，应按照现行规定征收增值税。

除上述行为以外，纳税人受托代理销售二手车，凡同时具备以下条件的，不征收增值税；不同时具备以下条件的，视同销售征收增值税。

（一）受托方不向委托方预付货款；

（二）委托方将《二手车销售统一发票》直接开具给购买方；

（三）受托方按购买方实际支付的价款和增值税额（如系代理进口销售货物则为海关代征的增值税额）与委托方结算货款，并另外收取手续费。

本公告自 2012 年 7 月 1 日起开始施行。

特此公告。

《营业税改征增值税试点实施办法》（财税〔2016〕36 号附件 1）

第十条 销售服务、无形资产或者不动产，是指有偿提供服务、有偿转让无形资产或者不动产，但属于下列非经营活动的情形除外：

（一）行政单位收取的同时满足以下条件的政府性基金或者行政事业性收费。

1. 由国务院或者财政部批准设立的政府性基金，由国务院或者省级人民政府及其财政、价格主管部门批准设立的行政事业性收费；

2. 收取时开具省级以上（含省级）财政部门监（印）制的财政票据；

3. 所收款项全额上缴财政。

（二）单位或者个体工商户聘用的员工为本单位或者雇主提供取得工资的服务。

（三）单位或者个体工商户为聘用的员工提供服务。

（四）财政部和国家税务总局规定的其他情形。

《营业税改征增值税试点有关事项的规定》（财税〔2016〕36 号附件 2）

一、营改增试点期间，试点纳税人［指按照《营业税改征增值税试点实施办法》（以下称《试点实施办法》）缴纳增值税的纳税人］有关政策

……

（二）不征收增值税项目。

1. 根据国家指令无偿提供的铁路运输服务、航空运输服务，属于《试点实施办法》第十四条规定的用于公益事业的服务。

2. 存款利息。

3. 被保险人获得的保险赔付。

4. 房地产主管部门或者其指定机构、公积金管理中心、开发企业以及物业管理单位代收的住宅专项维修资金。

5. 在资产重组过程中，通过合并、分立、出售、置换等方式，将全部或者部分实物

资产以及与其相关联的债权、负债和劳动力一并转让给其他单位和个人,其中涉及的不动产、土地使用权转让行为。

《政府性基金管理暂行办法》(财综〔2010〕80号)

第一章 总则

第一条 为加强政府性基金管理,进一步规范审批、征收、使用、监管等行为,保护公民、法人和其他组织的合法权益,根据《中共中央 国务院关于坚决制止乱收费、乱罚款和各种摊派的决定》(中发〔1990〕16号)、《国务院关于加强预算外资金管理的决定》(国发〔1996〕29号)和《中共中央 国务院关于治理向企业乱收费、乱罚款和各种摊派等问题的决定》(中发〔1997〕14号)的规定,制定本办法。

第二条 本办法所称政府性基金,是指各级人民政府及其所属部门根据法律、行政法规和中共中央、国务院文件规定,为支持特定公共基础设施建设和公共事业发展,向公民、法人和其他组织无偿征收的具有专项用途的财政资金。

第三条 政府性基金实行中央一级审批制度,遵循统一领导、分级管理的原则。

第四条 政府性基金属于政府非税收入,全额纳入财政预算,实行"收支两条线"管理。

第五条 各级人民政府财政部门(以下简称各级财政部门)以及政府性基金征收、使用部门和单位按照本办法规定权限,分别负责政府性基金的征收、使用、管理和监督。

第六条 各级财政部门是政府性基金管理的职能部门。

财政部负责制定全国政府性基金征收使用管理政策和制度,审批、管理和监督全国政府性基金,编制中央政府性基金预决算草案,汇总全国政府性基金预决算草案。

地方各级财政部门依照规定负责对本行政区域内政府性基金的征收使用管理和监督,编制本级政府性基金预决算草案。

第七条 政府性基金征收部门和单位(以下简称征收机构)负责政府性基金的具体征收工作。

第八条 政府性基金使用部门和单位(以下简称使用单位)负责编制涉及本部门和单位的有关政府性基金收支预算和决算。

第九条 财政部于每年3月31日前编制截至上年12月31日的全国政府性基金项目目录,向社会公布。各省、自治区、直辖市人民政府(以下简称省级政府)财政部门按照财政部规定,于每年4月30日前编制截至上年12月31日在本行政区域范围内实施的政府性基金项目,向社会公布。

第十条 政府性基金的征收、使用、管理等应当接受财政、审计部门的监督检查。

第二章 申请和审批程序

第十一条 国务院所属部门(含直属机构,下同)、地方各级人民政府及其所属部门申请征收政府性基金，必须以法律、行政法规和中共中央、国务院文件为依据，法律、行政法规和中共中央、国务院文件没有明确规定征收政府性基金的，一律不予审批。

第十二条 法律、行政法规和中共中央、国务院文件明确规定征收政府性基金，但没有明确规定征收对象、范围和标准等内容的，应当按照下列程序进行申请和审批：

（一）国务院所属部门、地方各级人民政府及其所属部门申请附加在税收、价格上征收，或者按销售（营业）收入、固定资产原值等的一定比例征收的政府性基金项目，应当由国务院所属部门或者省级政府提出书面申请，经财政部会同有关部门审核后，报国务院批准。

（二）国务院所属部门申请征收除本条第一款（一）以外的其他政府性基金项目，应当向财政部提出书面申请，由财政部审批。

（三）地方各级人民政府及其所属部门申请征收除本条第一款（一）以外的其他政府性基金项目，应当提出书面申请，经省级政府财政部门审核后，由省级政府财政部门或者省级政府报财政部审批。

法律、行政法规和中共中央、国务院文件已经明确政府性基金征收对象、范围和标准等内容的，其具体征收使用管理办法由财政部会同有关部门负责制定。

第十三条 征收政府性基金的申请文件应当包括下列内容：政府性基金项目名称、征收目的和依据、征收机构、征收对象、征收范围、征收标准、征收方式、资金用途、使用票据、使用单位、执行期限等，并说明有关理由。同时，还应当提交有关征收政府性基金的法律、行政法规和中共中央、国务院文件依据，以及国务院或财政部认为应当提交的其他相关数据和资料。

第十四条 财政部收到征收政府性基金的申请文件后，经初步审查确认申请文件的形式和内容符合本办法规定的，应当予以受理；经初步审查确认申请文件的形式和内容不符合本办法规定的，应当及时通知申请单位对申请文件作出相应修改或者补充相关资料。

第十五条 财政部正式受理申请后，应当对申请征收的政府性基金是否符合法律、行政法规和中共中央、国务院文件规定等内容进行审查，并对申请征收政府性基金的有关情况进行调查，通过召开座谈会、论证会、书面征求意见等形式，广泛听取征收对象和其他相关部门或者单位的意见。其中，涉及农民负担的政府性基金，应当听取农民负担监督管理部门的意见。

第十六条 财政部原则上应当自受理申请之日起90个工作日内作出是否批准征收政府性基金的决定或者提出是否同意征收政府性基金的审核意见。由于客观原因未能在规定时间内作出审批决定或者提出审核意见的，应当向申请单位说明理由。

第十七条 财政部关于批准或者不予批准征收政府性基金的决定，应当以书面形式发布。

批准决定应当包括以下内容：审批政府性基金的依据、政府性基金项目名称、征收机构、征收对象、征收范围、征收标准、征收方式、使用票据、资金用途、使用单位、执行期限、监督检查等。其中，政府性基金征收标准根据有关事业发展需要，兼顾经济发展和社会承受能力确定。

不予批准的决定，应当说明依据和理由。

第十八条 财政部同意或者不同意征收政府性基金的审核意见，应当以书面形式上报国务院。其内容包括：申请征收的政府性基金是否具有法律、行政法规和中共中央、国务院文件依据，是否同意征收及主要理由；对经审核同意征收的政府性基金，还应当提出对政府性基金项目名称、征收机构、征收对象、征收范围、征收标准、征收方式、使用票据、资金用途、使用单位、执行期限、监督检查等内容的具体意见和建议。

第十九条 按照本办法第十二条规定报经批准征收的政府性基金，在执行过程中需要变更项目名称，改变征收对象，调整征收范围、标准、支出范围及期限或减征、免征、缓征、停征的，除法律、行政法规、国务院或财政部另有规定外，应当按照本办法第十二条规定的审批程序重新履行报批手续。

第二十条 政府性基金在执行过程中，如遇征收政府性基金依据的法律、行政法规修改或者中共中央、国务院出台新的规定，应当按照修改后的法律、行政法规或新的规定执行。

因客观情况发生变化，对不宜再继续征收的政府性基金，由财政部按照规定程序报请国务院予以撤销，或者按照法律、行政法规规定程序予以撤销。

第二十一条 除法律、行政法规和中共中央、国务院或者财政部规定外，其他任何部门、单位和地方各级人民政府均不得批准设立或者征收政府性基金，不得改变征收对象、调整征收范围、标准及期限，不得减征、免征、缓征、停征或者撤销政府性基金，不得以行政事业性收费名义变相设立政府性基金项目。

第三章 征收和缴库

第二十二条 政府性基金按照规定实行国库集中收缴制度。各级财政部门可以自行征收政府性基金，也可以委托其他机构代征政府性基金。

委托其他机构代征政府性基金的，其代征费用由同级财政部门通过预算予以安排。

第二十三条 政府性基金征收机构应当严格按照法律、行政法规和中共中央、国务院或者财政部规定的项目、范围、标准和期限征收政府性基金。

公民、法人或者其他组织不得拒绝缴纳符合本办法规定设立的政府性基金。

第二十四条 除财政部另有规定外，政府性基金征收机构在征收政府性基金时，应当按照规定开具财政部或者省级政府财政部门统一印制或监制的财政票据；不按规定开具财政票据的，公民、法人和其他组织有权拒绝缴纳。

第二十五条 政府性基金收入应按规定及时、足额缴入相应级次国库，不得截留、坐支和挪作他用。

各级财政部门应当按照有关规定，监督政府性基金的征收和解缴入库。

第四章 预决算管理

第二十六条 政府性基金收支纳入政府性基金预算管理。

政府性基金预算编制遵循"以收定支、专款专用、收支平衡、结余结转下年安排使用"的原则。政府性基金支出根据政府性基金收入情况安排，自求平衡，不编制赤字预算。各项政府性基金按照规定用途安排，不得挪作他用。

各级财政部门应当建立健全政府性基金预算编报体系，不断提高政府性基金预算编制的完整性、准确性和精细化程度。

第二十七条 政府性基金使用单位应当按照财政部统一要求以及同级财政部门的有关规定，编制年度相关政府性基金预算，逐级汇总后报同级财政部门审核。

第二十八条 各级财政部门在审核使用单位年度政府性基金预算的基础上，编制本级政府年度政府性基金预算草案，经同级人民政府审定后，报同级人民代表大会审查批准。

财政部汇总中央和地方政府性基金预算，形成全国政府性基金预算草案，经国务院审定后，报全国人民代表大会审查批准。

第二十九条 各级财政部门要加强政府性基金预算执行管理，按照经同级人民代表大会批准的政府性基金预算和政府性基金征收缴库进度，以及国库集中支付的相关制度规定及时支付资金，确保政府性基金预算执行均衡。

政府性基金使用单位要强化预算执行，严格遵守财政部制定的财务管理和会计核算制度，按照财政部门批复的政府性基金预算使用政府性基金，确保政府性基金专款专用。

政府性基金预算调整必须符合法律、行政法规规定的程序。

第三十条 政府性基金使用单位按照财政部统一要求以及同级财政部门的有关规定，根据年度相关政府性基金预算执行情况，编制政府性基金决算，报同级财政部门审核。

各级财政部门汇总编制本级政府性基金决算草案，报同级人民政府审定后，报同级人民代表大会常务委员会审查批准。

财政部汇总中央和地方政府性基金决算，形成全国政府性基金决算草案，经国务院审定后，报全国人民代表大会常务委员会审查批准。

第五章 监督检查与法律责任

第三十一条 各级财政部门、政府性基金征收机构和使用单位应当严格按照国家规定征收、使用和管理政府性基金。

第三十二条 对未按本办法规定的审批程序批准,自行设立政府性基金项目,或者改变政府性基金征收对象、范围、标准和期限的,财政部应当会同有关部门予以纠正,公民、法人和其他组织有权拒绝缴纳并向财政部举报。

第三十三条 各级财政部门应当按照财政部规定,加强政府性基金收支管理及相关财政票据使用情况的监督检查。

第三十四条 政府性基金征收机构和使用单位应当建立健全相关政府性基金的内部财务审计制度,自觉接受财政、审计部门的监督检查,如实提供相关政府性基金收支情况和资料。

第三十五条 财政部应当按照本办法规定定期向社会公布新批准征收或取消的政府性基金项目等相关信息。

省级政府财政部门应当按照本办法规定定期向社会公布本行政区域内实施的政府性基金项目等相关信息。

政府性基金征收机构应当按照规定在征收场所公布政府性基金的征收文件,自觉接受社会监督。

第三十六条 对违反本办法规定设立、征收、缴纳、管理和使用政府性基金等行为,依照《财政违法行为处罚处分条例》(国务院令第427号)等国家有关规定追究法律责任。

第六章 附则

第三十七条 国务院所属部门代拟中共中央、国务院文件,凡涉及新设立政府性基金项目或调整政府性基金相关政策的,应当事先征求财政部意见。

第三十八条 通过公共财政预算安排资金设立的基金,公民、法人和其他组织自愿捐赠、赞助设立的基金,各类基金会接受社会自愿捐赠设立的基金,行政事业单位按照财务制度规定建立的专用基金,以及社会保险基金,不适用本办法。

第三十九条 省级政府财政部门可以根据本办法的规定,结合本地区实际情况,制定政府性基金管理的具体实施办法,经同级人民政府批准后,报财政部备案。

第四十条 本办法自2011年1月1日起施行。

《行政事业性收费标准管理办法》(发改价格规〔2018〕988号)

第一章 总则

第一条 为加强行政事业性收费标准管理,保护公民、法人和其他组织的合法权益,规范对收费标准的管理行为,提高收费决策的科学性和透明度,根据《中华人民共和国价格法》、《中华人民共和国预算法》及国务院有关规定,制定本办法。

第二条 中华人民共和国境内列入行政事业性收费目录清单的收费项目,收费标准的申请、受理、调查、论证、审核、决策、公布、公示、监督、检查等,适用本办法。

法律法规另有规定的，从其规定。

第三条 本办法所称行政事业性收费（以下简称"收费"），是指国家机关、事业单位、代行政府职能的社会团体及其他组织根据法律法规等有关规定，依照国务院规定程序批准，在实施社会公共管理，以及在向公民、法人和其他组织提供特定公共服务过程中，向特定对象收取的费用。

第四条 收费标准实行中央和省两级审批制度。国务院和省、自治区、直辖市人民政府（以下简称"省级政府"）的价格、财政部门按照规定权限审批收费标准。未列入行政事业性收费目录清单的收费项目，一律不得审批收费标准。

中央有关部门和单位（包括中央驻地方单位，下同），以及全国或者区域（跨省、自治区、直辖市）范围内实施收费的收费标准，由国务院价格、财政部门审批。其中，重要收费项目的收费标准应当由国务院价格、财政部门审核后报请国务院批准。

除上款规定的其他收费标准，由省级政府价格、财政部门审批。其中，重要收费项目的收费标准应当由省级政府价格、财政部门审核后报请省级政府批准。

第五条 地域成本差异较大的全国或者区域（跨省、自治区、直辖市）范围内实施的收费标准，国务院价格、财政部门可以授权省级政府价格、财政部门审批。

专业性强且类别较多的考试、注册等收费，省级以上政府价格、财政部门可以制定收费标准的上限，由行业主管部门在上限范围内确定具体收费标准。

第六条 审批收费标准应当遵循以下原则：

（一）公平、公正、公开和效率的原则；

（二）满足社会公共管理需要，合理补偿管理或者服务成本，并与社会承受能力相适应的原则；

（三）促进环境保护、资源节约和有效利用，以及经济和社会事业持续发展的原则；

（四）符合国际惯例和国际对等的原则。

第七条 公民、法人或者其他组织有权对收费的实施和管理进行监督，可以拒绝缴纳和举报违反法律法规以及本办法规定的收费。

第二章 申请和受理

第八条 除法律法规和省级以上人民政府另有规定外，收费单位申请制定或者调整收费标准，应当按照管理权限向国务院价格、财政部门或者省级政府价格、财政部门（以下简称"价格、财政部门"）提出书面申请。

国务院价格、财政部门负责审批的收费标准，由中央有关部门，省级政府或者其价格、财政部门向国务院价格、财政部门提出书面申请。

省级政府价格、财政部门负责审批的收费标准，由省级政府有关部门、地市级人民政府或者其价格、财政部门向省级政府价格、财政部门提出书面申请。

第九条 申请制定或者调整收费标准应当提供以下材料：

（一）申请制定或者调整的收费标准方案、依据和理由，预计年度收费额或者近三年年度收费额、调整后的收费增减额；

（二）申请制定或者调整收费标准的成本测算材料；

（三）相关的法律法规、规章和政策规定；

（四）收费单位的有关情况，包括收费单位性质、职能设置、人员配备、经费来源等；

（五）对收费对象及相关行业的影响；

（六）价格、财政部门认为应当提供的其他相关材料。

申请人应当对提供材料的真实性、完整性、合法性负责。

第十条 价格、财政部门收到申请后，应当对申请材料进行初步审查。申请材料齐全、符合规定要求的，应当予以受理，并告知申请单位；申请材料不齐全或者内容不符合规定要求的，应当一次性告知申请单位对申请材料进行修改或者补充。

第十一条 具有下列情形之一的申请，不予以受理：

（一）申请依据与现行法律法规、规章和政策相抵触的；

（二）制定或者调整收费标准的理由不充分或者明显不合理的；

（三）提供虚假材料的；

（四）超出价格、财政部门审批权限的。对不予受理的申请，应当在接到申请之日起15个工作日内书面通知申请单位，并说明理由。

第三章 审批程序和原则

第十二条 价格、财政部门受理申请后，可对收费成本进行审核，审查申请收费标准与收费单位履行职能需要是否相适应，以及实施收费的操作性、社会承受能力等相关事宜。

价格、财政部门可以委托第三方机构进行收费成本审核。

第十三条 价格、财政部门可以采用召开座谈会、论证会、听证会或者书面征求意见等形式，征求社会有关方面的意见。

第十四条 对符合规定申请的收费标准，应当根据收费的不同性质和成本构成特点实行分类审核。

第十五条 行政管理类收费，即根据法律法规规定，在行使国家管理职能时，向被管理对象收取的费用，收费标准按照行使管理职能的需要从严审核。其中，各种证件、牌照、簿卡等证照收费标准按照证照印制、发放的直接成本，即印制费用、运输费用、仓储费用及合理损耗等成本进行审核。

证照印制费用原则上按照招标价格确定。全国统一印制，分散发放的证照，应当分别制定印制证照和具体发放证照部门的收费标准。

第十六条 资源补偿类收费，即根据法律法规规定向开采、利用自然和社会公共资源者收取的费用，收费标准参考相关资源的价值或者其稀缺性，并考虑可持续发展等因素审核。

对开采利用自然资源造成生态破坏、环境污染或者其他环境损坏的，审核收费标准时，应当充分考虑相关生态环境治理和恢复成本。

第十七条 鉴定类收费，即根据法律法规规定，行使或者代行政府职能强制实施检验、检测、检定、认证、检疫等收取的费用，收费标准根据行使管理职能的需要，按照鉴定的场地费用、人员劳务费、仪器设备折旧、流动耗材损耗及其他成本审核。

第十八条 考试类收费，即根据法律法规、国务院或者省级政府文件规定组织考试收取的费用，以及组织经人力资源和社会保障部批准的专业技术资格、执业资格和职业资格考试收取的费用，收费标准按照考务工作、组织报名、租用考试场地、聘请监考人员等组织考试的成本审核。

在全国范围内统一组织的考试，可以分别制定中央有关单位向各地考试机构收取的考务费标准和各地考试机构向考生收取的考试费标准。

第十九条 培训类收费，即根据法律法规或者国务院规定开展强制性培训收取的费用，收费标准按照聘请师资、租用培训场地、编制培训资料、交通支出等培训成本审核。

第二十条 收费涉及与其他国家或者地区关系的，收费标准按照国际惯例和对等原则审核。

第二十一条 其他类别的收费标准，根据管理或者服务需要，按照成本补偿和非营利原则审核。

第二十二条 价格、财政部门原则上自受理申请之日起60个工作日内作出收费标准审批决定。申请单位同时申请设立收费项目和制定收费标准的，原则上在收费立项文件印发之日起60个工作日内作出收费标准审批决定。

对需要召开听证会的，根据听证的有关程序执行，听证时间不计入收费标准审批时限。

上述审批时限不包括上报国务院或者省级政府批准的时间。因特殊原因超过审批时限的，应当书面告知申请单位。

第二十三条 价格、财政部门审批收费标准的决定，以公文形式发布。主要内容包括：收费主体、收费对象、收费范围、计费（量）单位和标准、收费频次、执行期限等。

第二十四条 初次制定的收费标准，可以规定试行期。试行期满后继续收费的，申请单位应当在试行期满60个工作日前，按照规定程序和要求重新申请收费标准，由价格、财政部门根据试行情况和本办法规定重新审批。

第四章 管理和监督

第二十五条 除涉及国家秘密外，价格、财政部门应当及时将审批的收费标准告知申请单位，并向社会公布。

第二十六条 收费单位应当在收费地点的显著位置公示收费项目、收费标准、收费主体、计费单位、收费依据、收费范围、收费对象、减免规定、监督举报电话等，自觉接受社会监督。

第二十七条 价格、财政部门应当加快建立收费标准执行情况后评估制度，对收费标准执行情况进行监测或定期审核，加强事中事后监管。

法律法规及国务院规定发生变化，或者收费成本、范围、对象等情况变动较大的，价格、财政部门应当及时调整收费标准。

第二十八条 收费单位应当建立健全内部收费管理制度，严格执行国家各项收费管理规定。

第二十九条 行业主管部门应当加强对本行业收费单位的指导，督促收费单位依法依规收费。

第五章 法律责任

第三十条 收费单位违反规定，具有下列情形之一的，由各级价格、财政部门按照职责分工责令改正，并按照有关法律法规和党中央、国务院关于收费管理的有关规定进行查处。

（一）擅自制定收费标准的；

（二）不执行规定收费标准和减免政策的，或者采取分解收费项目、增加收费频次、延长收费时限、扩大收费范围等方式变相提高收费标准的；

（三）已明令取消的收费项目或者停止执行的收费标准仍然收费的；

（四）未按照规定向社会公示收费项目、收费标准收费的；

（五）其他违反收费管理规定的。

第三十一条 各级政府及其部门违反本办法规定，擅自审批收费标准的，责令改正，情节严重的给予通报批评，并对直接负责的主管人员和其他直接责任人员，依法给予处分。

第三十二条 各级价格、财政部门工作人员在收费管理工作中，滥用职权、徇私舞弊、玩忽职守、索贿受贿，构成犯罪的，依法追究刑事责任；尚不构成犯罪的，依法给予处分。

第六章 附则

第三十三条 价格、财政部门在审批收费标准时，需要委托第三方机构进行成本审核、评估论证的，委托所需费用按照有关规定纳入部门预算。

第三十四条 本办法由国家发展改革委、财政部按照各自职责负责解释。

第三十五条 本办法自2018年5月1日起执行。《国家发展改革委 财政部关于印发〈行政事业性收费标准管理暂行办法〉的通知》（发改价格〔2006〕532号）同时废止。

《中华人民共和国个人所得税法实施条例》（2018年修订）

第六条 个人所得税法规定的各项个人所得的范围：

（一）工资、薪金所得，是指个人因任职或者受雇取得的工资、薪金、奖金、年终加薪、劳动分红、津贴、补贴以及与任职或者受雇有关的其他所得。

（二）劳务报酬所得，是指个人从事劳务取得的所得，包括从事设计、装潢、安装、制图、化验、测试、医疗、法律、会计、咨询、讲学、翻译、审稿、书画、雕刻、影视、录音、录像、演出、表演、广告、展览、技术服务、介绍服务、经纪服务、代办服务以及其他劳务取得的所得。

（三）稿酬所得，是指个人因其作品以图书、报刊等形式出版、发表而取得的所得。

（四）特许权使用费所得，是指个人提供专利权、商标权、著作权、非专利技术以及其他特许权的使用权取得的所得；提供著作权的使用权取得的所得，不包括稿酬所得。

（五）经营所得，是指：

1. 个体工商户从事生产、经营活动取得的所得，个人独资企业投资人、合伙企业的个人合伙人来源于境内注册的个人独资企业、合伙企业生产、经营的所得；

2. 个人依法从事办学、医疗、咨询以及其他有偿服务活动取得的所得；

3. 个人对企业、事业单位承包经营、承租经营以及转包、转租取得的所得；

4. 个人从事其他生产、经营活动取得的所得。

（六）利息、股息、红利所得，是指个人拥有债权、股权等而取得的利息、股息、红利所得。

（七）财产租赁所得，是指个人出租不动产、机器设备、车船以及其他财产取得的所得。

（八）财产转让所得，是指个人转让有价证券、股权、合伙企业中的财产份额、不动产、机器设备、车船以及其他财产取得的所得。

（九）偶然所得，是指个人得奖、中奖、中彩以及其他偶然性质的所得。

个人取得的所得，难以界定应纳税所得项目的，由国务院税务主管部门确定。

《国务院办公厅关于征用土地和变更行政区划等行文问题的通知》（国办发〔1988〕14号）

一、国家建设征用耕地一千亩以上，征用其他土地二千亩以上，在经国务院批准后，由国家土地管理局发文，注明"经国务院批准"。

二、关于审批行政区划的行文，对县、不设区的市和市辖区的行政区划的变更，经国务院批准后，由民政部发文，注明"经国务院批准"；对自治州和设区市的行政区划的变更，仍由国务院发文。如不同意变更行政区划，在经国务院同意后，也由民政部发文。

三、需由国务院审批的地名方面的文件，在经国务院批准后，由中国地名委员会发文，注明"经国务院批准"。

四、需由国务院审批的基本建设项目的立项报告和设计任务书，以及国家风景名胜的总体规划，去年已改为经国务院批准后，由主管部门行文批复，文中注明："经国务院批准"。经过一年的实践，证明是可行的，今后继续采用这种行文方式。

《违反行政事业性收费和罚没收入收支两条线管理规定行政处分暂行规定》（国务院令2000年第281号）

第一条　为了严肃财经纪律，加强廉政建设，落实行政事业性收费和罚没收入"收支两条线"管理，促进依法行政，根据法律、行政法规和国家有关规定，制定本规定。

第二条　国家公务员和法律、行政法规授权行使行政事业性收费或者罚没职能的事业单位的工作人员有违反"收支两条线"管理规定行为的，依照本规定给予行政处分。

第三条　本规定所称"行政事业性收费"，是指下列属于财政性资金的收入：

（一）依据法律、行政法规、国务院有关规定、国务院财政部门与计划部门共同发布的规章或者规定以及省、自治区、直辖市的地方性法规、政府规章或者规定和省、自治区、直辖市人民政府财政部门与计划（物价）部门共同发布的规定所收取的各项收费；

（二）法律、行政法规和国务院规定的以及国务院财政部门按照国家有关规定批准的政府性基金、附加。

事业单位因提供服务收取的经营服务性收费不属于行政事业性收费。

第四条　本规定所称"罚没收入"，是指法律、行政法规授权的执行处罚的部门依法实施处罚取得的罚没款和没收物品的折价收入。

第五条　违反规定，擅自设立行政事业性收费项目或者设置罚没处罚的，对直接负责的主管人员和其他直接责任人员给予降级或者撤职处分。

第六条　违反规定，擅自变更行政事业性收费或者罚没范围、标准的，对直接负责的主管人员和其他直接责任人员给予记大过处分；情节严重的，给予降级或者撤职处分。

第七条　对行政事业性收费项目审批机关已经明令取消或者降低标准的收费项目，仍按原定项目或者标准收费的，对直接负责的主管人员和其他直接责任人员给予记大过处分；情节严重的，给予降级或者撤职处分。

第八条　下达或者变相下达罚没指标的，对直接负责的主管人员和其他直接责任人员给予降级或者撤职处分。

第九条 违反《收费许可证》规定实施行政事业性收费的，对直接负责的主管人员和其他直接责任人员给予警告处分；情节严重的，给予记过或者记大过处分。

第十条 违反财政票据管理规定实施行政事业性收费、罚没的，对直接负责的主管人员和其他直接责任人员给予降级或者撤职处分；以实施行政事业性收费、罚没的名义收取钱物，不出具任何票据的，给予开除处分。

第十一条 违反罚款决定与罚款收缴分离的规定收缴罚款的，对直接负责的主管人员和其他直接责任人员给予记大过或者降级处分。

第十二条 不履行行政事业性收费、罚没职责，应收不收、应罚不罚，经批评教育仍不改正的，对直接负责的主管人员和其他直接责任人员给予警告处分；情节严重的，给予记过或者记大过处分。

第十三条 不按照规定将行政事业性收费纳入单位财务统一核算、管理的，对直接负责的主管人员和其他直接责任人员给予记过处分；情节严重的，给予记大过或者降级处分。

第十四条 不按照规定将行政事业性收费缴入国库或者预算外资金财政专户的，对直接负责的主管人员和其他直接责任人员给予记大过处分；情节严重的，给予降级或者撤职处分。

不按照规定将罚没收入上缴国库的，依照前款规定给予处分。

第十五条 违反规定，擅自开设银行账户的，对直接负责的主管人员和其他直接责任人员给予降级处分；情节严重的，给予撤职或者开除处分。

第十六条 截留、挪用、坐收坐支行政事业性收费、罚没收入的，对直接负责的主管人员和其他直接责任人员给予降级处分；情节严重的，给予撤职或者开除处分。

第十七条 违反规定，将行政事业性收费、罚没收入用于提高福利补贴标准或者扩大福利补贴范围、滥发奖金实物、挥霍浪费或者有其他超标准支出行为的，对直接负责的主管人员和其他直接责任人员给予记大过处分；情节严重的，给予降级或者撤职处分。

第十八条 不按照规定编制预算外资金收支计划、单位财务收支计划和收支决算的，对直接负责的主管人员和其他直接责任人员给予记过处分；情节严重的，给予记大过或者降级处分。

第十九条 不按照预算和批准的收支计划核拨财政资金，贻误核拨对象正常工作的，对直接负责的主管人员和其他直接责任人员给予记过处分；情节严重的，给予记大过或者降级处分。

第二十条 对坚持原则抵制违法违纪的行政事业性收费、罚没行为的单位或者个人打击报复的，给予降级处分；情节严重的，给予撤职或者开除处分。

第二十一条 实施行政处分的权限以及不服行政处分的申诉，按照国家有关规定办理。

第二十二条 违反本规定，构成犯罪的，依法追究刑事责任。

第二十三条 本规定自发布之日起施行。

《国有土地上房屋征收与补偿条例》（国务院令2011年第590号）

第一章 总则

第一条 为了规范国有土地上房屋征收与补偿活动，维护公共利益，保障被征收房屋所有权人的合法权益，制定本条例。

第二条 为了公共利益的需要，征收国有土地上单位、个人的房屋，应当对被征收房屋所有权人（以下称被征收人）给予公平补偿。

第三条 房屋征收与补偿应当遵循决策民主、程序正当、结果公开的原则。

第四条 市、县级人民政府负责本行政区域的房屋征收与补偿工作。

市、县级人民政府确定的房屋征收部门（以下称房屋征收部门）组织实施本行政区域的房屋征收与补偿工作。

市、县级人民政府有关部门应当依照本条例的规定和本级人民政府规定的职责分工，互相配合，保障房屋征收与补偿工作的顺利进行。

第五条 房屋征收部门可以委托房屋征收实施单位，承担房屋征收与补偿的具体工作。房屋征收实施单位不得以营利为目的。

房屋征收部门对房屋征收实施单位在委托范围内实施的房屋征收与补偿行为负责监督，并对其行为后果承担法律责任。

第六条 上级人民政府应当加强对下级人民政府房屋征收与补偿工作的监督。

国务院住房城乡建设主管部门和省、自治区、直辖市人民政府住房城乡建设主管部门应当会同同级财政、国土资源、发展改革等有关部门，加强对房屋征收与补偿实施工作的指导。

第七条 任何组织和个人对违反本条例规定的行为，都有权向有关人民政府、房屋征收部门和其他有关部门举报。接到举报的有关人民政府、房屋征收部门和其他有关部门对举报应当及时核实、处理。

监察机关应当加强对参与房屋征收与补偿工作的政府和有关部门或者单位及其工作人员的监察。

第二章 征收决定

第八条 为了保障国家安全、促进国民经济和社会发展等公共利益的需要，有下列情形之一，确需征收房屋的，由市、县级人民政府作出房屋征收决定：

（一）国防和外交的需要；

（二）由政府组织实施的能源、交通、水利等基础设施建设的需要；

（三）由政府组织实施的科技、教育、文化、卫生、体育、环境和资源保护、防灾减灾、文物保护、社会福利、市政公用等公共事业的需要；

（四）由政府组织实施的保障性安居工程建设的需要；

（五）由政府依照城乡规划法有关规定组织实施的对危房集中、基础设施落后等地段进行旧城区改建的需要；

（六）法律、行政法规规定的其他公共利益的需要。

第九条 依照本条例第八条规定，确需征收房屋的各项建设活动，应当符合国民经济和社会发展规划、土地利用总体规划、城乡规划和专项规划。保障性安居工程建设、旧城区改建，应当纳入市、县级国民经济和社会发展年度计划。

制定国民经济和社会发展规划、土地利用总体规划、城乡规划和专项规划，应当广泛征求社会公众意见，经过科学论证。

第十条 房屋征收部门拟定征收补偿方案，报市、县级人民政府。

市、县级人民政府应当组织有关部门对征收补偿方案进行论证并予以公布，征求公众意见。征求意见期限不得少于30日。

第十一条 市、县级人民政府应当将征求意见情况和根据公众意见修改的情况及时公布。

因旧城区改建需要征收房屋，多数被征收人认为征收补偿方案不符合本条例规定的，市、县级人民政府应当组织由被征收人和公众代表参加的听证会，并根据听证会情况修改方案。

第十二条 市、县级人民政府作出房屋征收决定前，应当按照有关规定进行社会稳定风险评估；房屋征收决定涉及被征收人数量较多的，应当经政府常务会议讨论决定。

作出房屋征收决定前，征收补偿费用应当足额到位、专户存储、专款专用。

第十三条 市、县级人民政府作出房屋征收决定后应当及时公告。公告应当载明征收补偿方案和行政复议、行政诉讼权利等事项。

市、县级人民政府及房屋征收部门应当做好房屋征收与补偿的宣传、解释工作。

房屋被依法征收的，国有土地使用权同时收回。

第十四条 被征收人对市、县级人民政府作出的房屋征收决定不服的，可以依法申请行政复议，也可以依法提起行政诉讼。

第十五条 房屋征收部门应当对房屋征收范围内房屋的权属、区位、用途、建筑面积等情况组织调查登记，被征收人应当予以配合。调查结果应当在房屋征收范围内向被征收人公布。

第十六条 房屋征收范围确定后，不得在房屋征收范围内实施新建、扩建、改建房屋和改变房屋用途等不当增加补偿费用的行为；违反规定实施的，不予补偿。

房屋征收部门应当将前款所列事项书面通知有关部门暂停办理相关手续。暂停办理相关手续的书面通知应当载明暂停期限。暂停期限最长不得超过1年。

第三章　补偿

第十七条　作出房屋征收决定的市、县级人民政府对被征收人给予的补偿包括：

（一）被征收房屋价值的补偿；

（二）因征收房屋造成的搬迁、临时安置的补偿；

（三）因征收房屋造成的停产停业损失的补偿。

市、县级人民政府应当制定补助和奖励办法，对被征收人给予补助和奖励。

第十八条　征收个人住宅，被征收人符合住房保障条件的，作出房屋征收决定的市、县级人民政府应当优先给予住房保障。具体办法由省、自治区、直辖市制定。

第十九条　对被征收房屋价值的补偿，不得低于房屋征收决定公告之日被征收房屋类似房地产的市场价格。被征收房屋的价值，由具有相应资质的房地产价格评估机构按照房屋征收评估办法评估确定。

对评估确定的被征收房屋价值有异议的，可以向房地产价格评估机构申请复核评估。对复核结果有异议的，可以向房地产价格评估专家委员会申请鉴定。

房屋征收评估办法由国务院住房城乡建设主管部门制定，制定过程中，应当向社会公开征求意见。

第二十条　房地产价格评估机构由被征收人协商选定；协商不成的，通过多数决定、随机选定等方式确定，具体办法由省、自治区、直辖市制定。

房地产价格评估机构应当独立、客观、公正地开展房屋征收评估工作，任何单位和个人不得干预。

第二十一条　被征收人可以选择货币补偿，也可以选择房屋产权调换。

被征收人选择房屋产权调换的，市、县级人民政府应当提供用于产权调换的房屋，并与被征收人计算、结清被征收房屋价值与用于产权调换房屋价值的差价。

因旧城区改建征收个人住宅，被征收人选择在改建地段进行房屋产权调换的，作出房屋征收决定的市、县级人民政府应当提供改建地段或者就近地段的房屋。

第二十二条　因征收房屋造成搬迁的，房屋征收部门应当向被征收人支付搬迁费；选择房屋产权调换的，产权调换房屋交付前，房屋征收部门应当向被征收人支付临时安置费或者提供周转用房。

第二十三条　对因征收房屋造成停产停业损失的补偿，根据房屋被征收前的效益、停产停业期限等因素确定。具体办法由省、自治区、直辖市制定。

第二十四条　市、县级人民政府及其有关部门应当依法加强对建设活动的监督管理，对违反城乡规划进行建设的，依法予以处理。

市、县级人民政府作出房屋征收决定前，应当组织有关部门依法对征收范围内未经登记的建筑进行调查、认定和处理。对认定为合法建筑和未超过批准期限的临时建筑的，应当给予补偿；对认定为违法建筑和超过批准期限的临时建筑的，不予补偿。

第二十五条 房屋征收部门与被征收人依照本条例的规定，就补偿方式、补偿金额和支付期限、用于产权调换房屋的地点和面积、搬迁费、临时安置费或者周转用房、停产停业损失、搬迁期限、过渡方式和过渡期限等事项，订立补偿协议。

补偿协议订立后，一方当事人不履行补偿协议约定的义务的，另一方当事人可以依法提起诉讼。

第二十六条 房屋征收部门与被征收人在征收补偿方案确定的签约期限内达不成补偿协议，或者被征收房屋所有权人不明确的，由房屋征收部门报请作出房屋征收决定的市、县级人民政府依照本条例的规定，按照征收补偿方案作出补偿决定，并在房屋征收范围内予以公告。

补偿决定应当公平，包括本条例第二十五条第一款规定的有关补偿协议的事项。

被征收人对补偿决定不服的，可以依法申请行政复议，也可以依法提起行政诉讼。

第二十七条 实施房屋征收应当先补偿、后搬迁。

作出房屋征收决定的市、县级人民政府对被征收人给予补偿后，被征收人应当在补偿协议约定或者补偿决定确定的搬迁期限内完成搬迁。

任何单位和个人不得采取暴力、威胁或者违反规定中断供水、供热、供气、供电和道路通行等非法方式迫使被征收人搬迁。禁止建设单位参与搬迁活动。

第二十八条 被征收人在法定期限内不申请行政复议或者不提起行政诉讼，在补偿决定规定的期限内又不搬迁的，由作出房屋征收决定的市、县级人民政府依法申请人民法院强制执行。

强制执行申请书应当附具补偿金额和专户存储账号、产权调换房屋和周转用房的地点和面积等材料。

第二十九条 房屋征收部门应当依法建立房屋征收补偿档案，并将分户补偿情况在房屋征收范围内向被征收人公布。

审计机关应当加强对征收补偿费用管理和使用情况的监督，并公布审计结果。

第四章 法律责任

第三十条 市、县级人民政府及房屋征收部门的工作人员在房屋征收与补偿工作中不履行本条例规定的职责，或者滥用职权、玩忽职守、徇私舞弊的，由上级人民政府或者本级人民政府责令改正，通报批评；造成损失的，依法承担赔偿责任；对直接负责的主管人员和其他直接责任人员，依法给予处分；构成犯罪的，依法追究刑事责任。

第三十一条 采取暴力、威胁或者违反规定中断供水、供热、供气、供电和道路通行等非法方式迫使被征收人搬迁，造成损失的，依法承担赔偿责任；对直接负责的主管人员和其他直接责任人员，构成犯罪的，依法追究刑事责任；尚不构成犯罪的，依法给予处分；构成违反治安管理行为的，依法给予治安管理处罚。

第三十二条 采取暴力、威胁等方法阻碍依法进行的房屋征收与补偿工作，构成犯罪的，依法追究刑事责任；构成违反治安管理行为的，依法给予治安管理处罚。

第三十三条 贪污、挪用、私分、截留、拖欠征收补偿费用的，责令改正，追回有关款项，限期退还违法所得，对有关责任单位通报批评、给予警告；造成损失的，依法承担赔偿责任；对直接负责的主管人员和其他直接责任人员，构成犯罪的，依法追究刑事责任；尚不构成犯罪的，依法给予处分。

第三十四条 房地产价格评估机构或者房地产估价师出具虚假或者有重大差错的评估报告的，由发证机关责令限期改正，给予警告，对房地产价格评估机构并处5万元以上20万元以下罚款，对房地产估价师并处1万元以上3万元以下罚款，并记入信用档案；情节严重的，吊销资质证书、注册证书；造成损失的，依法承担赔偿责任；构成犯罪的，依法追究刑事责任。

第五章 附则

第三十五条 本条例自公布之日起施行。2001年6月13日国务院公布的《城市房屋拆迁管理条例》同时废止。本条例施行前已依法取得房屋拆迁许可证的项目，继续沿用原有的规定办理，但政府不得责成有关部门强制拆迁。

【《增值税法》原文】

第七条 增值税为价外税，应税交易的销售额不包括增值税税额。增值税税额，应当按照国务院的规定在交易凭证上单独列明。

〖草案二次审议稿〗

第六条 增值税为价外税，应税交易的销售额不包括增值税税额。增值税税额，应当按照国务院的规定在交易凭证上单独列明。

【条文释义】

本条规定了增值税的价外税特点。

价外税和价内税的划分是以计税基础或者计税依据中是否含本税税款为依据对税种的划分，目前，我国只有增值税为价外税。在计算增值税时，需要将价款中所含的增值税税款（如果含有的话）排除在计税依据之外，即使用不含增值税的销售额乘以增值税税率。例如，甲公司将一批货物以不含增值税100万元、含增值税113万元的价格销售给乙公司，该批货物适用的增值税税率为13%，在计算甲公司销售该批货物应当缴纳的增值税税额时，应当以100万元作为计税依据，即：甲公司应纳税额=100×13%=13（万元）。甲公司给乙公司开具的增值税专用发票上显示：金额为100万元、税率为13%、税额为 13 万元、价税合计为 113 万元。

【法律法规与政策指引】

《中华人民共和国增值税暂行条例实施细则》(2011 年修订)

第十四条　一般纳税人销售货物或者应税劳务，采用销售额和销项税额合并定价方法的，按下列公式计算销售额：

$$销售额 = 含税销售额 \div (1+ 税率)$$

《营业税改征增值税试点实施办法》(财税〔2016〕36 号附件 1)

第二十三条　一般计税方法的销售额不包括销项税额，纳税人采用销售额和销项税额合并定价方法的，按照下列公式计算销售额：

$$销售额 = 含税销售额 \div (1+ 税率)$$

第三十五条　简易计税方法的销售额不包括其应纳税额，纳税人采用销售额和应纳税额合并定价方法的，按照下列公式计算销售额：

$$销售额 = 含税销售额 \div (1+ 征收率)$$

《财政部　国家税务总局关于营改增后契税　房产税　土地增值税　个人所得税计税依据问题的通知》(财税〔2016〕43 号)

各省、自治区、直辖市、计划单列市财政厅（局）、地方税务局，西藏、宁夏、青海省（自治区）国家税务局，新疆生产建设兵团财务局：

经研究，现将营业税改征增值税后契税、房产税、土地增值税、个人所得税计税依据有关问题明确如下：

一、计征契税的成交价格不含增值税。

二、房产出租的，计征房产税的租金收入不含增值税。

三、土地增值税纳税人转让房地产取得的收入为不含增值税收入。

《中华人民共和国土地增值税暂行条例》等规定的土地增值税扣除项目涉及的增值税进项税额，允许在销项税额中计算抵扣的，不计入扣除项目，不允许在销项税额中计算抵扣的，可以计入扣除项目。

四、个人转让房屋的个人所得税应税收入不含增值税，其取得房屋时所支付价款中包含的增值税计入财产原值，计算转让所得时可扣除的税费不包括本次转让缴纳的增值税。

个人出租房屋的个人所得税应税收入不含增值税，计算房屋出租所得可扣除的税费不包括本次出租缴纳的增值税。个人转租房屋的，其向房屋出租方支付的租金及增值税额，在计算转租所得时予以扣除。

五、免征增值税的，确定计税依据时，成交价格、租金收入、转让房地产取得的收入不扣减增值税额。

六、在计征上述税种时，税务机关核定的计税价格或收入不含增值税。

本通知自 2016 年 5 月 1 日起执行。

《住房城乡建设部办公厅关于做好建筑业营改增建设工程计价依据调整准备工作的通知》（建办标〔2016〕4 号）

各省、自治区住房城乡建设厅，直辖市建委，国务院有关部门：

为适应建筑业营改增的需要，我部组织开展了建筑业营改增对工程造价及计价依据影响的专题研究，并请部分省市进行了测试，形成了工程造价构成各项费用调整和税金计算方法，现就工程计价依据调整准备有关工作通知如下。

一、为保证营改增后工程计价依据的顺利调整，各地区、各部门应重新确定税金的计算方法，做好工程计价定额、价格信息等计价依据调整的准备工作。

二、按照前期研究和测试的成果，工程造价可按以下公式计算：工程造价 = 税前工程造价 × （1+11%）。其中，11% 为建筑业拟征增值税税率，税前工程造价为人工费、材料费、施工机具使用费、企业管理费、利润和规费之和，各费用项目均以不包含增值税可抵扣进项税额的价格计算，相应计价依据按上述方法调整。

三、有关地区和部门可根据计价依据管理的实际情况，采取满足增值税下工程计价要求的其他调整方法。

各地区、各部门要高度重视此项工作，加强领导，采取措施，于 2016 年 4 月底前完成计价依据的调整准备，在调整准备工作中的有关意见和建议请及时反馈我部标准定额司。

《水利工程营业税改征增值税计价依据调整办法》（办水总〔2016〕132 号）

根据《财政部 国家税务总局关于全面推开营业税改征增值税试点的通知》（财税〔2016〕36 号）、《住房城乡建设部办公厅关于做好建筑业营改增建设工程计价依据调整准备工作的通知》（建办标〔2016〕4 号）等文件要求，结合水利工程实际情况，制定本办法。

本办法包括工程部分和水土保持工程部分，工程部分作为水利部水总〔2014〕429 号文发布的《水利工程设计概（估）算编制规定》（工程部分）等现行计价依据的补充规定，水土保持工程部分作为水利部水总〔2003〕67 号文发布的《水土保持工程概（估）算编制规定》等现行计价依据的补充规定。

一、工程部分

（一）费用构成

1. 建筑及安装工程费由直接费、间接费、利润、材料补差及税金组成，营业税改征增值税后，税金指增值税销项税额，间接费增加城市维护建设税、教育费附加和地方教育附加，并计入企业管理费。

2. 按"价税分离"的计价规则计算建筑及安装工程费,即直接费(含人工费、材料费、施工机械使用费和其他直接费)、间接费、利润、材料补差均不包含增值税进项税额,并以此为基础计算增值税税金。

3. 水利工程设备费用、独立费用的计价规则和费用标准暂不调整。

(二)编制方法与计算标准

1. 基础单价编制

(1)人工预算单价

人工预算单价与现行计算标准相同。

(2)材料预算价格

材料原价、运杂费、运输保险费和采购及保管费等分别按不含增值税进项税额的价格计算。

采购及保管费,按现行计算标准乘以 1.10 调整系数。

主要材料基价按表 1 调整。

表 1　主要材料基价表

序号	材料名称	单位	基价(元)
1	柴油	t	2 990
2	汽油	t	3 075
3	钢筋	t	2 560
4	水泥	t	255
5	炸药	t	5 150

(3)施工用电、风、水价格

1)施工用电价格

电网供电价格中的基本电价应不含增值税进项税额;柴油发电机供电价格中的柴油发电机组(台)时总费用应按调整后的施工机械台时费定额和不含增值税进项税额的基础价格计算;其他内容和标准不变。

2)施工用水、用风价格

施工用水、用风价格中的机械组(台)时总费用应按调整后的施工机械台时费定额和不含增值税进项税额的基础价格计算,其他内容和标准不变。

(4)施工机械使用费

按调整后的施工机械台时费定额和不含增值税进项税额的基础价格计算。

施工机械台时费定额的折旧费除以 1.15 调整系数,修理及替换设备费除以 1.11 调整系数,安装拆卸费不变。

掘进机及其他由建设单位采购、设备费单独列项的施工机械,台时费中不计折旧费,设备费除以1.17调整系数。

(5) 砂石料单价

自采砂石料单价根据料源情况、开采条件和工艺流程按相应定额和不含增值税进项税额的基础价格进行计算,并计取间接费、利润及税金。

自采砂石料按不含税金的单价参与工程费用计算。

外购砂石料价格不包含增值税进项税额,基价70元/立方米不变。

(6) 混凝土材料单价

混凝土材料单价按混凝土配合比中各项材料的数量和不含增值税进项税额的材料价格进行计算。

商品混凝土单价采用不含增值税进项税额的价格,基价200元/立方米不变。

(7) 未计价材料价格

建筑及安装工程未计价材料采用不含增值税进项税额的价格。

2. 其他直接费

计算标准不变。

3. 间接费

按表2标准调整。

表2 间接费费率表

序号	工程类别	计算基础	间接费费率		
			枢纽工程	引水工程	河道工程
一	建筑工程				
1	土方工程	直接费	8.5%	5%~6%	4%~5%
2	石方工程	直接费	12.5%	10.5%~11.5%	8.5%~9.5%
3	砂石备料工程(自采)	直接费	5%	5%	5%
4	模板工程	直接费	9.5%	7%~8.5%	6%~7%
5	混凝土浇筑工程	直接费	9.5%	8.5%~9.5%	7%~8.5%
6	钢筋制安工程	直接费	5.5%	5%	5%
7	钻孔灌浆工程	直接费	10.5%	9.5%~10.5%	9.25%
8	锚固工程	直接费	10.5%	9.5%~10.5%	9.25%
9	疏浚工程	直接费	7.25%	7.25%	6.25%~7.25%
10	掘进机施工隧洞工程(1)	直接费	4%	4%	4%
11	掘进机施工隧洞工程(2)	直接费	6.25%	6.25%	6.25%
12	其他工程	直接费	10.5%	8.5%~9.5%	7.25%
二	机电、金属结构设备安装工程	人工费	75%	70%	70%

4. 利润

计算标准不变。

5. 税金

税金指应计入建筑安装工程费用内的增值税销项税额，税率为11%。

自采砂石料税率为3%。

6. 其他

水工建筑工程细部结构指标暂不做调整。

建筑工程定额、安装工程定额中以费率形式（%）表示的其他材料费、其他机械费费率不做调整。

以费率形式（%）表示的安装工程定额，其人工费费率不变，材料费费率除以1.03调整系数，机械使用费费率除以1.10调整系数，装置性材料费费率除以1.17调整系数。计算基数不变，仍为含增值税的设备费。

（三）概（估）算编制

前期工作阶段编制概（估）算文件时，材料价格应采用发布的不含税信息价格或市场调研的不含税价格。过渡阶段采用含税价格编制概（估）算文件时，项目审批前应按本办法调整概（估）算成果，其中材料价格可以采用将含税价格除以调整系数的方式调整为不含税价格，调整方法如下：

1. 材料原价

（1）主要材料除以1.17调整系数，主要材料指水泥、钢筋、柴油、汽油、炸药、木材、引水管道、安装工程的电缆、轨道、钢板等未计价材料、其他占工程投资比例高的材料。

（2）次要材料除以1.03调整系数。

（3）购买的砂、石料、土料暂按除以1.02调整系数。

（4）商品混凝土除以1.03调整系数。

2. 运杂费

按原金额标准计算的运杂费除以1.03调整系数，按费率计算运杂费时费率乘以1.10调整系数。

二、水土保持工程部分

（一）调整原则

1. 工程单价

（1）开发建设项目

工程措施和植物措施费按"价税分离"的计价规则计算，工程措施和植物措施单价分析程式不变，税前工程单价为人工费、材料费、施工机械使用费、其他直接费、现场经费、间接费、利润之和,各费用项目均以不包含增值税进项税额的价格计算。设备安装费率暂不做调整。

(2) 生态建设工程

工程措施、林草措施费和封育治理措施按"价税分离"的计价规则计算,工程措施、林草措施和封育治理措施单价分析程式不变,税前工程单价为人工费、材料费、施工机械使用费、其他直接费、间接费、利润之和,各费用项目均以不包含增值税进项税额的价格计算。设备安装费率暂不做调整。

2. 有关费用

水土保持工程设备费,苗木、草、种子费和独立费用计价规则和费用标准暂不做调整。

(二) 费用构成

1. 除本办法另有规定外,营业税改征增值税后开发建设项目和生态建设工程水土保持工程费用构成与水总〔2003〕67号文费用构成内容一致。

2. 间接费中的企业管理费在工程措施和植物措施费用构成的原组成内容基础上,增加城市维护建设税、教育费附加以及地方教育附加。

3. 工程措施、植物措施费(林草措施)和封育治理措施的税金是指按国家有关规定应计入其费用内的增值税销项税额。

(三) 编制方法与计算标准

1. 人工预算单价

人工预算单价按现行标准执行,暂不做调整。

2. 材料预算价格

材料预算价格根据其组成内容,按材料原价、包装费、运输保险费、运杂费、采购及保管费和包装品回收等分别以不含相应增值税的价格计算。

开发建设项目:工程措施材料采购及保管费费率调整为2.3%,植物措施材料采购及保管费费率调整为0.55%~1.1%。

生态建设工程:工程措施材料采购及保管费费率调整为1.7%~2.3%,林草措施、封育治理措施材料采购及保管费费率调整为1.1%。

3. 施工用电、水、风价格

(1) 施工用电价格

开发建设项目:电网供电价格中的基本电价为不含增值税价格;柴油发电机供电价格中的柴油发电机组(台)时总费用应按调整后的施工机械台时费定额和不含增值税的基础价格计算;其他内容不做调整。

生态建设工程:电价暂不做调整,或按当地不含增值税的实际价格计算。

（2）施工用水、用风价格

开发建设项目：施工用水、用风价格中的机械组（台）时总费用应按调整后的施工机械台时费定额和不含增值税的基础价格计算；其他内容不做调整。

生态建设工程：水价、风价均不做调整，或按当地不含增值税的实际价格计算。

4. 施工机械台时费

按调整后的施工机械台时费定额和不含增值税的基础价格计算。

施工机械台时费定额的折旧费除以 1.17 调整系数，修理及替换设备费除以 1.11 调整系数，安装拆卸费不变。

5. 砂石料单价

外购砂、碎石（砾石）、块石、料石等应按不含增值税的价格计算，其最高限价按 60 元 / 立方米计取。自采砂石料单价应分解为原料开采、筛洗加工、成品骨料运输等工序，按相应定额和不含增值税的基础价格进行计算。

6. 混凝土单价

混凝土材料单价应按混凝土配合比中各项材料的数量和不含增值税的价格进行计算。

7. 其他直接费

计算标准不变。

8. 现场经费

计算标准不变。

9. 间接费

开发建设项目、生态建设工程间接费费率按表 3 标准调整。

表 3　间接费费率表

序号	工程类别	计算基础	间接费率
一	开发建设项目		
（一）	工程措施		
1	土石方工程	直接工程费	3.3%~5.5%
2	混凝土工程	直接工程费	4.3%
3	基础处理工程	直接工程费	6.5%
4	其他工程	直接工程费	4.4%
（二）	植物措施	直接工程费	3.3%
二	生态建设工程		
（一）	工程措施	直接费	5.5%~7.6%
（二）	林草措施	直接费	5.5%
（三）	封育治理措施	直接费	4.4%

10. 利润

计算标准不变。

11. 税金

税金按增值税税率 11% 计算。

12. 概算定额

概算定额中以费率形式（%）表示的其他材料费（零星材料费）、其他机械使用费（其他机械费）暂不做调整。飞机播种林草定额中的飞机费用按不含增值税的价格计算。

《住房城乡建设部办公厅关于调整建设工程计价依据增值税税率的通知》（建办标〔2018〕20号）

各省、自治区住房城乡建设厅，直辖市建委，国务院有关部门：

按照《财政部 税务总局关于调整增值税税率的通知》（财税〔2018〕32号）要求，现将《住房城乡建设部办公厅关于做好建筑业营改增建设工程计价依据调整准备工作的通知》（建办标〔2016〕4号）规定的工程造价计价依据中增值税税率由11%调整为10%。

请各地区、各部门按照本通知要求，组织有关单位于2018年4月底前完成建设工程造价计价依据和相关计价软件的调整工作。

《住房和城乡建设部办公厅关于重新调整建设工程计价依据增值税税率的通知》（建办标函〔2019〕193号）

各省、自治区住房和城乡建设厅，直辖市住房和城乡建设（管）委，新疆生产建设兵团住房和城乡建设局，国务院有关部门：

按照《财政部 税务总局 海关总署关于深化增值税改革有关政策的公告》（财政部 税务总局 海关总署公告2019年第39号）规定，现将《住房城乡建设部办公厅关于调整建设工程计价依据增值税税率的通知》（建办标〔2018〕20号）规定的工程造价计价依据中增值税税率由10%调整为9%。

请各地区、各部门按照本通知要求，组织有关单位于2019年3月底前完成建设工程造价计价依据和相关计价软件的调整工作。

《水利部办公厅关于调整水利工程计价依据增值税计算标准的通知》（办财务函〔2019〕448号）

部直属各单位，各省（自治区、直辖市）水利（水务）厅（局），各计划单列市水利（水务）局，新疆生产建设兵团水利局：

根据《财政部 税务总局 海关总署关于深化增值税改革有关政策的公告》（财政部 税务总局 海关总署公告2019年第39号），现将《水利工程营业税改征增值税计价依据调整办法》（办水总〔2016〕132号）中的增值税计算标准调整如下：

一、工程部分

1. 施工机械台时费定额的折旧费除以 1.13 调整系数，修理及替换设备费除以 1.09 调整系数。掘进机及其他由建设单位采购、设备费单独列项的施工机械，设备费采用不含增值税进项税额的价格。

2. 建筑及安装工程费的税金税率为 9%。

3. 以费率形式表示的安装工程定额，装置性材料费费率除以 1.13 调整系数。

4. 编制概（估）算文件时，材料价格采用不含增值税进项税额的价格。主要材料适用税率为 13%，次要材料及其他材料计算方法暂不调整。

二、水土保持工程部分

1. 施工机械台时费定额的折旧费除以 1.13 调整系数，修理及替换设备费除以 1.09 调整系数。

2. 税金税率为 9%。

以上计算标准自 2019 年 4 月 1 日起执行。各省（自治区、直辖市）可结合本地区计价依据管理的实际情况，调整增值税计算标准。

《国家发展改革委关于电网企业增值税税率调整相应降低一般工商业电价的通知》（发改价格〔2019〕559 号）

各省、自治区、直辖市发展改革委（物价局），国家电网有限公司、南方电网公司、内蒙古电力（集团）有限责任公司：

为贯彻落实《政府工作报告》关于一般工商业平均电价再降低 10% 的要求，现就电网企业增值税税率调整相应降低一般工商业电价有关事项通知如下。

一、电网企业增值税税率由 16% 调整为 13% 后，省级电网企业含税输配电价水平降低的空间全部用于降低一般工商业电价，原则上自 2019 年 4 月 1 日起执行。

二、各省（区、市）价格主管部门要抓紧研究提出电网企业增值税税率调整相应降低一般工商业电价的具体方案，经省级人民政府同意后实施，并报我委（价格司）备案。同时，相应降低各省（区、市）一般工商业输配电价水平。

三、各省（区、市）价格主管部门、电网企业要精心组织、周密安排，做好宣传解释工作，确保上述降电价政策平稳实施。执行中遇到的情况和问题，请及时报送我委（价格司）。

【《增值税法》原文】

第八条 纳税人发生应税交易，应当按照一般计税方法，通过销项税额抵扣进项税额计算应纳税额的方式，计算缴纳增值税；本法另有规定的除外。

小规模纳税人可以按照销售额和征收率计算应纳税额的简易计税方法，计算缴纳增值税。

中外合作开采海洋石油、天然气增值税的计税方法等，按照国务院的有关规定执行。

〖草案二次审议稿〗

第七条 纳税人发生应税交易，应当按照一般计税方法，通过销项税额抵扣进项税额计算应纳税额的方式，计算缴纳增值税；本法另有规定的除外。

小规模纳税人以及符合国务院规定的纳税人，可以按照销售额和征收率计算应纳税额的简易计税方法，计算缴纳增值税。

【条文释义】

本条规定了一般计税方法和简易计税方法的适用范围。

增值税从名称上理解是基于增值额乘以税率来计算的，但实务中采取的是一般计税方法，即销项税额减去进项税额。其实，这两种计算方法的实质是相同的。推导过程如下：

$$\begin{aligned}增值税 &= 增值额 \times 税率 \\ &= （销售价格 - 购进价格）\times 税率 \\ &= 销售价格 \times 税率 - 购进价格 \times 税率 \\ &= 销项税额 - 进项税额\end{aligned}$$

简易计税方法是针对小规模纳税人适用的简易计算增值税的方法，计算公式为：

$$增值税 = 不含税销售额 \times 征收率$$

中外合作开采海洋石油、天然气增值税的计税方法比较特殊，《增值税法》法授权国务院具体规定。

【法律法规与政策指引】

《国家税务总局关于药品经营企业销售生物制品有关增值税问题的公告》（国家税务总局公告2012年第20号）

现将药品经营企业销售生物制品有关增值税问题公告如下：

一、属于增值税一般纳税人的药品经营企业销售生物制品，可以选择简易办法按照生物制品销售额和3%的征收率计算缴纳增值税。

药品经营企业，是指取得（食品）药品监督管理部门颁发的《药品经营许可证》，获准从事生物制品经营的药品批发企业和药品零售企业。

二、属于增值税一般纳税人的药品经营企业销售生物制品，选择简易办法计算缴纳增值税的，36个月内不得变更计税方法。

三、本公告自2012年7月1日起施行。

特此公告。

《营业税改征增值税试点实施办法》（财税〔2016〕36号附件1）

第五条 符合一般纳税人条件的纳税人应当向主管税务机关办理一般纳税人资格登

记。具体登记办法由国家税务总局制定。

除国家税务总局另有规定外，一经登记为一般纳税人后，不得转为小规模纳税人。

第十七条 增值税的计税方法，包括一般计税方法和简易计税方法。

第十八条 一般纳税人发生应税行为适用一般计税方法计税。

一般纳税人发生财政部和国家税务总局规定的特定应税行为，可以选择适用简易计税方法计税，但一经选择，36个月内不得变更。

第十九条 小规模纳税人发生应税行为适用简易计税方法计税。

《营业税改征增值税试点有关事项的规定》（财税〔2016〕36号附件2）

一、营改增试点期间，试点纳税人［指按照《营业税改征增值税试点实施办法》（以下称《试点实施办法》）缴纳增值税的纳税人］有关政策

……

（六）计税方法。

一般纳税人发生下列应税行为可以选择适用简易计税方法计税：

1. 公共交通运输服务。

公共交通运输服务，包括轮客渡、公交客运、地铁、城市轻轨、出租车、长途客运、班车。

班车，是指按固定路线、固定时间运营并在固定站点停靠的运送旅客的陆路运输服务。

2. 经认定的动漫企业为开发动漫产品提供的动漫脚本编撰、形象设计、背景设计、动画设计、分镜、动画制作、摄制、描线、上色、画面合成、配音、配乐、音效合成、剪辑、字幕制作、压缩转码（面向网络动漫、手机动漫格式适配）服务，以及在境内转让动漫版权（包括动漫品牌、形象或者内容的授权及再授权）。

动漫企业和自主开发、生产动漫产品的认定标准和认定程序，按照《文化部[①] 财政部 国家税务总局关于印发〈动漫企业认定管理办法（试行）〉的通知》（文市发〔2008〕51号）的规定执行。

3. 电影放映服务、仓储服务、装卸搬运服务、收派服务和文化体育服务。

4. 以纳入营改增试点之日前取得的有形动产为标的物提供的经营租赁服务。

5. 在纳入营改增试点之日前签订的尚未执行完毕的有形动产租赁合同。

（七）建筑服务。

1. 一般纳税人以清包工方式提供的建筑服务，可以选择适用简易计税方法计税。

以清包工方式提供建筑服务，是指施工方不采购建筑工程所需的材料或只采购辅助材料，并收取人工费、管理费或者其他费用的建筑服务。

[①] 2018年改为文化和旅游部。

2. 一般纳税人为甲供工程提供的建筑服务，可以选择适用简易计税方法计税。

甲供工程，是指全部或部分设备、材料、动力由工程发包方自行采购的建筑工程。

3. 一般纳税人为建筑工程老项目提供的建筑服务，可以选择适用简易计税方法计税。

建筑工程老项目，是指：

（1）《建筑工程施工许可证》注明的合同开工日期在2016年4月30日前的建筑工程项目；

（2）未取得《建筑工程施工许可证》的，建筑工程承包合同注明的开工日期在2016年4月30日前的建筑工程项目。

4. 一般纳税人跨县（市）提供建筑服务，适用一般计税方法计税的，应以取得的全部价款和价外费用为销售额计算应纳税额。纳税人应以取得的全部价款和价外费用扣除支付的分包款后的余额，按照2%的预征率在建筑服务发生地预缴税款后，向机构所在地主管税务机关进行纳税申报。

5. 一般纳税人跨县（市）提供建筑服务，选择适用简易计税方法计税的，应以取得的全部价款和价外费用扣除支付的分包款后的余额为销售额，按照3%的征收率计算应纳税额。纳税人应按照上述计税方法在建筑服务发生地预缴税款后，向机构所在地主管税务机关进行纳税申报。

6. 试点纳税人中的小规模纳税人（以下称小规模纳税人）跨县（市）提供建筑服务，应以取得的全部价款和价外费用扣除支付的分包款后的余额为销售额，按照3%的征收率计算应纳税额。纳税人应按照上述计税方法在建筑服务发生地预缴税款后，向机构所在地主管税务机关进行纳税申报。

（八）销售不动产。

1. 一般纳税人销售其2016年4月30日前取得（不含自建）的不动产，可以选择适用简易计税方法，以取得的全部价款和价外费用减去该项不动产购置原价或者取得不动产时的作价后的余额为销售额，按照5%的征收率计算应纳税额。纳税人应按照上述计税方法在不动产所在地预缴税款后，向机构所在地主管税务机关进行纳税申报。

2. 一般纳税人销售其2016年4月30日前自建的不动产，可以选择适用简易计税方法，以取得的全部价款和价外费用为销售额，按照5%的征收率计算应纳税额。纳税人应按照上述计税方法在不动产所在地预缴税款后，向机构所在地主管税务机关进行纳税申报。

3. 一般纳税人销售其2016年5月1日后取得（不含自建）的不动产，应适用一般计税方法，以取得的全部价款和价外费用为销售额计算应纳税额。纳税人应以取得的全部价款和价外费用减去该项不动产购置原价或者取得不动产时的作价后的余额，按照5%的预征率在不动产所在地预缴税款后，向机构所在地主管税务机关进行纳税申报。

4. 一般纳税人销售其 2016 年 5 月 1 日后自建的不动产，应适用一般计税方法，以取得的全部价款和价外费用为销售额计算应纳税额。纳税人应以取得的全部价款和价外费用，按照 5% 的预征率在不动产所在地预缴税款后，向机构所在地主管税务机关进行纳税申报。

5. 小规模纳税人销售其取得（不含自建）的不动产（不含个体工商户销售购买的住房和其他个人销售不动产），应以取得的全部价款和价外费用减去该项不动产购置原价或者取得不动产时的作价后的余额为销售额，按照 5% 的征收率计算应纳税额。纳税人应按照上述计税方法在不动产所在地预缴税款后，向机构所在地主管税务机关进行纳税申报。

6. 小规模纳税人销售其自建的不动产，应以取得的全部价款和价外费用为销售额，按照 5% 的征收率计算应纳税额。纳税人应按照上述计税方法在不动产所在地预缴税款后，向机构所在地主管税务机关进行纳税申报。

7. 房地产开发企业中的一般纳税人，销售自行开发的房地产老项目，可以选择适用简易计税方法按照 5% 的征收率计税。

8. 房地产开发企业中的小规模纳税人，销售自行开发的房地产项目，按照 5% 的征收率计税。

9. 房地产开发企业采取预收款方式销售所开发的房地产项目，在收到预收款时按照 3% 的预征率预缴增值税。

10. 个体工商户销售购买的住房，应按照附件 3《营业税改征增值税试点过渡政策的规定》第五条的规定征免增值税。纳税人应按照上述计税方法在不动产所在地预缴税款后，向机构所在地主管税务机关进行纳税申报。

11. 其他个人销售其取得（不含自建）的不动产（不含其购买的住房），应以取得的全部价款和价外费用减去该项不动产购置原价或者取得不动产时的作价后的余额为销售额，按照 5% 的征收率计算应纳税额。

（九）不动产经营租赁服务。

1. 一般纳税人出租其 2016 年 4 月 30 日前取得的不动产，可以选择适用简易计税方法按照 5% 的征收率计算应纳税额。纳税人出租其 2016 年 4 月 30 日前取得的与机构所在地不在同一县（市）的不动产，应按照上述计税方法在不动产所在地预缴税款后，向机构所在地主管税务机关进行纳税申报。

2. 公路经营企业中的一般纳税人收取试点前开工的高速公路的车辆通行费，可以选择适用简易计税方法，减按 3% 的征收率计算应纳税额。

试点前开工的高速公路，是指相关施工许可证明上注明的合同开工日期在 2016 年 4 月 30 日前的高速公路。

3. 一般纳税人出租其2016年5月1日后取得的、与机构所在地不在同一县（市）的不动产，应按照3%的预征率在不动产所在地预缴税款后，向机构所在地主管税务机关进行纳税申报。

4. 小规模纳税人出租其取得的不动产（不含个人出租住房），应按照5%的征收率计算应纳税额。纳税人出租与机构所在地不在同一县（市）的不动产，应按照上述计税方法在不动产所在地预缴税款后，向机构所在地主管税务机关进行纳税申报。

5. 其他个人出租其取得的不动产（不含住房），应按照5%的征收率计算应纳税额。

6. 个人出租住房，应按照5%的征收率减按1.5%计算应纳税额。

（十）一般纳税人销售其2016年4月30日前取得的不动产（不含自建），适用一般计税方法计税的，以取得的全部价款和价外费用为销售额计算应纳税额。上述纳税人应以取得的全部价款和价外费用减去该项不动产购置原价或者取得不动产时的作价后的余额，按照5%的预征率在不动产所在地预缴税款后，向机构所在地主管税务机关进行纳税申报。

房地产开发企业中的一般纳税人销售房地产老项目，以及一般纳税人出租其2016年4月30日前取得的不动产，适用一般计税方法计税的，应以取得的全部价款和价外费用，按照3%的预征率在不动产所在地预缴税款后，向机构所在地主管税务机关进行纳税申报。

一般纳税人销售其2016年4月30日前自建的不动产，适用一般计税方法计税的，应以取得的全部价款和价外费用为销售额计算应纳税额。纳税人应以取得的全部价款和价外费用，按照5%的预征率在不动产所在地预缴税款后，向机构所在地主管税务机关进行纳税申报。

（十一）一般纳税人跨省（自治区、直辖市或者计划单列市）提供建筑服务或者销售、出租取得的与机构所在地不在同一省（自治区、直辖市或者计划单列市）的不动产，在机构所在地申报纳税时，计算的应纳税额小于已预缴税额，且差额较大的，由国家税务总局通知建筑服务发生地或者不动产所在地省级税务机关，在一定时期内暂停预缴增值税。

《财政部 税务总局关于完善资源综合利用增值税政策的公告》（财政部 税务总局公告2021年第40号）

为推动资源综合利用行业持续健康发展，现将有关增值税政策公告如下：

一、从事再生资源回收的增值税一般纳税人销售其收购的再生资源，可以选择适用简易计税方法依照3%征收率计算缴纳增值税，或适用一般计税方法计算缴纳增值税。

（一）本公告所称再生资源，是指在社会生产和生活消费过程中产生的，已经失去原有全部或部分使用价值，经过回收、加工处理，能够使其重新获得使用价值的各种废弃物。其中，加工处理仅限于清洗、挑选、破碎、切割、拆解、打包等改变再生资源密度、湿度、长度、粗细、软硬等物理性状的简单加工。

（二）纳税人选择适用简易计税方法，应符合下列条件之一：

1. 从事危险废物收集的纳税人，应符合国家危险废物经营许可证管理办法的要求，取得危险废物经营许可证。

2. 从事报废机动车回收的纳税人，应符合国家商务主管部门出台的报废机动车回收管理办法要求，取得报废机动车回收拆解企业资质认定证书。

3. 除危险废物、报废机动车外，其他再生资源回收纳税人应符合国家商务主管部门出台的再生资源回收管理办法要求，进行市场主体登记，并在商务部门完成再生资源回收经营者备案。

（三）各级财政、主管部门及其工作人员，存在违法违规给予从事再生资源回收业务的纳税人财政返还、奖补行为的，依法追究相应责任。

二、除纳税人聘用的员工为本单位或者雇主提供的再生资源回收不征收增值税外，纳税人发生的再生资源回收并销售的业务，均应按照规定征免增值税。

三、增值税一般纳税人销售自产的资源综合利用产品和提供资源综合利用劳务（以下称销售综合利用产品和劳务），可享受增值税即征即退政策。

（一）综合利用的资源名称、综合利用产品和劳务名称、技术标准和相关条件、退税比例等按照本公告所附《资源综合利用产品和劳务增值税优惠目录（2022年版）》（以下称《目录》）的相关规定执行。

（二）纳税人从事《目录》所列的资源综合利用项目，其申请享受本公告规定的增值税即征即退政策时，应同时符合下列条件：

1. 纳税人在境内收购的再生资源，应按规定从销售方取得增值税发票；适用免税政策的，应按规定从销售方取得增值税普通发票。销售方为依法依规无法申领发票的单位或者从事小额零星经营业务的自然人，应取得销售方开具的收款凭证及收购方内部凭证，或者税务机关代开的发票。本款所称小额零星经营业务是指自然人从事应税项目经营业务的销售额不超过增值税按次起征点的业务。

纳税人从境外收购的再生资源，应按规定取得海关进口增值税专用缴款书，或者从销售方取得具有发票性质的收款凭证、相关税费缴纳凭证。

纳税人应当取得上述发票或凭证而未取得的，该部分再生资源对应产品的销售收入不得适用本公告的即征即退规定。

不得适用本公告即征即退规定的销售收入＝当期销售综合利用产品和劳务的销售收入×（纳税人应当取得发票或凭证而未取得的购入再生资源成本÷当期购进再生资源的全部成本）。

纳税人应当在当期销售综合利用产品和劳务销售收入中剔除不得适用即征即退政策部分的销售收入后，计算可申请的即征即退税额：

可申请退税额＝〔（当期销售综合利用产品和劳务的销售收入－不得适用即征即退规定的销售收入）×适用税率－当期即征即退项目的进项税额〕×对应的退税比例

各级税务机关要加强发票开具相关管理工作，纳税人应按规定及时开具、取得发票。

2. 纳税人应建立再生资源收购台账，留存备查。台账内容包括：再生资源供货方单位名称或个人姓名及身份证号、再生资源名称、数量、价格、结算方式、是否取得增值税发票或符合规定的凭证等。纳税人现有账册、系统能够包括上述内容的，无需单独建立台账。

3. 销售综合利用产品和劳务，不属于发展改革委《产业结构调整指导目录》中的淘汰类、限制类项目。

4. 销售综合利用产品和劳务，不属于生态环境部《环境保护综合名录》中的"高污染、高环境风险"产品或重污染工艺。"高污染、高环境风险"产品，是指在《环境保护综合名录》中标注特性为"GHW/GHF"的产品，但纳税人生产销售的资源综合利用产品满足"GHW/GHF"例外条款规定的技术和条件的除外。

5. 综合利用的资源，属于生态环境部《国家危险废物名录》列明的危险废物的，应当取得省级或市级生态环境部门颁发的《危险废物经营许可证》，且许可经营范围包括该危险废物的利用。

6. 纳税信用级别不为C级或D级。

7. 纳税人申请享受本公告规定的即征即退政策时，申请退税税款所属期前6个月（含所属期当期）不得发生下列情形：

（1）因违反生态环境保护的法律法规受到行政处罚（警告、通报批评或单次10万元以下罚款、没收违法所得、没收非法财物除外；单次10万元以下含本数，下同）。

（2）因违反税收法律法规被税务机关处罚（单次10万元以下罚款除外），或发生骗取出口退税、虚开发票的情形。

纳税人在办理退税事宜时，应向主管税务机关提供其符合本条规定的上述条件以及《目录》规定的技术标准和相关条件的书面声明，并在书面声明中如实注明未取得发票或相关凭证以及接受环保、税收处罚等情况。未提供书面声明的，税务机关不得给予退税。

（三）已享受本公告规定的增值税即征即退政策的纳税人，自不符合本公告"三"中第"（二）"部分规定的条件以及《目录》规定的技术标准和相关条件的当月起，不再享受本公告规定的增值税即征即退政策。

（四）已享受本公告规定的增值税即征即退政策的纳税人，在享受增值税即征即退政策后，出现本公告"三"中第"（二）"部分第"7"点规定情形的，自处罚决定作出的当月起6个月内不得享受本公告规定的增值税即征即退政策。如纳税人连续12个月内发生两次以上本公告"三"中第"（二）"部分第"7"点规定的情形，自第二次处罚决定作出的当月起36个月内不得享受本公告规定的增值税即征即退政策。相关处罚决定被依法撤销、变更、确认违法或者确认无效的，符合条件的纳税人可以重新申请办理退税事宜。

（五）各省、自治区、直辖市、计划单列市税务机关应于每年3月底之前在其网站上，将本地区上一年度所有享受本公告规定的增值税即征即退或免税政策的纳税人，按下列项目予以公示：纳税人名称、纳税人识别号、综合利用的资源名称、综合利用产品和劳务名称。各省、自治区、直辖市、计划单列市税务机关在对本地区上一年度享受本公告规定的增值税即征即退或免税政策的纳税人进行公示前，应会同本地区生态环境部门，再次核实纳税人受环保处罚情况。

四、纳税人从事《目录》2.15"污水处理厂出水、工业排水（矿井水）、生活污水、垃圾处理厂渗透（滤）液等"项目、5.1"垃圾处理、污泥处理处置劳务"、5.2"污水处理劳务"项目，可适用本公告"三"规定的增值税即征即退政策，也可选择适用免征增值税政策；一经选定，36个月内不得变更。选择适用免税政策的纳税人，应满足本公告"三"有关规定以及《目录》规定的技术标准和相关条件，相关资料留存备查。

五、按照本公告规定单个所属期退税金额超过500万元的，主管税务机关应在退税完成后30个工作日内，将退税资料送同级财政部门复查，财政部门逐级复查后，由省级财政部门送财政部当地监管局出具最终复查意见。复查工作应于退税后3个月内完成，具体复查程序由财政部当地监管局会同省级财税部门制定。

六、再生资源回收、利用纳税人应依法履行纳税义务。各级税务机关要加强纳税申报、发票开具、即征即退等事项的管理工作，保障纳税人按规定及时办理相关纳税事项。

七、本公告自2022年3月1日起执行。《财政部 国家税务总局关于印发〈资源综合利用产品和劳务增值税优惠目录〉的通知》（财税〔2015〕78号）、《财政部 税务总局关于资源综合利用增值税政策的公告》（财政部 税务总局公告2019年第90号）除"技术标准和相关条件"外同时废止，"技术标准和相关条件"有关规定可继续执行至2022年12月31日止。《目录》所列的资源综合利用项目适用的国家标准、行业标准，如在执行过程中有更新、替换，统一按新的国家标准、行业标准执行。

此前已发生未处理的事项，按本公告规定执行。已处理的事项，如执行完毕则不再调整；如纳税人受到环保、税收处罚已停止享受即征即退政策的时间超过6个月但尚未执行完毕的，则自本公告执行的当月起，可重新申请享受即征即退政策；如纳税人受到环保、税收处罚已停止享受即征即退政策的时间未超过6个月，则自6个月期满后的次月起，可重新申请享受即征即退政策。

特此公告。

附件：资源综合利用产品和劳务增值税优惠目录（2022年版）（略）

《国家税务总局关于兽用药品经营企业销售兽用生物制品有关增值税问题的公告》（国家税务总局公告2016年第8号）

现将兽用药品经营企业销售兽用生物制品有关增值税问题公告如下：

一、属于增值税一般纳税人的兽用药品经营企业销售兽用生物制品，可以选择简易办法按照兽用生物制品销售额和3%的征收率计算缴纳增值税。

兽用药品经营企业，是指取得兽医行政管理部门颁发的《兽药经营许可证》，获准从事兽用生物制品经营的兽用药品批发和零售企业。

二、属于增值税一般纳税人的兽用药品经营企业销售兽用生物制品，选择简易办法计算缴纳增值税的，36个月内不得变更计税方法。

三、本公告自2016年4月1日起施行。

特此公告。

《国家税务总局关于物业管理服务中收取的自来水水费增值税问题的公告》（国家税务总局公告2016年第54号）

现将物业管理服务中收取的自来水水费增值税有关问题公告如下：

提供物业管理服务的纳税人，向服务接受方收取的自来水水费，以扣除其对外支付的自来水水费后的余额为销售额，按照简易计税方法依3%的征收率计算缴纳增值税。

本公告自发布之日起施行。2016年5月1日以后已发生并处理的事项，不再作调整；未处理的，按本公告规定执行。

特此公告。

《财政部　税务总局关于资管产品增值税有关问题的通知》（财税〔2017〕56号）

各省、自治区、直辖市、计划单列市财政厅（局）、国家税务局、地方税务局，新疆生产建设兵团财务局：

现将资管产品增值税有关问题通知如下：

一、资管产品管理人（以下称管理人）运营资管产品过程中发生的增值税应税行为（以下称资管产品运营业务），暂适用简易计税方法，按照3%的征收率缴纳增值税。

资管产品管理人，包括银行、信托公司、公募基金管理公司及其子公司、证券公司及其子公司、期货公司及其子公司、私募基金管理人、保险资产管理公司、专业保险资产管理机构、养老保险公司。

资管产品，包括银行理财产品、资金信托（包括集合资金信托、单一资金信托）、财产权信托、公开募集证券投资基金、特定客户资产管理计划、集合资产管理计划、定向资产管理计划、私募投资基金、债权投资计划、股权投资计划、股债结合型投资计划、资产支持计划、组合类保险资产管理产品、养老保障管理产品。

财政部和税务总局规定的其他资管产品管理人及资管产品。

二、管理人接受投资者委托或信托对受托资产提供的管理服务以及管理人发生的除本通知第一条规定的其他增值税应税行为（以下称其他业务），按照现行规定缴纳增值税。

三、管理人应分别核算资管产品运营业务和其他业务的销售额和增值税应纳税额。未分别核算的，资管产品运营业务不得适用本通知第一条规定。

四、管理人可选择分别或汇总核算资管产品运营业务销售额和增值税应纳税额。

五、管理人应按照规定的纳税期限，汇总申报缴纳资管产品运营业务和其他业务增值税。

六、本通知自2018年1月1日起施行。

对资管产品在2018年1月1日前运营过程中发生的增值税应税行为，未缴纳增值税的，不再缴纳；已缴纳增值税的，已纳税额从资管产品管理人以后月份的增值税应纳税额中抵减。

《财政部　海关总署　税务总局　国家药品监督管理局关于抗癌药品增值税政策的通知》（财税〔2018〕47号）

各省、自治区、直辖市、计划单列市财政厅（局）、国家税务局，海关总署广东分署、各直属海关，新疆生产建设兵团财政局：

为鼓励抗癌制药产业发展，降低患者用药成本，现将抗癌药品增值税政策通知如下：

一、自2018年5月1日起，增值税一般纳税人生产销售和批发、零售抗癌药品，可选择按照简易办法依照3%征收率计算缴纳增值税。上述纳税人选择简易办法计算缴纳增值税后，36个月内不得变更。

二、自2018年5月1日起，对进口抗癌药品，减按3%征收进口环节增值税。

三、纳税人应单独核算抗癌药品的销售额。未单独核算的，不得适用本通知第一条规定的简易征收政策。

四、本通知所称抗癌药品，是指经国家药品监督管理部门批准注册的抗癌制剂及原料药。抗癌药品清单（第一批）见附件。抗癌药品范围实行动态调整，由财政部、海关总署、税务总局、国家药品监督管理局根据变化情况适时明确。

附件：抗癌药品清单（第一批）（略）

《财政部　海关总署　税务总局　药监局关于罕见病药品增值税政策的通知》（财税〔2019〕24号）

各省、自治区、直辖市、计划单列市财政厅（局），新疆生产建设兵团财政局，海关总署广东分署、各直属海关，国家税务总局各省、自治区、直辖市、计划单列市税务局：

为鼓励罕见病制药产业发展，降低患者用药成本，现将罕见病药品增值税政策通知如下：

一、自2019年3月1日起，增值税一般纳税人生产销售和批发、零售罕见病药品，可选择按照简易办法依照3%征收率计算缴纳增值税。上述纳税人选择简易办法计算缴纳增值税后，36个月内不得变更。

二、自2019年3月1日起，对进口罕见病药品，减按3%征收进口环节增值税。

三、纳税人应单独核算罕见病药品的销售额。未单独核算的，不得适用本通知第一条规定的简易征收政策。

四、本通知所称罕见病药品，是指经国家药品监督管理部门批准注册的罕见病药品制剂及原料药。罕见病药品清单（第一批）见附件。罕见病药品范围实行动态调整，由财政部、海关总署、税务总局、药监局根据变化情况适时明确。

附件：罕见病药品清单（第一批）（略）

【《增值税法》原文】

第九条 本法所称小规模纳税人，是指年应征增值税销售额未超过五百万元的纳税人。

小规模纳税人会计核算健全，能够提供准确税务资料的，可以向主管税务机关办理登记，按照本法规定的一般计税方法计算缴纳增值税。

根据国民经济和社会发展的需要，国务院可以对小规模纳税人的标准作出调整，报全国人民代表大会常务委员会备案。

〖草案二次审议稿〗

第八条 前条规定的小规模纳税人，是指年应征增值税销售额未超过五百万元的纳税人。

小规模纳税人会计核算健全，能够提供准确税务资料的，可以向主管税务机关办理登记，按照本法规定的一般计税方法计算缴纳增值税。

根据国民经济和社会发展的需要，国务院可以对第一款规定的小规模纳税人的标准作出调整，报全国人民代表大会常务委员会备案。

【条文释义】

本条规定了小规模纳税人的标准及其计税方法。

小规模纳税人的标准目前为纳税人年应征增值税销售额未超过500万元。这里的"年"是指过去连续12个月，对于按季度申报缴纳增值税的纳税人而言，就是过去4个季度。例如，甲公司2024年第二季度应征增值税销售额为100万元，第三季度应征增值税销售额为150万元，第四季度应征增值税销售额为150万元，2025年第一季度应征增值税销售额为120万元，由于过去四个季度的应征增值税销售额累计为520万元，超过了500万元，甲公司应及时向税务机关办理一般纳税人登记。

小规模纳税人应按照简易计税方法计算缴纳增值税，如果纳税人想按照一般计税方法计算缴纳增值税，可以向主管税务机关办理一般纳税人登记，按照一般计税方法计算缴纳增值税，但其应当符合以下条件：会计核算健全，能够提供准确税务资料。

国务院可以根据国民经济和社会发展的需要，对小规模纳税人的标准作出调整，为监督国务院调整的合法性与合理性，国务院的该项调整应当报全国人民代表大会常务委员会备案。

【法律法规与政策指引】

《中华人民共和国增值税暂行条例》（2017年修订）

第十三条　小规模纳税人以外的纳税人应当向主管税务机关办理登记。具体登记办法由国务院税务主管部门制定。

小规模纳税人会计核算健全，能够提供准确税务资料的，可以向主管税务机关办理登记，不作为小规模纳税人，依照本条例有关规定计算应纳税额。

《中华人民共和国增值税暂行条例实施细则》（2011年修订）

第二十八条　条例第十一条所称小规模纳税人的标准为：

（一）从事货物生产或者提供应税劳务的纳税人，以及以从事货物生产或者提供应税劳务为主，并兼营货物批发或者零售的纳税人，年应征增值税销售额（以下简称应税销售额）在50万元以下（含本数，下同）的；

（二）除本条第一款第（一）项规定以外的纳税人，年应税销售额在80万元以下的。

本条第一款所称以从事货物生产或者提供应税劳务为主，是指纳税人的年货物生产或者提供应税劳务的销售额占年应税销售额的比重在50%以上。

第二十九条　年应税销售额超过小规模纳税人标准的其他个人按小规模纳税人纳税；非企业性单位、不经常发生应税行为的企业可选择按小规模纳税人纳税。

第三十条　小规模纳税人的销售额不包括其应纳税额。

小规模纳税人销售货物或者应税劳务采用销售额和应纳税额合并定价方法的，按下列公式计算销售额：

$$销售额 = 含税销售额 \div (1 + 征收率)$$

第三十一条　小规模纳税人因销售货物退回或者折让退还给购买方的销售额，应从发生销售货物退回或者折让当期的销售额中扣减。

第三十二条　条例第十三条和本细则所称会计核算健全，是指能够按照国家统一的会计制度规定设置账簿，根据合法、有效凭证核算。

第三十三条　除国家税务总局另有规定外，纳税人一经认定为一般纳税人后，不得转为小规模纳税人。

第三十四条　有下列情形之一者，应按销售额依照增值税税率计算应纳税额，不得抵扣进项税额，也不得使用增值税专用发票：

（一）一般纳税人会计核算不健全，或者不能够提供准确税务资料的；

（二）除本细则第二十九条规定外，纳税人销售额超过小规模纳税人标准，未申请办理一般纳税人认定手续的。

《营业税改征增值税试点实施办法》（财税〔2016〕36号附件1）

第三条　纳税人分为一般纳税人和小规模纳税人。

应税行为的年应征增值税销售额（以下称应税销售额）超过财政部和国家税务总局规定标准的纳税人为一般纳税人，未超过规定标准的纳税人为小规模纳税人。

年应税销售额超过规定标准的其他个人不属于一般纳税人。年应税销售额超过规定标准但不经常发生应税行为的单位和个体工商户可选择按照小规模纳税人纳税。

第四条　年应税销售额未超过规定标准的纳税人，会计核算健全，能够提供准确税务资料的，可以向主管税务机关办理一般纳税人资格登记，成为一般纳税人。

会计核算健全，是指能够按照国家统一的会计制度规定设置账簿，根据合法、有效凭证核算。

第三十三条　有下列情形之一者，应当按照销售额和增值税税率计算应纳税额，不得抵扣进项税额，也不得使用增值税专用发票：

（一）一般纳税人会计核算不健全，或者不能够提供准确税务资料的。

（二）应当办理一般纳税人资格登记而未办理的。

《营业税改征增值税试点有关事项的规定》（财税〔2016〕36号附件2）

一、营改增试点期间，试点纳税人［指按照《营业税改征增值税试点实施办法》（以下称《试点实施办法》）缴纳增值税的纳税人］有关政策

（一）兼营。

试点纳税人销售货物、加工修理修配劳务、服务、无形资产或者不动产适用不同税率或者征收率的，应当分别核算适用不同税率或者征收率的销售额，未分别核算销售额的，按照以下方法适用税率或者征收率：

1.兼有不同税率的销售货物、加工修理修配劳务、服务、无形资产或者不动产，从高适用税率。

2.兼有不同征收率的销售货物、加工修理修配劳务、服务、无形资产或者不动产，从高适用征收率。

3.兼有不同税率和征收率的销售货物、加工修理修配劳务、服务、无形资产或者不动产，从高适用税率。

《增值税一般纳税人纳税辅导期管理办法》(国税发〔2010〕40号印发)

第一条 为加强增值税一般纳税人纳税辅导期管理,根据《增值税一般纳税人资格认定管理办法》(以下简称认定办法)第十三条规定,制定本办法。

第二条 实行纳税辅导期管理的增值税一般纳税人(以下简称辅导期纳税人),适用本办法。

第三条 认定办法第十三条第一款所称的"小型商贸批发企业",是指注册资金在80万元(含80万元)以下、职工人数在10人(含10人)以下的批发企业。只从事出口贸易,不需要使用增值税专用发票的企业除外。

批发企业按照国家统计局颁发的《国民经济行业分类》(GB/T 4754—2002)[①]中有关批发业的行业划分方法界定。

第四条 认定办法第十三条所称"其他一般纳税人",是指具有下列情形之一的一般纳税人:

(一)增值税偷税数额占应纳税额的10%以上并且偷税数额在10万元以上的;

(二)骗取出口退税的;

(三)虚开增值税扣税凭证的;

(四)国家税务总局规定的其他情形。

第五条 新认定为一般纳税人的小型商贸批发企业实行纳税辅导期管理的期限为3个月;其他一般纳税人实行纳税辅导期管理的期限为6个月。

第六条 对新办小型商贸批发企业,主管税务机关应在认定办法第九条第(四)款规定的《税务事项通知书》内告知纳税人对其实行纳税辅导期管理,纳税辅导期自主管税务机关制作《税务事项通知书》的当月起执行;对其他一般纳税人,主管税务机关应自稽查部门作出《税务稽查处理决定书》后40个工作日内,制作、送达《税务事项通知书》告知纳税人对其实行纳税辅导期管理,纳税辅导期自主管税务机关制作《税务事项通知书》的次月起执行。

第七条 辅导期纳税人取得的增值税专用发票(以下简称专用发票)抵扣联、海关进口增值税专用缴款书以及运输费用结算单据应当在交叉稽核比对无误后,方可抵扣进项税额。

第八条 主管税务机关对辅导期纳税人实行限量限额发售专用发票。

(一)实行纳税辅导期管理的小型商贸批发企业,领购专用发票的最高开票限额不得超过十万元;其他一般纳税人专用发票最高开票限额应根据企业实际经营情况重新核定。

(二)辅导期纳税人专用发票的领购实行按次限量控制,主管税务机关可根据纳税人

[①] 《国民经济行业分类》(GB/T 4754—2002)已废止,现行版本为2017年修订的《国民经济行业分类》(GB/T 4754—2017)。

的经营情况核定每次专用发票的供应数量,但每次发售专用发票数量不得超过25份。

辅导期纳税人领购的专用发票未使用完而再次领购的,主管税务机关发售专用发票的份数不得超过核定的每次领购专用发票份数与未使用完的专用发票份数的差额。

第九条 辅导期纳税人一个月内多次领购专用发票的,应从当月第二次领购专用发票起,按照上一次已领购并开具的专用发票销售额的3%预缴增值税,未预缴增值税的,主管税务机关不得向其发售专用发票。

预缴增值税时,纳税人应提供已领购并开具的专用发票记账联,主管税务机关根据其提供的专用发票记账联计算应预缴的增值税。

第十条 辅导期纳税人按第九条规定预缴的增值税可在本期增值税应纳税额中抵减,抵减后预缴增值税仍有余额的,可抵减下期再次领购专用发票时应当预缴的增值税。

纳税辅导期结束后,纳税人因增购专用发票发生的预缴增值税有余额的,主管税务机关应在纳税辅导期结束后的第一个月内,一次性退还纳税人。

第十一条 辅导期纳税人应当在"应交税金"科目下增设"待抵扣进项税额"明细科目,核算尚未交叉稽核比对的专用发票抵扣联、海关进口增值税专用缴款书以及运输费用结算单据(以下简称增值税抵扣凭证)注明或者计算的进项税额。

辅导期纳税人取得增值税抵扣凭证后,借记"应交税金——待抵扣进项税额"明细科目,贷记相关科目。交叉稽核比对无误后,借记"应交税金——应交增值税(进项税额)"科目,贷记"应交税金——待抵扣进项税额"科目。经核实不得抵扣的进项税额,红字借记"应交税金——待抵扣进项税额",红字贷记相关科目。

第十二条 主管税务机关定期接收交叉稽核比对结果,通过《稽核结果导出工具》导出发票明细数据及《稽核结果通知书》并告知辅导期纳税人。

辅导期纳税人根据交叉稽核比对结果相符的增值税抵扣凭证本期数据申报抵扣进项税额,未收到交叉稽核比对结果的增值税抵扣凭证留待下期抵扣。

第十三条 辅导期纳税人按以下要求填写《增值税纳税申报表附列资料(表二)》。

(一)第2栏填写当月取得认证相符且当月收到《稽核比对结果通知书》及其明细清单注明的稽核相符专用发票、协查结果中允许抵扣的专用发票的份数、金额、税额。

(二)第3栏填写前期取得认证相符且当月收到《稽核比对结果通知书》及其明细清单注明的稽核相符专用发票、协查结果中允许抵扣的专用发票的份数、金额、税额。

(三)第5栏填写税务机关告知的《稽核比对结果通知书》及其明细清单注明的本期稽核相符的海关进口增值税专用缴款书、协查结果中允许抵扣的海关进口增值税专用缴款书的份数、金额、税额。

(四)第7栏"废旧物资发票"不再填写。

(五)第8栏填写税务机关告知的《稽核比对结果通知书》及其明细清单注明的本

期稽核相符的运输费用结算单据、协查结果中允许抵扣的运输费用结算单据的份数、金额、税额。

（六）第23栏填写认证相符但未收到稽核比对结果的增值税专用发票月初余额数。

（七）第24栏填写本月已认证相符但未收到稽核比对结果的专用发票数据。

（八）第25栏填写已认证相符但未收到稽核比对结果的专用发票月末余额数。

（九）第28栏填写本月未收到稽核比对结果的海关进口增值税专用缴款书。

（十）第30栏"废旧物资发票"不再填写。

（十一）第31栏填写本月未收到稽核比对结果的运输费用结算单据数据。

第十四条 主管税务机关在受理辅导期纳税人纳税申报时，按照以下要求进行"一窗式"票表比对。

（一）审核《增值税纳税申报表》附表二第3栏份数、金额、税额是否等于或小于本期稽核系统比对相符的专用发票抵扣联数据。

（二）审核《增值税纳税申报表》附表二第5栏份数、金额、税额是否等于或小于本期交叉稽核比对相符和协查后允许抵扣的海关进口增值税专用缴款书合计数。

（三）审核《增值税纳税申报表》附表二中第8栏的份数、金额是否等于或小于本期交叉稽核比对相符和协查后允许抵扣的运输费用结算单据合计数。

（四）申报表数据若大于稽核结果数据的，按现行"一窗式"票表比对异常情况处理。

第十五条 纳税辅导期内，主管税务机关未发现纳税人存在偷税、逃避追缴欠税、骗取出口退税、抗税或其他需要立案查处的税收违法行为的，从期满的次月起不再实行纳税辅导期管理，主管税务机关应制作、送达《税务事项通知书》，告知纳税人；主管税务机关发现辅导期纳税人存在偷税、逃避追缴欠税、骗取出口退税、抗税或其他需要立案查处的税收违法行为的，从期满的次月起按照本规定重新实行纳税辅导期管理，主管税务机关应制作、送达《税务事项通知书》，告知纳税人。

第十六条 本办法自2010年3月20日起执行。《国家税务总局关于加强新办商贸企业增值税征收管理有关问题的紧急通知》（国税发明电〔2004〕37号）、《国家税务总局关于辅导期一般纳税人实施"先比对、后扣税"有关管理问题的通知》（国税发明电〔2004〕51号）、《国家税务总局关于加强新办商贸企业增值税征收管理有关问题的补充通知》（国税发明电〔2004〕62号）、《国家税务总局关于辅导期增值税一般纳税人增值税专用发票预缴增值税有关问题的通知》（国税函〔2005〕1097号）同时废止。

《增值税一般纳税人登记管理办法》（国家税务总局令2017年第43号公布）

第一条 为了做好增值税一般纳税人（以下简称"一般纳税人"）登记管理，根据《中华人民共和国增值税暂行条例》及其实施细则有关规定，制定本办法。

第二条 增值税纳税人（以下简称"纳税人"），年应税销售额超过财政部、国家税务总局规定的小规模纳税人标准（以下简称"规定标准"）的，除本办法第四条规定外，应当向主管税务机关办理一般纳税人登记。

本办法所称年应税销售额，是指纳税人在连续不超过12个月或四个季度的经营期内累计应征增值税销售额，包括纳税申报销售额、稽查查补销售额、纳税评估调整销售额。

销售服务、无形资产或者不动产（以下简称"应税行为"）有扣除项目的纳税人，其应税行为年应税销售额按未扣除之前的销售额计算。纳税人偶然发生的销售无形资产、转让不动产的销售额，不计入应税行为年应税销售额。

第三条 年应税销售额未超过规定标准的纳税人，会计核算健全，能够提供准确税务资料的，可以向主管税务机关办理一般纳税人登记。

本办法所称会计核算健全，是指能够按照国家统一的会计制度规定设置账簿，根据合法、有效凭证进行核算。

第四条 下列纳税人不办理一般纳税人登记：

（一）按照政策规定，选择按照小规模纳税人纳税的；

（二）年应税销售额超过规定标准的其他个人。

第五条 纳税人应当向其机构所在地主管税务机关办理一般纳税人登记手续。

第六条 纳税人办理一般纳税人登记的程序如下：

（一）纳税人向主管税务机关填报《增值税一般纳税人登记表》，如实填写固定生产经营场所等信息，并提供税务登记证件；

（二）纳税人填报内容与税务登记信息一致的，主管税务机关当场登记；

（三）纳税人填报内容与税务登记信息不一致，或者不符合填列要求的，税务机关应当场告知纳税人需要补正的内容。

第七条 年应税销售额超过规定标准的纳税人符合本办法第四条第一项规定的，应当向主管税务机关提交书面说明。

第八条 纳税人在年应税销售额超过规定标准的月份（或季度）的所属申报期结束后15日内按照本办法第六条或者第七条的规定办理相关手续；未按规定时限办理的，主管税务机关应当在规定时限结束后5日内制作《税务事项通知书》，告知纳税人应当在5日内向主管税务机关办理相关手续；逾期仍不办理的，次月起按销售额依照增值税税率计算应纳税额，不得抵扣进项税额，直至纳税人办理相关手续为止。

第九条 纳税人自一般纳税人生效之日起，按照增值税一般计税方法计算应纳税额，并可以按照规定领用增值税专用发票，财政部、国家税务总局另有规定的除外。

本办法所称的生效之日，是指纳税人办理登记的当月1日或者次月1日，由纳税人在办理登记手续时自行选择。

第十条 纳税人登记为一般纳税人后，不得转为小规模纳税人，国家税务总局另有规定的除外。

第十一条 主管税务机关应当加强对税收风险的管理。对税收遵从度低的一般纳税人，主管税务机关可以实行纳税辅导期管理，具体办法由国家税务总局另行制定。

第十二条 本办法自2018年2月1日起施行，《增值税一般纳税人资格认定管理办法》（国家税务总局令第22号公布）同时废止。

《国家税务总局关于增值税一般纳税人登记管理若干事项的公告》（国家税务总局公告2018年第6号）

为了贯彻实施《增值税一般纳税人登记管理办法》（国家税务总局令第43号，以下简称《办法》），现将有关事项公告如下：

一、《办法》第二条所称"经营期"是指在纳税人存续期内的连续经营期间，含未取得销售收入的月份或季度。

二、《办法》第二条所称"纳税申报销售额"是指纳税人自行申报的全部应征增值税销售额，其中包括免税销售额和税务机关代开发票销售额。"稽查查补销售额"和"纳税评估调整销售额"计入查补税款申报当月（或当季）的销售额，不计入税款所属期销售额。

三、《办法》第四条第二项所称的"其他个人"是指自然人。

四、《办法》第六条第一项所称的"固定生产经营场所"信息是指填写在《增值税一般纳税人登记表》"生产经营地址"栏次中的内容。

五、《办法》第六条第一项所称的"税务登记证件"，包括纳税人领取的由工商行政管理部门或者其他主管部门核发的加载法人和其他组织统一社会信用代码的相关证件。

六、《办法》第八条规定主管税务机关制作的《税务事项通知书》中，需告知纳税人的内容应当包括：纳税人年应税销售额已超过规定标准，应在收到《税务事项通知书》后5日内向税务机关办理增值税一般纳税人登记手续或者选择按照小规模纳税人纳税的手续；逾期未办理的，自通知时限期满的次月起按销售额依照增值税税率计算应纳税额，不得抵扣进项税额，直至纳税人办理相关手续为止。

……

八、经税务机关核对后退还纳税人留存的《增值税一般纳税人登记表》，可以作为证明纳税人成为增值税一般纳税人的凭据。

九、《办法》中所规定期限的最后一日是法定休假日的，以休假日期满的次日为期限的最后一日；在期限内有连续3日以上（含3日）法定休假日的，按休假日天数顺延。

十、本公告自 2018 年 2 月 1 日起施行。《国家税务总局关于明确〈增值税一般纳税人资格认定管理办法〉若干条款处理意见的通知》（国税函〔2010〕139 号）、《国家税务总局关于调整增值税一般纳税人管理有关事项的公告》（国家税务总局公告 2015 年第 18 号）、《国家税务总局关于"三证合一"登记制度改革涉及增值税一般纳税人管理有关事项的公告》（国家税务总局公告 2015 年第 74 号）、《国家税务总局关于全面推开营业税改征增值税试点有关税收征收管理事项的公告》（国家税务总局公告 2016 年第 23 号）第二条同时废止。

特此公告。

《财政部　税务总局关于统一增值税小规模纳税人标准的通知》（财税〔2018〕33 号）

各省、自治区、直辖市、计划单列市财政厅（局）、国家税务局、地方税务局，新疆生产建设兵团财政局：

为完善增值税制度，进一步支持中小微企业发展，现将统一增值税小规模纳税人标准有关事项通知如下：

一、增值税小规模纳税人标准为年应征增值税销售额 500 万元及以下。

二、按照《中华人民共和国增值税暂行条例实施细则》第二十八条规定已登记为增值税一般纳税人的单位和个人，在 2018 年 12 月 31 日前，可转登记为小规模纳税人，其未抵扣的进项税额作转出处理。

三、本通知自 2018 年 5 月 1 日起执行。

《国家税务总局关于统一小规模纳税人标准等若干增值税问题的公告》（国家税务总局公告 2018 年第 18 号）

现将统一小规模纳税人标准等若干增值税问题公告如下：

一、同时符合以下条件的一般纳税人，可选择按照《财政部　税务总局关于统一增值税小规模纳税人标准的通知》（财税〔2018〕33 号）第二条的规定，转登记为小规模纳税人，或选择继续作为一般纳税人：

（一）根据《中华人民共和国增值税暂行条例》第十三条和《中华人民共和国增值税暂行条例实施细则》第二十八条的有关规定，登记为一般纳税人。

（二）转登记日前连续 12 个月（以 1 个月为 1 个纳税期，下同）或者连续 4 个季度（以 1 个季度为 1 个纳税期，下同）累计应征增值税销售额（以下称应税销售额）未超过 500 万元。

转登记日前经营期不满 12 个月或者 4 个季度的，按照月（季度）平均应税销售额估算上款规定的累计应税销售额。

应税销售额的具体范围，按照《增值税一般纳税人登记管理办法》（国家税务总局令第43号)和《国家税务总局关于增值税一般纳税人登记管理若干事项的公告》(国家税务总局公告2018年第6号)的有关规定执行。

二、符合本公告第一条规定的纳税人,向主管税务机关填报《一般纳税人转为小规模纳税人登记表》(表样见附件),并提供税务登记证件;已实行实名办税的纳税人,无需提供税务登记证件。主管税务机关根据下列情况分别作出处理:

(一)纳税人填报内容与税务登记、纳税申报信息一致的,主管税务机关当场办理。

(二)纳税人填报内容与税务登记、纳税申报信息不一致,或者不符合填列要求的,主管税务机关应当场告知纳税人需要补正的内容。

三、一般纳税人转登记为小规模纳税人(以下称转登记纳税人)后,自转登记日的下期起,按照简易计税方法计算缴纳增值税;转登记日当期仍按照一般纳税人的有关规定计算缴纳增值税。

四、转登记纳税人尚未申报抵扣的进项税额以及转登记日当期的期末留抵税额,计入"应交税费——待抵扣进项税额"核算。

尚未申报抵扣的进项税额计入"应交税费——待抵扣进项税额"时:

(一)转登记日当期已经取得的增值税专用发票、机动车销售统一发票、收费公路通行费增值税电子普通发票,应当已经通过增值税发票选择确认平台进行选择确认或认证后稽核比对相符;经稽核比对异常的,应当按照现行规定进行核查处理。已经取得的海关进口增值税专用缴款书,经稽核比对相符的,应当自行下载《海关进口增值税专用缴款书稽核结果通知书》;经稽核比对异常的,应当按照现行规定进行核查处理。

(二)转登记日当期尚未取得的增值税专用发票、机动车销售统一发票、收费公路通行费增值税电子普通发票,转登记纳税人在取得上述发票以后,应当持税控设备,由主管税务机关通过增值税发票选择确认平台(税务局端)为其办理选择确认。尚未取得的海关进口增值税专用缴款书,转登记纳税人在取得以后,经稽核比对相符的,应当由主管税务机关通过稽核系统为其下载《海关进口增值税专用缴款书稽核结果通知书》;经稽核比对异常的,应当按照现行规定进行核查处理。

五、转登记纳税人在一般纳税人期间销售或者购进的货物、劳务、服务、无形资产、不动产,自转登记日的下期起发生销售折让、中止或者退回的,调整转登记日当期的销项税额、进项税额和应纳税额。

(一)调整后的应纳税额小于转登记日当期申报的应纳税额形成的多缴税款,从发生销售折让、中止或者退回当期的应纳税额中抵减;不足抵减的,结转下期继续抵减。

(二)调整后的应纳税额大于转登记日当期申报的应纳税额形成的少缴税款,从"应交税费——待抵扣进项税额"中抵减;抵减后仍有余额的,计入发生销售折让、中止或者退回当期的应纳税额一并申报缴纳。

转登记纳税人因税务稽查、补充申报等原因，需要对一般纳税人期间的销项税额、进项税额和应纳税额进行调整的，按照上述规定处理。

转登记纳税人应准确核算"应交税费——待抵扣进项税额"的变动情况。

六、转登记纳税人可以继续使用现有税控设备开具增值税发票，不需要缴销税控设备和增值税发票。

转登记纳税人自转登记日的下期起，发生增值税应税销售行为，应当按照征收率开具增值税发票；转登记日前已作增值税专用发票票种核定的，继续通过增值税发票管理系统自行开具增值税专用发票；销售其取得的不动产，需要开具增值税专用发票的，应当按照有关规定向税务机关申请代开。

七、转登记纳税人在一般纳税人期间发生的增值税应税销售行为，未开具增值税发票需要补开的，应当按照原适用税率或者征收率补开增值税发票；发生销售折让、中止或者退回等情形，需要开具红字发票的，按照原蓝字发票记载的内容开具红字发票；开票有误需要重新开具的，先按照原蓝字发票记载的内容开具红字发票后，再重新开具正确的蓝字发票。

转登记纳税人发生上述行为，需要按照原适用税率开具增值税发票的，应当在互联网连接状态下开具。按照有关规定不使用网络办税的特定纳税人，可以通过离线方式开具增值税发票。

八、自转登记日的下期起连续不超过12个月或者连续不超过4个季度的经营期内，转登记纳税人应税销售额超过财政部、国家税务总局规定的小规模纳税人标准的，应当按照《增值税一般纳税人登记管理办法》（国家税务总局令第43号）的有关规定，向主管税务机关办理一般纳税人登记。

转登记纳税人按规定再次登记为一般纳税人后，不得再转登记为小规模纳税人。

九、一般纳税人在增值税税率调整前已按原适用税率开具的增值税发票，发生销售折让、中止或者退回等情形需要开具红字发票的，按照原适用税率开具红字发票；开票有误需要重新开具的，先按照原适用税率开具红字发票后，再重新开具正确的蓝字发票。

一般纳税人在增值税税率调整前未开具增值税发票的增值税应税销售行为，需要补开增值税发票的，应当按照原适用税率补开。

增值税发票税控开票软件税率栏次默认显示调整后税率，一般纳税人发生上述行为可以手工选择原适用税率开具增值税发票。

十、国家税务总局在增值税发票管理系统中更新了《商品和服务税收分类编码表》，纳税人应当按照更新后的《商品和服务税收分类编码表》开具增值税发票。

转登记纳税人和一般纳税人应当及时完成增值税发票税控开票软件升级、税控设备变更发行和自身业务系统调整。

十一、本公告自 2018 年 5 月 1 日起施行。《国家税务总局关于增值税一般纳税人登记管理若干事项的公告》（国家税务总局公告 2018 年第 6 号）第七条同时废止。

特此公告。

附件：一般纳税人转为小规模纳税人登记表（略）

第二章 税率

【《增值税法》原文】

第十条 增值税税率：

（一）纳税人销售货物、加工修理修配服务、有形动产租赁服务，进口货物，除本条第二项、第四项、第五项规定外，税率为百分之十三。

（二）纳税人销售交通运输、邮政、基础电信、建筑、不动产租赁服务，销售不动产，转让土地使用权，销售或者进口下列货物，除本条第四项、第五项规定外，税率为百分之九：

1. 农产品、食用植物油、食用盐；

2. 自来水、暖气、冷气、热水、煤气、石油液化气、天然气、二甲醚、沼气、居民用煤炭制品；

3. 图书、报纸、杂志、音像制品、电子出版物；

4. 饲料、化肥、农药、农机、农膜。

（三）纳税人销售服务、无形资产，除本条第一项、第二项、第五项规定外，税率为百分之六。

（四）纳税人出口货物，税率为零；国务院另有规定的除外。

（五）境内单位和个人跨境销售国务院规定范围内的服务、无形资产，税率为零。

〖草案二次审议稿〗

第九条 增值税税率：

（一）纳税人销售货物、加工修理修配服务、有形动产租赁服务，进口货物，除本条第二项、第四项、第五项规定外，税率为百分之十三。

（二）纳税人销售交通运输、邮政、基础电信、建筑、不动产租赁服务，销售不动产，转让土地使用权，销售或者进口下列货物，除本条第四项、第五项规定外，税率为百分之九：

1. 农产品、食用植物油、食用盐；

2. 自来水、暖气、冷气、热水、煤气、石油液化气、天然气、二甲醚、沼气、居民

用煤炭制品;

3.图书、报纸、杂志、音像制品、电子出版物;

4.饲料、化肥、农药、农机、农膜。

(三)纳税人销售服务、无形资产,除本条第一项、第二项、第五项规定外,税率为百分之六。

(四)纳税人出口货物,税率为零;国务院另有规定的除外。

(五)境内单位和个人跨境销售国务院规定范围内的服务、无形资产,税率为零。

【条文释义】

本条规定了增值税的税率。

增值税的基本税率为13%,纳税人销售货物、加工修理修配服务、有形动产租赁服务、进口货物,除特殊规定外,税率为13%。我国自1994年1月1日正式开征增值税以来,基本税率长期维持在17%。自2018年5月1日起,增值税的基本税率调整至16%。自2019年4月1日起,增值税的基本税率调整至13%。

增值税的中等税率为9%,纳税人销售交通运输、邮政、基础电信、建筑、不动产租赁服务,销售不动产,转让土地使用权,销售或者进口下列货物,除适用零税率的以外,税率为9%:

(1)农产品、食用植物油、食用盐;

(2)自来水、暖气、冷气、热水、煤气、石油液化气、天然气、二甲醚、沼气、居民用煤炭制品;

(3)图书、报纸、杂志、音像制品、电子出版物;

(4)饲料、化肥、农药、农机、农膜。

我国自1994年1月1日正式开征增值税以来,对上述货物长期适用13%的税率。2017年7月1日,我国将13%的税率降低为11%。2012年1月1日,我国在上海开展营业税改征增值税试点,为交通运输服务增加了11%的税率。自2018年5月1日起,我国将11%的税率调整至10%。自2019年4月1日起,我国将10%的税率调整至9%。

增值税的低税率为6%,纳税人销售服务、无形资产,除适用13%、9%和零税率的以外,税率为6%。2012年1月1日,我国在上海开展营业税改征增值税试点,为现代服务业增加了6%的税率,后续不断扩大营业税改征增值税试点的范围,6%的税率一直沿用至今。

纳税人出口货物,税率为零;国务院另有规定的除外。增值税是由最终消费者负担的可以转嫁的间接税,如果对出口货物征税,相当于对境外消费者征收增值税,这就突破了国家的征税权范围,因此,世界各国均规定出口货物税率为零。

境内单位和个人跨境销售国务院规定范围内的服务、无形资产,税率为零。跨境销售服务、无形资产类似出口货物,按照相同的原则,也应当适用零税率。

【法律法规与政策指引】

《中华人民共和国增值税暂行条例》（2017年修订）

第二条 增值税税率：

（一）纳税人销售货物、劳务、有形动产租赁服务或者进口货物，除本条第二项、第四项、第五项另有规定外，税率为17%。

（二）纳税人销售交通运输、邮政、基础电信、建筑、不动产租赁服务，销售不动产，转让土地使用权，销售或者进口下列货物，税率为11%：

1. 粮食等农产品、食用植物油、食用盐；

2. 自来水、暖气、冷气、热水、煤气、石油液化气、天然气、二甲醚、沼气、居民用煤炭制品；

3. 图书、报纸、杂志、音像制品、电子出版物；

4. 饲料、化肥、农药、农机、农膜；

5. 国务院规定的其他货物。

（三）纳税人销售服务、无形资产，除本条第一项、第二项、第五项另有规定外，税率为6%。

（四）纳税人出口货物，税率为零；但是，国务院另有规定的除外。

（五）境内单位和个人跨境销售国务院规定范围内的服务、无形资产，税率为零。

税率的调整，由国务院决定。

《农业产品征税范围注释》（财税字〔1995〕52号）

农业产品是指种植业、养殖业、林业、牧业、水产业生产的各种植物、动物的初级产品。农业产品的征税范围包括：

一、植物类

植物类包括人工种植和天然生长的各种植物的初级产品。具体征税范围为：

（一）粮食

粮食是指各种主食食料植物果实的总称。本货物的征税范围包括小麦、稻谷、玉米、高粱、谷子和其他杂粮（如：大麦、燕麦等），以及经碾磨、脱壳等工艺加工后的粮食（如：面粉、米、玉米面、渣等）。

切面、饺子皮、馄饨皮、面皮、米粉等粮食复制品，也属于本货物的征税范围。

以粮食为原料加工的速冻食品、方便面、副食品和各种熟食品，不属于本货物的征税范围。

（二）蔬菜

蔬菜是指可作副食的草本、木本植物的总称。本货物的征税范围包括各种蔬菜、菌类植物和少数可作副食的木科植物。

经晾晒、冷藏、冷冻、包装、脱水等工序加工的蔬菜、腌菜、咸菜、酱菜和盐渍蔬菜等，也属于本货物的征税范围。

各种蔬菜罐头（罐头是指以金属罐、玻璃瓶和其他材料包装，经排气密封的各种食品。下同）不属于本货物的征税范围。

（三）烟叶

烟叶是指各种烟草的叶片和经过简单加工的叶片。本货物的征税范围包括晒烟叶、晾烟叶和初烤烟叶。

1. 晒烟叶。是指利用太阳能露天晒制的烟叶。

2. 晾烟叶。是指在晾房内自然干燥的烟叶。

3. 初烤烟叶。是指烟草种植者直接烤制的烟叶。不包括专业复烤厂烤制的复烤烟叶。

（四）茶叶

茶叶是指从茶树上采摘下来的鲜叶和嫩芽（即茶青），以及经吹干、揉拌、发酵、烘干等工序初制的茶。本货物的征收范围包括各种毛茶（如红毛茶、绿毛茶、乌龙毛茶、白毛茶、黑毛茶等）。

精制茶、边销茶及掺兑各种药物的茶和茶饮料，不属于本货物的征税范围。

（五）园艺植物

园艺植物是指可供食用的果实，如水果、果干（如荔枝干、桂圆干、葡萄干等）、干果、果仁、果用瓜（如甜瓜、西瓜、哈密瓜等），以及胡椒、花椒、大料、咖啡豆等。

经冷冻、冷藏、包装等工序加工的园艺植物，也属于本货物的征税范围。

各种水果罐头，果脯，蜜饯，炒制的果仁、坚果，碾磨后的园艺植物（如胡椒粉、花椒粉等），不属于本货物的征税范围。

（六）药用植物

药用植物是指用作中药原药的各种植物的根、茎、皮、叶、花、果实等。

利用上述药用植物加工制成的片、丝、块、段等中药饮片，也属于本货物的征税范围。

中成药不属于本货物的征税范围。

（七）油料植物

油料植物是指主要用作榨取油脂的各种植物的根、茎、叶、果实、花或者胚芽组织等初级产品，如菜子（包括芥菜子）、花生、大豆、葵花子、蓖麻子、芝麻子、胡麻子、茶子、桐子、橄榄仁、棕榈仁、棉籽等。

提取芳香油的芳香油料植物，也属于本货物的征税范围。

（八）纤维植物

纤维植物是指利用其纤维作纺织、造纸原料或者绳索的植物，如棉（包括籽棉、皮棉、絮棉）、大麻、黄麻、槿麻、苎麻、苘麻、亚麻、罗布麻、蕉麻、剑麻等。

棉短绒和麻纤维经脱胶后的精干（洗）麻，也属于本货物的征税范围。

（九）糖料植物

糖料植物是指主要用作制糖的各种植物，如甘蔗、甜菜等。

（十）林业产品

林业产品是指乔木、灌木和竹类植物，以及天然树脂、天然橡胶。林业产品的征税范围包括：

1. 原木。是指将砍伐倒的乔木去其枝芽、梢头或者皮的乔木、灌木，以及锯成一定长度的木段。

锯材不属于本货物的征税范围。

2. 原竹。是指将砍倒的竹去其枝、梢或者叶的竹类植物，以及锯成一定长度的竹段。

3. 天然树脂。是指木科植物的分泌物，包括生漆、树脂和树胶，如松脂、桃胶、樱胶、阿拉伯胶、古巴胶和天然橡胶（包括乳胶和干胶）等。

4. 其他林业产品。是指上述列举林业产品以外的其他各种林业产品，如竹笋、笋干、棕竹、棕榈衣、树枝、树叶、树皮、藤条等。

盐水竹笋也属于本货物的征税范围。

竹笋罐头不属于本货物的征税范围。

（十一）其他植物

其他植物是指除上述列举植物以外的其他各种人工种植和野生的植物，如树苗、花卉、植物种子、植物叶子、草、麦秸、豆类、薯类、藻类植物等。

干花、干草、薯干、干制的藻类植物，农业产品的下脚料等，也属于本货物的征税范围。

二、动物类

动物类包括人工养殖和天然生长的各种动物的初级产品。具体征税范围为：

（一）水产品

水产品是指人工放养和人工捕捞的鱼、虾、蟹、鳖、贝类、棘皮类、软体类、腔肠类、海兽类动物。本货物的征税范围包括鱼、虾、蟹、鳖、贝类、棘皮类、软体类、肠类、海兽类、鱼苗（卵）、虾苗、蟹苗、贝苗（秧），以及经冷冻、冷藏、盐渍等防腐处理和包装的水产品。

干制的鱼、虾、蟹、贝类、棘皮类、软体类、腔肠类，如干鱼、干虾、干虾仁、干贝等，以及未加工成工艺品的贝壳、珍珠，也属于本货物的征税范围。

熟制的水产品和各类水产品的罐头，不属于本货物的征税范围。

（二）畜牧产品

畜牧产品是指人工饲养、繁殖取得和捕获的各种畜禽。本货物的征税范围包括：

1. 兽类、禽类和爬行类动物，如牛、马、猪、羊、鸡、鸭等。

2. 兽类、禽类和爬行类动物的肉产品，包括整块或者分割的鲜肉、冷藏或者冷冻肉、盐渍肉，兽类、禽类和爬行类动物的内脏、头、尾、碲等组织。

各种兽类、禽类和爬行类动物的肉类生制品，如腊肉、腌肉、熏肉等，也属于本货物的征税范围。

各种肉类罐头、肉类熟制品，不属于本货物的征税范围。

3. 蛋类产品。是指各种禽类动物和爬行类动物的卵，包括鲜蛋、冷藏蛋。

经加工的咸蛋、松花蛋、腌制的蛋等，也属于本货物的征税范围。

各种蛋类的罐头不属于本货物的征税范围。

4. 鲜奶。是指各种哺乳类动物的乳汁和经净化、杀菌等加工工序生产的乳汁。

用鲜奶加工的各种奶制品，如酸奶、奶酪、奶油等，不属于本货物的征税范围。

（三）动物皮张

动物皮张是指从各种动物（兽类、禽类和爬行类动物）身上直接剥取的，未经柔制的生皮、生皮张。

将生皮、生皮张用清水、盐水或者防腐药水浸泡、刮里、脱毛、晒干或者熏干，未经柔制的，也属于本货物的征税范围。

（四）动物毛绒

动物毛绒是指未经洗净的各种动物的毛发、绒毛和羽毛。

洗净毛、洗净绒等不属于本货物的征税范围。

（五）其他动物组织

其他动物组织是指上述列举以外的兽类、禽类、爬行类动物的其他组织，以及昆虫类动物。

1. 蚕茧。包括鲜茧和干茧，以及茧蛹。

2. 天然蜂蜜。是指采集的未经加工的天然蜂蜜、鲜蜂王浆等。

3. 动物树脂，如虫胶等。

4. 其他动物组织，如动物骨、壳、兽角、动物血液、动物分泌物、蚕种等。

《营业税改征增值税试点实施办法》（财税〔2016〕36号附件1）

第十五条 增值税税率：

（一）纳税人发生应税行为，除本条第（二）项、第（三）项、第（四）项规定外，税率为6%。

（二）提供交通运输、邮政、基础电信、建筑、不动产租赁服务，销售不动产，转让土地使用权，税率为11%。

（三）提供有形动产租赁服务，税率为17%。

（四）境内单位和个人发生的跨境应税行为，税率为零。具体范围由财政部和国家税务总局另行规定。

《跨境应税行为适用增值税零税率和免税政策的规定》（财税〔2016〕36号附件4）

一、中华人民共和国境内（以下称境内）的单位和个人销售的下列服务和无形资产，适用增值税零税率：

（一）国际运输服务。

国际运输服务，是指：

1. 在境内载运旅客或者货物出境。

2. 在境外载运旅客或者货物入境。

3. 在境外载运旅客或者货物。

（二）航天运输服务。

（三）向境外单位提供的完全在境外消费的下列服务：

1. 研发服务。

2. 合同能源管理服务。

3. 设计服务。

4. 广播影视节目（作品）的制作和发行服务。

5. 软件服务。

6. 电路设计及测试服务。

7. 信息系统服务。

8. 业务流程管理服务。

9. 离岸服务外包业务。

离岸服务外包业务，包括信息技术外包服务（ITO）、技术性业务流程外包服务（BPO）、技术性知识流程外包服务（KPO），其所涉及的具体业务活动，按照《销售服务、无形资产、不动产注释》相对应的业务活动执行。

10. 转让技术。

（四）财政部和国家税务总局规定的其他服务。

二、境内的单位和个人销售的下列服务和无形资产免征增值税，但财政部和国家税务总局规定适用增值税零税率的除外：

（一）下列服务：

1. 工程项目在境外的建筑服务。

2. 工程项目在境外的工程监理服务。

3. 工程、矿产资源在境外的工程勘察勘探服务。

4. 会议展览地点在境外的会议展览服务。

5. 存储地点在境外的仓储服务。

6. 标的物在境外使用的有形动产租赁服务。

7. 在境外提供的广播影视节目（作品）的播映服务。

8. 在境外提供的文化体育服务、教育医疗服务、旅游服务。

（二）为出口货物提供的邮政服务、收派服务、保险服务。

为出口货物提供的保险服务，包括出口货物保险和出口信用保险。

（三）向境外单位提供的完全在境外消费的下列服务和无形资产：

1. 电信服务。

2. 知识产权服务。

3. 物流辅助服务（仓储服务、收派服务除外）。

4. 鉴证咨询服务。

5. 专业技术服务。

6. 商务辅助服务。

7. 广告投放地在境外的广告服务。

8. 无形资产。

（四）以无运输工具承运方式提供的国际运输服务。

（五）为境外单位之间的货币资金融通及其他金融业务提供的直接收费金融服务，且该服务与境内的货物、无形资产和不动产无关。

（六）财政部和国家税务总局规定的其他服务。

三、按照国家有关规定应取得相关资质的国际运输服务项目，纳税人取得相关资质的，适用增值税零税率政策，未取得的，适用增值税免税政策。

境内的单位或个人提供程租服务，如果租赁的交通工具用于国际运输服务和港澳台运输服务，由出租方按规定申请适用增值税零税率。

境内的单位和个人向境内单位或个人提供期租、湿租服务，如果承租方利用租赁的交通工具向其他单位或个人提供国际运输服务和港澳台运输服务，由承租方适用增值税零税率。境内的单位或个人向境外单位或个人提供期租、湿租服务，由出租方适用增值税零税率。

境内单位和个人以无运输工具承运方式提供的国际运输服务，由境内实际承运人适用增值税零税率；无运输工具承运业务的经营者适用增值税免税政策。

四、境内的单位和个人提供适用增值税零税率的服务或者无形资产，如果属于适用简易计税方法的,实行免征增值税办法。如果属于适用增值税一般计税方法的,生产企业实行免抵退税办法,外贸企业外购服务或者无形资产出口实行免退税办法,外贸企业直接将服务或自行研发的无形资产出口,视同生产企业连同其出口货物统一实行免抵退税办法。

服务和无形资产的退税率为其按照《试点实施办法》第十五条第(一)至(三)项规定适用的增值税税率。实行退(免)税办法的服务和无形资产,如果主管税务机关认定出口价格偏高的,有权按照核定的出口价格计算退(免)税,核定的出口价格低于外贸企业购进价格的,低于部分对应的进项税额不予退税,转入成本。

五、境内的单位和个人销售适用增值税零税率的服务或无形资产的,可以放弃适用增值税零税率,选择免税或按规定缴纳增值税。放弃适用增值税零税率后,36个月内不得再申请适用增值税零税率。

六、境内的单位和个人销售适用增值税零税率的服务或无形资产,按月向主管退税的税务机关申报办理增值税退(免)税手续。具体管理办法由国家税务总局商财政部另行制定。

七、本规定所称完全在境外消费,是指:

(一)服务的实际接受方在境外,且与境内的货物和不动产无关。

(二)无形资产完全在境外使用,且与境内的货物和不动产无关。

(三)财政部和国家税务总局规定的其他情形。

八、境内单位和个人发生的与香港、澳门、台湾有关的应税行为,除本文另有规定外,参照上述规定执行。

九、2016年4月30日前签订的合同,符合《财政部 国家税务总局关于将铁路运输和邮政业纳入营业税改征增值税试点的通知》(财税〔2013〕106号)附件4和《财政部 国家税务总局关于影视等出口服务适用增值税零税率政策的通知》(财税〔2015〕118号)规定的零税率或者免税政策条件的,在合同到期前可以继续享受零税率或者免税政策。

《财政部 税务总局关于调整增值税税率的通知》(财税〔2018〕32号)

一、纳税人发生增值税应税销售行为或者进口货物,原适用17%和11%税率的,税率分别调整为16%、10%。

二、纳税人购进农产品,原适用11%扣除率的,扣除率调整为10%。

三、纳税人购进用于生产销售或委托加工16%税率货物的农产品,按照12%的扣除率计算进项税额。

四、原适用17%税率且出口退税率为17%的出口货物,出口退税率调整至16%。原适用11%税率且出口退税率为11%的出口货物、跨境应税行为,出口退税率调整至10%。

五、外贸企业2018年7月31日前出口的第四条所涉货物、销售的第四条所涉跨境应税行为，购进时已按调整前税率征收增值税的，执行调整前的出口退税率；购进时已按调整后税率征收增值税的，执行调整后的出口退税率。生产企业2018年7月31日前出口的第四条所涉货物、销售的第四条所涉跨境应税行为，执行调整前的出口退税率。

调整出口货物退税率的执行时间及出口货物的时间，以出口货物报关单上注明的出口日期为准，调整跨境应税行为退税率的执行时间及销售跨境应税行为的时间，以出口发票的开具日期为准。

六、本通知自2018年5月1日起执行。此前有关规定与本通知规定的增值税税率、扣除率、出口退税率不一致的，以本通知为准。

《财政部 税务总局 海关总署关于深化增值税改革有关政策的公告》（财政部 国家税务总局 海关总署公告2019年第39号）

一、增值税一般纳税人（以下称纳税人）发生增值税应税销售行为或者进口货物，原适用16%税率的，税率调整为13%；原适用10%税率的，税率调整为9%。

……

九、本公告自2019年4月1日起执行。

特此公告。

《财政部 国家税务总局关于航天发射有关增值税政策的通知》（财税〔2015〕66号）

各省、自治区、直辖市、计划单列市财政厅（局）、国家税务局、地方税务局，新疆生产建设兵团财务局：

根据航天运输服务增值税政策执行情况，结合航天发射业务特点，现将有关增值税政策通知如下：

一、境内单位提供航天运输服务适用增值税零税率政策，实行免退税办法。其提供的航天运输服务免征增值税，相应购进航天运输器及相关货物，以及接受发射运行保障服务取得的进项税额予以退还。增值税应退税额按下列公式计算：

增值税应退税额＝购进航天运输器及相关货物的增值税专用发票注明的金额或海关（进口增值税）专用缴款书注明的完税价格×适用的增值税税率或征收率＋接受发射运行保障服务的增值税专用发票注明的金额×适用的增值税税率或征收率。

航天运输器及相关货物，包括火箭、航天飞机等航天运输器及其组件、元器件，推进剂等。

发射运行保障服务，包括与发射业务及在轨交付相关的测控、研发、设计、试验、检测、监造、航天系统集成服务，技术转让、技术协调、技术咨询、空间飞行器全寿命周期服务，轨位（频率）申请、咨询、租赁服务，卫星有效载荷的合作、购销、租赁服务、航天产品运输、航天相关培训服务，航天产品设施和技术的展览展示及其他相关服务等。

二、境内单位在轨交付的空间飞行器及相关货物视同出口货物，适用增值税出口退税政策，实行免退税办法。其在轨交付的空间飞行器及相关货物免征增值税，相应购进空间飞行器及相关货物取得的进项税额予以退还。增值税应退税额按下列公式计算：

增值税应退税额＝购进空间飞行器及相关货物的增值税专用发票注明的金额或海关（进口增值税）专用缴款书注明的完税价格×适用的增值税税率或征收率

在轨交付，是指将空间飞行器及相关货物发射到预定轨道后再交付给境内、境外单位和个人使用的业务活动。

空间飞行器及相关货物，包括卫星、空间探测器等空间飞行器及其组件、元器件，卫星有效载荷，卫星测控系统设备、软件、设施等。

三、境内单位凭发射合同或在轨交付合同（包括补充合同，下同），发射合同或在轨交付合同对应的项目清单项下购进航天运输器及相关货物和空间飞行器及相关货物的增值税专用发票或海关（进口增值税）专用缴款书、接受发射运行保障服务的增值税专用发票，以及主管税务机关要求出具的其他要件，向主管税务机关申请办理退税手续。为简化退税手续，对于同时提供航天运输服务和在轨交付空间飞行器及相关货物的境内单位，可合并计算其增值税应退税额。

境内单位在发射合同或在轨交付合同注明的发射日期或合同交付日期等合同义务完成前购进或接受上述货物服务取得的进项税额，可向主管税务机关按月申请退税，主管税务机关对境内单位提供的材料审核无误后办理退税。接受空间飞行器全寿命周期服务取得的进项税额按实际发生时间申请退税。

四、本通知自2014年1月1日起执行，在轨交付合同注明交付日期在2013年的，可比照本通知规定享受出口退税政策。

《财政部 税务总局关于二手车经销有关增值税政策的公告》（财政部 税务总局公告2020年第17号）

为促进汽车消费，现就二手车经销有关增值税政策公告如下：

自2020年5月1日至2023年12月31日，从事二手车经销的纳税人销售其收购的二手车，由原按照简易办法依3%征收率减按2%征收增值税，改为减按0.5%征收增值税。

本公告所称二手车，是指从办理完注册登记手续至达到国家强制报废标准之前进行交易并转移所有权的车辆，具体范围按照国务院商务主管部门出台的二手车流通管理办法执行。

特此公告。

《国家税务总局关于明确二手车经销等若干增值税征管问题的公告》（国家税务总局公告 2020 年第 9 号）

现将二手车经销等增值税征管问题公告如下：

一、自 2020 年 5 月 1 日至 2023 年 12 月 31 日，从事二手车经销业务的纳税人销售其收购的二手车，按以下规定执行：

（一）纳税人减按 0.5% 征收率征收增值税，并按下列公式计算销售额：

$$销售额 ＝ 含税销售额 /（1+0.5\%）$$

本公告发布后出台新的增值税征收率变动政策，比照上述公式原理计算销售额。

（二）纳税人应当开具二手车销售统一发票。购买方索取增值税专用发票的，应当再开具征收率为 0.5% 的增值税专用发票。

（三）一般纳税人在办理增值税纳税申报时，减按 0.5% 征收率征收增值税的销售额，应当填写在《增值税纳税申报表附列资料（一）》（本期销售情况明细）"二、简易计税方法计税"中"3% 征收率的货物及加工修理修配劳务"相应栏次；对应减征的增值税应纳税额，按销售额的 2.5% 计算填写在《增值税纳税申报表（一般纳税人适用）》"应纳税额减征额"及《增值税减免税申报明细表》减税项目相应栏次。

小规模纳税人在办理增值税纳税申报时，减按 0.5% 征收率征收增值税的销售额，应当填写在《增值税纳税申报表（小规模纳税人适用）》"应征增值税不含税销售额（3% 征收率）"相应栏次；对应减征的增值税应纳税额，按销售额的 2.5% 计算填写在《增值税纳税申报表（小规模纳税人适用）》"本期应纳税额减征额"及《增值税减免税申报明细表》减税项目相应栏次。

二、纳税人受托对垃圾、污泥、污水、废气等废弃物进行专业化处理，即运用填埋、焚烧、净化、制肥等方式，对废弃物进行减量化、资源化和无害化处置，按照以下规定适用增值税税率：

（一）采取填埋、焚烧等方式进行专业化处理后未产生货物的，受托方属于提供《销售服务、无形资产、不动产注释》（财税〔2016〕36 号文件印发）"现代服务"中的"专业技术服务"，其收取的处理费用适用 6% 的增值税税率。

（二）专业化处理后产生货物，且货物归属委托方的，受托方属于提供"加工劳务"，其收取的处理费用适用 13% 的增值税税率。

（三）专业化处理后产生货物，且货物归属受托方的，受托方属于提供"专业技术服务"，其收取的处理费用适用 6% 的增值税税率。受托方将产生的货物用于销售时，适用货物的增值税税率。

三、拍卖行受托拍卖文物艺术品，委托方按规定享受免征增值税政策的，拍卖行可以自己名义就代为收取的货物价款向购买方开具增值税普通发票，对应的货物价款不计入拍卖行的增值税应税收入。

拍卖行应将以下纸质或电子证明材料留存备查：拍卖物品的图片信息、委托拍卖合同、拍卖成交确认书、买卖双方身份证明、价款代收转付凭证、扣缴委托方个人所得税相关资料。

文物艺术品，包括书画、陶瓷器、玉石器、金属器、漆器、竹木牙雕、佛教用具、古典家具、紫砂茗具、文房清供、古籍碑帖、邮品钱币、珠宝等收藏品。

四、单位将其持有的限售股在解禁流通后对外转让，按照《国家税务总局关于营改增试点若干征管问题的公告》（2016年第53号）第五条规定确定的买入价，低于该单位取得限售股的实际成本价的，以实际成本价为买入价计算缴纳增值税。

五、一般纳税人可以在增值税免税、减税项目执行期限内，按照纳税申报期选择实际享受该项增值税免税、减税政策的起始时间。

一般纳税人在享受增值税免税、减税政策后，按照《营业税改征增值税试点实施办法》（财税〔2016〕36号文件印发）第四十八条的有关规定，要求放弃免税、减税权的，应当以书面形式提交纳税人放弃免（减）税权声明，报主管税务机关备案。一般纳税人自提交备案资料的次月起，按照规定计算缴纳增值税。

六、一般纳税人符合以下条件的，在2020年12月31日前，可选择转登记为小规模纳税人：转登记日前连续12个月（以1个月为1个纳税期）或者连续4个季度（以1个季度为1个纳税期）累计销售额未超过500万元。

一般纳税人转登记为小规模纳税人的其他事宜，按照《国家税务总局关于统一小规模纳税人标准等若干增值税问题的公告》（2018年第18号）、《国家税务总局关于统一小规模纳税人标准有关出口退（免）税问题的公告》（2018年第20号）的相关规定执行。

七、一般纳税人在办理增值税纳税申报时，《增值税减免税申报明细表》"二、免税项目"第4栏"免税销售额对应的进项税额"和第5栏"免税额"不需填写。

八、本公告第一条至第五条自2020年5月1日起施行；第六条、第七条自发布之日起施行。此前已发生未处理的事项，按照本公告执行，已处理的事项不再调整。

特此公告。

《财政部 税务总局关于出口货物保险增值税政策的公告》（财政部 税务总局公告2021年第37号）

现将出口货物保险有关增值税政策公告如下：

一、自2022年1月1日至2025年12月31日，对境内单位和个人发生的下列跨境应税行为免征增值税：

（一）以出口货物为保险标的的产品责任保险；

（二）以出口货物为保险标的的产品质量保证保险。

二、境内单位和个人发生上述跨境应税行为的增值税征收管理，按照现行跨境应税行为增值税免税管理办法的规定执行。

三、此前已发生未处理的事项，按本公告规定执行；已缴纳的相关税款，不再退还。

特此公告。

【《增值税法》原文】

第十一条 适用简易计税方法计算缴纳增值税的征收率为百分之三。

〖草案二次审议稿〗

第十条 适用简易计税方法计算缴纳增值税的征收率为百分之三。

【条文释义】

本条规定了增值税的征收率。

征收率是简易计税方法下计算增值税应纳税额使用的一个比率，应税销售额乘以征收率即等于应纳增值税税额。例如，甲公司为增值税小规模纳税人，某季度的不含增值税销售额为100万元，其应当缴纳增值税3万元（100×3%）。

我国自1994年1月1日开征增值税以来，设置了6%、4%和3%多种征收率。自2014年7月1日起，我国将6%和4%的征收率调整为3%。自此以后，我国增值税基本征收率一直保持为3%。2020年，为应对新冠病毒感染影响，我国将小规模纳税人适用的增值税征收率调整至1%。根据目前有效的政策，在2027年12月31日之前，小规模纳税人适用的增值税征收率为1%。

【法律法规与政策指引】

《中华人民共和国增值税暂行条例》（2017年修订）

第十二条 小规模纳税人增值税征收率为3%，国务院另有规定的除外。

《财政部 国家税务总局关于简并增值税征收率政策的通知》（财税〔2014〕57号）

为进一步规范税制、公平税负，经国务院批准，决定简并和统一增值税征收率，将6%和4%的增值税征收率统一调整为3%。现将有关事项通知如下：

一、《财政部 国家税务总局关于部分货物适用增值税低税率和简易办法征收增值税政策的通知》（财税〔2009〕9号）第二条第（一）项和第（二）项中"按照简易办法依照4%征收率减半征收增值税"调整为"按照简易办法依照3%征收率减按2%征收增值税"。

《财政部 国家税务总局关于全国实施增值税转型改革若干问题的通知》（财税〔2008〕170号）第四条第（二）项和第（三）项中"按照4%征收率减半征收增值税"调整为"按照简易办法依照3%征收率减按2%征收增值税"。

二、财税〔2009〕9号文件第二条第（三）项和第三条"依照6%征收率"调整为"依照3%征收率"。

三、财税〔2009〕9号文件第二条第（四）项"依照4%征收率"调整为"依照3%征收率"。

四、本通知自2014年7月1日起执行。

《营业税改征增值税试点实施办法》（财税〔2016〕36号附件1）

第十六条　增值税征收率为3%，财政部和国家税务总局另有规定的除外。

《国家税务总局关于增值税小规模纳税人减免增值税等政策有关征管事项的公告》（国家税务总局公告2023年第1号）

按照《财政部　税务总局关于明确增值税小规模纳税人减免增值税等政策的公告》（2023年第1号，以下简称1号公告）的规定，现将有关征管事项公告如下：

一、增值税小规模纳税人（以下简称小规模纳税人）发生增值税应税销售行为，合计月销售额未超过10万元（以1个季度为1个纳税期的，季度销售额未超过30万元，下同）的，免征增值税。

小规模纳税人发生增值税应税销售行为，合计月销售额超过10万元，但扣除本期发生的销售不动产的销售额后未超过10万元的，其销售货物、劳务、服务、无形资产取得的销售额免征增值税。

二、适用增值税差额征税政策的小规模纳税人，以差额后的销售额确定是否可以享受1号公告第一条规定的免征增值税政策。

《增值税及附加税费申报表（小规模纳税人适用）》中的"免税销售额"相关栏次，填写差额后的销售额。

三、《中华人民共和国增值税暂行条例实施细则》第九条所称的其他个人，采取一次性收取租金形式出租不动产取得的租金收入，可在对应的租赁期内平均分摊，分摊后的月租金收入未超过10万元的，免征增值税。

四、小规模纳税人取得应税销售收入，适用1号公告第一条规定的免征增值税政策的，纳税人可就该笔销售收入选择放弃免税并开具增值税专用发票。

五、小规模纳税人取得应税销售收入，适用1号公告第二条规定的减按1%征收率征收增值税政策的，应按照1%征收率开具增值税发票。纳税人可就该笔销售收入选择放弃减税并开具增值税专用发票。

六、小规模纳税人取得应税销售收入，纳税义务发生时间在2022年12月31日前并已开具增值税发票，如发生销售折让、中止或者退回等情形需要开具红字发票，应开具对应征收率红字发票或免税红字发票；开票有误需要重新开具的，应开具对应征收率红字发票或免税红字发票，再重新开具正确的蓝字发票。

七、小规模纳税人发生增值税应税销售行为，合计月销售额未超过 10 万元的，免征增值税的销售额等项目应填写在《增值税及附加税费申报表（小规模纳税人适用）》"小微企业免税销售额"或者"未达起征点销售额"相关栏次；减按 1% 征收率征收增值税的销售额应填写在《增值税及附加税费申报表（小规模纳税人适用）》"应征增值税不含税销售额（3% 征收率）"相应栏次，对应减征的增值税应纳税额按销售额的 2% 计算填写在《增值税及附加税费申报表（小规模纳税人适用）》"本期应纳税额减征额"及《增值税减免税申报明细表》减税项目相应栏次。

八、按固定期限纳税的小规模纳税人可以选择以 1 个月或 1 个季度为纳税期限，一经选择，一个会计年度内不得变更。

九、按照现行规定应当预缴增值税税款的小规模纳税人，凡在预缴地实现的月销售额未超过 10 万元的，当期无需预缴税款。在预缴地实现的月销售额超过 10 万元的，适用 3% 预征率的预缴增值税项目，减按 1% 预征率预缴增值税。

十、小规模纳税人中的单位和个体工商户销售不动产，应按其纳税期、本公告第九条以及其他现行政策规定确定是否预缴增值税；其他个人销售不动产，继续按照现行规定征免增值税。

十一、符合《财政部 税务总局 海关总署关于深化增值税改革有关政策的公告》（2019 年第 39 号）、1 号公告规定的生产性服务业纳税人，应在年度首次确认适用 5% 加计抵减政策时，通过电子税务局或办税服务厅提交《适用 5% 加计抵减政策的声明》（见附件 1）；符合《财政部 税务总局关于明确生活性服务业增值税加计抵减政策的公告》（2019 年第 87 号）、1 号公告规定的生活性服务业纳税人，应在年度首次确认适用 10% 加计抵减政策时，通过电子税务局或办税服务厅提交《适用 10% 加计抵减政策的声明》（见附件 2）。

十二、纳税人适用加计抵减政策的其他征管事项，按照《国家税务总局关于国内旅客运输服务进项税抵扣等增值税征管问题的公告》（2019 年第 31 号）第二条等有关规定执行。

十三、纳税人按照 1 号公告第四条规定申请办理抵减或退还已缴纳税款，如果已经向购买方开具了增值税专用发票，应先将增值税专用发票追回。

十四、本公告自 2023 年 1 月 1 日起施行。《国家税务总局关于深化增值税改革有关事项的公告》（2019 年第 14 号）第八条及附件《适用加计抵减政策的声明》、《国家税务总局关于增值税发票管理等有关事项的公告》（2019 年第 33 号）第一条及附件《适用 15% 加计抵减政策的声明》、《国家税务总局关于支持个体工商户复工复业等税收征收管理事项的公告》（2020 年第 5 号）第一条至第五条、《国家税务总局关于小规模纳税人免征增值税征管问题的公告》（2021 年第 5 号）、《国家税务总局关于小规模纳税人免征增值税等征收管理事项的公告》（2022年第6号）第一、二、三条同时废止。

特此公告。

附件：1. 适用5%加计抵减政策的声明（略）
　　　2. 适用10%加计抵减政策的声明（略）

《财政部　税务总局关于增值税小规模纳税人减免增值税政策的公告》（财政部　税务总局公告2023年第19号）

为进一步支持小微企业和个体工商户发展，现将延续小规模纳税人增值税减免政策公告如下：

一、对月销售额10万元以下（含本数）的增值税小规模纳税人，免征增值税。

二、增值税小规模纳税人适用3%征收率的应税销售收入，减按1%征收率征收增值税；适用3%预征率的预缴增值税项目，减按1%预征率预缴增值税。

三、本公告执行至2027年12月31日。

特此公告。

【《增值税法》原文】

第十二条　纳税人发生两项以上应税交易涉及不同税率、征收率的，应当分别核算适用不同税率、征收率的销售额；未分别核算的，从高适用税率。

【草案二次审议稿】

第十一条　纳税人发生两项以上应税交易涉及不同税率、征收率的，应当分别核算适用不同税率、征收率的销售额；未分别核算的，从高适用税率。

【条文释义】

本条规定了兼营不同税率项目的税率适用。

由于增值税有多个税率，从事多种经营的纳税人有可能出现适用两个以上不同税率或者征收率的现象，为防止避税以及公平税负，纳税人应当分别核算适用不同税率、征收率的销售额。如果未分别核算，所有的销售额均按照最高的税率计算缴纳增值税。这一制度设计可以有效激励纳税人分别核算不同项目的销售额，也可以认为是对分别核算不同项目销售额的纳税人的奖励制度。

【法律法规与政策指引】

《中华人民共和国增值税暂行条例》（2017年修订）

第三条　纳税人兼营不同税率的项目，应当分别核算不同税率项目的销售额；未分别核算销售额的，从高适用税率。

《营业税改征增值税试点实施办法》(财税〔2016〕36号附件1)

第三十九条　纳税人兼营销售货物、劳务、服务、无形资产或者不动产，适用不同税率或者征收率的，应当分别核算适用不同税率或者征收率的销售额；未分别核算的，从高适用税率。

【《增值税法》原文】

第十三条　纳税人发生一项应税交易涉及两个以上税率、征收率的，按照应税交易的主要业务适用税率、征收率。

〖草案二次审议稿〗

第十二条　纳税人发生一项应税交易涉及两个以上税率、征收率的，按照应税交易的主要业务适用税率、征收率。

【条文释义】

本条规定了混合交易的适用税率。

增值税有多档税率，纳税人的一项应税交易有可能涉及两个以上税率、征收率，此时由于对一项应税交易无法分别核算，也不宜直接适用较高税率，因为并不涉及需要激励纳税人或者对纳税人进行惩罚的问题，应当按照应税交易的主要业务适用税率、征收率。

例如，甲公司向乙公司销售一批空调并提供安装与两年免费售后服务，一共收取价款20万元，其中销售空调适用13%的税率，安装服务适用9%的税率。由于此业务是一项业务，无法分别核算。只能按照主要业务，即销售空调来确定适用税率。该价款是含税销售额，还需要换算为不含税销售额。甲公司该项业务应当缴纳增值税2.3万元〔20÷（1+13%）×13%〕。

【法律法规与政策指引】

《营业税改征增值税试点实施办法》(财税〔2016〕36号附件1)

第四十条　一项销售行为如果既涉及服务又涉及货物，为混合销售。从事货物的生产、批发或者零售的单位和个体工商户的混合销售行为，按照销售货物缴纳增值税；其他单位和个体工商户的混合销售行为，按照销售服务缴纳增值税。

本条所称从事货物的生产、批发或者零售的单位和个体工商户，包括以从事货物的生产、批发或者零售为主，并兼营销售服务的单位和个体工商户在内。

《营业税改征增值税试点有关事项的规定》(财税〔2016〕36号附件2)

一、营改增试点期间，试点纳税人〔指按照《营业税改征增值税试点实施办法》(以下称《试点实施办法》)缴纳增值税的纳税人〕有关政策

……

（十六）其他规定。

1. 试点纳税人销售电信服务时，附带赠送用户识别卡、电信终端等货物或者电信服务的，应将其取得的全部价款和价外费用进行分别核算，按各自适用的税率计算缴纳增值税。

第三章 应纳税额

【《增值税法》原文】

第十四条 按照一般计税方法计算缴纳增值税的，应纳税额为当期销项税额抵扣当期进项税额后的余额。

按照简易计税方法计算缴纳增值税的，应纳税额为当期销售额乘以征收率。

进口货物，按照本法规定的组成计税价格乘以适用税率计算缴纳增值税。组成计税价格，为关税计税价格加上关税和消费税；国务院另有规定的，从其规定。

〖草案二次审议稿〗

第十三条 按照一般计税方法计算缴纳增值税的，应纳税额为当期销项税额抵扣当期进项税额后的余额。

按照简易计税方法计算缴纳增值税的，应纳税额为当期销售额乘以征收率。

进口货物，按照本法规定的组成计税价格乘以适用税率计算缴纳增值税。组成计税价格，为关税计税价格加上关税和消费税；国务院另有规定的，从其规定。

【条文释义】

本条规定了增值税的计算方法。

增值税的计算方法主要有三种：

（1）一般计税方法。其计算公式为：

增值税当期应纳税额 = 当期销项税额 – 当期进项税额

例如，甲公司是增值税一般纳税人，采用一般计税方法计算缴纳增值税。2024年9月，甲公司购进原材料，发生增值税进项税额15万元；当月销售货物，发生增值税销项税额25万元。甲公司2024年9月应当缴纳增值税10万元（25-15）。

（2）简易计税方法。其计算公式为：

增值税当期应纳税额 = 当期销售额 × 征收率

例如，乙公司是增值税小规模纳税人，采用简易计税方法计算缴纳增值税，适用征收率为1%。2024年第三季度，乙公司销售货物取得含税销售额80万元，乙公司该季度应当缴纳增值税0.79万元［80÷（1+1%）×1%］。

（3）进口货物计税方法。其计算公式为：

$$增值税应纳税额 = 组成计税价格 \times 税率$$
$$= （关税计税价格 + 关税 + 消费税）\times 税率$$

例如，丙公司进口一批货物，关税计税价格为 100 万元，缴纳关税 10 万元，缴纳消费税 20 万元，增值税适用税率为 13%。丙公司应当缴纳增值税 16.9 万元［(100+10+20)×13%］。

【法律法规与政策指引】

《中华人民共和国增值税暂行条例》（2017 年修订）

第四条 除本条例第十一条规定外，纳税人销售货物、劳务、服务、无形资产、不动产（以下统称应税销售行为），应纳税额为当期销项税额抵扣当期进项税额后的余额。应纳税额计算公式：

$$应纳税额 = 当期销项税额 - 当期进项税额$$

当期销项税额小于当期进项税额不足抵扣时，其不足部分可以结转下期继续抵扣。

第十一条 小规模纳税人发生应税销售行为，实行按照销售额和征收率计算应纳税额的简易办法，并不得抵扣进项税额。应纳税额计算公式：

$$应纳税额 = 销售额 \times 征收率$$

小规模纳税人的标准由国务院财政、税务主管部门规定。

第十四条 纳税人进口货物，按照组成计税价格和本条例第二条规定的税率计算应纳税额。组成计税价格和应纳税额计算公式：

$$组成计税价格 = 关税完税价格 + 关税 + 消费税$$
$$应纳税额 = 组成计税价格 \times 税率$$

《中华人民共和国增值税暂行条例实施细则》（2011 年修订）

第十一条 小规模纳税人以外的纳税人（以下称一般纳税人）因销售货物退回或者折让而退还给购买方的增值税额，应从发生销售货物退回或者折让当期的销项税额中扣减；因购进货物退出或者折让而收回的增值税额，应从发生购进货物退出或者折让当期的进项税额中扣减。

一般纳税人销售货物或者应税劳务，开具增值税专用发票后，发生销售货物退回或者折让、开票有误等情形，应按国家税务总局的规定开具红字增值税专用发票。未按规定开具红字增值税专用发票的，增值税额不得从销项税额中扣减。

《营业税改征增值税试点实施办法》（财税〔2016〕36 号附件 1）

第二十一条 一般计税方法的应纳税额，是指当期销项税额抵扣当期进项税额后的余额。应纳税额计算公式：

$$应纳税额 = 当期销项税额 - 当期进项税额$$

当期销项税额小于当期进项税额不足抵扣时，其不足部分可以结转下期继续抵扣。

第三十二条 纳税人适用一般计税方法计税的，因销售折让、中止或者退回而退还给购买方的增值税额，应当从当期的销项税额中扣减；因销售折让、中止或者退回而收回的增值税额，应当从当期的进项税额中扣减。

第三十四条 简易计税方法的应纳税额，是指按照销售额和增值税征收率计算的增值税额，不得抵扣进项税额。应纳税额计算公式：

$$应纳税额 = 销售额 \times 征收率$$

第三十六条 纳税人适用简易计税方法计税的，因销售折让、中止或者退回而退还给购买方的销售额，应当从当期销售额中扣减。扣减当期销售额后仍有余额造成多缴的税款，可以从以后的应纳税额中扣减。

第四十二条 纳税人发生应税行为，开具增值税专用发票后，发生开票有误或者销售折让、中止、退回等情形的，应当按照国家税务总局的规定开具红字增值税专用发票；未按照规定开具红字增值税专用发票的，不得按照本办法第三十二条和第三十六条的规定扣减销项税额或者销售额。

《财政部　税务总局关于租入固定资产进项税额抵扣等增值税政策的通知》（财税〔2017〕90号）

七、自2018年1月1日起，纳税人支付的道路、桥、闸通行费，按照以下规定抵扣进项税额：

（一）纳税人支付的道路通行费，按照收费公路通行费增值税电子普通发票上注明的增值税额抵扣进项税额。

2018年1月1日至6月30日，纳税人支付的高速公路通行费，如暂未能取得收费公路通行费增值税电子普通发票，可凭取得的通行费发票（不含财政票据，下同）上注明的收费金额按照下列公式计算可抵扣的进项税额：

$$高速公路通行费可抵扣进项税额 = 高速公路通行费发票上注明的金额 \div (1+3\%) \times 3\%$$

2018年1月1日至12月31日，纳税人支付的一级、二级公路通行费，如暂未能取得收费公路通行费增值税电子普通发票，可凭取得的通行费发票上注明的收费金额按照下列公式计算可抵扣进项税额：

$$一级、二级公路通行费可抵扣进项税额 = 一级、二级公路通行费发票上注明的金额 \div (1+5\%) \times 5\%$$

（二）纳税人支付的桥、闸通行费，暂凭取得的通行费发票上注明的收费金额按照下列公式计算可抵扣的进项税额：

$$桥、闸通行费可抵扣进项税额 = 桥、闸通行费发票上注明的金额 \div (1+5\%) \times 5\%$$

（三）本通知所称通行费，是指有关单位依法或者依规设立并收取的过路、过桥和过闸费用。

《财政部 国家税务总局关于收费公路通行费增值税抵扣有关问题的通知》（财税〔2016〕86号）自2018年1月1日起停止执行。

《财政部 税务总局 海关总署关于深化增值税改革有关政策的公告》（财政部 国家税务总局 海关总署公告2019年第39号）

六、纳税人购进国内旅客运输服务，其进项税额允许从销项税额中抵扣。

（一）纳税人未取得增值税专用发票的，暂按照以下规定确定进项税额：

1. 取得增值税电子普通发票的，为发票上注明的税额；

2. 取得注明旅客身份信息的航空运输电子客票行程单的，为按照下列公式计算进项税额：

$$航空旅客运输进项税额 = （票价 + 燃油附加费）\div （1+9\%）\times 9\%$$

3. 取得注明旅客身份信息的铁路车票的，为按照下列公式计算的进项税额：

$$铁路旅客运输进项税额 = 票面金额 \div （1+9\%）\times 9\%$$

4. 取得注明旅客身份信息的公路、水路等其他客票的，按照下列公式计算进项税额：

$$公路、水路等其他旅客运输进项税额 = 票面金额 \div （1+3\%）\times 3\%$$

（二）《营业税改征增值税试点实施办法》（财税〔2016〕36号印发）第二十七条第（六）项和《营业税改征增值税试点有关事项的规定》（财税〔2016〕36号印发）第二条第（一）项第5点中"购进的旅客运输服务、贷款服务、餐饮服务、居民日常服务和娱乐服务"修改为"购进的贷款服务、餐饮服务、居民日常服务和娱乐服务"。

七、自2019年4月1日至2021年12月31日，允许生产、生活性服务业纳税人按照当期可抵扣进项税额加计10%，抵减应纳税额（以下称加计抵减政策）。

（一）本公告所称生产、生活性服务业纳税人，是指提供邮政服务、电信服务、现代服务、生活服务（以下称四项服务）取得的销售额占全部销售额的比重超过50%的纳税人。四项服务的具体范围按照《销售服务、无形资产、不动产注释》（财税〔2016〕36号印发）执行。

2019年3月31日前设立的纳税人，自2018年4月至2019年3月期间的销售额（经营期不满12个月的，按照实际经营期的销售额）符合上述规定条件的，自2019年4月1日起适用加计抵减政策。

2019年4月1日后设立的纳税人，自设立之日起3个月的销售额符合上述规定条件的，自登记为一般纳税人之日起适用加计抵减政策。

纳税人确定适用加计抵减政策后，当年内不再调整，以后年度是否适用，根据上年度销售额计算确定。

纳税人可计提但未计提的加计抵减额，可在确定适用加计抵减政策当期一并计提。

（二）纳税人应按照当期可抵扣进项税额的10%计提当期加计抵减额。按照现行规定不得从销项税额中抵扣的进项税额，不得计提加计抵减额；已计提加计抵减额的进项税额，按规定作进项税额转出的，应在进项税额转出当期，相应调减加计抵减额。计算公式如下：

$$当期计提加计抵减额 = 当期可抵扣进项税额 \times 10\%$$

当期可抵减加计抵减额 = 上期末加计抵减额余额 + 当期计提加计抵减额 − 当期调减加计抵减额

（三）纳税人应按照现行规定计算一般计税方法下的应纳税额（以下称抵减前的应纳税额）后，区分以下情形加计抵减：

1. 抵减前的应纳税额等于零的，当期可抵减加计抵减额全部结转下期抵减；

2. 抵减前的应纳税额大于零，且大于当期可抵减加计抵减额的，当期可抵减加计抵减额全额从抵减前的应纳税额中抵减；

3. 抵减前的应纳税额大于零，且小于或等于当期可抵减加计抵减额的，以当期可抵减加计抵减额抵减应纳税额至零。未抵减完的当期可抵减加计抵减额，结转下期继续抵减。

（四）纳税人出口货物劳务、发生跨境应税行为不适用加计抵减政策，其对应的进项税额不得计提加计抵减额。

纳税人兼营出口货物劳务、发生跨境应税行为且无法划分不得计提加计抵减额的进项税额，按照以下公式计算：

不得计提加计抵减额的进项税额 = 当期无法划分的全部进项税额 × 当期出口货物劳务和发生跨境应税行为的销售额 ÷ 当期全部销售额

（五）纳税人应单独核算加计抵减额的计提、抵减、调减、结余等变动情况。骗取适用加计抵减政策或虚增加计抵减额的，按照《中华人民共和国税收征收管理法》等有关规定处理。

（六）加计抵减政策执行到期后，纳税人不再计提加计抵减额，结余的加计抵减额停止抵减。

《财政部 税务总局关于集成电路企业增值税加计抵减政策的通知》（财税〔2023〕17号）

各省、自治区、直辖市、计划单列市财政厅（局），新疆生产建设兵团财政局，国家税务总局各省、自治区、直辖市、计划单列市税务局：

为促进集成电路产业高质量发展，现将集成电路企业增值税加计抵减政策通知如下：

一、自2023年1月1日至2027年12月31日，允许集成电路设计、生产、封测、装备、材料企业（以下称集成电路企业），按照当期可抵扣进项税额加计15%抵减应纳增值税税额（以下称加计抵减政策）。

对适用加计抵减政策的集成电路企业采取清单管理，具体适用条件、管理方式和企业清单由工业和信息化部会同发展改革委、财政部、税务总局等部门制定。

二、集成电路企业按照当期可抵扣进项税额的15%计提当期加计抵减额。企业外购芯片对应的进项税额，以及按照现行规定不得从销项税额中抵扣的进项税额，不得计提加计抵减额；已计提加计抵减额的进项税额，按规定作进项税额转出的，应在进项税额转出当期，相应调减加计抵减额。

三、集成电路企业按照现行规定计算一般计税方法下的应纳税额（以下称抵减前的应纳税额）后，区分以下情形加计抵减：

（一）抵减前的应纳税额等于零的，当期可抵减加计抵减额全部结转下期抵减；

（二）抵减前的应纳税额大于零，且大于当期可抵减加计抵减额的，当期可抵减加计抵减额全额从抵减前的应纳税额中抵减；

（三）抵减前的应纳税额大于零，且小于或等于当期可抵减加计抵减额的，以当期可抵减加计抵减额抵减应纳税额至零。未抵减完的当期可抵减加计抵减额，结转下期继续抵减。

四、集成电路企业可计提但未计提的加计抵减额，可在确定适用加计抵减政策当期一并计提。

五、集成电路企业出口货物劳务、发生跨境应税行为不适用加计抵减政策，其对应的进项税额不得计提加计抵减额。

集成电路企业兼营出口货物劳务、发生跨境应税行为且无法划分不得计提加计抵减额的进项税额，按照以下公式计算：

不得计提加计抵减额的进项税额＝当期无法划分的全部进项税额×当期出口货物劳务和发生跨境应税行为的销售额÷当期全部销售额

六、集成电路企业应单独核算加计抵减额的计提、抵减、调减、结余等变动情况。骗取适用加计抵减政策或虚增加计抵减额的，按照《中华人民共和国税收征收管理法》等有关规定处理。

七、集成电路企业同时符合多项增值税加计抵减政策的，可以择优选择适用，但在同一期间不得叠加适用。

《财政部　税务总局关于先进制造业企业增值税加计抵减政策的公告》（财政部　税务总局公告2023年第43号）

现将先进制造业企业增值税加计抵减政策公告如下：

一、自2023年1月1日至2027年12月31日，允许先进制造业企业按照当期可抵扣进项税额加计5%抵减应纳增值税税额（以下称加计抵减政策）。

本公告所称先进制造业企业是指高新技术企业（含所属的非法人分支机构）中的制造业一般纳税人，高新技术企业是指按照《科技部 财政部 国家税务总局关于修订印发〈高新技术企业认定管理办法〉的通知》（国科发火〔2016〕32号）规定认定的高新技术企业。先进制造业企业具体名单，由各省、自治区、直辖市、计划单列市工业和信息化部门会同同级科技、财政、税务部门确定。

二、先进制造业企业按照当期可抵扣进项税额的5%计提当期加计抵减额。按照现行规定不得从销项税额中抵扣的进项税额，不得计提加计抵减额；已计提加计抵减额的进项税额，按规定作进项税额转出的，应在进项税额转出当期，相应调减加计抵减额。

三、先进制造业企业按照现行规定计算一般计税方法下的应纳税额（以下称抵减前的应纳税额）后，区分以下情形加计抵减：

1.抵减前的应纳税额等于零的，当期可抵减加计抵减额全部结转下期抵减；

2.抵减前的应纳税额大于零，且大于当期可抵减加计抵减额的，当期可抵减加计抵减额全额从抵减前的应纳税额中抵减；

3.抵减前的应纳税额大于零，且小于或等于当期可抵减加计抵减额的，以当期可抵减加计抵减额抵减应纳税额至零；未抵减完的当期可抵减加计抵减额，结转下期继续抵减。

四、先进制造业企业可计提但未计提的加计抵减额，可在确定适用加计抵减政策当期一并计提。

五、先进制造业企业出口货物劳务、发生跨境应税行为不适用加计抵减政策，其对应的进项税额不得计提加计抵减额。

先进制造业企业兼营出口货物劳务、发生跨境应税行为且无法划分不得计提加计抵减额的进项税额，按照以下公式计算：

不得计提加计抵减额的进项税额＝当期无法划分的全部进项税额×当期出口货物劳务和发生跨境应税行为的销售额÷当期全部销售额

六、先进制造业企业应单独核算加计抵减额的计提、抵减、调减、结余等变动情况。骗取适用加计抵减政策或虚增加计抵减额的，按照《中华人民共和国税收征收管理法》等有关规定处理。

七、先进制造业企业同时符合多项增值税加计抵减政策的，可以择优选择适用，但在同一期间不得叠加适用。

特此公告。

《财政部 商务部 税务总局关于研发机构采购设备增值税政策的公告》（财政部 商务部 税务总局公告2023年第41号）

为鼓励科学研究和技术开发，促进科技进步，继续对内资研发机构和外资研发中心采购国产设备全额退还增值税。现将有关事项公告如下：

一、适用采购国产设备全额退还增值税政策的内资研发机构和外资研发中心包括：

（一）科技部会同财政部、海关总署和税务总局核定的科技体制改革过程中转制为企业和进入企业的主要从事科学研究和技术开发工作的机构；

（二）国家发展改革委会同财政部、海关总署和税务总局核定的国家工程研究中心；

（三）国家发展改革委会同财政部、海关总署、税务总局和科技部核定的企业技术中心；

（四）科技部会同财政部、海关总署和税务总局核定的国家重点实验室（含企业国家重点实验室）和国家工程技术研究中心；

（五）科技部核定的国务院部委、直属机构所属从事科学研究工作的各类科研院所，以及各省、自治区、直辖市、计划单列市科技主管部门核定的本级政府所属从事科学研究工作的各类科研院所；

（六）科技部会同民政部核定或者各省、自治区、直辖市、计划单列市及新疆生产建设兵团科技主管部门会同同级民政部门核定的科技类民办非企业单位；

（七）工业和信息化部会同财政部、海关总署、税务总局核定的国家中小企业公共服务示范平台（技术类）；

（八）国家承认学历的实施专科及以上高等学历教育的高等学校（以教育部门户网站公布名单为准）；

（九）符合本公告第二条规定的外资研发中心；

（十）财政部会同国务院有关部门核定的其他科学研究机构、技术开发机构和学校。

二、外资研发中心应同时满足下列条件：

（一）研发费用标准：作为独立法人的，其投资总额不低于800万美元；作为公司内设部门或分公司的非独立法人的，其研发总投入不低于800万美元。

（二）专职研究与试验发展人员不低于80人。

（三）设立以来累计购置的设备原值不低于2 000万元。

外资研发中心须经商务主管部门会同有关部门按照上述条件进行资格审核认定。

三、经核定的内资研发机构、外资研发中心，发生重大涉税违法失信行为的，不得享受退税政策。具体退税管理办法由税务总局会同财政部另行制定。相关研发机构的牵头核定部门应及时将内资研发机构、外资研发中心的新设、变更及撤销名单函告同级税务部门，并注明相关资质起止时间。

四、本公告的有关定义：

（一）本公告所述"投资总额"，是指商务主管部门出具或发放的外商投资信息报告回执或企业批准证书或设立、变更备案回执等文件所载明的金额。

（二）本公告所述"研发总投入"，是指外商投资企业专门为设立和建设本研发中心而投入的资产，包括即将投入并签订购置合同的资产（应提交已采购资产清单和即将采购资产的合同清单）。

（三）本公告所述"研发经费年支出额"，是指近两个会计年度研发经费年均支出额；不足两个完整会计年度的，可按外资研发中心设立以来任意连续12个月的实际研发经费支出额计算；现金与实物资产投入应不低于60%。

（四）本公告所述"专职研究与试验发展人员"，是指企业科技活动人员中专职从事基础研究、应用研究和试验发展三类项目活动的人员，包括直接参加上述三类项目活动的人员以及相关专职科技管理人员和为项目提供资料文献、材料供应、设备的直接服务人员，上述人员须与外资研发中心或其所在外商投资企业签订1年以上劳动合同，以外资研发中心提交申请的前一日人数为准。

（五）本公告所述"设备"，是指为科学研究、教学和科技开发提供必要条件的实验设备、装置和器械。在计算累计购置的设备原值时，应将进口设备和采购国产设备的原值一并计入，包括已签订购置合同并于当年内交货的设备（应提交购置合同清单及交货期限），上述采购国产设备应属于本公告《科技开发、科学研究和教学设备清单》所列设备。对执行中国产设备范围存在异议的，由主管税务机关逐级上报税务总局商财政部核定。

五、本公告执行至2027年12月31日，具体从内资研发机构和外资研发中心取得退税资格的次月1日起执行。

特此公告。

附件：1. 外资研发中心采购国产设备退税资格审核认定办法（略）
   2. 科技开发、科学研究和教学设备清单（略）

【《增值税法》原文】

第十五条 境外单位和个人在境内发生应税交易，以购买方为扣缴义务人；按照国务院的规定委托境内代理人申报缴纳税款的除外。

扣缴义务人依照本法规定代扣代缴税款的，按照销售额乘以税率计算应扣缴税额。

〖草案二次审议稿〗

第十四条 境外单位和个人在境内发生应税交易，以购买方为扣缴义务人。

扣缴义务人依照本法规定代扣代缴税款的，按照销售额乘以税率计算应扣缴税额。

【条文释义】

本条规定了增值税扣缴义务人及其扣缴税额的计算。

境外单位和个人在境内发生应税交易，也应当在中国缴纳增值税，由于纳税人在境外,无法实际缴纳增值税,只能以购买方为扣缴义务人。按照国务院的规定委托境内代理人申报缴纳税款的除外,这种情况下,境内代理人直接代表境外单位和个人申报缴纳增值税。

扣缴义务人依法代扣代缴税款时,其扣缴税额的计算公式为:

$$扣缴税额 = 销售额 \times 税率$$

需要注意的是,扣缴税额的计算不抵扣进项税额,其适用的是税率,而非征收率。例如,境外甲公司向境内乙公司提供应税交易,不含税交易额为100万元,按规定需要缴纳增值税,适用税率为6%。乙公司应当扣缴税额6万元(100×6%)。

【法律法规与政策指引】

《中华人民共和国增值税暂行条例》(2017年修订)

第十八条 中华人民共和国境外的单位或者个人在境内销售劳务,在境内未设有经营机构的,以其境内代理人为扣缴义务人;在境内没有代理人的,以购买方为扣缴义务人。

《营业税改征增值税试点实施办法》(财税〔2016〕36号附件1)

第六条 中华人民共和国境外(以下称境外)单位或者个人在境内发生应税行为,在境内未设有经营机构的,以购买方为增值税扣缴义务人。财政部和国家税务总局另有规定的除外。

第二十条 境外单位或者个人在境内发生应税行为,在境内未设有经营机构的,扣缴义务人按照下列公式计算应扣缴税额:

$$应扣缴税额 = 购买方支付的价款 \div (1+ 税率) \times 税率$$

《营业税改征增值税试点有关事项的规定》(财税〔2016〕36号附件2)

一、营改增试点期间,试点纳税人[指按照《营业税改征增值税试点实施办法》(以下称《试点实施办法》)缴纳增值税的纳税人]有关政策

……

(十五)扣缴增值税适用税率。

境内的购买方为境外单位和个人扣缴增值税的,按照适用税率扣缴增值税。

【《增值税法》原文】

第十六条 销项税额,是指纳税人发生应税交易,按照销售额乘以本法规定的税率计算的增值税税额。

进项税额,是指纳税人购进货物、服务、无形资产、不动产支付或者负担的增值税税额。

纳税人应当凭法律、行政法规或者国务院规定的增值税扣税凭证从销项税额中抵扣

进项税额。

〖草案二次审议稿〗

第十五条 销项税额，是指纳税人发生应税交易，按照销售额乘以本法规定的税率计算的增值税税额。

进项税额，是指纳税人购进与应税交易相关的货物、服务、无形资产、不动产支付或者负担的增值税税额。

纳税人应当凭法律、行政法规或者国务院规定的增值税扣税凭证从销项税额中抵扣进项税额。

【条文释义】

本条规定了销项税额与进项税额。

销项税额是纳税人发生应税交易时，按照销售额乘以适用税率计算的增值税税额。进项税额是纳税人购进货物、服务、无形资产、不动产支付或者负担的增值税税额，需要注意的是，《增值税法》并不要求进项税额是与应税交易相关的。只有一般纳税人采取一般计税方法才存在销项税额和进项税额，销项税额是向下一家收取的增值税税额，进项税额是向上一家支付的增值税税额。

例如，甲公司从乙公司采购一批原材料，取得的增值税专用发票上显示：金额100万元、税额13万元、价税合计113万元。甲公司委托丙公司运输该批原材料，取得的增值税专用发票上显示：金额1万元、税额0.09万元、价税合计1.09万元。甲公司将该批原材料加工成产品后销售给丁公司，开具的增值税专用发票上显示：金额200万元、税额26万元、价税合计226万元。

对于甲公司而言，其向乙公司支付的13万元税额、向丙公司支付的0.09万元税额是其进项税额，其向丁公司收取的26万元是其销项税额。

对于乙公司而言，其向甲公司收取的13万元税额是其销项税额。对于丙公司而言，其向甲公司收取的0.09万元税额是其销项税额。对于丁公司而言，其向甲公司支付的26万元税额是其进项税额。

纳税人应当凭法律、行政法规或者国务院规定的增值税扣税凭证从销项税额中抵扣进项税额。我国目前的主要增值税扣税凭证包括增值税专用发票（含税控机动车销售统一发票）、海关进口增值税专用缴款书、农产品收购发票或者销售发票等。

【法律法规与政策指引】

《中华人民共和国增值税暂行条例》（2017年修订）

第五条 纳税人发生应税销售行为，按照销售额和本条例第二条规定的税率计算收取的增值税额，为销项税额。销项税额计算公式：

$$销项税额 = 销售额 \times 税率$$

第八条 纳税人购进货物、劳务、服务、无形资产、不动产支付或者负担的增值税额，为进项税额。

下列进项税额准予从销项税额中抵扣：

（一）从销售方取得的增值税专用发票上注明的增值税额。

（二）从海关取得的海关进口增值税专用缴款书上注明的增值税额。

（三）购进农产品，除取得增值税专用发票或者海关进口增值税专用缴款书外，按照农产品收购发票或者销售发票上注明的农产品买价和11%的扣除率计算的进项税额，国务院另有规定的除外。进项税额计算公式：

$$进项税额 = 买价 \times 扣除率$$

（四）自境外单位或者个人购进劳务、服务、无形资产或者境内的不动产，从税务机关或者扣缴义务人取得的代扣代缴税款的完税凭证上注明的增值税额。

准予抵扣的项目和扣除率的调整，由国务院决定。

《中华人民共和国增值税暂行条例实施细则》（2011年修订）

第十七条 条例第八条第二款第（三）项所称买价，包括纳税人购进农产品在农产品收购发票或者销售发票上注明的价款和按规定缴纳的烟叶税。

第十八条 条例第八条第二款第（四）项所称运输费用金额，是指运输费用结算单据上注明的运输费用（包括铁路临管线及铁路专线运输费用）、建设基金，不包括装卸费、保险费等其他杂费。

《营业税改征增值税试点实施办法》（财税〔2016〕36号附件1）

第二十二条 销项税额，是指纳税人发生应税行为按照销售额和增值税税率计算并收取的增值税额。销项税额计算公式：

$$销项税额 = 销售额 \times 税率$$

第二十四条 进项税额，是指纳税人购进货物、加工修理修配劳务、服务、无形资产或者不动产，支付或者负担的增值税额。

第二十五条 下列进项税额准予从销项税额中抵扣：

（一）从销售方取得的增值税专用发票（含税控机动车销售统一发票，下同）上注明的增值税额。

（二）从海关取得的海关进口增值税专用缴款书上注明的增值税额。

（三）购进农产品，除取得增值税专用发票或者海关进口增值税专用缴款书外，按照农产品收购发票或者销售发票上注明的农产品买价和13%的扣除率计算的进项税额。计算公式为：

$$进项税额 = 买价 \times 扣除率$$

买价，是指纳税人购进农产品在农产品收购发票或者销售发票上注明的价款和按照规定缴纳的烟叶税。

购进农产品，按照《农产品增值税进项税额核定扣除试点实施办法》抵扣进项税额的除外。

（四）从境外单位或者个人购进服务、无形资产或者不动产，自税务机关或者扣缴义务人取得的解缴税款的完税凭证上注明的增值税额。

第二十六条 纳税人取得的增值税扣税凭证不符合法律、行政法规或者国家税务总局有关规定的，其进项税额不得从销项税额中抵扣。

增值税扣税凭证，是指增值税专用发票、海关进口增值税专用缴款书、农产品收购发票、农产品销售发票和完税凭证。

纳税人凭完税凭证抵扣进项税额的，应当具备书面合同、付款证明和境外单位的对账单或者发票。资料不全的，其进项税额不得从销项税额中抵扣。

《国家税务总局关于金税工程增值税征管信息系统发现的涉嫌违规增值税专用发票处理问题的通知》（国税函〔2006〕969号）

各省、自治区、直辖市和计划单列市国家税务局：

今年总局下发的《国家税务总局关于发布已失效或废止的税收规范性文件目录的通知》（国税发〔2006〕62号）将《国家税务总局关于金税工程发现的涉嫌违规增值税专用发票处理问题的通知》（国税函〔2001〕730号，以下简称730号文）第一条、第二条废止。各地反映730号文的有关内容废止后，对金税工程增值税征管信息系统发现的涉嫌违规增值税专用发票（以下简称发票）处理缺乏依据，要求总局予以明确。经研究，现将金税工程增值税征管信息系统发现的涉嫌违规发票处理的有关问题重新明确如下：

一、关于防伪税控认证系统发现涉嫌违规发票的处理

目前，防伪税控认证系统发现涉嫌违规发票分"无法认证""认证不符""密文有误""重复认证""认证时失控""认证后失控"和"纳税人识别号认证不符（发票所列购买方纳税人识别号与申报认证企业的纳税人识别号不符）"等类型。

（一）属于"无法认证""纳税人识别号认证不符"和"认证不符"中的"发票代码号码认证不符（密文与明文相比较，发票代码或号码不符）"的发票，不得作为增值税进项税额的抵扣凭证。税务机关应将发票原件退还企业，企业可要求销售方重新开具。

……

三、本通知自2006年5月1日起执行。

《增值税专用发票审核检查操作规程（试行）》（国税发〔2008〕33号印发）

第一条 为规范增值税专用发票审核检查工作，提高增值税专用发票审核检查工作质量和效率，制定本规程。

第二条 本规程所称增值税专用发票审核检查，是指各级税务机关按照规定的程序

和方法，运用"增值税专用发票审核检查子系统"（以下简称核查子系统），对增值税专用发票稽核比对结果属于异常的增值税专用发票进行核对、检查和处理的日常管理工作。

第三条　审核检查的增值税专用发票，是指全国增值税专用发票稽核系统产生稽核比对结果为"不符""缺联""属于作废"的增值税专用发票。

第四条　增值税专用发票审核检查工作，由各级税务机关的流转税管理部门负责组织，稽查局和信息中心配合，税务机关管理部门（指管户的税务局、税务分局、税务所及负责税源管理的内设机构）具体实施。

第五条　国家税务总局流转税管理部门设置审核检查管理岗，每月6日前（含当日，遇法定节假日比照征管法实施细则有关规定顺延，下同）统计下列报表：

（一）《全国审核检查情况汇总统计表》；

（二）《分地区审核检查情况汇总统计表》；

（三）《全国审核检查结果统计表》；

（四）《分地区审核检查结果统计表》；

（五）《分地区审核检查税务处理情况统计表》。

第六条　省税务机关流转税管理部门设置审核检查管理岗，每月5日前统计并上报下列报表：

（一）《本级审核检查情况汇总统计表》；

（二）《分地区审核检查情况汇总统计表》；

（三）《本级审核检查结果统计表》；

（四）《分地区审核检查结果统计表》；

（五）《分地区审核检查税务处理情况统计表》。

第七条　地市税务机关流转税管理部门设置审核检查管理岗，按月查询下列统计报表，分析本地审核检查工作进度和质量情况：

（一）《本级审核检查情况汇总统计表》；

（二）《分地区审核检查情况汇总统计表》；

（三）《本级审核检查结果统计表》；

（四）《分地区审核检查结果统计表》；

（五）《分地区审核检查税务处理情况统计表》。

第八条　区县税务机关流转税管理部门设置审核检查管理岗，负责以下工作：

（一）将核查子系统无法自动分发的异常专用发票信息分捡到指定的税务机关管理部门；

（二）按月查询下列统计报表，对税务机关管理部门的审核检查工作进行监控和督促：

1.《本级审核检查情况汇总统计表》；

2.《分地区审核检查情况汇总统计表》；

3.《本级审核检查结果统计表》;

4.《分地区审核检查结果统计表》;

5.《分地区审核检查税务处理情况统计表》。

第九条 税务机关管理部门设置审核检查岗和审核检查综合岗。

（一）审核检查岗负责以下工作：

1. 收到核查任务后，打印《审核检查工作底稿》（见附件1）；

2. 对异常增值税专用发票进行审核检查，填写《审核检查工作底稿》，根据审核检查情况提出核查处理意见；

3. 将《审核检查工作底稿》提交部门领导和区县主管局长审批；

4. 经区县主管局长审批，将审核检查结果、税务处理意见及接收异地核查的回复信息录入核查子系统，对需异地核查的在核查子系统中发起委托异地核查；

5. 将审核检查结果、回复异地核查信息、委托异地核查函及税务处理结果提交审核检查综合岗进行复核；

6. 审核检查资料整理归档。

（二）审核检查综合岗负责以下工作：

1. 将审核检查任务分派到审核检查岗；

2. 对审核检查岗录入的审核检查结果、税务处理结果、委托异地核查信息、回复异地核查信息进行复核；

3. 发出《增值税抵扣凭证委托审核检查函》（见附件2）及《增值税抵扣凭证审核检查回复函》（见附件3）。

第十条 省税务机关信息中心设置核查子系统技术维护岗，负责下列工作：

（一）核查子系统的系统维护和技术支持；

（二）保障核查子系统正常运行的技术环境，及时解决网络和设备故障；

（三）对审核检查结果中的技术问题进行确认；

（四）系统代码维护。

第十一条 地市、区县税务机关信息中心设置核查子系统技术维护岗，负责下列工作：

（一）对审核检查结果中的技术问题进行确认；

（二）系统代码维护。

第十二条 审核检查岗接收核查任务后，按下列要求进行审核检查：

（一）核查抵扣凭证原件；

（二）查看有关购销合同、账务处理、资金往来、货物情况等；

（三）根据工作需要可进行实地核查，实地核查必须两人以上；

（四）填写《审核检查工作底稿》。

第十三条 经审核检查，对不同类型异常抵扣凭证分别进行处置：

（一）"不符"发票

1.抵扣联票面信息与抵扣联电子信息相符的，传递给销售方主管税务机关审核检查；

2.抵扣联票面信息与抵扣联电子信息不相符、与存根联电子信息相符的，按本规程第十七条和第十八条规定进行处理；

3.抵扣联票面信息与抵扣联、存根联电子信息均不相符的，根据抵扣联票面信息修改抵扣联电子信息，传递给销售方主管税务机关审核检查。

（二）"缺联"发票

1.抵扣联票面信息与抵扣联电子信息相符的，传递给销售方主管税务机关审核检查；

2.抵扣联的票面信息与抵扣联电子信息不相符的，根据抵扣联票面信息修改抵扣联电子信息，传递给销售方主管税务机关审核检查。

（三）"属于作废"发票

1.纳税人未申报抵扣的，按本规程第十七条和第十八条规定进行处理；

2.纳税人已申报抵扣，传递给销售方主管税务机关审核检查。

第十四条 经审核检查，对接收的异地《增值税抵扣凭证委托审核检查函》中增值税专用发票按照以下类型回复委托方税务机关：

（一）辖区内无此纳税人的，按照"辖区内无此纳税人"录入核查子系统；

（二）辖区内有此纳税人的，分别按照"无相应存根联""虚开发票""存抵不相符""该票未申报""企业漏采集""企业误作废""税务机关漏传递""税务机关发票发售错误"和"其他"等录入核查子系统。

第十五条 税务机关管理部门应按下列时限完成审核检查工作。

（一）对不需要委托异地核查的异常增值税专用发票，应当在30日内完成审核检查并录入处理结果。

（二）需要委托异地核查的异常增值税专用发票，应当在30日内发出《增值税抵扣凭证委托审核检查函》并根据回复情况15日内录入处理结果。

（三）对接收的异地《增值税抵扣凭证委托审核检查函》，应当在30日内完成审核检查并向委托方税务机关发出《增值税抵扣凭证审核检查回复函》。

第十六条 税务机关管理部门应依照有关档案管理规定，将审核检查工作中形成的《审核检查工作底稿》及有关资料及时归档。

第十七条 异常增值税专用发票的审核检查结果分为以下类型：

（一）企业问题

1.操作问题

操作问题包括：销售方已申报但漏采集；购买方已认证但未申报抵扣；购买方票面

信息采集错误；其他操作问题。

2. 一般性违规问题

一般性违规包括：销售方违规作废；购买方未按规定取得；购买方未按规定抵扣；其他违规。

3. 涉嫌偷骗税问题

涉嫌偷骗税问题包括：涉嫌偷税、逃避追缴欠税、骗取出口退税、抗税以及其他需要立案查处的税收违法行为；涉嫌增值税专用发票和其他发票违法犯罪行为；需要进行全面系统的税务检查的。

（二）税务机关操作问题或技术问题。

第十八条 经区县主管局长批准，税务机关管理部门对审核检查结果分别进行处理：

（一）属于"企业操作问题"和"税务机关操作问题或技术问题"，符合税法规定抵扣条件的，允许其抵扣增值税进项税额；

（二）属于企业问题中"一般性违规问题"的，依据现行规定处理；

（三）属于企业问题中"涉嫌偷骗税"的，不需要对企业作出税务处理，将《增值税抵扣凭证审核检查移交清单》（见附件4）及相关资料移交稽查部门查处。

对于走逃企业或者非正常户的异常发票，经过审核检查确能证明涉嫌偷骗税行为的，移交稽查部门查处。

第十九条 稽查部门应当在自接收涉嫌偷骗税有关资料之日起1个月内立案检查。

第二十条 各级税务机关应将异常增值税专用发票审核检查工作纳入税收工作考核范围，定期对以下指标进行考核：

（一）审核检查完成率＝本期完成审核检查发票数/本期应完成审核检查发票数×100%

其中：本期完成审核检查发票数＝按期完成审核检查发票数＋逾期完成审核检查发票数

本期应完成审核检查发票数＝本期按期应完成审核检查发票数＋前期逾期未完成审核检查发票数

（二）审核检查按期完成率＝按期完成审核检查发票数/按期应完成审核检查发票数×100%

（三）异地核查回复率＝本期回复异地核查发票数/本期应回复异地核查发票数×100%

其中：本期回复异地核查发票数＝按期回复异地核查发票数＋逾期回复异地核查发票数

本期应回复异地核查发票数＝本期按期应回复异地核查发票数＋前期逾期未回复异地核查发票数

（四）异地核查按期回复率＝按期完成异地核查发票数/按期应完成异地核查凭证数×100%

第二十一条 本规程由国家税务总局负责解释。各地可根据实际，制定具体实施办法。

附件：1. 审核检查工作底稿（略）
2. 增值税抵扣凭证委托审核检查函（略）
3. 增值税抵扣凭证审核检查回复函（略）
4. 增值税抵扣凭证审核检查移交表单（略）

《国家税务总局关于逾期增值税扣税凭证抵扣问题的公告》（国家税务总局公告2011年第50号）

为保障纳税人合法权益，经国务院批准，现将2007年1月1日以后开具的增值税扣税凭证未能按照规定期限办理认证或者稽核比对（以下简称逾期）抵扣问题公告如下：

一、对增值税一般纳税人发生真实交易但由于客观原因造成增值税扣税凭证逾期的，经主管税务机关审核、逐级上报，由国家税务总局认证、稽核比对后，对比对相符的增值税扣税凭证，允许纳税人继续抵扣其进项税额。

增值税一般纳税人由于除本公告第二条规定以外的其他原因造成增值税扣税凭证逾期的，仍应按照增值税扣税凭证抵扣期限有关规定执行。

本公告所称增值税扣税凭证，包括增值税专用发票、海关进口增值税专用缴款书和公路内河货物运输业统一发票。

二、客观原因包括如下类型：

（一）因自然灾害、社会突发事件等不可抗力因素造成增值税扣税凭证逾期；

（二）增值税扣税凭证被盗、抢，或者因邮寄丢失、误递导致逾期；

（三）有关司法、行政机关在办理业务或者检查中，扣押增值税扣税凭证，纳税人不能正常履行申报义务，或者税务机关信息系统、网络故障，未能及时处理纳税人网上认证数据等导致增值税扣税凭证逾期；

（四）买卖双方因经济纠纷，未能及时传递增值税扣税凭证，或者纳税人变更纳税地点，注销旧户和重新办理税务登记的时间过长，导致增值税扣税凭证逾期；

（五）由于企业办税人员伤亡、突发危重疾病或者擅自离职，未能办理交接手续，导致增值税扣税凭证逾期；

（六）国家税务总局规定的其他情形。

三、增值税一般纳税人因客观原因造成增值税扣税凭证逾期的，可按照本公告附件《逾期增值税扣税凭证抵扣管理办法》的规定，申请办理逾期抵扣手续。

四、本公告自2011年10月1日起执行。

特此公告。

附件：逾期增值税扣税凭证抵扣管理办法

附件
逾期增值税扣税凭证抵扣管理办法

一、增值税一般纳税人发生真实交易但由于客观原因造成增值税扣税凭证逾期的，可向主管税务机关申请办理逾期抵扣。

二、纳税人申请办理逾期抵扣时，应报送如下资料：

（一）《逾期增值税扣税凭证抵扣申请单》；

（二）增值税扣税凭证逾期情况说明。纳税人应详细说明未能按期办理认证或者申请稽核比对的原因，并加盖企业公章。其中，对客观原因不涉及第三方的，纳税人应说明的情况具体为：发生自然灾害、社会突发事件等不可抗力原因的，纳税人应详细说明自然灾害或者社会突发事件发生的时间、影响地区、对纳税人生产经营的实际影响等；纳税人变更纳税地点，注销旧户和重新办理税务登记的时间过长，导致增值税扣税凭证逾期的，纳税人应详细说明办理搬迁时间、注销旧户和注册新户的时间、搬出及搬入地点等；企业办税人员擅自离职，未办理交接手续的，纳税人应详细说明事情经过、办税人员姓名、离职时间等，并提供解除劳动关系合同及企业内部相关处理决定。

（三）客观原因涉及第三方的，应提供第三方证明或说明。具体为：企业办税人员伤亡或者突发危重疾病的，应提供公安机关、交通管理部门或者医院证明；有关司法、行政机关在办理业务或者检查中，扣押增值税扣税凭证，导致纳税人不能正常履行申报义务的，应提供相关司法、行政机关证明；增值税扣税凭证被盗、抢的，应提供公安机关证明；买卖双方因经济纠纷，未能及时传递增值税扣税凭证的，应提供卖方出具的情况说明；邮寄丢失或者误递导致增值税扣税凭证逾期的，应提供邮政单位出具的说明。

（四）逾期增值税扣税凭证电子信息；

（五）逾期增值税扣税凭证复印件（复印件必须整洁、清晰，在凭证备注栏注明"与原件一致"并加盖企业公章，增值税专用发票复印件必须裁剪成与原票大小一致）。

三、由于税务机关自身原因造成纳税人增值税扣税凭证逾期的，主管税务机关应在上报文件中说明相关情况。具体为，税务机关信息系统或者网络故障，未能及时处理纳税人网上认证数据的，主管税务机关应详细说明信息系统或网络故障出现、持续的时间，故障原因及表现等。

四、主管税务机关应认真审核纳税人所报资料，重点审核纳税人所报送资料是否齐全、交易是否真实发生、造成增值税扣税凭证逾期的原因是否属于客观原因、第三方证明或说明所述时间是否具有逻辑性、资料信息是否一致、增值税扣税凭证复印件与原件是否一致等。

主管税务机关审核无误后,应向上级税务机关正式上报,并将增值税扣税凭证逾期情况说明、第三方证明或说明、逾期增值税扣税凭证电子信息、逾期增值税扣税凭证复印件逐级审核后上报至国家税务总局。

五、国家税务总局将对各地上报的资料进行审核,并对逾期增值税扣税凭证信息进行认证、稽核比对,对资料符合条件、稽核比对结果相符的,通知省税务机关允许纳税人继续抵扣逾期增值税扣税凭证上所注明或计算的税额。

六、主管税务机关可定期或者不定期对已抵扣逾期增值税扣税凭证进项税额的纳税人进行复查,发现纳税人提供虚假信息,存在弄虚作假行为的,应责令纳税人将已抵扣进项税额转出,并按《中华人民共和国税收征收管理法》的有关规定进行处罚。

附表:

1. 逾期增值税扣税凭证抵扣申请单(略)
2. 逾期增值税扣税凭证电子信息格式(略)

《财政部 国家税务总局关于在部分行业试行农产品增值税进项税额核定扣除办法的通知》(财税〔2012〕38号)

各省、自治区、直辖市、计划单列市财政厅(局)、国家税务局,新疆生产建设兵团财务局:

为调整和完善农产品增值税抵扣机制,经国务院批准,决定在部分行业开展增值税进项税额核定扣除试点。现将有关事项通知如下:

一、自2012年7月1日起,以购进农产品为原料生产销售液体乳及乳制品、酒及酒精、植物油的增值税一般纳税人,纳入农产品增值税进项税额核定扣除试点范围,其购进农产品无论是否用于生产上述产品,增值税进项税额均按照《农产品增值税进项税额核定扣除试点实施办法》(附件1)的规定抵扣。

二、除本通知第一条规定以外的纳税人,其购进农产品仍按现行增值税的有关规定抵扣农产品进项税额。

三、对部分液体乳及乳制品实行全国统一的扣除标准(附件2,略)。

四、各级财税机关要认真组织试点各项工作,及时总结试点经验,并向财政部和国家税务总局报告试点过程中发现的问题。

附件:1. 农产品增值税进项税额核定扣除试点实施办法
　　　2. 全国统一的部分液体及乳制品扣除标准表(略)

附件1:

农产品增值税进项税额核定扣除试点实施办法

一、为加强农产品增值税进项税额抵扣管理,经国务院批准,对财政部和国家税务总局纳入试点范围的增值税一般纳税人(以下称试点纳税人)购进农产品增值税进项税额，实施核定扣除办法。

二、购进农产品抵扣增值税进项税额的试点纳税人均适用本办法。

农产品是指列入《农业产品征税范围注释》（财税字〔1995〕52号）的初级农业产品。

三、试点纳税人购进农产品不再凭增值税扣税凭证抵扣增值税进项税额，购进除农产品以外的货物、应税劳务和应税服务，增值税进项税额仍按现行有关规定抵扣。

四、农产品增值税进项税额核定方法

（一）试点纳税人以购进农产品为原料生产货物的，农产品增值税进项税额可按照以下方法核定：

1. 投入产出法：参照国家标准、行业标准（包括行业公认标准和行业平均耗用值）确定销售单位数量货物耗用外购农产品的数量（以下称农产品单耗数量）。

当期允许抵扣农产品增值税进项税额依据农产品单耗数量、当期销售货物数量、农产品平均购买单价（含税，下同）和农产品增值税进项税额扣除率（以下简称"扣除率"）计算。公式为：

当期允许抵扣农产品增值税进项税额 = 当期农产品耗用数量 × 农产品平均购买单价 × 扣除率 / (1 + 扣除率)

当期农产品耗用数量 = 当期销售货物数量（不含采购除农产品以外的半成品生产的货物数量）× 农产品单耗数量

对以单一农产品原料生产多种货物或者多种农产品原料生产多种货物的，在核算当期农产品耗用数量和平均购买单价时，应依据合理的方法归集和分配。

平均购买单价是指购买农产品期末平均买价，不包括买价之外单独支付的运费和入库前的整理费用。期末平均买价计算公式：

期末平均买价 = （期初库存农产品数量 × 期初平均买价 + 当期购进农产品数量 × 当期买价）/（期初库存农产品数量 + 当期购进农产品数量）

2. 成本法：依据试点纳税人年度会计核算资料，计算确定耗用农产品的外购金额占生产成本的比例（以下称农产品耗用率）。当期允许抵扣农产品增值税进项税额依据当期主营业务成本、农产品耗用率以及扣除率计算。公式为：

当期允许抵扣农产品增值税进项税额 = 当期主营业务成本 × 农产品耗用率 × 扣除率 / (1 + 扣除率)

农产品耗用率 = 上年投入生产的农产品外购金额 / 上年生产成本

农产品外购金额（含税）不包括不构成货物实体的农产品（包括包装物、辅助材料、燃料、低值易耗品等）和在购进农产品之外单独支付的运费、入库前的整理费用。

对以单一农产品原料生产多种货物或者多种农产品原料生产多种货物的，在核算当期主营业务成本以及核定农产品耗用率时，试点纳税人应依据合理的方法进行归集和分配。

农产品耗用率由试点纳税人向主管税务机关申请核定。

年度终了，主管税务机关应根据试点纳税人本年实际对当年已抵扣的农产品增值税进项税额进行纳税调整，重新核定当年的农产品耗用率，并作为下一年度的农产品耗用率。

3. 参照法：新办的试点纳税人或者试点纳税人新增产品的，试点纳税人可参照所属行业或者生产结构相近的其他试点纳税人确定农产品单耗数量或者农产品耗用率。次年，试点纳税人向主管税务机关申请核定当期的农产品单耗数量或者农产品耗用率，并据此计算确定当年允许抵扣的农产品增值税进项税额，同时对上一年增值税进项税额进行调整。核定的进项税额超过实际抵扣增值税进项税额的，其差额部分可以结转下期继续抵扣；核定的进项税额低于实际抵扣增值税进项税额的，其差额部分应按现行增值税的有关规定将进项税额做转出处理。

（二）试点纳税人购进农产品直接销售的，农产品增值税进项税额按照以下方法核定扣除：

当期允许抵扣农产品增值税进项税额＝当期销售农产品数量／（1－损耗率）×农产品平均购买单价×13%／（1+13%）①

损耗率＝损耗数量／购进数量

（三）试点纳税人购进农产品用于生产经营且不构成货物实体的（包括包装物、辅助材料、燃料、低值易耗品等），增值税进项税额按照以下方法核定扣除：

当期允许抵扣农产品增值税进项税额＝当期耗用农产品数量×农产品平均购买单价×13%／（1+13%）②

农产品单耗数量、农产品耗用率和损耗率统称为农产品增值税进项税额扣除标准（以下称扣除标准）。

五、试点纳税人销售货物，应合并计算当期允许抵扣农产品增值税进项税额。

六、试点纳税人购进农产品取得的农产品增值税专用发票和海关进口增值税专用缴款书，按照注明的金额及增值税额一并计入成本科目；自行开具的农产品收购发票和取得的农产品销售发票，按照注明的买价直接计入成本。

七、本办法规定的扣除率为销售货物的适用税率。

八、省级（包括计划单列市，下同）税务机关应根据本办法第四条规定的核定方法顺序，确定试点纳税人适用的农产品增值税进项税额核定扣除方法。

---

① 根据《财政部 国家税务总局关于简并增值税税率有关政策的通知》（财税〔2017〕37号）的规定，自2017年7月1日起，本项规定的扣除率调整为11%。

② 自2017年7月1日起，本项规定的扣除率调整为按照财税〔2017〕37号第二条第（一）项、第（二）项规定执行。

九、试点纳税人应自执行本办法之日起,将期初库存农产品以及库存半成品、产成品耗用的农产品增值税进项税额作转出处理。

十、试点纳税人应当按照本办法第四条的规定准确计算当期允许抵扣农产品增值税进项税额,并从相关科目转入"应交税金——应交增值税(进项税额)"科目。未能准确计算的,由主管税务机关核定。

十一、试点纳税人购进的农产品价格明显偏高或偏低,且不具有合理商业目的的,由主管税务机关核定。

十二、试点纳税人在计算农产品增值税进项税额时,应按照下列顺序确定适用的扣除标准:

(一)财政部和国家税务总局不定期公布的全国统一的扣除标准。

(二)省级税务机关商同级财政机关根据本地区实际情况,报经财政部和国家税务总局备案后公布的适用于本地区的扣除标准。

(三)省级税务机关依据试点纳税人申请,按照本办法第十三条规定的核定程序审定的仅适用于该试点纳税人的扣除标准。

十三、试点纳税人扣除标准核定程序

(一)试点纳税人以农产品为原料生产货物的扣除标准核定程序:

1. 申请核定。以农产品为原料生产货物的试点纳税人应于当年1月15日前(2012年为7月15日前)或者投产之日起30日内,向主管税务机关提出扣除标准核定申请并提供有关资料。申请资料的范围和要求由省级税务机关确定。

2. 审定。主管税务机关应对试点纳税人的申请资料进行审核,并逐级上报给省级税务机关。

省级税务机关应由货物和劳务税处牵头,会同政策法规处等相关部门组成扣除标准核定小组,核定结果应由省级税务机关下达,主管税务机关通过网站、报刊等多种方式及时向社会公告核定结果。未经公告的扣除标准无效。

省级税务机关尚未下达核定结果前,试点纳税人可按上年确定的核定扣除标准计算申报农产品进项税额。

(二)试点纳税人购进农产品直接销售、购进农产品用于生产经营且不构成货物实体扣除标准的核定采取备案制,抵扣农产品增值税进项税额的试点纳税人应在申报缴纳税款时向主管税务机关备案。备案资料的范围和要求由省级税务机关确定。

十四、试点纳税人对税务机关根据本办法第十三条规定核定的扣除标准有疑义或者生产经营情况发生变化的,可以自税务机关发布公告或者收到主管税务机关《税务事项通知书》之日起30日内,向主管税务机关提出重新核定扣除标准申请,并提供说明其生产、经营真实情况的证据,主管税务机关应当自接到申请之日起30日内书面答复

十五、试点纳税人在申报期内,除向主管税务机关报送《增值税一般纳税人纳税申报办法》规定的纳税申报资料外,还应报送《农产品核定扣除增值税进项税额计算表》(见附表)。

十六、各级税务机关应加强对试点纳税人农产品增值税进项税额计算扣除情况的监管,防范和打击虚开发票行为,定期进行纳税评估,及时发现申报纳税中存在的问题。

附:农产品核定扣除增值税进项税额计算表(略)

《国家税务总局关于在部分行业试行农产品增值税进项税额核定扣除办法有关问题的公告》(国家税务总局公告2012年第35号)

为进一步规范农产品增值税进项税额核定扣除政策,加强税收征管,根据《财政部 国家税务总局关于在部分行业试行农产品增值税进项税额核定扣除办法的通知》(财税〔2012〕38号,以下简称《通知》)的有关规定,现将在部分行业试行农产品增值税进项税额核定扣除办法有关问题公告如下:

一、《通知》第一条所述"液体乳及乳制品"的行业范围按《国民经济行业分类》(GB/T 4754—2011)[①]中"乳制品制造"类别(代码C1440)执行;"酒及酒精"的行业范围按《国民经济行业分类》(GB/T 4754—2011)中"酒的制造"类别(代码C151)执行;"植物油"的行业范围按《国民经济行业分类》(GB/T 4754—2011)中"植物油加工"类别(代码C133)执行。

二、增值税一般纳税人委托其他单位和个人加工液体乳及乳制品、酒及酒精、植物油,其购进的农产品均适用《通知》的有关规定。

三、纳入试点范围的增值税一般纳税人(以下简称试点纳税人)按照《通知》附件1《农产品增值税进项税额核定扣除试点实施办法》(以下简称《实施办法》)第四条中"投入产出法"的有关规定核定农产品增值税进项税额时,如果期初没有库存农产品,当期也未购进农产品的,农产品"期末平均买价"以该农产品上期期末平均买价计算;上期期末仍无农产品买价的依此类推。

按照"成本法"的有关规定核定试点纳税人农产品增值税进项税额时,"主营业务成本""生产成本"中不包括其未耗用农产品的产品的成本。

四、试点纳税人按照《实施办法》第九条有关规定作进项税额转出形成应纳税款一次性缴纳入库确有困难的,可于2012年12月31日前将进项税额应转出额分期转出,具体办法由省级税务机关确定。

五、主管税务机关按照《实施办法》第四条"成本法"的有关规定重新核定试点纳税人农产品耗用率,以及按照《实施办法》第十四条有关规定重新核定试点纳税人扣除

[①] 《国民经济行业分类》(GB/T 4754—2011)已废止,现行版本为2017年修订的《国民经济行业分类》(GB/T 4754—2017)。

标准时,均应按程序报经省级税务机关批准。

六、试点纳税人应按照本公告所附表样按月向主管税务机关报送《农产品核定扣除增值税进项税额计算表(汇总表)》《投入产出法核定农产品增值税进项税额计算表》《成本法核定农产品增值税进项税额计算表》《购进农产品直接销售核定农产品增值税进项税额计算表》《购进农产品用于生产经营且不构成货物实体核定农产品增值税进项税额计算表》(表样详见附件),不再按照《实施办法》中所附《农产品核定扣除增值税进项税额计算表》表样填报。

七、试点纳税人纳税申报时,应将《农产品核定扣除增值税进项税额计算表(汇总表)》中"当期允许抵扣农产品增值税进项税额"合计数填入《增值税纳税申报表附列资料(表二)》第6栏的"税额"栏,不填写第6栏"份数"和"金额"数据。

《增值税纳税申报表附列资料(表二)》第1、2、3、5栏有关数据中不反映农产品的增值税进项税额。

当期按照《实施办法》第九条及本公告第四条有关规定应转出的增值税进项税额,填入《增值税纳税申报表附列资料(表二)》第17栏"按简易征收办法征税货物用""税额"栏。

八、本公告自2012年7月1日起施行。

特此公告。

附件:

1. 农产品核定扣除增值税进项税额计算表(汇总表)(略)
2. 投入产出法核定农产品增值税进项税额计算表(略)
3. 成本法核定农产品增值税进项税额计算表(略)
4. 购进农产品直接销售核定农产品增值税进项税额计算表(略)
5. 购进农产品用于生产经营且不构成货物实体核定农产品增值税进项税额计算表(略)

《财政部　国家税务总局关于煤炭采掘企业增值税进项税额抵扣有关事项的通知》(财税〔2015〕117号)

各省、自治区、直辖市、计划单列市财政厅(局)、国家税务局,新疆生产建设兵团财务局:

为统一煤炭采掘企业增值税进项税额抵扣政策,便于政策理解和执行,经研究,现就有关事项明确如下:

一、煤炭采掘企业购进的下列项目,其进项税额允许从销项税额中抵扣:

(一)巷道附属设备及其相关的应税货物、劳务和服务;

(二)用于除开拓巷道以外的其他巷道建设和掘进,或者用于巷道回填、露天煤矿生态恢复的应税货物、劳务和服务。

二、本通知所称的巷道,是指为采矿提升、运输、通风、排水、动力供应、瓦斯治理等而掘进的通道,包括开拓巷道和其他巷道。其中,开拓巷道,是指为整个矿井或一个开采水平(阶段)服务的巷道。所称的巷道附属设备,是指以巷道为载体的给排水、采暖、降温、卫生、通风、照明、通讯、消防、电梯、电气、瓦斯抽排等设备。

三、本通知自 2015 年 11 月 1 日起执行。

《国家税务总局关于加强海关进口增值税抵扣管理的公告》(国家税务总局公告 2017 年第 3 号)

为保护纳税人合法权益,进一步加强增值税管理,打击利用海关进口增值税专用缴款书(以下简称"海关缴款书")骗抵税款犯罪活动,税务总局决定全面提升海关缴款书稽核比对级别,强化对海关进口增值税的抵扣管理。现将有关事项公告如下:

增值税一般纳税人进口货物时应准确填报企业名称,确保海关缴款书上的企业名称与税务登记的企业名称一致。税务机关将进口货物取得的属于增值税抵扣范围的海关缴款书信息与海关采集的缴款信息进行稽核比对。经稽核比对相符后,海关缴款书上注明的增值税额可作为进项税额在销项税额中抵扣。稽核比对不相符,所列税额暂不得抵扣,待核查确认海关缴款书票面信息与纳税人实际进口业务一致后,海关缴款书上注明的增值税额可作为进项税额在销项税额中抵扣。

税务部门应加强对纳税人的辅导,充分利用多种渠道向全社会广泛宣传,赢得纳税人的理解和支持。

本公告自发布之日起实施。

特此公告。

《异常增值税扣税凭证处理操作规程(试行)》(税总发〔2017〕46 号印发)

为进一步加强增值税扣税凭证管理,有效防范税收风险,根据《中华人民共和国增值税暂行条例》、《国家税务总局关于走逃(失联)企业开具增值税专用发票认定处理有关问题的公告》(国家税务总局公告 2016 年第 76 号)有关规定,现将异常增值税扣税凭证(以下简称"异常凭证")处理操作规程明确如下。

一、异常凭证的范围

本操作规程所称异常凭证,是指按照国家税务总局公告 2016 年第 76 号第二条第(一)项规定,列入异常增值税扣税凭证范围的增值税专用发票。

二、异常凭证的处理

增值税一般纳税人取得异常凭证,尚未申报抵扣或申报出口退税的,暂不允许抵扣或者办理退税;已经申报抵扣的,一律先作进项税额转出;已经办理出口退税的,税务机关可按照异常凭证所涉及的退税额对该企业其他已审核通过的退税款暂缓办理出口退税,无其他应退税款或应退税款小于涉及退税额的,可由出口企业提供差额部分的担保。经核实,符合现行增值税进项税抵扣或出口退税相关规定的,企业可继续申报抵扣,或解除担保并继续办理出口退税。

三、处理工作流程

(一)异常凭证的推送

自认定为异常凭证之日起10个工作日内,主管税务机关应将异常凭证信息通过手工录入或批量导入方式,录入《抵扣凭证审核检查管理信息系统》(以下简称"抵扣凭证审查系统"),并推送至异常凭证接受方所在地税务机关进行处理。

各省国税局通过抵扣凭证审查系统,将接收到的异常凭证信息,定期推送至《出口退(免)税审核系统》。

(二)异常凭证的受理

接受异常凭证的纳税人所在地主管税务机关,通过抵扣凭证审查系统接收异常凭证信息,并自收到之日起10个工作日内,向接受异常凭证的纳税人发出《税务事项通知书》,通知其所取得的异常凭证暂不得申报抵扣或用于出口退税,已经申报抵扣或用于出口退税的,应按有关规定处理。同时,主管税务机关应当告知接受异常凭证的纳税人,如对税务机关认定的异常凭证存有异议的,应当自收到《税务事项通知书》之日起20个工作日内,向主管税务机关提出核查申请,并提交业务合同、银行凭证、运输仓储证明等有关说明材料。

因特殊情况,抵扣凭证审查系统无法准确推送的异常凭证,由接受方所在的地市税务机关统一受理,并自受理之日起10个工作日内,进行人工甄别推送。

(三)异常凭证的解除

走逃(失联)企业重新与主管税务机关取得联系,履行完毕相关涉税义务、调查澄清相关涉税事项后,纳入税务机关正常监管的,主管税务机关应当解除其走逃(失联)企业身份,同时可解除异常凭证的认定,并在10个工作日内通过抵扣凭证审查系统,将解除信息推送至异常凭证接受方所在地主管税务机关,允许纳税人继续申报抵扣或办理出口退税。

各省国税局通过抵扣凭证审查系统,将接收到的解除异常凭证信息,定期推送至出口退(免)税审核系统。

(四)异常凭证的核实

接受异常凭证的纳税人,对税务机关认定的异常凭证存有异议,提出核查申请的,主管税务机关一般应自接收申请之日起90个工作日内完成异常凭证的核实,核实过程中应重点关注以下方面。

1.纳税人稽核比对、纳税申报情况,增值税发票抵扣联备查簿,相关纸质信息与电子数据是否相符等。

2.增值税发票信息、业务合同、运输仓储证明以及银行账单资金流的一致性等。

3. 需要委托异地税务机关协助调查的，可通过抵扣凭证审查系统，委托与纳税人发生交易的上、下游企业所在地主管税务机关协助核实。

4. 需要实地调查的，主管税务机关派员赴纳税人实际生产经营场所，就其经营状况、生产能力等进行调查。

异常凭证经税务机关核实后，未发现异常情形，符合现行增值税进项抵扣或出口退税有关规定的，主管税务机关出具《税务事项通知书》，允许纳税人按照现行规定，继续申报抵扣或办理出口退税。

异常凭证的开具方和接受方涉嫌虚开发票、虚抵进项，骗取出口退税以及其他需要稽查立案的，移交稽查部门查处。

（五）录入核实处理信息

接受异常凭证的纳税人所在地主管税务机关，在完成异常凭证（或解除异常凭证）的核实处理后，应当在5个工作日内将核实结果录入抵扣凭证审查系统。

（六）异常凭证与失控发票的衔接

税务机关按规定已做失控处理的增值税专用发票，不需再认定为异常凭证。

四、其他事项

为配合本规程的执行，税务总局目前正在对抵扣凭证审查系统的相关功能进行优化升级，在系统升级工作未完成前，请各地暂时参照《异常增值税扣税凭证操作处理流程》（见附件），做好系统相关操作。

附件：异常增值税扣税凭证操作处理流程（略）

《国家税务总局关于进一步优化增值税 消费税有关涉税事项办理程序的公告》（国家税务总局公告2017年第36号）

为贯彻落实国务院关于简政放权、放管结合、优化服务的要求，现将增值税、消费税部分涉税事项办理问题公告如下：

一、自2018年1月1日起，逾期增值税扣税凭证继续抵扣事项由省国税局核准。允许继续抵扣的客观原因类型及报送资料等要求，按照修改后的《国家税务总局关于逾期增值税扣税凭证抵扣问题的公告》（国家税务总局公告2011年第50号）执行。

各省国税局应在修改后的国家税务总局公告2011年第50号附件《逾期增值税扣税凭证抵扣管理办法》（以下简称《管理办法》）相关规定基础上，按照进一步深化税务系统"放管服"改革、优化税收环境的要求，以方便纳税人、利于税收管理为原则，进一步细化流程、明确时限、简化资料、改进服务。

二、自2017年11月1日起，纳税人同时申请汇总缴纳增值税和消费税的，在汇总纳税申请资料中予以说明即可，不需要就增值税、消费税分别报送申请资料。

三、对《国家税务总局关于逾期增值税扣税凭证抵扣问题的公告》（国家税务总局公告 2011 年第 50 号）作如下修改：

（一）第一条第一款修改为："增值税一般纳税人发生真实交易但由于客观原因造成增值税扣税凭证（包括增值税专用发票、海关进口增值税专用缴款书和机动车销售统一发票）未能按照规定期限办理认证、确认或者稽核比对的，经主管税务机关核实、逐级上报，由省国税局认证并稽核比对后，对比对相符的增值税扣税凭证，允许纳税人继续抵扣其进项税额"。

（二）删去第一条第三款："本公告所称增值税扣税凭证，包括增值税专用发票、海关进口增值税专用缴款书和公路内河货物运输业统一发票"。

（三）将《管理办法》第四条第二款修改为："主管税务机关核实无误后，应向上级税务机关上报，并将增值税扣税凭证逾期情况说明、第三方证明或说明、逾期增值税扣税凭证电子信息、逾期增值税扣税凭证复印件逐级上报至省国税局"。

（四）将《管理办法》第五条修改为："省国税局对上报的资料进行案头复核，并对逾期增值税扣税凭证信息进行认证、稽核比对，对资料符合条件、稽核比对结果相符的，允许纳税人继续抵扣逾期增值税扣税凭证上所注明或计算的税额"。

上述修改自 2018 年 1 月 1 日起施行。《国家税务总局关于逾期增值税扣税凭证抵扣问题的公告》（国家税务总局公告 2011 年第 50 号）根据本公告作相应修改，个别文字进行调整，重新公布。

《国家税务总局关于外贸企业使用增值税专用发票办理出口退税有关问题的公告》（国家税务总局公告 2012 年第 22 号）

为明确外贸企业使用经税务机关审核允许纳税人抵扣其进项税额的增值税专用发票如何办理出口退税问题，现将有关事项公告如下：

一、外贸企业可使用经税务机关审核允许纳税人抵扣其进项税额的增值税专用发票作为出口退税申报凭证向主管税务机关申报出口退税。

二、外贸企业办理出口退税提供经税务机关审核允许纳税人抵扣其进项税额的增值税专用发票，分别按以下对应要求申报并提供相应资料：

（一）《国家税务总局关于修订〈增值税专用发票使用规定〉的通知》（国税发〔2006〕156 号）第二十八条规定的允许抵扣的丢失抵扣联的已开具增值税专用发票

1. 外贸企业丢失已开具增值税专用发票发票联和抵扣联的，在增值税专用发票认证相符后，可凭增值税专用发票记账联复印件及销售方所在地主管税务机关出具的《丢失增值税专用发票已报税证明单》，经购买方主管税务机关审核同意后，向主管出口退税的税务机关申报出口退税。

2. 外贸企业丢失已开具增值税专用发票抵扣联的，在增值税专用发票认证相符后，可凭增值税专用发票发票联复印件向主管出口退税的税务机关申报出口退税。

......

（三）《国家税务总局关于印发〈增值税专用发票审核检查操作规程（试行）〉的通知》（国税发〔2008〕33号）第十八条第一款规定的允许抵扣的稽核比对结果属于异常的增值税专用发票

外贸企业可凭增值税专用发票向主管出口退税的税务机关申报出口退税。

（四）《国家税务总局关于逾期增值税扣税凭证抵扣问题的公告》（2011年第50号）规定的允许抵扣的增值税专用发票

外贸企业可凭增值税专用发票（原件丢失的，可凭增值税专用发票复印件）向主管出口退税的税务机关申报出口退税。

三、对外贸企业在申报出口退税时提供上述经税务机关审核允许纳税人抵扣其进项税额的增值税专用发票的，各地税务机关审核时要认真审核增值税专用发票并核对税务机关内部允许抵扣资料，在出口退税审核系统中比对增值税专用发票稽核比对信息、审核检查信息和协查信息，在增值税专用发票信息比对无误的情况下，按现行出口退税规定办理出口退税。

四、本公告自2012年6月1日起施行。本公告施行前外贸企业取得的经税务机关审核允许纳税人抵扣其进项税额的增值税专用发票申报办理出口退税的，按照本公告规定和现行出口退税规定办理出口退税事宜。

特此公告。

《国家税务总局关于走逃（失联）企业开具增值税专用发票认定处理有关问题的公告》（国家税务总局公告2016年第76号）

为进一步加强增值税专用发票管理，有效防范税收风险，根据《中华人民共和国增值税暂行条例》有关规定，现将走逃（失联）企业开具增值税专用发票认定处理的有关问题公告如下：

一、走逃（失联）企业的判定

走逃（失联）企业，是指不履行税收义务并脱离税务机关监管的企业。

根据税务登记管理有关规定，税务机关通过实地调查、电话查询、涉税事项办理核查以及其他征管手段，仍对企业和企业相关人员查无下落的，或虽然可以联系到企业代理记账、报税人员等，但其并不知情也不能联系到企业实际控制人的，可以判定该企业为走逃（失联）企业。

二、走逃（失联）企业开具增值税专用发票的处理

（一）走逃（失联）企业存续经营期间发生下列情形之一的，所对应属期开具的增值税专用发票列入异常增值税扣税凭证（以下简称"异常凭证"）范围。

1.商贸企业购进、销售货物名称严重背离的；生产企业无实际生产加工能力且无委

托加工，或生产能耗与销售情况严重不符，或购进货物并不能直接生产其销售的货物且无委托加工的。

2. 直接走逃失踪不纳税申报，或虽然申报但通过填列增值税纳税申报表相关栏次，规避税务机关审核比对，进行虚假申报的。

……

（三）异常凭证由开具方主管税务机关推送至接受方所在地税务机关进行处理，具体操作规程另行明确。

本公告自发布之日起施行。

特此公告。

《国家税务总局关于异常增值税扣税凭证管理等有关事项的公告》（国家税务总局公告 2019 年第 38 号）

现将异常增值税扣税凭证（以下简称"异常凭证"）管理等有关事项公告如下：

一、符合下列情形之一的增值税专用发票，列入异常凭证范围：

（一）纳税人丢失、被盗税控专用设备中未开具或已开具未上传的增值税专用发票；

（二）非正常户纳税人未向税务机关申报或未按规定缴纳税款的增值税专用发票；

（三）增值税发票管理系统稽核比对发现"比对不符""缺联""作废"的增值税专用发票；

（四）经税务总局、省税务局大数据分析发现，纳税人开具的增值税专用发票存在涉嫌虚开、未按规定缴纳消费税等情形的；

（五）属于《国家税务总局关于走逃（失联）企业开具增值税专用发票认定处理有关问题的公告》（国家税务总局公告 2016 年第 76 号）第二条第（一）项规定情形的增值税专用发票。

二、增值税一般纳税人申报抵扣异常凭证，同时符合下列情形的，其对应开具的增值税专用发票列入异常凭证范围：

（一）异常凭证进项税额累计占同期全部增值税专用发票进项税额 70%（含）以上的；

（二）异常凭证进项税额累计超过 5 万元的。

纳税人尚未申报抵扣、尚未申报出口退税或已作进项税额转出的异常凭证，其涉及的进项税额不计入异常凭证进项税额的计算。

三、增值税一般纳税人取得的增值税专用发票列入异常凭证范围的，应按照以下规定处理：

（一）尚未申报抵扣增值税进项税额的，暂不允许抵扣。已经申报抵扣增值税进项税额的，除另有规定外，一律作进项税额转出处理。

（二）尚未申报出口退税或者已申报但尚未办理出口退税的，除另有规定外，暂不允许办理出口退税。适用增值税免抵退税办法的纳税人已经办理出口退税的,应根据列入异常凭证范围的增值税专用发票上注明的增值税额作进项税额转出处理;适用增值税免退税办法的纳税人已经办理出口退税的,税务机关应按照现行规定对列入异常凭证范围的增值税专用发票对应的已退税款追回。

纳税人因骗取出口退税停止出口退(免)税期间取得的增值税专用发票列入异常凭证范围的,按照本条第(一)项规定执行。

(三)消费税纳税人以外购或委托加工收回的已税消费品为原料连续生产应税消费品,尚未申报扣除原料已纳消费税税款的,暂不允许抵扣;已经申报抵扣的,冲减当期允许抵扣的消费税税款,当期不足冲减的应当补缴税款。

(四)纳税信用A级纳税人取得异常凭证且已经申报抵扣增值税、办理出口退税或抵扣消费税的,可以自接到税务机关通知之日起10个工作日内,向主管税务机关提出核实申请。经税务机关核实,符合现行增值税进项税额抵扣、出口退税或消费税抵扣相关规定的,可不作进项税额转出、追回已退税款、冲减当期允许抵扣的消费税税款等处理。纳税人逾期未提出核实申请的,应于期满后按照本条第(一)项、第(二)项、第(三)项规定作相关处理。

(五)纳税人对税务机关认定的异常凭证存有异议,可以向主管税务机关提出核实申请。经税务机关核实,符合现行增值税进项税额抵扣或出口退税相关规定的,纳税人可继续申报抵扣或者重新申报出口退税;符合消费税抵扣规定且已缴纳消费税税款的,纳税人可继续申报抵扣消费税税款。

四、经税务总局、省税务局大数据分析发现存在涉税风险的纳税人,不得离线开具发票,其开票人员在使用开票软件时,应当按照税务机关指定的方式进行人员身份信息实名验证。

五、新办理增值税一般纳税人登记的纳税人,自首次开票之日起3个月内不得离线开具发票,按照有关规定不使用网络办税或不具备风险条件的特定纳税人除外。

六、本公告自2020年2月1日起施行。《国家税务总局关于走逃(失联)企业开具增值税专用发票认定处理有关问题的公告》(国家税务总局公告2016年第76号)第二条第(二)项、《国家税务总局关于建立增值税失控发票快速反应机制的通知》(国税发〔2004〕123号文件印发,国家税务总局公告2018年第31号修改)、《国家税务总局关于金税工程增值税征管信息系统发现的涉嫌违规增值税专用发票处理问题的通知》(国税函〔2006〕969号)第一条第(二)项和第二条、《国家税务总局关于认真做好增值税失控发票数据采集工作有关问题的通知》(国税函〔2007〕517号)、《国家税务总局关于失控增值税专用发票处理的批复》(国税函〔2008〕607号)、《国家税务总局关于外贸企业使用增值税专用发票办理出口退税有关问题的公告》(国家税务总局公告2012年第22号)第二条第（二）项同时废止。

特此公告。

《财政部　税务总局　海关总署关于深化增值税改革有关政策的公告》（财政部　国家税务总局　海关总署公告 2019 年第 39 号）

二、纳税人购进农产品，原适用 10% 扣除率的，扣除率调整为 9%。纳税人购进用于生产或者委托加工 13% 税率货物的农产品，按照 10% 的扣除率计算进项税额。

《国家税务总局　海关总署关于实行海关进口增值税专用缴款书"先比对后抵扣"管理办法有关事项的通知》（税总发〔2013〕76 号）

各省、自治区、直辖市和计划单列市国家税务局，广东分署，各直属海关：

为进一步加强海关进口增值税专用缴款书（以下简称海关缴款书）的增值税管理，堵塞税收漏洞，维护纳税人合法权益，保障海关缴款书"先比对后抵扣"管理办法顺利实施，现将有关事项通知如下：

一、各级税务机关、各级海关要加强协作配合，共同做好"异常"海关缴款书的核查工作。

（一）各海关应按照有关规定对海关缴款书入库数据及时进行核销，保障纳税人及时抵扣税款。

（二）各主管税务机关应于每月纳税申报期内，向纳税人提供上月海关缴款书稽核比对结果信息。纳税人上月稽核比对结果中无"滞留"的，稽核系统每月 1 日自动导出稽核比对结果信息；纳税人上月稽核比对结果中有"滞留"的，稽核系统于纳税申报期结束前 2 日自动导出稽核比对结果信息。

（三）对稽核比对结果为不符、缺联的海关缴款书，如纳税人有异议，应提交《"异常"海关缴款书数据核对申请书》（附件 1）申请数据核对，同时附海关缴款书原件。主管税务机关会同海关进行核查。核查流程是：主管税务机关在收到纳税人数据核对申请书的 15 日内，向税款入库地直属海关发出《海关缴款书委托核查函》（附件 2，全国各海关联系方式可自海关总署网站 http：//www.customs.gov.cn 或拨打 12360 查询），同时附海关缴款书复印件；税款入库地海关收到委托核查函后，在 30 日内以《海关缴款书核查回复函》（附件 3）回复发函税务机关。对海关回函结果为"有一致的入库信息"的海关缴款书，主管税务机关应及时以《海关缴款书核查结果通知书》（附件 4）通知纳税人申报抵扣税款。[①]

《海关缴款书委托核查函》编号为 20 位，第 1 至 11 位为主管税务机关代码，第 12

[①] 根据《国家税务总局办公厅关于开展海关进口增值税专用缴款书核查信息化管理工作的通知》（税总办发〔2017〕53 号）的规定，本项中有关税务机关发出《海关缴款书委托核查函》的时限规定以及关于稽核比对结果为重号的海关缴款书核查规定自 2017 年 6 月 1 日起废止。

位为"发",第13至16位为年份,第17至20位为顺序号。

对于稽核比对结果为重号的海关缴款书,由主管税务机关进行核查,不需向海关发函核查。

二、海关需要对海关缴款书涉及的进口增值税申报抵扣情况进行核查确认的,可向纳税人主管税务机关发出《进口增值税抵扣信息委托核查函》(附件5)。主管税务机关收到委托核查函后,在30日内以《进口增值税抵扣信息核查回复函》(附件6)回复发函海关。

《进口增值税抵扣信息核查回复函》编号为20位,第1至11位为主管税务机关代码,第12位为"复",第13至16位为年份,第17至20位为顺序号。

三、各省税务机关可结合本地实际,本着方便纳税人和基层税务机关操作的原则,制定本地海关缴款书"先比对后抵扣"管理办法实施细则。

四、实行海关缴款书"先比对后抵扣"管理办法,是加强税收征管、堵塞税收漏洞的重要举措,各级税务机关应做好纳税服务工作,保障海关缴款书"先比对后抵扣"管理办法顺利实施。

(一)实行海关缴款书"先比对后抵扣"管理办法涉及纳税人申报纳税程序的调整,税务机关要做好税收政策宣传和纳税辅导工作,帮助纳税人及时掌握新办法申报流程,告知纳税人在取得海关缴款书的当月向税务机关报送海关缴款书数据,以免因纳税人仍然在取得海关缴款书的次月申报期报送数据而影响税款及时抵扣。

(二)创新服务手段,充分应用现代信息技术,做好网络报送海关缴款书电子数据等配套工作,方便纳税人按时准确办理纳税申报。

本通知自发布之日起执行。

附件:

1. "异常"海关缴款书数据核对申请书(略)
2. 海关缴款书委托核查函(略)
3. 海关缴款书核查回复函(略)
4. 海关缴款书核查结果通知书(略)
5. 进口增值税抵扣信息委托核查函(略)
6. 进口增值税抵扣信息核查回复函(略)

《国家税务总局 海关总署关于实行海关进口增值税专用缴款书"先比对后抵扣"管理办法有关问题的公告》(国家税务总局 海关总署公告2013年第31号)

为了进一步加强海关进口增值税专用缴款书(以下简称海关缴款书)的增值税抵扣管理,税务总局、海关总署决定将前期在广东等地试行的海关缴款书"先比对后抵扣"管理办法,在全国范围推广实行。现将有关事项公告如下:

一、自 2013 年 7 月 1 日起，增值税一般纳税人（以下简称纳税人）进口货物取得的属于增值税扣税范围的海关缴款书，需经税务机关稽核比对相符后，其增值税额方能作为进项税额在销项税额中抵扣。

……

三、税务机关通过稽核系统将纳税人申请稽核的海关缴款书数据，按日与进口增值税入库数据进行稽核比对，每个月为一个稽核期。海关缴款书开具当月申请稽核的，稽核期为申请稽核的当月、次月及第三个月。海关缴款书开具次月申请稽核的，稽核期为申请稽核的当月及次月。海关缴款书开具次月以后申请稽核的，稽核期为申请稽核的当月。

四、稽核比对的结果分为相符、不符、滞留、缺联、重号五种。

相符，是指纳税人申请稽核的海关缴款书，其号码与海关已核销的海关缴款书号码一致，并且比对的相关数据也均相同。

不符，是指纳税人申请稽核的海关缴款书，其号码与海关已核销的海关缴款书号码一致，但比对的相关数据有一项或多项不同。

滞留，是指纳税人申请稽核的海关缴款书，在规定的稽核期内系统中暂无相对应的海关已核销海关缴款书号码，留待下期继续比对。

缺联，是指纳税人申请稽核的海关缴款书，在规定的稽核期结束时系统中仍无相对应的海关已核销海关缴款书号码。

重号，是指两个或两个以上的纳税人申请稽核同一份海关缴款书，并且比对的相关数据与海关已核销海关缴款书数据相同。

五、税务机关于每月纳税申报期内，向纳税人提供上月稽核比对结果，纳税人应向主管税务机关查询稽核比对结果信息。

对稽核比对结果为相符的海关缴款书，纳税人应在税务机关提供稽核比对结果的当月纳税申报期内申报抵扣，逾期的其进项税额不予抵扣。

……

七、纳税人应在"应交税金"科目下设"待抵扣进项税额"明细科目，用于核算已申请稽核但尚未取得稽核相符结果的海关缴款书进项税额。纳税人取得海关缴款书后，应借记"应交税金——待抵扣进项税额"明细科目，贷记相关科目；稽核比对相符以及核查后允许抵扣的，应借记"应交税金——应交增值税（进项税额）"专栏，贷记"应交税金——待抵扣进项税额"科目。经核查不得抵扣的进项税额，红字借记"应交税金——待抵扣进项税额"，红字贷记相关科目。

八、增值税纳税申报表及税务机关"一窗式"比对项目的调整

（一）自 2013 年 7 月 1 日起，纳税人已申请稽核但尚未取得稽核相符结果的海关缴

款书进项税额填入《增值税纳税申报表》(一般纳税人适用)附表二"待抵扣进项税额"中的"海关进口增值税专用缴款书"栏。

(二)自2013年8月1日起,海关缴款书"一窗式"比对项目调整为:核对《增值税纳税申报表》(一般纳税人适用)附表二第5栏税额是否等于或小于稽核系统比对相符和核查后允许抵扣的海关缴款书税额。

九、本公告自2013年7月1日起施行,《国家税务总局关于加强海关进口增值税专用缴款书和废旧物资发票管理有关问题的通知》(国税函〔2004〕128号)、《国家税务总局关于部分地区试行海关进口增值税专用缴款书"先比对后抵扣"管理办法的通知》(国税函〔2009〕83号)、《国家税务总局关于部分地区试行海关进口增值税专用缴款书"先比对后抵扣"管理办法有关问题的通知》(国税函〔2011〕196号)同时废止。

特此公告。

《海关进口增值税专用缴款书联网核查工作操作规程》(署税发〔2016〕186号)

第一章 总则

第一条 为规范海关进口增值税专用缴款书联网核查(以下简称"进口增值税联网核查")工作,特制定本规程。

第二条 本规程适用于依据《国家税务总局 海关总署关于实行海关进口增值税专用缴款书"先比对后抵扣"管理办法有关问题的公告》(国家税务总局海关总署公告2013年第31号)和《国家税务总局 海关总署关于实行海关进口增值税专用缴款书"先比对后抵扣"管理办法有关事项的通知》(税总发〔2013〕76号,以下简称《通知》)进行的进口增值税联网核查工作。

第三条 进口增值税联网核查工作应当严格按照《通知》规定,并利用"进口增值税联网核查系统"组织开展。

第二章 职责分工

第四条 直属海关关税部门是关区进口增值税联网核查工作的职能管理部门,负责监督、指导、协调本关区进口增值税联网核查工作。

第五条 直属海关财务部门负责按照有关规定对进口增值税及时核销,并对未核销入库的数据,协调相关部门及时查明原因后进行补核销。

第六条 直属海关技术部门负责对进口增值税联网核查系统的更新、技术故障处理工作。

第七条 现场海关负责按照本规程要求,开展海关进口增值税专用缴款书(以下简称"海关缴款书")相关信息的核查,并向税务机关回复核查结果。

第八条 本着方便税纳义务人操作的原则,各直属海关可以结合本关区实际,制定操作细则,采取集中到一个业务现场办理或由各业务现场分别办理的方式。

第三章　异常数据核查

第九条　现场海关经办科领导在海关综合业务管理平台收到税务机关发出的《海关缴款书委托核查函》（以下简称《核查函》，格式见附件1）后，转科内经办关员办理。经办关员对H2010系统海关缴款书入库电子数据的缴款书号码、缴款单位名称、填发日期、税款额等信息进行核查比对，并将核查结果于30日内通过海关综合业务管理平台，以《海关缴款书核查回复函》（以下简称《回复函》，格式见附件2）形式，转科领导审核同意后反馈税务机关。

第十条　对于《核查函》涉及多个现场海关的，现场海关仅需核查本单位开具的海关缴款书，并在《回复函》中注明办理情况及核查结果。

第十一条　税务机关发出的《核查函》填写不规范或其附件资料不能满足对海关缴款书的核查要求的，现场海关可在《回复函》中注明相关意见后反馈税务机关。

第四章　办理退税核查

第十二条　现场海关在办理企业申请退税时，需要税务机关协助核查进口增值税是否已抵扣的，现场海关经办关员应在海关综合业务管理平台制发《进口增值税抵扣信息委托核查函》（格式见附件3），并填写被核查纳税人识别号、海关缴款书号码、缴款单位名称、填发日期、税款额、联系人及联系方式等内容，经现场海关科领导审核同意后发送税务机关。

第十三条　需核查进口增值税抵扣情况的海关缴款书中"缴款单位名称"栏包含2家企业名称的，应根据纳税人识别号，在《进口增值税抵扣信息委托核查函》中分两行填写。

第十四条　因填写不规范等原因被税务机关退回的《进口增值税抵扣信息委托核查函》，现场海关经办关员在办结原核查函后补充有关数据，制发新的《进口增值税抵扣信息委托核查函》再次发送税务机关。

第十五条　现场海关经办科领导在海关综合业务管理平台收到《进口增值税抵扣信息核查回复函》（格式见附件4）后，转经办关员办理。经办关员根据税务机关回复信息办结。

第五章　附则

第十六条　直属海关关税部门应加强监督检查，定期通过海关综合业务管理平台对进口增值税联网核查工作相关数据进行监控、统计和分析。对于监控中发现重大税收风险的，应及时进行整改并报告总署（关税司）；发现执法风险、廉政风险的，移交相关部门处理。

第十七条　在进口增值税联网核查工作中，现场海关如发现已缴款未核销入库，应及时联系财务部门核查解决，并将有关情况抄报直属海关关税部门。

第十八条 在进口增值税联网核查工作中,现场海关发现系统故障无法使用的,应及时联系技术部门处理。

第十九条 进口增值税联网核查系统的人员授权工作,由各关海关综合业务管理平台系统管理员负责。

第二十条 税务机关发出的《核查函》涉及海关缴款书数据大幅增加且大部分为"缺联"情况的,现场海关应及时将情况上报直属海关关税部门,直属海关关税部门应联系财务部门、技术部门协助核查数据交换是否存在异常情况。

第二十一条 本规程由海关总署负责解释,自 2016 年 11 月 1 日起施行。

附件：1.《海关缴款书委托核查函》(略)

2.《海关缴款书核查回复函》(略)

3.《进口增值税抵扣信息委托核查函》(略)

4.《进口增值税抵扣信息核查回复函》(略)

【《增值税法》原文】

第十七条 销售额,是指纳税人发生应税交易取得的与之相关的价款,包括货币和非货币形式的经济利益对应的全部价款,不包括按照一般计税方法计算的销项税额和按照简易计税方法计算的应纳税额。

〖草案二次审议稿〗

第十六条 销售额,是指纳税人发生应税交易取得的与之相关的价款,包括货币和非货币形式的经济利益对应的价款,不包括按照一般计税方法计算的销项税额和按照简易计税方法计算的应纳税额。国务院对特殊情况下差额计算销售额另有规定的,从其规定。

【条文释义】

本条规定了销售额的计算。

销售额是计算增值税进项税额和销项税额的依据,是指纳税人发生应税交易取得的与之相关的价款。销售额包括货币和非货币形式的经济利益对应的全部价款,也就是说销售额的形式包括货币和非货币两种。纳税人取得的一切经济利益都应当计入销售额。

销售额不包括按照一般计税方法计算的销项税额和按照简易计税方法计算的应纳税额。因为增值税是价外税,作为增值税计税依据的销售额自然不能包含增值税本身。实务中,纳税人取得的价款属于价税合计金额,其中既有销售额,也有增值税税额。只有增值税专用发票上记载的"金额"才是销售额。

【法律法规与政策指引】

《中华人民共和国增值税暂行条例》（2017年修订）

第六条 销售额为纳税人发生应税销售行为收取的全部价款和价外费用，但是不包括收取的销项税额。

销售额以人民币计算。纳税人以人民币以外的货币结算销售额的，应当折合成人民币计算。

第九条 纳税人购进货物、劳务、服务、无形资产、不动产，取得的增值税扣税凭证不符合法律、行政法规或者国务院税务主管部门有关规定的，其进项税额不得从销项税额中抵扣。

《中华人民共和国增值税暂行条例实施细则》（2011年修订）

第十二条 条例第六条第一款所称价外费用，包括价外向购买方收取的手续费、补贴、基金、集资费、返还利润、奖励费、违约金、滞纳金、延期付款利息、赔偿金、代收款项、代垫款项、包装费、包装物租金、储备费、优质费、运输装卸费以及其他各种性质的价外收费。但下列项目不包括在内：

（一）受托加工应征消费税的消费品所代收代缴的消费税；

（二）同时符合以下条件的代垫运输费用：

1.承运部门的运输费用发票开具给购买方的；

2.纳税人将该项发票转交给购买方的。

（三）同时符合以下条件代为收取的政府性基金或者行政事业性收费：

1.由国务院或者财政部批准设立的政府性基金，由国务院或者省级人民政府及其财政、价格主管部门批准设立的行政事业性收费；

2.收取时开具省级以上财政部门印制的财政票据；

3.所收款项全额上缴财政。

（四）销售货物的同时代办保险等而向购买方收取的保险费，以及向购买方收取的代购买方缴纳的车辆购置税、车辆牌照费。

第十九条 条例第九条所称增值税扣税凭证，是指增值税专用发票、海关进口增值税专用缴款书、农产品收购发票和农产品销售发票以及运输费用结算单据。

《营业税改征增值税试点实施办法》（财税〔2016〕36号附件1）

第三十七条 销售额，是指纳税人发生应税行为取得的全部价款和价外费用，财政部和国家税务总局另有规定的除外。

价外费用，是指价外收取的各种性质的收费，但不包括以下项目：

（一）代为收取并符合本办法第十条规定的政府性基金或者行政事业性收费。

（二）以委托方名义开具发票代委托方收取的款项。

第四十三条 纳税人发生应税行为，将价款和折扣额在同一张发票上分别注明的，以折扣后的价款为销售额；未在同一张发票上分别注明的，以价款为销售额，不得扣减折扣额。

《营业税改征增值税试点有关事项的规定》（财税〔2016〕36号附件2）

一、营改增试点期间，试点纳税人［指按照《营业税改征增值税试点实施办法》（以下称《试点实施办法》）缴纳增值税的纳税人］有关政策

……

（三）销售额。

1. 贷款服务，以提供贷款服务取得的全部利息及利息性质的收入为销售额。

2. 直接收费金融服务，以提供直接收费金融服务收取的手续费、佣金、酬金、管理费、服务费、经手费、开户费、过户费、结算费、转托管费等各类费用为销售额。

3. 金融商品转让，按照卖出价扣除买入价后的余额为销售额。

转让金融商品出现的正负差，按盈亏相抵后的余额为销售额。若相抵后出现负差，可结转下一纳税期与下期转让金融商品销售额相抵，但年末时仍出现负差的，不得转入下一个会计年度。

金融商品的买入价，可以选择按照加权平均法或者移动加权平均法进行核算，选择后36个月内不得变更。

金融商品转让，不得开具增值税专用发票。

4. 经纪代理服务，以取得的全部价款和价外费用，扣除向委托方收取并代为支付的政府性基金或者行政事业性收费后的余额为销售额。向委托方收取的政府性基金或者行政事业性收费，不得开具增值税专用发票。

5. 融资租赁和融资性售后回租业务。

（1）经人民银行、银监会或者商务部批准从事融资租赁业务的试点纳税人，提供融资租赁服务，以取得的全部价款和价外费用，扣除支付的借款利息（包括外汇借款和人民币借款利息）、发行债券利息和车辆购置税后的余额为销售额。

（2）经人民银行、银监会或者商务部批准从事融资租赁业务的试点纳税人，提供融资性售后回租服务，以取得的全部价款和价外费用（不含本金），扣除对外支付的借款利息（包括外汇借款和人民币借款利息）、发行债券利息后的余额作为销售额。

（3）试点纳税人根据2016年4月30日前签订的有形动产融资性售后回租合同，在合同到期前提供的有形动产融资性售后回租服务，可继续按照有形动产融资租赁服务缴纳增值税。

继续按照有形动产融资租赁服务缴纳增值税的试点纳税人，经人民银行、银监会或者商务部批准从事融资租赁业务的，根据2016年4月30日前签订的有形动产融资性售

后回租合同,在合同到期前提供的有形动产融资性售后回租服务,可以选择以下方法之一计算销售额:

①以向承租方收取的全部价款和价外费用,扣除向承租方收取的价款本金,以及对外支付的借款利息(包括外汇借款和人民币借款利息)、发行债券利息后的余额为销售额。

纳税人提供有形动产融资性售后回租服务,计算当期销售额时可以扣除的价款本金,为书面合同约定的当期应当收取的本金。无书面合同或者书面合同没有约定的,为当期实际收取的本金。

试点纳税人提供有形动产融资性售后回租服务,向承租方收取的有形动产价款本金,不得开具增值税专用发票,可以开具普通发票。

②以向承租方收取的全部价款和价外费用,扣除支付的借款利息(包括外汇借款和人民币借款利息)、发行债券利息后的余额为销售额。

(4)经商务部授权的省级商务主管部门和国家经济技术开发区批准的从事融资租赁业务的试点纳税人,2016年5月1日后实收资本达到1.7亿元的,从达到标准的当月起按照上述第(1)、(2)、(3)点规定执行;2016年5月1日后实收资本未达到1.7亿元但注册资本达到1.7亿元的,在2016年7月31日前仍可按照上述第(1)、(2)、(3)点规定执行,2016年8月1日后开展的融资租赁业务和融资性售后回租业务不得按照上述第(1)、(2)、(3)点规定执行。

6. 航空运输企业的销售额,不包括代收的机场建设费和代售其他航空运输企业客票而代收转付的价款。

7. 试点纳税人中的一般纳税人(以下称一般纳税人)提供客运场站服务,以其取得的全部价款和价外费用,扣除支付给承运方运费后的余额为销售额。

8. 试点纳税人提供旅游服务,可以选择以取得的全部价款和价外费用,扣除向旅游服务购买方收取并支付给其他单位或者个人的住宿费、餐饮费、交通费、签证费、门票费和支付给其他接团旅游企业的旅游费用后的余额为销售额。

选择上述办法计算销售额的试点纳税人,向旅游服务购买方收取并支付的上述费用,不得开具增值税专用发票,可以开具普通发票。

9. 试点纳税人提供建筑服务适用简易计税方法的,以取得的全部价款和价外费用扣除支付的分包款后的余额为销售额。

10. 房地产开发企业中的一般纳税人销售其开发的房地产项目(选择简易计税方法的房地产老项目除外),以取得的全部价款和价外费用,扣除受让土地时向政府部门支付的土地价款后的余额为销售额。

房地产老项目,是指《建筑工程施工许可证》注明的合同开工日期在2016年4月

30日前的房地产项目。

11. 试点纳税人按照上述4—10款的规定从全部价款和价外费用中扣除的价款,应当取得符合法律、行政法规和国家税务总局规定的有效凭证。否则,不得扣除。

上述凭证是指:

(1) 支付给境内单位或者个人的款项,以发票为合法有效凭证。

(2) 支付给境外单位或者个人的款项,以该单位或者个人的签收单据为合法有效凭证,税务机关对签收单据有疑义的,可以要求其提供境外公证机构的确认证明。

(3) 缴纳的税款,以完税凭证为合法有效凭证。

(4) 扣除的政府性基金、行政事业性收费或者向政府支付的土地价款,以省级以上(含省级)财政部门监(印)制的财政票据为合法有效凭证。

(5) 国家税务总局规定的其他凭证。

纳税人取得的上述凭证属于增值税扣税凭证的,其进项税额不得从销项税额中抵扣。

《增值税若干具体问题的规定》(1993年12月28日国税发〔1993〕154号公布)

二、计税依据

(一) 纳税人为销售货物而出租出借包装物收取的押金,单独记账核算的,不并入销售额征税。但对因逾期未收回包装物不再退还的押金,应按所包装货物的适用税率征收增值税。

(二) 纳税人采取折扣方式销售货物,如果销售额和折扣额在同一张发票上分别注明的,可按折扣后的销售额征收增值税;如果将折扣额另开发票,不论其在财务上如何处理,均不得从销售额中减除折扣额。

(三) 纳税人采取以旧换新方式销售货物,应按新货物的同期销售价格确定销售额。

纳税人采取还本销售方式销售货物,不得从销售额中减除还本支出。

(四) 纳税人因销售价格明显偏低或无销售价格等原因,按规定需组成计税价格确定销售额的,其组价公式中的成本利润率为10%。但属于应从价定率征收消费税的货物,其组价公式中的成本利润率,为《消费税若干具体问题的规定》中规定的成本利润率。

《国家税务总局关于折扣额抵减增值税应税销售额问题通知》(国税函〔2010〕56号)

各省、自治区、直辖市和计划单列市国家税务局:

近有部分地区反映,纳税人采取折扣方式销售货物,虽在同一发票上注明了销售额和折扣额,却将折扣额填写在发票的备注栏,是否允许抵减销售额的问题。经研究,现将有关问题进一步明确如下:

《国家税务总局关于印发〈增值税若干具体问题的规定〉的通知》(国税发〔1993〕

154号)第二条第(二)项规定:"纳税人采取折扣方式销售货物,如果销售额和折扣额在同一张发票上分别注明的,可按折扣后的销售额征收增值税"。纳税人采取折扣方式销售货物,销售额和折扣额在同一张发票上分别注明是指销售额和折扣额在同一张发票上的"金额"栏分别注明的,可按折扣后的销售额征收增值税。未在同一张发票"金额"栏注明折扣额,而仅在发票的"备注"栏注明折扣额的,折扣额不得从销售额中减除。

《国家税务总局关于直销企业增值税销售额确定有关问题的公告》(国家税务总局公告2013年第5号)

根据《中华人民共和国增值税暂行条例》及其实施细则规定,现将直销企业采取直销方式销售货物增值税销售额确定有关问题公告如下:

一、直销企业先将货物销售给直销员,直销员再将货物销售给消费者的,直销企业的销售额为其向直销员收取的全部价款和价外费用。直销员将货物销售给消费者时,应按照现行规定缴纳增值税。

二、直销企业通过直销员向消费者销售货物,直接向消费者收取货款,直销企业的销售额为其向消费者收取的全部价款和价外费用。

本公告自2013年3月1日起施行。此前已发生但尚未处理的事项可按本公告规定执行。

特此公告。

《国家税务总局关于纳税人转让不动产缴纳增值税差额扣除有关问题的公告》(国家税务总局公告2016年第73号)

现将纳税人转让不动产缴纳增值税差额扣除有关问题公告如下:

一、纳税人转让不动产,按照有关规定差额缴纳增值税的,如因丢失等原因无法提供取得不动产时的发票,可向税务机关提供其他能证明契税计税金额的完税凭证等资料,进行差额扣除。

二、纳税人以契税计税金额进行差额扣除的,按照下列公式计算增值税应纳税额:

(一)2016年4月30日及以前缴纳契税的

增值税应纳税额 = [全部交易价格(含增值税) − 契税计税金额(含营业税)] ÷ (1+5%) × 5%

(二)2016年5月1日及以后缴纳契税的

增值税应纳税额 = [全部交易价格(含增值税) ÷ (1+5%) − 契税计税金额(不含增值税)] × 5%

三、纳税人同时保留取得不动产时的发票和其他能证明契税计税金额的完税凭证等资料的,应当凭发票进行差额扣除。

本公告自发布之日起施行。此前已发生未处理的事项，按照本公告的规定执行。

特此公告。

《财政部　税务总局关于租入固定资产进项税额抵扣等增值税政策的通知》（财税〔2017〕90号）

三、自2018年1月1日起，航空运输销售代理企业提供境外航段机票代理服务，以取得的全部价款和价外费用，扣除向客户收取并支付给其他单位或者个人的境外航段机票结算款和相关费用后的余额为销售额。其中，支付给境内单位或者个人的款项，以发票或行程单为合法有效凭证；支付给境外单位或者个人的款项，以签收单据为合法有效凭证，税务机关对签收单据有疑义的，可以要求其提供境外公证机构的确认证明。

航空运输销售代理企业，是指根据《航空运输销售代理资质认可办法》取得中国航空运输协会颁发的"航空运输销售代理业务资质认可证书"，接受中国航空运输企业或通航中国的外国航空运输企业委托，依照双方签订的委托销售代理合同提供代理服务的企业。

五、根据《财政部　税务总局关于资管产品增值税有关问题的通知》（财税〔2017〕56号）有关规定，自2018年1月1日起，资管产品管理人运营资管产品提供的贷款服务、发生的部分金融商品转让业务，按照以下规定确定销售额：

（一）提供贷款服务，以2018年1月1日起产生的利息及利息性质的收入为销售额；

（二）转让2017年12月31日前取得的股票（不包括限售股）、债券、基金、非货物期货，可以选择按照实际买入价计算销售额，或者以2017年最后一个交易日的股票收盘价（2017年最后一个交易日处于停牌期间的股票，为停牌前最后一个交易日收盘价）、债券估值（中债金融估值中心有限公司或中证指数有限公司提供的债券估值）、基金份额净值、非货物期货结算价格作为买入价计算销售额。

《财政部　税务总局关于继续实施银行业金融机构、金融资产管理公司不良债权以物抵债有关税收政策的公告》（财政部　税务总局公告2023年第35号）

为继续支持银行业金融机构、金融资产管理公司处置不良债权，有效防范金融风险，现将有关税收政策公告如下：

一、银行业金融机构、金融资产管理公司中的增值税一般纳税人处置抵债不动产，可选择以取得的全部价款和价外费用扣除取得该抵债不动产时的作价为销售额，适用9%税率计算缴纳增值税。

按照上述规定从全部价款和价外费用中扣除抵债不动产的作价，应当取得人民法院、仲裁机构生效的法律文书。

选择上述办法计算销售额的银行业金融机构、金融资产管理公司，接收抵债不动产取得增值税专用发票的，其进项税额不得从销项税额中抵扣；处置抵债不动产时，抵债不动产作价的部分不得向购买方开具增值税专用发票。

根据《财政部 税务总局关于银行业金融机构、金融资产管理公司不良债权以物抵债有关税收政策的公告》（财政部 税务总局公告2022年第31号）有关规定计算增值税销售额的，按照上述规定执行。

……

五、本公告所称抵债不动产、抵债资产，是指经人民法院判决裁定或仲裁机构仲裁的抵债不动产、抵债资产。其中，金融资产管理公司的抵债不动产、抵债资产，限于其承接银行业金融机构不良债权涉及的抵债不动产、抵债资产。

六、本公告所称银行业金融机构，是指在中华人民共和国境内设立的商业银行、农村合作银行、农村信用社、村镇银行、农村资金互助社以及政策性银行；所称金融资产管理公司，是指持有国务院银行业监督管理机构及其派出机构颁发的《金融许可证》的资产管理公司。

七、本公告执行期限为2023年8月1日至2027年12月31日。本公告发布之前已征收入库的按照上述规定应予减免的税款，可抵减纳税人以后月份应缴纳的税款或办理税款退库。已向处置不动产的购买方全额开具增值税专用发票的，将上述增值税专用发票追回后方可适用本公告第一条的规定。

特此公告。

【《增值税法》原文】

第十八条　销售额以人民币计算。纳税人以人民币以外的货币结算销售额的，应当折合成人民币计算。

〖草案二次审议稿〗

第十七条　销售额以人民币计算。纳税人以人民币以外的货币结算销售额的，应当折合成人民币计算。

【条文释义】

本条规定了计算销售额的货币单位。

人民币是我国的法定货币，因此，销售额以人民币计算。对于从事外贸的企业而言，其有权以人民币以外的货币结算销售额，此时应当按照一定的方法折合成人民币计算。其销售额的人民币折合率可以选择销售额发生的当天或者当月1日的人民币汇率中间价。纳税人应在事先确定采用何种折合率，确定后1年内不得变更。

【法律法规与政策指引】

《中华人民共和国增值税暂行条例》（2017年修订）

第六条　销售额为纳税人发生应税销售行为收取的全部价款和价外费用，但是不包括收取的销项税额。

销售额以人民币计算。纳税人以人民币以外的货币结算销售额的，应当折合成人民币计算。

《中华人民共和国增值税暂行条例实施细则》（2011年修订）

第十五条　纳税人按人民币以外的货币结算销售额的，其销售额的人民币折合率可以选择销售额发生的当天或者当月1日的人民币汇率中间价。纳税人应在事先确定采用何种折合率，确定后1年内不得变更。

《营业税改征增值税试点实施办法》（财税〔2016〕36号附件1）

第三十八条　销售额以人民币计算。

纳税人按照人民币以外的货币结算销售额的，应当折合成人民币计算，折合率可以选择销售额发生的当天或者当月1日的人民币汇率中间价。纳税人应当在事先确定采用何种折合率，确定后12个月内不得变更。

《中华人民共和国中国人民银行法》（2003年修正）

第十六条　中华人民共和国的法定货币是人民币。以人民币支付中华人民共和国境内的一切公共的和私人的债务，任何单位和个人不得拒收。

第十七条　人民币的单位为元，人民币辅币单位为角、分。

第十八条　人民币由中国人民银行统一印制、发行。

中国人民银行发行新版人民币，应当将发行时间、面额、图案、式样、规格予以公告。

第十九条　禁止伪造、变造人民币。禁止出售、购买伪造、变造的人民币。禁止运输、持有、使用伪造、变造的人民币。禁止故意毁损人民币。禁止在宣传品、出版物或者其他商品上非法使用人民币图样。

第二十条　任何单位和个人不得印制、发售代币票券，以代替人民币在市场上流通。

第二十一条　残缺、污损的人民币，按照中国人民银行的规定兑换，并由中国人民银行负责收回、销毁。

第二十二条　中国人民银行设立人民币发行库，在其分支机构设立分支库。分支库调拨人民币发行基金，应当按照上级库的调拨命令办理。任何单位和个人不得违反规定，动用发行基金。

《中华人民共和国人民币管理条例》（2018年修订）

第一章　总则

第一条　为了加强对人民币的管理，维护人民币的信誉，稳定金融秩序，根据《中华人民共和国中国人民银行法》，制定本条例。

第二条　本条例所称人民币，是指中国人民银行依法发行的货币，包括纸币和硬币。

从事人民币的设计、印制、发行、流通和回收等活动,应当遵守本条例。

第三条 中华人民共和国的法定货币是人民币。以人民币支付中华人民共和国境内的一切公共的和私人的债务,任何单位和个人不得拒收。

第四条 人民币的单位为元,人民币辅币单位为角、分。1元等于10角,1角等于10分。

人民币依其面额支付。

第五条 中国人民银行是国家管理人民币的主管机关,负责本条例的组织实施。

第六条 任何单位和个人都应当爱护人民币。禁止损害人民币和妨碍人民币流通。

第二章 设计和印制

第七条 新版人民币由中国人民银行组织设计,报国务院批准。

第八条 人民币由中国人民银行指定的专门企业印制。

第九条 印制人民币的企业应当按照中国人民银行制定的人民币质量标准和印制计划印制人民币。

第十条 印制人民币的企业应当将合格的人民币产品全部解缴中国人民银行人民币发行库,将不合格的人民币产品按照中国人民银行的规定全部销毁。

第十一条 印制人民币的原版、原模使用完毕后,由中国人民银行封存。

第十二条 印制人民币的特殊材料、技术、工艺、专用设备等重要事项属于国家秘密。印制人民币的企业和有关人员应当保守国家秘密;未经中国人民银行批准,任何单位和个人不得对外提供。

第十三条 除中国人民银行指定的印制人民币的企业外,任何单位和个人不得研制、仿制、引进、销售、购买和使用印制人民币所特有的防伪材料、防伪技术、防伪工艺和专用设备。有关管理办法由中国人民银行另行制定。

第十四条 人民币样币是检验人民币印制质量和鉴别人民币真伪的标准样本,由印制人民币的企业按照中国人民银行的规定印制。人民币样币上应当加印"样币"字样。

第三章 发行和回收

第十五条 人民币由中国人民银行统一发行。

第十六条 中国人民银行发行新版人民币,应当报国务院批准。

中国人民银行应当将新版人民币的发行时间、面额、图案、式样、规格、主色调、主要特征等予以公告。

中国人民银行不得在新版人民币发行公告发布前将新版人民币支付给金融机构。

第十七条 因防伪或者其他原因,需要改变人民币的印制材料、技术或者工艺的,由中国人民银行决定。

中国人民银行应当将改版后的人民币的发行时间、面额、主要特征等予以公告。

中国人民银行不得在改版人民币发行公告发布前将改版人民币支付给金融机构。

第十八条　中国人民银行可以根据需要发行纪念币。

纪念币是具有特定主题的限量发行的人民币，包括普通纪念币和贵金属纪念币。

第十九条　纪念币的主题、面额、图案、材质、式样、规格、发行数量、发行时间等由中国人民银行确定；但是，纪念币的主题涉及重大政治、历史题材的，应当报国务院批准。

中国人民银行应当将纪念币的主题、面额、图案、材质、式样、规格、发行数量、发行时间等予以公告。

中国人民银行不得在纪念币发行公告发布前将纪念币支付给金融机构。

第二十条　中国人民银行设立人民币发行库，在其分支机构设立分支库，负责保管人民币发行基金。各级人民币发行库主任由同级中国人民银行行长担任。

人民币发行基金是中国人民银行人民币发行库保存的未进入流通的人民币。

人民币发行基金的调拨，应当按照中国人民银行的规定办理。任何单位和个人不得违反规定动用人民币发行基金，不得干扰、阻碍人民币发行基金的调拨。

第二十一条　特定版别的人民币的停止流通，应当报国务院批准，并由中国人民银行公告。

办理人民币存取款业务的金融机构应当按照中国人民银行的规定，收兑停止流通的人民币，并将其交存当地中国人民银行。

中国人民银行不得将停止流通的人民币支付给金融机构，金融机构不得将停止流通的人民币对外支付。

第二十二条　办理人民币存取款业务的金融机构应当按照中国人民银行的规定，无偿为公众兑换残缺、污损的人民币，挑剔残缺、污损的人民币，并将其交存当地中国人民银行。

中国人民银行不得将残缺、污损的人民币支付给金融机构，金融机构不得将残缺、污损的人民币对外支付。

第二十三条　停止流通的人民币和残缺、污损的人民币，由中国人民银行负责回收、销毁。具体办法由中国人民银行制定。

第四章　流通和保护

第二十四条　办理人民币存取款业务的金融机构应当根据合理需要的原则，办理人民币券别调剂业务。

第二十五条　禁止非法买卖流通人民币。

纪念币的买卖，应当遵守中国人民银行的有关规定。

第二十六条　禁止下列损害人民币的行为：

（一）故意毁损人民币；

（二）制作、仿制、买卖人民币图样；

（三）未经中国人民银行批准，在宣传品、出版物或者其他商品上使用人民币图样；

（四）中国人民银行规定的其他损害人民币的行为。

前款人民币图样包括放大、缩小和同样大小的人民币图样。

第二十七条 人民币样币禁止流通。

人民币样币的管理办法，由中国人民银行制定。

第二十八条 任何单位和个人不得印制、发售代币票券，以代替人民币在市场上流通。

第二十九条 中国公民出入境、外国人入出境携带人民币实行限额管理制度，具体限额由中国人民银行规定。

第三十条 禁止伪造、变造人民币。禁止出售、购买伪造、变造的人民币。禁止走私、运输、持有、使用伪造、变造的人民币。

第三十一条 单位和个人持有伪造、变造的人民币的，应当及时上交中国人民银行、公安机关或者办理人民币存取款业务的金融机构；发现他人持有伪造、变造的人民币的，应当立即向公安机关报告。

第三十二条 中国人民银行、公安机关发现伪造、变造的人民币，应当予以没收，加盖"假币"字样的戳记，并登记造册；持有人对公安机关没收的人民币的真伪有异议的，可以向中国人民银行申请鉴定。

公安机关应当将没收的伪造、变造的人民币解缴当地中国人民银行。

第三十三条 办理人民币存取款业务的金融机构发现伪造、变造的人民币，数量较多、有新版的伪造人民币或者有其他制造贩卖伪造、变造的人民币线索的，应当立即报告公安机关；数量较少的，由该金融机构两名以上工作人员当面予以收缴，加盖"假币"字样的戳记，登记造册，向持有人出具中国人民银行统一印制的收缴凭证，并告知持有人可以向中国人民银行或者向中国人民银行授权的国有独资商业银行的业务机构申请鉴定。对伪造、变造的人民币收缴及鉴定的具体办法，由中国人民银行制定。

办理人民币存取款业务的金融机构应当将收缴的伪造、变造的人民币解缴当地中国人民银行。

第三十四条 中国人民银行和中国人民银行授权的国有独资商业银行的业务机构应当无偿提供鉴定人民币真伪的服务。

对盖有"假币"字样戳记的人民币，经鉴定为真币的，由中国人民银行或者中国人民银行授权的国有独资商业银行的业务机构按照面额予以兑换；经鉴定为假币的，由中国人民银行或者中国人民银行授权的国有独资商业银行的业务机构予以没收。

中国人民银行授权的国有独资商业银行的业务机构应当将没收的伪造、变造的人民币解缴当地中国人民银行。

第三十五条 办理人民币存取款业务的金融机构应当采取有效措施，防止以伪造、变造的人民币对外支付。

办理人民币存取款业务的金融机构应当在营业场所无偿提供鉴别人民币真伪的服务。

第三十六条 伪造、变造的人民币由中国人民银行统一销毁。

第三十七条 人民币反假鉴别仪应当按照国家规定标准生产。

人民币反假鉴别仪国家标准，由中国人民银行会同有关部门制定，并协助组织实施。

第三十八条 人民币有下列情形之一的，不得流通：

（一）不能兑换的残缺、污损的人民币；

（二）停止流通的人民币。

第五章　罚则

第三十九条 印制人民币的企业和有关人员有下列情形之一的，由中国人民银行给予警告，没收违法所得，并处违法所得1倍以上3倍以下的罚款，没有违法所得的，处1万元以上10万元以下的罚款；对直接负责的主管人员和其他直接责任人员，依法给予纪律处分：

（一）未按照中国人民银行制定的人民币质量标准和印制计划印制人民币的；

（二）未将合格的人民币产品全部解缴中国人民银行人民币发行库的；

（三）未按照中国人民银行的规定将不合格的人民币产品全部销毁的；

（四）未经中国人民银行批准，擅自对外提供印制人民币的特殊材料、技术、工艺或者专用设备等国家秘密的。

第四十条 违反本条例第十三条规定的，由工商行政管理机关和其他有关行政执法机关给予警告，没收违法所得和非法财物，并处违法所得1倍以上3倍以下的罚款；没有违法所得的，处2万元以上20万元以下的罚款。

第四十一条 办理人民币存取款业务的金融机构违反本条例第二十一条第二款、第三款和第二十二条规定的，由中国人民银行给予警告，并处1 000元以上5 000元以下的罚款；对直接负责的主管人员和其他直接责任人员，依法给予纪律处分。

第四十二条 故意毁损人民币的，由公安机关给予警告，并处1万元以下的罚款。

第四十三条 违反本条例第二十五条、第二十六条第一款第二项和第四项规定的，由工商行政管理机关和其他有关行政执法机关给予警告，没收违法所得和非法财物，并处违法所得1倍以上3倍以下的罚款；没有违法所得的，处1 000元以上5万元以下的罚款。

工商行政管理机关和其他有关行政执法机关应当销毁非法使用的人民币图样。

第四十四条 办理人民币存取款业务的金融机构、中国人民银行授权的国有独资商业银行的业务机构违反本条例第三十三条、第三十四条和第三十五条规定的，由中国人民银行给予警告，并处1 000元以上5万元以下的罚款；对直接负责的主管人员和其他直接责任人员，依法给予纪律处分。

第四十五条 中国人民银行、公安机关、工商行政管理机关及其工作人员违反本条例有关规定的，对直接负责的主管人员和其他直接责任人员，依法给予行政处分。

第四十六条 违反本条例第二十条第三款、第二十六条第一款第三项、第二十八条和第三十条规定的，依照《中华人民共和国中国人民银行法》的有关规定予以处罚；其中，违反本条例第三十条规定，构成犯罪的，依法追究刑事责任。

第六章　附　则

第四十七条 本条例自2000年5月1日起施行。

【《增值税法》原文】

第十九条 发生本法第五条规定的视同应税交易以及销售额为非货币形式的，纳税人应当按照市场价格确定销售额。

〖草案二次审议稿〗

第十八条 发生本法第四条规定的视同应税交易以及销售额为非货币形式的，纳税人应当按照市场价格确定销售额。

【条文释义】

本条规定了视同应税交易及销售额为非货币形式情形下，销售额的确定。

纳税人发生《增值税法》第五条规定的视同应税交易时，没有实际支付价款，纳税人取得的销售额为非货币形式时，也无法直接表明自身金额，此时，纳税人应当按照视同应税交易及取得的非货币对价的市场价格确定销售额。

【法律法规与政策指引】

《中华人民共和国增值税暂行条例实施细则》（2011年修订）

第十六条 纳税人有条例第七条所称价格明显偏低并无正当理由或者有本细则第四条所列视同销售货物行为而无销售额者，按下列顺序确定销售额：

（一）按纳税人最近时期同类货物的平均销售价格确定；

（二）按其他纳税人最近时期同类货物的平均销售价格确定；

（三）按组成计税价格确定。组成计税价格的公式为：

$$组成计税价格 = 成本 \times (1 + 成本利润率)$$

属于应征消费税的货物，其组成计税价格中应加计消费税额。

公式中的成本是指：销售自产货物的为实际生产成本，销售外购货物的为实际采购成本。公式中的成本利润率由国家税务总局确定。

【《增值税法》原文】

第二十条 销售额明显偏低或者偏高且无正当理由的，税务机关可以依照《中华人民共和国税收征收管理法》和有关行政法规的规定核定销售额。

【草案二次审议稿】

第十九条 纳税人销售额明显偏低或者偏高且无正当理由的，税务机关可以依照《中华人民共和国税收征收管理法》和有关行政法规的规定核定其销售额。

【条文释义】

本条规定了税务机关核定销售额的权力。

税务机关征收税款，原则上以纳税人实际发生并通过发票、账簿等展示的金额为准，以防止纳税人偷逃税款。如果纳税人的销售额明显偏低或者明显偏高且无正当理由，税务机关有权核定纳税人的销售额。这里的"正当理由"是指在市场经济环境下通常会影响商品价格的因素，如产品临近保质期可以低价促销，产品有特殊品质可以提高售价。

税务机关在核定销售额时，也应尽量遵循商品的市场价格。税务机关应按下列顺序确定销售额：①按纳税人最近时期同类货物的平均销售价格确定；②按其他纳税人最近时期同类货物的平均销售价格确定；③按组成计税价格确定。组成计税价格的公式为：组成计税价格 = 成本 × （1+ 成本利润率）。属于应征消费税的货物，其组成计税价格中应加计消费税额。公式中的成本是指：销售自产货物的为实际生产成本，销售外购货物的为实际采购成本。公式中的成本利润率由国家税务总局确定。

【法律法规与政策指引】

《中华人民共和国税收征收管理法》（2015 年修正）

第三十五条 纳税人有下列情形之一的，税务机关有权核定其应纳税额：

（一）依照法律、行政法规的规定可以不设置账簿的；

（二）依照法律、行政法规的规定应当设置账簿但未设置的；

（三）擅自销毁账簿或者拒不提供纳税资料的；

（四）虽设置账簿，但账目混乱或者成本资料、收入凭证、费用凭证残缺不全，难以查账的；

（五）发生纳税义务，未按照规定的期限办理纳税申报，经税务机关责令限期申报，逾期仍不申报的；

（六）纳税人申报的计税依据明显偏低，又无正当理由的。

税务机关核定应纳税额的具体程序和方法由国务院税务主管部门规定。

第三十六条 企业或者外国企业在中国境内设立的从事生产、经营的机构、场所与其关联企业之间的业务往来，应当按照独立企业之间的业务往来收取或者支付价款、费用；不按照独立企业之间的业务往来收取或者支付价款、费用，而减少其应纳税的收入或者所得额的，税务机关有权进行合理调整。

《中华人民共和国增值税暂行条例》（2017年修订）

第七条　纳税人发生应税销售行为的价格明显偏低并无正当理由的，由主管税务机关核定其销售额。

《中华人民共和国税收征收管理法实施细则》（2016年修订）

第四十七条　纳税人有税收征管法第三十五条或者第三十七条所列情形之一的，税务机关有权采用下列任何一种方法核定其应纳税额：

（一）参照当地同类行业或者类似行业中经营规模和收入水平相近的纳税人的税负水平核定；

（二）按照营业收入或者成本加合理的费用和利润的方法核定；

（三）按照耗用的原材料、燃料、动力等推算或者测算核定；

（四）按照其他合理方法核定。

采用前款所列一种方法不足以正确核定应纳税额时，可以同时采用两种以上的方法核定。

纳税人对税务机关采取本条规定的方法核定的应纳税额有异议的，应当提供相关证据，经税务机关认定后，调整应纳税额。

《中华人民共和国增值税暂行条例实施细则》（2011年修订）

第十六条　纳税人有条例第七条所称价格明显偏低并无正当理由或者有本细则第四条所列视同销售货物行为而无销售额者，按下列顺序确定销售额：

（一）按纳税人最近时期同类货物的平均销售价格确定；

（二）按其他纳税人最近时期同类货物的平均销售价格确定；

（三）按组成计税价格确定。组成计税价格的公式为：

$$组成计税价格 = 成本 \times (1 + 成本利润率)$$

属于应征消费税的货物，其组成计税价格中应加计消费税额。

公式中的成本是指：销售自产货物的为实际生产成本，销售外购货物的为实际采购成本。公式中的成本利润率由国家税务总局确定。

《营业税改征增值税试点实施办法》（财税〔2016〕36号附件1）

第四十四条　纳税人发生应税行为价格明显偏低或者偏高且不具有合理商业目的的，或者发生本办法第十四条所列行为而无销售额的，主管税务机关有权按照下列顺序确定销售额：

（一）按照纳税人最近时期销售同类服务、无形资产或者不动产的平均价格确定。

（二）按照其他纳税人最近时期销售同类服务、无形资产或者不动产的平均价格确定。

（三）按照组成计税价格确定。组成计税价格的公式为：

$$组成计税价格 = 成本 \times (1+ 成本利润率)$$

成本利润率由国家税务总局确定。

不具有合理商业目的，是指以谋取税收利益为主要目的，通过人为安排，减少、免除、推迟缴纳增值税税款，或者增加退还增值税税款。

【《增值税法》原文】

第二十一条 当期进项税额大于当期销项税额的部分，纳税人可以按照国务院的规定选择结转下期继续抵扣或者申请退还。

〖草案二次审议稿〗

第二十条 当期进项税额大于当期销项税额的部分，纳税人可以选择结转下期继续抵扣或者申请退还。具体办法由国务院规定。

【条文释义】

本条规定了进项税额留抵的处理。

增值税的一般计税方法采取销项税额减去进项税额的方法，在特定的时期内，如果纳税人的销售额比较小，而购进货物比较多，就可能出现进项税额大于销项税额的情形。此时，纳税人有两种方法可供选择，一是多余的部分结转下期继续抵扣，二是申请退还多余的部分。

我国自2019年4月1日起已经开始试行增值税期末留抵税额退税制度。为避免纳税人本期申请退还留抵税额，下期需要缴纳增值税的现象，纳税人申请增值税期末留抵税额退税需要具备一定的条件。主要条件就是纳税人在一定时期连续出现进项税额大于当期销项税额的情形，而且在短期内无法抵扣完该多余的部分，此时，增值税期末留抵税额退税制度就可以减轻纳税人的税收负担且不增加不必要的效率损失。

【法律法规与政策指引】

《国家税务总局关于增值税一般纳税人用进项留抵税额抵减增值税欠税问题的通知》（国税发〔2004〕112号）

各省、自治区、直辖市和计划单列市国家税务局：

为了加强增值税管理，及时追缴欠税，解决增值税一般纳税人（以下简称"纳税人"）既欠缴增值税，又有增值税留抵税额的问题，现将纳税人用进项留抵税额抵减增值税欠税的有关问题通知如下：

一、对纳税人因销项税额小于进项税额而产生期末留抵税额的，应以期末留抵税额抵减增值税欠税。

二、纳税人发生用进项留抵税额抵减增值税欠税时，按以下方法进行会计处理：

（一）增值税欠税税额大于期末留抵税额，按期末留抵税额红字借记"应交税金——应交增值税（进项税额）"科目，贷记"应交税金——未交增值税"科目。

（二）若增值税欠税税额小于期末留抵税额，按增值税欠税税额红字借记"应交税金——应交增值税（进项税额）"科目，贷记"应交税金——未交增值税"科目。

三、为了满足纳税人用留抵税额抵减增值税欠税的需要，将《增值税一般纳税人纳税申报办法》（国税发〔2003〕53号）《增值税纳税申报表》（主表）相关栏次的填报口径作如下调整：

（一）第13项"上期留抵税额"栏数据，为纳税人前一申报期的"期末留抵税额"减去抵减欠税额后的余额数，该数据应与"应交税金——应交增值税"明细科目借方月初余额一致。

（二）第25项"期初未缴税额（多缴为负数）"栏数据，为纳税人前一申报期的"期末未缴税额（多缴为负数）"减去抵减欠税额后的余额数。

《财政部 国家税务总局关于退还集成电路企业采购设备增值税期末留抵税额的通知》（财税〔2011〕107号）

北京、天津、内蒙古、大连、上海、江苏、安徽、厦门、湖北、深圳、重庆、广东省（自治区、直辖市、计划单列市）财政厅（局）、国家税务局，财政部驻北京、天津、内蒙古、大连、上海、江苏、安徽、厦门、湖北、深圳、重庆、广东省（自治区、直辖市、计划单列市）财政监察专员办事处：

为落实《国务院关于印发进一步鼓励软件产业和集成电路产业发展若干政策的通知》（国发〔2011〕4号）有关要求，解决集成电路重大项目企业采购设备引起的增值税进项税额占用资金问题，决定对其因购进设备形成的增值税期末留抵税额予以退还。现将有关事项通知如下：

一、对国家批准的集成电路重大项目企业（具体名单见附件）因购进设备形成的增值税期末留抵税额（以下称购进设备留抵税额）准予退还。购进的设备应属于《中华人民共和国增值税暂行条例实施细则》第二十一条第二款规定的固定资产范围。

二、准予退还的购进设备留抵税额的计算

企业当期购进设备进项税额大于当期增值税纳税申报表"期末留抵税额"的，当期准予退还的购进设备留抵税额为期末留抵税额；企业当期购进设备进项税额小于当期增值税纳税申报表"期末留抵税额"的，当期准予退还的购进设备留抵税额为当期购进设备进项税额。

当期购进设备进项税额，是指企业取得的按照现行规定允许在当期抵扣的增值税专用发票或海关进口增值税专用缴款书（限于2009年1月1日及以后开具的）上注明的增值税额。

三、退还购进设备留抵税额的申请和审批

(一)企业应于每月申报期结束后10个工作日内向主管税务机关申请退还购进设备留抵税额。

主管税务机关接到企业申请后,应审核企业提供的增值税专用发票或海关进口增值税专用缴款书是否符合现行政策规定,其注明的设备名称与企业实际购进的设备是否一致,申请退还的购进设备留抵税额是否正确。审核无误后,由县(区、市)级主管税务机关审批。

(二)企业收到退税款项的当月,应将退税额从增值税进项税额中转出。未转出的,按照《中华人民共和国税收征收管理法》有关规定承担相应法律责任。

(三)企业首次申请退还购进设备留抵税额时,可将2009年以来形成的购进设备留抵税额,按照上述规定一次性申请退还。

四、退还的购进设备留抵税额由中央和地方按照现行增值税分享比例共同负担。

五、本通知自2011年11月1日起执行。

附件:国家批准的集成电路重大项目企业名单(略)

《国家税务总局关于增值税进项留抵税额税收会计核算有关事项的通知》(税总函〔2013〕212号)

各省、自治区、直辖市和计划单列市国家税务局:

为加强增值税进项留抵税额的核算管理,根据《国家税务总局关于增值税一般纳税人用进项留抵税额抵减增值税欠税问题的通知》(国税发〔2004〕112号)、《财政部 国家税务总局关于退还集成电路企业采购设备增值税期末留抵税额的通知》(财税〔2011〕107号)等政策规定,现将增值税进项留抵税额会计核算的调整事项明确如下:

一、关于进项留抵税额辅助账的设置

(一)各会计核算单位应当按照《税收会计制度》(国税发〔1998〕186号)的要求使用"留抵税额登记簿"(式样见附件),全面核算反映增值税进项留抵税额变动情况,核算原始凭证为增值税一般纳税人报送的增值税纳税申报表、增值税进项留抵税额抵减增值税欠税通知书、税收收入退还书。"借方"反映本期发生的进项留抵税额实际抵扣、进项留抵税额抵减欠税、进项留抵税额办理退税数额;"贷方"反映本期期末进项留抵税额的增加额;期末余额在"贷方",反映期末尚未抵扣、尚未抵顶欠税、未予退还的进项留抵税余额。

(二)各会计核算单位应在"留抵税额登记簿"中按户、按留抵退类型设置明细科目。在"留抵退类型"明细科目下设"留抵税款增加""留抵抵扣进项""留抵抵欠""留抵退税"四个栏目。其中,"留抵税款增加"指纳税人留抵税额的增加,是纳税人申报的期末留抵税额大于"留抵税额登记簿"中纳税人申报所属期期末留抵余额的金额;"留抵抵扣进项"指纳税人增值税留抵税额在本期实际抵扣的税额,是纳税人申报的期末留抵税额小于"留抵税额登记簿"中纳税人申报所属期期末留抵余额的金额;"留抵抵欠"指纳税人使用增值税留抵税额抵减欠缴增值税税额;"留抵退税"指依据政策文件规定,税务机关退还给纳税人的增值税留抵税额。

二、关于进项留抵税额抵欠和退税的税收会计处理方法

(一)进项留抵税额退税业务

1. 退税审核办理。税收会计根据退税审批部门传递的审批文书和相关退税资料(包括载明应退纳税人留抵税额的购进设备增值税专用发票及海关进口增值税专用缴款书清单、当期增值税纳税申报表等),复核应退税额是否小于等于相关增值税发票及海关进口增值税专用缴款书记载的进项税额之和、应退税额是否小于等于该纳税人的当前进项留抵余额。

2. 税收收入退还书的开具。复核无误的,税收会计开具税收收入退还书,预算科目和级次填写该纳税人缴纳国内增值税时的相应预算科目和级次(纳税人缴纳国内增值税时分别有改征增值税和现行增值税入库的,按缴纳现行增值税预算科目和级次填写),在备注栏注明"增值税进项留抵退税"。

3. 账务处理。税收会计根据税收收入退还书载明的退税金额进行账务处理,借记"提退税金——增值税——汇算清缴结算退税"科目,贷记"入库税收"科目;同时借记"应征税收——增值税"科目,贷记"提退税金——增值税——汇算清缴结算退税"科目。

(二)进项留抵税额抵减欠税的会计处理,继续按照《国家税务总局关于增值税进项留抵税额抵减增值税欠税有关处理事项的通知》(国税函〔2004〕1197号)执行。

三、报表调整

《提退税金明细月报表》第5行增设"其中:进项留抵",反映增值税进项留抵退税额,根据"留抵税额登记簿"中"留抵退类型"明细科目的"留抵退税"借方发生额填列,其他栏次序号顺延。第25行增设"附列资料:增值税进项留抵税额",第一列为"留抵余额",反映增值税进项留抵税额余额,根据"留抵税额登记簿"贷方余额填列;第二列为"留抵抵扣进项",反映增值税进项留抵税额实际抵扣金额,根据"留抵税额登记簿"中"留抵退类型"明细科目的"留抵抵扣进项"借方发生额填列;第三列为"留抵抵欠",反映增值税进项留抵税额抵减欠税金额,根据"留抵税额登记簿"中"留抵退类型"明细科目的"留抵抵欠"借方发生额填列。

从2013年8月编报7月的税收会统报表起,各税收会计核算单位应按修改后的表式编报。报表任务由税务总局统一制作下发,具体路径为可控FTP系统下的"E:/local

（供各省下载使用）/ 收入规划核算司 / 统计处 /TRS 报表任务"。

各地在执行中发现新情况、新问题，请及时上报税务总局（收入规划核算司）。

附件：留抵税额登记簿（略）

《财政部　税务总局　海关总署关于深化增值税改革有关政策的公告》（财政部　国家税务总局　海关总署公告2019年第39号）

八、自2019年4月1日起，试行增值税期末留抵税额退税制度。

（一）同时符合以下条件的纳税人，可以向主管税务机关申请退还增量留抵税额：

1. 自2019年4月税款所属期起，连续六个月（按季纳税的，连续两个季度）增量留抵税额均大于零，且第六个月增量留抵税额不低于50万元；

2. 纳税信用等级为A级或者B级；

3. 申请退税前36个月未发生骗取留抵退税、出口退税或虚开增值税专用发票情形的；

4. 申请退税前36个月未因偷税被税务机关处罚两次及以上的；

5. 自2019年4月1日起未享受即征即退、先征后返（退）政策的。

（二）本公告所称增量留抵税额，是指与2019年3月底相比新增加的期末留抵税额。

（三）纳税人当期允许退还的增量留抵税额，按照以下公式计算：

允许退还的增量留抵税额 = 增量留抵税额 × 进项构成比例 × 60%

进项构成比例，为2019年4月至申请退税前一税款所属期内已抵扣的增值税专用发票（含税控机动车销售统一发票）、海关进口增值税专用缴款书、解缴税款完税凭证注明的增值税额占同期全部已抵扣进项税额的比重。

（四）纳税人应在增值税纳税申报期内，向主管税务机关申请退还留抵税额。

（五）纳税人出口货物劳务、发生跨境应税行为，适用免抵退税办法的，办理免抵退税后，仍符合本公告规定条件的，可以申请退还留抵税额；适用免退税办法的，相关进项税额不得用于退还留抵税额。

（六）纳税人取得退还的留抵税额后，应相应调减当期留抵税额。按照本条规定再次满足退税条件的，可以继续向主管税务机关申请退还留抵税额，但本条第（一）项第1点规定的连续期间，不得重复计算。

（七）以虚增进项、虚假申报或其他欺骗手段，骗取留抵退税款的，由税务机关追缴其骗取的退税款，并按照《中华人民共和国税收征收管理法》等有关规定处理。

（八）退还的增量留抵税额中央、地方分担机制另行通知。

《财政部　税务总局关于进一步加大增值税期末留抵退税政策实施力度的公告》（财政部　税务总局公告2022年第14号）

一、加大小微企业增值税期末留抵退税政策力度，将先进制造业按月全额退还增值税增量留抵税额政策范围扩大至符合条件的小微企业（含个体工商户，下同），并一次性退还小微企业存量留抵税额。

（一）符合条件的小微企业，可以自2022年4月纳税申报期起向主管税务机关申请退还增量留抵税额。在2022年12月31日前，退税条件按照本公告第三条规定执行。

（二）符合条件的微型企业，可以自2022年4月纳税申报期起向主管税务机关申请一次性退还存量留抵税额；符合条件的小型企业，可以自2022年5月纳税申报期起向主管税务机关申请一次性退还存量留抵税额。

二、加大"制造业""科学研究和技术服务业""电力、热力、燃气及水生产和供应业""软件和信息技术服务业""生态保护和环境治理业"和"交通运输、仓储和邮政业"（以下称制造业等行业）增值税期末留抵退税政策力度，将先进制造业按月全额退还增值税增量留抵税额政策范围扩大至符合条件的制造业等行业企业（含个体工商户，下同），并一次性退还制造业等行业企业存量留抵税额。

（一）符合条件的制造业等行业企业，可以自2022年4月纳税申报期起向主管税务机关申请退还增量留抵税额。

（二）符合条件的制造业等行业中型企业，可以自2022年5月纳税申报期起向主管税务机关申请一次性退还存量留抵税额；符合条件的制造业等行业大型企业，可以自2022年6月纳税申报期起向主管税务机关申请一次性退还存量留抵税额。①

三、适用本公告政策的纳税人需同时符合以下条件：

（一）纳税信用等级为A级或者B级；

（二）申请退税前36个月未发生骗取留抵退税、骗取出口退税或虚开增值税专用发票情形；

（三）申请退税前36个月未因偷税被税务机关处罚两次及以上；

（四）2019年4月1日起未享受即征即退、先征后返（退）政策。

四、本公告所称增量留抵税额，区分以下情形确定：

（一）纳税人获得一次性存量留抵退税前，增量留抵税额为当期期末留抵税额与2019年3月31日相比新增加的留抵税额。

（二）纳税人获得一次性存量留抵退税后，增量留抵税额为当期期末留抵税额。

五、本公告所称存量留抵税额，区分以下情形确定：

（一）纳税人获得一次性存量留抵退税前，当期期末留抵税额大于或等于2019年

---

① 第二条第（二）项规定分别根据《财政部 税务总局关于进一步加快增值税期末留抵退税政策实施进度的公告》（财政部 税务总局公告2022年第17号）和《财政部 税务总局关于进一步持续加快增值税期末留抵退税政策实施进度的公告》（财政部 税务总局公告2022年第19号）作了修改。

3月31日期末留抵税额的,存量留抵税额为2019年3月31日期末留抵税额;当期期末留抵税额小于2019年3月31日期末留抵税额的,存量留抵税额为当期期末留抵税额。

(二)纳税人获得一次性存量留抵退税后,存量留抵税额为零。

六、本公告所称中型企业、小型企业和微型企业,按照《中小企业划型标准规定》(工信部联企业〔2011〕300号)和《金融业企业划型标准规定》(银发〔2015〕309号)中的营业收入指标、资产总额指标确定。其中,资产总额指标按照纳税人上一会计年度年末值确定。营业收入指标按照纳税人上一会计年度增值税销售额确定;不满一个会计年度的,按照以下公式计算:

增值税销售额(年)=上一会计年度企业实际存续期间增值税销售额/企业实际存续月数×12

本公告所称增值税销售额,包括纳税申报销售额、稽查查补销售额、纳税评估调整销售额。适用增值税差额征税政策的,以差额后的销售额确定。

对于工信部联企业〔2011〕300号和银发〔2015〕309号文件所列行业以外的纳税人,以及工信部联企业〔2011〕300号文件所列行业但未采用营业收入指标或资产总额指标划型确定的纳税人,微型企业标准为增值税销售额(年)100万元以下(不含100万元);小型企业标准为增值税销售额(年)2 000万元以下(不含2 000万元);中型企业标准为增值税销售额(年)1亿元以下(不含1亿元)。

本公告所称大型企业,是指除上述中型企业、小型企业和微型企业外的其他企业。

七、本公告所称制造业等行业企业,是指从事《国民经济行业分类》中"制造业""科学研究和技术服务业""电力、热力、燃气及水生产和供应业""软件和信息技术服务业""生态保护和环境治理业"和"交通运输、仓储和邮政业"业务相应发生的增值税销售额占全部增值税销售额的比重超过50%的纳税人。

上述销售额比重根据纳税人申请退税前连续12个月的销售额计算确定;申请退税前经营期不满12个月但满3个月的,按照实际经营期的销售额计算确定。

八、适用本公告政策的纳税人,按照以下公式计算允许退还的留抵税额:

允许退还的增量留抵税额=增量留抵税额×进项构成比例×100%

允许退还的存量留抵税额=存量留抵税额×进项构成比例×100%

进项构成比例,为2019年4月至申请退税前一税款所属期已抵扣的增值税专用发票(含带有"增值税专用发票"字样全面数字化的电子发票、税控机动车销售统一发票)、收费公路通行费增值税电子普通发票、海关进口增值税专用缴款书、解缴税款完税凭证注明的增值税额占同期全部已抵扣进项税额的比重。

九、纳税人出口货物劳务、发生跨境应税行为,适用免抵退税办法的,应先办理免抵退税。免抵退税办理完毕后，仍符合本公告规定条件的，可以申请退还留抵税额；适用免退税办法的，相关进项税额不得用于退还留抵税额。

十、纳税人自2019年4月1日起已取得留抵退税款的，不得再申请享受增值税即征即退、先征后返（退）政策。纳税人可以在2022年10月31日前一次性将已取得的留抵退税款全部缴回后，按规定申请享受增值税即征即退、先征后返（退）政策。

纳税人自2019年4月1日起已享受增值税即征即退、先征后返（退）政策的，可以在2022年10月31日前一次性将已退还的增值税即征即退、先征后返（退）税款全部缴回后，按规定申请退还留抵税额。

十一、纳税人可以选择向主管税务机关申请留抵退税，也可以选择结转下期继续抵扣。纳税人应在纳税申报期内，完成当期增值税纳税申报后申请留抵退税。2022年4月至6月的留抵退税申请时间，延长至每月最后一个工作日。

纳税人可以在规定期限内同时申请增量留抵退税和存量留抵退税。同时符合本公告第一条和第二条相关留抵退税政策的纳税人，可任意选择申请适用上述留抵退税政策。

十二、纳税人取得退还的留抵税额后，应相应调减当期留抵税额。

如果发现纳税人存在留抵退税政策适用有误的情形，纳税人应在下个纳税申报期结束前缴回相关留抵退税款。

以虚增进项、虚假申报或其他欺骗手段，骗取留抵退税款的，由税务机关追缴其骗取的退税款，并按照《中华人民共和国税收征收管理法》等有关规定处理。

十三、适用本公告规定留抵退税政策的纳税人办理留抵退税的税收管理事项，继续按照现行规定执行。

十四、除上述纳税人以外的其他纳税人申请退还增量留抵税额的规定，继续按照《财政部　税务总局　海关总署关于深化增值税改革有关政策的公告》（财政部　税务总局　海关总署公告2019年第39号）执行，其中，第八条第三款关于"进项构成比例"的相关规定，按照本公告第八条规定执行。

十五、各级财政和税务部门务必高度重视留抵退税工作，摸清底数、周密筹划、加强宣传、密切协作、统筹推进，并分别于2022年4月30日、6月30日、9月30日、12月31日前，在纳税人自愿申请的基础上，集中退还微型、小型、中型、大型企业存量留抵税额。税务部门结合纳税人留抵退税申请情况，规范高效便捷地为纳税人办理留抵退税。

十六、本公告自2022年4月1日施行。《财政部　税务总局关于明确部分先进制造业增值税期末留抵退税政策的公告》（财政部　税务总局公告2019年第84号）、《财政部　税务总局关于明确国有农用地出租等增值税政策的公告》（财政部　税务总局公告2020年第2号）第六条、《财政部　税务总局关于明确先进制造业增值税期末留抵退税政策的公告》（财政部 税务总局公告2021年第15号）同时废止。

《财政部 税务总局关于扩大全额退还增值税留抵税额政策行业范围的公告》（财政部 税务总局公告2022年第21号）

一、扩大全额退还增值税留抵税额政策行业范围，将《财政部 税务总局关于进一步加大增值税期末留抵退税政策实施力度的公告》（财政部 税务总局公告2022年第14号，以下称2022年第14号公告）第二条规定的制造业等行业按月全额退还增值税增量留抵税额、一次性退还存量留抵税额的政策范围，扩大至"批发和零售业""农、林、牧、渔业""住宿和餐饮业""居民服务、修理和其他服务业""教育""卫生和社会工作"和"文化、体育和娱乐业"（以下称批发零售业等行业）企业（含个体工商户，下同）。

（一）符合条件的批发零售业等行业企业，可以自2022年7月纳税申报期起向主管税务机关申请退还增量留抵税额。

（二）符合条件的批发零售业等行业企业，可以自2022年7月纳税申报期起向主管税务机关申请一次性退还存量留抵税额。

二、2022年第14号公告和本公告所称制造业、批发零售业等行业企业，是指从事《国民经济行业分类》中"批发和零售业""农、林、牧、渔业""住宿和餐饮业""居民服务、修理和其他服务业""教育""卫生和社会工作""文化、体育和娱乐业""制造业""科学研究和技术服务业""电力、热力、燃气及水生产和供应业""软件和信息技术服务业""生态保护和环境治理业"和"交通运输、仓储和邮政业"业务相应发生的增值税销售额占全部增值税销售额的比重超过50%的纳税人。

上述销售额比重根据纳税人申请退税前连续12个月的销售额计算确定；申请退税前经营期不满12个月但满3个月的，按照实际经营期的销售额计算确定。

三、按照2022年第14号公告第六条规定适用《中小企业划型标准规定》（工信部联企业〔2011〕300号）和《金融业企业划型标准规定》（银发〔2015〕309号）时，纳税人的行业归属，根据《国民经济行业分类》关于以主要经济活动确定行业归属的原则，以上一会计年度从事《国民经济行业分类》对应业务增值税销售额占全部增值税销售额比重最高的行业确定。

四、制造业、批发零售业等行业企业申请留抵退税的其他规定，继续按照2022年第14号公告等有关规定执行。

五、本公告第一条和第二条自2022年7月1日起执行；第三条自公告发布之日起执行。

各级财政和税务部门要坚决贯彻党中央、国务院决策部署，按照2022年第14号公告、《财政部 税务总局关于进一步加快增值税期末留抵退税政策实施进度的公告》（财

政部　税务总局公告2022年第17号）、《财政部　税务总局关于进一步持续加快增值税期末留抵退税政策实施进度的公告》（财政部　税务总局公告2022年第19号）和本公告有关要求，在纳税人自愿申请的基础上，狠抓落实，持续加快留抵退税进度。同时，严密防范退税风险，严厉打击骗税行为。

特此公告。

【《增值税法》原文】

第二十二条　纳税人的下列进项税额不得从其销项税额中抵扣：

（一）适用简易计税方法计税项目对应的进项税额；

（二）免征增值税项目对应的进项税额；

（三）非正常损失项目对应的进项税额；

（四）购进并用于集体福利或者个人消费的货物、服务、无形资产、不动产对应的进项税额；

（五）购进并直接用于消费的餐饮服务、居民日常服务和娱乐服务对应的进项税额；

（六）国务院规定的其他进项税额。

〖草案二次审议稿〗

第二十一条　纳税人的下列进项税额不得从其销项税额中抵扣：

（一）适用简易计税方法计税项目对应的进项税额；

（二）免征增值税项目对应的进项税额；

（三）非正常损失项目对应的进项税额；

（四）购进并用于集体福利或者个人消费的货物、服务、无形资产、不动产对应的进项税额；

（五）购进并直接用于消费的餐饮服务、居民日常服务和娱乐服务对应的进项税额；

（六）国务院规定的其他进项税额。

【条文释义】

本条规定了不得抵扣的进项税额。

纳税人的下列进项税额不得从其销项税额中抵扣：

（1）适用简易计税方法计税项目对应的进项税额。简易计税方法本身就是不允许抵扣进项税额的。需要注意的是，增值税一般纳税人有可能部分项目适用简易计税方法，该部分项目对应的进项税额不允许抵扣，但其他适用一般计税方法的项目对应的进项税额，可以抵扣。

（2）免征增值税项目对应的进项税额。增值税免税不同于其他税种的免税，增值税的免税仅仅是免于缴纳增值税，其对应的进项税额不允许抵扣。免增值税的纳税人需要负担增值税进项税额。其他税种的免税相当于增值税的零税率。

（3）非正常损失项目对应的进项税额。非正常损失是人为原因导致的，为督促纳税人积极履行管理职责，妥善保管各项资产，对于非正常损失项目对应的进项税额不允许抵扣。

（4）购进并用于集体福利或者个人消费的货物、服务、无形资产、不动产对应的进项税额。增值税是由最终消费者负担的税种，如果纳税人将购进的货物、服务、无形资产、不动产用于集体福利或者个人消费，实际上就已经进入了最终消费领域，其对应的进项税额不允许抵扣。需要注意的是，这种情况下，纳税人不需要将上述行为视同销售。如果纳税人将自产或者委托加工的货物用于集体福利或者个人消费，应当视同销售，其对应的进项税额也允许抵扣。

（5）购进并直接用于消费的餐饮服务、居民日常服务和娱乐服务对应的进项税额。餐饮服务、居民日常服务和娱乐服务均属于最终消费领域，消费者应当承担增值税，其对应的进项税额不允许抵扣。

上述项目对应的进项税额如果已经抵扣了，纳税人应当及时将其转出。

【法律法规与政策指引】

《中华人民共和国增值税暂行条例》（2017年修订）

第十条　下列项目的进项税额不得从销项税额中抵扣：

（一）用于简易计税方法计税项目、免征增值税项目、集体福利或者个人消费的购进货物、劳务、服务、无形资产和不动产；

（二）非正常损失的购进货物，以及相关的劳务和交通运输服务；

（三）非正常损失的在产品、产成品所耗用的购进货物（不包括固定资产）、劳务和交通运输服务；

（四）国务院规定的其他项目。

《中华人民共和国增值税暂行条例实施细则》（2011年修订）

第二十一条　条例第十条第（一）项所称购进货物，不包括既用于增值税应税项目（不含免征增值税项目）也用于非增值税应税项目、免征增值税（以下简称免税）项目、集体福利或者个人消费的固定资产。

前款所称固定资产，是指使用期限超过12个月的机器、机械、运输工具以及其他与生产经营有关的设备、工具、器具等。

第二十二条　条例第十条第（一）项所称个人消费包括纳税人的交际应酬消费。

第二十三条　条例第十条第（一）项和本细则所称非增值税应税项目，是指提供非增值税应税劳务、转让无形资产、销售不动产和不动产在建工程。

前款所称不动产是指不能移动或者移动后会引起性质、形状改变的财产，包括建筑物、构筑物和其他土地附着物。

纳税人新建、改建、扩建、修缮、装饰不动产，均属于不动产在建工程。

第二十四条 条例第十条第（二）项所称非正常损失，是指因管理不善造成被盗、丢失、霉烂变质的损失。

第二十五条 纳税人自用的应征消费税的摩托车、汽车、游艇，其进项税额不得从销项税额中抵扣。

第二十六条 一般纳税人兼营免税项目或者非增值税应税劳务而无法划分不得抵扣的进项税额的，按下列公式计算不得抵扣的进项税额：

不得抵扣的进项税额＝当月无法划分的全部进项税额×当月免税项目销售额、非增值税应税劳务营业额合计÷当月全部销售额、营业额合计

第二十七条 已抵扣进项税额的购进货物或者应税劳务，发生条例第十条规定的情形的（免税项目、非增值税应税劳务除外），应当将该项购进货物或者应税劳务的进项税额从当期的进项税额中扣减；无法确定该项进项税额的，按当期实际成本计算应扣减的进项税额。

《营业税改征增值税试点实施办法》（财税〔2016〕36号附件1）

第二十七条 下列项目的进项税额不得从销项税额中抵扣：

（一）用于简易计税方法计税项目、免征增值税项目、集体福利或者个人消费的购进货物、加工修理修配劳务、服务、无形资产和不动产。其中涉及的固定资产、无形资产、不动产，仅指专用于上述项目的固定资产、无形资产（不包括其他权益性无形资产）、不动产。

纳税人的交际应酬消费属于个人消费。

（二）非正常损失的购进货物，以及相关的加工修理修配劳务和交通运输服务。

（三）非正常损失的在产品、产成品所耗用的购进货物（不包括固定资产）、加工修理修配劳务和交通运输服务。

（四）非正常损失的不动产，以及该不动产所耗用的购进货物、设计服务和建筑服务。

（五）非正常损失的不动产在建工程所耗用的购进货物、设计服务和建筑服务。

纳税人新建、改建、扩建、修缮、装饰不动产，均属于不动产在建工程。

（六）购进的旅客运输服务、贷款服务、餐饮服务、居民日常服务和娱乐服务。

（七）财政部和国家税务总局规定的其他情形。

本条第（四）项、第（五）项所称货物，是指构成不动产实体的材料和设备，包括建筑装饰材料和给排水、采暖、卫生、通风、照明、通讯、煤气、消防、中央空调、电梯、电气、智能化楼宇设备及配套设施。

第二十八条 不动产、无形资产的具体范围，按照本办法所附的《销售服务、无形资产或者不动产注释》执行。

固定资产，是指使用期限超过 12 个月的机器、机械、运输工具以及其他与生产经营有关的设备、工具、器具等有形动产。

非正常损失，是指因管理不善造成货物被盗、丢失、霉烂变质，以及因违反法律法规造成货物或者不动产被依法没收、销毁、拆除的情形。

第二十九条 适用一般计税方法的纳税人，兼营简易计税方法计税项目、免征增值税项目而无法划分不得抵扣的进项税额，按照下列公式计算不得抵扣的进项税额：

不得抵扣的进项税额＝当期无法划分的全部进项税额×（当期简易计税方法计税项目销售额＋免征增值税项目销售额）÷当期全部销售额

主管税务机关可以按照上述公式依据年度数据对不得抵扣的进项税额进行清算。

第三十条 已抵扣进项税额的购进货物（不含固定资产）、劳务、服务，发生本办法第二十七条规定情形（简易计税方法计税项目、免征增值税项目除外）的，应当将该进项税额从当期进项税额中扣减；无法确定该进项税额的，按照当期实际成本计算应扣减的进项税额。

第三十一条 已抵扣进项税额的固定资产、无形资产或者不动产，发生本办法第二十七条规定情形的，按照下列公式计算不得抵扣的进项税额：

不得抵扣的进项税额＝固定资产、无形资产或者不动产净值×适用税率

固定资产、无形资产或者不动产净值，是指纳税人根据财务会计制度计提折旧或摊销后的余额。

《营业税改征增值税试点有关事项的规定》（财税〔2016〕36号附件2）

一、营改增试点期间，试点纳税人［指按照《营业税改征增值税试点实施办法》（以下称《试点实施办法》）缴纳增值税的纳税人］有关政策

……

（四）进项税额。

1.适用一般计税方法的试点纳税人，2016年5月1日后取得并在会计制度上按固定资产核算的不动产或者2016年5月1日后取得的不动产在建工程，其进项税额应自取得之日起分2年从销项税额中抵扣，第一年抵扣比例为60%，第二年抵扣比例为40%。

取得不动产，包括以直接购买、接受捐赠、接受投资入股、自建以及抵债等各种形式取得不动产，不包括房地产开发企业自行开发的房地产项目。

融资租入的不动产以及在施工现场修建的临时建筑物、构筑物，其进项税额不适用上述分2年抵扣的规定。

2. 按照《试点实施办法》第二十七条第（一）项规定不得抵扣且未抵扣进项税额的固定资产、无形资产、不动产，发生用途改变，用于允许抵扣进项税额的应税项目，可在用途改变的次月按照下列公式计算可以抵扣的进项税额：

可以抵扣的进项税额＝固定资产、无形资产、不动产净值/（1+适用税率）×适用税率

上述可以抵扣的进项税额应取得合法有效的增值税扣税凭证。

3. 纳税人接受贷款服务向贷款方支付的与该笔贷款直接相关的投融资顾问费、手续费、咨询费等费用，其进项税额不得从销项税额中抵扣。

……

二、原增值税纳税人［指按照《中华人民共和国增值税暂行条例》（国务院令第538号）（以下称《增值税暂行条例》）缴纳增值税的纳税人］有关政策

（一）进项税额。

1. 原增值税一般纳税人购进服务、无形资产或者不动产，取得的增值税专用发票上注明的增值税额为进项税额，准予从销项税额中抵扣。

2016年5月1日后取得并在会计制度上按固定资产核算的不动产或者2016年5月1日后取得的不动产在建工程，其进项税额应自取得之日起分2年从销项税额中抵扣，第一年抵扣比例为60%，第二年抵扣比例为40%。

融资租入的不动产以及在施工现场修建的临时建筑物、构筑物，其进项税额不适用上述分2年抵扣的规定。

2. 原增值税一般纳税人自用的应征消费税的摩托车、汽车、游艇，其进项税额准予从销项税额中抵扣。

3. 原增值税一般纳税人从境外单位或者个人购进服务、无形资产或者不动产，按照规定应当扣缴增值税的，准予从销项税额中抵扣的进项税额为自税务机关或者扣缴义务人取得的解缴税款的完税凭证上注明的增值税额。

纳税人凭完税凭证抵扣进项税额的，应当具备书面合同、付款证明和境外单位的对账单或者发票。资料不全的，其进项税额不得从销项税额中抵扣。

4. 原增值税一般纳税人购进货物或者接受加工修理修配劳务，用于《销售服务、无形资产或者不动产注释》所列项目的，不属于《增值税暂行条例》第十条所称的用于非增值税应税项目，其进项税额准予从销项税额中抵扣。

5. 原增值税一般纳税人购进服务、无形资产或者不动产，下列项目的进项税额不得从销项税额中抵扣：

（1）用于简易计税方法计税项目、免征增值税项目、集体福利或者个人消费。其中涉及的无形资产、不动产，仅指专用于上述项目的无形资产（不包括其他权益性无形资

产）、不动产。

纳税人的交际应酬消费属于个人消费。

（2）非正常损失的购进货物，以及相关的加工修理修配劳务和交通运输服务。

（3）非正常损失的在产品、产成品所耗用的购进货物（不包括固定资产）、加工修理修配劳务和交通运输服务。

（4）非正常损失的不动产，以及该不动产所耗用的购进货物、设计服务和建筑服务。

（5）非正常损失的不动产在建工程所耗用的购进货物、设计服务和建筑服务。

纳税人新建、改建、扩建、修缮、装饰不动产，均属于不动产在建工程。

（6）购进的旅客运输服务、贷款服务、餐饮服务、居民日常服务和娱乐服务。

（7）财政部和国家税务总局规定的其他情形。

上述第（4）点、第（5）点所称货物，是指构成不动产实体的材料和设备，包括建筑装饰材料和给排水、采暖、卫生、通风、照明、通讯、煤气、消防、中央空调、电梯、电气、智能化楼宇设备及配套设施。

纳税人接受贷款服务向贷款方支付的与该笔贷款直接相关的投融资顾问费、手续费、咨询费等费用，其进项税额不得从销项税额中抵扣。

6. 已抵扣进项税额的购进服务，发生上述第5点规定情形（简易计税方法计税项目、免征增值税项目除外）的，应当将该进项税额从当期进项税额中扣减；无法确定该进项税额的，按照当期实际成本计算应扣减的进项税额。

7. 已抵扣进项税额的无形资产或者不动产，发生上述第5点规定情形的，按照下列公式计算不得抵扣的进项税额：

不得抵扣的进项税额 = 无形资产或者不动产净值 × 适用税率

8. 按照《增值税暂行条例》第十条和上述第5点不得抵扣且未抵扣进项税额的固定资产、无形资产、不动产，发生用途改变，用于允许抵扣进项税额的应税项目，可在用途改变的次月按照下列公式，依据合法有效的增值税扣税凭证，计算可以抵扣的进项税额：

可以抵扣的进项税额 = 固定资产、无形资产、不动产净值 / (1+适用税率) × 适用税率

上述可以抵扣的进项税额应取得合法有效的增值税扣税凭证。

……

《国家税务总局关于项目运营方利用信托资金融资过程中增值税进项税额抵扣问题的公告》（国家税务总局公告2010年第8号）

现就项目运营方利用信托资金融资进行项目建设开发过程中增值税进项税额抵扣问题公告如下：

项目运营方利用信托资金融资进行项目建设开发是指项目运营方与经批准成立的信托公司合作进行项目建设开发，信托公司负责筹集资金并设立信托计划，项目运营方负责项目建设与运营，项目建设完成后，项目资产归项目运营方所有。该经营模式下项目运营方在项目建设期内取得的增值税专用发票和其他抵扣凭证，允许其按现行增值税有关规定予以抵扣。

本公告自2010年10月1日起施行。此前未抵扣的进项税额允许其抵扣，已抵扣的不作进项税额转出。

特此公告。

《国家税务总局关于输水管道有关增值税问题的批复》（税总函〔2013〕642号）

新疆维吾尔自治区国家税务局：

你局《关于输水管道有关增值税问题的请示》（新国税发〔2013〕142号）收悉。经研究，现批复如下：

新疆伊犁喀什河尼勒克一级水电站跨尼勒克沟输水管道虽运用"倒吸虹"原理输送水源，但该输水管道仍属于《固定资产分类与代码》（GB/T 14885—1994）[①]中的"输水管道（代码099101）"，根据《中华人民共和国增值税暂行条例》、《中华人民共和国增值税暂行条例实施细则》和《财政部 国家税务总局关于固定资产进项税额抵扣问题的通知》（财税〔2009〕113号）的有关规定，其增值税进项税额可在销项税额中抵扣。

《财政部 税务总局关于租入固定资产进项税额抵扣等增值税政策的通知》（财税〔2017〕90号）

一、自2018年1月1日起，纳税人租入固定资产、不动产，既用于一般计税方法计税项目，又用于简易计税方法计税项目、免征增值税项目、集体福利或者个人消费的，其进项税额准予从销项税额中全额抵扣。

《财政部 税务总局 海关总署关于深化增值税改革有关政策的公告》（财政部 国家税务总局 海关总署公告2019年第39号）

五、自2019年4月1日起，《营业税改征增值税试点有关事项的规定》（财税〔2016〕36号印发）第一条第（四）项第1点、第二条第（一）项第1点停止执行，纳税人取得不动产或者不动产在建工程的进项税额不再分2年抵扣。此前按照上述规定尚未抵扣完毕的待抵扣进项税额，可自2019年4月税款所属期起从销项税额中抵扣。

---

① 《固定资产分类与代码》（GB/T 14885—1994）已废止，现行版本为《固定资产等资产基础分类与代码》（GB/T 14885—2022）。

第四章 税收优惠

【《增值税法》原文】

第二十三条 小规模纳税人发生应税交易,销售额未达到起征点的,免征增值税;达到起征点的,依照本法规定全额计算缴纳增值税。

前款规定的起征点标准由国务院规定,报全国人民代表大会常务委员会备案。

〖草案二次审议稿〗

第二十二条 纳税人发生应税交易,销售额未达到国务院规定的增值税起征点的,免征增值税;达到起征点的,依照本法规定全额计算缴纳增值税。

【条文释义】

本条规定了增值税起征点优惠。

增值税起征点优惠是指纳税人的销售额未达到起征点时,免征增值税;达到起征点时,全额计算缴纳增值税。这里的销售额是指不含增值税的销售额。起征点优惠只能适用于增值税小规模纳税人,增值税一般纳税人不能享受。

假设增值税起征点为每月 20 000 元,属于小规模纳税人的甲公司,如果某月的销售额为 19 999 元,甲公司该月不需要缴纳增值税。如果某月的销售额为 20 000 元,假设甲公司增值税征收率为 1%,甲公司需要缴纳增值税 200 元(20 000×1%)。

如果甲公司某月含税销售额为 20 100 元,则该月不含税销售额为 19 900.99 元〔20 100÷(1+1%)〕,尚未达到 20 000 元,该月不缴纳增值税。

目前增值税起征点的幅度规定如下:①销售货物的,为月销售额 5 000~20 000 元;②销售应税劳务的,为月销售额 5 000~20 000 元;③按次纳税的,为每次(日)销售额 300~500 元。

【法律法规与政策指引】

《中华人民共和国增值税暂行条例》(2017 年修订)

第十七条 纳税人销售额未达到国务院财政、税务主管部门规定的增值税起征点的,免征增值税;达到起征点的,依照本条例规定全额计算缴纳增值税。

《中华人民共和国增值税暂行条例实施细则》（2011年修订）

第三十七条 增值税起征点的适用范围限于个人。

增值税起征点的幅度规定如下：

（一）销售货物的，为月销售额 5 000~20 000 元；

（二）销售应税劳务的，为月销售额 5 000~20 000 元；

（三）按次纳税的，为每次（日）销售额 300~500 元。

前款所称销售额，是指本细则第三十条第一款所称小规模纳税人的销售额。

省、自治区、直辖市财政厅（局）和国家税务局应在规定的幅度内，根据实际情况确定本地区适用的起征点，并报财政部、国家税务总局备案。

《营业税改征增值税试点实施办法》（财税〔2016〕36号附件1）

第四十九条 个人发生应税行为的销售额未达到增值税起征点的，免征增值税；达到起征点的，全额计算缴纳增值税。

增值税起征点不适用于登记为一般纳税人的个体工商户。

第五十条 增值税起征点幅度如下：

（一）按期纳税的，为月销售额 5 000~20 000 元（含本数）。

（二）按次纳税的，为每次（日）销售额 300~500 元（含本数）。

起征点的调整由财政部和国家税务总局规定。省、自治区、直辖市财政厅（局）和国家税务局应当在规定的幅度内，根据实际情况确定本地区适用的起征点，并报财政部和国家税务总局备案。

对增值税小规模纳税人中月销售额未达到 2 万元的企业或非企业性单位，免征增值税。2017 年 12 月 31 日前，对月销售额 2 万元（含本数）至 3 万元的增值税小规模纳税人，免征增值税。

【《增值税法》原文】

第二十四条 下列项目免征增值税：

（一）农业生产者销售的自产农产品，农业机耕、排灌、病虫害防治、植物保护、农牧保险以及相关技术培训业务，家禽、牲畜、水生动物的配种和疾病防治；

（二）医疗机构提供的医疗服务；

（三）古旧图书，自然人销售的自己使用过的物品；

（四）直接用于科学研究、科学试验和教学的进口仪器、设备；

（五）外国政府、国际组织无偿援助的进口物资和设备；

（六）由残疾人的组织直接进口供残疾人专用的物品，残疾人个人提供的服务；

（七）托儿所、幼儿园、养老机构、残疾人服务机构提供的育养服务，婚姻介绍服务，殡葬服务；

（八）学校提供的学历教育服务，学生勤工俭学提供的服务；

（九）纪念馆、博物馆、文化馆、文物保护单位管理机构、美术馆、展览馆、书画院、图书馆举办文化活动的门票收入，宗教场所举办文化、宗教活动的门票收入。

前款规定的免税项目具体标准由国务院规定。

〖草案二次审议稿〗

第二十三条　下列项目免征增值税：

（一）农业生产者销售的自产农产品，农业机耕、排灌、病虫害防治、植物保护、农牧保险以及相关技术培训业务，家禽、牲畜、水生动物的配种和疾病防治；

（二）避孕药品和用具，医疗机构提供的医疗服务；

（三）古旧图书，自然人销售的自己使用过的物品；

（四）直接用于科学研究、科学试验和教学的进口仪器、设备；

（五）外国政府、国际组织无偿援助的进口物资和设备；

（六）由残疾人的组织直接进口供残疾人专用的物品，残疾人个人提供的服务；

（七）托儿所、幼儿园、养老机构、残疾人福利机构提供的育养服务，婚姻介绍服务，殡葬服务；

（八）学校提供的学历教育服务，学生勤工俭学提供的服务；

（九）纪念馆、博物馆、文化馆、文物保护单位管理机构、美术馆、展览馆、书画院、图书馆举办文化活动的门票收入，宗教场所举办文化、宗教活动的门票收入。

前款规定的免税项目具体标准由国务院规定。

【条文释义】

本条规定了免征增值税的项目。

增值税应纳税额＝当期销项税额－当期进项税额，因此，免征增值税仅仅是免征当期销项税额大于进项税额的部分。

（1）农业生产者销售的自产农产品，农业机耕、排灌、病虫害防治、植物保护、农牧保险以及相关技术培训业务，家禽、牲畜、水生动物的配种和疾病防治，属于免征增值税项目。需要注意的是，只有农业生产者销售的自产农产品才能免征增值税，非农业生产者销售的购进的农产品，不能免征增值税，农业生产者销售的购进农产品，也不能免征增值税。在不考虑其他税收优惠政策的前提下，超市等非农业生产者销售农产品均不能免征增值税。

（2）医疗机构提供的医疗服务，属于免征增值税项目。对于医疗服务而言，只有医疗机构提供的医疗服务才能免征增值税，个人提供的医疗服务不能免征增值税。非医疗机构提供医疗服务本身是违法行为，所以也不存在征不征税的问题。

（3）古旧图书，自然人销售的自己使用过的物品，属于免征增值税项目。任何主体，销售古旧图书均可以免征增值税。对于"自己使用过的物品"而言，只有自然人销售自己使用过的物品才能免征增值税，企业和个体工商户销售自己使用过的物品，不能免征增值税。

（4）直接用于科学研究、科学试验和教学的进口仪器、设备，属于免征增值税项目。需要注意的是，上述仪器、设备需要满足"直接用于科学研究、科学试验和教学"以及"进口"两个条件才能免征增值税。在满足上述条件时，不仅高校、科研机构可以免征增值税，企业也可以免征增值税。

（5）外国政府、国际组织无偿援助的进口物资和设备，属于免征增值税项目。必须满足"外国政府、国际组织""无偿援助""进口"三个条件才能免征增值税。如果是外国企业或者个人无偿援助的进口物资和设备，不能免征增值税。

（6）由残疾人的组织直接进口供残疾人专用的物品，残疾人个人提供的服务，属于免征增值税项目。必须满足"由残疾人的组织""直接进口""供残疾人专用"三个条件才能免征增值税，如果是由企业或者个人进口供残疾人专用的物品，不能免征增值税。残疾人个人提供的服务可以免征增值税，但如果残疾人成立企业，由该企业提供的服务不能免征增值税。

（7）托儿所、幼儿园、养老机构、残疾人服务机构提供的育养服务，婚姻介绍服务，殡葬服务，属于免征增值税项目。这里的托儿所、幼儿园、养老机构、残疾人服务机构并不限于公立的，私人创办的上述机构也可以享受免征增值税的优惠。

（8）学校提供的学历教育服务，学生勤工俭学提供的服务，属于免征增值税项目。这里的学校并不限于公立学校，民办学校也可以享受免征增值税的优惠，但其提供的必须是"学历教育"。一般的职业技能培训学校，如驾校、英语培训学校、会计培训学校等，由于提供的不是学历教育，不能享受免征增值税的优惠。这里的"学生"是指正在接受学历教育的学生，而非一般意义上的学生。

（9）纪念馆、博物馆、文化馆、文物保护单位管理机构、美术馆、展览馆、书画院、图书馆举办文化活动的门票收入，宗教场所举办文化、宗教活动的门票收入，属于免征增值税项目。上述机构的门票收入才能享受免征增值税的优惠，其他收入，如内部展览额外收取的门票、销售物品的收入、提供导游服务的收入、接受捐赠的香火收入等均不能享受免征增值税的优惠。

需要注意的是，免征增值税项目所对应的增值税进项税额不允许抵扣。

【法律法规与政策指引】

《中华人民共和国增值税暂行条例》（2017年修订）

第十五条　下列项目免征增值税：

（一）农业生产者销售的自产农产品；

（二）避孕药品和用具；

（三）古旧图书；

（四）直接用于科学研究、科学试验和教学的进口仪器、设备；

（五）外国政府、国际组织无偿援助的进口物资和设备；

（六）由残疾人的组织直接进口供残疾人专用的物品；

（七）销售的自己使用过的物品。

除前款规定外，增值税的免税、减税项目由国务院规定。任何地区、部门均不得规定免税、减税项目。

《中华人民共和国增值税暂行条例实施细则》（2011年修订）

第三十五条 条例第十五条规定的部分免税项目的范围，限定如下：

（一）第一款第（一）项所称农业，是指种植业、养殖业、林业、牧业、水产业。

农业生产者，包括从事农业生产的单位和个人。

农产品，是指初级农产品，具体范围由财政部、国家税务总局确定。

（二）第一款第（三）项所称古旧图书，是指向社会收购的古书和旧书。

（三）第一款第（七）项所称自己使用过的物品，是指其他个人自己使用过的物品。

《国家税务总局关于制种行业增值税有关问题的公告》（国家税务总局公告2010年第17号）

现就制种企业销售种子增值税有关问题公告如下：

制种企业在下列生产经营模式下生产销售种子，属于农业生产者销售自产农业产品，应根据《中华人民共和国增值税暂行条例》有关规定免征增值税。

一、制种企业利用自有土地或承租土地，雇佣农户或雇工进行种子繁育，再经烘干、脱粒、风筛等深加工后销售种子。

二、制种企业提供亲本种子委托农户繁育并从农户手中收回，再经烘干、脱粒、风筛等深加工后销售种子。

本公告自2010年12月1日起施行。

特此公告。

《财政部 国家税务总局关于免征蔬菜流通环节增值税有关问题的通知》（财税〔2011〕137号）

各省、自治区、直辖市、计划单列市财政厅（局）、国家税务局，新疆生产建设兵团财务局：

经国务院批准，自2012年1月1日起，免征蔬菜流通环节增值税。现将有关事项通知如下：

一、对从事蔬菜批发、零售的纳税人销售的蔬菜免征增值税。

蔬菜是指可作副食的草本、木本植物，包括各种蔬菜、菌类植物和少数可作副食的木本植物。蔬菜的主要品种参照《蔬菜主要品种目录》（见附件）执行。

经挑选、清洗、切分、晾晒、包装、脱水、冷藏、冷冻等工序加工的蔬菜，属于本通知所述蔬菜的范围。

各种蔬菜罐头不属于本通知所述蔬菜的范围。蔬菜罐头是指蔬菜经处理、装罐、密封、杀菌或无菌包装而制成的食品。

二、纳税人既销售蔬菜又销售其他增值税应税货物的，应分别核算蔬菜和其他增值税应税货物的销售额；未分别核算的，不得享受蔬菜增值税免税政策。

附件：蔬菜主要品种目录（略）

《国家税务总局关于纳税人采取"公司＋农户"经营模式销售畜禽有关增值税问题的公告》（国家税务总局公告 2013 年第 8 号）

现就纳税人采取"公司＋农户"经营模式销售畜禽有关增值税问题公告如下：

目前，一些纳税人采取"公司＋农户"经营模式从事畜禽饲养，即公司与农户签订委托养殖合同，向农户提供畜禽苗、饲料、兽药及疫苗等（所有权属于公司），农户饲养畜禽苗至成品后交付公司回收，公司将回收的成品畜禽用于销售。在上述经营模式下，纳税人回收再销售畜禽，属于农业生产者销售自产农产品，应根据《中华人民共和国增值税暂行条例》的有关规定免征增值税。

本公告中的畜禽是指属于《财政部 国家税务总局关于印发〈农业产品征税范围注释〉的通知》（财税字〔1995〕52 号）文件中规定的农业产品。

本公告自 2013 年 4 月 1 日起施行。

特此公告。

【《增值税法》原文】

第二十五条 根据国民经济和社会发展的需要，国务院对支持小微企业发展、扶持重点产业、鼓励创新创业就业、公益事业捐赠等情形可以制定增值税专项优惠政策，报全国人民代表大会常务委员会备案。

国务院应当对增值税优惠政策适时开展评估、调整。

〖草案二次审议稿〗

第二十四条 根据国民经济和社会发展的需要，国务院对支持小微企业发展、扶持重点产业、鼓励创业就业等情形可以制定增值税专项优惠政策，报全国人民代表大会常务委员会备案。

【条文释义】

本条规定了授权国务院制定增值税优惠政策的制度。

增值税是我国第一大税种，在宏观调控等领域发挥着重要作用。根据国民经济和社会发展的需要，国务院对支持小微企业发展、扶持重点产业、鼓励创新创业就业、公益事业捐赠等情形可以制定增值税专项优惠政策，该项权力不宜由全国人民代表大会常务委员会来行使，适宜授权国务院行使，国务院行使该项权力后，应当报全国人民代表大会常务委员会备案。

国务院制定增值税专项优惠政策时并不受限制，即国务院可以制定免税、低税率、低征收率、零税率、简易计税、加计抵扣进项税额、进项税额留抵退税、出口退税、离境退税、即征即退等各类增值税优惠政策。国务院应当对增值税优惠政策适时开展评估，对于不合时宜的优惠政策应当及时进行调整。

【法律法规与政策指引】

《财政部　国家税务总局关于粮食企业增值税征免问题的通知》（财税字〔1999〕198号）

各省、自治区、直辖市、计划单列市财政厅（局），国家税务局，新疆生产建设兵团：

为支持和配合粮食流通体制改革，经国务院批准，现就粮食增值税政策调整的有关问题通知如下：

一、国有粮食购销企业必须按顺价原则销售粮食。对承担粮食收储任务的国有粮食购销企业销售的粮食免征增值税。

审批享受免税优惠的国有粮食购销企业时，税务机关应按规定缴销其《增值税专用发票领购簿》，并收缴其库存未用的增值税专用发票予以注销；兼营其他应税货物的，须重新核定其增值税专用发票用量。

二、对其他粮食企业经营粮食，除下列项目免征增值税外，一律征收增值税。

（一）军队用粮：指凭军用粮票和军粮供应证按军供价供应中国人民解放军和中国人民武装警察部队的粮食。

（二）救灾救济粮：指经县（含）以上人民政府批准，凭救灾救济粮票（证）按规定的销售价格向需救助的灾民供应的粮食。

（三）水库移民口粮：指经县（含）以上人民政府批准，凭水库移民口粮票（证）按规定的销售价格供应给水库移民的粮食。

三、对销售食用植物油业务，除政府储备食用植物油的销售继续免征增值税外，一律照章征收增值税。

四、对粮油加工业务，一律照章征收增值税。

五、享受免税优惠的企业，应按期进行免税申报，违反者取消其免税资格。

粮食部门应向同级国家税务局提供军队用粮、救灾救济粮、水库移民口粮的单位、供应数量等有关资料。

六、属于增值税一般纳税人的生产、经营单位从国有粮食购销企业购进的免税粮食，可依据购销企业开具的销售发票注明的销售额按13%的扣除率计算抵扣进项税额；购进的免税食用植物油，不得计算抵扣进项税额。

七、各省、自治区、直辖市、计划单列市国家税务局可依据本通知和增值税法规的有关规定制定具体执行办法，并报财政部、国家税务总局备案。

本通知从1999年8月1日起执行。

《财政部　国家税务总局关于黄金税收政策问题的通知》（财税〔2002〕142号）
各省、自治区、直辖市、计划单列市财政厅（局）、国家税务局、地方税务局，新疆生产建设兵团财务局：

为了贯彻国务院关于黄金体制改革决定的要求，规范黄金交易，加强黄金交易的税收管理，现将黄金交易的有关税收政策明确如下：

一、黄金生产和经营单位销售黄金（不包括以下品种：成色为AU9999、AU9995、AU999、AU995；规格为50克、100克、1公斤、3公斤、12.5公斤的黄金，以下简称标准黄金）和黄金矿砂（含伴生金），免征增值税；进口黄金（含标准黄金）和黄金矿砂免征进口环节增值税。

二、黄金交易所会员单位通过黄金交易所销售标准黄金（持有黄金交易所开具的《黄金交易结算凭证》），未发生实物交割的，免征增值税；发生实物交割的，由税务机关按照实际成交价格代开增值税专用发票，并实行增值税即征即退的政策，同时免征城市维护建设税、教育费附加。增值税专用发票中的单价、金额和税额的计算公式分别为：

$$单价 = 实际成交单价 \div (1 + 增值税税率)$$

$$金额 = 数量 \times 单价$$

$$税额 = 金额 \times 税率$$

实际成交单价是指不含黄金交易所收取的手续费的单位价格。

纳税人不通过黄金交易所销售的标准黄金不享受增值税即征即退和免征城市维护建设税、教育费附加政策。

……

四、对黄金交易所收取的手续费等收入照章征收营业税。

五、黄金交易所黄金交易的增值税征收管理办法及增值税专用发票管理办法由国家税务总局另行制定。

《国家税务总局关于纳税人销售伴生金有关增值税问题的公告》（国家税务总局公告2011年第8号）

现将纳税人销售伴生金有关增值税问题公告如下：

《财政部　国家税务总局关于黄金税收政策问题的通知》(财税〔2002〕142号)第一条所称伴生金，是指黄金矿砂以外的其他矿产品、冶炼中间产品和其他可以提炼黄金的原料中所伴生的黄金。

纳税人销售含有伴生金的货物并申请伴生金免征增值税的，应当出具伴生金含量的有效证明，分别核算伴生金和其他成分的销售额。

本公告自2011年2月1日起执行。此前执行与本公告不一致的，按照本公告的规定调整。

特此公告。

《财政部　国家税务总局关于软件产品增值税政策的通知》(财税〔2011〕100号)

各省、自治区、直辖市、计划单列市财政厅(局)、国家税务局、地方税务局，新疆生产建设兵团财务局：

为落实《国务院关于印发进一步鼓励软件产业和集成电路产业发展若干政策的通知》(国发〔2011〕4号)的有关精神，进一步促进软件产业发展，推动我国信息化建设，现将软件产品增值税政策通知如下：

一、软件产品增值税政策

(一)增值税一般纳税人销售其自行开发生产的软件产品，按17%税率征收增值税后，对其增值税实际税负超过3%的部分实行即征即退政策。

(二)增值税一般纳税人将进口软件产品进行本地化改造后对外销售，其销售的软件产品可享受本条第一款规定的增值税即征即退政策。

本地化改造是指对进口软件产品进行重新设计、改进、转换等，单纯对进口软件产品进行汉字化处理不包括在内。

(三)纳税人受托开发软件产品，著作权属于受托方的征收增值税，著作权属于委托方或属于双方共同拥有的不征收增值税；对经过国家版权局注册登记，纳税人在销售时一并转让著作权、所有权的，不征收增值税。

二、软件产品界定及分类

本通知所称软件产品，是指信息处理程序及相关文档和数据。软件产品包括计算机软件产品、信息系统和嵌入式软件产品。嵌入式软件产品是指嵌入在计算机硬件、机器设备中并随其一并销售，构成计算机硬件、机器设备组成部分的软件产品。

三、满足下列条件的软件产品，经主管税务机关审核批准，可以享受本通知规定的增值税政策：

1.取得省级软件产业主管部门认可的软件检测机构出具的检测证明材料；

2.取得软件产业主管部门颁发的《软件产品登记证书》或著作权行政管理部门颁发的《计算机软件著作权登记证书》。

四、软件产品增值税即征即退税额的计算

（一）软件产品增值税即征即退税额的计算方法：

即征即退税额＝当期软件产品增值税应纳税额－当期软件产品销售额×3%

当期软件产品增值税应纳税额＝当期软件产品销项税额－当期软件产品可抵扣进项税额

当期软件产品销项税额＝当期软件产品销售额×17%

（二）嵌入式软件产品增值税即征即退税额的计算：

1. 嵌入式软件产品增值税即征即退税额的计算方法

即征即退税额＝当期嵌入式软件产品增值税应纳税额－当期嵌入式软件产品销售额×3%

当期嵌入式软件产品增值税应纳税额＝当期嵌入式软件产品销项税额－当期嵌入式软件产品可抵扣进项税额

当期嵌入式软件产品销项税额＝当期嵌入式软件产品销售额×17%

2. 当期嵌入式软件产品销售额的计算公式

当期嵌入式软件产品销售额＝当期嵌入式软件产品与计算机硬件、机器设备销售额合计－当期计算机硬件、机器设备销售额

计算机硬件、机器设备销售额按照下列顺序确定：

①按纳税人最近同期同类货物的平均销售价格计算确定；

②按其他纳税人最近同期同类货物的平均销售价格计算确定；

③按计算机硬件、机器设备组成计税价格计算确定。

计算机硬件、机器设备组成计税价格＝计算机硬件、机器设备成本×（1+10%）。

五、按照上述办法计算，即征即退税额大于零时，税务机关应按规定，及时办理退税手续。

六、增值税一般纳税人在销售软件产品的同时销售其他货物或者应税劳务的，对于无法划分的进项税额，应按照实际成本或销售收入比例确定软件产品应分摊的进项税额；对专用于软件产品开发生产设备及工具的进项税额，不得进行分摊。纳税人应将选定的分摊方式报主管税务机关备案，并自备案之日起一年内不得变更。

专用于软件产品开发生产的设备及工具，包括但不限于用于软件设计的计算机设备、读写打印器具设备、工具软件、软件平台和测试设备。

七、对增值税一般纳税人随同计算机硬件、机器设备一并销售嵌入式软件产品，如果适用本通知规定按照组成计税价格计算确定计算机硬件、机器设备销售额的，应当分别核算嵌入式软件产品与计算机硬件、机器设备部分的成本。凡未分别核算或者核算不清的，不得享受本通知规定的增值税政策。

八、各省、自治区、直辖市、计划单列市税务机关可根据本通知规定，制定软件产品增值税即征即退的管理办法。主管税务机关可对享受本通知规定增值税政策的纳税人进行定期或不定期检查。纳税人凡弄虚作假骗取享受本通知规定增值税政策的，税务机关除根据现行规定进行处罚外，自发生上述违法违规行为年度起，取消其享受本通知规定增值税政策的资格，纳税人三年内不得再次申请。

九、本通知自 2011 年 1 月 1 日起执行。《财政部 国家税务总局关于贯彻落实〈中共中央 国务院关于加强技术创新，发展高科技，实现产业化的决定〉有关税收问题的通知》（财税字〔1999〕273 号）第一条、《财政部 国家税务总局 海关总署关于鼓励软件产业和集成电路产业发展有关税收政策问题的通知》（财税〔2000〕25 号）第一条第一款、《国家税务总局关于明确电子出版物属于软件征税范围的通知》（国税函〔2000〕168 号）、《财政部 国家税务总局关于增值税若干政策的通知》（财税〔2005〕165 号）第十一条第一款和第三款、《财政部 国家税务总局关于嵌入式软件增值税政策问题的通知》（财税〔2006〕174 号）、《财政部 国家税务总局关于嵌入式软件增值税政策的通知》（财税〔2008〕92 号）、《财政部 国家税务总局关于扶持动漫产业发展有关税收政策问题的通知》（财税〔2009〕65 号）第一条同时废止。

《国家税务总局关于纳税人既享受增值税即征即退 先征后退政策又享受免抵退税政策有关问题的公告》（国家税务总局公告 2011 年第 69 号）

现将纳税人既享受增值税即征即退、先征后退政策又享受免抵退税政策有关问题公告如下：

一、纳税人既有增值税即征即退、先征后退项目，也有出口等其他增值税应税项目的，增值税即征即退和先征后退项目不参与出口项目免抵退税计算。纳税人应分别核算增值税即征即退、先征后退项目和出口等其他增值税应税项目，分别申请享受增值税即征即退、先征后退和免抵退税政策。

二、用于增值税即征即退或者先征后退项目的进项税额无法划分的，按照下列公式计算：

无法划分进项税额中用于增值税即征即退或者先征后退项目的部分＝当月无法划分的全部进项税额×当月增值税即征即退或者先征后退项目销售额÷当月全部销售额、营业额合计

本公告自 2012 年 1 月 1 日起执行。《国家税务总局关于飞机维修业务增值税问题的批复》（国税函〔2008〕842 号）、《国家税务总局关于飞机维修业务增值税处理方式的公告》（2011 年第 5 号）同时废止。

《财政部　国家税务总局关于免征储备大豆增值税政策的通知》（财税〔2014〕38号）

各省、自治区、直辖市、计划单列市财政厅（局）、国家税务局，新疆生产建设兵团财务局：

经国务院批准，现就储备大豆增值税政策通知如下：

一、《财政部　国家税务总局关于粮食企业增值税征免问题的通知》（财税字〔1999〕198号）第一条规定的增值税免税政策适用范围由粮食扩大到粮食和大豆，并可对免税业务开具增值税专用发票。

二、本通知自2014年5月1日起执行。本通知执行前发生的大豆销售行为，税务机关已处理的，不再调整；尚未处理的，按本通知第一条规定执行。

《国家税务总局关于明确部分增值税优惠政策审批事项取消后有关管理事项的公告》（国家税务总局公告2015年第38号）

《国务院关于取消和调整一批行政审批项目等事项的决定》（国发〔2015〕11号），拍卖行拍卖免税货物免征增值税等5项增值税优惠政策执行中涉及的审核、审批工作程序已取消，现就其后续管理事项公告如下：

一、纳税人享受下列增值税优惠政策，其涉及的税收审核、审批工作程序取消，改为备案管理。

（一）承担粮食收储任务的国有粮食企业、经营免税项目的其他粮食经营企业以及有政府储备食用植物油销售业务企业免征增值税的审核。

（二）拍卖行拍卖免税货物免征增值税的审批。

（三）随军家属就业免征增值税的审批。

（四）自主择业的军队转业干部就业免征增值税的审批。

（五）自谋职业的城镇退役士兵就业免征增值税的审批。

二、纳税人享受上述增值税优惠政策，按以下规定办理备案手续。

（一）纳税人应在享受税收优惠政策的首个纳税申报期内，将备案材料作为申报资料的一部分，一并提交主管税务机关。

每一个纳税期内，拍卖行发生拍卖免税货物业务，均应在办理纳税申报时，向主管税务机关履行免税备案手续。

（二）纳税人在符合减免税条件期间内，备案资料内容不发生变化的，可进行一次性备案。

（三）纳税人提交的备案资料内容发生变化，如仍符合减免税规定，应在发生变化的次月纳税申报期内，向主管税务机关进行变更备案。如不再符合减免税规定，应当停止享受减免税，按照规定进行纳税申报。

三、纳税人对备案资料的真实性和合法性承担责任。

四、纳税人提交备案资料包括以下内容：

（一）减免税的项目、依据、范围、期限等；

（二）减免税依据的相关法律、法规、规章和规范性文件要求报送的材料。

五、主管税务机关对纳税人提供的备案材料的完整性进行审核，不改变纳税人真实申报的责任。

六、本公告施行前，纳税人享受上述增值税优惠政策已经履行了相关审核、审批程序的，可不再办理资料备案。但本公告施行后，纳税人减免税条件、内容发生改变的，则应按本公告规定，向主管税务机关提交备案资料，办理享受优惠政策备案手续。

七、各省、自治区、直辖市和计划单列市国家税务局，可按本公告规定，补充制定本地区上述增值税优惠政策涉及的税收审核、审批工作程序取消后的后续管理措施。

八、本公告自公布之日起施行。《财政部 国家税务总局关于粮食企业增值税征免问题的通知》（财税字〔1999〕198号）第五条中"承担粮食收储任务的国有粮食购销企业和经营本通知所列免税项目的其他粮食经营企业，以及有政府储备食用植物油销售业务的企业，均需经主管税务机关审核认定免税资格，未报经主管税务机关审核认定，不得免税"及"经国家税务局审核无误后予以免税"内容同时废止。

《国家税务总局关于拍卖行取得的拍卖收入征收增值税、营业税有关问题的通知》（国税发〔1999〕40号）第一条中"经拍卖行所在地县级主管税务机关批准"内容同时废止。

《财政部 国家税务总局关于将铁路运输和邮政业纳入营业税改征增值税试点的通知》（财税〔2013〕106号）附件3第一条第（十）款中"但税务部门应当进行相应的审查认定"、第（十一）款中"经主管税务机关批准"和第（十二）款中"税务机关审核"内容同时废止。

《国家税务总局关于国有粮食购销企业销售粮食免征增值税审批事项取消后有关管理事项的公告》（国家税务总局公告2015年第42号）

根据《国务院关于取消和调整一批行政审批项目等事项的决定》（国发〔2015〕11号），承担粮食收储任务的国有粮食购销企业销售粮食免征增值税的审核确定工作程序已取消。经商财政部、国家粮食局①，现将其后续管理事项公告如下：

一、承担粮食收储任务的国有粮食购销企业销售粮食享受免征增值税优惠政策时，其涉及的审核确定工作程序取消，改为备案管理。

二、享受免征增值税优惠政策的国有粮食购销企业（以下统称纳税人），按以下规定，分别向所在地县（市）税务局及同级粮食管理部门备案。

---

① 2018年改为国家粮食和物资储备局。

(一)纳税人应在享受税收优惠政策的首个纳税申报期内,将备案材料送所在地县(市)国家税务局及同级粮食管理部门备案。

(二)纳税人在符合减免税条件期间内,备案资料内容不发生变化的,可进行一次性备案。

(三)纳税人提交的备案资料内容发生变化,如仍符合免税规定,应在发生变化的次月纳税申报期内,向所在地县(市)国家税务局及同级粮食管理部门进行变更备案。如不再符合免税规定,应当停止享受免税,按照规定进行纳税申报。

三、纳税人对备案资料的真实性和合法性承担责任。

四、纳税人提交的备案资料包括以下内容:

(一)免税的项目、依据、范围、期限等;

(二)免税依据的相关法律、法规、规章和规范性文件要求报送的材料。

五、所在地县(市)税务局及同级粮食管理部门对纳税人提供的备案材料的完整性进行审核,不改变纳税人真实申报的责任。

六、本公告施行前,纳税人享受免征增值税优惠政策已经履行了相关审核确定程序的,可不再办理资料备案。但本公告施行后,纳税人免税条件、内容发生改变的,则应按本公告规定,重新办理享受优惠政策备案手续。

七、各省、自治区、直辖市和计划单列市税务局,可按本公告规定,补充制定本地区承担粮食收储任务的国有粮食购销企业享受免征增值税优惠政策审核确定工作程序取消后的后续管理措施。

八、本公告自公布之日起施行。《财政部 国家税务总局关于粮食企业增值税征免问题的通知》(财税字〔1999〕198号)第一条中"免征增值税的国有粮食购销企业,由县(市)国家税务局会同同级财政、粮食部门审核确定"内容同时废止。

特此公告。

《国家税务总局关于纳税人资产重组有关增值税问题的公告》(国家税务总局公告2011年第13号)

根据《中华人民共和国增值税暂行条例》及其实施细则的有关规定,现将纳税人资产重组有关增值税问题公告如下:

纳税人在资产重组过程中,通过合并、分立、出售、置换等方式,将全部或者部分实物资产以及与其相关联的债权、负债和劳动力一并转让给其他单位和个人,不属于增值税的征税范围,其中涉及的货物转让,不征收增值税。

本公告自2011年3月1日起执行。此前未作处理的,按照本公告的规定执行。《国家税务总局关于转让企业全部产权不征收增值税问题的批复》(国税函〔2002〕420号)、《国家税务总局关于纳税人资产重组有关增值税政策问题的批复》(国税函

〔2009〕585号）、《国家税务总局关于中国直播卫星有限公司转让全部产权有关增值税问题的通知》（国税函〔2010〕350号）同时废止。

特此公告。

《国家税务总局关于纳税人资产重组有关增值税问题的公告》（国家税务总局公告2013年第66号）

现将纳税人资产重组有关增值税问题公告如下：

纳税人在资产重组过程中，通过合并、分立、出售、置换等方式，将全部或者部分实物资产以及与其相关联的债权、负债经多次转让后，最终的受让方与劳动力接收方为同一单位和个人的，仍适用《国家税务总局关于纳税人资产重组有关增值税问题的公告》（国家税务总局公告2011年第13号）的相关规定，其中货物的多次转让行为均不征收增值税。资产的出让方需将资产重组方案等文件资料报其主管税务机关。

本公告自2013年12月1日起施行。纳税人此前已发生并处理的事项，不再做调整；未处理的，按本公告规定执行。

特此公告。

《财政部 国家税务总局关于新型墙体材料增值税政策的通知》（财税〔2015〕73号）

各省、自治区、直辖市、计划单列市财政厅（局）、国家税务局，新疆生产建设兵团财务局：

为加快推广新型墙体材料，促进能源节约和耕地保护，现就部分新型墙体材料增值税政策明确如下：

一、对纳税人销售自产的列入本通知所附《享受增值税即征即退政策的新型墙体材料目录》（以下简称《目录》）的新型墙体材料，实行增值税即征即退50%的政策。

二、纳税人销售自产的《目录》所列新型墙体材料，其申请享受本通知规定的增值税优惠政策时，应同时符合下列条件：

（一）销售自产的新型墙体材料，不属于国家发展和改革委员会《产业结构调整指导目录》中的禁止类、限制类项目。

（二）销售自产的新型墙体材料，不属于环境保护部①《环境保护综合名录》中的"高污染、高环境风险"产品或者重污染工艺。

（三）纳税信用等级不属于税务机关评定的C级或D级。

纳税人在办理退税事宜时，应向主管税务机关提供其符合上述条件的书面声明材料，未提供书面声明材料或者出具虚假材料的，税务机关不得给予退税。

三、已享受本通知规定的增值税即征即退政策的纳税人，自不符合本通知第二条规定条件的次月起，不再享受本通知规定的增值税即征即退政策。

---

① 2018年改为生态环境部。

四、纳税人应当单独核算享受本通知规定的增值税即征即退政策的新型墙体材料的销售额和应纳税额。未按规定单独核算的，不得享受本通知规定的增值税即征即退政策。

五、各省、自治区、直辖市、计划单列市税务机关应于每年2月底之前在其网站上，将享受本通知规定的增值税即征即退政策的纳税人按下列项目予以公示：纳税人名称、纳税人识别号、新型墙体材料的名称。

六、已享受本通知规定的增值税即征即退政策的纳税人，因违反税收、环境保护的法律法规受到处罚（警告或单次1万元以下罚款除外），自处罚决定下达的次月起36个月内，不得享受本通知规定的增值税即征即退政策。

七、《目录》所列新型墙体材料适用的国家标准、行业标准，如在执行过程中有更新、替换，统一按新的国家标准、行业标准执行。

八、本通知自2015年7月1日起执行。

附件：享受增值税即征即退政策的新型墙体材料目录

附件：

享受增值税即征即退政策的新型墙体材料目录

一、砖类

（一）非粘土烧结多孔砖（符合GB 13544—2011技术要求）和非粘土烧结空心砖（符合GB 13545—2014技术要求）

（二）承重混凝土多孔砖（符合GB 25779—2010技术要求）和非承重混凝土空心砖（符合GB/T 24492—2009技术要求）

（三）蒸压粉煤灰多孔砖（符合GB 26541—2011技术要求）、蒸压泡沫混凝土砖（符合GB/T 29062—2012技术要求）。

（四）烧结多孔砖（仅限西部地区，符合GB 13544—2011技术要求）和烧结空心砖（仅限西部地区，符合GB 13545—2014技术要求）。

二、砌块类

（一）普通混凝土小型空心砌块（符合GB/T 8239—2014技术要求）。

（二）轻集料混凝土小型空心砌块（符合GB/T 15229—2011技术要求）。

（三）烧结空心砌块（以煤矸石、江河湖淤泥、建筑垃圾、页岩为原料，符合GB 13545—2014技术要求）和烧结多孔砌块（以页岩、煤矸石、粉煤灰、江河湖淤泥及其他固体废弃物为原料，符合GB 13544—2011技术要求）

（四）蒸压加气混凝土砌块（符合GB 11968—2006技术要求）、蒸压泡沫混凝土砌块（符合GB/T 29062—2012技术要求）。

（五）石膏砌块（以脱硫石膏、磷石膏等化学石膏为原料，符合JC/T 698—2010技术要求)。

(六)粉煤灰混凝土小型空心砌块(符合JC/T 862—2008技术要求)。

三、板材类

(一)蒸压加气混凝土板(符合GB 15762—2008技术要求)。

(二)建筑用轻质隔墙条板(符合GB/T 23451—2009①技术要求)和建筑隔墙用保温条板(符合GB/T 23450—2009技术要求)。

(三)外墙外保温系统用钢丝网架模塑聚苯乙烯板(符合GB 26540—2011技术要求)。

(四)石膏空心条板(符合JC/T 829—2010技术要求)。

(五)玻璃纤维增强水泥轻质多孔隔墙条板(简称GRC板,符合GB/T 19631—2005技术要求)。

(六)建筑用金属面绝热夹芯板(符合GB/T 23932—2009技术要求)。

(七)建筑平板。其中:纸面石膏板(符合GB/T 9775—2008技术要求);纤维增强硅酸钙板(符合JC/T 564.1—2008、JC/T 564.2—2008技术要求);纤维增强低碱度水泥建筑平板(符合JC/T 626—2008技术要求);维纶纤维增强水泥平板(符合JC/T 671—2008技术要求);纤维水泥平板(符合JC/T 412.1—2006、JC/T 412.2—2006技术要求)。②

四、符合国家标准、行业标准和地方标准的混凝土砖、烧结保温砖(砌块)(以页岩、煤矸石、粉煤灰、江河湖淤泥及其他固体废弃物为原料,加入成孔材料焙烧而成)、中空钢网内模隔墙、复合保温砖(砌块)、预制复合墙板(体)、聚氨酯硬泡复合板及以专用聚氨酯为材料的建筑墙体。

《财政部 国家税务总局关于风力发电增值税政策的通知》(财税〔2015〕74号)

各省、自治区、直辖市、计划单列市财政厅(局)、国家税务局,新疆生产建设兵团财务局:

为鼓励利用风力发电,促进相关产业健康发展,现将风力发电增值税政策通知如下:

自2015年7月1日起,对纳税人销售自产的利用风力生产的电力产品,实行增值税即征即退50%的政策。

《营业税改征增值税试点过渡政策的规定》(财税〔2016〕36号附件3)

一、下列项目免征增值税

(一)托儿所、幼儿园提供的保育和教育服务。

托儿所、幼儿园,是指经县级以上教育部门审批成立、取得办园许可证的实施0—6岁

---

① 《建筑用轻质隔墙条板》(GB/T 23451—2009)于2024年4月2日废止,被《建筑用轻质隔墙条板》(GB/T 23451—2023)替代。

② JC/T 564.1—2008、JC/T 564.2—2008、JC/T 412.1—2006、JC/T 412.2—2006于2018年9月1日废止,分别被2018年版本替代。

学前教育的机构，包括公办和民办的托儿所、幼儿园、学前班、幼儿班、保育院、幼儿院。

公办托儿所、幼儿园免征增值税的收入是指，在省级财政部门和价格主管部门审核报省级人民政府批准的收费标准以内收取的教育费、保育费。

民办托儿所、幼儿园免征增值税的收入是指，在报经当地有关部门备案并公示的收费标准范围内收取的教育费、保育费。

超过规定收费标准的收费，以开办实验班、特色班和兴趣班等为由另外收取的费用以及与幼儿入园挂钩的赞助费、支教费等超过规定范围的收入，不属于免征增值税的收入。

（二）养老机构提供的养老服务。

养老机构，是指依照民政部《养老机构设立许可办法》（民政部令第48号）设立并依法办理登记的为老年人提供集中居住和照料服务的各类养老机构；养老服务，是指上述养老机构按照民政部《养老机构管理办法》（民政部令第49号）的规定，为收住的老年人提供的生活照料、康复护理、精神慰藉、文化娱乐等服务。

（三）残疾人福利机构提供的育养服务。

（四）婚姻介绍服务。

（五）殡葬服务。

殡葬服务，是指收费标准由各地价格主管部门会同有关部门核定，或者实行政府指导价管理的遗体接运（含抬尸、消毒）、遗体整容、遗体防腐、存放（含冷藏）、火化、骨灰寄存、吊唁设施设备租赁、墓穴租赁及管理等服务。

（六）残疾人员本人为社会提供的服务。

（七）医疗机构提供的医疗服务。

医疗机构，是指依据国务院《医疗机构管理条例》（国务院令第149号）及卫生部[①]《医疗机构管理条例实施细则》（卫生部令第35号）的规定，经登记取得《医疗机构执业许可证》的机构，以及军队、武警部队各级各类医疗机构。具体包括：各级各类医院、门诊部（所）、社区卫生服务中心（站）、急救中心（站）、城乡卫生院、护理院（所）、疗养院、临床检验中心，各级政府及有关部门举办的卫生防疫站（疾病控制中心）、各种专科疾病防治站（所），各级政府举办的妇幼保健所（站）、母婴保健机构、儿童保健机构，各级政府举办的血站（血液中心）等医疗机构。

本项所称的医疗服务，是指医疗机构按照不高于地（市）级以上价格主管部门会同同级卫生主管部门及其他相关部门制定的医疗服务指导价格（包括政府指导价和按照规定由供需双方协商确定的价格等）为就医者提供《全国医疗服务价格项目规范》所列的

---

① 2013年改为国家卫计委，2018年改为国家卫生健康委员会。

各项服务，以及医疗机构向社会提供卫生防疫、卫生检疫的服务。

（八）从事学历教育的学校提供的教育服务。

1. 学历教育，是指受教育者经过国家教育考试或者国家规定的其他入学方式，进入国家有关部门批准的学校或者其他教育机构学习，获得国家承认的学历证书的教育形式。具体包括：

（1）初等教育：普通小学、成人小学。

（2）初级中等教育：普通初中、职业初中、成人初中。

（3）高级中等教育：普通高中、成人高中和中等职业学校（包括普通中专、成人中专、职业高中、技工学校）。

（4）高等教育：普通本专科、成人本专科、网络本专科、研究生（博士、硕士）、高等教育自学考试、高等教育学历文凭考试。

2. 从事学历教育的学校，是指：

（1）普通学校。

（2）经地（市）级以上人民政府或者同级政府的教育行政部门批准成立、国家承认其学员学历的各类学校。

（3）经省级及以上人力资源社会保障行政部门批准成立的技工学校、高级技工学校。

（4）经省级人民政府批准成立的技师学院。

上述学校均包括符合规定的从事学历教育的民办学校，但不包括职业培训机构等国家不承认学历的教育机构。

3. 提供教育服务免征增值税的收入，是指对列入规定招生计划的在籍学生提供学历教育服务取得的收入，具体包括：经有关部门审核批准并按规定标准收取的学费、住宿费、课本费、作业本费、考试报名费收入，以及学校食堂提供餐饮服务取得的伙食费收入。除此之外的收入，包括学校以各种名义收取的赞助费、择校费等，不属于免征增值税的范围。

学校食堂是指依照《学校食堂与学生集体用餐卫生管理规定》（教育部令第14号）管理的学校食堂。

（九）学生勤工俭学提供的服务。

（十）农业机耕、排灌、病虫害防治、植物保护、农牧保险以及相关技术培训业务，家禽、牲畜、水生动物的配种和疾病防治。

农业机耕，是指在农业、林业、牧业中使用农业机械进行耕作（包括耕耘、种植、收割、脱粒、植物保护等）的业务；排灌，是指对农田进行灌溉或者排涝的业务；病虫害防治，是指从事农业、林业、牧业、渔业的病虫害测报和防治的业务；农牧保险，是指为种植业、养殖业、牧业种植和饲养的动植物提供保险的业务；相关技术培训，是指与农业机耕、排灌、病虫害防治、植物保护业务相关以及为使农民获得农牧保险知识的技术培训业务；家禽、牲畜、水生动物的配种和疾病防治业务的免税范围，包括与该项服务有关的提供药品和医疗用具的业务。

（十一）纪念馆、博物馆、文化馆、文物保护单位管理机构、美术馆、展览馆、书画院、图书馆在自己的场所提供文化体育服务取得的第一道门票收入。

（十二）寺院、宫观、清真寺和教堂举办文化、宗教活动的门票收入。

（十三）行政单位之外的其他单位收取的符合《试点实施办法》第十条规定条件的政府性基金和行政事业性收费。

（十四）个人转让著作权。

（十五）个人销售自建自用住房。

（十六）2018年12月31日前，公共租赁住房经营管理单位出租公共租赁住房。

公共租赁住房，是指纳入省、自治区、直辖市、计划单列市人民政府及新疆生产建设兵团批准的公共租赁住房发展规划和年度计划，并按照《关于加快发展公共租赁住房的指导意见》（建保〔2010〕87号）和市、县人民政府制定的具体管理办法进行管理的公共租赁住房。

（十七）台湾航运公司、航空公司从事海峡两岸海上直航、空中直航业务在大陆取得的运输收入。

台湾航运公司，是指取得交通运输部颁发的"台湾海峡两岸间水路运输许可证"且该许可证上注明的公司登记地址在台湾的航运公司。

台湾航空公司，是指取得中国民用航空局颁发的"经营许可"或者依据《海峡两岸空运协议》和《海峡两岸空运补充协议》规定，批准经营两岸旅客、货物和邮件不定期（包机）运输业务，且公司登记地址在台湾的航空公司。

（十八）纳税人提供的直接或者间接国际货物运输代理服务。

1.纳税人提供直接或者间接国际货物运输代理服务，向委托方收取的全部国际货物运输代理服务收入，以及向国际运输承运人支付的国际运输费用，必须通过金融机构进行结算。

2.纳税人为大陆与香港、澳门、台湾地区之间的货物运输提供的货物运输代理服务参照国际货物运输代理服务有关规定执行。

3.委托方索取发票的，纳税人应当就国际货物运输代理服务收入向委托方全额开具增值税普通发票。

（十九）以下利息收入。

1.2016年12月31日前，金融机构农户小额贷款。

小额贷款，是指单笔且该农户贷款余额总额在10万元（含本数）以下的贷款。

所称农户，是指长期（一年以上）居住在乡镇（不包括城关镇）行政管理区域内的住户，还包括长期居住在城关镇所辖行政村范围内的住户和户口不在本地而在本地居住一年以上的住户，国有农场的职工和农村个体工商户。位于乡镇（不包括城关镇）行政管理区域内和在城关镇所辖行政村范围内的国有经济的机关、团体、学校、企事业单位的集体户；有本地户口，但举家外出谋生一年以上的住户，无论是否保留承包耕地均不属于农户。农户以户为统计单位，既可以从事农业生产经营，也可以从事非农业生产经营。农户贷款的判定应以贷款发放时的承贷主体是否属于农户为准。

2. 国家助学贷款。

3. 国债、地方政府债。

4. 人民银行对金融机构的贷款。

5. 住房公积金管理中心用住房公积金在指定的委托银行发放的个人住房贷款。

6. 外汇管理部门在从事国家外汇储备经营过程中，委托金融机构发放的外汇贷款。

7. 统借统还业务中，企业集团或企业集团中的核心企业以及集团所属财务公司按不高于支付给金融机构的借款利率水平或者支付的债券票面利率水平，向企业集团或者集团内下属单位收取的利息。

统借方向资金使用单位收取的利息，高于支付给金融机构借款利率水平或者支付的债券票面利率水平的，应全额缴纳增值税。

统借统还业务，是指：

（1）企业集团或者企业集团中的核心企业向金融机构借款或对外发行债券取得资金后，将所借资金分拨给下属单位（包括独立核算单位和非独立核算单位，下同），并向下属单位收取用于归还金融机构或债券购买方本息的业务。

（2）企业集团向金融机构借款或对外发行债券取得资金后，由集团所属财务公司与企业集团或者集团内下属单位签订统借统还贷款合同并分拨资金，并向企业集团或者集团内下属单位收取本息，再转付企业集团，由企业集团统一归还金融机构或债券购买方的业务。

（二十）被撤销金融机构以货物、不动产、无形资产、有价证券、票据等财产清偿债务。

被撤销金融机构，是指经人民银行、银监会依法决定撤销的金融机构及其分设于各地的分支机构，包括被依法撤销的商业银行、信托投资公司、财务公司、金融租赁公司、城市信用社和农村信用社。除另有规定外，被撤销金融机构所属、附属企业，不享受被撤销金融机构增值税免税政策。

（二十一）保险公司开办的一年期以上人身保险产品取得的保费收入。

一年期以上人身保险，是指保险期间为一年期及以上返还本利的人寿保险、养老年金保险，以及保险期间为一年期及以上的健康保险。

人寿保险，是指以人的寿命为保险标的的人身保险。

养老年金保险，是指以养老保障为目的，以被保险人生存为给付保险金条件，并按约定的时间间隔分期给付生存保险金的人身保险。养老年金保险应当同时符合下列条件：

1. 保险合同约定给付被保险人生存保险金的年龄不得小于国家规定的退休年龄。

2. 相邻两次给付的时间间隔不得超过一年。

健康保险，是指以因健康原因导致损失为给付保险金条件的人身保险。

上述免税政策实行备案管理，具体备案管理办法按照《国家税务总局关于一年期以上返还性人身保险产品免征营业税审批事项取消后有关管理问题的公告》（国家税务总局公告2015年第65号）规定执行。

（二十二）下列金融商品转让收入。

1. 合格境外投资者（QFII）委托境内公司在我国从事证券买卖业务。

2. 香港市场投资者（包括单位和个人）通过沪港通买卖上海证券交易所上市A股。

3. 对香港市场投资者（包括单位和个人）通过基金互认买卖内地基金份额。

4. 证券投资基金（封闭式证券投资基金，开放式证券投资基金）管理人运用基金买卖股票、债券。

5. 个人从事金融商品转让业务。

（二十三）金融同业往来利息收入。

1. 金融机构与人民银行所发生的资金往来业务。包括人民银行对一般金融机构贷款，以及人民银行对商业银行的再贴现等。

2. 银行联行往来业务。同一银行系统内部不同行、处之间所发生的资金账务往来业务。

3. 金融机构间的资金往来业务。是指经人民银行批准，进入全国银行间同业拆借市场的金融机构之间通过全国统一的同业拆借网络进行的短期（一年以下含一年）无担保资金融通行为。

4. 金融机构之间开展的转贴现业务。

金融机构是指：

（1）银行：包括人民银行、商业银行、政策性银行。

（2）信用合作社。

（3）证券公司。

（4）金融租赁公司、证券基金管理公司、财务公司、信托投资公司、证券投资基金。

（5）保险公司。

（6）其他经人民银行、银监会、证监会、保监会批准成立且经营金融保险业务的机构等。

（二十四）同时符合下列条件的担保机构从事中小企业信用担保或者再担保业务取得的收入（不含信用评级、咨询、培训等收入）3年内免征增值税：

1. 已取得监管部门颁发的融资性担保机构经营许可证，依法登记注册为企（事）业法人，实收资本超过2 000万元。

2. 平均年担保费率不超过银行同期贷款基准利率的50%。平均年担保费率＝本期担保费收入／（期初担保余额＋本期增加担保金额）×100%。

3. 连续合规经营2年以上，资金主要用于担保业务，具备健全的内部管理制度和为中小企业提供担保的能力，经营业绩突出，对受保项目具有完善的事前评估、事中监控、事后追偿与处置机制。

4. 为中小企业提供的累计担保贷款额占其两年累计担保业务总额的80%以上，单笔800万元以下的累计担保贷款额占其累计担保业务总额的50%以上。

5. 对单个受保企业提供的担保余额不超过担保机构实收资本总额的10%，且平均单笔担保责任金额最多不超过3 000万元人民币。

6. 担保责任余额不低于其净资产的3倍，且代偿率不超过2%。

担保机构免征增值税政策采取备案管理方式。符合条件的担保机构应到所在地县（市）主管税务机关和同级中小企业管理部门履行规定的备案手续，自完成备案手续之日起，享受3年免征增值税政策。3年免税期满后，符合条件的担保机构可按规定程序办理备案手续后继续享受该项政策。

具体备案管理办法按照《国家税务总局关于中小企业信用担保机构免征营业税审批事项取消后有关管理问题的公告》（国家税务总局公告2015年第69号）规定执行，其中税务机关的备案管理部门统一调整为县（市）级国家税务局。

（二十五）国家商品储备管理单位及其直属企业承担商品储备任务，从中央或者地方财政取得的利息补贴收入和价差补贴收入。

国家商品储备管理单位及其直属企业，是指接受中央、省、市、县四级政府有关部门（或者政府指定管理单位）委托，承担粮（含大豆）、食用油、棉、糖、肉、盐（限于中央储备）等6种商品储备任务，并按有关政策收储、销售上述6种储备商品，取得财政储备经费或者补贴的商品储备企业。利息补贴收入，是指国家商品储备管理单位及其直属企业因承担上述商品储备任务从金融机构贷款，并从中央或者地方财政取得的用于偿还贷款利息的贴息收入。价差补贴收入包括销售价差补贴收入和轮换价差补贴收入。销售价差补贴收入，是指按照中央或者地方政府指令销售上述储备商品时，由于销售收入小于库存成本而从中央或者地方财政获得的全额价差补贴收入。轮换价差补贴收入，是指根据要求定期组织政策性储备商品轮换而从中央或者地方财政取得的商品新陈品质价差补贴收入。

（二十六）纳税人提供技术转让、技术开发和与之相关的技术咨询、技术服务。

1. 技术转让、技术开发，是指《销售服务、无形资产、不动产注释》中"转让技术""研发服务"范围内的业务活动。技术咨询，是指就特定技术项目提供可行性论证、技术预测、专题技术调查、分析评价报告等业务活动。

与技术转让、技术开发相关的技术咨询、技术服务，是指转让方（或者受托方）根据技术转让或者开发合同的规定，为帮助受让方（或者委托方）掌握所转让（或者委托开发）的技术，而提供的技术咨询、技术服务业务，且这部分技术咨询、技术服务的价款与技术转让或者技术开发的价款应当在同一张发票上开具。

2. 备案程序。试点纳税人申请免征增值税时，须持技术转让、开发的书面合同，到纳税人所在地省级科技主管部门进行认定，并持有关的书面合同和科技主管部门审核意见证明文件报主管税务机关备查。

（二十七）同时符合下列条件的合同能源管理服务：

1. 节能服务公司实施合同能源管理项目相关技术，应当符合国家质量监督检验检疫总①局和国家标准化管理委员会发布的《合同能源管理技术通则》（GB/T 24915—2010）②规定的技术要求。

2. 节能服务公司与用能企业签订节能效益分享型合同，其合同格式和内容，符合《中华人民共和国合同法》和《合同能源管理技术通则》（GB/T 24915—2010）等规定。

（二十八）2017年12月31日前，科普单位的门票收入，以及县级及以上党政部门和科协开展科普活动的门票收入。

科普单位，是指科技馆、自然博物馆，对公众开放的天文馆（站、台）、气象台（站）、地震台（站），以及高等院校、科研机构对公众开放的科普基地。

科普活动，是指利用各种传媒以浅显的、让公众易于理解、接受和参与的方式，向普通大众介绍自然科学和社会科学知识，推广科学技术的应用，倡导科学方法，传播科学思想，弘扬科学精神的活动。

（二十九）政府举办的从事学历教育的高等、中等和初等学校（不含下属单位），举办进修班、培训班取得的全部归该学校所有的收入。

全部归该学校所有，是指举办进修班、培训班取得的全部收入进入该学校统一账户，并纳入预算全额上缴财政专户管理，同时由该学校对有关票据进行统一管理和开具。

---

① 2018年3月，根据第十三届全国人民代表大会第一次会议批准的国务院机构改革方案，将国家质量监督检验检疫总局的职责整合，组建中华人民共和国国家市场监督管理总局；将国家质量监督检验检疫总局的出入境检验检疫管理职责和队伍划入海关总署；将国家质量监督检验检疫总局的原产地地理标志管理职责整合，重新组建中华人民共和国国家知识产权局；不再保留中华人民共和国国家质量监督检验检疫总局。

② 《合同能源管理技术通则》（GB/T 24915—2010）已废止，现行版本为《合同能源管理技术通则》（GB/T 24915—2020）。

举办进修班、培训班取得的收入进入该学校下属部门自行开设账户的，不予免征增值税。

（三十）政府举办的职业学校设立的主要为在校学生提供实习场所、并由学校出资自办、由学校负责经营管理、经营收入归学校所有的企业，从事《销售服务、无形资产或者不动产注释》中"现代服务"（不含融资租赁服务、广告服务和其他现代服务）、"生活服务"（不含文化体育服务、其他生活服务和桑拿、氧吧）业务活动取得的收入。

（三十一）家政服务企业由员工制家政服务员提供家政服务取得的收入。

家政服务企业，是指在企业营业执照的规定经营范围中包括家政服务内容的企业。

员工制家政服务员，是指同时符合下列3个条件的家政服务员：

1. 依法与家政服务企业签订半年及半年以上的劳动合同或者服务协议，且在该企业实际上岗工作。

2. 家政服务企业为其按月足额缴纳了企业所在地人民政府根据国家政策规定的基本养老保险、基本医疗保险、工伤保险、失业保险等社会保险。对已享受新型农村养老保险和新型农村合作医疗等社会保险或者下岗职工原单位继续为其缴纳社会保险的家政服务员，如果本人书面提出不再缴纳企业所在地人民政府根据国家政策规定的相应的社会保险，并出具其所在乡镇或者原单位开具的已缴纳相关保险的证明，可视同家政服务企业已为其按月足额缴纳了相应的社会保险。

3. 家政服务企业通过金融机构向其实际支付不低于企业所在地适用的经省级人民政府批准的最低工资标准的工资。

（三十二）福利彩票、体育彩票的发行收入。

（三十三）军队空余房产租赁收入。

（三十四）为了配合国家住房制度改革，企业、行政事业单位按房改成本价、标准价出售住房取得的收入。

（三十五）将土地使用权转让给农业生产者用于农业生产。

（三十六）涉及家庭财产分割的个人无偿转让不动产、土地使用权。

家庭财产分割，包括下列情形：离婚财产分割；无偿赠与配偶、父母、子女、祖父母、外祖父母、孙子女、外孙子女、兄弟姐妹；无偿赠与对其承担直接抚养或者赡养义务的抚养人或者赡养人；房屋产权所有人死亡，法定继承人、遗嘱继承人或者受遗赠人依法取得房屋产权。

（三十七）土地所有者出让土地使用权和土地使用者将土地使用权归还给土地所有者。

（三十八）县级以上地方人民政府或自然资源行政主管部门出让、转让或收回自然资源使用权（不含土地使用权）。

（三十九）随军家属就业。

1. 为安置随军家属就业而新开办的企业，自领取税务登记证之日起，其提供的应税服务3年内免征增值税。

享受税收优惠政策的企业，随军家属必须占企业总人数的60%（含）以上，并有军（含）以上政治和后勤机关出具的证明。

2. 从事个体经营的随军家属，自办理税务登记事项之日起，其提供的应税服务3年内免征增值税。

随军家属必须有师以上政治机关出具的可以表明其身份的证明。

按照上述规定，每一名随军家属可以享受一次免税政策。

（四十）军队转业干部就业。

1. 从事个体经营的军队转业干部，自领取税务登记证之日起，其提供的应税服务3年内免征增值税。

2. 为安置自主择业的军队转业干部就业而新开办的企业，凡安置自主择业的军队转业干部占企业总人数60%（含）以上的，自领取税务登记证之日起，其提供的应税服务3年内免征增值税。

享受上述优惠政策的自主择业的军队转业干部必须持有师以上部队颁发的转业证件。

二、增值税即征即退

（一）一般纳税人提供管道运输服务，对其增值税实际税负超过3%的部分实行增值税即征即退政策。

（二）经人民银行、银监会或者商务部批准从事融资租赁业务的试点纳税人中的一般纳税人，提供有形动产融资租赁服务和有形动产融资性售后回租服务，对其增值税实际税负超过3%的部分实行增值税即征即退政策。商务部授权的省级商务主管部门和国家经济技术开发区批准的从事融资租赁业务和融资性售后回租业务的试点纳税人中的一般纳税人，2016年5月1日后实收资本达到1.7亿元的，从达到标准的当月起按照上述规定执行；2016年5月1日后实收资本未达到1.7亿元但注册资本达到1.7亿元的，在2016年7月31日前仍可按照上述规定执行，2016年8月1日后开展的有形动产融资租赁业务和有形动产融资性售后回租业务不得按照上述规定执行。

（三）本规定所称增值税实际税负，是指纳税人当期提供应税服务实际缴纳的增值税额占纳税人当期提供应税服务取得的全部价款和价外费用的比例。

三、扣减增值税规定

（一）退役士兵创业就业。

1. 对自主就业退役士兵从事个体经营的，在3年内按每户每年8 000元为限额依次扣减其当年实际应缴纳的增值税、城市维护建设税、教育费附加、地方教育附加和个人所得税。限额标准最高可上浮20%，各省、自治区、直辖市人民政府可根据本地区实际情况在此幅度内确定具体限额标准，并报财政部和国家税务总局备案。

纳税人年度应缴纳税款小于上述扣减限额的，以其实际缴纳的税款为限；大于上述扣减限额的，应以上述扣减限额为限。纳税人的实际经营期不足一年的，应当以实际月份换算其减免税限额。换算公式为：减免税限额＝年度减免税限额÷12×实际经营月数。

纳税人在享受税收优惠政策的当月，持《中国人民解放军义务兵退出现役证》或《中国人民解放军士官退出现役证》以及税务机关要求的相关材料向主管税务机关备案。

2. 对商贸企业、服务型企业、劳动就业服务企业中的加工型企业和街道社区具有加工性质的小型企业实体，在新增加的岗位中，当年新招用自主就业退役士兵，与其签订1年以上期限劳动合同并依法缴纳社会保险费的，在3年内按实际招用人数予以定额依次扣减增值税、城市维护建设税、教育费附加、地方教育附加和企业所得税优惠。定额标准为每人每年4 000元，最高可上浮50%，各省、自治区、直辖市人民政府可根据本地区实际情况在此幅度内确定具体定额标准，并报财政部和国家税务总局备案。

本条所称服务型企业是指从事《销售服务、无形资产、不动产注释》中"不动产租赁服务"、"商务辅助服务"（不含货物运输代理和代理报关服务）、"生活服务"（不含文化体育服务）范围内业务活动的企业以及按照《民办非企业单位登记管理暂行条例》（国务院令第251号）登记成立的民办非企业单位。

纳税人按企业招用人数和签订的劳动合同时间核定企业减免税总额，在核定减免税总额内每月依次扣减增值税、城市维护建设税、教育费附加和地方教育附加。纳税人实际应缴纳的增值税、城市维护建设税、教育费附加和地方教育附加小于核定减免税总额的，以实际应缴纳的增值税、城市维护建设税、教育费附加和地方教育附加为限；实际应缴纳的增值税、城市维护建设税、教育费附加和地方教育附加大于核定减免税总额的，以核定减免税总额为限。

纳税年度终了，如果企业实际减免的增值税、城市维护建设税、教育费附加和地方教育附加小于核定的减免税总额，企业在企业所得税汇算清缴时扣减企业所得税。当年扣减不足的，不再结转以后年度扣减。

计算公式为：企业减免税总额＝∑每名自主就业退役士兵本年度在本企业工作月份÷12×定额标准。

企业自招用自主就业退役士兵的次月起享受税收优惠政策，并于享受税收优惠政策的当月，持下列材料向主管税务机关备案：

（1）新招用自主就业退役士兵的《中国人民解放军义务兵退出现役证》或《中国人民解放军士官退出现役证》。

(2) 企业与新招用自主就业退役士兵签订的劳动合同（副本），企业为职工缴纳的社会保险费记录。

(3) 自主就业退役士兵本年度在企业工作时间表。

(4) 主管税务机关要求的其他相关材料。

3. 上述所称自主就业退役士兵是指依照《退役士兵安置条例》（国务院、中央军委令第608号）的规定退出现役并按自主就业方式安置的退役士兵。

4. 上述税收优惠政策的执行期限为2016年5月1日至2016年12月31日，纳税人在2016年12月31日未享受满3年的，可继续享受至3年期满为止。

按照《财政部 国家税务总局 民政部关于调整完善扶持自主就业退役士兵创业就业有关税收政策的通知》（财税〔2014〕42号）规定享受营业税优惠政策的纳税人，自2016年5月1日起按照上述规定享受增值税优惠政策，在2016年12月31日未享受满3年的，可继续享受至3年期满为止。

《财政部 国家税务总局关于将铁路运输和邮政业纳入营业税改征增值税试点的通知》（财税〔2013〕106号）附件3第一条第（十二）项城镇退役士兵就业免征增值税政策，自2014年7月1日起停止执行。在2014年6月30日未享受满3年的，可继续享受至3年期满为止。

(二) 重点群体创业就业。

1. 对持《就业创业证》（注明"自主创业税收政策"或"毕业年度内自主创业税收政策"）或2015年1月27日前取得的《就业失业登记证》（注明"自主创业税收政策"或附着《高校毕业生自主创业证》）的人员从事个体经营的，在3年内按每户每年8 000元为限额依次扣减其当年实际应缴纳的增值税、城市维护建设税、教育费附加、地方教育附加和个人所得税。限额标准最高可上浮20%，各省、自治区、直辖市人民政府可根据本地区实际情况在此幅度内确定具体限额标准，并报财政部和国家税务总局备案。

纳税人年度应缴纳税款小于上述扣减限额的，以其实际缴纳的税款为限；大于上述扣减限额的，应以上述扣减限额为限。

上述人员是指：

(1) 在人力资源社会保障部门公共就业服务机构登记失业半年以上的人员。

(2) 零就业家庭、享受城市居民最低生活保障家庭劳动年龄内的登记失业人员。

(3) 毕业年度内高校毕业生。高校毕业生是指实施高等学历教育的普通高等学校、成人高等学校毕业的学生；毕业年度是指毕业所在自然年，即1月1日至12月31日。

2. 对商贸企业、服务型企业、劳动就业服务企业中的加工型企业和街道社区具有加工性质的小型企业实体，在新增加的岗位中，当年新招用在人力资源社会保障部门公共就业服务机构登记失业半年以上且持《就业创业证》或2015年1月27日前取得的《就业失业登记证》（注明"企业吸纳税收政策"）人员，与其签订1年以上期限劳动合同并依法缴纳社会保险费的，在3年内按实际招用人数予以定额依次扣减增值税、城市维护建设税、教育费附加、地方教育附加和企业所得税优惠。定额标准为每人每年4 000元，最高可上浮30%，各省、自治区、直辖市人民政府可根据本地区实际情况在此幅度内确定具体定额标准，并报财政部和国家税务总局备案。

按上述标准计算的税收扣减额应在企业当年实际应缴纳的增值税、城市维护建设税、教育费附加、地方教育附加和企业所得税税额中扣减，当年扣减不足的，不得结转下年使用。

本条所称服务型企业是指从事《销售服务、无形资产、不动产注释》中"不动产租赁服务"、"商务辅助服务"（不含货物运输代理和代理报关服务）、"生活服务"（不含文化体育服务）范围内业务活动的企业以及按照《民办非企业单位登记管理暂行条例》（国务院令第251号）登记成立的民办非企业单位。

3. 享受上述优惠政策的人员按以下规定申领《就业创业证》：

（1）按照《就业服务与就业管理规定》（劳动和社会保障部①令第28号）第六十三条的规定，在法定劳动年龄内，有劳动能力，有就业要求，处于无业状态的城镇常住人员，在公共就业服务机构进行失业登记，申领《就业创业证》。其中，农村进城务工人员和其他非本地户籍人员在常住地稳定就业满6个月的，失业后可以在常住地登记。

（2）零就业家庭凭社区出具的证明，城镇低保家庭凭低保证明，在公共就业服务机构登记失业，申领《就业创业证》。

（3）毕业年度内高校毕业生在校期间凭学生证向公共就业服务机构按规定申领《就业创业证》，或委托所在高校就业指导中心向公共就业服务机构按规定代为其申领《就业创业证》；毕业年度内高校毕业生离校后直接向公共就业服务机构按规定申领《就业创业证》。

（4）上述人员申领相关凭证后，由就业和创业地人力资源社会保障部门对人员范围、就业失业状态、已享受政策情况进行核实，在《就业创业证》上注明"自主创业税收政策""毕业年度内自主创业税收政策"或"企业吸纳税收政策"字样，同时符合自主创业和企业吸纳税收政策条件的，可同时加注；主管税务机关在《就业创业证》上加盖戳记，注明减免税所属时间。

4. 上述税收优惠政策的执行期限为2016年5月1日至2016年12月31日，纳税人在2016年12月31日未享受满3年的，可继续享受至3年期满为止。

按照《财政部 国家税务总局 人力资源社会保障部关于继续实施支持和促进重点群体创业就业有关税收政策的通知》（财税〔2014〕39号）规定享受营业税优惠政策的纳

---

① 2008年改为人力资源和社会保障部。

税人，自 2016 年 5 月 1 日起按照上述规定享受增值税优惠政策，在 2016 年 12 月 31 日未享受满 3 年的，可继续享受至 3 年期满为止。

《财政部　国家税务总局关于将铁路运输和邮政业纳入营业税改征增值税试点的通知》（财税〔2013〕106 号）附件 3 第一条第（十三）项失业人员就业增值税优惠政策，自 2014 年 1 月 1 日起停止执行。在 2013 年 12 月 31 日未享受满 3 年的，可继续享受至 3 年期满为止。

四、金融企业发放贷款后，自结息日起 90 天内发生的应收未收利息按现行规定缴纳增值税，自结息日起 90 天后发生的应收未收利息暂不缴纳增值税，待实际收到利息时按规定缴纳增值税。

上述所称金融企业，是指银行（包括国有、集体、股份制、合资、外资银行以及其他所有制形式的银行）、城市信用社、农村信用社、信托投资公司、财务公司。

五、个人将购买不足 2 年的住房对外销售的，按照 5% 的征收率全额缴纳增值税；个人将购买 2 年以上（含 2 年）的住房对外销售的，免征增值税。……

……

办理免税的具体程序、购买房屋的时间、开具发票、非购买形式取得住房行为及其他相关税收管理规定，按照《国务院办公厅转发建设部[①]等部门关于做好稳定住房价格工作意见的通知》（国办发〔2005〕26 号）、《国家税务总局　财政部　建设部关于加强房地产税收管理的通知》（国税发〔2005〕89 号）和《国家税务总局关于房地产税收政策执行中几个具体问题的通知》（国税发〔2005〕172 号）的有关规定执行。

六、上述增值税优惠政策除已规定期限的项目和第五条政策外，其他均在营改增试点期间执行。如果试点纳税人在纳入营改增试点之日前已经按照有关政策规定享受了营业税税收优惠，在剩余税收优惠政策期限内，按照本规定享受有关增值税优惠。

《财政部　税务总局　住房城乡建设部关于促进房地产市场平稳健康发展有关税收政策的公告》（财政部　税务总局　住房城乡建设部公告 2024 年第 16 号）

为促进房地产市场平稳健康发展，现就相关税收政策公告如下：

一、关于住房交易契税政策

（一）对个人购买家庭唯一住房（家庭成员范围包括购房人、配偶以及未成年子女，下同），面积为 140 平方米及以下的，减按 1% 的税率征收契税；面积为 140 平方米以上的，减按 1.5% 的税率征收契税。

（二）对个人购买家庭第二套住房，面积为 140 平方米及以下的，减按 1% 的税率征收契税；面积为 140 平方米以上的，减按 2% 的税率征收契税。

家庭第二套住房是指已拥有一套住房的家庭购买的第二套住房。

---

① 2008 年改为住房和城乡建设部。

（三）纳税人申请享受税收优惠的，应当向主管税务机关提交家庭成员信息证明和购房所在地的房地产管理部门出具的纳税人家庭住房情况书面查询结果。具备部门信息共享条件的，纳税人可授权主管税务机关通过信息共享方式取得相关信息；不具备信息共享条件，且纳税人不能提交相关证明材料的，纳税人可按规定适用告知承诺制办理，报送相应的《税务证明事项告知承诺书》，并对承诺的真实性承担法律责任。

（四）具体操作办法由各省、自治区、直辖市财政、税务、房地产管理部门制定。

二、关于有关城市取消普通住宅和非普通住宅标准后相关土地增值税、增值税政策

（一）取消普通住宅和非普通住宅标准的城市，根据《中华人民共和国土地增值税暂行条例》第八条第一项，纳税人建造普通标准住宅出售，增值额未超过扣除项目金额20%的，继续免征土地增值税。

根据《中华人民共和国土地增值税暂行条例实施细则》第十一条，有关城市的具体执行标准由各省、自治区、直辖市人民政府规定。具体执行标准公布后，税务机关新受理清算申报的项目，以及在具体执行标准公布前已受理清算申报但未出具清算审核结论的项目，按新公布的标准执行。具体执行标准公布前出具清算审核结论的项目，仍按原标准执行。

（二）北京市、上海市、广州市和深圳市，凡取消普通住宅和非普通住宅标准的，取消普通住宅和非普通住宅标准后，与全国其他地区适用统一的个人销售住房增值税政策，对该城市个人将购买2年以上（含2年）的住房对外销售的，免征增值税。《财政部 国家税务总局关于全面推开营业税改征增值税试点的通知》（财税〔2016〕36号）附件3《营业税改征增值税试点过渡政策的规定》第五条第一款有关内容和第二款相应停止执行。

三、本公告自2024年12月1日起执行。《财政部 国家税务总局 住房城乡建设部关于调整房地产交易环节契税 营业税优惠政策的通知》（财税〔2016〕23号）同时废止。2024年12月1日前，个人销售、购买住房涉及的增值税、契税尚未申报缴纳的，符合本公告规定的可按本公告执行。

特此公告。

《财政部 国家税务总局关于金融机构同业往来等增值税政策的补充通知》（财税〔2016〕70号）

各省、自治区、直辖市、计划单列市财政厅（局）、国家税务局、地方税务局，新疆生产建设兵团财务局：

经研究，现将营改增试点期间有关金融业政策补充通知如下：

一、金融机构开展下列业务取得的利息收入，属于《营业税改征增值税试点过渡政策的规定》（财税〔2016〕36号，以下简称《过渡政策的规定》）第一条第（二十三）项所称的金融同业往来利息收入：

（一）同业存款。

同业存款，是指金融机构之间开展的同业资金存入与存出业务，其中资金存入方仅为具有吸收存款资格的金融机构。

（二）同业借款。

同业借款，是指法律法规赋予此项业务范围的金融机构开展的同业资金借出和借入业务。此条款所称"法律法规赋予此项业务范围的金融机构"主要是指农村信用社之间以及在金融机构营业执照列示的业务范围中有反映为"向金融机构借款"业务的金融机构。

（三）同业代付。

同业代付，是指商业银行（受托方）接受金融机构（委托方）的委托向企业客户付款，委托方在约定还款日偿还代付款项本息的资金融通行为。

（四）买断式买入返售金融商品。

买断式买入返售金融商品，是指金融商品持有人（正回购方）将债券等金融商品卖给债券购买方（逆回购方）的同时，交易双方约定在未来某一日期，正回购方再以约定价格从逆回购方买回相等数量同种债券等金融商品的交易行为。

（五）持有金融债券。

金融债券，是指依法在中华人民共和国境内设立的金融机构法人在全国银行间和交易所债券市场发行的、按约定还本付息的有价证券。

（六）同业存单。

同业存单，是指银行业存款类金融机构法人在全国银行间市场上发行的记账式定期存款凭证。

二、商业银行购买央行票据、与央行开展货币掉期和货币互存等业务属于《过渡政策的规定》第一条第（二十三）款第1项所称的金融机构与人民银行所发生的资金往来业务。

三、境内银行与其境外的总机构、母公司之间，以及境内银行与其境外的分支机构、全资子公司之间的资金往来业务属于《过渡政策的规定》第一条第（二十三）款第2项所称的银行联行往来业务。

四、人民币合格境外投资者（RQFII）委托境内公司在我国从事证券买卖业务，以及经人民银行认可的境外机构投资银行间本币市场取得的收入属于《过渡政策的规定》第一条第（二十二）款所称的金融商品转让收入。

银行间本币市场包括货币市场、债券市场以及衍生品市场。

五、本通知自2016年5月1日起执行。

《国家税务总局关于明确中外合作办学等若干增值税征管问题的公告》（国家税务总局公告2018年第42号）

现将中外合作办学等增值税征管问题公告如下：

一、境外教育机构与境内从事学历教育的学校开展中外合作办学，提供学历教育服务取得的收入免征增值税。中外合作办学，是指中外教育机构按照《中华人民共和国中外合作办学条例》（国务院令第372号）的有关规定，合作举办的以中国公民为主要招生对象的教育教学活动。上述"学历教育""从事学历教育的学校""提供学历教育服务取得的收入"的范围，按照《营业税改征增值税试点过渡政策的规定》（财税〔2016〕36号文件附件3）第一条第（八）项的有关规定执行。

二、航空运输销售代理企业提供境内机票代理服务，以取得的全部价款和价外费用，扣除向客户收取并支付给航空运输企业或其他航空运输销售代理企业的境内机票净结算款和相关费用后的余额为销售额。其中，支付给航空运输企业的款项，以国际航空运输协会（IATA）开账与结算计划（BSP）对账单或航空运输企业的签收单据为合法有效凭证；支付给其他航空运输销售代理企业的款项，以代理企业间的签收单据为合法有效凭证。航空运输销售代理企业就取得的全部价款和价外费用，向购买方开具行程单，或开具增值税普通发票。

三、纳税人通过省级土地行政主管部门设立的交易平台转让补充耕地指标，按照销售无形资产缴纳增值税，税率为6%。本公告所称补充耕地指标，是指根据《中华人民共和国土地管理法》及国务院土地行政主管部门《耕地占补平衡考核办法》的有关要求，经省级土地行政主管部门确认，用于耕地占补平衡的指标。

四、上市公司因实施重大资产重组形成的限售股，以及股票复牌首日至解禁日期间由上述股份孳生的送、转股，因重大资产重组停牌的，按照《国家税务总局关于营改增试点若干征管问题的公告》（国家税务总局公告2016年第53号）第五条第（三）项的规定确定买入价；在重大资产重组前已经暂停上市的，以上市公司完成资产重组后股票恢复上市首日的开盘价为买入价。

五、拍卖行受托拍卖取得的手续费或佣金收入，按照"经纪代理服务"缴纳增值税。《国家税务总局关于拍卖行取得的拍卖收入征收增值税、营业税有关问题的通知》（国税发〔1999〕40号）停止执行。

六、一般纳税人销售自产机器设备的同时提供安装服务，应分别核算机器设备和安装服务的销售额，安装服务可以按照甲供工程选择适用简易计税方法计税。

一般纳税人销售外购机器设备的同时提供安装服务，如果已经按照兼营的有关规定，分别核算机器设备和安装服务的销售额，安装服务可以按照甲供工程选择适用简易计税方法计税。

纳税人对安装运行后的机器设备提供的维护保养服务，按照"其他现代服务"缴纳增值税。

七、纳税人2016年5月1日前发生的营业税涉税业务，包括已经申报缴纳营业税或补缴营业税的业务，需要补开发票的，可以开具增值税普通发票。纳税人应完整保留相关资料备查。

本公告自发布之日起施行，《国家税务总局关于简并增值税征收率有关问题的公告》（国家税务总局公告2014年第36号）第二条和《国家税务总局关于进一步明确营改增有关征管问题的公告》（国家税务总局公告2017年第11号）第四条同时废止。此前已发生未处理的事项，按照本公告的规定执行。2016年5月1日前，纳税人发生本公告第四条规定的应税行为，已缴纳营业税的，不再调整，未缴纳营业税的，比照本公告规定缴纳营业税。

特此公告。

《财政部　税务总局关于明确养老机构免征增值税等政策的通知》（财税〔2019〕20号）

各省、自治区、直辖市、计划单列市财政厅（局），国家税务总局各省、自治区、直辖市、计划单列市税务局，新疆生产建设兵团财政局：

现将养老机构免征增值税等政策通知如下：

一、《营业税改征增值税试点过渡政策的规定》（财税〔2016〕36号印发）第一条第（二）项中的养老机构，包括依照《中华人民共和国老年人权益保障法》依法办理登记，并向民政部门备案的为老年人提供集中居住和照料服务的各类养老机构。

二、自2019年2月1日至2020年12月31日，医疗机构接受其他医疗机构委托，按照不高于地（市）级以上价格主管部门会同同级卫生主管部门及其他相关部门制定的医疗服务指导价格（包括政府指导价和按照规定由供需双方协商确定的价格等），提供《全国医疗服务价格项目规范》所列的各项服务，可适用《营业税改征增值税试点过渡政策的规定》（财税〔2016〕36号印发）第一条第（七）项规定的免征增值税政策。[①]

三、自2019年2月1日至2020年12月31日，对企业集团内单位（含企业集团）之间的资金无偿借贷行为，免征增值税。[1]

四、保险公司开办一年期以上返还性人身保险产品，按照以下规定执行：

（一）保险公司开办一年期以上返还性人身保险产品，在保险监管部门出具备案回执或批复文件前依法取得的保费收入，属于《财政部　国家税务总局关于一年期以上返还性人身保险产品营业税免税政策的通知》（财税〔2015〕86号）第一条、《营业税改征增值税试点过渡政策的规定》（财税〔2016〕36号印发）第一条第（二十一）项规定的保费收入。

[①] 根据《财政部　税务总局关于延长部分税收优惠政策执行期限的公告》（财政部　税务总局公告2021年第6号）和《财政部　税务总局关于延续实施医疗服务免征增值税等政策的公告》（财政部　税务总局公告2023年第68号）的规定，第二条、第三条的政策延续执行至2027年12月31日。

（二）保险公司符合财税〔2015〕86号第一条、第二条规定免税条件，且未列入财政部、税务总局发布的免征营业税名单的，可向主管税务机关办理备案手续。

（三）保险公司开办一年期以上返还性人身保险产品，在列入财政部和税务总局发布的免征营业税名单或办理免税备案手续后，此前已缴纳营业税中尚未抵减或退还的部分，可抵减以后月份应缴纳的增值税。

五、本通知自发布之日起执行。此前已发生未处理的事项，按本通知规定执行。

《财政部　税务总局关于明确无偿转让股票等增值税政策的公告》（财政部　税务总局公告2020年第40号）

三、土地所有者依法征收土地，并向土地使用者支付土地及其相关有形动产、不动产补偿费的行为，属于《营业税改征增值税试点过渡政策的规定》（财税〔2016〕36号印发）第一条第（三十七）项规定的土地使用者将土地使用权归还给土地所有者的情形。

《财政部　国家税务总局关于建筑服务等营改增试点政策的通知》（财税〔2017〕58号）

各省、自治区、直辖市、计划单列市财政厅（局）、国家税务局、地方税务局，新疆生产建设兵团财务局：

现将营改增试点期间建筑服务等政策补充通知如下：

一、建筑工程总承包单位为房屋建筑的地基与基础、主体结构提供工程服务，建设单位自行采购全部或部分钢材、混凝土、砌体材料、预制构件的，适用简易计税方法计税。

地基与基础、主体结构的范围，按照《建筑工程施工质量验收统一标准》（GB 50300—2013）附录B《建筑工程的分部工程、分项工程划分》中的"地基与基础""主体结构"分部工程的范围执行。

二、《营业税改征增值税试点实施办法》（财税〔2016〕36号印发）第四十五条第（二）项修改为"纳税人提供租赁服务采取预收款方式的，其纳税义务发生时间为收到预收款的当天"。

三、纳税人提供建筑服务取得预收款，应在收到预收款时，以取得的预收款扣除支付的分包款后的余额，按照本条第三款规定的预征率预缴增值税。

按照现行规定应在建筑服务发生地预缴增值税的项目，纳税人收到预收款时在建筑服务发生地预缴增值税。按照现行规定无需在建筑服务发生地预缴增值税的项目，纳税人收到预收款时在机构所在地预缴增值税。

适用一般计税方法计税的项目预征率为2%，适用简易计税方法计税的项目预征率为3%。

四、纳税人采取转包、出租、互换、转让、入股等方式将承包地流转给农业生产者用于农业生产，免征增值税。

五、自2018年1月1日起，金融机构开展贴现、转贴现业务，以其实际持有票据期间取得的利息收入作为贷款服务销售额计算缴纳增值税。此前贴现机构已就贴现利息收入全额缴纳增值税的票据，转贴现机构转贴现利息收入继续免征增值税。

六、本通知除第五条外，自2017年7月1日起执行。《营业税改征增值税试点实施办法》（财税〔2016〕36号印发）第七条自2017年7月1日起废止。《营业税改征增值税试点过渡政策的规定》（财税〔2016〕36号印发）第一条第（二十三）项第4点自2018年1月1日起废止。

《财政部 税务总局关于租入固定资产进项税额抵扣等增值税政策的通知》（财税〔2017〕90号）

四、自2016年5月1日至2017年6月30日，纳税人采取转包、出租、互换、转让、入股等方式将承包地流转给农业生产者用于农业生产，免征增值税。本通知下发前已征的增值税，可抵减以后月份应缴纳的增值税，或办理退税。

六、自2018年1月1日至2019年12月31日，纳税人为农户、小型企业、微型企业及个体工商户借款、发行债券提供融资担保取得的担保费收入，以及为上述融资担保（以下称"原担保"）提供再担保取得的再担保费收入，免征增值税。再担保合同对应多个原担保合同的，原担保合同应全部适用免征增值税政策。否则，再担保合同应按规定缴纳增值税。

纳税人应将相关免税证明材料留存备查，单独核算符合免税条件的融资担保费和再担保费收入，按现行规定向主管税务机关办理纳税申报；未单独核算的，不得免征增值税。

农户，是指长期（一年以上）居住在乡镇（不包括城关镇）行政管理区域内的住户，还包括长期居住在城关镇所辖行政村范围内的住户和户口不在本地而在本地居住一年以上的住户，国有农场的职工。位于乡镇（不包括城关镇）行政管理区域内和在城关镇所辖行政村范围内的国有经济的机关、团体、学校、企事业单位的集体户；有本地户口，但举家外出谋生一年以上的住户，无论是否保留承包耕地均不属于农户。农户以户为统计单位，既可以从事农业生产经营，也可以从事非农业生产经营。农户担保、再担保的判定应以原担保生效时的被担保人是否属于农户为准。

小型企业、微型企业，是指符合《中小企业划型标准规定》（工信部联企业〔2011〕300号）的小型企业和微型企业。其中，资产总额和从业人员指标均以原担保生效时的实际状态确定；营业收入指标以原担保生效前12个自然月的累计数确定，不满12个自然月的，按照以下公式计算：

营业收入（年）= 企业实际存续期间营业收入 / 企业实际存续月数 ×12

《财政部 税务总局关于全面推开营业税改征增值税试点的通知》（财税〔2016〕36号）附件3《营业税改征增值税试点过渡政策的规定》第一条第（二十四）款规定的中小企业信用担保增值税免税政策自2018年1月1日起停止执行。纳税人享受中小企业信用担保增值税免税政策在2017年12月31日前未满3年的，可以继续享受至3年期满为止。

八、自2016年5月1日起，社会团体收取的会费，免征增值税。本通知下发前已征的增值税，可抵减以后月份应缴纳的增值税，或办理退税。

社会团体，是指依照国家有关法律法规设立或登记并取得《社会团体法人登记证书》的非营利法人。会费，是指社会团体在国家法律法规、政策许可的范围内，依照社团章程的规定，收取的个人会员、单位会员和团体会员的会费。

社会团体开展经营服务性活动取得的其他收入，一律照章缴纳增值税。

《财政部 国家税务总局关于促进残疾人就业增值税优惠政策的通知》（财税〔2016〕52号）

各省、自治区、直辖市、计划单列市财政厅（局）、国家税务局，新疆生产建设兵团财务局：

为继续发挥税收政策促进残疾人就业的作用，进一步保障残疾人权益，经国务院批准，决定对促进残疾人就业的增值税政策进行调整完善。现将有关政策通知如下：

一、对安置残疾人的单位和个体工商户（以下称纳税人），实行由税务机关按纳税人安置残疾人的人数，限额即征即退增值税的办法。

安置的每位残疾人每月可退还的增值税具体限额，由县级以上税务机关根据纳税人所在区县（含县级市、旗，下同）适用的经省（含自治区、直辖市、计划单列市，下同）人民政府批准的月最低工资标准的4倍确定。

二、享受税收优惠政策的条件

（一）纳税人（除盲人按摩机构外）月安置的残疾人占在职职工人数的比例不低于25%（含25%），并且安置的残疾人人数不少于10人（含10人）；

盲人按摩机构月安置的残疾人占在职职工人数的比例不低于25%（含25%），并且安置的残疾人人数不少于5人（含5人）。

（二）依法与安置的每位残疾人签订了一年以上（含一年）的劳动合同或服务协议。

（三）为安置的每位残疾人按月足额缴纳了基本养老保险、基本医疗保险、失业保险、工伤保险和生育保险等社会保险。

（四）通过银行等金融机构向安置的每位残疾人，按月支付了不低于纳税人所在区县适用的经省人民政府批准的月最低工资标准的工资。

三、《财政部　国家税务总局关于教育税收政策的通知》(财税〔2004〕39号)第一条第7项规定的特殊教育学校举办的企业，只要符合本通知第二条第（一）项第一款规定的条件，即可享受本通知第一条规定的增值税优惠政策。这类企业在计算残疾人人数时可将在企业上岗工作的特殊教育学校的全日制在校学生计算在内，在计算企业在职职工人数时也要将上述学生计算在内。

四、纳税人中纳税信用等级为税务机关评定的C级或D级的，不得享受本通知第一条、第三条规定的政策。

五、纳税人按照纳税期限向主管国税机关申请退还增值税。本纳税期已交增值税额不足退还的，可在本纳税年度内以前纳税期已交增值税扣除已退增值税的余额中退还，仍不足退还的可结转本纳税年度内以后纳税期退还，但不得结转以后年度退还。纳税期限不为按月的，只能对其符合条件的月份退还增值税。

六、本通知第一条规定的增值税优惠政策仅适用于生产销售货物，提供加工、修理修配劳务，以及提供营改增现代服务和生活服务税目（不含文化体育服务和娱乐服务）范围的服务取得的收入之和，占其增值税收入的比例达到50%的纳税人，但不适用于上述纳税人直接销售外购货物（包括商品批发和零售）以及销售委托加工的货物取得的收入。

纳税人应当分别核算上述享受税收优惠政策和不得享受税收优惠政策业务的销售额，不能分别核算的，不得享受本通知规定的优惠政策。

七、如果既适用促进残疾人就业增值税优惠政策，又适用重点群体、退役士兵、随军家属、军转干部等支持就业的增值税优惠政策的，纳税人可自行选择适用的优惠政策，但不能累加执行。一经选定，36个月内不得变更。

八、残疾人个人提供的加工、修理修配劳务，免征增值税。

九、税务机关发现已享受本通知增值税优惠政策的纳税人，存在不符合本通知第二条、第三条规定条件，或者采用伪造或重复使用残疾人证、残疾军人证等手段骗取本通知规定的增值税优惠的，应将纳税人发生上述违法违规行为的纳税期内按本通知已享受到的退税全额追缴入库，并自发现当月起36个月内停止其享受本通知规定的各项税收优惠。

十、本通知有关定义

（一）残疾人，是指法定劳动年龄内，持有《中华人民共和国残疾人证》或者《中华人民共和国残疾军人证（1至8级）》的自然人，包括具有劳动条件和劳动意愿的精神残疾人。

（二）残疾人个人，是指自然人。

（三）在职职工人数，是指与纳税人建立劳动关系并依法签订劳动合同或者服务协议的雇员人数。

（四）特殊教育学校举办的企业，是指特殊教育学校主要为在校学生提供实习场所、并由学校出资自办、由学校负责经营管理、经营收入全部归学校所有的企业。

十一、本通知规定的增值税优惠政策的具体征收管理办法，由国家税务总局制定。

十二、本通知自2016年5月1日起执行，《财政部 国家税务总局关于促进残疾人就业税收优惠政策的通知》（财税〔2007〕92号）、《财政部 国家税务总局关于将铁路运输和邮政业纳入营业税改征增值税试点的通知》（财税〔2013〕106号）附件3第二条第（二）项同时废止。纳税人2016年5月1日前执行财税〔2007〕92号和财税〔2013〕106号文件发生的应退未退的增值税余额，可按照本通知第五条规定执行。

《促进残疾人就业增值税优惠政策管理办法》（国家税务总局公告2016年第33号发布）

第一条 为加强促进残疾人就业增值税优惠政策管理，根据《财政部 国家税务总局关于促进残疾人就业增值税优惠政策的通知》（财税〔2016〕52号）、《国家税务总局关于发布〈税收减免管理办法〉的公告》（国家税务总局公告2015年第43号）及有关规定，制定本办法。

第二条 纳税人享受安置残疾人增值税即征即退优惠政策，适用本办法规定。

本办法所指纳税人，是指安置残疾人的单位和个体工商户。

第三条 纳税人首次申请享受税收优惠政策，应向主管税务机关提供以下备案资料：

（一）《税务资格备案表》。

（二）安置的残疾人的《中华人民共和国残疾人证》或者《中华人民共和国残疾军人证（1至8级）》复印件，注明与原件一致，并逐页加盖公章。安置精神残疾人的，提供精神残疾人同意就业的书面声明以及其法定监护人签字或印章的证明精神残疾人具有劳动条件和劳动意愿的书面材料。

（三）安置的残疾人的身份证明复印件，注明与原件一致，并逐页加盖公章。

第四条 主管税务机关受理备案后，应将全部《中华人民共和国残疾人证》或者《中华人民共和国残疾军人证（1至8级）》信息以及所安置残疾人的身份证明信息录入征管系统。

第五条 纳税人提供的备案资料发生变化的，应于发生变化之日起15日内就变化情况向主管税务机关办理备案。

第六条 纳税人申请退还增值税时，需报送如下资料：

（一）《退（抵）税申请审批表》。

（二）《安置残疾人纳税人申请增值税退税声明》。

（三）当期为残疾人缴纳社会保险费凭证的复印件及由纳税人加盖公章确认的注明缴

纳人员、缴纳金额、缴纳期间的明细表。

（四）当期由银行等金融机构或纳税人加盖公章的按月为残疾人支付工资的清单。

特殊教育学校举办的企业，申请退还增值税时，不提供资料（三）和资料（四）。

第七条 纳税人申请享受税收优惠政策，应对报送资料的真实性和合法性承担法律责任。主管税务机关对纳税人提供资料的完整性和增值税退税额计算的准确性进行审核。

第八条 主管税务机关受理退税申请后，查询纳税人的纳税信用等级，对符合信用条件的，审核计算应退增值税额，并按规定办理退税。

第九条 纳税人本期应退增值税额按以下公式计算：

本期应退增值税额 = 本期所含月份每月应退增值税额之和

月应退增值税额 = 纳税人本月安置残疾人员人数 × 本月月最低工资标准的 4 倍

月最低工资标准，是指纳税人所在区县（含县级市、旗）适用的经省（含自治区、直辖市、计划单列市）人民政府批准的月最低工资标准。

纳税人本期已缴增值税额小于本期应退税额不足退还的，可在本年度内以前纳税期已缴增值税额扣除已退增值税额的余额中退还，仍不足退还的可结转本年度内以后纳税期退还。年度已缴增值税额小于或等于年度应退税额的，退税额为年度已缴增值税额；年度已缴增值税额大于年度应退税额的，退税额为年度应退税额。年度已缴增值税额不足退还的，不得结转以后年度退还。

第十条 纳税人新安置的残疾人从签订劳动合同并缴纳社会保险的次月起计算，其他职工从录用的次月起计算；安置的残疾人和其他职工减少的，从减少当月计算。

第十一条 主管税务机关应于每年2月底之前，在其网站或办税服务厅，将本地区上一年度享受安置残疾人增值税优惠政策的纳税人信息，按下列项目予以公示：纳税人名称、纳税人识别号、法人代表、计算退税的残疾人职工人次等。

第十二条 享受促进残疾人就业增值税优惠政策的纳税人，对能证明或印证符合政策规定条件的相关材料负有留存备查义务。纳税人在税务机关后续管理中不能提供相关材料的，不得继续享受优惠政策。税务机关应追缴其相应纳税期内已享受的增值税退税，并依照税收征管法及其实施细则的有关规定处理。

第十三条 各地税务机关要加强税收优惠政策落实情况的后续管理，对纳税人进行定期或不定期检查。检查发现纳税人不符合财税〔2016〕52号文件规定的，按有关规定予以处理。

第十四条 本办法实施前已办理税收优惠资格备案的纳税人，主管税务机关应检查其已备案资料是否满足本办法第三条规定，残疾人信息是否已按第四条规定录入信息系统，如有缺失，应要求纳税人补充报送备案资料，补录信息。

第十五条　各省、自治区、直辖市和计划单列市税务局，应定期或不定期在征管系统中对残疾人信息进行比对，发现异常的，按相关规定处理。

第十六条　本办法自 2016 年 5 月 1 日起施行。

《财政部　税务总局关于延续动漫产业增值税政策的通知》（财税〔2018〕38 号）

各省、自治区、直辖市、计划单列市财政厅（局）、国家税务局、地方税务局，新疆生产建设兵团财政局：

为促进我国动漫产业发展，继续实施动漫产业增值税政策。现将有关事项通知如下：

……

三、动漫软件出口免征增值税。

四、动漫软件，按照《财政部　国家税务总局关于软件产品增值税政策的通知》（财税〔2011〕100 号）中软件产品相关规定执行。

动漫企业和自主开发、生产动漫产品的认定标准和认定程序，按照《文化部　财政部　国家税务总局关于印发〈动漫企业认定管理办法（试行）〉的通知》（文市发〔2008〕51 号）的规定执行。

五、《财政部　国家税务总局关于动漫产业增值税和营业税政策的通知》（财税〔2013〕98 号）到期停止执行。

《财政部　税务总局关于金融机构小微企业贷款利息收入免征增值税政策的通知》（财税〔2018〕91 号）

各省、自治区、直辖市、计划单列市财政厅（局），国家税务总局各省、自治区、直辖市、计划单列市税务局，新疆生产建设兵团财政局：

为进一步加大对小微企业的支持力度，现将金融机构小微企业贷款利息收入免征增值税政策通知如下：

一、自 2018 年 9 月 1 日至 2020 年 12 月 31 日，对金融机构向小型企业、微型企业和个体工商户发放小额贷款取得的利息收入，免征增值税。金融机构可以选择以下两种方法之一适用免税：

（一）对金融机构向小型企业、微型企业和个体工商户发放的，利率水平不高于人民银行同期贷款基准利率 150%（含本数）的单笔小额贷款取得的利息收入，免征增值税；高于人民银行同期贷款基准利率 150% 的单笔小额贷款取得的利息收入，按照现行政策规定缴纳增值税。

（二）对金融机构向小型企业、微型企业和个体工商户发放单笔小额贷款取得的利息收入中，不高于该笔贷款按照人民银行同期贷款基准利率 150%（含本数）计算的利息收入部分，免征增值税；超过部分按照现行政策规定缴纳增值税。

金融机构可按会计年度在以上两种方法之间选定其一作为该年的免税适用方法，一经选定，该会计年度内不得变更。①

二、本通知所称金融机构，是指经人民银行、银保监会批准成立的已通过监管部门上一年度"两增两控"考核的机构（2018年通过考核的机构名单以2018年上半年实现"两增两控"目标为准），以及经人民银行、银保监会、证监会批准成立的开发银行及政策性银行、外资银行和非银行业金融机构。"两增两控"是指单户授信总额1 000万元以下（含）小微企业贷款同比增速不低于各项贷款同比增速，有贷款余额的户数不低于上年同期水平，合理控制小微企业贷款资产质量水平和贷款综合成本（包括利率和贷款相关的银行服务收费）水平。金融机构完成"两增两控"情况，以银保监会及其派出机构考核结果为准。

三、本通知所称小型企业、微型企业，是指符合《中小企业划型标准规定》（工信部联企业〔2011〕300号）的小型企业和微型企业。其中，资产总额和从业人员指标均以贷款发放时的实际状态确定；营业收入指标以贷款发放前12个自然月的累计数确定，不满12个自然月的，按照以下公式计算：

营业收入（年）＝企业实际存续期间营业收入／企业实际存续月数×12

四、本通知所称小额贷款，是指单户授信小于1 000万元（含本数）的小型企业、微型企业或个体工商户贷款；没有授信额度的，是指单户贷款合同金额且贷款余额在1 000万元（含本数）以下的贷款。

五、金融机构应将相关免税证明材料留存备查，单独核算符合免税条件的小额贷款利息收入，按现行规定向主管税务机构办理纳税申报；未单独核算的，不得免征增值税。

金融机构应依法依规享受增值税优惠政策，一经发现存在虚报或造假骗取本项税收优惠情形的，停止享受本通知有关增值税优惠政策。

金融机构应持续跟踪贷款投向，确保贷款资金真正流向小型企业、微型企业和个体工商户，贷款的实际使用主体与申请主体一致。

六、银保监会按年组织开展免税政策执行情况督察，并将督察结果及时通报财税主管部门。鼓励金融机构发放小微企业信用贷款，减少抵押担保的中间环节，切实有效降低小微企业综合融资成本。

各地税务部门要加强免税政策执行情况后续管理，对金融机构开展小微金融免税政策专项检查，发现问题的，按照现行税收法律法规进行处理，并将有关情况逐级上报国家税务总局（货物和劳务税司）。

财政部驻各地财政监察专员办要组织开展免税政策执行情况专项检查。

---

① 根据《财政部 税务总局关于延长部分税收优惠政策执行期限的公告》（财政部 税务总局公告2021年第6号）和《财政部 税务总局关于金融机构小微企业贷款利息收入免征增值税政策的公告》（财政部 税务总局公告2023年第16号）的规定，第一条的政策延续执行至2027年12月31日。

七、金融机构向小型企业、微型企业及个体工商户发放单户授信小于100万元（含本数），或者没有授信额度，单户贷款合同金额且贷款余额在100万元（含本数）以下的贷款取得的利息收入，可继续按照《财政部 税务总局关于支持小微企业融资有关税收政策的通知》（财税〔2017〕77号）的规定免征增值税。

《财政部 税务总局关于明确无偿转让股票等增值税政策的公告》（财政部 税务总局公告2020年第40号）

二、自2019年8月20日起，金融机构向小型企业、微型企业和个体工商户发放1年期以上（不含1年）至5年期以下（不含5年）小额贷款取得的利息收入，可选择中国人民银行授权全国银行间同业拆借中心公布的1年期贷款市场报价利率或5年期以上贷款市场报价利率，适用《财政部 税务总局关于金融机构小微企业贷款利息收入免征增值税政策的通知》（财税〔2018〕91号）规定的免征增值税政策。

《财政部 税务总局关于延续供热企业增值税 房产税 城镇土地使用税优惠政策的通知》（财税〔2019〕38号）

北京、天津、河北、山西、内蒙古、辽宁、大连、吉林、黑龙江、山东、青岛、河南、陕西、甘肃、宁夏、新疆、青海省（自治区、直辖市、计划单列市）财政厅（局），新疆生产建设兵团财政局，国家税务总局北京、天津、河北、山西、内蒙古、辽宁、大连、吉林、黑龙江、山东、青岛、河南、陕西、甘肃、宁夏、新疆、青海省（自治区、直辖市、计划单列市）税务局：

为支持居民供热采暖，现将"三北"地区供热企业（以下称供热企业）增值税、房产税、城镇土地使用税政策通知如下：

一、自2019年1月1日至2020年供暖期结束，对供热企业向居民个人（以下称居民）供热取得的采暖费收入免征增值税。

向居民供热取得的采暖费收入，包括供热企业直接向居民收取的、通过其他单位向居民收取的和由单位代居民缴纳的采暖费。

免征增值税的采暖费收入，应当按照《中华人民共和国增值税暂行条例》第十六条的规定单独核算。通过热力产品经营企业向居民供热的热力产品生产企业，应当根据热力产品经营企业实际从居民取得的采暖费收入占该经营企业采暖费总收入的比例，计算免征的增值税。

本条所称供暖期，是指当年下半年供暖开始至次年上半年供暖结束的期间。

二、自2019年1月1日至2020年12月31日，对向居民供热收取采暖费的供热企业，为居民供热所使用的厂房及土地免征房产税、城镇土地使用税；对供热企业其他厂房及土地，应当按照规定征收房产税、城镇土地使用税。

对专业供热企业，按其向居民供热取得的采暖费收入占全部采暖费收入的比例，计算免征的房产税、城镇土地使用税。

对兼营供热企业，视其供热所使用的厂房及土地与其他生产经营活动所使用的厂房及土地是否可以区分，按照不同方法计算免征的房产税、城镇土地使用税。可以区分的，对其供热所使用厂房及土地，按向居民供热取得的采暖费收入占全部采暖费收入的比例，计算免征的房产税、城镇土地使用税。难以区分的，对其全部厂房及土地，按向居民供热取得的采暖费收入占其营业收入的比例，计算免征的房产税、城镇土地使用税。

对自供热单位，按向居民供热建筑面积占总供热建筑面积的比例，计算免征供热所使用的厂房及土地的房产税、城镇土地使用税。

三、本通知所称供热企业，是指热力产品生产企业和热力产品经营企业。热力产品生产企业包括专业供热企业、兼营供热企业和自供热单位。

四、本通知所称"三北"地区，是指北京市、天津市、河北省、山西省、内蒙古自治区、辽宁省、大连市、吉林省、黑龙江省、山东省、青岛市、河南省、陕西省、甘肃省、青海省、宁夏回族自治区和新疆维吾尔自治区。

《财政部 税务总局关于民用航空发动机和民用飞机税收政策的公告》（财政部 税务总局公告2023年第27号）

现将民用航空发动机（包括大型民用客机发动机和中大功率民用涡轴涡桨发动机）和民用飞机有关增值税、房产税和城镇土地使用税政策公告如下：

一、对纳税人从事大型民用客机发动机、中大功率民用涡轴涡桨发动机研制项目而形成的增值税期末留抵税额予以退还；对上述纳税人及其全资子公司从事大型民用客机发动机、中大功率民用涡轴涡桨发动机研制项目自用的科研、生产、办公房产及土地，免征房产税、城镇土地使用税。

二、对纳税人生产销售新支线飞机和空载重量大于25吨的民用喷气式飞机暂减按5%征收增值税，并对其因生产销售新支线飞机和空载重量大于25吨的民用喷气式飞机而形成的增值税期末留抵税额予以退还。

三、对纳税人从事空载重量大于45吨的民用客机研制项目而形成的增值税期末留抵税额予以退还；对上述纳税人及其全资子公司自用的科研、生产、办公房产及土地，免征房产税、城镇土地使用税。

四、本公告所称大型民用客机发动机、中大功率民用涡轴涡桨发动机和新支线飞机，指上述发动机、民用飞机的整机，具体标准如下：

（一）大型民用客机发动机是指：1.单通道干线客机发动机，起飞推力12 000~16 000kgf；2.双通道干线客机发动机，起飞推力28 000~35 000kgf。

（二）中大功率民用涡轴涡桨发动机是指：1.中等功率民用涡轴发动机，起飞功率1 000~3 000kW；2.大功率民用涡桨发动机，起飞功率3 000kW以上。

（三）新支线飞机是指：空载重量大于25吨且小于45吨、座位数量少于130个的民用客机。

五、纳税人符合本公告规定的增值税期末留抵税额，可在初次申请退税时予以一次性退还。纳税人收到退税款项的当月，应将退税额从增值税进项税额中转出。未按规定转出的，按《中华人民共和国税收征收管理法》有关规定承担相应法律责任。

退还的增值税税额由中央和地方按照现行增值税分享比例共同负担。

六、纳税人享受本公告规定的免征房产税、城镇土地使用税政策，应按规定进行免税申报，并将不动产权属、房产原值、土地用途等资料留存备查。

七、本公告执行至2027年12月31日。

特此公告。

《财政部 海关总署 税务总局关于海南离岛旅客免税购物政策的公告》（财政部 海关总署 税务总局公告2020年第33号）

为贯彻落实《海南自由贸易港建设总体方案》，经国务院同意，现将海南离岛旅客免税购物政策（以下称离岛免税政策）公告如下：

一、离岛免税政策是指对乘飞机、火车、轮船离岛（不包括离境）旅客实行限值、限量、限品种免进口税购物，在实施离岛免税政策的免税商店（以下称离岛免税店）内或经批准的网上销售窗口付款，在机场、火车站、港口码头指定区域提货离岛的税收优惠政策。离岛免税政策免税税种为关税、进口环节增值税和消费税。

二、本公告所称旅客，是指年满16周岁，已购买离岛机票、火车票、船票，并持有效身份证件（国内旅客持居民身份证、港澳台旅客持旅行证件、国外旅客持护照），离开海南本岛但不离境的国内外旅客，包括海南省居民。

三、离岛旅客每年每人免税购物额度为10万元人民币，不限次数。免税商品种类及每次购买数量限制，按照本公告附件执行。超出免税限额、限量的部分，照章征收进境物品进口税。

旅客购物后乘飞机、火车、轮船离岛记为1次免税购物。

四、本公告所称离岛免税店，是指具有实施离岛免税政策资格并实行特许经营的免税商店，目前包括：海口美兰机场免税店、海口日月广场免税店、琼海博鳌免税店、三亚海棠湾免税店。

具有免税品经销资格的经营主体可按规定参与海南离岛免税经营。

五、离岛旅客在国家规定的额度和数量范围内，在离岛免税店内或经批准的网上销售窗口购买免税商品，免税店根据旅客离岛时间运送货物，旅客凭购物凭证在机场、火车站、港口码头指定区域提货，并一次性随身携带离岛。

六、已经购买的离岛免税商品属于消费者个人使用的最终商品，不得进入国内市场再次销售。

七、对违反本公告规定倒卖、代购、走私免税商品的个人，依法依规纳入信用记录，三年内不得购买离岛免税商品；对于构成走私行为或者违反海关监管规定行为的，由海关依照有关规定予以处理，构成犯罪的，依法追究刑事责任。

对协助违反离岛免税政策、扰乱市场秩序的旅行社、运输企业等，给予行业性综合整治。

离岛免税店违反相关规定销售免税品，由海关依照有关法律、行政法规给予处理、处罚。

八、离岛免税政策监管办法由海关总署另行公布。

离岛免税店销售的免税商品适用的增值税、消费税免税政策，相关管理办法由税务总局商财政部另行制定。

九、本公告自2020年7月1日起执行。财政部公告2011年第14号、2012年第73号、2015年第8号、2016年第15号、2017年第7号，及财政部、海关总署、税务总局2018年公告第158号、2018年第175号同时废止。

特此公告。

附件：离岛免税商品品种及每人每次购买数量范围（略）

《海南离岛免税店销售离岛免税商品免征增值税和消费税管理办法》（国家税务总局公告2020年第16号发布）

第一条 为规范海南离岛免税店（以下简称"离岛免税店"）销售离岛免税商品增值税和消费税管理，促进海南自由贸易港建设，根据《中华人民共和国税收征收管理法》以及《财政部 国家税务总局关于出口货物劳务增值税和消费税政策的通知》（财税〔2012〕39号）等有关规定，制定本办法。

第二条 离岛免税店销售离岛免税商品，按本办法规定免征增值税和消费税。

第三条 离岛免税店应按月进行增值税、消费税纳税申报，在首次进行纳税申报时，应向主管税务机关提供以下资料：

（一）离岛免税店经营主体的基本情况。

（二）国家批准设立离岛免税店（含海南省人民政府按相关规定批准并向国家有关部委备案的免税店）的相关材料。

第四条 离岛免税店按本办法第三条第一项提交报告的内容发生变更的，应在次月纳税申报期内向主管税务机关报告有关情况，并提供相关资料。

离岛免税店实施离岛免税政策资格期限届满或被撤销离岛免税经营资格的，应于期限届满或被撤销资格后十五日内向主管税务机关报告有关情况。

第五条 离岛免税店销售非离岛免税商品，按现行规定向主管税务机关申报缴纳增值税和消费税。

第六条 离岛免税店兼营应征增值税、消费税项目的，应分别核算离岛免税商品和应税项目的销售额；未分别核算的，不得免税。

第七条 离岛免税店销售离岛免税商品应开具增值税普通发票，不得开具增值税专用发票。

第八条 离岛免税店应将销售的离岛免税商品的名称和销售价格、购买离岛免税商品的离岛旅客信息和税务机关要求提供的其他资料，按照国家税务总局和海南省税务局规定的报送格式及传输方式，完整、准确、实时向税务机关提供。

第九条 本办法实施前已经开展离岛免税商品经营业务的离岛免税店，应在办法实施次月按本办法第三条要求在办理纳税申报时提供相关资料。

第十条 本办法自2020年11月1日起施行。

《财政部 税务总局关于继续执行边销茶增值税政策的公告》（财政部 税务总局公告2021年第4号）

一、自2021年1月1日起至2023年12月31日，对边销茶生产企业（企业名单见附件）销售自产的边销茶及经销企业销售的边销茶免征增值税。

本公告所称边销茶，是指以黑毛茶、老青茶、红茶末、绿茶为主要原料，经过发酵、蒸制、加压或者压碎、炒制，专门销往边疆少数民族地区的紧压茶。

二、在本公告发布之前已征的按上述规定应予免征的增值税税款，可抵减纳税人以后月份应缴纳的增值税税款或予以退还。已向购买方开具增值税专用发票的，应将专用发票追回后方可办理免税。无法追回专用发票的，不予免税。

特此公告。

附件：适用增值税免税政策的边销茶生产企业名单（略）

《财政部 海关总署 国家税务总局关于2021—2030年抗艾滋病病毒药物进口税收政策的通知》（财关税〔2021〕13号）

北京市财政局，北京海关，国家税务总局北京市税务局：

为坚持基本医疗卫生事业公益属性，支持艾滋病防治工作，自2021年1月1日至2030年12月31日，对卫生健康委委托进口的抗艾滋病病毒药物，免征进口关税和进口环节增值税。享受免税政策的抗艾滋病病毒药物名录及委托进口单位由卫生健康委确定，并送财政部、海关总署、税务总局。

《财政部 税务总局关于法律援助补贴有关税收政策的公告》（财政部 税务总局公告2022年第25号）

为贯彻落实《中华人民共和国法律援助法》有关规定，现就法律援助补贴有关税收政策公告如下：

一、对法律援助人员按照《中华人民共和国法律援助法》规定获得的法律援助补贴，免征增值税和个人所得税。

二、法律援助机构向法律援助人员支付法律援助补贴时，应当为获得补贴的法律援助人员办理个人所得税劳务报酬所得免税申报。

三、司法行政部门与税务部门建立信息共享机制，每一年度个人所得税综合所得汇算清缴开始前，交换法律援助补贴获得人员的涉税信息。

四、本公告所称法律援助机构是指按照《中华人民共和国法律援助法》第十二条规定设立的法律援助机构。群团组织参照《中华人民共和国法律援助法》第六十八条规定开展法律援助工作的，按照本公告规定为法律援助人员办理免税申报，并将法律援助补贴获得人员的相关信息报送司法行政部门。

五、本公告自2022年1月1日起施行。按照本公告应予免征的增值税，在本公告下发前已征收的，已征增值税可抵减纳税人以后纳税期应缴纳税款或予以退还，纳税人如果已经向购买方开具了增值税专用发票，在将专用发票追回后申请办理免税；按照本公告应予免征的个人所得税，在本公告下发前已征收的，由扣缴单位依法申请退税。

特此公告。

《财政部 税务总局关于支持小微企业融资有关税收政策的公告》（财政部 税务总局公告2023年第13号）

为继续加大对小微企业的支持力度，推动缓解融资难、融资贵问题，现将有关税收政策公告如下：

一、对金融机构向小型企业、微型企业及个体工商户发放小额贷款取得的利息收入，免征增值税。金融机构应将相关免税证明材料留存备查，单独核算符合免税条件的小额贷款利息收入，按现行规定向主管税务机关办理纳税申报；未单独核算的，不得免征增值税。

二、对金融机构与小型企业、微型企业签订的借款合同免征印花税。

三、本公告所称小型企业、微型企业，是指符合《中小企业划型标准规定》（工信部联企业〔2011〕300号）的小型企业和微型企业。其中，资产总额和从业人员指标均以贷款发放时的实际状态确定；营业收入指标以贷款发放前12个自然月的累计数确定，不满12个自然月的，按照以下公式计算：

营业收入（年）＝企业实际存续期间营业收入／企业实际存续月数×12

四、本公告所称小额贷款，是指单户授信小于100万元（含本数）的小型企业、微型企业或个体工商户贷款；没有授信额度的，是指单户贷款合同金额且贷款余额在100万元（含本数）以下的贷款。

五、本公告执行至2027年12月31日。

特此公告。

《财政部 税务总局 退役军人事务部关于进一步扶持自主就业退役士兵创业就业有关税收政策的公告》（财政部 税务总局 退役军人事务部公告2023年第14号）

为进一步扶持自主就业退役士兵创业就业，现将有关税收政策公告如下：

一、自2023年1月1日至2027年12月31日，自主就业退役士兵从事个体经营的，自办理个体工商户登记当月起，在3年（36个月，下同）内按每户每年20 000元为限额依次扣减其当年实际应缴纳的增值税、城市维护建设税、教育费附加、地方教育附加和个人所得税。限额标准最高可上浮20%，各省、自治区、直辖市人民政府可根据本地区实际情况在此幅度内确定具体限额标准。

纳税人年度应缴纳税款小于上述扣减限额的，减免税额以其实际缴纳的税款为限；大于上述扣减限额的，以上述扣减限额为限。纳税人的实际经营期不足1年的，应当按月换算其减免税限额。换算公式为：减免税限额＝年度减免税限额÷12×实际经营月数。城市维护建设税、教育费附加、地方教育附加的计税依据是享受本项税收优惠政策前的增值税应纳税额。

二、自2023年1月1日至2027年12月31日，企业招用自主就业退役士兵，与其签订1年以上期限劳动合同并依法缴纳社会保险费的，自签订劳动合同并缴纳社会保险当月起，在3年内按实际招用人数予以定额依次扣减增值税、城市维护建设税、教育费附加、地方教育附加和企业所得税优惠。定额标准为每人每年6 000元，最高可上浮50%，各省、自治区、直辖市人民政府可根据本地区实际情况在此幅度内确定具体定额标准。

企业按招用人数和签订的劳动合同时间核算企业减免税总额，在核算减免税总额内每月依次扣减增值税、城市维护建设税、教育费附加和地方教育附加。企业实际应缴纳的增值税、城市维护建设税、教育费附加和地方教育附加小于核算减免税总额的，以实际应缴纳的增值税、城市维护建设税、教育费附加和地方教育附加为限；实际应缴纳的增值税、城市维护建设税、教育费附加和地方教育附加大于核算减免税总额的，以核算减免税总额为限。

纳税年度终了，如果企业实际减免的增值税、城市维护建设税、教育费附加和地方教育附加小于核算减免税总额，企业在企业所得税汇算清缴时以差额部分扣减企业所得税。当年扣减不完的，不再结转以后年度扣减。

自主就业退役士兵在企业工作不满1年的，应当按月换算减免税限额。计算公式为：企业核算减免税总额＝Σ每名自主就业退役士兵本年度在本单位工作月份÷12×具体定额标准。

城市维护建设税、教育费附加、地方教育附加的计税依据是享受本项税收优惠政策前的增值税应纳税额。

三、本公告所称自主就业退役士兵是指依照《退役士兵安置条例》（国务院 中央军委令第608号）的规定退出现役并按自主就业方式安置的退役士兵。

本公告所称企业是指属于增值税纳税人或企业所得税纳税人的企业等单位。

四、自主就业退役士兵从事个体经营的，在享受税收优惠政策进行纳税申报时，注明其退役军人身份，并将《中国人民解放军退出现役证书》、《中国人民解放军义务兵退出现役证》、《中国人民解放军士官退出现役证》或《中国人民武装警察部队退出现役证书》、《中国人民武装警察部队义务兵退出现役证》、《中国人民武装警察部队士官退出现役证》留存备查。

企业招用自主就业退役士兵享受税收优惠政策的，将以下资料留存备查：1.招用自主就业退役士兵的《中国人民解放军退出现役证书》、《中国人民解放军义务兵退出现役证》、《中国人民解放军士官退出现役证》或《中国人民武装警察部队退出现役证书》、《中国人民武装警察部队义务兵退出现役证》、《中国人民武装警察部队士官退出现役证》；2.企业与招用自主就业退役士兵签订的劳动合同（副本），为职工缴纳的社会保险费记录；3.自主就业退役士兵本年度在企业工作时间表。

五、企业招用自主就业退役士兵既可以适用本公告规定的税收优惠政策，又可以适用其他扶持就业专项税收优惠政策的，企业可以选择适用最优惠的政策，但不得重复享受。

六、纳税人在2027年12月31日享受本公告规定的税收优惠政策未满3年的，可继续享受至3年期满为止。退役士兵以前年度已享受退役士兵创业就业税收优惠政策满3年的，不得再享受本公告规定的税收优惠政策；以前年度享受退役士兵创业就业税收优惠政策未满3年且符合本公告规定条件的，可按本公告规定享受优惠至3年期满。

七、按本公告规定应予减征的税费，在本公告发布前已征收的，可抵减纳税人以后纳税期应缴纳税费或予以退还。发布之日前已办理注销的，不再追溯享受。

特此公告。

附件：自主就业退役士兵本年度在企业工作时间表（样表）（废止，略）

《财政部 税务总局 人力资源社会保障部 农业农村部关于进一步支持重点群体创业就业有关税收政策的公告》（财政部 税务总局 人力资源社会保障部 农业农村部公告2023年第15号）

为进一步支持重点群体创业就业，现将有关税收政策公告如下：

一、自2023年1月1日至2027年12月31日，脱贫人口（含防止返贫监测对象，下同）、持《就业创业证》（注明"自主创业税收政策"或"毕业年度内自主创业税收政策"）或《就业失业登记证》（注明"自主创业税收政策"）的人员，从事个体经营的，自办理个体工商户登记当月起，在3年（36个月，下同）内按每户每年20 000元为限额依次扣减其当年实际应缴纳的增值税、城市维护建设税、教育费附加、地方教育附加和个人所得税。限额标准最高可上浮20%，各省、自治区、直辖市人民政府可根据本地区实际情况在此幅度内确定具体限额标准。

纳税人年度应缴纳税款小于上述扣减限额的，减免税额以其实际缴纳的税款为限；大于上述扣减限额的，以上述扣减限额为限。

上述人员具体包括：1.纳入全国防止返贫监测和衔接推进乡村振兴信息系统的脱贫人口；2.在人力资源社会保障部门公共就业服务机构登记失业半年以上的人员；3.零就业家庭、享受城市居民最低生活保障家庭劳动年龄内的登记失业人员；4.毕业年度内高校毕业生。高校毕业生是指实施高等学历教育的普通高等学校、成人高等学校应届毕业的学生；毕业年度是指毕业所在自然年，即1月1日至12月31日。

二、自2023年1月1日至2027年12月31日，企业招用脱贫人口，以及在人力资源社会保障部门公共就业服务机构登记失业半年以上且持《就业创业证》或《就业失业登记证》（注明"企业吸纳税收政策"）的人员，与其签订1年以上期限劳动合同并依法缴纳社会保险费的，自签订劳动合同并缴纳社会保险当月起，在3年内按实际招用人数予以定额依次扣减增值税、城市维护建设税、教育费附加、地方教育附加和企业所得税优惠。定额标准为每人每年6 000元，最高可上浮30%，各省、自治区、直辖市人民政府可根据本地区实际情况在此幅度内确定具体定额标准。城市维护建设税、教育费附加、地方教育附加的计税依据是享受本项税收优惠政策前的增值税应纳税额。

按上述标准计算的税收扣减额应在企业当年实际应缴纳的增值税、城市维护建设税、教育费附加、地方教育附加和企业所得税税额中扣减，当年扣减不完的，不得结转下年使用。

本公告所称企业是指属于增值税纳税人或企业所得税纳税人的企业等单位。

三、农业农村部（国家乡村振兴局）、人力资源社会保障部、税务总局要实现脱贫人口身份信息数据共享，推动数据下沉。

四、企业招用就业人员既可以适用本公告规定的税收优惠政策，又可以适用其他扶持就业专项税收优惠政策的，企业可以选择适用最优惠的政策，但不得重复享受。

五、纳税人在2027年12月31日享受本公告规定的税收优惠政策未满3年的，可继续享受至3年期满为止。本公告所述人员，以前年度已享受重点群体创业就业税收优惠政策满3年的，不得再享受本公告规定的税收优惠政策；以前年度享受重点群体创业就业税收优惠政策未满3年且符合本公告规定条件的，可按本公告规定享受优惠至3年期满。

六、按本公告规定应予减征的税费，在本公告发布前已征收的，可抵减纳税人以后纳税期应缴纳税费或予以退还。发布之日前已办理注销的，不再追溯享受。

特此公告。

《国家税务总局　人力资源社会保障部　农业农村部　教育部　退役军人事务部关于重点群体和自主就业退役士兵创业就业税收政策有关执行问题的公告》（国家税务总局　人力资源社会保障部　农业农村部　教育部　退役军人事务部公告2024年第4号）

为推动《财政部　税务总局　人力资源社会保障部　农业农村部关于进一步支持重点群体创业就业有关税收政策的公告》（2023年第15号）和《财政部　税务总局　退役军人事务部关于进一步扶持自主就业退役士兵创业就业有关税收政策的公告》（2023年第14号）有效落实，进一步优化征管操作流程，加强部门协作，提高纳税人享受政策便利度，现就重点群体和自主就业退役士兵创业就业税收政策（以下简称"政策"）有关执行问题公告如下：

一、关于重点群体从事个体经营税收政策

（一）申报享受

纳入全国防止返贫监测和衔接推进乡村振兴信息系统的脱贫人口（含防止返贫监测对象，以下简称"脱贫人口"）、在人力资源社会保障部门公共就业服务机构登记失业半年以上的人员、零就业家庭和享受城市居民最低生活保障家庭劳动年龄内的登记失业人员、毕业年度内高校毕业生，向税务部门申报纳税时，填写《重点群体或自主就业退役士兵创业信息表》（附件1），通过填报相关纳税申报表享受政策，并按以下要求留存资料备查：

1. 脱贫人口享受政策的，由其留存能证明相关人员为脱贫人口的材料（含电子信息）。

2. 登记失业半年以上人员、零就业家庭和城市低保家庭的登记失业人员享受政策的，由其留存《就业创业证》《就业失业登记证》，或人力资源社会保障部门出具的其他能证明相关人员登记失业情况的材料（含电子信息）。

3. 毕业年度内已毕业的高校毕业生享受政策的，由其留存毕业证、中国高等教育学历认证报告或国（境）外学历学位认证书和《就业创业证》（含电子信息）；尚未毕业的，由其留存学生证或其他能够证明学籍信息的材料和《就业创业证》（含电子信息）。

（二）税费款扣减限额及顺序

1. 重点群体从事个体经营的，以申报时本年度已实际经营月数换算其扣减限额。换算公式为：扣减限额＝年度限额标准÷12×本年度已实际经营月数。

2. 纳税人在扣减限额内，每月（季）依次扣减增值税、城市维护建设税、教育费附加、地方教育附加和个人所得税。城市维护建设税、教育费附加、地方教育附加的计税依据是享受本项税收优惠政策前的增值税应纳税额。纳税人本年内累计应缴纳税款小于上述扣减限额的,减免税额以其应缴纳税款为限;大于上述扣减限额的,以上述扣减限额为限。

二、关于企业招用重点群体税收政策

(一)向人力资源社会保障部门申请

1.企业持下列材料向县级以上(含县级)人力资源社会保障部门提交申请:

(1)招用重点群体清单,清单信息应包括招用重点群体人员姓名、公民身份号码、类别(脱贫人口或登记失业半年以上人员)、在本企业工作时间。

(2)企业与招用重点群体签订的劳动合同(含电子劳动合同),依法为其缴纳养老、工伤、失业保险的记录。上述材料已实现通过信息共享、数据比对等方式审核的地方,可不再要求企业提供相关材料。

2.县级以上人力资源社会保障部门接到企业报送的材料后,重点核实以下情况:(1)招用人员是否属于享受税收优惠政策的人员范围;(2)企业是否与招用人员签订了1年以上期限劳动合同,并依法为招用人员缴纳养老、工伤、失业保险。

3.人力资源社会保障部门核实后,对符合条件的企业核发《企业吸纳重点群体就业认定证明》或出具相关证明材料(含电子信息);具备条件的,也可通过信息交换的方式将审核情况及时反馈至税务部门。

4.招用人员发生变化的,企业应向人力资源社会保障部门办理变更申请。

(二)向税务部门申报享受政策

1.企业向税务部门申报纳税时,填写《重点群体或自主就业退役士兵就业信息表》(附件2),通过填报相关纳税申报表申报享受政策。

2.企业应当留存与重点群体签订的劳动合同(含电子劳动合同)、为职工缴纳的社会保险费记录(含电子信息)备查。

招用脱贫人口的,还需留存能证明相关人员为脱贫人口的材料(含电子信息)备查。

招用登记失业半年以上人员的,还需留存其《就业创业证》《就业失业登记证》,以及人力资源社会保障部门核发的《企业吸纳重点群体就业认定证明》或出具的相关证明材料(含电子信息)备查;已通过信息交换的方式将审核情况反馈至税务部门的地区,可不再要求企业留存相关材料。

(三)税费款扣减限额及顺序

1.企业应当以本年度招用重点群体人员申报时已实际工作月数换算扣减限额。实际工作月数按照纳税人本年度已为重点群体依法缴纳社会保险费的时间计算。计算公式为:

扣减限额 = $\sum$ 每名重点群体本年度在本企业已实际工作月数 $\div 12 \times$ 年度定额标准

2.企业在扣减限额内每月(季)依次扣减增值税、城市维护建设税、教育费附加和地方教育附加。企业本年内累计应缴纳税款小于上述扣减限额的,减免税额以其应缴纳税款为限；大于上述扣减限额的，以上述扣减限额为限。城市维护建设税、教育费附加、地方教育附加的计税依据是享受本项政策前的增值税应纳税额。

3. 纳税年度终了，如果企业实际减免的增值税、城市维护建设税、教育费附加和地方教育附加小于年度扣减限额，企业在企业所得税汇算清缴时以差额部分扣减企业所得税。当年扣减不完的，不再结转以后年度扣减。

三、关于自主就业退役士兵创业就业税收政策

（一）自主就业退役士兵从事个体经营的，向税务部门申报纳税时，填写《重点群体或自主就业退役士兵创业信息表》（附件1），通过填报相关纳税申报表申报享受政策。

（二）企业招用自主就业退役士兵就业的，向税务部门申报纳税时，填写《重点群体或自主就业退役士兵就业信息表》（附件2），通过填报相关纳税申报表申报享受政策。

（三）纳税人享受自主就业退役士兵创业就业政策的税款扣减额度、顺序等方面的规定比照重点群体创业就业税收优惠政策执行。

（四）纳税人应当按照《财政部　税务总局　退役军人事务部关于进一步扶持自主就业退役士兵创业就业有关税收政策的公告》（2023年第14号）第四条的规定留存相关资料备查。自主就业退役士兵的退役证件遗失的，应当留存退役军人事务管理部门出具的其他能够证明其退役信息的材料（含电子信息）。

四、关于征管操作口径

（一）同一重点群体人员或自主就业退役士兵开办多家个体工商户的，应当选择其中一户作为政策享受主体。除该个体工商户依法办理注销登记、变更经营者或转型为企业外，不得调整政策享受主体。

（二）同一重点群体人员或自主就业退役士兵在多家企业就业的，应当由与其签订1年以上劳动合同并依法为其缴纳养老、工伤、失业保险的企业作为政策享受主体。

（三）企业同时招用多个不同身份的就业人员（包括脱贫人口、登记失业半年以上人员、自主就业退役士兵、自主择业军队转业干部、随军家属、残疾人等），可按照规定分别适用对应的政策。

（四）企业招用的同一就业人员如同时具有多重身份（包括脱贫人口、登记失业半年以上人员、自主就业退役士兵、自主择业军队转业干部、随军家属、残疾人等），应当选定一个身份享受政策，不得重复享受。

（五）为更好促进重点群体或自主就业退役士兵就业，对于企业因以前年度招用重点群体或自主就业退役士兵就业符合政策条件但未及时申报享受的，可依法申请退税；如申请时该重点群体或自主就业退役士兵已从企业离职，不再追溯执行。

五、关于税收优惠政策管理

（一）农业农村部建立全国统一的全国防止返贫监测和衔接推进乡村振兴信息系统，

供各级农业农村、人力资源社会保障、税务部门查询脱贫人口身份信息。农业农村部门为纳税人提供脱贫人口身份信息查询服务。

（二）人力资源社会保障部门为纳税人提供登记失业半年以上人员身份信息查询服务。

（三）退役军人事务部汇总上年度新增自主就业退役士兵信息后30日内将其身份信息交换至税务总局。

（四）各级税务部门加强税收优惠政策日常管理，对享受政策的人员信息有疑问的，可提请同级人力资源社会保障、农业农村、教育、退役军人事务部门核实；同级人力资源社会保障、农业农村、教育、退役军人事务部门应在30日内将核实结果反馈至税务部门。

（五）《就业创业证》已与社会保障卡等其他证件整合或实现电子化的地区，可根据实际情况以其他证件或电子信息代替《就业创业证》办理业务、留存相关电子证照备查。

（六）各级税务、人力资源社会保障、农业农村、教育、退役军人事务部门可根据各地实际情况，优化部门间信息共享、审核、协查等事项的具体方式和流程。

本公告自2024年1月1日起施行。《国家税务总局　人力资源社会保障部　国务院扶贫办　教育部关于实施支持和促进重点群体创业就业有关税收政策具体操作问题的公告》（2019年第10号）和《财政部　税务总局　退役军人事务部关于进一步扶持自主就业退役士兵创业就业有关税收政策的公告》（2023年第14号）附件《自主就业退役士兵本年度在企业工作时间表（样表）》同时废止。

特此公告。

附件：1. 重点群体或自主就业退役士兵创业信息表（样表）（略）
　　　2. 重点群体或自主就业退役士兵就业信息表（样表）（略）

《财政部　税务总局关于金融机构小微企业贷款利息收入免征增值税政策的公告》（财政部　税务总局公告2023年第16号）

现将支持小微企业、个体工商户融资有关税收政策公告如下：

一、对金融机构向小型企业、微型企业和个体工商户发放小额贷款取得的利息收入，免征增值税。金融机构可以选择以下两种方法之一适用免税：

（一）对金融机构向小型企业、微型企业和个体工商户发放的，利率水平不高于全国银行间同业拆借中心公布的贷款市场报价利率（LPR）150%（含本数）的单笔小额贷款取得的利息收入，免征增值税；高于全国银行间同业拆借中心公布的贷款市场报价利率（LPR）150%的单笔小额贷款取得的利息收入，按照现行政策规定缴纳增值税。

（二）对金融机构向小型企业、微型企业和个体工商户发放单笔小额贷款取得的利息收入中，不高于该笔贷款按照全国银行间同业拆借中心公布的贷款市场报价利率

（LPR）150%（含本数）计算的利息收入部分，免征增值税；超过部分按照现行政策规定缴纳增值税。

金融机构可按会计年度在以上两种方法之间选定其一作为该年的免税适用方法，一经选定，该会计年度内不得变更。

二、本条公告所称金融机构，是指经中国人民银行、金融监管总局批准成立的已实现监管部门上一年度提出的小微企业贷款增长目标的机构，以及经中国人民银行、金融监管总局、中国证监会批准成立的开发银行及政策性银行、外资银行和非银行业金融机构。金融机构实现小微企业贷款增长目标情况，以金融监管总局及其派出机构考核结果为准。

三、本公告所称小型企业、微型企业，是指符合《中小企业划型标准规定》（工信部联企业〔2011〕300号）的小型企业和微型企业。其中，资产总额和从业人员指标均以贷款发放时的实际状态确定；营业收入指标以贷款发放前12个自然月的累计数确定，不满12个自然月的，按照以下公式计算：

营业收入（年）= 企业实际存续期间营业收入 / 企业实际存续月数 × 12

四、本公告所称小额贷款，是指单户授信小于1 000万元（含本数）的小型企业、微型企业或个体工商户贷款；没有授信额度的，是指单户贷款合同金额且贷款余额在1 000万元（含本数）以下的贷款。

五、金融机构应将相关免税证明材料留存备查，单独核算符合免税条件的小额贷款利息收入，按现行规定向主管税务机构办理纳税申报；未单独核算的，不得免征增值税。

金融机构应依法依规享受增值税优惠政策，一经发现存在虚报或造假骗取本项税收优惠情形的，停止享受本公告有关增值税优惠政策。

金融机构应持续跟踪贷款投向，确保贷款资金真正流向小型企业、微型企业和个体工商户，贷款的实际使用主体与申请主体一致。

六、金融机构向小型企业、微型企业及个体工商户发放单户授信小于100万元（含本数），或者没有授信额度，单户贷款合同金额且贷款余额在100万元（含本数）以下的贷款取得的利息收入，可按照《财政部 税务总局关于支持小微企业融资有关税收政策的公告》（财政部 税务总局公告2023年第13号）的规定免征增值税。

七、本公告执行至2027年12月31日。

特此公告。

《财政部 税务总局关于延续执行农户、小微企业和个体工商户融资担保增值税政策的公告》（财政部 税务总局公告2023年第18号）

为进一步支持农户、小微企业和个体工商户融资，现将有关税收政策公告如下：

一、纳税人为农户、小型企业、微型企业及个体工商户借款、发行债券提供融资担保取得的担保费收入，以及为上述融资担保（以下称原担保）提供再担保取得的再担保费收入，免征增值税。再担保合同对应多个原担保合同的，原担保合同应全部适用免征增值税政策。否则，再担保合同应按规定缴纳增值税。

二、本公告所称农户，是指长期（一年以上）居住在乡镇（不包括城关镇）行政管理区域内的住户，还包括长期居住在城关镇所辖行政村范围内的住户和户口不在本地而在本地居住一年以上的住户，国有农场的职工。位于乡镇（不包括城关镇）行政管理区域内和在城关镇所辖行政村范围内的国有经济的机关、团体、学校、企事业单位的集体户；有本地户口，但举家外出谋生一年以上的住户，无论是否保留承包耕地均不属于农户。农户以户为统计单位，既可以从事农业生产经营，也可以从事非农业生产经营。农户担保、再担保的判定应以原担保生效时的被担保人是否属于农户为准。

本公告所称小型企业、微型企业，是指符合《中小企业划型标准规定》（工信部联企业〔2011〕300号）的小型企业和微型企业。其中，资产总额和从业人员指标均以原担保生效时的实际状态确定；营业收入指标以原担保生效前12个自然月的累计数确定，不满12个自然月的，按照以下公式计算：

营业收入（年）＝企业实际存续期间营业收入／企业实际存续月数×12

纳税人应将相关免税证明材料留存备查，单独核算符合免税条件的融资担保费和再担保费收入，按现行规定向主管税务机关办理纳税申报；未单独核算的，不得免征增值税。

三、本公告执行至2027年12月31日。

特此公告。

《财政部 税务总局关于支持货物期货市场对外开放有关增值税政策的公告》（财政部 税务总局公告2023年第21号）

为继续支持货物期货市场对外开放，现将有关增值税政策公告如下：

对经国务院批准对外开放的货物期货品种保税交割业务，暂免征收增值税。

上述期货交易中实际交割的货物，如果发生进口或者出口的，统一按照现行货物进出口税收政策执行。非保税货物发生的期货实物交割仍按《国家税务总局关于下发〈货物期货征收增值税具体办法〉的通知》（国税发〔1994〕244号）的规定执行。

本公告执行至2027年12月31日。

特此公告。

《财政部 税务总局关于延续实施边销茶增值税政策的公告》（财政部 税务总局公告2023年第59号）

现将延续实施边销茶增值税政策有关事项公告如下：

一、对边销茶生产企业（企业名单见附件）销售自产的边销茶及经销企业销售的边销茶免征增值税。

本公告所称边销茶，是指以黑毛茶、老青茶、红茶末、绿茶为主要原料，经过发酵、蒸制、加压或者压碎、炒制，专门销往边疆少数民族地区的紧压茶。

二、本公告自发文之日起执行至2027年12月31日。

特此公告。

附件：适用增值税免税政策的边销茶生产企业名单（略）

《财政部　税务总局关于延续实施宣传文化增值税优惠政策的公告》（财政部　税务总局公告2023年第60号）

为促进我国宣传文化事业发展，现将实施宣传文化增值税优惠政策有关事项公告如下：

一、2027年12月31日前，执行下列增值税先征后退政策。

（一）对下列出版物在出版环节执行增值税100%先征后退的政策：

1.中国共产党和各民主党派的各级组织的机关报纸和机关期刊，各级人大、政协、政府、工会、共青团、妇联、残联、科协的机关报纸和机关期刊，新华社的机关报纸和机关期刊，军事部门的机关报纸和机关期刊。

上述各级组织不含其所属部门。机关报纸和机关期刊增值税先征后退范围掌握在一个单位一份报纸和一份期刊以内。

2.专为少年儿童出版发行的报纸和期刊，中小学的学生教科书。

3.专为老年人出版发行的报纸和期刊。

4.少数民族文字出版物。

5.盲文图书和盲文期刊。

6.经批准在内蒙古、广西、西藏、宁夏、新疆五个自治区内注册的出版单位出版的出版物。

7.列入本公告附件1的图书、报纸和期刊。

（二）对下列出版物在出版环节执行增值税50%先征后退的政策：

1.各类图书、期刊、音像制品、电子出版物，但本公告第一条第（一）项规定执行增值税100%先征后退的出版物除外。

2.列入本公告附件2的报纸。

（三）对下列印刷、制作业务执行增值税100%先征后退的政策：

1.对少数民族文字出版物的印刷或制作业务。

2.列入本公告附件3的新疆维吾尔自治区印刷企业的印刷业务。

二、2027年12月31日前，免征图书批发、零售环节增值税。

三、2027年12月31日前，对科普单位的门票收入，以及县级及以上党政部门和科协开展科普活动的门票收入免征增值税。

四、享受本公告第一条第（一）项、第（二）项规定的增值税先征后退政策的纳税人，必须是具有相关出版物出版许可证的出版单位（含以"租型"方式取得专有出版权进行出版物印刷发行的出版单位）。承担省级及以上出版行政主管部门指定出版、发行任务的单位，因进行重组改制等原因尚未办理出版、发行许可证变更的单位，经财政部各地监管局（以下简称财政监管局）商省级出版行政主管部门核准，可以享受相应的增值税先征后退政策。

纳税人应当将享受上述税收优惠政策的出版物在财务上实行单独核算，不进行单独核算的不得享受本公告规定的优惠政策。违规出版物、多次出现违规的出版单位及图书批发零售单位不得享受本公告规定的优惠政策。上述违规出版物、出版单位及图书批发零售单位的具体名单由省级及以上出版行政主管部门及时通知相应财政监管局和主管税务机关。

五、已按软件产品享受增值税退税政策的电子出版物不得再按本公告申请增值税先征后退政策。

六、本公告规定的各项增值税先征后退政策由财政监管局根据财政部、税务总局、中国人民银行《关于税制改革后对某些企业实行"先征后退"有关预算管理问题的暂行规定的通知》〔（94）财预字第55号〕的规定办理。

七、本公告的有关定义

（一）本公告所述"出版物"，是指根据国务院出版行政主管部门的有关规定出版的图书、报纸、期刊、音像制品和电子出版物。所述图书、报纸和期刊，包括随同图书、报纸、期刊销售并难以分离的光盘、软盘和磁带等信息载体。

（二）图书、报纸、期刊（即杂志）的范围，按照《国家税务总局关于印发〈增值税部分货物征税范围注释〉的通知》（国税发〔1993〕151号）的规定执行；音像制品、电子出版物的范围，按照《财政部 税务总局关于简并增值税税率有关政策的通知》（财税〔2017〕37号）的规定执行。

（三）本公告所述"专为少年儿童出版发行的报纸和期刊"，是指以初中及初中以下少年儿童为主要对象的报纸和期刊。

（四）本公告所述"中小学的学生教科书"，是指普通中小学学生教科书和中等职业教育教科书。普通中小学学生教科书是指根据中小学国家课程方案和课程标准编写的，经国务院教育行政部门审定或省级教育行政部门审定的，由取得国务院出版行政主管部门批准的教科书出版、发行资质的单位提供的中小学学生上课使用的正式教科书，具体操作时按国务院和省级教育行政部门每年下达的"中小学教学用书目录"中所列"教科书"的范围掌握。中等职业教育教科书是指按国家规定设置标准和审批程序批准成立并在教育行政部门备案的中等职业学校,及在人力资源社会保障行政部门备案的技工学校学生使用的教科书,具体操作时按国务院和省级教育、人力资源社会保障行政部门发布的教学用书目录认定。中小学的学生教科书不包括各种形式的教学参考书、图册、读本、课外读物、练习册以及其他各类教辅材料。

(五)本公告所述"专为老年人出版发行的报纸和期刊",是指以老年人为主要对象的报纸和期刊,具体范围见附件4。

(六)本公告第一条第(一)项和第(二)项规定的图书包括"租型"出版的图书。

(七)本公告所述"科普单位",是指科技馆、自然博物馆,对公众开放的天文馆(站、台)、气象台(站)、地震台(站),以及高等院校、科研机构对公众开放的科普基地。

本公告所述"科普活动",是指利用各种传媒以浅显的、让公众易于理解、接受和参与的方式,向普通大众介绍自然科学和社会科学知识,推广科学技术的应用,倡导科学方法,传播科学思想,弘扬科学精神的活动。

本公告自发文之日起执行。

特此公告。

附件:1. 适用增值税100%先征后退政策的特定图书、报纸和期刊名单(略)

2. 适用增值税50%先征后退政策的报纸名单(略)

3. 适用增值税100%先征后退政策的新疆维吾尔自治区印刷企业名单(略)

4. 专为老年人出版发行的报纸和期刊名单(略)

《财政部 税务总局关于延续实施二手车经销有关增值税政策的公告》(财政部 税务总局公告2023年第63号)

现就延续实施二手车经销有关增值税政策公告如下:

一、对从事二手车经销的纳税人销售其收购的二手车,按照简易办法依3%征收率减按0.5%征收增值税。

二、本公告所称二手车,是指从办理完注册登记手续至达到国家强制报废标准之前进行交易并转移所有权的车辆,具体范围按照国务院商务主管部门出台的二手车流通管理办法执行。

三、本公告执行至2027年12月31日。

特此公告。

《财政部 税务总局关于延续实施中国邮政储蓄银行三农金融事业部涉农贷款增值税政策的公告》(财政部 税务总局公告2023年第66号)

现将中国邮政储蓄银行"三农金融事业部"涉农贷款有关增值税政策公告如下:

一、中国邮政储蓄银行纳入"三农金融事业部"改革的各省、自治区、直辖市、计划单列市分行下辖的县域支行，提供农户贷款、农村企业和农村各类组织贷款（具体贷款业务清单见附件）取得的利息收入，可以选择适用简易计税方法按照3%的征收率计算缴纳增值税。

二、本公告所称农户，是指长期（一年以上）居住在乡镇（不包括城关镇）行政管理区域内的住户，还包括长期居住在城关镇所辖行政村范围内的住户和户口不在本地而在本地居住一年以上的住户，国有农场的职工和农村个体工商户。位于乡镇（不包括城关镇）行政管理区域内和在城关镇所辖行政村范围内的国有经济的机关、团体、学校、企事业单位的集体户；有本地户口，但举家外出谋生一年以上的住户，无论是否保留承包耕地均不属于农户。农户以户为统计单位，既可以从事农业生产经营，也可以从事非农业生产经营。农户贷款的判定应以贷款发放时的借款人是否属于农户为准。

三、本公告所称农村企业和农村各类组织贷款，是指金融机构发放给注册在农村地区的企业及各类组织的贷款。

四、本公告执行至2027年12月31日。

特此公告。

附件：享受增值税优惠的涉农贷款业务清单（略）

《财政部　税务总局关于延续实施金融机构农户贷款利息收入免征增值税政策的公告》（财政部　税务总局公告2023年第67号）

为支持金融机构发放农户贷款，现将有关增值税政策公告如下：

一、对金融机构向农户发放小额贷款取得的利息收入，免征增值税。金融机构应将相关免税证明材料留存备查，单独核算符合免税条件的小额贷款利息收入，按现行规定向主管税务机关办理纳税申报；未单独核算的，不得免征增值税。

二、本公告所称农户，是指长期（一年以上）居住在乡镇（不包括城关镇）行政管理区域内的住户，还包括长期居住在城关镇所辖行政村范围内的住户和户口不在本地而在本地居住一年以上的住户，国有农场的职工。位于乡镇（不包括城关镇）行政管理区域内和在城关镇所辖行政村范围内的国有经济的机关、团体、学校、企事业单位的集体户；有本地户口，但举家外出谋生一年以上的住户，无论是否保留承包耕地均不属于农户。农户以户为统计单位，既可以从事农业生产经营，也可以从事非农业生产经营。农户贷款的判定应以贷款发放时的借款人是否属于农户为准。

三、本公告所称小额贷款，是指单户授信小于100万元（含本数）的农户贷款；没有授信额度的，是指单户贷款合同金额且贷款余额在100万元（含本数）以下的贷款。

四、本公告执行至2027年12月31日。

特此公告。

《财政部　税务总局关于延续实施医疗服务免征增值税等政策的公告》（财政部　税务总局公告 2023 年第 68 号）

为进一步支持医疗服务机构发展，现将医疗服务免征增值税等政策公告如下：

一、医疗机构接受其他医疗机构委托，按照不高于地（市）级以上价格主管部门会同同级卫生主管部门及其他相关部门制定的医疗服务指导价格（包括政府指导价和按照规定由供需双方协商确定的价格等），提供《全国医疗服务价格项目规范》所列的各项服务，可适用《营业税改征增值税试点过渡政策的规定》（财税〔2016〕36 号）第一条第（七）项规定的免征增值税政策。

二、对企业集团内单位（含企业集团）之间的资金无偿借贷行为，免征增值税。

三、本公告执行至 2027 年 12 月 31 日。

特此公告。

《中华人民共和国民法典》（2020 年 5 月 28 日第十三届全国人民代表大会第三次会议通过）

第八十七条　为公益目的或者其他非营利目的成立，不向出资人、设立人或者会员分配所取得利润的法人，为非营利法人。

非营利法人包括事业单位、社会团体、基金会、社会服务机构等。

第八十八条　具备法人条件，为适应经济社会发展需要，提供公益服务设立的事业单位，经依法登记成立，取得事业单位法人资格；依法不需要办理法人登记的，从成立之日起，具有事业单位法人资格。

第八十九条　事业单位法人设理事会的，除法律另有规定外，理事会为其决策机构。事业单位法人的法定代表人依照法律、行政法规或者法人章程的规定产生。

第九十条　具备法人条件，基于会员共同意愿，为公益目的或者会员共同利益等非营利目的设立的社会团体，经依法登记成立，取得社会团体法人资格；依法不需要办理法人登记的，从成立之日起，具有社会团体法人资格。

第九十一条　设立社会团体法人应当依法制定法人章程。

社会团体法人应当设会员大会或者会员代表大会等权力机构。

社会团体法人应当设理事会等执行机构。理事长或者会长等负责人按照法人章程的规定担任法定代表人。

第九十二条　具备法人条件，为公益目的以捐助财产设立的基金会、社会服务机构等，经依法登记成立，取得捐助法人资格。

依法设立的宗教活动场所，具备法人条件的，可以申请法人登记，取得捐助法人资格。法律、行政法规对宗教活动场所有规定的，依照其规定。

第九十三条　设立捐助法人应当依法制定法人章程。

捐助法人应当设理事会、民主管理组织等决策机构，并设执行机构。理事长等负责人按照法人章程的规定担任法定代表人。

捐助法人应当设监事会等监督机构。

第九十四条 捐助人有权向捐助法人查询捐助财产的使用、管理情况，并提出意见和建议，捐助法人应当及时、如实答复。

捐助法人的决策机构、执行机构或者法定代表人作出决定的程序违反法律、行政法规、法人章程，或者决定内容违反法人章程的，捐助人等利害关系人或者主管机关可以请求人民法院撤销该决定。但是，捐助法人依据该决定与善意相对人形成的民事法律关系不受影响。

第九十五条 为公益目的成立的非营利法人终止时，不得向出资人、设立人或者会员分配剩余财产。剩余财产应当按照法人章程的规定或者权力机构的决议用于公益目的；无法按照法人章程的规定或者权力机构的决议处理的，由主管机关主持转给宗旨相同或者相近的法人，并向社会公告。

第九十六条 本节规定的机关法人、农村集体经济组织法人、城镇农村的合作经济组织法人、基层群众性自治组织法人，为特别法人。

第九十七条 有独立经费的机关和承担行政职能的法定机构从成立之日起，具有机关法人资格，可以从事为履行职能所需要的民事活动。

第九十八条 机关法人被撤销的，法人终止，其民事权利和义务由继任的机关法人享有和承担；没有继任的机关法人的，由作出撤销决定的机关法人享有和承担。

第九十九条 农村集体经济组织依法取得法人资格。

法律、行政法规对农村集体经济组织有规定的，依照其规定。

第一百条 城镇农村的合作经济组织依法取得法人资格。

法律、行政法规对城镇农村的合作经济组织有规定的，依照其规定。

第一百零一条 居民委员会、村民委员会具有基层群众性自治组织法人资格，可以从事为履行职能所需要的民事活动。

未设立村集体经济组织的，村民委员会可以依法代行村集体经济组织的职能。

【《增值税法》原文】

第二十六条 纳税人兼营增值税优惠项目的，应当单独核算增值税优惠项目的销售额；未单独核算的项目，不得享受税收优惠。

〖草案二次审议稿〗

第二十五条 纳税人兼营增值税优惠项目的，应当单独核算增值税优惠项目的销售额；未单独核算的项目，不得享受税收优惠。

【条文释义】

本条规定了兼营项目单独核算的义务。

由于增值税适用税率较多,税收优惠政策也较多,因此,如果纳税人兼营增值税优惠项目,应当单独核算增值税优惠项目的销售额,因为只有优惠项目的销售额才能享受优惠,其他项目的销售额仍然要依法纳税;对于纳税人未单独核算的项目,该项目对应的销售额不得享受税收优惠,应当与其他不享受任何优惠的项目的销售额合并计算缴纳增值税。

例如,甲公司经营A项目,该项目需要按13%的税率缴纳增值税;同时,甲公司还兼营B项目,该项目免征增值税。假设某月,甲公司经营A项目的销售额为1 000万元,经营B项目的销售额为500万元。如果甲公司对B项目的销售额进行了单独核算,则甲公司该月仅需要计算增值税销项税额:1 000×13%=130(万元)。如果甲公司并未对B项目进行单独核算,则甲公司应当按A项目和B项目的全部销售额计算增值税销项税额:(1 000+500)×13%=195(万元)。

【法律法规与政策指引】

《中华人民共和国增值税暂行条例》(2017年修订)

第十六条 纳税人兼营免税、减税项目的,应当分别核算免税、减税项目的销售额;未分别核算销售额的,不得免税、减税。

《营业税改征增值税试点实施办法》(财税〔2016〕36号附件1)

第四十一条 纳税人兼营免税、减税项目的,应当分别核算免税、减税项目的销售额;未分别核算的,不得免税、减税。

【《增值税法》原文】

第二十七条 纳税人可以放弃增值税优惠;放弃优惠的,在三十六个月内不得享受该项税收优惠,小规模纳税人除外。

〖草案二次审议稿〗

第二十六条 纳税人可以放弃增值税优惠。放弃优惠的,在规定期限内不得享受该项税收优惠。

【条文释义】

本条规定了纳税人放弃增值税优惠的制度。

增值税的优惠与其他税收的优惠不同,其他税收的优惠是实实在在的优惠,但增值税的优惠有时却不一定是优惠。例如,享受免征增值税优惠的,需要对该项单独核算,且该项目的进项税额不得抵扣。假设甲公司经营A项目和B项目,其中A项目正常缴纳增值税,B项目可以享受免征增值税的优惠。某月,A项目的进项税额为10万元,销项税额为 15 万元，B 项目的进项税额为 5 万元，销项税额为 4 万元。如果甲公司选择享受免税优惠且对 B 项目单独核算，甲公司该月缴纳增值税：15−10=5（万元）。如果甲公司选择放弃免税优惠，则该月缴纳增值税：（15+4）−（10+5）=4（万元）。就该月来看，甲公司选择放弃增值税免税优惠，纳税更少。以此类推，就某个年度来看，甲公司选择放弃增值税免税优惠，纳税也可能更少。

因此，在增值税制度中，专门设计了纳税人可以放弃增值税优惠的制度。为防止纳税人这个月选择放弃优惠，下个月又选择享受优惠，本条规定，纳税人放弃优惠的，在 36 个月内不得享受该项税收优惠。当然，这一规定仅限于同一项目的优惠。例如，甲公司经营 A、B、C 三个项目，其中 A 项目正常纳税，B 项目和 C 项目均免税。若甲公司选择放弃 B 项目的免税优惠，则在 36 个月以后才能再次选择享受 B 项目的免税优惠，在该 36 个月内，B 项目将与 A 项目一样正常纳税。但甲公司可以一直享受 C 项目的免税优惠。或者甲公司在上述 36 个月内又增加了 D 项目，如果 D 项目本身也是免税项目，则甲公司可以选择享受 D 项目的免税优惠。

小规模纳税人每季度销售额不超过 30 万元的，免征增值税。该项免税优惠，小规模纳税人可以在任意季度放弃，也就是该季度正常缴纳增值税，在下一个季度再选择享受该项优惠。例如，甲公司为小规模纳税人，2024 年第四季度销售额为 20 万元，甲公司可以选择开具 1% 的增值税专用发票，缴纳增值税 2 000 元。2025 年第一季度，甲公司销售额为 30 万元，甲公司可以全部开具增值税普通发票，免纳增值税，从而享受了 3 000 元的增值税优惠。

【法律法规与政策指引】

《中华人民共和国增值税暂行条例实施细则》（2011 年修订）

第三十六条　纳税人销售货物或者应税劳务适用免税规定的，可以放弃免税，依照条例的规定缴纳增值税。放弃免税后，36 个月内不得再申请免税。

《营业税改征增值税试点实施办法》（财税〔2016〕36 号附件 1）

第四十八条　纳税人发生应税行为适用免税、减税规定的，可以放弃免税、减税，依照本办法的规定缴纳增值税。放弃免税、减税后，36 个月内不得再申请免税、减税。

纳税人发生应税行为同时适用免税和零税率规定的，纳税人可以选择适用免税或者零税率。

第五章 征收管理

【《增值税法》原文】

第二十八条 增值税纳税义务发生时间，按照下列规定确定：

（一）发生应税交易，纳税义务发生时间为收讫销售款项或者取得销售款项索取凭据的当日；先开具发票的，为开具发票的当日。

（二）发生视同应税交易，纳税义务发生时间为完成视同应税交易的当日。

（三）进口货物，纳税义务发生时间为货物报关进口的当日。

增值税扣缴义务发生时间为纳税人增值税纳税义务发生的当日。

〖草案二次审议稿〗

第二十七条 增值税纳税义务发生时间，按照下列规定确定：

（一）发生应税交易，纳税义务发生时间为收讫销售款项或者取得销售款项索取凭据的当日；先开具发票的，为开具发票的当日。

（二）发生视同应税交易，纳税义务发生时间为完成视同应税交易的当日。

（三）进口货物，纳税义务发生时间为货物进入关境的当日。

增值税扣缴义务发生时间为纳税人增值税纳税义务发生的当日。

【条文释义】

本条规定了增值税纳税义务发生时间。

增值税纳税义务发生时间涉及增值税的申报和税款的缴纳，是一项重要的制度。增值税纳税义务发生之后，才有纳税申报和税款缴纳的义务，否则，既不需要纳税申报，也不需要缴纳税款。

（1）发生应税交易，纳税义务发生时间为收讫销售款项或者取得销售款项索取凭据的当日。"收讫销售款项"一般是指收讫全部销售款项，如果仅仅收到部分销售款项，该部分销售款项对应的应税交易，其纳税义务发生。"取得销售款项索取凭据"是指合同或者以其他方式约定的付款期限届满。这里遵循权责发生制原则，只要合同或者以其他方式约定的付款日期到达，则应当确认增值税销售收入。由于销售方开具增值税专用发票后，购买方即可以抵扣进项税额，如果纳税人先开具发票，其增值税纳税义务发生时间为开具发票的当日。需要注意的是，上述三种情形需要同时考虑，满足任何一种情形，就应当认为增值税纳税义务已经发生。

（2）发生视同应税交易，纳税义务发生时间为完成视同应税交易的当日。由于视同应税交易本身并不存在付款、应付款或者开具发票的问题，因此，视同应税交易增值税纳税义务发生时间是以"完成视同应税交易"来确定的。通常情况下，应当以货物的所有权已经转移、服务已经完成、无形资产和不动产的权利已经转移等为纳税义务发生时间的判断标准。

（3）进口货物，其增值税纳税义务发生时间与关税纳税义务发生时间是相同的，即货物报关进口的当日。

（4）增值税扣缴义务发生时间不再单独设定，以纳税人增值税纳税义务发生的时间为扣缴义务发生时间，因此，其判断标准与上述三项调准是相同的。

【法律法规与政策指引】

《中华人民共和国增值税暂行条例》（2017年修订）

第十九条 增值税纳税义务发生时间：

（一）发生应税销售行为，为收讫销售款项或者取得索取销售款项凭据的当天；先开具发票的，为开具发票的当天。

（二）进口货物，为报关进口的当天。

增值税扣缴义务发生时间为纳税人增值税纳税义务发生的当天。

《中华人民共和国增值税暂行条例实施细则》（2011年修订）

第三十八条 条例第十九条第一款第（一）项规定的收讫销售款项或者取得索取销售款项凭据的当天，按销售结算方式的不同，具体为：

（一）采取直接收款方式销售货物，不论货物是否发出，均为收到销售款或者取得索取销售款凭据的当天；

（二）采取托收承付和委托银行收款方式销售货物，为发出货物并办妥托收手续的当天；

（三）采取赊销和分期收款方式销售货物，为书面合同约定的收款日期的当天，无书面合同的或者书面合同没有约定收款日期的，为货物发出的当天；

（四）采取预收货款方式销售货物，为货物发出的当天，但生产销售生产工期超过12个月的大型机械设备、船舶、飞机等货物，为收到预收款或者书面合同约定的收款日期的当天；

（五）委托其他纳税人代销货物，为收到代销单位的代销清单或者收到全部或者部分货款的当天。未收到代销清单及货款的，为发出代销货物满180天的当天；

（六）销售应税劳务，为提供劳务同时收讫销售款或者取得索取销售款的凭据的当天；

（七）纳税人发生本细则第四条第（三）项至第（八）项所列视同销售货物行为，为货物移送的当天。

《营业税改征增值税试点实施办法》（财税〔2016〕36号附件1）

第四十五条　增值税纳税义务、扣缴义务发生时间为：

（一）纳税人发生应税行为并收讫销售款项或者取得索取销售款项凭据的当天；先开具发票的，为开具发票的当天。

收讫销售款项，是指纳税人销售服务、无形资产、不动产过程中或者完成后收到款项。

取得索取销售款项凭据的当天，是指书面合同确定的付款日期；未签订书面合同或者书面合同未确定付款日期的，为服务、无形资产转让完成的当天或者不动产权属变更的当天。

（二）纳税人提供建筑服务、租赁服务采取预收款方式的，其纳税义务发生时间为收到预收款的当天。

（三）纳税人从事金融商品转让的，为金融商品所有权转移的当天。

（四）纳税人发生本办法第十四条规定情形的，其纳税义务发生时间为服务、无形资产转让完成的当天或者不动产权属变更的当天。

（五）增值税扣缴义务发生时间为纳税人增值税纳税义务发生的当天。

《国家税务总局关于增值税纳税义务发生时间有关问题的公告》（国家税务总局公告2011年第40号）

根据《中华人民共和国增值税暂行条例》及其实施细则的有关规定，现就增值税纳税义务发生时间有关问题公告如下：

纳税人生产经营活动中采取直接收款方式销售货物，已将货物移送对方并暂估销售收入入账，但既未取得销售款或取得索取销售款凭据也未开具销售发票的，其增值税纳税义务发生时间为取得销售款或取得索取销售款凭据的当天；先开具发票的，为开具发票的当天。

本公告自2011年8月1日起施行。纳税人此前对发生上述情况进行增值税纳税申报的，可向主管税务机关申请，按本公告规定做纳税调整。

特此公告。

《中华人民共和国民法典》（2020年5月28日第十三届全国人民代表大会第三次会议通过）

第二百零九条　不动产物权的设立、变更、转让和消灭，经依法登记，发生效力；未经登记，不发生效力，但是法律另有规定的除外。

依法属于国家所有的自然资源，所有权可以不登记。

第二百一十条　不动产登记，由不动产所在地的登记机构办理。

国家对不动产实行统一登记制度。统一登记的范围、登记机构和登记办法，由法律、行政法规规定。

第二百一十四条　不动产物权的设立、变更、转让和消灭，依照法律规定应当登记的，自记载于不动产登记簿时发生效力。

第二百一十五条　当事人之间订立有关设立、变更、转让和消灭不动产物权的合同，除法律另有规定或者当事人另有约定外，自合同成立时生效；未办理物权登记的，不影响合同效力。

第二百一十六条　不动产登记簿是物权归属和内容的根据。

不动产登记簿由登记机构管理。

第二百一十七条　不动产权属证书是权利人享有该不动产物权的证明。不动产权属证书记载的事项，应当与不动产登记簿一致；记载不一致的，除有证据证明不动产登记簿确有错误外，以不动产登记簿为准。

第二百二十四条　动产物权的设立和转让，自交付时发生效力，但是法律另有规定的除外。

第二百二十五条　船舶、航空器和机动车等的物权的设立、变更、转让和消灭，未经登记，不得对抗善意第三人。

第二百二十六条　动产物权设立和转让前，权利人已经占有该动产的，物权自民事法律行为生效时发生效力。

第二百二十七条　动产物权设立和转让前，第三人占有该动产的，负有交付义务的人可以通过转让请求第三人返还原物的权利代替交付。

第二百二十八条　动产物权转让时，当事人又约定由出让人继续占有该动产的，物权自该约定生效时发生效力。

第二百二十九条　因人民法院、仲裁机构的法律文书或者人民政府的征收决定等，导致物权设立、变更、转让或者消灭的，自法律文书或者征收决定等生效时发生效力。

第二百三十条　因继承取得物权的，自继承开始时发生效力。

第二百三十一条　因合法建造、拆除房屋等事实行为设立或者消灭物权的，自事实行为成就时发生效力。

第二百三十二条　处分依照本节规定享有的不动产物权，依照法律规定需要办理登记的，未经登记，不发生物权效力。

【《增值税法》原文】

第二十九条　增值税纳税地点，按照下列规定确定：

（一）有固定生产经营场所的纳税人，应当向其机构所在地或者居住地主管税务机关申报纳税。总机构和分支机构不在同一县（市）的，应当分别向各自所在地的主管税务机关申报纳税；经省级以上财政、税务主管部门批准，可以由总机构汇总向总机构所在地的主管税务机关申报纳税。

（二）无固定生产经营场所的纳税人，应当向其应税交易发生地主管税务机关申报纳税；未申报纳税的，由其机构所在地或者居住地主管税务机关补征税款。

（三）自然人销售或者租赁不动产，转让自然资源使用权，提供建筑服务，应当向不动产所在地、自然资源所在地、建筑服务发生地主管税务机关申报纳税。

（四）进口货物的纳税人，应当按照海关规定的地点申报纳税。

（五）扣缴义务人，应当向其机构所在地或者居住地主管税务机关申报缴纳扣缴的税款；机构所在地或者居住地在境外的，应当向应税交易发生地主管税务机关申报缴纳扣缴的税款。

〖草案二次审议稿〗

第二十八条 增值税纳税地点，按照下列规定确定：

（一）有固定生产经营场所的纳税人，应当向其机构所在地或者居住地主管税务机关申报纳税。总机构和分支机构不在同一县（市）的，应当分别向各自所在地的主管税务机关申报纳税；经国务院财政、税务主管部门或者其授权的财政、税务机关批准，可以由总机构汇总向总机构所在地的主管税务机关申报纳税。

（二）无固定生产经营场所的纳税人，应当向其应税交易发生地主管税务机关申报纳税；未申报纳税的，由其机构所在地或者居住地主管税务机关补征税款。

（三）自然人销售或者租赁不动产，转让自然资源使用权，提供建筑服务，应当向不动产所在地、自然资源所在地、建筑服务发生地主管税务机关申报纳税。

（四）进口货物的纳税人，应当按照海关规定的地点申报纳税。

（五）扣缴义务人，应当向其机构所在地或者居住地主管税务机关申报缴纳扣缴的税款；机构所在地或者居住地在境外的，应当向应税交易发生地主管税务机关申报缴纳扣缴的税款。

【条文释义】

本条规定了增值税的纳税地点。

（1）有固定生产经营场所的纳税人，包括企业与个人两类。如果是企业，应当向其机构所在地主管税务机关申报纳税，机构所在地就是其营业执照上登记的地址。如果是个人，应当向其居住地主管税务机关申报纳税。这里的居住地是指其固定生产经营场所的所在地或者其经常居住地。总机构和分支机构不在同一县（市）的，应当分别向各自所在地的主管税务机关申报纳税，因为各地税收收入归各地财政，增值税收入，中央和地方按5∶5分成。经省级以上财政、税务主管部门批准，可以由总机构汇总向总机构所在地的主管税务机关申报纳税。为平衡总分机构所在地的税收利益，在总机构汇总纳税时，分支机构往往需要在其所在地预缴部分增值税。需要注意的是，总分机构的企业所得税需要汇总缴纳，而增值税原则上就地缴纳，不汇总，特殊情况下才汇总缴纳。

（2）无固定生产经营场所的纳税人，无论是企业还是个人，都应当向其应税交易发生地主管税务机关申报纳税；未申报纳税的，由其机构所在地或者居住地主管税务机关补征税款。通常而言，企业应当有固定生产经营场所，个人可以没有固定生产经营场所。在特殊情况下，企业也有可能离开总部，到全国各地从事生产经营且经常更换场所，此时就构成了无固定生产经营场所的纳税人。

（3）自然人销售或者租赁不动产，转让自然资源使用权，提供建筑服务，应当向不动产所在地、自然资源所在地、建筑服务发生地主管税务机关申报纳税。需要注意的是，如果是企业或者个体工商户销售或者租赁不动产，转让自然资源使用权，提供建筑服务，仍然遵循前面两条规则，即如果有固定生产经营场所，应当向其机构所在地或者居住地主管税务机关申报纳税。如果无固定生产经营场所，应当向其应税交易发生地主管税务机关申报纳税，应税交易发生地也就是不动产所在地、自然资源所在地、建筑服务发生地。

（4）进口货物的纳税人，应当按照海关规定的地点申报纳税。通常是在进口报关地申报纳税。

（5）扣缴义务人包括企业、个体工商户和自然人。如果是企业和个体工商户，应当向其机构所在地主管税务机关申报缴纳扣缴的税款。如果是自然人，应当向其居住地主管税务机关申报缴纳扣缴的税款。如果扣缴义务人在境外，即机构所在地或者居住地在境外，应当向应税交易发生地主管税务机关申报缴纳扣缴的税款。

【法律法规与政策指引】

《中华人民共和国增值税暂行条例》（2017年修订）

第二十二条　增值税纳税地点：

（一）固定业户应当向其机构所在地的主管税务机关申报纳税。总机构和分支机构不在同一县（市）的，应当分别向各自所在地的主管税务机关申报纳税；经国务院财政、税务主管部门或者其授权的财政、税务机关批准，可以由总机构汇总向总机构所在地的主管税务机关申报纳税。

（二）固定业户到外县（市）销售货物或者劳务，应当向其机构所在地的主管税务机关报告外出经营事项，并向其机构所在地的主管税务机关申报纳税；未报告的，应当向销售地或者劳务发生地的主管税务机关申报纳税；未向销售地或者劳务发生地的主管税务机关申报纳税的，由其机构所在地的主管税务机关补征税款。

（三）非固定业户销售货物或者劳务，应当向销售地或者劳务发生地的主管税务机关申报纳税；未向销售地或者劳务发生地的主管税务机关申报纳税的，由其机构所在地或者居住地的主管税务机关补征税款。

（四）进口货物，应当向报关地海关申报纳税。

扣缴义务人应当向其机构所在地或者居住地的主管税务机关申报缴纳其扣缴的税款。

《营业税改征增值税试点实施办法》（财税〔2016〕36号附件1）

第四十六条　增值税纳税地点为：

（一）固定业户应当向其机构所在地或者居住地主管税务机关申报纳税。总机构和分支机构不在同一县（市）的，应当分别向各自所在地的主管税务机关申报纳税；经财政部和国家税务总局或者其授权的财政和税务机关批准，可以由总机构汇总向总机构所在地的主管税务机关申报纳税。

（二）非固定业户应当向应税行为发生地主管税务机关申报纳税；未申报纳税的，由其机构所在地或者居住地主管税务机关补征税款。

（三）其他个人提供建筑服务，销售或者租赁不动产，转让自然资源使用权，应向建筑服务发生地、不动产所在地、自然资源所在地主管税务机关申报纳税。

（四）扣缴义务人应当向其机构所在地或者居住地主管税务机关申报缴纳扣缴的税款。

《营业税改征增值税试点有关事项的规定》（财税〔2016〕36号附件2）

一、营改增试点期间，试点纳税人［指按照《营业税改征增值税试点实施办法》（以下称《试点实施办法》）缴纳增值税的纳税人］有关政策

……

（十二）纳税地点。

属于固定业户的试点纳税人，总分支机构不在同一县（市），但在同一省（自治区、直辖市、计划单列市）范围内的，经省（自治区、直辖市、计划单列市）财政厅（局）和国家税务局批准，可以由总机构汇总向总机构所在地的主管税务机关申报缴纳增值税。

《总分机构试点纳税人增值税计算缴纳暂行办法》（财税〔2013〕74号印发）

一、经财政部和国家税务总局批准的总机构试点纳税人及其分支机构，按照本办法的规定计算缴纳增值税。

二、总机构应当汇总计算总机构及其分支机构发生《应税服务范围注释》所列业务的应交增值税，抵减分支机构发生《应税服务范围注释》所列业务已缴纳的增值税税款（包括预缴和补缴的增值税税款）后，在总机构所在地解缴入库。总机构销售货物、提供加工修理修配劳务，按照增值税暂行条例及相关规定就地申报缴纳增值税。

三、总机构汇总的应征增值税销售额,为总机构及其分支机构发生《应税服务范围注释》所列业务的应征增值税销售额。

四、总机构汇总的销项税额,按照本办法第三条规定的应征增值税销售额和增值税适用税率计算。

五、总机构汇总的进项税额,是指总机构及其分支机构因发生《应税服务范围注释》所列业务而购进货物或者接受加工修理修配劳务和应税服务,支付或者负担的增值税税额。总机构及其分支机构用于发生《应税服务范围注释》所列业务之外的进项税额不得汇总。

六、分支机构发生《应税服务范围注释》所列业务,按照应征增值税销售额和预征率计算缴纳增值税。计算公式如下:

$$应预缴的增值税 = 应征增值税销售额 \times 预征率$$

预征率由财政部和国家税务总局规定,并适时予以调整。

分支机构销售货物、提供加工修理修配劳务,按照增值税暂行条例及相关规定就地申报缴纳增值税。

七、分支机构发生《应税服务范围注释》所列业务当期已预缴的增值税税款,在总机构当期增值税应纳税额中抵减不完的,可以结转下期继续抵减。

八、每年的第一个纳税申报期结束后,对上一年度总分机构汇总纳税情况进行清算。总机构和分支机构年度清算应交增值税,按照各自销售收入占比和总机构汇总的上一年度应交增值税税额计算。分支机构预缴的增值税超过其年度清算应交增值税的,通过暂停以后纳税申报期预缴增值税的方式予以解决。分支机构预缴的增值税小于其年度清算应交增值税的,差额部分在以后纳税申报期由分支机构在预缴增值税时一并就地补缴入库。

九、总机构及其分支机构的其他增值税涉税事项,按照营业税改征增值税试点政策及其他增值税有关政策执行。

十、总分机构试点纳税人增值税具体管理办法由国家税务总局另行制定。

《国家税务总局关于金融机构开展个人实物黄金交易业务增值税有关问题的通知》(国税发〔2005〕178号)

各省、自治区、直辖市和计划单列市国家税务局:

近接部分金融机构来文,反映其经中国人民银行、中国银行业监督管理委员会批准,在所属分理处、储蓄所等营业场所内开展个人实物黄金交易业务,即向社会公开销售刻有不同字样的特制实物金条等黄金制品,并依照市场价格向购买者购回所售金条,由分行统一清算交易情况。对于金融机构销售实物黄金的行为,应当照章征收增值税,考虑到金融机构征收管理的特殊性,为加强税收管理,促进交易发展,现将有关问题通

知如下:

一、对于金融机构从事的实物黄金交易业务,实行金融机构各省级分行和直属一级分行所属地市级分行、支行按照规定的预征率预缴增值税,由省级分行和直属一级分行统一清算缴纳的办法。

(一)发生实物黄金交易行为的分理处、储蓄所等应按月计算实物黄金的销售数量、金额,上报其上级支行。

(二)各支行、分理处、储蓄所应依法向机构所在地主管税务局申请办理税务登记。各支行应按月汇总所属分理处、储蓄所上报的实物黄金销售额和本支行的实物黄金销售额,按照规定的预征率计算增值税预征税额,向主管税务机关申报缴纳增值税。

$$预征税额 = 销售额 \times 预征率$$

(三)各省级分行和直属一级分行应向机构所在地主管税务局申请办理税务登记,申请认定增值税一般纳税人资格。按月汇总所属地市分行或支行上报的实物黄金销售额和进项税额,按照一般纳税人方法计算增值税应纳税额,根据已预征税额计算应补税额,向主管税务机关申报缴纳。

$$应纳税额 = 销项税额 - 进项税额$$

$$应补税额 = 应纳税额 - 预征税额$$

当期进项税额大于销项税额的,其留抵税额结转下期抵扣,预征税额大于应纳税额的,在下期增值税应纳税额中抵减。

(四)从事实物黄金交易业务的各级金融机构取得的进项税额,应当按照现行规定划分不可抵扣的进项税额,作进项税额转出处理。

(五)预征率由各省级分行和直属一级分行所在地省税务局确定。

二、金融机构所属分行、支行、分理处、储蓄所等销售实物黄金时,应当向购买方开具国家税务总局统一监制的普通发票,不得开具银行自制的金融专业发票,普通发票领购事宜由各分行、支行办理。

三、各地在执行中遇到的问题,应及时向总局(货物和劳务税司)报告。

《国家税务总局关于金融机构销售贵金属增值税有关问题的公告》(国家税务总局公告2013年第13号)

现将金融机构销售贵金属产品增值税有关问题公告如下:

一、金融机构从事经其行业主管部门(中国人民银行或中国银行业监督管理委员会)允许的金、银、铂等贵金属交易业务,可比照《国家税务总局关于金融机构开展个人实物黄金交易业务增值税有关问题的通知》(国税发〔2005〕178号)规定,实行金融机构各省级分行和直属一级分行所在地市级分行、支行按照规定的预征率预缴增值税,省级分行和直属一级分行统一清算缴纳的办法。

经其行业主管部门允许,是指金融机构能够提供行业主管部门批准其从事贵金属交易业务的批复文件,或向行业主管部门报备的备案文件,或行业主管部门未限制其经营贵金属业务的有关证明文件。

二、已认定为增值税一般纳税人的金融机构,开展经其行业主管部门允许的贵金属交易业务时,可根据《增值税专用发票使用规定》(国税发〔2006〕156号)及相关规定领购、使用增值税专用发票。

本公告自2013年4月1日起施行。

特此公告。

《财政部 国家税务总局关于铁路运输企业汇总缴纳增值税的通知》(财税〔2020〕56号)

各省、自治区、直辖市、计划单列市财政厅(局),国家税务总局各省、自治区、直辖市、计划单列市税务局:

现将铁路运输企业汇总缴纳增值税事宜通知如下:

一、自2014年1月1日起,中国国家铁路集团有限公司及其分支机构提供铁路运输服务以及与铁路运输相关的物流辅助服务,按照《总分机构试点纳税人增值税计算缴纳暂行办法》(财税〔2013〕74号,以下简称《暂行办法》)的规定计算缴纳增值税,具体时间以附件1和附件2列明的汇总纳税时间为准。

附件3所列分支机构,自列明的取消汇总纳税时间起,不再按照《暂行办法》的规定汇总缴纳增值税。

二、附件1所列分支机构的预征率为1%。附件2所列的分支机构,实行由合资铁路运输企业总部汇总预缴增值税,具体办法如下:

1. 合资铁路运输企业总部本级及其下属站段(含委托运输管理的站段,下同)本级的销售额适用的预征率为1%。

$$本级应预缴的增值税 = 本级应征增值税销售额 \times 1\%$$

2. 合资铁路运输企业总部及其下属站段汇总的销售额适用的预征率为3%。

汇总应预缴的增值税=(总部本级应征增值税销售额+下属站段本级应征增值税销售额)×3%-(总部本级应预缴的增值税+下属站段本级应预缴的增值税)

三、中国国家铁路集团有限公司及其分支机构不适用《暂行办法》第八条年度清算的规定。

四、本通知自发布之日起执行,《财政部 国家税务总局关于部分航空运输企业总分机构增值税计算缴纳问题的通知》(财税〔2013〕86号)、《财政部 国家税务总局关于铁路运输企业汇总缴纳增值税的通知》(财税〔2013〕111号)、《财政部 国家税务总局关于铁路运输企业汇总缴纳增值税的补充通知》(财税〔2014〕54号)、《财政部 国家税务总局关于华夏航空有限公司及其分支机构增值税计算缴纳问题的通知》(财税〔2014〕76号)、《国家税务总局关于部分航空运输企业总分机构增值税计算缴纳问题的公告》(国家税务总局公告2014年第55号)、《财政部 国家税务总局关于调整铁路和航空运输企业汇总缴纳增值税分支机构名单的通知》(财税〔2015〕87号)、《财政部 税务总局关于调整铁路和航空运输企业汇总缴纳增值税分支机构名单的通知》(财税〔2017〕67号)、《财政部 税务总局关于调整铁路和航空运输企业汇总缴纳增值税总分机构名单的通知》(财税〔2019〕1号)同时废止。

  附件：1.国铁集团增值税汇总纳税分支机构名单（一）（略）
    2.国铁集团增值税汇总纳税分支机构名单（二）（略）
    3.国铁集团取消汇总纳税分支机构名单（略）

《财政部 税务总局关于调整铁路和航空运输企业汇总缴纳增值税分支机构名单的通知》(财税〔2023〕15号)

各省、自治区、直辖市、计划单列市财政厅（局），国家税务总局各省、自治区、直辖市、计划单列市税务局：

  现将调整铁路和航空运输企业汇总缴纳增值税分支机构名单有关问题通知如下：

  一、铁路运输企业

  对《财政部 国家税务总局关于铁路运输企业汇总缴纳增值税的通知》(财税〔2020〕56号)附件2《国铁集团增值税汇总纳税分支机构名单（二）》，增补、取消、变更本通知附件1所列的分支机构。

  上述增补、变更的铁路运输企业分支机构，自本通知附件1列明的汇总纳税时间、变更时间起，按照财税〔2020〕56号文件的规定缴纳增值税。

  上述取消的铁路运输企业分支机构，自本通知附件1列明的取消时间起，不再按照财税〔2020〕56号文件的规定缴纳增值税。

  二、航空运输企业

  对《财政部 税务总局关于航空运输企业汇总缴纳增值税总分机构名单的通知》(财税〔2020〕30号)附件《航空运输企业总分机构名单》，增补本通知附件2所列的分支机构。

  上述增补的航空运输企业分支机构，自本通知附件2列明的汇总纳税时间起，按照财税〔2020〕30号文件的规定缴纳增值税。

  附件：1.中国国家铁路集团有限公司增值税汇总纳税分支机构名单（略）
    2.航空运输企业分支机构名单（略）

【《增值税法》原文】

第三十条 增值税的计税期间分别为十日、十五日、一个月或者一个季度。纳税人的具体计税期间，由主管税务机关根据纳税人应纳税额的大小分别核定。不经常发生应税交易的纳税人，可以按次纳税。

纳税人以一个月或者一个季度为一个计税期间的，自期满之日起十五日内申报纳税；以十日或者十五日为一个计税期间的，自次月一日起十五日内申报纳税。

扣缴义务人解缴税款的计税期间和申报纳税期限，依照前两款规定执行。

纳税人进口货物，应当按照海关规定的期限申报并缴纳税款。

【草案二次审议稿】

第二十九条 增值税的计税期间分别为十日、十五日、一个月或者一个季度。纳税人的具体计税期间，由主管税务机关根据纳税人应纳税额的大小分别核定。不经常发生应税交易的纳税人，可以按次纳税。

纳税人以一个月或者一个季度为一个计税期间的，自期满之日起十五日内申报纳税；以十日或者十五日为一个计税期间的，自次月一日起十五日内申报纳税。

扣缴义务人解缴税款的计税期间和申报纳税期限，依照前两款规定执行。

纳税人进口货物，应当按照海关规定的期限申报纳税，并自完成申报之日起十五日内缴纳税款。

【条文释义】

本条规定了增值税计税期间与申报纳税期限。

计税期间是计算税款的期间，纳税人每天都可能发生纳税义务，但不可能每天都计算应纳税额并申报纳税，因此，法律规定以一定期间内发生的所有纳税义务作为一个计税期间，只要在一个计税期间，纳税人可以暂不计算纳税，而是等到一个计税期间结束后，再统一计算该期间的所有纳税义务。目前增值税的计税期间，根据纳税人的种类以及纳税金额的大小，分为 10 日、15 日、1 个月或者 1 个季度。小规模纳税人的计税期间一般为 1 个季度，一般纳税人的计税期间通常为 1 个月，也可以为 10 日或者 15 日。

如果纳税人以 1 个月或者 1 个季度为一个计税期间的，自期满之日起 15 日内申报纳税。例如，甲公司为增值税小规模纳税人，以 1 个季度为一个计税期间，则甲公司只需要在每一个季度结束以后的 15 日内申报纳税即可，2024 年第四季度结束后，甲公司需要在 2025 年 1 月 15 日之前申报纳税。2025 年第一季度结束后，甲公司需要在 2025 年 4 月 15 日之前申报纳税。

如果纳税人以 10 日或者 15 日为一个计税期间，自次月 1 日起 15 日内申报纳税。例如，甲公司为增值税一般纳税人，税务机关核定其以 10 日为一个计税期间，2025 年

1月1日至1月10日的纳税义务，在2025年2月1日至2月15日期间申报纳税。2025年1月11日至1月20日的纳税义务，也在2025年2月1日至2月15日期间申报纳税。

增值税扣缴义务人解缴税款的计税期间和申报纳税期限，与增值税纳税人的计税期间和申报纳税期限是相同的。如果纳税人自己既有纳税义务，也有扣缴税款的义务，通常情况下，该纳税人扣缴税款的计税期间和申报纳税期限与其自身增值税的计税期间和申报纳税期限是一致的。

纳税人进口货物，应当按照海关规定的期限申报并缴纳税款。通常情况下，纳税人需要先缴清税款，海关才准许其货物进口，因此，纳税人有足够的动力尽快申报缴纳税款。

【法律法规与政策指引】

《中华人民共和国增值税暂行条例》（2017年修订）

第二十三条　增值税的纳税期限分别为1日、3日、5日、10日、15日、1个月或者1个季度。纳税人的具体纳税期限，由主管税务机关根据纳税人应纳税额的大小分别核定；不能按照固定期限纳税的，可以按次纳税。

纳税人以1个月或者1个季度为1个纳税期的，自期满之日起15日内申报纳税；以1日、3日、5日、10日或者15日为1个纳税期的，自期满之日起5日内预缴税款，于次月1日起15日内申报纳税并结清上月应纳税款。

扣缴义务人解缴税款的期限，依照前两款规定执行。

第二十四条　纳税人进口货物，应当自海关填发海关进口增值税专用缴款书之日起15日内缴纳税款。

《中华人民共和国增值税暂行条例实施细则》（2011年修订）

第三十九条　条例第二十三条以1个季度为纳税期限的规定仅适用于小规模纳税人。小规模纳税人的具体纳税期限，由主管税务机关根据其应纳税额的大小分别核定。

《营业税改征增值税试点实施办法》（财税〔2016〕36号附件1）

第四十七条　增值税的纳税期限分别为1日、3日、5日、10日、15日、1个月或者1个季度。纳税人的具体纳税期限，由主管税务机关根据纳税人应纳税额的大小分别核定。以1个季度为纳税期限的规定适用于小规模纳税人、银行、财务公司、信托投资公司、信用社，以及财政部和国家税务总局规定的其他纳税人。不能按照固定期限纳税的，可以按次纳税。

纳税人以1个月或者1个季度为1个纳税期的，自期满之日起15日内申报纳税；以1日、3日、5日、10日或者15日为1个纳税期的，自期满之日起5日内预缴税款，于次月1日起15日内申报纳税并结清上月应纳税款。

扣缴义务人解缴税款的期限，按照前两款规定执行。

《中华人民共和国民法典》（2020年5月28日第十三届全国人民代表大会第三次会议通过）

第二百条　民法所称的期间按照公历年、月、日、小时计算。

第二百零一条　按照年、月、日计算期间的，开始的当日不计入，自下一日开始计算。

按照小时计算期间的，自法律规定或者当事人约定的时间开始计算。

第二百零二条　按照年、月计算期间的，到期月的对应日为期间的最后一日；没有对应日的，月末日为期间的最后一日。

第二百零三条　期间的最后一日是法定休假日的，以法定休假日结束的次日为期间的最后一日。

期间的最后一日的截止时间为二十四时；有业务时间的，停止业务活动的时间为截止时间。

第二百零四条　期间的计算方法依照本法的规定，但是法律另有规定或者当事人另有约定的除外。

【《增值税法》原文】

第三十一条　纳税人以十日或者十五日为一个计税期间的，应当自期满之日起五日内预缴税款。

法律、行政法规对纳税人预缴税款另有规定的，从其规定。

〖草案二次审议稿〗

第三十条　纳税人以十日或者十五日为一个计税期间的，应当自期满之日起五日内预缴税款。

法律、行政法规对纳税人预缴税款另有规定的，从其规定。

【条文释义】

本条规定了纳税人预缴税款的制度。

如果纳税人以10日或者15日为一个计税期间的，应当自期满之日起5日内预缴税款。例如，甲公司为增值税一般纳税人，经税务机关核定，其计税期间为10日。2025年1月1日至1月10日为一个计税期间，该期间结束后，纳税人应当核算该期间的税款，在1月15日之前预缴税款，在2025年2月1日至15日期间申报纳税，如果申报的金额与预缴金额相同，甲公司不需要再实际缴纳税款，如果申报的金额大于预缴金额，应当补缴税款。

【法律法规与政策指引】

《营业税改征增值税试点实施办法》（财税〔2016〕36号附件1）

第四十七条　增值税的纳税期限分别为1日、3日、5日、10日、15日、1个月或者1个季度。纳税人的具体纳税期限，由主管税务机关根据纳税人应纳税额的大小分别核定。以1个季度为纳税期限的规定适用于小规模纳税人、银行、财务公司、信托投资公司、信用社，以及财政部和国家税务总局规定的其他纳税人。不能按照固定期限纳税的，可以按次纳税。

纳税人以1个月或者1个季度为1个纳税期的，自期满之日起15日内申报纳税；以1日、3日、5日、10日或者15日为1个纳税期的，自期满之日起5日内预缴税款，于次月1日起15日内申报纳税并结清上月应纳税款。

扣缴义务人解缴税款的期限，按照前两款规定执行。

【《增值税法》原文】

第三十二条　增值税由税务机关征收，进口货物的增值税由海关代征。

海关应当将代征增值税和货物出口报关的信息提供给税务机关。

个人携带或者寄递进境物品增值税的计征办法由国务院制定，报全国人民代表大会常务委员会备案。

〖草案二次审议稿〗

第三十一条　增值税由税务机关征收，进口货物的增值税由海关代征。

海关应当将代征增值税和货物出口报关的信息提供给税务机关。

个人携带或者寄递进境物品增值税的计征办法由国务院制定。

【条文释义】

本条规定了增值税的征收机关。

增值税分为境内销售增值税和进口环节增值税，其中，境内销售增值税由税务机关征收，进口货物的增值税由海关代征。

为便于对增值税的统一管理和数据统计，海关应当将代征增值税和货物出口报关的信息提供给税务机关。

个人携带或者寄递进境物品也应当缴纳增值税，但具体方法采取与货物类征收增值税不同的简易方法。

【法律法规与政策指引】

《中华人民共和国增值税暂行条例》（2017年修订）

第二十条　增值税由税务机关征收，进口货物的增值税由海关代征。

个人携带或者邮寄进境自用物品的增值税，连同关税一并计征。具体办法由国务院关税税则委员会会同有关部门制定。

《进境物品关税、增值税、消费税征收办法》（2024年11月29日税委会公告2024年第11号公布）

第一条 为规范进境物品税款征收和缴纳，便利进境物品通关，维护进口秩序，保护纳税人合法权益，根据《中华人民共和国关税法》等法律法规有关规定，制定本办法。

第二条 进境物品的关税、增值税、消费税，由海关依照本办法的规定征收。

第三条 适用本办法的进境物品，是指中华人民共和国准许进境的行李物品、寄递物品和其他物品。

第四条 进境物品的携带人或者收件人，是进境物品税款的纳税人。

第五条 进境物品通关时应当按照规定向海关申报，并接受海关查验。

第六条 下列进境物品，经海关审核确属个人合理自用的，按照简易征收办法合并征收关税、增值税、消费税：

（一）行李物品；

（二）总值两千元人民币以内的寄递物品，或者总值超过两千元人民币的不可分割单件寄递物品。

第七条 符合本办法第六条规定的进境物品按照本办法所附《进境物品关税、增值税、消费税综合税率表》（以下简称《综合税率表》）从价计征税款。

应纳税额按照计税价格乘以综合税率计算。

第八条 进境物品应当适用完成申报之日实施的综合税率。其中，行李物品进境之日即为完成申报之日。

第九条 进境物品的税款应当以人民币计算。

进境物品的价格以人民币以外的货币计算的，按照完成申报之日的计征汇率折合为人民币计算。

前款所称计征汇率，参照海关总署对进口货物的有关规定确定。

第十条 海关总署依据《综合税率表》制定《进境物品分类表》。海关按照《进境物品分类表》以及进境物品分类原则，确定应税进境物品适用的综合税率，以实际购买价格为基础，确定计税价格。

进境物品分类原则、计税价格确定原则由海关总署另行制定并发布。

第十一条 对进境居民旅客携带在境外获取总值五千元人民币以内的行李物品，进境非居民旅客携带拟留在境内的总值两千元人民币以内的行李物品，海关予以免税放行。对进境居民旅客以分离运输方式运进的行李物品，连同其进境时海关已验放的行李物品合并计算总值。

对经常出入境人员、不满十八周岁的未成年人，海关仅免税放行其旅途必需物品。

对进境运输工具工作人员，海关仅免税放行其服务期间必需物品。

烟草制品、酒精饮料还需符合本办法所附《进境行李物品免税限量表》规定的限量标准。

超过规定免税数额的行李物品，仅对超过部分征税，但对不可分割的单件物品应当全额征税。

第十二条 对经海关核准的复进境行李物品，海关予以免税放行，不计入本办法第十一条规定的免税数额。

第十三条 对应征税额在五十元人民币以内的寄递物品，海关予以免税放行。

第十四条 本办法第十一条、第十二条、第十三条规定的免税数额以内的进境物品，仅限于个人自用，不得用于商业用途。

第十五条 下列进境物品，按照进口货物征税：

（一）超过个人合理自用数量的进境物品；

（二）应税个人自用的汽车、摩托车及其配件、附件；

（三）国务院规定按照进口货物征税的其他进境物品。

第十六条 进境物品税款的纳税人可以自行办理纳税手续，也可以委托他人办理纳税手续。受托人应当遵守法律法规对纳税人办理纳税手续的规定。

进境物品的税款应当在物品放行前缴纳。寄递物品运营企业可以凭税款担保申请办理先予放行手续，未在纳税期限内缴纳税款的，海关可以将担保财产、权利抵缴税款。

第十七条 进境物品税款的补征、追征、退还和滞纳金征收等参照《中华人民共和国关税法》等法律法规对进口货物的规定执行。

第十八条 对下列进境物品征免税事宜另有规定的，从其规定：

（一）常驻机构，享有外交特权和豁免的外国机构、国际组织及其人员，境外登山团体和个人，非居民长期旅客，回国高层次留学人才和来华工作海外科技专家等特定机构、团体或者人员的进境物品；

（二）印刷品以及音像制品等特殊类型的进境物品；

（三）通过设有口岸进境免税店的口岸携带进境的行李物品；

（四）海南自由贸易港、横琴粤澳深度合作区、中国—哈萨克斯坦霍尔果斯国际边境合作中心等特殊区域相关的进境物品；

（五）来自特定国家或者地区的进境物品。

第十九条 财政部、海关总署会同有关部门根据职责分工，强化协作配合，加强对本办法施行情况的监督，对违反本办法规定，逃避监管、偷逃税款等行为，按照有关法律法规规定处理。

第二十条 本办法下列用语的含义：

（一）行李物品，是指进出境人员携带的合理自用物品，包括随身携带、分离运输物品等。

（二）寄递物品，是指个人以邮件或者快件形式寄递进出境的个人自用物品，不含跨境电子商务零售进口商品。

（三）其他物品，是指常驻机构，享有外交特权和豁免的外国机构、国际组织，境外登山团体等特定机构、团体的进出境物品等其他不具有商业或者贸易性质的进出境物品。

（四）合理，是指符合进出境人员的情况、旅行目的和居留时间或者符合寄递物品的属性、特征、用途、价值等因素。

（五）自用，是指本人使用而非为出售或者出租。

（六）居民旅客，是指出境居留后仍回到境内其通常定居地的旅客。

（七）非居民旅客，是指进境居留后仍回到境外其通常定居地的旅客。

（八）非居民长期旅客，是指经公安部门批准进境并在境内连续居留一年以上，期满后仍回到境外定居地的外国公民、港澳台地区人员、华侨。

（九）经常出入境人员，是指十五日以内进境超过一次的人员。

第二十一条 本办法所称的"以内""以上"包括本数；所称的"超过"不包括本数。

第二十二条 本办法自 2024 年 12 月 1 日起施行。

附表：1. 进境物品关税、增值税、消费税综合税率表（略）

2. 进境行李物品免税限量表（略）

《海关总署关于对个人携带和邮寄进境自用物品征免增值税和消费税的通知》（署监二〔1994〕83号）

《中华人民共和国增值税暂行条例》、《中华人民共和国消费税暂行条例》规定非贸进口物品增值税、消费税连同关税一并计征。具体办法由国务院关税税则委员会会同有关部门制定。鉴于办法正在制订中，在未出台前，为便于海关操作，经商国务院税委办，暂按以下处理：

一、对在海关免税限量（限值）内个人携带或者邮寄进境的自用物品，免征关税同时免征增值税、消费税；对超过免税限量（限值）的，海关在按《中华人民共和国海关关于入境旅客行李物品和个人邮递物品征收进口税办法》征收进口税（其中已含增值税）的同时，另代征消费税。

二、对旅客在境内各类免税外汇商店及通过"在外售券、境内取货"形式购买的自用物品，海关比照上条原则办理。各免税外汇商店及"售券"业务经营单位运进供应海关规定对象购买的物品，在存放保税仓库时，不征增值税、消费税。

三、对供应出境旅客的口岸免税店运进的有关物品，免征增值税、消费税。

《国家税务总局 海关总署关于进口租赁飞机有关增值税问题的公告》（国家税务总局公告2018年第24号）

现将进口租赁飞机有关增值税问题公告如下：

自2018年6月1日起，对申报进口监管方式为1500（租赁不满一年）、1523（租赁贸易）、9800（租赁征税）的租赁飞机（税则品目：8802），海关停止代征进口环节增值税。进口租赁飞机增值税的征收管理，由税务机关按照现行增值税政策组织实施。

特此公告。

《财政部 海关总署 税务总局关于横琴粤澳深度合作区个人行李和寄递物品有关税收政策的通知》（财关税〔2024〕2号）

广东省财政厅，财政部广东监管局，海关总署广东分署、拱北海关，国家税务总局广东省税务局、国家税务总局驻广州特派员办事处：

为贯彻落实《横琴粤澳深度合作区建设总体方案》，经国务院同意，现就横琴粤澳深度合作区（以下简称合作区）个人行李和寄递物品有关税收政策通知如下：

一、横琴与澳门特别行政区（以下简称澳门）之间设为"一线"。对经"一线"进入合作区的个人行李和寄递物品，以自用、合理数量为限且符合有关管理规定，除国家法律、行政法规明确规定不予免税的外，海关予以免税放行。免税放行后的个人行李和寄递物品，可以正常消费使用。

二、横琴与中华人民共和国关境内其他地区（以下简称内地）之间设为"二线"。对从合作区经"二线"进入内地的个人行李和寄递物品，以自用、合理数量为限，参照自澳门进入内地的进境物品适用的有关规定监管、征税；超出自用、合理数量的个人行李和寄递物品，从合作区经"二线"进入内地时，应当按照货物征管。其中，已按规定征收国内环节增值税和消费税的，或合作区内已缴纳进口关税、进口环节增值税和消费税的，不再征收进境物品有关税收。

从合作区经"二线"进入内地时，旅客（不含非居民旅客）携带物品不超过8 000元人民币（含8 000元）的，海关予以免税放行。非居民旅客继续按现行进境物品有关规定执行。

三、对短期内多次经"一线"来往澳门和合作区，以及经"二线"来往合作区和内地的旅客，海关只放行其旅途必需物品。

四、旅客享受免税获取的物品，属于个人使用的最终商品，不得再次销售。

五、对违反本通知规定倒卖、代购、走私进境物品的个人，由合作区执行委员会会同有关部门依法依规纳入信用记录；对于构成走私行为或者违反海关监管规定等行为的，由海关等监管机构依照有关规定予以处理，构成犯罪的，依法追究刑事责任。

六、合作区执行委员会制定本通知相关配套管理办法，明确经"二线"进入内地物品的来源及其缴税情况等认定标准，依照职责加强监管。

七、财政部广东监管局、海关总署广东分署及拱北海关、国家税务总局广东省税务局会同省内相关部门加强对合作区财税政策执行的监督检查，防止出现违法违规行为，出现重大情况，及时上报财政部、海关总署、税务总局。

八、本通知自横琴粤澳深度合作区相关监管设施验收合格、正式封关运行之日起执行。《财政部关于从境外经"一线"进入横琴和经"二线"进入内地的旅客携带行李物品的具体规定的通知》（财关税〔2013〕30号）同时废止。

九、本通知未列明的其他情形，已有现行规定的，按现行规定执行。

特此通知。

《财政部　海关总署　税务总局关于提高自香港澳门进境居民旅客携带行李物品免税额度的公告》（财政部　海关总署　税务总局公告2024年第7号）

根据《内地与香港关于建立更紧密经贸关系的安排》和《内地与澳门关于建立更紧密经贸关系的安排》相关修订条款，现就提高自香港特别行政区（以下简称香港）、澳门特别行政区（以下简称澳门）进境居民旅客携带行李物品免税额度有关事项公告如下：

一、对自香港、澳门进境，年满18周岁的居民旅客，携带在境外获取的个人合理自用行李物品，总值在12 000元以内（含12 000元）的予以免税放行。同时，在设有进境免税店的口岸，允许上述旅客在口岸进境免税店购买一定数量的免税商品，连同在境外获取的个人合理自用行李物品总值在15 000元以内（含15 000元）的予以免税放行。

二、从澳门经"一线"进入横琴粤澳深度合作区时，居民旅客携带行李物品按现行规定执行；从横琴粤澳深度合作区经"二线"进入内地时，居民旅客携带行李物品免税额度，按照本公告第一条执行。

三、除上述涉及行李物品免税额度的调整外，对短期内多次来往香港、澳门地区的旅客携带行李物品的有关规定，以及其他现有规定维持不变。

四、上述有关措施自2024年7月1日起，先行在罗湖、福田、深圳湾、广深港高铁西九龙站、拱北、港珠澳大桥珠海公路等6个口岸实施；自2024年8月1日起，推广至全部进境口岸（横琴"一线"口岸除外）。

【《增值税法》原文】

第三十三条　纳税人出口货物或者跨境销售服务、无形资产，适用零税率的，应当向主管税务机关申报办理退（免）税。出口退（免）税的具体办法，由国务院制定。

〖草案二次审议稿〗

第三十二条　纳税人出口货物或者跨境销售服务、无形资产，适用零税率的，应当向主管税务机关申报办理退（免）税。

出口退（免）税的具体办法，由国务院制定。

【条文释义】

本条规定了出口退税制度。

增值税是由最终消费者负担的，对于出口货物或者跨境销售服务、无形资产的行为而言，如果对其征收增值税，实际上是向境外消费者征收了增值税，因此，出口货物或者跨境销售服务、无形资产通常适用零税率。需要注意的是，适用零税率并不等于免税。免税就是不征收增值税，但也不退还增值税进项税额，也不能抵扣增值税进项税额。因此，免征增值税的纳税人实际上需要负担增值税进项税额。适用零税率的纳税人，其增值税销项税额为零，减去进项税额后，应纳税额变成负值，国家应当将该负值（实际就是增值税进项税额）退还给纳税人。由此，纳税人出口货物或者跨境销售服务、无形资产，适用零税率的，应当向主管税务机关申报办理退（免）税。

【法律法规与政策指引】

《中华人民共和国增值税暂行条例》（2017年修订）

第二十五条　纳税人出口货物适用退（免）税规定的，应当向海关办理出口手续，凭出口报关单等有关凭证，在规定的出口退（免）税申报期内按月向主管税务机关申报办理该项出口货物的退（免）税；境内单位和个人跨境销售服务和无形资产适用退（免）税规定的，应当按期向主管税务机关申报办理退（免）税。具体办法由国务院财政、税务主管部门制定。

出口货物办理退税后发生退货或者退关的，纳税人应当依法补缴已退的税款。

《营业税改征增值税试点实施办法》（财税〔2016〕36号附件1）

第五十二条　纳税人发生适用零税率的应税行为，应当按期向主管税务机关申报办理退（免）税，具体办法由财政部和国家税务总局制定。

《财政部　海关总署　国家税务总局关于横琴　平潭开发有关增值税和消费税政策的通知》（财税〔2014〕51号）

广东、福建省财政厅、国家税务局，海关总署广东分署、拱北海关、福州海关：

为了贯彻落实《国务院关于横琴开发有关政策的批复》（国函〔2011〕85号）和《国务院关于平潭综合实验区总体发展规划的批复》（国函〔2011〕142号）精神，现就横琴、平潭开发有关增值税和消费税政策通知如下：

一、增值税和消费税退税政策

（一）内地销往横琴、平潭与生产有关的货物，视同出口，实行增值税和消费税退税政策。但下列货物不包括在内：

1. 财政部和国家税务总局规定不适用增值税退（免）税和免税政策的出口货物。

2. 横琴、平潭的商业性房地产开发项目采购的货物。

商业性房地产开发项目，是指兴建（包括改扩建）宾馆饭店、写字楼、别墅、公寓、住宅、商业购物场所、娱乐服务业场馆、餐饮业店馆以及其他商业性房地产项目。

3. 内地销往横琴、平潭不予退税的其他货物。具体范围见附件。

4. 按本通知第五条规定被取消退税或免税资格的企业购进的货物。

（二）内地货物销往横琴、平潭，适用增值税和消费税退税政策的，必须办理出口报关手续（水、蒸汽、电力、燃气除外）。海关总署将货物经"二线"进入横琴、平潭的《进境货物备案清单》的电子信息提供给国家税务总局。

（三）内地销往横琴、平潭的适用增值税和消费税退税政策的货物，销售企业在取得出口货物报关单（出口退税专用）后，应在中国电子口岸数据中心予以确认，并将取得的上述关单提供给横琴、平潭的购买企业，由横琴、平潭的购买企业向税务机关申报退税。申报退税时，应提供购进货物的出口货物报关单（出口退税专用）、进境货物备案清单、增值税专用发票、消费税专用缴款书（仅限于消费税应税货物）以及税务机关要求提供的其他资料。

税务机关应对企业申报退税的资料，与对应的电子信息进行核对无误后，按规定办理退税。

已申报退税的货物，其增值税专用发票上注明的增值税额，不得作为进项税额进行抵扣。已抵扣的进项税额，不得再申报退税。

（四）退税公式。

增值税应退税额 = 购进货物的增值税专用发票注明的金额 × 购进货物适用的增值税退税率

从一般纳税人购进的按简易办法征税的货物和从小规模纳税人购进的货物，其适用的增值税退税率，按照购进货物适用的征收率和退税率孰低的原则确定。

消费税应退税额 = 购进货物的消费税专用缴款书上注明的消费税额

二、横琴、平潭各自的区内企业之间销售其在本区内的货物，免征增值税和消费税。但上述企业之间销售的用于其本区内商业性房地产开发项目的货物，以及按本通知第五条规定被取消退税或免税资格的企业销售的货物，应按规定征收增值税和消费税。

三、横琴、平潭已享受免税、保税、退税政策的货物销往内地，除在"一线"已完税的生活消费类等货物外，按照有关规定征收进口税收。

四、横琴、平潭的在"一线"已完税的生活消费类等货物销往内地的，由税务机关按照现行规定征收增值税和消费税。

五、横琴、平潭的企业应单独核算按照本通知第一条或第二条规定退税或免税的货物。主管税务机关发现企业未按规定单独核算的，取消其享受本通知规定的退税和免税资格2年，并按规定予以处罚。

六、横琴、平潭的商业性房地产开发项目，由各自的区管委会行业主管部门会同当地财政、国税部门联合认定。

七、本通知有关增值税和消费税退税、免税的具体管理办法，由国家税务总局另行制定。

八、本通知自相关监管设施验收合格、正式开关运行之日起执行。增值税和消费税退税政策的执行时间，以出口货物报关单（出口退税专用）上注明的出口日期为准。

附件：内地销往横琴、平潭不予退税的货物清单

内地销往横琴、平潭不予退税的货物清单

序号	所属海关税则章节	涉及海关税则号	货物名称
1	第9章	整章	咖啡、茶及调味香料
2	第17章	整章	糖及糖食
3	第18章	整章	可可及可可制品
4	第19章	整章	谷物、粮食粉、淀粉或乳制品；糕饼点心
5	第22章	整章	饮料、酒及醋
6	第24章	整章	烟草及其制品
7	第27章	2710	成品油
8	第33章	3301、3303—3307	精油及香膏；芳香料制品及化妆品
9	第34章	整章	肥皂、洗涤剂、润滑剂、蜡烛等
10	第36章	360410	烟花，爆竹
11	第42章	4202、4203	公文包、高尔夫球包等；皮革手套等
12	第43章	4303、4304	毛皮制的衣服、衣着附件及其他物品；人造毛皮及其制品
13	第44章	4409、4419	实木地板、木制一次性筷子
14	第60章	整章	针织物及钩编织物
15	第61章	整章	针织或钩编的服装及衣着附件
16	第62章	整章	非针织或非钩编的服装及衣着附件
17	第63章	6301—6304、6306—6309	其他纺织制成品；成套物品等
18	第64章	6401—6405	鞋靴
19	第65章	6504—6506	帽
20	第66章	6601	伞
21	第71章	7101—7111、7113—7118	天然或养殖珍珠、宝石或半宝石、贵金属、包贵金属及其制品；仿首饰；硬币

续表

序号	所属海关税则章节	涉及海关税则号	货物名称
22	第84章	84031010、841510—841583、841810—841829、84183021、84183029、84184021、84184029、84212110、84213910、84219910、84221100、84231000、84248910、845011—845020、845110、845210、845290、847130、84714140、84714940、84715040、84716050—84716090、84717090	家用型热水锅炉、空调器、冰箱、家用型净水器、家用型洗碟机、家用秤、家用型洗衣机、干衣机、家用型缝纫机、便携式自动数据处理设备等
23	第85章	850811、8509、8510、851310、851610、85162920—85162939、851631、851640—851679、85171100—85171220、851718、85176299、851769、851810—851850、8519、8521、8523、85258012、85258013、85258022—85258029、85258032—85258039、8527、852861、852869、85287110—85287300	真空吸尘器、榨汁机、电动剃须刀、手电筒、电热水器、空间加热器、电吹风机、电熨斗、无绳电话机、耳机、录音机、录像机、(VCD/DVD)播放机、光盘、摄像机、照相机、摄录一体机、收音机、投影机、电视机等
24	第87章	8701—8703、8711—8712、8715、871610	小轿车、摩托车、自行车、婴孩车、野营用厢式挂车等
25	第88章	8801、88021100—88024020、8804	气球、飞机、降落伞等
26	第89章	8901、8903	客船、快艇等
27	第90章	90021131、90021139、90031、9004、90051、90064、900651、900653、90065990	相机镜头、眼镜架、太阳镜、望远镜、照相机等
28	第91章	9101—9103、9105—9106	钟表
29	第92章	9201—9208	乐器
30	第95章	整章	玩具、游戏品、运动用品
31	第96章	9608、9613—9616	圆珠笔、钢笔、打火机、烟斗、梳子、粉扑等
32	第97章	整章	艺术品、收藏品及古物

《财政部 国家税务总局关于出口货物增值税和消费税政策的通知》(财税〔2012〕39号)

各省、自治区、直辖市、计划单列市财政厅(局)、国家税务局,新疆生产建设兵团财务局:

为便于征纳双方系统、准确地了解和执行出口税收政策,财政部和国家税务总局对近年来陆续制定的一系列出口货物、对外提供加工修理修配劳务(以下统称出口货物劳务,包括视同出口货物)增值税和消费税政策进行了梳理归类,并对在实际操作中反映的个别问题做了明确。现将有关事项通知如下:

一、适用增值税退(免)税政策的出口货物劳务

对下列出口货物劳务,除适用本通知第六条和第七条规定的外,实行免征和退还增

值税[以下称增值税退(免)税]政策:

(一)出口企业出口货物。

本通知所称出口企业,是指依法办理工商登记、税务登记、对外贸易经营者备案登记,自营或委托出口货物的单位或个体工商户,以及依法办理工商登记、税务登记但未办理对外贸易经营者备案登记,委托出口货物的生产企业。

本通知所称出口货物,是指向海关报关后实际离境并销售给境外单位或个人的货物,分为自营出口货物和委托出口货物两类。

本通知所称生产企业,是指具有生产能力(包括加工修理修配能力)的单位或个体工商户。

(二)出口企业或其他单位视同出口货物。具体是指:

1. 出口企业对外援助、对外承包、境外投资的出口货物。

2. 出口企业经海关报关进入国家批准的出口加工区、保税物流园区、保税港区、综合保税区、珠澳跨境工业区(珠海园区)、中哈霍尔果斯国际边境合作中心(中方配套区域)、保税物流中心(B型)(以下统称特殊区域)并销售给特殊区域内单位或境外单位、个人的货物。

3. 免税品经营企业销售的货物[国家规定不允许经营和限制出口的货物(见附件1)、卷烟和超出免税品经营企业《企业法人营业执照》规定经营范围的货物除外]。具体是指:(1)中国免税品(集团)有限责任公司向海关报关运入海关监管仓库,专供其经国家批准设立的统一经营、统一组织进货、统一制定零售价格、统一管理的免税店销售的货物;(2)国家批准的除中国免税品(集团)有限责任公司外的免税品经营企业,向海关报关运入海关监管仓库,专供其所属的首都机场口岸海关隔离区内的免税店销售的货物;(3)国家批准的除中国免税品(集团)有限责任公司外的免税品经营企业所属的上海虹桥、浦东机场海关隔离区内的免税店销售的货物。

4. 出口企业或其他单位销售给用于国际金融组织或外国政府贷款国际招标建设项目的中标机电产品(以下称中标机电产品)。上述中标机电产品,包括外国企业中标再分包给出口企业或其他单位的机电产品。贷款机构和中标机电产品的具体范围见附件2。

5. 生产企业向海上石油天然气开采企业销售的自产的海洋工程结构物。海洋工程结构物和海上石油天然气开采企业的具体范围见附件3。

6. 出口企业或其他单位销售给国际运输企业用于国际运输工具上的货物。上述规定暂仅适用于外轮供应公司、远洋运输供应公司销售给外轮、远洋国轮的货物,国内航空供应公司生产销售给国内和国外航空公司国际航班的航空食品。

7. 出口企业或其他单位销售给特殊区域内生产企业生产耗用且不向海关报关而输入特殊区域的水(包括蒸汽)、电力、燃气(以下称输入特殊区域的水电气)。

除本通知及财政部和国家税务总局另有规定外,视同出口货物适用出口货物的各项规定。

(三)出口企业对外提供加工修理修配劳务。

对外提供加工修理修配劳务,是指对进境复出口货物或从事国际运输的运输工具进行的加工修理修配。

二、增值税退(免)税办法

适用增值税退(免)税政策的出口货物劳务,按照下列规定实行增值税免抵退税或免退税办法。

(一)免抵退税办法。生产企业出口自产货物和视同自产货物(视同自产货物的具体范围见附件4)及对外提供加工修理修配劳务,以及列明生产企业(具体范围见附件5)出口非自产货物,免征增值税,相应的进项税额抵减应纳增值税额(不包括适用增值税即征即退、先征后退政策的应纳增值税额),未抵减完的部分予以退还。

(二)免退税办法。不具有生产能力的出口企业(以下称外贸企业)或其他单位出口货物劳务,免征增值税,相应的进项税额予以退还。

三、增值税出口退税率

(一)除财政部和国家税务总局根据国务院决定而明确的增值税出口退税率(以下称退税率)外,出口货物的退税率为其适用税率。国家税务总局根据上述规定将退税率通过出口货物劳务退税率文库予以发布,供征纳双方执行。退税率有调整的,除另有规定外,其执行时间以货物(包括被加工修理修配的货物)出口货物报关单(出口退税专用)上注明的出口日期为准。

(二)退税率的特殊规定:

1. 外贸企业购进按简易办法征税的出口货物、从小规模纳税人购进的出口货物,其退税率分别为简易办法实际执行的征收率、小规模纳税人征收率。上述出口货物取得增值税专用发票的,退税率按照增值税专用发票上的税率和出口货物退税率孰低的原则确定。

2. 出口企业委托加工修理修配货物,其加工修理修配费用的退税率,为出口货物的退税率。

3. 中标机电产品、出口企业向海关报关进入特殊区域销售给特殊区域内生产企业生产耗用的列名原材料(以下称列名原材料,其具体范围见附件6)、输入特殊区域的水电气,其退税率为适用税率。如果国家调整列名原材料的退税率,列名原材料应当自调整之日起按调整后的退税率执行。

4. 海洋工程结构物退税率的适用,见附件3。

(三)适用不同退税率的货物劳务,应分开报关、核算并申报退(免)税,未分开报关、核算或划分不清的，从低适用退税率。

四、增值税退（免）税的计税依据

出口货物劳务的增值税退（免）税的计税依据，按出口货物劳务的出口发票（外销发票）、其他普通发票或购进出口货物劳务的增值税专用发票、海关进口增值税专用缴款书确定。

（一）生产企业出口货物劳务（进料加工复出口货物除外）增值税退（免）税的计税依据，为出口货物劳务的实际离岸价（FOB）。实际离岸价应以出口发票上的离岸价为准，但如果出口发票不能反映实际离岸价，主管税务机关有权予以核定。

（二）生产企业进料加工复出口货物增值税退（免）税的计税依据，按出口货物的离岸价（FOB）扣除出口货物所含的海关保税进口料件的金额后确定。

本通知所称海关保税进口料件，是指海关以进料加工贸易方式监管的出口企业从境外和特殊区域等进口的料件。包括出口企业从境外单位或个人购买并从海关保税仓库提取且办理海关进料加工手续的料件，以及保税区外的出口企业从保税区内的企业购进并办理海关进料加工手续的进口料件。

（三）生产企业国内购进无进项税额且不计提进项税额的免税原材料加工后出口的货物的计税依据，按出口货物的离岸价（FOB）扣除出口货物所含的国内购进免税原材料的金额后确定。

（四）外贸企业出口货物（委托加工修理修配货物除外）增值税退（免）税的计税依据，为购进出口货物的增值税专用发票注明的金额或海关进口增值税专用缴款书注明的完税价格。

（五）外贸企业出口委托加工修理修配货物增值税退（免）税的计税依据，为加工修理修配费用增值税专用发票注明的金额。外贸企业应将加工修理修配使用的原材料（进料加工海关保税进口料件除外）作价销售给受托加工修理修配的生产企业，受托加工修理修配的生产企业应将原材料成本并入加工修理修配费用开具发票。

（六）出口进项税额未计算抵扣的已使用过的设备增值税退（免）税的计税依据，按下列公式确定：

退（免）税计税依据＝增值税专用发票上的金额或海关进口增值税专用缴款书注明的完税价格×已使用过的设备固定资产净值÷已使用过的设备原值

已使用过的设备固定资产净值＝已使用过的设备原值－已使用过的设备已提累计折旧

本通知所称已使用过的设备，是指出口企业根据财务会计制度已经计提折旧的固定资产。

（七）免税品经营企业销售的货物增值税退（免）税的计税依据，为购进货物的增值税专用发票注明的金额或海关进口增值税专用缴款书注明的完税价格。

（八）中标机电产品增值税退（免）税的计税依据，生产企业为销售机电产品的普通发票注明的金额，外贸企业为购进货物的增值税专用发票注明的金额或海关进口增值税专用缴款书注明的完税价格。

（九）生产企业向海上石油天然气开采企业销售的自产的海洋工程结构物增值税退（免）税的计税依据，为销售海洋工程结构物的普通发票注明的金额。

（十）输入特殊区域的水电气增值税退（免）税的计税依据，为作为购买方的特殊区域内生产企业购进水（包括蒸汽）、电力、燃气的增值税专用发票注明的金额。

五、增值税免抵退税和免退税的计算

（一）生产企业出口货物劳务增值税免抵退税，依下列公式计算：

1. 当期应纳税额的计算

当期应纳税额＝当期销项税额－（当期进项税额－当期不得免征和抵扣税额）

当期不得免征和抵扣税额＝当期出口货物离岸价×外汇人民币折合率×（出口货物适用税率－出口货物退税率）－当期不得免征和抵扣税额抵减额

当期不得免征和抵扣税额抵减额＝当期免税购进原材料价格×（出口货物适用税率－出口货物退税率）

2. 当期免抵退税额的计算

当期免抵退税额＝当期出口货物离岸价×外汇人民币折合率×出口货物退税率－当期免抵退税额抵减额

当期免抵退税额抵减额＝当期免税购进原材料价格×出口货物退税率

3. 当期应退税额和免抵税额的计算

（1）当期期末留抵税额≤当期免抵退税额，则

当期应退税额＝当期期末留抵税额

当期免抵税额＝当期免抵退税额－当期应退税额

（2）当期期末留抵税额＞当期免抵退税额，则

当期应退税额＝当期免抵退税额

当期免抵税额＝0

当期期末留抵税额为当期增值税纳税申报表中"期末留抵税额"。

4. 当期免税购进原材料价格包括当期国内购进的无进项税额且不计提进项税额的免税原材料的价格和当期进料加工保税进口料件的价格，其中当期进料加工保税进口料件的价格为组成计税价格。

当期进料加工保税进口料件的组成计税价格＝当期进口料件到岸价格＋海关实征关税＋海关实征消费税

（1）采用"实耗法"的，当期进料加工保税进口料件的组成计税价格为当期进料加工出口货物耗用的进口料件组成计税价格。其计算公式为：

当期进料加工保税进口料件的组成计税价格＝当期进料加工出口货物离岸价×外汇人民币折合率×计划分配率

计划分配率＝计划进口总值÷计划出口总值×100%

实行纸质手册和电子化手册的生产企业，应根据海关签发的加工贸易手册或加工贸易电子化纸质单证所列的计划进出口总值计算计划分配率。

实行电子账册的生产企业，计划分配率按前一期已核销的实际分配率确定；新启用电子账册的，计划分配率按前一期已核销的纸质手册或电子化手册的实际分配率确定。

（2）采用"购进法"的，当期进料加工保税进口料件的组成计税价格为当期实际购进的进料加工进口料件的组成计税价格。

若当期实际不得免征和抵扣税额抵减额大于当期出口货物离岸价×外汇人民币折合率×（出口货物适用税率－出口货物退税率）的，则：

当期不得免征和抵扣税额抵减额＝当期出口货物离岸价×外汇人民币折合率×（出口货物适用税率－出口货物退税率）

（二）外贸企业出口货物劳务增值税免退税，依下列公式计算：

1.外贸企业出口委托加工修理修配货物以外的货物：

增值税应退税额＝增值税退（免）税计税依据×出口货物退税率

2.外贸企业出口委托加工修理修配货物：

出口委托加工修理修配货物的增值税应退税额＝委托加工修理修配的增值税退（免）税计税依据×出口货物退税率

（三）退税率低于适用税率的，相应计算出的差额部分的税款计入出口货物劳务成本。

（四）出口企业既有适用增值税免抵退项目，也有增值税即征即退、先征后退项目的，增值税即征即退和先征后退项目不参与出口项目免抵退税计算。出口企业应分别核算增值税免抵退项目和增值税即征即退、先征后退项目，并分别申请享受增值税即征即退、先征后退和免抵退税政策。

用于增值税即征即退或者先征后退项目的进项税额无法划分的，按照下列公式计算：

无法划分进项税额中用于增值税即征即退或者先征后退项目的部分＝当月无法划分的全部进项税额×当月增值税即征即退或者先征后退项目销售额÷当月全部销售额、营业额合计

六、适用增值税免税政策的出口货物劳务

对符合下列条件的出口货物劳务，除适用本通知第七条规定外，按下列规定实行免

征增值税（以下称增值税免税）政策：

（一）适用范围。

适用增值税免税政策的出口货物劳务，是指：

1. 出口企业或其他单位出口规定的货物，具体是指：

（1）增值税小规模纳税人出口的货物。

（2）避孕药品和用具，古旧图书。

……

（4）含黄金、铂金成分的货物，钻石及其饰品。其具体范围见附件7。

（5）国家计划内出口的卷烟。其具体范围见附件8。

（6）已使用过的设备。其具体范围是指购进时未取得增值税专用发票、海关进口增值税专用缴款书但其他相关单证齐全的已使用过的设备。

（7）非出口企业委托出口的货物。

（8）非列名生产企业出口的非视同自产货物。

（9）农业生产者自产农产品［农产品的具体范围按照《农业产品征税范围注释》（财税〔1995〕52号）的规定执行］。

（10）油画、花生果仁、黑大豆等财政部和国家税务总局规定的出口免税的货物。

（11）外贸企业取得普通发票、废旧物资收购凭证、农产品收购发票、政府非税收入票据的货物。

（12）来料加工复出口的货物。

（13）特殊区域内的企业出口的特殊区域内的货物。

（14）以人民币现金作为结算方式的边境地区出口企业从所在省（自治区）的边境口岸出口到接壤国家的一般贸易和边境小额贸易出口货物。

（15）以旅游购物贸易方式报关出口的货物。

2. 出口企业或其他单位视同出口的下列货物劳务：

（1）国家批准设立的免税店销售的免税货物［包括进口免税货物和已实现退（免）税的货物］。

（2）特殊区域内的企业为境外的单位或个人提供加工修理修配劳务。

（3）同一特殊区域、不同特殊区域内的企业之间销售特殊区域内的货物。

3. 出口企业或其他单位未按规定申报或未补齐增值税退（免）税凭证的出口货物劳务。

具体是指：

（1）未在国家税务总局规定的期限内申报增值税退（免）税的出口货物劳务。

（2）未在规定期限内申报开具《代理出口货物证明》的出口货物劳务。

（3）已申报增值税退（免）税，却未在国家税务总局规定的期限内向税务机关补齐增值税退（免）税凭证的出口货物劳务。

对于适用增值税免税政策的出口货物劳务，出口企业或其他单位可以依照现行增值税有关规定放弃免税，并依照本通知第七条的规定缴纳增值税。

（二）进项税额的处理计算。

1. 适用增值税免税政策的出口货物劳务，其进项税额不得抵扣和退税，应当转入成本。

2. 出口卷烟，依下列公式计算：

不得抵扣的进项税额＝出口卷烟含消费税金额÷（出口卷烟含消费税金额＋内销卷烟销售额）× 当期全部进项税额

（1）当生产企业销售的出口卷烟在国内有同类产品销售价格时

出口卷烟含消费税金额＝出口销售数量 × 销售价格

"销售价格"为同类产品生产企业国内实际调拨价格。如实际调拨价格低于税务机关公示的计税价格的，"销售价格"为税务机关公示的计税价格；高于公示计税价格的，销售价格为实际调拨价格。

（2）当生产企业销售的出口卷烟在国内没有同类产品销售价格时：

出口卷烟含税金额＝（出口销售额＋出口销售数量 × 消费税定额税率）÷（1－消费税比例税率）

"出口销售额"以出口发票上的离岸价为准。若出口发票不能如实反映离岸价，生产企业应按实际离岸价计算，否则，税务机关有权按照有关规定予以核定调整。

3. 除出口卷烟外，适用增值税免税政策的其他出口货物劳务的计算，按照增值税免税政策的统一规定执行。其中，如果涉及销售额，除来料加工复出口货物为其加工费收入外，其他均为出口离岸价或销售额。

七、适用增值税征税政策的出口货物劳务

下列出口货物劳务，不适用增值税退（免）税和免税政策，按下列规定及视同内销货物征税的其他规定征收增值税（以下称增值税征税）：

（一）适用范围。

适用增值税征税政策的出口货物劳务，是指：

1. 出口企业出口或视同出口财政部和国家税务总局根据国务院决定明确的取消出口退（免）税的货物［不包括来料加工复出口货物、中标机电产品、列名原材料、输入特殊区域的水电气、海洋工程结构物］。

2. 出口企业或其他单位销售给特殊区域内的生活消费用品和交通运输工具。

3. 出口企业或其他单位因骗取出口退税被税务机关停止办理增值税退（免）税期间出口的货物。

4. 出口企业或其他单位提供虚假备案单证的货物。

5. 出口企业或其他单位增值税退（免）税凭证有伪造或内容不实的货物。

6. 经主管税务机关审核不予免税核销的出口卷烟。

7. 出口企业或其他单位具有以下情形之一的出口货物劳务：

（1）将空白的出口货物报关单、出口收汇核销单等退（免）税凭证交由除签有委托合同的货代公司、报关行，或由境外进口方指定的货代公司（提供合同约定或者其他相关证明）以外的其他单位或个人使用的。

（2）以自营名义出口，其出口业务实质上是由本企业及其投资的企业以外的单位或个人借该出口企业名义操作完成的。

（3）以自营名义出口，其出口的同一批货物既签订购货合同，又签订代理出口合同（或协议）的。

（4）出口货物在海关验放后，自己或委托货代承运人对该笔货物的海运提单或其他运输单据等上的品名、规格等进行修改，造成出口货物报关单与海运提单或其他运输单据有关内容不符的。

（5）以自营名义出口，但不承担出口货物的质量、收款或退税风险之一的，即出口货物发生质量问题不承担购买方的索赔责任（合同中有约定质量责任承担者除外）；不承担未按期收款导致不能核销的责任（合同中有约定收款责任承担者除外）；不承担因申报出口退（免）税的资料、单证等出现问题造成不退税责任的。

（6）未实质参与出口经营活动、接受并从事由中间人介绍的其他出口业务，但仍以自营名义出口的。

（二）应纳增值税的计算。

适用增值税征税政策的出口货物劳务，其应纳增值税按下列办法计算：

1. 一般纳税人出口货物

销项税额＝（出口货物离岸价－出口货物耗用的进料加工保税进口料件金额）÷（1+适用税率）×适用税率

出口货物若已按征退税率之差计算不得免征和抵扣税额并已经转入成本的，相应的税额应转回进项税额。

（1）出口货物耗用的进料加工保税进口料件金额＝主营业务成本×（投入的保税进口料件金额÷生产成本）

主营业务成本、生产成本均为不予退（免）税的进料加工出口货物的主营业务成本、生产成本。当耗用的保税进口料件金额大于不予退（免）税的进料加工出口货物金额时，耗用的保税进口料件金额为不予退（免）税的进料加工出口货物金额。

（2）出口企业应分别核算内销货物和增值税征税的出口货物的生产成本、主营业务成本。未分别核算的，其相应的生产成本、主营业务成本由主管税务机关核定。

进料加工手册海关核销后，出口企业应对出口货物耗用的保税进口料件金额进行清算。清算公式为：

清算耗用的保税进口料件总额＝实际保税进口料件总额－退（免）税出口货物耗用的保税进口料件总额－进料加工副产品耗用的保税进口料件总额

若耗用的保税进口料件总额与各纳税期扣减的保税进口料件金额之和存在差额时，应在清算的当期相应调整销项税额。当耗用的保税进口料件总额大于出口货物离岸金额时，其差额部分不得扣减其他出口货物金额。

2. 小规模纳税人出口货物

应纳税额＝出口货物离岸价÷（1+征收率）×征收率

八、适用消费税退（免）税或征税政策的出口货物

适用本通知第一条、第六条或第七条规定的出口货物，如果属于消费税应税消费品，实行下列消费税政策：

（一）适用范围。

1. 出口企业出口或视同出口适用增值税退（免）税的货物，免征消费税，如果属于购进出口的货物，退还前一环节对其已征的消费税。

2. 出口企业出口或视同出口适用增值税免税政策的货物，免征消费税，但不退还其以前环节已征的消费税，且不允许在内销应税消费品应纳消费税款中抵扣。

3. 出口企业出口或视同出口适用增值税征税政策的货物，应按规定缴纳消费税，不退还其以前环节已征的消费税，且不允许在内销应税消费品应纳消费税款中抵扣。

（二）消费税退税的计税依据。

出口货物的消费税应退税额的计税依据，按购进出口货物的消费税专用缴款书和海关进口消费税专用缴款书确定。

属于从价定率计征消费税的，为已征且未在内销应税消费品应纳税额中抵扣的购进出口货物金额；属于从量定额计征消费税的，为已征且未在内销应税消费品应纳税额中抵扣的购进出口货物数量；属于复合计征消费税的，按从价定率和从量定额的计税依据分别确定。

（三）消费税退税的计算。

消费税应退税额＝从价定率计征消费税的退税计税依据×比例税率＋从量定额计征消费税的退税计税依据×定额税率

九、出口货物劳务增值税和消费税政策的其他规定

（一）认定和申报。

1. 适用本通知规定的增值税退（免）税或免税、消费税退（免）税或免税政策的出

口企业或其他单位，应办理退（免）税认定。

2. 经过认定的出口企业及其他单位，应在规定的增值税纳税申报期内向主管税务机关申报增值税退（免）税和免税、消费税退（免）税和免税。委托出口的货物，由委托方申报增值税退（免）税和免税、消费税退（免）税和免税。输入特殊区域的水电气，由作为购买方的特殊区域内生产企业申报退税。

3. 出口企业或其他单位骗取国家出口退税款的，经省级以上税务机关批准可以停止其退（免）税资格。

（二）若干征、退（免）税规定

1. 出口企业或其他单位退（免）税认定之前的出口货物劳务，在办理退（免）税认定后，可按规定适用增值税退（免）税或免税及消费税退（免）税政策。

……

3. 开展进料加工业务的出口企业若发生未经海关批准将海关保税进口料件作价销售给其他企业加工的，应按规定征收增值税、消费税。

4. 卷烟出口企业经主管税务机关批准按国家批准的免税出口卷烟计划购进的卷烟免征增值税、消费税。

5. 发生增值税、消费税不应退税或免税但已实际退税或免税的，出口企业和其他单位应当补缴已退或已免税款。

……

7. 国家批准的免税品经营企业销售给免税店的进口免税货物免征增值税。

（三）外贸企业核算要求

外贸企业应单独设账核算出口货物的购进金额和进项税额，若购进货物时不能确定是用于出口的，先记入出口库存账，用于其他用途时应从出口库存账转出。

（四）符合条件的生产企业已签订出口合同的交通运输工具和机器设备，在其退税凭证尚未收集齐全的情况下，可凭出口合同、销售明细账等，向主管税务机关申报免抵退税。在货物向海关报关出口后，应按规定申报退（免）税，并办理已退（免）税的核销手续。多退（免）的税款，应予追回。生产企业申请时应同时满足以下条件：

1. 已取得增值税一般纳税人资格。

2. 已持续经营2年及2年以上。

3. 生产的交通运输工具和机器设备生产周期在1年及1年以上。

4. 上一年度净资产大于同期出口货物增值税、消费税退税额之和的3倍。

5. 持续经营以来从未发生逃税、骗取出口退税、虚开增值税专用发票或农产品收购发票、接受虚开增值税专用发票（善意取得虚开增值税专用发票除外）行为。

十、出口企业及其他单位具体认定办法及出口退（免）税具体管理办法，由国家税务总局另行制定。

十一、本通知除第一条第（二）项关于国内航空供应公司生产销售给国内和国外航空公司国际航班的航空食品适用增值税退（免）税政策，第六条第（一）项关于国家批准设立的免税店销售的免税货物、出口企业或其他单位未按规定申报或未补齐增值税退（免）税凭证的出口货物劳务、第九条第（二）项关于国家批准的免税品经营企业销售给免税店的进口免税货物适用增值税免税政策的有关规定自2011年1月1日起执行外，其他规定均自2012年7月1日起实施。《废止的文件和条款目录》（见附件10）所列的相应文件同时废止。

附件：1. 国家规定不允许经营和限制出口的货物（略）

2. 贷款机构和中标机电产品的具体范围（略）

3. 海洋工程结构物和海上石油天然气开采企业的具体范围（略）

4. 视同自产货物的具体范围（略）

5. 列名生产企业的具体范围（略）

6. 列名原材料的具体范围（略）

7. 含黄金、铂金成分的货物和钻石及其饰品的具体范围（略）

8. 国家计划内出口的卷烟的具体范围（略）

9. 原料名称和海关税则号表（略）

10. 废止的文件和条款目录（略）

《财政部　国家税务总局关于以贵金属和宝石为主要原材料的货物出口退税政策的通知》（财税〔2014〕98号）

各省、自治区、直辖市、计划单列市财政厅（局）、国家税务局，新疆生产建设兵团财务局：

为完善出口退税政策，有效控制政策风险，现将以贵金属和宝石为主要原材料的货物出口退税政策通知如下：

一、出口企业和其他单位出口的货物，如果其原材料成本80%以上为本通知附件所列原材料的，应按照成本占比最高的原材料的增值税、消费税政策执行。原材料的增值税、消费税政策是指本通知附件所列该原材料对应的商品编码在出口退税率文库中适用的增值税、消费税政策。

二、本通知自2015年1月1日起执行。《财政部　国家税务总局关于出口货物劳务增值税和消费税政策的通知》（财税〔2012〕39号）第九条第（二）款第6项及附件9同时废止。

《财政部　税务总局关于明确国有农用地出租等增值税政策的公告》（财政部　税务总局公告2020年第2号）

四、纳税人出口货物劳务、发生跨境应税行为，未在规定期限内申报出口退（免）税或者开具《代理出口货物证明》的，在收齐退（免）税凭证及相关电子信息后，即可申报办理出口退（免）税；未在规定期限内收汇或者办理不能收汇手续的，在收汇或者办理不能收汇手续后，即可申报办理退（免）税。

《财政部　国家税务总局关于出口货物劳务增值税和消费税政策的通知》（财税〔2012〕39号）第六条第（一）项第3点、第七条第（一）项第6点"出口企业或其他单位未在国家税务总局规定期限内申报免税核销"及第九条第（二）项第2点的规定相应停止执行。

《出口货物劳务增值税和消费税管理办法》（国家税务总局公告2012年第24号发布）

一、根据《中华人民共和国税收征收管理法》、《中华人民共和国增值税暂行条例》、《中华人民共和国消费税暂行条例》及其实施细则，以及财政部、国家税务总局关于出口货物劳务增值税和消费税政策的规定，制定本办法。

二、出口企业和其他单位办理出口货物、视同出口货物、对外提供加工修理修配劳务（以下统称出口货物劳务）增值税、消费税的退（免）税、免税，适用本办法。

出口企业和出口货物劳务的范围，退（免）税和免税的适用范围和计算办法，按《财政部　国家税务总局关于出口货物增值税和消费税政策的通知》（财税〔2012〕39号）执行。

三、出口退（免）税资格的认定

……

（三）出口企业和其他单位在出口退（免）税资格认定之前发生的出口货物劳务，在办理出口退（免）税资格认定后，可以在规定的退（免）税申报期内按规定申报增值税退（免）税或免税，以及消费税退（免）税或免税。

……

（五）……

出口企业和其他单位在申请注销认定前，应先结清出口退（免）税款。注销认定后，出口企业和其他单位不得再申报办理出口退（免）税。

四、生产企业出口货物免抵退税的申报

（一）申报程序和期限

企业当月出口的货物须在次月的增值税纳税申报期内，向主管税务机关办理增值税纳税申报、免抵退税相关申报及消费税免税申报。

企业应在货物报关出口之日［以出口货物报关单（出口退税专用）上的出口日期为

准，下同］次月起至次年 4 月 30 日前的各增值税纳税申报期内收齐有关凭证，向主管税务机关申报办理出口货物增值税免抵退税及消费税退税。逾期的，企业不得申报免抵退税。

（二）申报资料

1. 企业向主管税务机关办理增值税纳税申报时，除按纳税申报的规定提供有关资料外，还应提供下列资料：

（1）主管税务机关确认的上期《免抵退税申报汇总表》（见附件 4）；

（2）主管税务机关要求提供的其他资料。

2. 企业向主管税务机关办理增值税免抵退税申报，应提供下列凭证资料：

（1）《免抵退税申报汇总表》及其附表（见附件 5）；

（2）《免抵退税申报资料情况表》（见附件 6）；

（3）《生产企业出口货物免抵退税申报明细表》（见附件 7）；

（4）出口货物退（免）税正式申报电子数据；

（5）下列原始凭证：

①出口货物报关单（出口退税专用，以下未作特别说明的均为此联）（保税区内的出口企业可提供中华人民共和国海关保税区出境货物备案清单，简称出境货物备案清单，下同）；

……

③出口发票；

④委托出口的货物，还应提供受托方主管税务机关签发的代理出口货物证明；

⑤主管税务机关要求提供的其他资料。

3. 生产企业出口的视同自产货物以及列名生产企业出口的非自产货物，属于消费税应税消费品（以下简称应税消费品）的，还应提供下列资料：

（1）《生产企业出口非自产货物消费税退税申报表》（附件 8）；

（2）消费税专用缴款书或分割单，海关进口消费税专用缴款书、委托加工收回应税消费品的代扣代收税款凭证原件或复印件。

……

（四）购进不计提进项税额的国内免税原材料用于加工出口货物的，企业应单独核算用于加工出口货物的免税原材料，并在免税原材料购进之日起至次月的增值税纳税申报期内，填报《生产企业出口货物扣除国内免税原材料申请表》（见附件 14），提供正式申报电子数据，向主管税务机关办理申报手续。

（五）免抵退税申报数据的调整

对前期申报错误的，在当期进行调整。在当期用负数将前期错误申报数据全额冲减，再重新全额申报。

发生本年度退运的，在当期用负数冲减原免抵退税申报数据；发生跨年度退运的，应全额补缴原免抵退税款，并按现行会计制度的有关规定进行相应调整。

本年度已申报免抵退税的，如须实行免税办法或征税办法，在当期用负数冲减原免抵退税申报数据；跨年度已申报免抵退税的，如须实行免税或征税办法，不用负数冲减，应全额补缴原免抵退税款，并按现行会计制度的有关规定进行相应调整。

五、外贸企业出口货物免退税的申报

（一）申报程序和期限

企业当月出口的货物须在次月的增值税纳税申报期内，向主管税务机关办理增值税纳税申报，将适用退（免）税政策的出口货物销售额填报在增值税纳税申报表的"免税货物销售额"栏。

企业应在货物报关出口之日次月起至次年 4 月 30 日前的各增值税纳税申报期内，收齐有关凭证，向主管税务机关办理出口货物增值税、消费税免退税申报。经主管税务机关批准的，企业在增值税纳税申报期以外的其他时间也可办理免退税申报。逾期的，企业不得申报免退税。

（二）申报资料

1.《外贸企业出口退税汇总申报表》（见附件 15）；

2.《外贸企业出口退税进货明细申报表》（见附件 16）；

3.《外贸企业出口退税出口明细申报表》（见附件 17）；

4. 出口货物退（免）税正式申报电子数据；

5. 下列原始凭证

（1）出口货物报关单；

（2）增值税专用发票（抵扣联）、出口退税进货分批申报单、海关进口增值税专用缴款书（提供海关进口增值税专用缴款书的，还需同时提供进口货物报关单，下同）；

……

（4）委托出口的货物，还应提供受托方主管税务机关签发的代理出口货物证明；

（5）属应税消费品的，还应提供消费税专用缴款书或分割单、海关进口消费税专用缴款书（提供海关进口消费税专用缴款书的，还需同时提供进口货物报关单，下同）；

（6）主管税务机关要求提供的其他资料。

六、出口企业和其他单位出口的视同出口货物及对外提供加工修理修配劳务的退（免）税申报

报关进入特殊区域并销售给特殊区域内单位或境外单位、个人的货物，特殊区域外的生产企业或外贸企业的退（免）税申报分别按本办法第四、五条的规定办理。

其他视同出口货物和对外提供加工修理修配劳务，属于报关出口的，为报关出口之日起，属于非报关出口销售的，为出口发票或普通发票开具之日起，出口企业或其他单位应在次月至次年4月30日前的各增值税纳税申报期内申报退（免）税。逾期的，出口企业或其他单位不得申报退（免）税。申报退（免）税时，生产企业除按本办法第四条，外贸企业和没有生产能力的其他单位除按本办法第五条的规定申报（不提供出口收汇核销单；非报关出口销售的不提供出口货物报关单和出口发票，属于生产企业销售的提供普通发票）外，下列货物劳务，出口企业和其他单位还须提供下列对应的补充资料：

（一）对外援助的出口货物，应提供商务部批准使用援外优惠贷款的批文（"援外任务书"）复印件或商务部批准使用援外合资合作项目基金的批文（"援外任务书"）复印件。

（二）用于对外承包工程项目的出口货物，应提供对外承包工程合同；属于分包的，由承接分包的出口企业或其他单位申请退（免）税，申请退（免）税时除提供对外承包合同外，还须提供分包合同（协议）。

（三）用于境外投资的出口货物，应提供商务部及其授权单位批准其在境外投资的文件副本。

（四）向海关报关运入海关监管仓库供海关隔离区内免税店销售的货物，提供的出口货物报关单应加盖有免税品经营企业报关专用章；上海虹桥、浦东机场海关国际隔离区内的免税店销售的货物，提供的出口货物报关单应加盖免税店报关专用章，并提供海关对免税店销售货物的核销证明。

（五）销售的中标机电产品，应提供下列资料：

1. 招标单位所在地主管税务机关签发的《中标证明通知书》；
2. 由中国招标公司或其他国内招标组织签发的中标证明（正本）；
3. 中标人与中国招标公司或其他招标组织签订的供货合同（协议）；
4. 中标人按照标书规定及供货合同向用户发货的发货单；
5. 中标机电产品用户收货清单；
6. 外国企业中标再分包给国内企业供应的机电产品，还应提供与中标企业签署的分包合同（协议）。

（六）销售给海上石油天然气开采企业的自产的海洋工程结构物，应提供销售合同。

（七）销售给外轮、远洋国轮的货物，应提供列明销售货物名称、数量、销售金额并经外轮、远洋国轮船长签名的出口发票。

（八）生产并销售给国内和国外航空公司国际航班的航空食品，应提供下列资料：

1. 与航空公司签订的配餐合同；
2. 航空公司提供的配餐计划表（须注明航班号、起降城市等内容）；

3. 国际航班乘务长签字的送货清单（须注明航空公司名称、航班号等内容）。

（九）对外提供加工修理修配劳务，应提供下列资料：

1. 修理修配船舶以外其他物品的提供贸易方式为"修理物品"的出口货物报关单；

2. 与境外单位、个人签署的修理修配合同；

3. 维修工作单（对外修理修配飞机业务提供）。

七、出口货物劳务退（免）税其他申报要求

（一）输入特殊区域的水电气，由购买水电气的特殊区域内的生产企业申报退税。企业应在购进货物增值税专用发票的开具之日次月起至次年4月30日前的各增值税纳税申报期内向主管税务机关申报退税。逾期的，企业不得申报退税。申报退税时，应填报《购进自用货物退税申报表》（见附件18），提供正式电子申报数据及下列资料：

1. 增值税专用发票（抵扣联）；

2. 支付水、电、气费用的银行结算凭证（加盖银行印章的复印件）。

（二）运入保税区的货物，如果属于出口企业销售给境外单位、个人，境外单位、个人将其存放在保税区内的仓储企业，离境时由仓储企业办理报关手续，海关在其全部离境后，签发进入保税区的出口货物报关单的，保税区外的生产企业和外贸企业申报退（免）税时，除分别提供本办法第四、五条规定的资料外，还须提供仓储企业的出境货物备案清单。确定申报退（免）税期限的出口日期以最后一批出境货物备案清单上的出口日期为准。

（三）出口企业和其他单位出口的在2008年12月31日以前购进的设备、2009年1月1日以后购进但按照有关规定不得抵扣进项税额的设备、非增值税纳税人购进的设备，以及营业税改征增值税试点地区的出口企业和其他单位出口在本企业试点以前购进的设备，如果属于未计算抵扣进项税额的已使用过的设备，均实行增值税免退税办法。

出口企业和其他单位应在货物报关出口之日次月起至次年4月30日前的各增值税纳税申报期内，向主管税务机关单独申报退税。逾期的，出口企业和其他单位不得申报退税。申报退税时应填报《出口已使用过的设备退税申报表》（见附件19），提供正式申报电子数据及下列资料：

1. 出口货物报关单；

2. 委托出口的货物，还应提供受托方主管税务机关签发的代理出口货物证明，以及代理出口协议；

3. 增值税专用发票（抵扣联）或海关进口增值税专用缴款书；

……

5.《出口已使用过的设备折旧情况确认表》（见附件20）；

6. 主管税务机关要求提供的其他资料。

……

（六）出口企业和其他单位申报附件21所列货物的退（免）税，应在申报报表中的明细表"退（免）税业务类型"栏内填写附件21所列货物对应的标识。

八、退（免）税原始凭证的有关规定

（一）增值税专用发票（抵扣联）

出口企业和其他单位购进出口货物劳务取得的增值税专用发票，应按规定办理增值税专用发票的认证手续。进项税额已计算抵扣的增值税专用发票，不得在申报退（免）税时提供。

出口企业和其他单位丢失增值税专用发票的发票联和抵扣联的，经认证相符后，可凭增值税专用发票记账联复印件及销售方所在地主管税务机关出具的丢失增值税专用发票已报税证明单，向主管税务机关申报退（免）税。

出口企业和其他单位丢失增值税专用发票抵扣联的，在增值税专用发票认证相符后，可凭增值税专用发票的发票联复印件向主管出口退税的税务机关申报退（免）税。

（二）出口货物报关单

出口企业应在货物报关出口后及时在"中国电子口岸出口退税子系统"中进行报关单确认操作。及时查询出口货物报关单电子信息，对于无出口货物报关单电子信息的，应及时向中国电子口岸或主管税务机关反映。

受托方将代理出口的货物与其他货物一笔报关出口的，委托方申报退（免）税时可提供出口货物报关单的复印件。

……

九、出口企业和其他单位适用免税政策出口货物劳务的申报

（一）特殊区域内的企业出口的特殊区域内的货物、出口企业或其他单位视同出口的适用免税政策的货物劳务，应在出口或销售次月的增值税纳税申报内，向主管税务机关办理增值税、消费税免税申报。

（二）其他的适用免税政策的出口货物劳务，出口企业和其他单位应在货物劳务免税业务发生的次月（按季度进行增值税纳税申报的为次季度），填报《免税出口货物劳务明细表》（见附件22），提供正式申报电子数据，向主管税务机关办理免税申报手续。出口货物报关单（委托出口的为代理出口货物证明）等资料留存企业备查。

非出口企业委托出口的货物，委托方应在货物劳务免税业务发生的次月（按季度进行增值税纳税申报的为次季度）的增值税纳税申报期内，凭受托方主管税务机关签发的代理出口货物证明以及代理出口协议副本等资料，向主管税务机关办理增值税、消费税免税申报。

出口企业和其他单位未在规定期限内申报出口退（免）税或申报开具《代理出口货

物证明》，以及已申报增值税退（免）税，却未在规定期限内向税务机关补齐增值税退（免）税凭证的，如果在申报退（免）税截止期限前已确定要实行增值税免税政策的，出口企业和其他单位可在确定免税的次月的增值税纳税申报期，按前款规定的手续向主管税务机关申报免税。已经申报免税的，不得再申报出口退（免）税或申报开具代理出口货物证明。

（三）本条第（二）项第三款出口货物若已办理退（免）税的，在申报免税前，外贸企业及没有生产能力的其他单位须补缴已退税款；生产企业按本办法第四条第（五）项规定，调整申报数据或全额补缴原免抵退税款。

（四）相关免税证明及免税核销办理

1.国家计划内出口的卷烟相关证明及免税核销办理

卷烟出口企业向卷烟生产企业购进卷烟时，应先在免税出口卷烟计划内向主管税务机关申请开具《准予免税购进出口卷烟证明申请表》（见附件23），然后将《准予免税购进出口卷烟证明》（见附件24）转交卷烟生产企业，卷烟生产企业据此向主管税务机关申报办理免税手续。

已准予免税购进的卷烟，卷烟生产企业须以不含消费税、增值税的价格销售给出口企业，并向主管税务机关报送《出口卷烟已免税证明申请表》（见附件25）。卷烟生产企业的主管税务机关核准免税后，出具《出口卷烟已免税证明》（见附件26），并直接寄送卷烟出口企业主管税务机关。

卷烟出口企业（包括购进免税卷烟出口的企业、直接出口自产卷烟的生产企业、委托出口自产卷烟的生产企业）应在卷烟报关出口之日次月起至次年4月30日前的各增值税纳税申报期内，向主管税务机关办理出口卷烟的免税核销手续。逾期的，出口企业不得申报核销，应按规定缴纳增值税、消费税。申报核销时，应填报《出口卷烟免税核销申报表》（见附件27），提供正式申报电子数据及下列资料：

（1）出口货物报关单；

……

（3）出口发票；

（4）出口合同；

（5）《出口卷烟已免税证明》（购进免税卷烟出口的企业提供）；

（6）代理出口货物证明，以及代理出口协议副本（委托出口自产卷烟的生产企业提供）；

（7）主管税务机关要求提供的其他资料。

2.来料加工委托加工出口的货物免税证明及核销办理

（1）从事来料加工委托加工业务的出口企业，在取得加工企业开具的加工费的普通发票后，应在加工费的普通发票开具之日起至次月的增值税纳税申报期内，填报《来料加工免税证明申请表》（见附件28），提供正式申报电子数据，及下列资料向主管税务机关办理《来料加工免税证明》（见附件29）。

①进口货物报关单复印件；

……

③主管税务机关要求提供的其他资料。

出口企业应将《来料加工免税证明》转交加工企业，加工企业持此证明向主管税务机关申报办理加工费的增值税、消费税免税手续。

（2）出口企业以"来料加工"贸易方式出口货物并办理海关核销手续后，持海关签发的核销结案通知书、《来料加工出口货物免税证明核销申请表》（见附件30）和下列资料及正式申报电子数据，向主管税务机关办理来料加工出口货物免税核销手续。

①出口货物报关单复印件；

②来料加工免税证明；

……

④主管税务机关要求提供的其他资料。

十、有关单证证明的办理

（一）代理出口货物证明

委托出口的货物，受托方须自货物报关出口之日起至次年4月15日前，向主管税务机关申请开具《代理出口货物证明》（附件31），并将其及时转交委托方，逾期的，受托方不得申报开具《代理出口货物证明》。申请开具代理出口货物证明时应填报《代理出口货物证明申请表》（见附件32），提供正式申报电子数据及下列资料：

1. 代理出口协议复印件；

2. 出口货物报关单；

3. 委托方税务登记证副本复印件；

4. 主管税务机关要求报送的其他资料。

受托方被停止退（免）税资格的，不得申请开具代理出口货物证明。

（二）代理进口货物证明

委托进口加工贸易料件，受托方应及时向主管税务机关申请开具代理进口货物证明，并及时转交委托方。受托方申请开具代理进口货物证明时，应填报《代理进口货物证明申请表》（见附件33），提供正式申报电子数据及下列资料：

1. 加工贸易手册复印件；

……

3. 代理进口协议复印件；

4. 主管税务机关要求报送的其他资料。

（三）出口货物退运已补税（未退税）证明

出口货物发生退运的，出口企业应先向主管税务机关申请开具《出口货物退运已补税（未退税）证明》（附件34），并携其到海关申请办理出口货物退运手续。委托出口的货物发生退运的，由委托方申请开具出口货物退运已补税（未退税）证明并转交受托方。申请开具《出口货物退运已补税（未退税）证明》时应填报《退运已补税（未退税）证明申请表》（见附件35），提供正式申报电子数据及下列资料：

1. 出口货物报关单（退运发生时已申报退税的，不需提供）；

2. 出口发票（外贸企业不需提供）；

3. 税收通用缴款书原件及复印件（退运发生时未申报退税的，以及生产企业本年度发生退运的、不需提供）；

4. 主管税务机关要求报送的其他资料。

（四）补办出口报关单证明及补办出口收汇核销单证明

……

1. 申请开具补办出口报关单证明的，应填报《补办出口货物报关单申请表》（见附件36），提供正式申报电子数据及下列资料：

（1）出口货物报关单（其他联次或通过口岸电子执法系统打印的报关单信息页面）；

（2）主管税务机关要求报送的其他资料。

2. 申请开具补办出口收汇核销单证明的，应填报《补办出口收汇核销单证明申请表》（见附件37），提供正式申报电子数据及下列资料：

（1）出口货物报关单（出口退税专用或其他联次或通过口岸电子执法系统打印的报关单信息页面）；

（2）主管税务机关要求报送的其他资料。

……

（六）出口货物转内销证明

外贸企业发生原记入出口库存账的出口货物转内销或视同内销货物征税的，以及已申报退（免）税的出口货物发生退运并转内销的，外贸企业应于发生内销或视同内销货物的当月向主管税务机关申请开具出口货物转内销证明。申请开具出口货物转内销证明时，应填报《出口货物转内销证明申报表》（见附件39），提供正式申报电子数据及下列资料：

1. 增值税专用发票（抵扣联）、海关进口增值税专用缴款书、进货分批申报单；

2. 内销货物发票（记账联）原件及复印件；

3. 主管税务机关要求报送的其他资料。

外贸企业应在取得出口货物转内销证明的下一个增值税纳税申报期内申报纳税时，以此作为进项税额的抵扣凭证使用。

（七）中标证明通知书

利用外国政府贷款或国际金融组织贷款建设的项目，招标机构须在招标完毕并待中标企业签订的供货合同生效后，向其所在地主管税务机关申请办理《中标证明通知书》。招标机构应向主管税务机关报送《中标证明通知书》及中标设备清单表（见附件40），并提供下列资料和信息：

1. 国家评标委员会《评标结果通知》；

2. 中标项目不退税货物清单（见附件41）；

……

4. 贷款项目中，属于外国企业中标再分包给国内企业供应的机电产品，还应提供招标机构对分包合同出具的验证证明；

5. 贷款项目中属于联合体中标的，还应提供招标机构对联合体协议出具的验证证明；

6. 税务机关要求提供的其他资料。

（八）丢失有关证明的补办

出口企业或其他单位丢失出口退税有关证明的，应向原出具证明的税务机关填报《关于补办出口退税有关证明的申请》（附件42），提供正式申报电子数据。原出具证明的税务机关在核实确曾出具过相关证明后，重新出具有关证明，但需注明"补办"字样。

十一、其他规定

（一）出口货物劳务除输入特殊区域的水电气外，出口企业和其他单位不得开具增值税专用发票。

（二）增值税退税率有调整的，其执行时间：

1. 属于向海关报关出口的货物，以出口货物报关单上注明的出口日期为准；属于非报关出口销售的货物，以出口发票或普通发票的开具时间为准。

2. 保税区内出口企业或其他单位出口的货物以及经保税区出口的货物，以货物离境时海关出具的出境货物备案清单上注明的出口日期为准。

……

（六）输入特殊区域的水电气，区内生产企业未在规定期限内申报退（免）税的，进项税额须转入成本。

（七）适用增值税免税政策的出口货物劳务，除特殊区域内的企业出口的特殊区域内的货物、出口企业或其他单位视同出口的货物劳务外，出口企业或其他单位如果未在规定的纳税申报期内按规定申报免税的，应视同内销货物和加工修理修配劳务征免增值税、消费税，属于内销免税的，除按规定补报免税外，还应接受主管税务机关按《中华人民共和国税收征收管理法》做出的处罚；属于内销征税的，应在免税申报期次月的增值税纳税申报期内申报缴纳增值税、消费税。

出口企业或其他单位对本年度的出口货物劳务，剔除已申报增值税退（免）税、免税、已按内销征收增值税、消费税，以及已开具代理出口证明的出口货物劳务后的余额，除内销免税货物按前款规定执行外，须在次年6月份的增值税纳税申报期内申报缴纳增值税、消费税。

（八）适用增值税免税政策的出口货物劳务，出口企业或其他单位如果放弃免税，实行按内销货物征税的，应向主管税务机关提出书面报告，一旦放弃免税，36个月内不得更改。

（九）除经国家税务总局批准销售给免税店的卷烟外，免税出口的卷烟须从指定口岸（见附件43）直接报关出口。

（十）出口企业和其他单位出口财税〔2012〕39号文件第九条第（二）项第6点所列的货物，出口企业和其他单位应按财税〔2012〕39号文件附件9所列原料对应海关税则号在出口货物劳务退税率文库中对应的退税率申报纳税或免税或退（免）税。

出口企业和其他单位如果未按上述规定申报纳税或免税或退（免）税的，一经主管税务机关发现，除执行本项规定外，还应接受主管税务机关按《中华人民共和国税收征收管理法》做出的处罚。

十二、适用增值税征税政策的出口货物劳务，出口企业或其他单位申报缴纳增值税，按内销货物缴纳增值税的统一规定执行。

十三、违章处理

（一）出口企业和其他单位有下列行为之一的，主管税务机关应按照《中华人民共和国税收征收管理法》第六十条规定予以处罚：

1. 未按规定设置、使用和保管有关出口货物退（免）税账簿、凭证、资料的；

2. 未按规定装订、存放和保管备案单证的。

（二）出口企业和其他单位拒绝税务机关检查或拒绝提供有关出口货物退（免）税账簿、凭证、资料的，税务机关应按照《中华人民共和国税收征收管理法》第七十条规定予以处罚。

（三）出口企业提供虚假备案单证的，主管税务机关应按照《中华人民共和国税收征收管理法》第七十条的规定处罚。

（四）从事进料加工业务的生产企业，未按规定期限办理进料加工登记、申报、核销手续的，主管税务机关在按照《中华人民共和国税收征收管理法》第六十二条有关规定进行处理后再办理相关手续。

（五）出口企业和其他单位有违反发票管理规定行为的，主管税务机关应按照《中华人民共和国发票管理办法》有关规定予以处罚。

（六）出口企业和其他单位以假报出口或者其他欺骗手段，骗取国家出口退税款，由主管税务机关追缴其骗取的退税款，并处骗取税款一倍以上五倍以下的罚款；构成犯罪的，依法追究刑事责任。

对骗取国家出口退税款的，由省级以上（含本级）税务机关批准，按下列规定停止其出口退（免）税资格：

1. 骗取国家出口退税款不满5万元的，可以停止为其办理出口退税半年以上一年以下。

2. 骗取国家出口退税款5万元以上不满50万元的，可以停止为其办理出口退税一年以上一年半以下。

3. 骗取国家出口退税款50万元以上不满250万元，或因骗取出口退税行为受过行政处罚、两年内又骗取国家出口退税款数额在30万元以上不满150万元的，停止为其办理出口退税一年半以上两年以下。

4. 骗取国家出口退税款250万元以上，或因骗取出口退税行为受过行政处罚、两年内又骗取国家出口退税款数额在150万元以上的，停止为其办理出口退税两年以上三年以下。

5. 停止办理出口退税的时间以省级以上（含本级）税务机关批准后作出的《税务行政处罚决定书》的决定之日为起始日。

十四、本办法第四、五、六、七条中关于退（免）税申报期限的规定，第九条第（二）项第三款的出口货物的免税申报期限的规定，以及第十条第（一）项中关于申请开具代理出口货物证明期限的规定，自2011年1月1日起开始执行。2011年的出口货物劳务，退（免）税申报期限、第九条第（二）项第三款的出口货物的免税申报期限、第十条第（一）项申请开具代理出口货物证明的期限，第十一条第（七）项第二款规定的期限延长3个月。

本办法其他规定自2012年7月1日开始执行。起始日期：属于向海关报关出口的货物劳务，以出口货物报关单上注明的出口日期为准；属于非报关出口销售的货物，以出口发票（外销发票）或普通发票的开具时间为准；属于保税区内出口企业或其他单位出口的货物以及经保税区出口的货物，以货物离境时海关出具的出境货物备案清单上注明的出口日期为准。

《废止文件目录》（见附件44）所列文件及条款同时废止。本办法未纳入的出口货物增值税、消费税其他管理规定，仍按原规定执行。

附件：

1. 出口退（免）税资格认定申请表（略）

2. 出口退（免）税资格认定变更申请表（略）

3. 出口退（免）税资格认定注销申请表（略）

4. 免抵退税申报汇总表（略）

5. 免抵退税申报汇总表附表（略）

6. 免抵退税申报资料情况表（略）

7. 生产企业出口货物免、抵、退税申报明细表（略）

8. 生产企业出口非自产货物消费税退税申报表（略）

9. 生产企业进料加工登记申报表（略）

10. 生产企业进料加工登记变更申请表（略）

11. 生产企业进料加工进口料件申报明细表（略）

12. 生产企业进料加工出口货物扣除保税进口料件申请表（略）

13. 生产企业进料加工手册登记核销申请表（略）

14. 生产企业出口货物扣除国内免税原材料申请表（略）

15. 外贸企业出口退税汇总申报表（略）

16. 外贸企业出口退税进货明细申报表（略）

17. 外贸企业出口退税出口明细申报表（略）

18. 购进自用货物退税申报表（略）

19. 出口已使用过的设备退税申报表（略）

20. 出口已使用过的设备折旧情况确认表（略）

21. 退（免）税货物、标识对照表（略）

22. 免税出口货物劳务明细表（略）

23. 准予免税购进出口卷烟证明申请表（略）

24. 准予免税购进出口卷烟证明（略）

25. 出口卷烟已免税证明申请表（略）

26. 出口卷烟已免税证明（略）

27. 出口卷烟免税核销申报表（略）

28. 来料加工免税证明申请表（略）

29. 来料加工免税证明（略）

30. 来料加工出口货物免税证明核销申请表（略）

31. 代理出口货物证明（略）

32. 代理出口货物证明申请表（略）

33. 代理进口货物证明申请表（略）

34. 出口货物退运已补税（未退税）证明（略）

35. 退运已补税（未退税）证明申请表（略）

36. 补办出口货物报关单申请表（略）

37. 补办出口收汇核销单证明申请表（略）

38. 出口退税进货分批申报单（略）

39. 出口货物转内销证明申报表（略）

40. 中标证明通知书（略）

41. 中标项目不退税货物清单（略）

42. 关于补办出口退税有关证明的申请（略）

43. 免税卷烟指定出口口岸（略）

44. 废止文件目录（略）

《国家税务总局关于〈出口货物劳务增值税和消费税管理办法〉有关问题的公告》（国家税务总局公告2013年第12号）

为准确执行出口货物劳务税收政策，进一步规范管理，国家税务总局细化、完善了《出口货物劳务增值税和消费税管理办法》（国家税务总局公告2012年第24号，以下简称《管理办法》）有关条款，现公告如下：

一、出口退（免）税资格认定

（一）出口企业或其他单位申请办理出口退（免）税资格认定时，除提供《管理办法》规定的资料外，还应提供《出口退（免）税资格认定申请表》电子数据。

（二）出口企业或其他单位申请变更退（免）税办法的，经主管税务机关批准变更的次月起按照变更后的退（免）税办法申报退（免）税。企业应将批准变更前全部出口货物按变更前退（免）税办法申报退（免）税，变更后不得申报变更前出口货物退（免）税。

原执行免退税办法的企业，在批准变更次月的增值税纳税申报期内可将原计入出口库存账的且未申报免退税的出口货物向主管税务机关申请开具《出口转内销证明》。

原执行免抵退税办法的企业，应将批准变更当月的《免抵退税申报汇总表》中"当期应退税额"填报在批准变更次月的《增值税纳税申报表》"免、抵、退应退税额"栏中。

企业按照变更前退（免）税办法已申报但在批准变更前未审核办理的退（免）税，主管税务机关对其按照原退（免）税办法单独审核、审批办理。对原执行免抵退税办法的企业，主管税务机关对已按免抵退税办法申报的退（免）税应全部按规定审核通过后，一次性审批办理退（免）税。

退（免）税办法由免抵退税变更为免退税的，批准变更前已通过认证的增值税专用发票或取得的海关进口增值税专用缴款书，出口企业或其他单位不得作为申报免退税的原始凭证。

（三）出口企业申请注销出口退（免）税认定资格但不需要注销税务登记的，按《管理办法》第三条第（五）项相关规定办理。

二、出口退（免）税申报

（一）出口企业或其他单位应使用出口退税申报系统办理出口货物劳务退（免）税、免税申报业务及申请开具相关证明业务。《管理办法》及本公告中要求出口企业或其他单位报送的电子数据应均通过出口退税申报系统生成、报送。在出口退税申报系统信息生成、报送功能升级完成前，涉及需报送的电子数据，可暂报送纸质资料。

出口退税申报系统可从国家税务总局网站免费下载或由主管税务机关免费提供。

……

（三）在出口货物报关单上的申报日期和出口日期期间，若海关调整商品代码，导致出口货物报关单上的商品代码与调整后的商品代码不一致的，出口企业或其他单位应按照出口货物报关单上列明的商品代码申报退（免）税，并同时报送《海关出口商品代码、名称、退税率调整对应表》（附件1）及电子数据。

（四）出口企业或其他单位进行正式退（免）税申报时须提供的原始凭证，应按明细申报表载明的申报顺序装订成册。

（五）2013年5月1日以后报关出口的货物（以出口货物报关单上的出口日期为准），除下款规定以外，出口企业或其他单位申报出口退（免）税提供的出口货物报关单上的第一计量单位、第二计量单位，及出口企业申报的计量单位，至少有一个应同与其匹配的增值税专用发票上的计量单位相符，且上述出口货物报关单、增值税专用发票上的商品名称须相符，否则不得申报出口退（免）税。

如属同一货物的多种零部件需要合并报关为同一商品名称的，企业应将出口货物报关单、增值税专用发票上不同商品名称的相关性及不同计量单位的折算标准向主管税务机关书面报告，经主管税务机关确认后，可申报退（免）税。

（六）受托方将代理多家企业出口的货物集中一笔报关出口的，委托方可提供该出口货物报关单的复印件申报出口退（免）税。

（七）出口企业或其他单位出口并按会计规定做销售的货物，须在做销售的次月进行增值税纳税申报。生产企业还需办理免抵退税相关申报及消费税免税申报（属于消费税应税货物的）。《管理办法》第四条第（一）项第一款和第五条第（一）项第一款与此冲突的规定，停止执行。

《管理办法》第四条第（一）项第二款和第五条第（一）项第二款中的"逾期"是指超过次年4月30日前最后一个增值税纳税申报期截止之日。

（八）属于增值税一般纳税人的集成电路设计、软件设计、动漫设计企业及其他高新技术企业出口适用增值税退（免）税政策的货物，实行免抵退税办法，按《管理办法》第四条及本公告有关规定申报出口退（免）税。

（九）生产企业申报免抵退税时，若报送的《生产企业出口货物免、抵、退税申报明细表》中的离岸价与相应出口货物报关单上的离岸价不一致的，应按主管税务机关的要求填报《出口货物离岸价差异原因说明表》（附件2）及电子数据。

（十）从事进料加工业务的生产企业，自2013年7月1日起，按下列规定办理进料加工出口货物退（免）税的申报及手（账）册核销业务。《管理办法》第四条第（三）项停止执行。2013年7月1日以前，企业已经在主管税务机关办理登记手续的进料加工手（账）册，按原办法办理免抵退税申报、进口料件申报、手（账）册核销（电子账册核销指海关办结一个周期核销手续后的核销）。

1.进料加工计划分配率的确定

2012年1月1日至2013年6月15日已在税务机关办理过进料加工手（账）册核销的企业，2013年度进料加工业务的计划分配率为该期间税务机关已核销的全部手（账）册的加权平均实际分配率。主管税务机关应在2013年7月1日以前，计算并与企业确认2013年度进料加工业务的计划分配率。

2012年1月1日至2013年6月15日未在税务机关办理进料加工业务手（账）册核销的企业，当年进料加工业务的计划分配率为2013年7月1日后首份进料加工手（账）册的计划分配率。企业应在首次申报2013年7月1日以后进料加工手（账）册的进料加工出口货物免抵退税前，向主管税务机关报送《进料加工企业计划分配率备案表》（附件3）及其电子数据。

2.进料加工出口货物的免抵退税申报

对进料加工出口货物，企业应以出口货物人民币离岸价扣除出口货物耗用的保税进口料件金额的余额为增值税退（免）税的计税依据。按《管理办法》第四条的有关规定，办理免抵退税相关申报。

进料加工出口货物耗用的保税进口料件金额＝进料加工出口货物人民币离岸价×进料加工计划分配率

计算不得免征和抵扣税额时，应按当期全部出口货物的离岸价扣除当期全部进料加工出口货物耗用的保税进口料件金额后的余额乘以征退税率之差计算。进料加工出口货物收齐有关凭证申报免抵退税时，以收齐凭证的进料加工出口货物人民币离岸价扣除其耗用的保税进口料件金额后的余额计算免抵退税额。

……

4.企业申请注销或变更退（免）税办法的，应在申请注销或变更退（免）税办法前按照上述办法进行进料加工业务的核销。

（十一）符合《财政部　国家税务总局关于出口货物劳务增值税和消费税政策的通知》（财税〔2012〕39号）第九条第（四）项规定的生产企业，应在交通运输工具和机器设备出口合同签订后，报送《先退税后核销资格申请表》（见附件8）及电子数据，经主管税务机关审核同意后，按照以下规定办理出口免抵退税申报、核销：

1. 企业应在交通运输工具或机器设备自会计上做销售后，与其他出口货物劳务一并向主管税务机关办理免抵退税申报（在《生产企业出口货物免、抵、退税申报明细表》"出口收汇核销单号"栏中填写出口合同号，"业务类型"栏填写"XTHH"），并附送下列资料：

（1）出口合同（复印件，仅第一次申报时提供）；

（2）企业财务会计制度（复印件，仅第一次申报时提供）；

（3）出口销售明细账（复印件）；

（4）《先退税后核销企业免抵退税申报附表》（附件9）及其电子数据；

（5）年度财务报表（年度结束后至4月30日前报送）；

（6）收款凭证（复印件，取得预付款的提供）；

（7）主管税务机关要求提供的其他资料。

2. 交通工具或机器设备报关出口之日起3个月内，企业应在增值税纳税申报期，按《管理办法》第四条规定收齐有关单证，申报免抵退税，办理已退（免）税的核销。

（十二）已申报免抵退税的出口货物发生退运，及需改为免税或征税的，应在上述情形发生的次月增值税纳税申报期内用负数申报冲减原免抵退税申报数据，并按现行会计制度的有关规定进行相应调整。《管理办法》第四条第（五）项与此冲突的规定停止执行。

（十三）免税品经营企业应根据《企业法人营业执照》规定的经营货物范围，填写《免税品经营企业销售货物退税备案表》（附件10）并生成电子数据，报主管税务机关备案。如企业的经营范围发生变化，应在变化之日后的首个增值税纳税申报期内进行补充填报。

（十四）用于对外承包工程项目的出口货物，由出口企业申请退（免）税。出口企业如属于分包单位的，申请退（免）税时，须补充提供分包合同（协议）。本项规定自2012年1月1日起开始执行。《管理办法》第六条第二款第（二）项与此冲突的规定，停止执行。

（十五）销售给海上石油天然气开采企业自产的海洋工程结构物，生产企业申报出口退（免）税时，应在《生产企业出口货物免、抵、退税申报明细表》的"备注栏"中填写购货企业的纳税人识别号和购货企业名称。

（十六）申报修理修配船舶退（免）税的，应提供在修理修配业务中使用零部件、原材料的贸易方式为"一般贸易"的出口货物报关单。出口货物报关单中"标记唛码及备注"栏注明修理船舶或被修理船舶名称的，以被修理船舶作为出口货物。

（十七）为国外（地区）企业的飞机（船舶）提供航线维护（航次维修）的货物劳务，出口企业（维修企业）申报退（免）税时应将国外（地区）企业名称、航班号（船名）填写在《生产企业出口货物免、抵、退税申报明细表》的第22栏"备注"中，并提供以下资料：

1. 与被维修的国外（地区）企业签订的维修合同；
2. 出口发票；
3. 国外（地区）企业的航班机长或外轮船长签字确认的维修单据〔须注明国外（地区）企业名称和航班号（船名）〕。

……

三、适用免税政策的出口货物劳务申报

（一）《管理办法》第十一条第（七）项中"未在规定的纳税申报期内按规定申报免税"是指出口企业或其他单位未在报关出口之日的次月至次年5月31日前的各增值税纳税申报期内填报《免税出口货物劳务明细表》（附件11），提供正式申报电子数据，向主管税务机关办理免税申报手续。

（二）出口企业或其他单位在按《管理办法》第九条第（二）项规定办理免税申报手续时，应将以下凭证按《免税出口货物劳务明细表》载明的申报顺序装订成册，留存企业备查：

1. 出口货物报关单（如无法提供出口退税联的，可提供其他联次代替）；
2. 出口发票；
3. 委托出口的货物，还应提供受托方主管税务机关出具的代理出口货物证明；
4. 属购进货物直接出口的，还应提供相应的合法有效的进货凭证。合法有效的进货凭证包括增值税专用发票、增值税普通发票及其他普通发票、海关进口增值税专用缴款书、农产品收购发票、政府非税收入票据；
5. 以旅游购物贸易方式报关出口的货物暂不提供上述第2、4项凭证。

（三）出口企业或其他单位申报的出口货物免税销售额与出口货物报关单上的离岸价不一致（来料加工出口货物除外）的，应在报送《免税出口货物劳务明细表》的同时报送《出口货物离岸价差异原因说明表》及电子数据。

（四）主管税务机关已受理出口企业或其他单位的退（免）税申报，但在免税申报期限之后审核发现按规定不予退（免）税的出口货物，若符合免税条件，企业可在主管税务机关审核不予退（免）税的次月申报免税。

（五）出口企业从事来料加工委托加工业务的，应在海关签发来料加工核销结案通知

书之日（以结案日期为准）起至次月的增值税纳税申报期内，提供出口货物报关单的非"出口退税专用"联原件或复印件，按照《管理办法》第九条第（四）项第2目第（2）规定办理来料加工出口货物免税核销手续。未按规定办理来料加工出口货物免税核销手续或经主管税务机关审核不予办理免税核销的，应按规定补缴来料加工加工费的增值税。

（六）出口企业或其他单位按照《管理办法》第十一条第（八）项规定放弃免税的，应向主管税务机关报送《出口货物劳务放弃免税权声明表》（附件12），办理备案手续。自备案次月起执行征税政策，36个月内不得变更。

四、有关单证证明办理

委托出口货物发生退运的，应由委托方向主管税务机关申请开具《出口货物退运已补税（未退税）证明》转交受托方，受托方凭该证明向主管税务机关申请开具《出口货物退运已补税（未退税）证明》。《管理办法》第十条第（三）项与此冲突的内容停止执行。

五、其他补充规定

……

（二）外贸企业在2012年6月30日以前签订的委托加工业务合同，如果在2012年7月1日以后收回加工货物并在2013年6月30日前出口的，按2012年6月30日以前的规定申报出口退（免）税。外贸企业须在2013年4月30日前向主管税务机关提供上述合同进行备案。

（三）为适应货物贸易外汇管理制度改革，《管理办法》中涉及出口收汇核销单的规定不再执行。

2012年8月1日后报关出口的货物，以及截至2012年7月31日未到出口收汇核销期限或者已到出口收汇核销期限的但未核销的2012年8月1日前报关出口的货物，出口企业或其他单位在申报出口退（免）税、免税时，不填写《管理办法》附件中涉及出口收汇核销单的报表栏目。

（四）经税务机关审核发现的出口退（免）税疑点，出口企业或其他单位应按照主管税务机关的要求接受约谈、提供书面说明情况、报送《生产企业出口业务自查表》（附件14）或《外贸企业出口业务自查表》（附件15）及电子数据。

出口货物的供货企业主管税务机关按照规定需要对供货的真实性及纳税情况进行核实的，供货企业应填报《供货企业自查表》（附件16），具备条件的，应按照主管税务机关的要求同时报送电子数据。

（五）主管税务机关发现出口企业或其他单位的出口业务有以下情形之一的，该笔出口业务暂不办理出口退（免）税。已办理的，主管税务机关可按照所涉及的退税额对该企业其他已审核通过的应退税款暂缓办理出口退（免）税，无其他应退税款或应退税款小于所涉及退税额的，可由出口企业提供差额部分的担保。待税务机关核实排除相应疑点后，方可办理退（免）税或解除担保。

1. 因涉嫌骗取出口退税被税务机关稽查部门立案查处未结案；

2. 因涉嫌出口走私被海关立案查处未结案；

3. 出口货物报关单、出口发票、海运提单等出口单证的商品名称、数量、金额等内容与进口国家（或地区）的进口报关数据不符；

4. 涉嫌将低退税率出口货物以高退税率出口货物报关；

5. 出口货物的供货企业存在涉嫌虚开增值税专用发票等需要对其供货的真实性及纳税情况进行核实的疑点。

（六）主管税务机关发现出口企业或其他单位购进出口的货物劳务存在财税〔2012〕39号文件第七条第（一）项第4目、第5目和第7目情形之一的，该批出口货物劳务的出口货物报关单上所载明的其他货物，主管税务机关须排除骗税疑点后，方能办理退（免）税。

（七）出口企业或其他单位被列为非正常户的，主管税务机关对该企业暂不办理出口退税。

（八）出口企业或其他单位未按规定进行单证备案（因出口货物的成交方式特性，企业没有有关备案单证的情况除外）的出口货物，不得申报退（免）税，适用免税政策。已申报退（免）税的，应用负数申报冲减原申报。

（九）出口企业或其他单位出口的货物劳务，主管税务机关如果发现有下列情形之一的，按财税〔2012〕39号文件第七条第（一）项第4目和第5目规定，适用增值税征税政策。查实属于偷骗税的，应按相应的规定处理。

1. 提供的增值税专用发票、海关进口增值税专用缴款书等进货凭证为虚开或伪造；

2. 提供的增值税专用发票是在供货企业税务登记被注销或被认定为非正常户之后开具；

3. 提供的增值税专用发票抵扣联上的内容与供货企业记账联上的内容不符；

4. 提供的增值税专用发票上载明的货物劳务与供货企业实际销售的货物劳务不符；

5. 提供的增值税专用发票上的金额与实际购进交易的金额不符；

6. 提供的增值税专用发票上的货物名称、数量与供货企业的发货单、出库单及相关国内运输单据等凭证上的相关内容不符，数量属合理损溢的除外；

7. 出口货物报关单上的出口日期早于申报退税匹配的进货凭证上所列货物的发货时间（供货企业发货时间）或生产企业自产货物发货时间；

8. 出口货物报关单上载明的出口货物与申报退税匹配的进货凭证上载明的货物或生产企业自产货物不符；

9. 出口货物报关单上的商品名称、数量、重量与出口运输单据载明的不符，数量、重量属合理损溢的除外；

10. 生产企业出口自产货物的，其生产设备、工具不能生产该种货物；

11. 供货企业销售的自产货物，其生产设备、工具不能生产该种货物；

12. 供货企业销售的外购货物，其购进业务为虚假业务；

13. 供货企业销售的委托加工收回货物，其委托加工业务为虚假业务；

14. 出口货物的提单或运单等备案单证为伪造、虚假；

15. 出口货物报关单是通过报关行等单位将他人出口的货物虚构为本企业出口货物的手段取得。

……

（十一）出口企业或其他单位出口财税〔2012〕39号文件第九条第（二）项第6目所列货物的，如果出口货物有两种及两种以上原材料为财税〔2012〕39号文件附件9所列原材料的，按主要原材料适用政策执行。主要原材料是指出口货物材料成本中比例最高的原材料。

（十二）输入特殊区域的水电气，区内生产企业用于出租、出让厂房的，不得申报退税，进项税额须转入成本。

（十三）出口企业或其他单位可填报《出口企业或其他单位选择出口退税业务提醒信息申请表》（见附件19），向主管税务机关申请免费的出口退税业务提醒服务。已申请出口退税业务提醒服务的，企业负责人、联系电话、邮箱等相关信息发生变化时，应及时向主管税务机关申请变更。

出口企业或其他单位应按照国家制发的出口退（免）税相关政策和管理规定办理出口退（免）税业务。主管税务机关提供的出口退税业务提醒服务仅为出口企业和其他单位参考，不作为办理出口退（免）税的依据。

……

（十五）《管理办法》及本公告中要求同时提供原件和复印件的资料，出口企业或其他单位提供的复印件上应注明"与原件相符"字样，并加盖企业公章。主管税务机关在核对复印件与原件相符后，将原件退回，留存复印件。

六、本公告除已明确执行时间的规定外，其他规定自2013年4月1日起执行，《废止文件目录》（见附件22）所列文件条款同时废止。

特此公告。

附件：

1. 海关出口商品代码、名称、退税率调整对应表（略）

2. 出口货物离岸价差异原因说明表（略）

3. 进料加工企业计划分配率备案表（略）

4. 生产企业进料加工业务免抵退税核销申报表（略）

5. 进料加工手（账）册实际分配率反馈表（略）

6-1. 已核销手（账）册海关数据调整报告表（进口报关单）（略）

6-2. 已核销手（账）册海关数据调整报告表（出口报关单）（略）

7. 生产企业进料加工业务免抵退税核销表（略）

8. 先退税后核销资格申请表（略）

9. 先退税后核销企业免抵退税申报附表（略）

10. 免税品经营企业销售货物退税备案表（略）

11. 免税出口货物劳务明细表（略）

12. 出口货物劳务放弃免税权声明表（略）

13. 集团公司成员企业认定申请表（略）

14. 生产企业出口业务自查表（略）

15. 外贸企业出口业务自查表（略）

16. 供货企业自查表（略）

17. 以边境小额贸易方式代理外国企业、外国自然人报关出口货物备案登记表（略）

18. 以边境小额贸易方式代理外国企业、外国自然人报关出口货物备案核销表（略）

19. 出口企业或其他单位选择出口退税业务提醒信息申请表（略）

20. 出口企业预计出口情况报告表（略）

21. 退（免）税货物、标识对照表（略）

22. 废止文件目录（略）

《国家税务总局关于调整出口退（免）税申报办法的公告》（国家税务总局公告2013年第61号）

为减少出口退（免）税申报的差错率和疑点，进一步提高申报和审批效率，加快出口退税进度，税务总局决定调整出口退（免）税申报办法，现公告如下：

……

五、符合《财政部　国家税务总局关于出口货物劳务增值税和消费税政策的通知》（财税〔2012〕39号）第九条第（四）项规定的生产企业，不适用本公告，其免抵退税申报仍按原办法执行。

六、本公告自2014年1月1日起施行。《国家税务总局关于发布〈出口货物劳务增值税和消费税管理办法〉的公告》（国家税务总局公告2012年第24号）、《国家税务总局关于〈出口货物劳务增值税和消费税管理办法〉有关问题的公告》（国家税务总局公告2013年第12号）、《国家税务总局关于出口企业申报出口货物退（免）税提供收汇资料有关问题的公告》(国家税务总局公告2013年第30号)等文件与本公告相冲突的内容同时废止。

附件：1. 出口企业信息查询申请表（略）
2. 出口退（免）税凭证无相关电子信息申报表（略）

《财政部　国家税务总局关于外国驻华使（领）馆及其馆员在华购买货物和服务增值税退税政策的通知》（财税〔2016〕51号）

各省、自治区、直辖市、计划单列市财政厅（局）、国家税务局，新疆生产建设兵团财务局：

根据《维也纳外交关系公约》《维也纳领事关系公约》《中华人民共和国外交特权与豁免条例》《中华人民共和国领事特权与豁免条例》《中华人民共和国增值税暂行条例》和《财政部　国家税务总局关于全面推开营业税改征增值税试点的通知》（财税〔2016〕36号）等有关规定，现就外国驻华使（领）馆及其馆员在华购买货物和服务增值税退税政策通知如下：

一、中华人民共和国政府在互惠对等原则的基础上，对外国驻华使（领）馆及其馆员在中华人民共和国境内购买的货物和服务，实行增值税退税政策。

二、本通知第一条所称货物和服务，是指按规定征收增值税、属于合理自用范围内的生活办公类货物和服务。生活办公类货物和服务，是指为满足日常生活、办公需求购买的货物和服务。工业用机器设备、金融服务以及其他财政部和国家税务总局规定的货物和服务，不属于生活办公类货物和服务。

三、外国驻华使（领）馆及其馆员申请增值税退税的生活办公类货物和服务，应符合以下要求：

1. 除自来水、电、燃气、暖气、汽油、柴油外，购买货物申请退税单张发票的销售金额（含税价格）应当超过800元（含800元）人民币；购买服务申请退税单张发票的销售金额（含税价格）应当超过300元（含300元）人民币。

……

3. 非增值税免税货物和服务。

……

五、本通知所称馆员，是指外国驻华使（领）馆的外交代表（领事官员）及行政技术人员，但是中国公民的或在中国永久居留的除外。外交代表（领事官员）和行政技术人员是指《中华人民共和国外交特权与豁免条例》第二十八条第（五）、（六）项和《中华人民共和国领事特权与豁免条例》第二十八条第（四）、（五）项规定的人员。

六、各国际组织驻华代表机构及其人员按照有关协定享有免税待遇的，可参照执行上述政策。

七、外国驻华使（领）馆及其馆员、国际组织驻华代表机构及其人员在华购买货物和服务增值税退税的具体管理办法，由国家税务总局商财政部、外交部另行制定。如中外双方需就退税问题另行制定协议的，由外交部商财政部、国家税务总局予以明确。

八、本通知自2016年5月1日起执行。《财政部　国家税务总局关于外国驻华使领馆及外交人员购买的自用汽柴油增值税实行零税率的通知》（财税字〔1994〕100号）、《财政部　国家税务总局关于外国驻华使（领）馆及其外交人员购买中国产物品有关退税问题的通知》（财税字〔1997〕81号）和《财政部　国家税务总局关于国际组织驻华代表机构及其官员购买中国产物品有关退税问题的通知》（财税字〔1998〕71号）同时废止。

《财政部　国家税务总局关于外国驻华使（领）馆及其馆员在华购买货物和服务增值税退税政策有关问题的补充通知》（财税〔2017〕74号）

各省、自治区、直辖市、计划单列市财政厅（局）、国家税务局，新疆生产建设兵团财务局：

经研究，现就《财政部　国家税务总局关于外国驻华使（领）馆及其馆员在华购买货物和服务增值税退税政策的通知》（财税〔2016〕51号）有关问题补充通知如下：

一、使（领）馆馆员个人购买货物和服务，除车辆和房租外，每人每年申报退税销售金额（含税价格）不超过18万元人民币。

二、使（领）馆及其馆员购买货物和服务，增值税退税额为发票上注明的税额，发票上未注明税额的，为按照不含税销售额和增值税征收率计算的税额。购买电力、燃气、汽油、柴油，发票上未注明税额的，增值税退税额为按照不含税销售额和相关产品增值税适用税率计算的税额。

三、本通知自2017年10月1日起执行。具体以退税申报受理的时间为准。《财政部　国家税务总局关于外国驻华使（领）馆及其馆员在华购买货物和服务增值税退税政策的通知》（财税〔2016〕51号）第三条第2点和第四条同时停止执行。

《外国驻华使（领）馆及其馆员在华购买货物和服务增值税退税管理办法》（国家税务总局　外交部公告2016年第58号发布）

根据《中华人民共和国外交特权与豁免条例》、《中华人民共和国领事特权与豁免条例》、《中华人民共和国税收征收管理法》及实施细则、《中华人民共和国增值税暂行条例》、《中华人民共和国发票管理办法》、《财政部　国家税务总局关于全面推开营业税改征增值税试点的通知》（财税〔2016〕36号）和《财政部　国家税务总局关于外国驻华使（领）馆及其馆员在华购买货物和服务增值税退税政策的通知》（财税〔2016〕51号）等有关规定，制定本办法。

一、外国驻华使（领）馆及其馆员（以下称享受退税的单位和人员）在中华人民共和国境内购买货物和服务增值税退税适用本办法。

享受退税的单位和人员，包括外国驻华使（领）馆的外交代表（领事官员）及行政技术人员，中国公民或者在中国永久居留的人员除外。外交代表（领事官员）和行政技术人员是指《中华人民共和国外交特权与豁免条例》第二十八条第五、六项和《中华人民共和国领事特权与豁免条例》第二十八条第四、五项规定的人员。

实行增值税退税政策的货物与服务范围，包括按规定征收增值税、属于合理自用范围内的生活办公类货物和服务（含修理修配劳务，下同）。生活办公类货物和服务，是指为满足日常生活、办公需求购买的货物和服务。工业用机器设备、金融服务以及财政部和国家税务总局规定的其他货物和服务，不属于生活办公类货物和服务。

二、下列情形不适用增值税退税政策：

（一）购买非合理自用范围内的生活办公类货物和服务；

（二）购买货物单张发票销售金额（含税价格）不足800元人民币（自来水、电、燃气、暖气、汽油、柴油除外），购买服务单张发票销售金额（含税价格）不足300元人民币；

……

（四）增值税免税货物和服务。

三、申报退税的应退税额，为增值税发票上注明的税额。增值税发票上未注明税额的，按下列公式计算应退税额：

应退税额 = 发票或客运凭证上列明的金额（含增值税）÷（1+ 增值税征收率）× 增值税征收率

四、外国驻华使（领）馆应在首次申报退税前，将使（领）馆馆长或其授权的外交人员（领事官员）签字字样及授权文件、享受退税人员范围、使（领）馆退税账户报外交部礼宾司备案；如有变化，应及时变更备案。外交部礼宾司将使（领）馆退税账户转送北京市税务局备案。

五、享受退税的单位和人员，应使用外交部指定的电子信息系统，真实、准确填报退税数据。申报退税时除提供电子申报数据外，还须提供以下资料：

（一）《外国驻华使（领）馆及国际组织退税申报汇总表》（附件1，以下简称《汇总表》）一式两份；

（二）《外国驻华使（领）馆及国际组织退税申报明细表》（附件2，以下简称《明细表》）一式两份；

（三）购买货物和服务的增值税发票原件，或纳入税务机关发票管理的客运凭证原件（国际运输客运凭证除外，以下简称退税凭证）。

享受退税的单位和人员如需返还发票原件，还应同时报送发票复印件一份，经外交部礼宾司转送北京市税务局。北京市税务局对原件审核后加盖印章，经外交部礼宾司予以退还，将复印件留存。

六、享受退税的单位和人员申报退税提供的发票应符合《中华人民共和国发票管理办法》的要求，并注明付款单位（个人）、商品名称、数量、金额、开票日期等；客运凭证应注明旅客姓名、金额、日期等。

七、享受退税的单位和人员报送的退税资料应符合以下要求：

（一）《汇总表》应由使（领）馆馆长或其授权的外交人员（领事官员）签字。

（二）《汇总表》与《明细表》逻辑关系一致。

（三）电子申报数据与纸质资料内容一致。

（四）退税凭证应按《明细表》申报顺序装订。

（五）应退税额计算准确。

八、享受退税的单位和人员，应按季度向外交部礼宾司报送退税凭证和资料申报退税，报送时间为每年的1月、4月、7月、10月；本年度购买的货物和服务（以发票开具日期为准），最迟申报不得迟于次年1月。逾期报送的，外交部礼宾司不予受理。

九、外交部礼宾司受理使（领）馆退税申报后，10个工作日内，对享受退税的单位和人员的范围进行确认，对申报时限及其他内容进行审核、签章，将各使（领）馆申报资料一并转送北京市税务局办理退税，并履行交接手续。

十、北京市税务局在接到外交部礼宾司转来的退税申报资料及电子申报数据后，10个工作日内对其完整性、规范性、准确性、合理性进行审核，并将审核通过的税款退付给使（领）馆退税账户。经审核暂缓办理、不予办理退税的，应将具体原因在电子系统中注明。

十一、对享受退税的单位和人员申报的货物与服务是否属合理自用范围或者申报凭证真实性有疑问的，税务机关应暂缓办理退税，并通过外交部礼宾司对其进行问询。

十二、税务机关如发现享受退税的单位和人员申报的退税凭证虚假或所列内容与实际交易不符的，不予退税，并通过外交部礼宾司向其通报；情况严重的，外交部礼宾司将不再受理其申报。

十三、享受退税的单位和人员购买货物和服务办理退税后，如发生退货或转让所有权、使用权等情形，须经外交部礼宾司向北京市税务局办理补税手续。如转让需外交部礼宾司核准的货物，外交部礼宾司应在确认转让货物未办理退税或已办理补税手续后，办理核准转让手续。

十四、如中外双方需就退税问题另行制定协议的，由外交部商财政部、国家税务总局予以明确。

十五、各国际组织驻华代表机构及其人员按照有关协定享有免税待遇的，可参照本办法执行。

本办法自 2016 年 5 月 1 日起执行，以发票开具日期或客运凭证载明的乘运日期为准。《国家税务总局 外交部关于印发〈外国驻华使（领）馆及其人员在华购买物品和劳务退还增值税管理办法〉的通知》（国税发〔2003〕20 号）同时废止。《国家税务总局关于调整外国驻华使领馆及外交人员自用免税汽柴油管理办法的通知》（国税函〔2003〕1346 号）自 2016 年 10 月 1 日起停止执行。

《国家税务总局、外交部关于外国驻华使（领）馆及其馆员在华购买货物和服务增值税退税管理有关问题的公告》（国家税务总局、外交部公告 2017 年第 39 号）

根据《财政部 国家税务总局关于外国驻华使（领）馆及其馆员在华购买货物和服务增值税退税政策有关问题的补充通知》（财税〔2017〕74 号）规定，现将外国驻华使（领）馆及其馆员在华购买货物和服务增值税退税有关管理事项公告如下：

一、使（领）馆馆员个人购买货物和服务，除车辆和房租外，每人每年申报退税销售金额（含税价格）超过 18 万元人民币的部分，不适用增值税退税政策。

二、使（领）馆及其馆员购买电力、燃气、汽油、柴油，发票上未注明税额的，增值税应退税额按不含税销售额和相关产品增值税适用税率计算，计算公式为：

增值税应退税额 = 发票金额（含增值税）÷（1+ 增值税适用税率）× 增值税适用税率

三、本公告自 2017 年 10 月 1 日起执行。具体以退税申报受理的时间为准。《外国驻华使（领）馆及其馆员在华购买货物和服务增值税退税管理办法》（国家税务总局 外交部公告 2016 年第 58 号发布）第二条第（三）项同时废止。

特此公告。

《适用增值税零税率应税服务退（免）税管理办法》（国家税务总局公告 2014 年第 11 号发布）

第一条 中华人民共和国境内（以下简称境内）的增值税一般纳税人提供适用增值税零税率的应税服务，实行增值税退（免）税办法。

第二条 本办法所称的增值税零税率应税服务提供者是指，提供适用增值税零税率应税服务，且认定为增值税一般纳税人，实行增值税一般计税方法的境内单位和个人。属于汇总缴纳增值税的，为经财政部和国家税务总局批准的汇总缴纳增值税的总机构。

第三条 增值税零税率应税服务适用范围按财政部、国家税务总局的规定执行。

起点或终点在境外的运单、提单或客票所对应的各航段或路段的运输服务，属于国际运输服务。

起点或终点在港澳台的运单、提单或客票所对应的各航段或路段的运输服务，属于港澳台运输服务。

从境内载运旅客或货物至国内海关特殊监管区域及场所、从国内海关特殊监管区域及场所载运旅客或货物至国内其他地区或者国内海关特殊监管区域及场所，以及向国内海关特殊监管区域及场所内单位提供的研发服务、设计服务，不属于增值税零税率应税服务适用范围。

第四条 增值税零税率应税服务退（免）税办法包括免抵退税办法和免退税办法，具体办法及计算公式按《财政部　国家税务总局关于出口货物劳务增值税和消费税政策的通知》（财税〔2012〕39号）有关出口货物劳务退（免）税的规定执行。

实行免抵退税办法的增值税零税率应税服务提供者如果同时出口货物劳务且未分别核算的，应一并计算免抵退税。税务机关在审批时，应按照增值税零税率应税服务、出口货物劳务免抵退税额的比例划分其退税额和免抵税额。

第五条 增值税零税率应税服务的退税率为对应服务提供给境内单位适用的增值税税率。

第六条 增值税零税率应税服务的退（免）税计税依据，按照下列规定确定：

（一）实行免抵退税办法的退（免）税计税依据

1. 以铁路运输方式载运旅客的，为按照铁路合作组织清算规则清算后的实际运输收入；

2. 以铁路运输方式载运货物的，为按照铁路运输进款清算办法，对"发站"或"到站（局）"名称包含"境"字的货票上注明的运输费用以及直接相关的国际联运杂费清算后的实际运输收入；

3. 以航空运输方式载运货物或旅客的，如果国际运输或港澳台运输各航段由多个承运人承运的，为中国航空结算有限责任公司清算后的实际收入；如果国际运输或港澳台运输各航段由一个承运人承运的，为提供航空运输服务取得的收入；

4. 其他实行免抵退税办法的增值税零税率应税服务，为提供增值税零税率应税服务取得的收入。

（二）实行免退税办法的退（免）税计税依据为购进应税服务的增值税专用发票或解缴税款的中华人民共和国税收缴款凭证上注明的金额。

第七条 实行增值税退（免）税办法的增值税零税率应税服务不得开具增值税专用发票。

第八条 增值税零税率应税服务提供者办理出口退（免）税资格认定后，方可申报增值税零税率应税服务退（免）税。如果提供的适用增值税零税率应税服务发生在办理出口退（免）税资格认定前，在办理出口退（免）税资格认定后，可按规定申报退（免）税。

第九条 增值税零税率应税服务提供者应按照下列要求，向主管税务机关申请办理出口退（免）税资格认定：

（一）填报《出口退（免）税资格认定申请表》及电子数据；

《出口退（免）税资格认定申请表》中的"退税开户银行账号"，必须填写办理税务登记时向主管税务机关报备的银行账号之一。

（二）根据所提供的适用增值税零税率应税服务，提供以下对应资料的原件及复印件：

1. 提供国际运输服务。以水路运输方式的，应提供《国际船舶运输经营许可证》；以航空运输方式的，应提供经营范围包括"国际航空客货邮运输业务"的《公共航空运输企业经营许可证》或经营范围包括"公务飞行"的《通用航空经营许可证》；以公路运输方式的，应提供经营范围包括"国际运输"的《道路运输经营许可证》和《国际汽车运输行车许可证》；以铁路运输方式的，应提供经营范围包括"许可经营项目：铁路客货运输"的《企业法人营业执照》或其他具有提供铁路客货运输服务资质的证明材料；提供航天运输服务的，应提供经营范围包括"商业卫星发射服务"的《企业法人营业执照》或其他具有提供商业卫星发射服务资质的证明材料。

2. 提供港澳台运输服务。以公路运输方式提供内地往返香港、澳门的交通运输服务的，应提供《道路运输经营许可证》及持《道路运输证》的直通港澳运输车辆的物权证明；以水路运输方式提供内地往返香港、澳门交通运输服务的，应提供获得港澳线路运营许可船舶的物权证明；以水路运输方式提供大陆往返台湾交通运输服务的，应提供《台湾海峡两岸间水路运输许可证》及持《台湾海峡两岸间船舶营运证》船舶的物权证明；以航空运输方式提供港澳台运输服务的，应提供经营范围包括"国际、国内（含港澳）航空客货邮运输业务"的《公共航空运输企业经营许可证》或者经营范围包括"公务飞行"的《通用航空经营许可证》；以铁路运输方式提供内地往返香港的交通运输服务的，应提供经营范围包括"许可经营项目：铁路客货运输"的《企业法人营业执照》或其他具有提供铁路客货运输服务资质的证明材料。

3. 采用程租、期租和湿租方式租赁交通运输工具用于国际运输服务和港澳台运输服务的，应提供程租、期租和湿租合同或协议。

4. 对外提供研发服务或设计服务的，应提供《技术出口合同登记证》。

（三）增值税零税率应税服务提供者出口货物劳务，且未办理过出口退（免）税资格认定的，除提供上述资料外，还应提供加盖备案登记专用章的《对外贸易经营者备案登记表》和《中华人民共和国海关进出口货物收发货人报关注册登记证书》的原件及复印件。

第十条 已办理过出口退（免）税资格认定的出口企业，提供增值税零税率应税服务的，应填报《出口退（免）税资格认定变更申请表》及电子数据，提供第九条所列的增值税零税率应税服务对应的资料，向主管税务机关申请办理出口退（免）税资格认定变更。

第十一条 增值税零税率应税服务提供者按规定需变更增值税退（免）税办法的，主管税务机关应按照现行规定进行退（免）税清算，在结清税款后方可办理变更。

第十二条 增值税零税率应税服务提供者提供增值税零税率应税服务，应在财务作销售收入次月（按季度进行增值税纳税申报的为次季度首月，下同）的增值税纳税申报期内，向主管税务机关办理增值税纳税和退（免）税相关申报。

……

第十三条 实行免抵退税办法的增值税零税率应税服务提供者应按照下列要求向主管税务机关办理增值税免抵退税申报：

（一）填报《免抵退税申报汇总表》；

……

（三）提供免抵退税正式申报电子数据；

（四）提供增值税零税率应税服务所开具的发票（经主管税务机关认可，可只提供电子数据，原始凭证留存备查）；

（五）根据所提供的适用增值税零税率应税服务，提供以下对应资料凭证：

1. 提供国际运输服务、港澳台运输服务的，需填报并提供下列原始凭证的原件及复印件：

（1）以水路运输、航空运输、公路运输方式的，提供增值税零税率应税服务的载货、载客舱单或其他能够反映收入原始构成的单据凭证。以航空运输方式且国际运输和港澳台运输各航段由多个承运人承运的，还需提供《航空国际运输收入清算账单申报明细表》（附件2[①]）。

……

（3）采用程租、期租、湿租服务方式租赁交通运输工具从事国际运输服务和港澳台运输服务的，还应提供程租、期租、湿租的合同或协议复印件。向境外单位和个人提供期租、湿租服务，按规定由出租方申报退（免）税的，可不提供第（1）项原始凭证。

上述（1）、（2）项原始凭证（不包括《航空国际运输收入清算账单申报明细表》和《铁路国际客运收入清算函件申报明细表》），经主管税务机关批准，增值税零税率应税服务提供者可只提供电子数据，原始凭证留存备查。

……

第十五条 主管税务机关受理增值税零税率应税服务退（免）税申报后，应对下列内容人工审核无误后，使用出口退税审核系统进行审核。对属于实行免退税办法的增值税零税率应税服务的进项一律使用交叉稽核、协查信息审核出口退税。如果在审核中有疑问的，可对企业进项增值税专用发票进行发函调查或核查。

[①] 附件略。

（一）提供国际运输、港澳台运输的，应从增值税零税率应税服务提供者申报中抽取若干申报记录审核以下内容：

1. 所申报的国际运输、港澳台运输服务是否符合适用增值税零税率应税服务的规定；

2. 所抽取申报记录申报应税服务收入是否小于或等于该申报记录所对应的载货或载客舱单上记载的国际运输、港澳台运输服务收入；

3. 采用期租、程租和湿租方式租赁交通运输工具用于国际运输服务和港澳台运输服务的，重点审核期租、程租和湿租的合同或协议，审核申报退（免）税的企业是否符合适用增值税零税率应税服务的规定；

……

第十六条 因出口自己开发的研发服务或设计服务，退（免）税办法由免退税改为免抵退税办法的外贸企业，如果申报的退（免）税异常增长，出口货物劳务及服务有非正常情况的，主管税务机关可要求外贸企业报送出口货物劳务及服务所对应的进项凭证，并按规定进行审核。主管税务机关如果审核发现外贸企业提供的进货凭证有伪造或内容不实的，按照《财政部 国家税务总局关于出口货物劳务增值税和消费税政策通知》（财税〔2012〕39号）等有关规定处理。

第十七条 主管税务机关认为增值税零税率应税服务提供者提供的研发服务或设计服务出口价格偏高的，应按照《财政部 国家税务总局关于防范税收风险若干增值税政策的通知》（财税〔2013〕112号）第五条的规定处理。

第十八条 经主管税务机关审核，增值税零税率应税服务提供者申报的退（免）税，如果凭证资料齐全、符合退（免）税规定的，主管税务机关应及时予以审核通过，办理退税和免抵调库，退税资金由中央金库统一支付。

第十九条 增值税零税率应税服务提供者骗取国家出口退税款的，税务机关应按《国家税务总局关于停止为骗取出口退税企业办理出口退税有关问题的通知》（国税发〔2008〕32号）和《财政部 国家税务总局关于防范税收风险若干增值税政策的通知》（财税〔2013〕112号）的规定处理。增值税零税率应税服务提供者在停止退税期间发生的增值税零税率应税服务，不得申报退（免）税，应按规定缴纳增值税。

第二十条 增值税零税率应税服务提供者提供适用增值税零税率的应税服务，如果放弃适用增值税零税率，选择免税或按规定缴纳增值税的，应向主管税务机关报送《放弃适用增值税零税率声明》（附件9[①]），办理备案手续。自备案次月1日起36个月内，该企业提供的增值税零税率应税服务，不得申报增值税退（免）税。

第二十一条 主管税务机关应对增值税零税率应税服务提供者适用增值税零税率的退（免）税加强分析监控。

[①] 附件略。

第二十二条 本办法要求增值税零税率应税服务提供者向主管税务机关报送的申报表电子数据应均通过出口退（免）税申报系统生成、报送。在出口退（免）税申报系统信息生成、报送功能升级完成前，涉及需报送的电子数据，可暂报送纸质资料。

出口退（免）税申报系统可从国家税务总局网站免费下载或由主管税务机关免费提供。

第二十三条 本办法要求增值税零税率应税服务提供者向主管税务机关同时提供原件和复印件的资料，增值税零税率应税服务提供者提供的复印件上应注明"与原件相符"字样，并加盖企业公章。主管税务机关在核对复印件与原件相符后，将原件退回，留存复印件。

第二十四条 本办法自2014年1月1日起施行，以增值税零税率应税服务提供者提供增值税零税率应税服务并在财务作销售收入的日期为准。

《关于〈适用增值税零税率应税服务退（免）税管理办法〉的补充公告》（国家税务总局公告2015年第88号）

根据《财政部 国家税务总局关于影视等出口服务适用增值税零税率政策的通知》（财税〔2015〕118号），经商财政部同意，现对《适用增值税零税率应税服务退（免）税管理办法》（国家税务总局公告2014年第11号发布）补充公告如下：

一、适用增值税零税率应税服务的广播影视节目（作品）的制作和发行服务、技术转让服务、软件服务、电路设计及测试服务、信息系统服务、业务流程管理服务，以及合同标的物在境外的合同能源管理服务的范围，按照《营业税改征增值税试点实施办法》（财税〔2013〕106号文件印发）所附的《应税服务范围注释》对应的应税服务范围执行；适用增值税零税率应税服务的离岸服务外包业务的范围，按照《离岸服务外包业务》（附件1）对应的适用范围执行。以上适用增值税零税率的应税服务，本公告统称为新纳入零税率范围的应税服务。

境内单位和个人向国内海关特殊监管区域及场所内的单位或个人提供的应税服务，不属于增值税零税率应税服务适用范围。

二、向境外单位提供新纳入零税率范围的应税服务的，增值税零税率应税服务提供者申报退（免）税时，应按规定办理出口退（免）税备案。

三、增值税零税率应税服务提供者收齐有关凭证后，可在财务作销售收入次月起至次年4月30日前的各增值税纳税申报期内向主管国税机关申报退（免）税；逾期申报的，不再按退（免）税申报，改按免税申报；未按规定申报免税的，应按规定缴纳增值税。

四、实行免抵退办法的增值税零税率应税服务提供者，向境外单位提供研发服务、设计服务、新纳入零税率范围的应税服务的，应在申报免抵退税时，向主管国税机关提

供以下申报资料:

(一)《增值税零税率应税服务免抵退税申报明细表》(附件2)。

(二)《提供增值税零税率应税服务收讫营业款明细清单》(附件3)。

(三)《免抵退税申报汇总表》及其附表。

……

(五)免抵退税正式申报电子数据。

(六)下列资料及原始凭证的原件及复印件:

1. 提供增值税零税率应税服务所开具的发票(经主管国税机关认可,可只提供电子数据,原始凭证留存备查)。

2. 与境外单位签订的提供增值税零税率应税服务的合同。

提供软件服务、电路设计及测试服务、信息系统服务、业务流程管理服务,以及离岸服务外包业务的,同时提供合同已在商务部"服务外包及软件出口管理信息系统"中登记并审核通过,由该系统出具的证明文件;提供广播影视节目(作品)的制作和发行服务的,同时提供合同已在商务部"文化贸易管理系统"中登记并审核通过,由该系统出具的证明文件。

3. 提供电影、电视剧的制作服务的,应提供行业主管部门出具的在有效期内的影视制作许可证明;提供电影、电视剧的发行服务的,应提供行业主管部门出具的在有效期内的发行版权证明、发行许可证明。

4. 提供研发服务、设计服务、技术转让服务的,应提供与提供增值税零税率应税服务收入相对应的《技术出口合同登记证》及其数据表。

5. 从与之签订提供增值税零税率应税服务合同的境外单位取得收入的收款凭证。

跨国公司经外汇管理部门批准实行外汇资金集中运营管理或经中国人民银行批准实行经常项下跨境人民币集中收付管理的,其成员公司在批准的有效期内,可凭银行出具给跨国公司资金集中运营(收付)公司符合下列规定的收款凭证,向主管国税机关申报退(免)税:

(1)收款凭证上的付款单位须是与成员公司签订提供增值税零税率应税服务合同的境外单位或合同约定的跨国公司的境外成员企业。

(2)收款凭证上的收款单位或附言的实际收款人须载明有成员公司的名称。

(七)主管国税机关要求提供的其他资料及凭证。

五、实行免退税办法的增值税零税率应税服务提供者,应在申报免退税时,向主管国税机关提供以下申报资料:

(一)《外贸企业外购应税服务出口明细申报表》(附件4)。

(二)《外贸企业出口退税进货明细申报表》(需填列外购对应的增值税零税率应税服

务取得增值税专用发票情况）。

（三）《外贸企业出口退税汇总申报表》。

（四）免退税正式申报电子数据。

（五）从境内单位或者个人购进增值税零税率应税服务出口的，提供应税服务提供方开具的增值税专用发票；从境外单位或者个人购进增值税零税率应税服务出口的，提供取得的解缴税款的中华人民共和国税收缴款凭证。

（六）本公告第四条第（六）项所列资料及原始凭证的原件及复印件。

六、主管国税机关受理增值税零税率应税服务退（免）税申报后，应按规定进行审核，经审核符合规定的，应及时办理退（免）税；不符合规定的，不予办理，按有关规定处理；存在其他审核疑点的，对应的退（免）税暂缓办理，待排除疑点后，方可办理。

七、主管国税机关对申报的对外提供研发、设计服务以及新纳入零税率范围的应税服务退（免）税，应审核以下内容：

（一）申报的增值税零税率应税服务应符合适用增值税零税率应税服务规定。

（二）增值税零税率应税服务合同签订的对方应为境外单位。

（三）增值税零税率应税服务收入的支付方应为与之签订增值税零税率应税服务合同的境外单位。对跨国公司的成员公司申报退（免）税时提供的收款凭证是银行出具给跨国公司资金集中运营（收付）公司的，应要求企业补充提供中国人民银行或国家外汇管理局的批准文件，且企业提供的收款凭证应符合本公告的规定。

（四）申报的增值税零税率应税服务收入应小于或等于从与之签订增值税零税率应税服务合同的境外单位取得的收款金额；大于收款金额的，应要求企业补充提供书面说明材料及相应的证明材料。

（五）外贸企业外购应税服务出口的，除应符合上述规定外，其申报退税的进项税额还应与增值税零税率应税服务对应。

八、本公告未明确的其他增值税零税率应税服务退（免）税管理事项，按现行规定执行。

九、本公告自2015年12月1日起施行，以增值税零税率应税服务提供者提供增值税零税率应税服务并在财务作销售收入的日期为准。《适用增值税零税率应税服务退（免）税管理办法》第十二条第二款、第十三条第（五）项第3目、第十四条、第十五条第（二）项同时废止。

特此公告。

附件：

1. 离岸服务外包业务（略）
2. 增值税零税率应税服务免抵退税申报明细表（略）

3. 提供增值税零税率应税服务收讫营业款明细清单（略）

4. 外贸企业外购应税服务出口明细申报表（略）

《关于出口退（免）税有关问题的公告》（国家税务总局公告 2015 年第 29 号）

为深入开展"便民办税春风行动"，进一步便利企业办理出口退（免）税，持续优化出口退（免）税管理，现就有关问题公告如下：

一、出口企业或其他单位办理出口退（免）税备案时，《出口退（免）税备案表》中的"退税开户银行账号"从税务登记的银行账号中选择一个填报，不再向主管税务机关提供银行开户许可证。

二、生产企业办理进料加工业务核销，按规定向主管税务机关报送《已核销手（账）册海关数据调整报告表（进口报关单/出口报关单）》时，不再提供向报关海关查询情况的书面说明。

三、委托出口的货物，除国家取消出口退税的货物外，委托方不再向主管税务机关报送《委托出口货物证明》，此前未报送《委托出口货物证明》的不再报送；受托方申请开具《代理出口货物证明》时，不再提供委托方主管税务机关签章的《委托出口货物证明》。

四、企业在申报铁路运输服务免抵退税时，属于客运的，应当提供《国际客运（含香港直通车）旅客、行李包裹运输清算函件明细表》（见附件1）；属于货运的，应当提供《中国铁路总公司国际货物运输明细表》（见附件2），或者提供列明本企业清算后的国际联运运输收入的《清算资金通知清单》。

申报铁路运输服务免抵退税的企业，应当将以下原始凭证留存企业备查。主管税务机关对留存企业备查的原始凭证应当定期进行抽查。

（一）属于客运的，留存以下原始凭证：

1. 国际客运联运票据（入境除外）；

2. 铁路合作组织清算函件；

3. 香港直通车售出直通客票月报。

（二）属于货运的，留存以下原始凭证：

1. 运输收入会计报表；

2. 货运联运运单；

3. "发站"或"到站（局）"名称包含"境"字的货票。

企业自2014年1月1日起，提供的适用增值税零税率的铁路运输服务，按本条规定申报免抵退税。

五、出口企业从事来料加工委托加工业务的，应当在海关办结核销手续的次年5月15日前，办理来料加工出口货物免税核销手续；属于2014年及以前海关办理核销的，免税核销期限延长至2015年6月30日。未按规定办理来料加工出口货物免税核销手续或者不符合办理免税核销规定的，委托方应按规定补缴增值税、消费税。

六、以双委托方式（生产企业进口料件、出口成品均委托出口企业办理）从事的进料加工出口业务，委托方在申报免抵退税前，应按代理进口、出口协议及进料加工贸易手册载明的计划进口总值和计划出口总值，向主管税务机关报送《进料加工企业计划分配率备案表》及其电子数据。

七、出口企业不再填报《出口企业预计出口情况报告表》。

八、从事对外承包工程的企业在上一年度内，累计6个月以上未申报退税的，其出口退（免）税企业分类管理类别可不评定为三类。

九、本公告除第四条外，自发布之日起施行。《国家税务总局关于发布〈出口货物劳务增值税和消费税管理办法〉的公告》（国家税务总局公告2012年第24号）第三条第（一）项第3目、《国家税务总局关于〈出口货物劳务增值税和消费税管理办法〉有关问题的公告》（国家税务总局公告2013年第12号）第五条第（十四）项、《国家税务总局关于发布〈适用增值税零税率应税服务退（免）税管理办法〉的公告》（国家税务总局公告2014年第11号）第十三条第（五）项第1目之（2）和第十五条第（一）项第4目同时废止。

特此公告。

附件：

1. 国际客运（含香港直通车）旅客、行李包裹运输清算函件明细表（略）
2. 中国铁路总公司国际货物运输明细表（略）

《关于进一步加强出口退（免）税事中事后管理有关问题的公告》（国家税务总局公告2016年第1号）

为深入贯彻《深化国税、地税征管体制改革方案》，进一步加强出口退（免）税事中事后管理，持续优化退税服务，根据各地反映的问题及提出的建议，经研究，现就有关问题公告如下：

一、集团公司需要按收购视同自产货物申报免抵退税的，集团公司总部或其控股的生产企业向主管税务机关备案时，不再提供集团公司总部及其控股的生产企业的《出口退（免）税备案表》（或《出口退（免）税资格认定表》）复印件。

二、出口企业或其他单位办理撤回出口退（免）税备案事项时，如果向主管税务机关声明放弃未申报或已申报但尚未办理的出口退（免）税并按规定申报免税的，视同已结清出口退税款。

因合并、分立、改制重组等原因撤回出口退（免）税备案的出口企业或其他单位（以下简称撤回备案企业），可向主管税务机关提供以下资料，经主管税务机关核对无误

后,视同已结清出口退(免)税款:

(一)企业撤回出口退(免)税备案未结清退(免)税确认书(附件1);

(二)合并、分立、改制重组企业决议、章程及相关部门批件;

(三)承继撤回备案企业权利和义务的企业(以下简称承继企业)在撤回备案企业所在地的开户银行名称及账号。

撤回备案事项办结后,主管税务机关将撤回备案企业的应退税款退还至承继企业账户,如发生需要追缴多退税款的,向承继企业追缴。

三、外贸企业进口货物复出口的,申报退(免)税时不再提供进口货物报关单。

四、自本公告公布之日起,启用本公告制发的《来料加工免税证明申请表》(附件2)、《来料加工免税证明》(附件3)、《代理进口货物证明申请表》(附件4)和《代理进口货物证明》(附件5)。《出口货物劳务增值税和消费税管理办法》(国家税务总局公告2012年第24号发布)附件28、29、33同时废止。

五、本公告自公布之日起施行。《国家税务总局关于部分税务行政审批事项取消后有关管理问题的公告》(国家税务总局公告2015年第56号)第三条第六项第3目,《出口货物劳务增值税和消费税管理办法》第五条第二项第5目之(2)、(5)关于"还需同时提供进口货物报关单"的内容同时废止。

特此公告。

附件:

1. 企业撤回出口退(免)税备案未结清退(免)税确认书(略)

2. 来料加工免税证明申请表(略)

3. 来料加工免税证明(略)

4. 代理进口货物证明申请表(略)

5. 代理进口货物证明(略)

《关于出口退(免)税申报有关问题的公告》(国家税务总局公告2018年第16号)

为进一步落实税务系统"放管服"改革要求,简化出口退(免)税手续,优化出口退(免)税服务,持续加快退税进度,支持外贸出口,现就出口退(免)税申报有关问题公告如下:

一、出口企业或其他单位办理出口退(免)税备案手续时,应按规定向主管税务机关填报修改后的《出口退(免)税备案表》(附件1)。

二、出口企业和其他单位申报出口退(免)税时,不再进行退(免)税预申报。主管税务机关确认申报凭证的内容与对应的管理部门电子信息无误后方可受理出口退(免)税申报。

三、实行免抵退税办法的出口企业或其他单位在申报办理出口退(免)税时,不再报送当期《增值税纳税申报表》。

四、出口企业按规定申请开具代理进口货物证明时,不再提供进口货物报关单(加工贸易专用)。

五、外贸企业购进货物需分批申报退(免)税的以及生产企业购进非自产应税消费品需分批申报消费税退税的,出口企业不再向主管税务机关填报《出口退税进货分批申报单》,由主管税务机关通过出口税收管理系统对进货凭证进行核对。

六、出口企业或其他单位在出口退(免)税申报期限截止之日前,申报出口退(免)税的出口报关单、代理出口货物证明、委托出口货物证明、增值税进货凭证仍没有电子信息或凭证的内容与电子信息比对不符的,应在出口退(免)税申报期限截止之日前,向主管税务机关报送《出口退(免)税凭证无相关电子信息申报表》(附件2)。相关退(免)税申报凭证及资料留存企业备查,不再报送。

七、出口企业或其他单位出口货物劳务、发生增值税跨境应税行为,由于以下原因未收齐单证,无法在规定期限内申报的,应在出口退(免)税申报期限截止之日前,向负责管理出口退(免)税的主管税务机关报送《出口退(免)税延期申报申请表》(附件3)及相关举证资料,提出延期申报申请。主管税务机关自受理企业申请之日起20个工作日内完成核准,并将结果告知出口企业或其他单位。

(一)自然灾害、社会突发事件等不可抗力因素;

(二)出口退(免)税申报凭证被盗、抢,或者因邮寄丢失、误递;

(三)有关司法、行政机关在办理业务或者检查中,扣押出口退(免)税申报凭证;

(四)买卖双方因经济纠纷,未能按时取得出口退(免)税申报凭证;

(五)由于企业办税人员伤亡、突发危重疾病或者擅自离职,未能办理交接手续,导致不能按期提供出口退(免)税申报凭证;

(六)由于企业向海关提出修改出口货物报关单申请,在出口退(免)税申报期限截止之日前海关未完成修改,导致不能按期提供出口货物报关单;

(七)有关政府部门在出口退(免)税申报期限截止之日前未出具出口退(免)税申报所需凭证资料;

(八)国家税务总局规定的其他情形。

八、出口企业申报退(免)税的出口货物,应按照《国家税务总局关于出口企业申报出口货物退(免)税提供收汇资料有关问题的公告》(国家税务总局公告2013年第30号,以下称"30号公告")的规定在出口退(免)税申报截止之日前收汇,未按规定收汇的出口货物适用增值税免税政策。对有下列情形之一的出口企业,在申报出口退(免)税时,须按照30号公告的规定提供收汇资料:

(一)出口退(免)税企业分类管理类别为四类的;

（二）主管税务机关发现出口企业申报的不能收汇原因是虚假的；

（三）主管税务机关发现出口企业提供的出口货物收汇凭证是冒用的。

上述第（一）种情形自出口企业被主管税务机关评定为四类企业的次月起执行；第（二）种至第（三）种情形自主管税务机关通知出口企业之日起24个月内执行。上述情形的执行时间以申报退（免）税时间为准。

出口企业同时存在上述两种以上情形的，执行时间的截止时间为几种情形中的最晚截止时间。

九、生产企业应于每年4月20日前，按以下规定向主管税务机关申请办理上年度海关已核销的进料加工手册（账册）项下的进料加工业务核销手续。4月20日前未进行核销的，对该企业的出口退（免）税业务，主管税务机关暂不办理，在其进行核销后再办理。

（一）生产企业申请核销前，应从主管税务机关获取海关联网监管加工贸易电子数据中的进料加工"电子账册（电子化手册）核销数据"以及进料加工业务的进口和出口货物报关单数据。

生产企业将获取的反馈数据与进料加工手册（账册）实际发生的进口和出口情况核对后，填报《生产企业进料加工业务免抵退税核销表》（附件4）向主管税务机关申请核销。如果核对发现，实际业务与反馈数据不一致的，生产企业还应填写《已核销手册（账册）海关数据调整表》（附件5）连同电子数据和证明材料一并报送主管税务机关。

（二）主管税务机关应将企业报送的电子数据读入出口退税审核系统，对《生产企业进料加工业务免抵退税核销表》和《已核销手册（账册）海关数据调整表》及证明资料进行审核。

（三）主管税务机关确认核销后，生产企业应以《生产企业进料加工业务免抵退税核销表》中的"已核销手册（账册）综合实际分配率"，作为当年度进料加工计划分配率。同时，应在核销确认的次月，根据《生产企业进料加工业务免抵退税核销表》确认的不得免征和抵扣税额在纳税申报时申报调整；应在确认核销后的首次免抵退税申报时，根据《生产企业进料加工业务免抵退税核销表》确认的调整免抵退税额申报调整当期免抵退税额。

（四）生产企业发现核销数据有误的，应在发现次月按照本条第（一）项至第（三）项的有关规定向主管税务机关重新办理核销手续。

十、出口企业因纳税信用级别、海关企业信用管理类别、外汇管理的分类管理等级等发生变化，或者对分类管理类别评定结果有异议的，可以书面向负责评定出口企业管理类别的税务机关提出重新评定管理类别。有关税务机关应按照《国家税务总局关于发布修订后的〈出口退（免）税企业分类管理办法〉的公告》（国家税务总局公告2016年第 46 号）的规定，自收到企业复评资料之日起 20 个工作日内完成评定工作。

十一、境内单位提供航天运输服务或在轨交付空间飞行器及相关货物，在进行出口退（免）税申报时，应填报《航天发射业务出口退税申报明细表》（附件 6），并提供下列资料及原始凭证的复印件：

（一）签订的发射合同或在轨交付合同；

（二）发射合同或在轨交付合同对应的项目清单项下购进航天运输器及相关货物和空间飞行器及相关货物的增值税专用发票或海关进口增值税专用缴款书、接受发射运行保障服务的增值税专用发票；

（三）从与之签订航天运输服务合同的单位取得收入的收款凭证。

《国家税务总局关于发布〈适用增值税零税率应税服务退（免）税管理办法〉的公告》（国家税务总局公告 2014 年第 11 号）第九条第二项第 1 目规定的其他具有提供商业卫星发射服务资质的证明材料，包括国家国防科技工业局颁发的《民用航天发射项目许可证》。

十二、《废止文件、条款目录》见附件 7。

本公告自 2018 年 5 月 1 日起施行。

特此公告。

附件：

1. 出口退（免）税备案表（略）

2. 出口退（免）税凭证无相关电子信息申报表（略）

3. 出口退（免）税延期申报申请表（略）

4. 生产企业进料加工业务免抵退税核销表（略）

5. 已核销手册（账册）海关数据调整表（略）

6. 航天发射业务出口退税申报明细表（略）

7. 废止文件、条款目录（略）

《国家税务总局关于优化整合出口退税信息系统更好服务纳税人有关事项的公告》（国家税务总局公告 2021 年第 15 号）

为贯彻党中央、国务院决策部署，持续深化"放管服"改革、优化营商环境，积极落实中办、国办印发的《关于进一步深化税收征管改革的意见》，更好服务市场主体，按照在党史学习教育中开展好"我为群众办实事"实践活动的要求，税务总局将金税三期工程系统和出口退税管理系统进行了整合，在金税三期工程系统中开发了出口退税管理模块。本次系统整合工作，坚持为民便民，以优化执法服务、办好惠民实事为导向，大幅简并优化了出口退（免）税申报、报送资料、办税程序、证明开具和分类管理等措施，增加了便捷服务功能。现将有关事项公告如下：

一、取消部分出口退（免）税申报事项

（一）纳税人因申报出口退（免）税的出口报关单、代理出口货物证明、委托出口货物证明、增值税进货凭证没有电子信息或凭证内容与电子信息不符，无法在规定期限内申报出口退（免）税或者开具《代理出口货物证明》的，取消出口退（免）税凭证无相关电子信息申报，停止报送《出口退（免）税凭证无相关电子信息申报表》。待收齐退（免）税凭证及相关电子信息后，即可申报办理退（免）税。

（二）纳税人因未收齐出口退（免）税相关单证，无法在规定期限内申报出口退（免）税或者开具《代理出口货物证明》的，取消出口退（免）税延期申报，停止报送《出口退（免）税延期申报申请表》及相关举证资料。待收齐退（免）税凭证及相关电子信息后，即可申报办理退（免）税。

二、简化出口退（免）税报送资料

（一）纳税人办理出口退（免）税备案时，停止报送《对外贸易经营者备案登记表》《中华人民共和国外商投资企业批准证书》《中华人民共和国海关报关单位注册登记证书》。

（二）纳税人办理出口退（免）税备案变更时，在《出口退（免）税备案表》中仅需填报变更的内容。该备案表由《国家税务总局关于出口退（免）税申报有关问题的公告》（2018年第16号）发布。

（三）生产企业办理增值税免抵退税申报时，报送简并优化后的《免抵退税申报汇总表》（附件1）和《生产企业出口货物劳务免抵退税申报明细表》（附件2），停止报送《免抵退税申报汇总表附表》《免抵退税申报资料情况表》《生产企业出口货物扣除国内免税原材料申请表》；办理消费税退税申报时，报送简并优化后的《生产企业出口非自产货物消费税退税申报表》（附件3）。

（四）生产企业办理年度进料加工业务核销时，报送简并优化后的《生产企业进料加工业务免抵退税核销表》（附件4）。企业获取的主管税务机关反馈数据与实际业务不一致的，报送简并优化后的《已核销手册（账册）海关数据调整表》（附件5）。主管税务机关确认核销后，生产企业应根据《生产企业进料加工业务免抵退税核销表》确认的应调整不得免征和抵扣税额在首次纳税申报时申报调整。

（五）外贸企业以及横琴、平潭（以下简称区内）购买企业办理出口退（免）税申报时，报送简并优化后的《外贸企业出口退税进货明细申报表》（附件6）和《外贸企业出口退税出口明细申报表》（附件7），停止报送《外贸企业出口退税汇总申报表》《区内企业退税进货明细申报表》《区内企业退税入区货物明细申报表》《区内企业退税汇总申报表》。

（六）纳税人办理已使用过且未计算抵扣进项税额设备的出口退（免）税申报时，报送简并优化后的《出口已使用过的设备退税申报表》(附件8),停止报送《出口已使用过的设备折旧情况确认表》。

(七)纳税人办理购买水电气、采购国产设备退税时,报送简并优化后的《购进自用货物退税申报表》(附件9),停止报送《购进水电气退税申报表》。

(八)纳税人办理跨境应税行为免抵退税申报时,报送简并优化后的《免抵退税申报汇总表》,停止报送《免抵退税申报汇总表附表》。其中,办理国际运输(港澳台运输)免抵退税申报时,报送简并优化后的《国际运输(港澳台运输)免抵退税申报明细表》(附件10);办理其他跨境应税行为免抵退税申报时,报送简并优化后的《跨境应税行为免抵退税申报明细表》(附件11)和《跨境应税行为收讫营业款明细清单》(附件12)。

(九)纳税人办理航天运输服务或在轨交付空间飞行器及相关货物免退税申报时,报送简并优化后的《航天发射业务免退税申报明细表》(附件13);办理其他跨境应税行为免退税申报时,报送简并优化后的《跨境应税行为免退税申报明细表》(附件14),停止报送《外贸企业外购应税服务出口明细申报表》《外贸企业出口退税进货明细申报表》《外贸企业出口退税汇总申报表》。

三、优化出口退(免)税办税程序

(一)纳税人办理出口退(免)税申报时,根据现行规定应在申报表中填写业务类型的,按照优化后的《业务类型代码表》(附件15)填写。

(二)纳税人发现已申报、但尚未经主管税务机关核准的出口退(免)税申报数据有误的,应报送《企业撤回退(免)税申报申请表》(附件16),主管税务机关未发现存在不予退税情形的,即可撤回该批次(所属期)申报数据。

纳税人自愿放弃已申报、但尚未经主管税务机关核准的出口退(免)税的,应报送《企业撤回退(免)税申报申请表》,主管税务机关未发现存在不予退税情形或者因涉嫌骗取出口退税被税务机关稽查部门立案查处未结案的,即可撤回该笔申报数据。已撤回申报数据涉及的相关单证,不得重新用于办理出口退(免)税申报。

(三)国家计划内出口的免税卷烟,因指定口岸海关职能变化不办理报关出口业务,而由其下属海关办理卷烟报关出口业务的,自海关职能变化之日起,下属海关视为指定口岸海关。从上述下属海关出口的免税卷烟,可按规定办理免税核销手续。

已实施通关一体化的地区,自本地区通关一体化实施之日起,从任意海关报关出口的免税卷烟,均可按规定办理免税核销手续。

四、简化出口退(免)税证明开具

(一)纳税人申请开具《代理出口货物证明》时,报送简并优化后的《代理出口货物证明申请表》(附件17),停止报送纸质的《委托出口货物证明》。

(二)纳税人发生退运或者需要修改、撤销出口货物报关单时,报送简并优化后的

《出口货物已补税/未退税证明》(附件18),停止报送《退运已补税(未退税)证明申请表》。主管税务机关按照下列规定在《出口货物已补税/未退税证明》上填写核实结果并反馈纳税人。

1. 出口货物未申报出口退(免)税的,核实结果填写"未退税"。

2. 已申报但尚未办理退(免)税的出口货物,适用免抵退税方式的,待纳税人撤销免抵退税申报后,或者向纳税人出具《税务事项通知书》,要求其在本月或次月申报免抵退税时以负数冲减原申报数据后,核实结果分别填写"未退税""已补税";适用免退税方式的,待纳税人撤销出口退(免)税申报后,核实结果填写"未退税"。

3. 已办理退(免)税的出口货物,适用免抵退税方式的,待向纳税人出具《税务事项通知书》,要求其在本月或次月申报免抵退税时以负数冲减原申报数据后,核实结果填写"已补税";适用免退税方式的,待纳税人补缴已退税款后,核实结果填写"已补税"。

纳税人委托出口货物发生退运或者需要修改、撤销出口货物报关单时,应由委托方向主管税务机关申请开具《出口货物已补税/未退税证明》转交受托方,受托方凭该证明向主管税务机关申请开具《出口货物已补税/未退税证明》。

纳税人未按规定负数冲减原免抵退税申报数据的,在冲减数据前不得再次申报退(免)税。

(三)纳税人需要作废出口退(免)税相关证明的,应向主管税务机关提出申请,并交回原出具的纸质证明。

五、完善出口退(免)税分类管理

(一)将《出口退(免)税企业分类管理办法》(国家税务总局公告2016年第46号发布,2018年第31号修改)第六条中"评定时纳税信用级别为C级,或尚未评价纳税信用级别"调整为"评定时纳税信用级别为C级、M级或尚未评价纳税信用级别"。

(二)年度评定结果于评定完成后的次月1日起生效,动态调整和复评于评定完成后的次日起生效。新的管理类别生效前,已申报的出口退(免)税,仍按原类别办理。

(三)《出口退(免)税企业分类管理办法》中的"外贸综合服务业务",应符合《国家税务总局关于调整完善外贸综合服务企业办理出口货物退(免)税有关事项的公告》(2017年第35号)中关于代办退税业务的规定。

六、增加出口退(免)税便捷服务

(一)为便于纳税人申报办理出口退(免)税事项,本次系统整合提供了电子税务局、标准版国际贸易"单一窗口"、出口退税离线申报工具三种免费申报渠道,供纳税人选用。

(二)为便于纳税人办理下列出口退(免)税事项,上述三种免费申报渠道中增加了便捷服务功能，纳税人可通过上述申报渠道，提出相关申请。

1. 出口退（免）税备案撤回；

2. 已办结退税的出口货物免退税申报，发现申报数据有误而作申报调整；

3. 将申请出口退税的增值税专用发票、海关进口增值税专用缴款书用途改为申报抵扣；

4. 出口退（免）税相关证明作废；

5. 进料加工计划分配率调整。

七、本公告未明确的其他出口退（免）税事项，按照现行出口退（免）税相关规定执行。

八、施行时间

本公告自发布之日起施行；其中，江苏省、广西壮族自治区、海南省、四川省、贵州省、云南省、西藏自治区自本地区金税三期工程系统出口退税管理模块上线之日起施行。《废止的文件条款目录》（附件19）中列明的条款相应停止施行。

特此公告。

附件：

1. 免抵退税申报汇总表（略）

2. 生产企业出口货物劳务免抵退税申报明细表（略）

3. 生产企业出口非自产货物消费税退税申报表（略）

4. 生产企业进料加工业务免抵退税核销表（略）

5. 已核销手册（账册）海关数据调整表（略）

6. 外贸企业出口退税进货明细申报表（略）

7. 外贸企业出口退税出口明细申报表（略）

8. 出口已使用过的设备退税申报表（略）

9. 购进自用货物退税申报表（略）

10. 国际运输（港澳台运输）免抵退税申报明细表（略）

11. 跨境应税行为免抵退税申报明细表（略）

12. 跨境应税行为收讫营业款明细清单（略）

13. 航天发射业务免退税申报明细表（略）

14. 跨境应税行为免退税申报明细表（略）

15. 业务类型代码表（略）

16. 企业撤回退（免）税申报申请表（略）

17. 代理出口货物证明申请表（略）

18. 出口货物已补税未退税证明（略）

19. 废止的文件条款目录（略）

《国家税务总局关于进一步便利出口退税办理 促进外贸平稳发展有关事项的公告》（国家税务总局公告2022年第9号）

为深入贯彻党中央、国务院决策部署，积极落实《税务总局等十部门关于进一步加大出口退税支持力度促进外贸平稳发展的通知》（税总货劳发〔2022〕36号），进一步助力企业纾解困难，激发出口企业活力潜力，更优打造外贸营商环境，更好促进外贸平稳发展，现就有关事项公告如下：

一、完善出口退（免）税企业分类管理

出口企业管理类别年度评定工作应于企业纳税信用级别评价结果确定后1个月内完成。

纳税人发生纳税信用修复情形的，可以书面向税务机关提出重新评定管理类别。因纳税信用修复原因重新评定的纳税人，不受《出口退（免）税企业分类管理办法》（国家税务总局公告2016年第46号发布，2018年第31号修改）第十四条中"四类出口企业自评定之日起，12个月内不得评定为其他管理类别"规定限制。

二、优化出口退（免）税备案单证管理

（一）纳税人应在申报出口退（免）税后15日内，将下列备案单证妥善留存，并按照申报退（免）税的时间顺序，制作出口退（免）税备案单证目录，注明单证存放方式，以备税务机关核查。

1. 出口企业的购销合同（包括：出口合同、外贸综合服务合同、外贸企业购货合同、生产企业收购非自产货物出口的购货合同等）；

2. 出口货物的运输单据（包括：海运提单、航空运单、铁路运单、货物承运单据、邮政收据等承运人出具的货物单据，出口企业承付运费的国内运输发票，出口企业承付费用的国际货物运输代理服务费发票等）；

3. 出口企业委托其他单位报关的单据（包括：委托报关协议、受托报关单位为其开具的代理报关服务费发票等）。

纳税人无法取得上述单证的，可用具有相似内容或作用的其他资料进行单证备案。除另有规定外，备案单证由出口企业存放和保管，不得擅自损毁，保存期为5年。

纳税人发生零税率跨境应税行为不实行备案单证管理。

（二）纳税人可以自行选择纸质化、影像化或者数字化方式，留存保管上述备案单证。选择纸质化方式的，还需在出口退（免）税备案单证目录中注明备案单证的存放地点。

（三）税务机关按规定查验备案单证时，纳税人按要求将影像化或者数字化备案单证转换为纸质化备案单证以供查验的，应在纸质化单证上加盖企业印章并签字声明与原数据一致。

三、完善加工贸易出口退税政策

实行免抵退税办法的进料加工出口企业，在国家实行出口产品征退税率一致政策后，因前期征退税率不一致等原因，结转未能抵减的免抵退税"不得免征和抵扣税额抵减额"，企业进行核对确认后，可调转为相应数额的增值税进项税额。

四、精简出口退（免）税报送资料

（一）纳税人办理委托出口货物退（免）税申报时，停止报送代理出口协议副本、复印件。

（二）纳税人办理融资租赁货物出口退（免）税备案和申报时，停止报送融资租赁合同原件，改为报送融资租赁合同复印件（复印件上应注明"与原件一致"并加盖企业印章）。

（三）纳税人办理来料加工委托加工出口货物的免税核销手续时，停止报送加工企业开具的加工费普通发票原件及复印件。

（四）纳税人申请开具《代理出口货物证明》时，停止报送代理出口协议原件。

（五）纳税人申请开具《代理进口货物证明》时，停止报送加工贸易手册原件、代理进口协议原件。

（六）纳税人申请开具《来料加工免税证明》时，停止报送加工费普通发票原件、进口货物报关单原件。

（七）纳税人申请开具《出口货物转内销证明》时，停止报送《出口货物已补税/未退税证明》原件及复印件。

对于本条所述停止报送的资料原件，纳税人应当妥善留存备查。

五、拓展出口退（免）税提醒服务

为便于纳税人及时了解出口退（免）税政策及管理要求的更新情况、出口退（免）税业务申报办理进度，税务机关为纳税人免费提供出口退（免）税政策更新、出口退税率文库升级、尚有未用于退（免）税申报的出口货物报关单、已办结出口退（免）税等提醒服务。纳税人可自行选择订阅提醒服务内容。

六、简化出口退（免）税办理流程

（一）简化外贸综合服务企业代办退税备案流程

外贸综合服务企业在生产企业办理委托代办退税备案后，留存以下资料，即可为该生产企业申报代办退税，无需报送《代办退税情况备案表》（国家税务总局公告2017年第35号发布）和企业代办退税风险管控制度：

1. 与生产企业签订的外贸综合服务合同（协议）；

2. 每户委托代办退税生产企业的《代办退税情况备案表》；

3. 外贸综合服务企业代办退税风险管控制度、内部风险管控信息系统建设及应用情况。

生产企业办理委托代办退税备案变更后，外贸综合服务企业将变更后的《代办退税情况备案表》留存备查即可，无需重新报送该表。

（二）推行出口退（免）税实地核查"容缺办理"

1. 对于纳税人按照现行规定需实地核查通过方可办理的首次申报的出口退（免）税以及变更退（免）税办法后首次申报的出口退（免）税，税务机关经审核未发现涉嫌骗税等疑点或者已排除涉嫌骗税等疑点的，应按照"容缺办理"的原则办理退（免）税：在该纳税人累计申报的应退（免）税额未超过限额前，可先行按规定审核办理退（免）税再进行实地核查；在该纳税人累计申报的应退（免）税额超过限额后，超过限额的部分需待实地核查通过后再行办理退（免）税。

上述需经实地核查通过方可审核办理的首次申报的出口退（免）税包括：外贸企业首次申报出口退税（含外贸综合服务企业首次申报自营出口业务退税），生产企业首次申报出口退（免）税（含生产企业首次委托外贸综合服务企业申报代办退税），外贸综合服务企业首次申报代办退税。

上述按照"容缺办理"的原则办理退（免）税，包括纳税人出口货物、视同出口货物、对外提供加工修理修配劳务、发生零税率跨境应税行为涉及的出口退（免）税。

上述累计申报应退（免）税额的限额标准为：外贸企业（含外贸综合服务企业自营出口业务）100万元；生产企业（含生产企业委托代办退税业务）200万元；代办退税的外贸综合服务企业100万元。

2. 税务机关经实地核查发现纳税人已办理退（免）税的业务属于按规定不予办理退（免）税情形的，应追回已退（免）税款。因纳税人拒不配合而无法开展实地核查的，税务机关应按照实地核查不通过处理相关业务，并追回已退（免）税款，对于该纳税人申报的退（免）税业务，不适用"容缺办理"原则。

3. 纳税人申请变更退（免）税方法、变更出口退（免）税主管税务机关、撤回出口退（免）税备案时，存在已"容缺办理"但尚未实地核查的退（免）税业务的，税务机关应当先行开展实地核查。经实地核查通过的，按规定办理相关变更、撤回事项；经实地核查发现属于按规定不予办理退（免）税情形的，应追回已退（免）税款后，再行办理相关变更、撤回事项。

七、简便出口退（免）税办理方式

（一）推广出口退（免）税证明电子化开具和使用

纳税人申请开具《代理出口货物证明》《代理进口货物证明》《委托出口货物证明》《出口货物转内销证明》《中标证明通知书》《来料加工免税证明》的，税务机关为其开具电子证明，并通过电子税务局、国际贸易"单一窗口"等网上渠道（以下简称网上渠道）向纳税人反馈。纳税人申报办理出口退（免）税相关涉税事项时，仅需填报上述电子证明编号等信息，无需另行报送证明的纸质件和电子件。其中，纳税人申请开具《中标证明通知书》时，无需再报送中标企业所在地主管税务机关的名称、地址、邮政编码。

纳税人需要作废上述出口退（免）税电子证明的，应先行确认证明使用情况，已用于申报出口退（免）税相关事项的，不得作废证明；未用于申报出口退（免）税相关事项的，应向税务机关提出作废证明申请，税务机关核对无误后，予以作废。

（二）推广出口退（免）税事项"非接触"办理

纳税人申请办理出口退（免）税备案、证明开具及退（免）税申报等事项时，按照现行规定需要现场报送的纸质表单资料，可选择通过网上渠道，以影像化或者数字化方式提交。纳税人通过网上渠道提交相关电子数据、影像化或者数字化表单资料后，即可完成相关出口退（免）税事项的申请。原需报送的纸质表单资料，以及通过网上渠道提交的影像化或者数字化表单资料，纳税人应妥善留存备查。

税务机关受理上述申请后，按照现行规定为纳税人办理相关事项，并通过网上渠道反馈办理结果。纳税人确需税务机关出具纸质文书的，税务机关应当为纳税人出具。

八、完善出口退（免）税收汇管理

纳税人适用出口退（免）税政策的出口货物，有关收汇事项应按照以下规定执行：

（一）纳税人申报退（免）税的出口货物，应当在出口退（免）税申报期截止之日前收汇。未在规定期限内收汇，但符合《视同收汇原因及举证材料清单》（附件1）所列原因的，纳税人留存《出口货物收汇情况表》（附件2）及举证材料，即可视同收汇；因出口合同约定全部收汇最终日期在退（免）税申报期截止之日后的，应当在合同约定收汇日期前完成收汇。

（二）出口退（免）税管理类别为四类的纳税人，在申报出口退（免）税时，应当向税务机关报送收汇材料。

纳税人在退（免）税申报期截止之日后申报出口货物退（免）税的，应当在申报退（免）税时报送收汇材料。

纳税人被税务机关发现收汇材料为虚假或冒用的，应自税务机关出具书面通知之日起24个月内，在申报出口退（免）税时报送收汇材料。

除上述情形外，纳税人申报出口退（免）税时，无需报送收汇材料，留存举证材料备查即可。税务机关按规定需要查验收汇情况的，纳税人应当按照税务机关要求报送收汇材料。

（三）纳税人申报退（免）税的出口货物，具有下列情形之一，税务机关未办理出口退（免）税的，不得办理出口退（免）税；已办理出口退（免）税的，应在发生相关情形的次月用负数申报冲减原退（免）税申报数据，当期退（免）税额不足冲减的，应补缴差额部分的税款：

1. 因出口合同约定全部收汇最终日期在退（免）税申报期截止之日后的，未在合同约定收汇日期前完成收汇；

2. 未在规定期限内收汇，且不符合视同收汇规定；

3. 未按本条规定留存收汇材料。

纳税人在本公告施行前已发生上述情形但尚未处理的出口货物，应当按照本项规定进行处理；纳税人已按规定处理的出口货物，待收齐收汇材料、退（免）税凭证及相关电子信息后，即可申报办理出口退（免）税。

（四）纳税人确实无法收汇且不符合视同收汇规定的出口货物，适用增值税免税政策。

（五）税务机关发现纳税人申报退（免）税的出口货物收汇材料为虚假或者冒用的，应当按照《中华人民共和国税收征收管理法》有关规定进行处理，相应的出口货物适用增值税征税政策。

本条所述收汇材料是指《出口货物收汇情况表》及举证材料。对于已收汇的出口货物，举证材料为银行收汇凭证或者结汇水单等凭证；出口货物为跨境贸易人民币结算、委托出口并由受托方代为收汇，或者委托代办退税并由外贸综合服务企业代为收汇的，可提供收取人民币的收款凭证；对于视同收汇的出口货物，举证材料按照《视同收汇原因及举证材料清单》确定。

本条所述出口货物，不包括《财政部 国家税务总局关于出口货物劳务增值税和消费税政策的通知》（财税〔2012〕39号）第一条第二项（第2目除外）所列的视同出口货物，以及易货贸易出口货物、边境小额贸易出口货物。

九、施行时间

本公告第一条、第二条、第三条自2022年5月1日起施行，第四条、第五条自2022年6月1日起施行，第六条、第七条、第八条自2022年6月21日起施行。《废止的文件条款目录》（附件3）中列明的条款相应停止施行。

特此公告。

附件：

1. 视同收汇原因及举证材料清单（略）

2. 出口货物收汇情况表（略）

3. 废止的文件条款目录（略）

《财政部 海关总署 税务总局关于完善启运港退税政策的通知》（财税〔2018〕5号）

各省、自治区、直辖市、计划单列市财政厅（局）、国家税务局，海关总署广东分署、各直属海关，新疆生产建设兵团财务局：

为进一步完善启运港退税政策，扩大政策成效，结合前期政策实施情况，现将有关事项通知如下：

一、对符合条件的出口企业从启运地口岸（以下称启运港）启运报关出口，由符合条件的运输企业承运，从水路转关直航或经停指定口岸（以下称经停港），自离境地口岸（以下称离境港）离境的集装箱货物，实行启运港退税政策。

对从经停港报关出口、由符合条件的运输企业途中加装的集装箱货物，符合前款规定的运输方式、离境地点要求的，以经停港作为货物的启运港，也实行启运港退税政策。

二、政策适用范围

（一）启运港。

启运港为泸州市泸州港、重庆市果园港、宜昌市云池港、岳阳市城陵矶港、武汉市阳逻港、九江市城西港、芜湖市朱家桥港、南京市龙潭港、张家港市永嘉港、南通市狼山港、苏州市太仓港、连云港市连云港港、青岛市前湾港、无锡（江阴）港。

（二）离境港。

离境港为上海市外高桥港区、上海市洋山保税港区。

（三）经停港。

本通知所列启运港均可作为经停港。承运适用启运港退税政策货物的船舶，可在经停港加装、卸载货物。

从经停港加装的货物，需为已报关出口、经由上述第（二）项规定的离境港离境的集装箱货物。

（四）运输企业及运输工具。

运输企业为在海关的信用等级为一般信用企业或认证企业，并且纳税信用级别为B级及以上的航运企业。

运输工具为配备导航定位、全程视频监控设备并且符合海关对承运海关监管货物运输工具要求的船舶。

税务总局定期向海关总署传送纳税信用等级为B级及以上的企业名单。企业纳税信用等级发生变化的，定期传送变化企业名单。海关总署根据上述纳税信用等级等信息确认符合条件的运输企业和运输工具。

（五）出口企业。

出口企业的出口退（免）税分类管理类别为一类或二类，并且在海关的信用等级为一般信用企业或认证企业。

海关总署定期向税务总局传送一般信用企业或认证企业名单。企业信用等级发生变化的，定期传送变化企业名单。税务总局根据上述名单等信息确认符合条件的出口企业。

（六）危险品不适用启运港退税政策。

三、主要流程

（一）启运地海关依出口企业申请，对从启运港启运的符合条件的货物办理放行手续后，生成启运港出口货物报关单电子信息。以经停港作为货物启运港的，经停地海关依出口企业申请，对从经停港加装的符合条件的货物办理放行手续后，生成启运港出口货物报关单电子信息。

（二）海关总署按日将启运港出口货物报关单电子信息（加启运港退税标识）通过电子口岸传输给税务总局。

（三）出口企业凭启运港出口货物报关单电子信息及相关材料到主管退税的税务机关申请办理退税。出口企业首次申请办理退税前，应向主管出口退税的税务机关进行启运港退税备案。

（四）主管出口退税的税务机关，根据企业出口退（免）税分类管理类别信息、税务总局清分的企业海关信用等级信息和启运港出口货物报关单信息，为出口企业办理退税。出口企业在申请退税时，上述信息显示其不符合启运港退税条件的，主管税务机关根据税务总局清分的结关核销的报关单数据（加启运港退税标识）办理退税。

（五）启运港启运以及经停港加装的出口货物自离境港实际离境后，海关总署按日将正常结关核销的报关单数据（加启运港退税标识）传送给税务总局，税务总局按日将已退税的报关单数据（加启运港退税标识）反馈海关总署。

（六）货物如未运抵离境港不再出口，启运地或经停地海关应撤销出口货物报关单，并由海关总署向税务总局提供相关电子数据。上述不再出口货物如已办理出口退税手续，出口企业应补缴税款，并向启运地或经停地海关提供税务机关出具的货物已补税证明。

对已办理出口退税手续但自启运日起超过2个月仍未办理结关核销手续的货物，除因不可抗力或属于上述第（六）项情形且出口企业已补缴税款外，视为未实际出口，税务机关应追缴已退税款，不再适用启运港退税政策。

（七）主管出口退税的税务机关，根据税务总局清分的正常结关核销的报关单数据，核销或调整已退税额。

四、海关总署、税务总局可在本通知的基础上制定启运港退税的具体管理办法。

五、各地海关和国税部门应加强沟通，建立联系配合机制，互通企业守法诚信信息和货物异常出运情况。财政、海关和国税部门要密切跟踪启运港退税政策运行情况，对工作中出现的问题及时上报财政部（税政司）、海关总署（监管司）和税务总局（货物和劳务税司）。

六、本通知自印发之日起执行。《财政部　海关总署　国家税务总局关于扩大启运港退税政策试点范围的通知》（财税〔2014〕53号）同时废止。海关总署和税务总局对启运出口货物报关单电子信息（加启运港退税标识）、正常结关核销报关单数据（加启运港退税标识）以及已退税的报关单数据（加启运港退税标识）实现按日电子化传输前，启运港出口退税仍按现行纸质报关单签发流程办理。

《财政部　海关总署　税务总局关于中国（上海）自由贸易试验区临港新片区有关增值税政策的通知》（财税〔2021〕3号）

各省、自治区、直辖市、计划单列市财政厅（局）、国家税务局，海关总署广东分署、各直属海关，新疆生产建设兵团财政局：

为贯彻落实《国务院关于印发中国（上海）自由贸易试验区临港新片区总体方案的通知》（国发〔2019〕15号）精神，现将有关增值税政策通知如下：

一、对《财政部　海关总署　税务总局关于完善启运港退税政策的通知》（财税〔2018〕5号）作如下修改：

将第二条第（三）项修改为：

"（三）经停港。

本通知所列启运港均可作为经停港。承运适用启运港退税政策货物的船舶，可在经停港加装、卸载货物。

从经停港加装的货物，需为已报关出口、经由上述第（二）项规定的离境港离境的集装箱货物。"

在第二条中增加一项，作为第（六）项："危险品不适用启运港退税政策"。

二、对注册在洋山特殊综合保税区内的企业，在洋山特殊综合保税区内提供交通运输服务、装卸搬运服务和仓储服务取得的收入，免征增值税。交通运输服务、装卸搬运服务和仓储服务的具体范围，按照《销售服务、无形资产、不动产注释》（财税〔2016〕36号印发）执行。

三、本通知自2021年1月1日起执行。其中，本通知第二条执行时间至2024年12月31日。

《财政部　海关总署　税务总局关于在粤港澳大湾区实行有关增值税政策的通知》（财税〔2020〕48号）

各省、自治区、直辖市、计划单列市财政厅（局），新疆生产建设兵团财政局，海关总署广东分署、各直属海关，国家税务总局各省、自治区、直辖市、计划单列市税务局：

为支持粤港澳大湾区建设，现将粤港澳大湾区有关增值税政策通知如下：

一、自2020年10月1日至2023年12月31日，对注册在广州市的保险企业向注册在南沙自贸片区的企业提供国际航运保险业务取得的收入，免征增值税。

二、自2020年10月1日起，对符合条件的出口企业从启运地口岸（以下称启运港，见附件）启运报关出口，由符合条件的运输企业承运，从水路转关直航，自广州南沙保税港区、深圳前海保税港区（以下称离境港）离境的集装箱货物，实行启运港退税政策。

（一）适用政策的运输企业及运输工具。

运输企业为在海关的信用等级为一般信用企业或认证企业，并且纳税信用级别为B级及以上的航运企业。

运输工具为配备导航定位、全程视频监控设备并且符合海关对承运海关监管货物运输工具要求的船舶。

税务总局定期向海关总署传送纳税信用等级为B级及以上的企业名单。企业纳税信用等级发生变化的，定期传送变化企业名单。海关总署根据上述纳税信用等级等信息确认符合条件的运输企业和运输工具。

（二）适用政策的出口企业。

出口企业的出口退（免）税分类管理类别为一类或二类，并且在海关的信用等级为一般信用企业或认证企业。

海关总署定期向税务总局传送一般信用企业或认证企业名单。企业信用等级发生变化的，定期传送变化企业名单。税务总局根据上述名单等信息确认符合条件的出口企业。

（三）办理流程。

1. 启运地海关依出口企业申请，对从启运港启运的符合条件的货物办理放行手续后，生成启运港出口货物报关单电子信息。

2. 海关总署按日将启运港出口货物报关单电子信息（加启运港退税标识）通过电子口岸传输给税务总局。

3. 出口企业凭启运港出口货物报关单电子信息及相关材料到主管退税的税务机关申请办理退税。出口企业首次申请办理退税前，应向主管出口退税的税务机关进行启运港退税备案。

4. 主管出口退税的税务机关，根据企业出口退（免）税分类管理类别信息、税务总局清分的企业海关信用等级信息和启运港出口货物报关单信息，为出口企业办理退税。出口企业在申请退税时，上述信息显示其不符合启运港退税条件的，主管税务机关根据税务总局清分的结关核销的报关单数据（加启运港退税标识）办理退税。

5. 启运港启运的出口货物自离境港实际离境后，海关总署按日将正常结关核销的报关单数据（加启运港退税标识）传送给税务总局，税务总局按日将已退税的报关单数据（加启运港退税标识）反馈海关总署。

6. 货物如未运抵离境港不再出口，启运地海关应撤销出口货物报关单，并由海关总署向税务总局提供相关电子数据。上述不再出口货物如已办理出口退税手续，出口企业应补缴税款，并向启运地海关提供税务机关出具的货物已补税证明。

对已办理出口退税手续但自启运日起超过2个月仍未办理结关核销手续的货物，除因不可抗力或属于上述第6项情形且出口企业已补缴税款外，视为未实际出口，税务机关应追缴已退税款，不再适用启运港退税政策。

7. 主管出口退税的税务机关，根据税务总局清分的正常结关核销的报关单数据，核销或调整已退税额。

（四）海关、税务部门应加强沟通，建立联系配合机制，互通企业守法诚信信息和货物异常出运情况。财政、海关和税务部门要密切跟踪启运港退税政策运行情况，对工作中出现的问题及时上报财政部（税政司）、海关总署（综合司）和税务总局（货物和劳务税司）。

附件：适用启运港退税政策的启运港（略）

《国际运输船舶增值税退税管理办法》（国家税务总局公告2020年第18号发布）

第一条 为规范国际运输船舶增值税退税管理，根据《财政部 交通运输部 税务总局关于海南自由贸易港国际运输船舶有关增值税政策的通知》（财税〔2020〕41号）、《财政部 交通运输部 税务总局关于中国（上海）自由贸易试验区临港新片区国际运输船舶有关增值税政策的通知》（财税〔2020〕52号）规定，制定本办法。

第二条 运输企业购进符合财税〔2020〕41号文件第一条或者财税〔2020〕52号文件第一条规定条件的船舶，按照本办法退还增值税（以下简称"船舶退税"）。

应予退还的增值税额，为运输企业购进船舶取得的增值税专用发票上注明的税额。

第三条 主管运输企业退税的税务机关（以下简称"主管税务机关"）负责船舶退税的备案、办理及后续管理工作。

第四条 适用船舶退税政策的运输企业，应于首次申报船舶退税时，凭以下资料及电子数据向主管税务机关办理船舶退税备案：

（一）内容填写真实、完整的《出口退（免）税备案表》及其电子数据。该备案表由《国家税务总局关于出口退（免）税申报有关问题的公告》（2018年第16号）发布。其中，"是否提供零税率应税服务"填写"是"；"提供零税率应税服务代码"填写"01（国际运输服务）"；"出口退（免）税管理类型"填写"船舶退税运输企业"；其他栏次按填表说明填写。

（二）运输企业从事国际运输和港澳台运输业务的证明文件。从事国际散装液体危险货物和旅客运输业务的，应当提供交通运输管理部门出具的《国际船舶运输经营许可证》复印件（复印件上应注明"与原件一致"，并加盖企业公章，下同）；从事国际集装箱和普通货物运输的，应提供交通运输管理部门的备案证明材料复印件。从事内地往返港澳散装液体危险货物和旅客运输业务的，应提供交通运输管理部门出具的批准文件复印件；从事内地往返港澳集装箱和普通货物运输的，应提供交通运输管理部门出具的备案证明材料复印件；从事大陆与台湾地区间运输的，应提供《台湾海峡两岸间水路运输许可证》及《台湾海峡两岸间船舶营运证》复印件。

上述资料运输企业可通过电子化方式提交。

第五条 本办法施行前,已办理出口退(免)税备案的运输企业,无需重新办理出口退(免)税备案,按照本办法第四条规定办理备案变更即可。

运输企业适用船舶退税政策的同时,出口货物劳务或者发生增值税零税率跨境应税行为,且未办理过出口退(免)税备案的,在办理出口退(免)税备案时,除本办法第四条规定的资料外,还应按照现行规定提供其他相关资料。

第六条 运输企业备案资料齐全,《出口退(免)税备案表》填写内容符合要求,签字、印章完整的,主管税务机关应当予以备案。备案资料或填写内容不符合要求的,主管税务机关应一次性告知运输企业,待其补正后再予以备案。

第七条 已办理船舶退税备案的运输企业,发生船籍所有人变更、船籍港变更或不再从事国际运输(或港澳台运输)业务等情形,不再符合财税〔2020〕41号文件、财税〔2020〕52号文件退税条件的,应自条件变化之日起30日内,持相关资料向主管税务机关办理备案变更。自条件变更之日起,运输企业停止适用船舶退税政策。

未按照本办法规定办理退税备案变更并继续申报船舶退税的,主管税务机关应按照本办法第十四条规定进行处理。

第八条 运输企业船舶退税的申报期限,为购进船舶之日(以发票开具日期为准)次月1日起至次年4月30日前的各增值税纳税申报期。

第九条 运输企业在退税申报期内,凭下列资料及电子数据向主管税务机关申请办理船舶退税:

(一)财税〔2020〕41号文件第三条第1项、第2项规定的资料复印件,或者财税〔2020〕52号文件第三条第1项、第2项规定的资料复印件。其中,已向主管税务机关提供过的资料,如无变化,可不再重复提供。

(二)《购进自用货物退税申报表》及其电子数据。该表在《国家税务总局关于发布〈出口货物劳务增值税和消费税管理办法〉的公告》(2012年第24号)发布。填写该表时,应在业务类型栏填写"CBTS",备注栏填写"船舶退税"。

(三)境内建造船舶企业开具的增值税专用发票及其电子信息。

(四)主管税务机关要求提供的其他资料。

上述增值税专用发票,应当已通过增值税发票综合服务平台确认用途为"用于出口退税"。上述资料运输企业可通过电子化方式提交。

第十条 运输企业申报船舶退税,主管税务机关经审核符合规定的,应按规定及时办理退税。审核中发现疑点,主管税务机关应在确认运输企业购进船舶取得的增值税专用发票真实、发票所列船舶已按规定申报纳税后,方可办理退税。

第十一条　运输企业购进船舶取得的增值税专用发票，已用于进项税额抵扣的，不得申报船舶退税；已用于船舶退税的，不得用于进项税额抵扣。

第十二条　已办理增值税退税的船舶发生船籍所有人变更、船籍港变更或不再从事国际运输（或港澳台运输）业务等情形，不再符合财税〔2020〕41号文件、财税〔2020〕52号文件退税条件的，运输企业应在条件变更次月纳税申报期内，向主管税务机关补缴已退税款。未按规定补缴的，税务机关应当按照现行规定追回已退税款。

$$应补缴税款 = 购进船舶的增值税专用发票注明的税额 \times (净值 \div 原值)$$

$$净值 = 原值 - 累计折旧$$

第十三条　已办理增值税退税的船舶发生船籍所有人变更、船籍港变更或不再从事国际运输（或港澳台运输）业务等情形，不再符合财税〔2020〕41号文件、财税〔2020〕52号文件规定，并已经向主管税务机关补缴已退税款的运输企业，自取得完税凭证当期起，可凭从税务机关取得解缴税款的完税凭证，从销项税额中抵扣完税凭证上注明的增值税额。

第十四条　运输企业采取提供虚假退税申报资料等手段，骗取船舶退税的，主管税务机关应追回已退税款，并依照《中华人民共和国税收征收管理法》有关规定处理。

第十五条　本办法未明确的其他退税管理事项，按照现行出口退（免）税相关规定执行。

第十六条　符合财税〔2020〕41号文件规定情形且《船舶所有权登记证书》的签发日期在2020年10月1日至2024年12月31日期间的运输企业，以及符合财税〔2020〕52号文件规定情形且《船舶所有权登记证书》的签发日期在2020年11月1日至2024年12月31日期间的运输企业，按照本办法办理船舶退税相关事项。

《研发机构采购国产设备增值税退税管理办法》（国家税务总局公告2023年第20号发布）

第一条　为规范研发机构采购国产设备增值税退税管理，根据现行研发机构采购设备增值税政策规定，制定本办法。

第二条　符合条件的研发机构（以下简称研发机构）采购国产设备，按照本办法全额退还增值税（以下简称采购国产设备退税）。

第三条　本办法第二条所称研发机构、国产设备的具体条件和范围，按照现行研发机构采购设备增值税政策规定执行。

第四条　主管研发机构退税的税务机关（以下简称主管税务机关）负责办理研发机构采购国产设备退税的备案、审核及后续管理工作。

第五条　研发机构享受采购国产设备退税政策，应于首次申报退税时，持以下资料向主管税务机关办理退税备案手续：

（一）符合现行规定的研发机构资质证明资料。

（二）内容填写真实、完整的《出口退（免）税备案表》。该备案表在《国家税务总局关于出口退（免）税申报有关问题的公告》(2018年第16号）发布。其中，"企业类型"选择"其他单位"；"出口退（免）税管理类型"依据资质证明材料填写"内资研发机构"或"外资研发中心"；其他栏次按填表说明填写。

本办法下发前，已办理采购国产设备退税备案的研发机构，无需再次办理备案。

第六条 研发机构备案资料齐全，《出口退（免）税备案表》填写内容符合要求，签字、印章完整的，主管税务机关应当予以备案。备案资料或填写内容不符合要求的，主管税务机关应一次性告知研发机构，待其补正后再予备案。

第七条 已办理备案的研发机构，《出口退（免）税备案表》中内容发生变更的，应自变更之日起30日内，持相关资料向主管税务机关办理备案变更。

第八条 研发机构发生解散、破产、撤销以及其他依法应终止采购国产设备退税事项的，应持相关资料向主管税务机关办理备案撤回。主管税务机关应按规定结清退税款后，办理备案撤回。

研发机构办理注销税务登记的，应先向主管税务机关办理退税备案撤回。

第九条 外资研发中心因自身条件发生变化不再符合现行规定条件的，应自条件变化之日起30日内办理退税备案撤回，并自条件变化之日起，停止享受采购国产设备退税政策。未按照规定办理退税备案撤回，并继续申报采购国产设备退税的，依照本办法第十九条规定处理。

第十条 研发机构新设、变更或者撤销的，主管税务机关应根据核定研发机构的牵头部门提供的名单及注明的相关资质起止时间，办理有关退税事项。

第十一条 研发机构采购国产设备退税的申报期限，为采购国产设备之日（以发票开具日期为准）次月1日起至次年4月30日前的各增值税纳税申报期。

研发机构未在规定期限内申报办理退税的，根据《财政部 税务总局关于明确国有农用地出租等增值税政策的公告》(2020年第2号）第四条的规定，在收齐相关凭证及电子信息后，即可申报办理退税。

第十二条 已备案的研发机构应在退税申报期内，凭下列资料向主管税务机关办理采购国产设备退税：

（一）《购进自用货物退税申报表》。该申报表在《国家税务总局关于优化整合出口退税信息系统 更好服务纳税人有关事项的公告》(2021年第15号）发布。填写该表时，应在备注栏填写"科技开发、科学研究、教学设备"。

（二）采购国产设备合同。

（三）增值税专用发票。

上述增值税专用发票,应当已通过电子发票服务平台税务数字账户或者增值税发票综合服务平台确认用途为"用于出口退税"。

第十三条 属于增值税一般纳税人的研发机构申报采购国产设备退税,主管税务机关经审核符合规定的,应按规定办理退税。

研发机构申报采购国产设备退税,属于下列情形之一的,主管税务机关应采取发函调查或其他方式调查,在确认增值税专用发票真实、发票所列设备已按规定申报纳税后,方可办理退税:

(一)审核中发现疑点,经核实仍不能排除疑点的。

(二)非增值税一般纳税人申报退税的。

第十四条 研发机构采购国产设备的应退税额,为增值税专用发票上注明的税额。

第十五条 研发机构采购国产设备取得的增值税专用发票,已用于进项税额抵扣的,不得申报退税;已用于退税的,不得用于进项税额抵扣。

第十六条 主管税务机关应建立研发机构采购国产设备退税情况台账,记录国产设备的型号、发票开具时间、价格、已退税额等情况。

第十七条 已办理增值税退税的国产设备,自增值税专用发票开具之日起3年内,设备所有权转移或移作他用的,研发机构须按照下列计算公式,向主管税务机关补缴已退税款。

应补缴税款 = 增值税专用发票上注明的税额 × (设备折余价值 ÷ 设备原值)

设备折余价值 = 增值税专用发票上注明的金额 − 累计已提折旧

累计已提折旧按照企业所得税法的有关规定计算。

第十八条 研发机构涉及重大税收违法失信案件,按照《重大税收违法失信主体信息公布管理办法》(国家税务总局令第54号)被公布信息的,研发机构应自案件信息公布之日起,停止享受采购国产设备退税政策,并在30日内办理退税备案撤回。研发机构违法失信案件信息停止公布并从公告栏撤出的,自信息撤出之日起,研发机构可重新办理采购国产设备退税备案,其采购的国产设备可继续享受退税政策。未按照规定办理退税备案撤回,并继续申报采购国产设备退税的,依照本办法第十九条规定处理。

第十九条 研发机构采取假冒采购国产设备退税资格、虚构采购国产设备业务、增值税专用发票既申报抵扣又申报退税、提供虚假退税申报资料等手段,骗取采购国产设备退税的,主管税务机关应追回已退税款,并依照税收征收管理法的有关规定处理。

第二十条 本办法未明确的其他退税管理事项,比照出口退税有关规定执行。

第二十一条 本办法自2024年1月1日起实施,具体以增值税发票开具日期为准。

【《增值税法》原文】

第三十四条　纳税人应当依法开具和使用增值税发票。增值税发票包括纸质发票和电子发票。电子发票与纸质发票具有同等法律效力。

国家积极推广使用电子发票。

〖草案二次审议稿〗

第三十三条　纳税人应当依法开具和使用增值税发票。增值税发票包括纸质发票和电子发票。电子发票与纸质发票具有同等法律效力。

国家积极推广使用电子发票。

【条文释义】

本条规定了增值税发票制度。

增值税一般纳税人采取一般计税方法时，需要以增值税专用发票为扣税凭证，因此，增值税发票制度是增值税中非常重要的制度。纳税人应当严格依照《中华人民共和国发票管理办法》《增值税专用发票使用规定》等相关规定开具和使用增值税发票。

增值税发票包括纸质发票和电子发票。电子发票与纸质发票具有同等法律效力。目前我国正在大力推行全面数字化的电子发票。未来的趋势是，全面数字化的电子发票将取代所有纸质发票。

【法律法规与政策指引】

《中华人民共和国增值税暂行条例》（2017年修订）

第二十一条　纳税人发生应税销售行为，应当向索取增值税专用发票的购买方开具增值税专用发票，并在增值税专用发票上分别注明销售额和销项税额。

属于下列情形之一的，不得开具增值税专用发票：

（一）应税销售行为的购买方为消费者个人的；

（二）发生应税销售行为适用免税规定的。

《中华人民共和国发票管理办法》（2023年修订）

第一章　总则

第一条　为了加强发票管理和财务监督，保障国家税收收入，维护经济秩序，根据《中华人民共和国税收征收管理法》，制定本办法。

第二条　在中华人民共和国境内印制、领用、开具、取得、保管、缴销发票的单位和个人（以下称印制、使用发票的单位和个人），必须遵守本办法。

第三条　本办法所称发票，是指在购销商品、提供或者接受服务以及从事其他经营活动中，开具、收取的收付款凭证。

发票包括纸质发票和电子发票。电子发票与纸质发票具有同等法律效力。国家积极推广使用电子发票。

第四条 发票管理工作应当坚持和加强党的领导，为经济社会发展服务。

国务院税务主管部门统一负责全国的发票管理工作。省、自治区、直辖市税务机关依据职责做好本行政区域内的发票管理工作。

财政、审计、市场监督管理、公安等有关部门在各自的职责范围内，配合税务机关做好发票管理工作。

第五条 发票的种类、联次、内容、编码规则、数据标准、使用范围等具体管理办法由国务院税务主管部门规定。

第六条 对违反发票管理法规的行为，任何单位和个人可以举报。税务机关应当为检举人保密，并酌情给予奖励。

第二章 发票的印制

第七条 增值税专用发票由国务院税务主管部门确定的企业印制；其他发票，按照国务院税务主管部门的规定，由省、自治区、直辖市税务机关确定的企业印制。禁止私自印制、伪造、变造发票。

第八条 印制发票的企业应当具备下列条件：

（一）取得印刷经营许可证和营业执照；

（二）设备、技术水平能够满足印制发票的需要；

（三）有健全的财务制度和严格的质量监督、安全管理、保密制度。

税务机关应当按照政府采购有关规定确定印制发票的企业。

第九条 印制发票应当使用国务院税务主管部门确定的全国统一的发票防伪专用品。禁止非法制造发票防伪专用品。

第十条 发票应当套印全国统一发票监制章。全国统一发票监制章的式样和发票版面印刷的要求，由国务院税务主管部门规定。发票监制章由省、自治区、直辖市税务机关制作。禁止伪造发票监制章。

发票实行不定期换版制度。

第十一条 印制发票的企业按照税务机关的统一规定，建立发票印制管理制度和保管措施。

发票监制章和发票防伪专用品的使用和管理实行专人负责制度。

第十二条 印制发票的企业必须按照税务机关确定的式样和数量印制发票。

第十三条 发票应当使用中文印制。民族自治地方的发票，可以加印当地一种通用的民族文字。有实际需要的，也可以同时使用中外两种文字印制。

第十四条 各省、自治区、直辖市内的单位和个人使用的发票，除增值税专用发票外，应当在本省、自治区、直辖市内印制；确有必要到外省、自治区、直辖市印制的，应当由省、自治区、直辖市税务机关商印制地省、自治区、直辖市税务机关同意后确定印制发票的企业。

禁止在境外印制发票。

第三章 发票的领用

第十五条 需要领用发票的单位和个人，应当持设立登记证件或者税务登记证件，以及经办人身份证明，向主管税务机关办理发票领用手续。领用纸质发票的，还应当提供按照国务院税务主管部门规定式样制作的发票专用章的印模。主管税务机关根据领用单位和个人的经营范围、规模和风险等级，在5个工作日内确认领用发票的种类、数量以及领用方式。

单位和个人领用发票时，应当按照税务机关的规定报告发票使用情况，税务机关应当按照规定进行查验。

第十六条 需要临时使用发票的单位和个人，可以凭购销商品、提供或者接受服务以及从事其他经营活动的书面证明、经办人身份证明，直接向经营地税务机关申请代开发票。依照税收法律、行政法规规定应当缴纳税款的，税务机关应当先征收税款，再开具发票。税务机关根据发票管理的需要，可以按照国务院税务主管部门的规定委托其他单位代开发票。

禁止非法代开发票。

第十七条 临时到本省、自治区、直辖市以外从事经营活动的单位或者个人，应当凭所在地税务机关的证明，向经营地税务机关领用经营地的发票。

临时在本省、自治区、直辖市以内跨市、县从事经营活动领用发票的办法，由省、自治区、直辖市税务机关规定。

第四章 发票的开具和保管

第十八条 销售商品、提供服务以及从事其他经营活动的单位和个人，对外发生经营业务收取款项，收款方应当向付款方开具发票；特殊情况下，由付款方向收款方开具发票。

第十九条 所有单位和从事生产、经营活动的个人在购买商品、接受服务以及从事其他经营活动支付款项，应当向收款方取得发票。取得发票时，不得要求变更品名和金额。

第二十条 不符合规定的发票，不得作为财务报销凭证，任何单位和个人有权拒收。

第二十一条 开具发票应当按照规定的时限、顺序、栏目，全部联次一次性如实开具，开具纸质发票应当加盖发票专用章。

任何单位和个人不得有下列虚开发票行为：

（一）为他人、为自己开具与实际经营业务情况不符的发票；

（二）让他人为自己开具与实际经营业务情况不符的发票；

（三）介绍他人开具与实际经营业务情况不符的发票。

第二十二条 安装税控装置的单位和个人，应当按照规定使用税控装置开具发票，并按期向主管税务机关报送开具发票的数据。

使用非税控电子器具开具发票的，应当将非税控电子器具使用的软件程序说明资料报主管税务机关备案，并按照规定保存、报送开具发票的数据。

单位和个人开发电子发票信息系统自用或者为他人提供电子发票服务的，应当遵守国务院税务主管部门的规定。

第二十三条 任何单位和个人应当按照发票管理规定使用发票，不得有下列行为：

（一）转借、转让、介绍他人转让发票、发票监制章和发票防伪专用品；

（二）知道或者应当知道是私自印制、伪造、变造、非法取得或者废止的发票而受让、开具、存放、携带、邮寄、运输；

（三）拆本使用发票；

（四）扩大发票使用范围；

（五）以其他凭证代替发票使用；

（六）窃取、截留、篡改、出售、泄露发票数据。

税务机关应当提供查询发票真伪的便捷渠道。

第二十四条 除国务院税务主管部门规定的特殊情形外，纸质发票限于领用单位和个人在本省、自治区、直辖市内开具。

省、自治区、直辖市税务机关可以规定跨市、县开具纸质发票的办法。

第二十五条 除国务院税务主管部门规定的特殊情形外，任何单位和个人不得跨规定的使用区域携带、邮寄、运输空白发票。

禁止携带、邮寄或者运输空白发票出入境。

第二十六条 开具发票的单位和个人应当建立发票使用登记制度，配合税务机关进行身份验证，并定期向主管税务机关报告发票使用情况。

第二十七条 开具发票的单位和个人应当在办理变更或者注销税务登记的同时，办理发票的变更、缴销手续。

第二十八条 开具发票的单位和个人应当按照国家有关规定存放和保管发票，不得擅自损毁。已经开具的发票存根联，应当保存5年。

第五章　发票的检查

第二十九条 税务机关在发票管理中有权进行下列检查：

（一）检查印制、领用、开具、取得、保管和缴销发票的情况；

（二）调出发票查验；

（三）查阅、复制与发票有关的凭证、资料；

（四）向当事各方询问与发票有关的问题和情况；

（五）在查处发票案件时，对与案件有关的情况和资料，可以记录、录音、录像、照像和复制。

第三十条 印制、使用发票的单位和个人，必须接受税务机关依法检查，如实反映情况，提供有关资料，不得拒绝、隐瞒。

税务人员进行检查时，应当出示税务检查证。

第三十一条 税务机关需要将已开具的发票调出查验时，应当向被查验的单位和个人开具发票换票证。发票换票证与所调出查验的发票有同等的效力。被调出查验发票的单位和个人不得拒绝接受。

税务机关需要将空白发票调出查验时，应当开具收据；经查无问题的，应当及时返还。

第三十二条 单位和个人从中国境外取得的与纳税有关的发票或者凭证，税务机关在纳税审查时有疑义的，可以要求其提供境外公证机构或者注册会计师的确认证明，经税务机关审核认可后，方可作为记账核算的凭证。

第六章 罚则

第三十三条 违反本办法的规定，有下列情形之一的，由税务机关责令改正，可以处1万元以下的罚款；有违法所得的予以没收：

（一）应当开具而未开具发票，或者未按照规定的时限、顺序、栏目，全部联次一次性开具发票，或者未加盖发票专用章的；

（二）使用税控装置开具发票，未按期向主管税务机关报送开具发票的数据的；

（三）使用非税控电子器具开具发票，未将非税控电子器具使用的软件程序说明资料报主管税务机关备案，或者未按照规定保存、报送开具发票的数据的；

（四）拆本使用发票的；

（五）扩大发票使用范围的；

（六）以其他凭证代替发票使用的；

（七）跨规定区域开具发票的；

（八）未按照规定缴销发票的；

（九）未按照规定存放和保管发票的。

第三十四条 跨规定的使用区域携带、邮寄、运输空白发票，以及携带、邮寄或者运输空白发票出入境的，由税务机关责令改正，可以处1万元以下的罚款；情节严重的，处1万元以上3万元以下的罚款；有违法所得的予以没收。

丢失发票或者擅自损毁发票的，依照前款规定处罚。

第三十五条 违反本办法的规定虚开发票的，由税务机关没收违法所得；虚开金额在1万元以下的,可以并处5万元以下的罚款;虚开金额超过1万元的,并处5万元以上50万元以下的罚款;构成犯罪的,依法追究刑事责任。

非法代开发票的,依照前款规定处罚。

第三十六条 私自印制、伪造、变造发票,非法制造发票防伪专用品,伪造发票监制章,窃取、截留、篡改、出售、泄露发票数据的,由税务机关没收违法所得,没收、销毁作案工具和非法物品,并处1万元以上5万元以下的罚款;情节严重的,并处5万元以上50万元以下的罚款;构成犯罪的,依法追究刑事责任。

前款规定的处罚,《中华人民共和国税收征收管理法》有规定的,依照其规定执行。

第三十七条 有下列情形之一的,由税务机关处1万元以上5万元以下的罚款;情节严重的,处5万元以上50万元以下的罚款;有违法所得的予以没收:

(一)转借、转让、介绍他人转让发票、发票监制章和发票防伪专用品的;

(二)知道或者应当知道是私自印制、伪造、变造、非法取得或者废止的发票而受让、开具、存放、携带、邮寄、运输的。

第三十八条 对违反发票管理规定2次以上或者情节严重的单位和个人,税务机关可以向社会公告。

第三十九条 违反发票管理法规,导致其他单位或者个人未缴、少缴或者骗取税款的,由税务机关没收违法所得,可以并处未缴、少缴或者骗取的税款1倍以下的罚款。

第四十条 当事人对税务机关的处罚决定不服的,可以依法申请行政复议或者向人民法院提起行政诉讼。

第四十一条 税务人员利用职权之便,故意刁难印制、使用发票的单位和个人,或者有违反发票管理法规行为的,依照国家有关规定给予处分;构成犯罪的,依法追究刑事责任。

第七章 附则

第四十二条 国务院税务主管部门可以根据有关行业特殊的经营方式和业务需求,会同国务院有关主管部门制定该行业的发票管理办法。

国务院税务主管部门可以根据增值税专用发票管理的特殊需要,制定增值税专用发票的具体管理办法。

第四十三条 本办法自发布之日起施行。财政部1986年发布的《全国发票管理暂行办法》和原国家税务局1991年发布的《关于对外商投资企业和外国企业发票管理的暂行规定》同时废止。

《营业税改征增值税试点实施办法》(财税〔2016〕36号附件1)

第五十三条 纳税人发生应税行为,应当向索取增值税专用发票的购买方开具增值税专用发票,并在增值税专用发票上分别注明销售额和销项税额。

属于下列情形之一的，不得开具增值税专用发票：

（一）向消费者个人销售服务、无形资产或者不动产。

（二）适用免征增值税规定的应税行为。

第五十四条 小规模纳税人发生应税行为，购买方索取增值税专用发票的，可以向主管税务机关申请代开。

《中华人民共和国发票管理办法实施细则》（2024年修正）

第一章 总则

第一条 根据《中华人民共和国发票管理办法》（以下简称《办法》）规定，制定本实施细则。

第二条 在全国范围内统一式样的发票，由国家税务总局确定。

在省、自治区、直辖市范围内统一式样的发票，由省、自治区、直辖市税务局（以下简称省税务局）确定。

第三条 《办法》第三条所称电子发票是指在购销商品、提供或者接受服务以及从事其他经营活动中，按照税务机关发票管理规定以数据电文形式开具、收取的收付款凭证。

电子发票与纸质发票的法律效力相同，任何单位和个人不得拒收。

第四条 税务机关建设电子发票服务平台，为用票单位和个人提供数字化等形态电子发票开具、交付、查验等服务。

第五条 税务机关应当按照法律、行政法规的规定，建立健全发票数据安全管理制度，保障发票数据安全。

单位和个人按照国家税务总局有关规定开展发票数据处理活动，依法承担发票数据安全保护义务，不得超过规定的数量存储发票数据，不得违反规定使用、非法出售或非法向他人提供发票数据。

第六条 纸质发票的基本联次包括存根联、发票联、记账联。存根联由收款方或开票方留存备查；发票联由付款方或受票方作为付款原始凭证；记账联由收款方或开票方作为记账原始凭证。

省以上税务机关可根据纸质发票管理情况以及纳税人经营业务需要，增减除发票联以外的其他联次，并确定其用途。

第七条 发票的基本内容包括：发票的名称、发票代码和号码、联次及用途、客户名称、开户银行及账号、商品名称或经营项目、计量单位、数量、单价、大小写金额、税率（征收率）、税额、开票人、开票日期、开票单位（个人）名称（章）等。

省以上税务机关可根据经济活动以及发票管理需要，确定发票的具体内容。

第八条 领用发票单位可以书面向税务机关要求使用印有本单位名称的发票，税务机关依据《办法》第十五条的规定，确认印有该单位名称发票的种类和数量。

第二章 发票的印制

第九条 税务机关根据政府采购合同和发票防伪用品管理要求对印制发票企业实施监督管理。

第十条 全国统一的纸质发票防伪措施由国家税务总局确定,省税务局可以根据需要增加本地区的纸质发票防伪措施,并向国家税务总局备案。

纸质发票防伪专用品应当按照规定专库保管,不得丢失。次品、废品应当在税务机关监督下集中销毁。

第十一条 全国统一发票监制章是税务机关管理发票的法定标志,其形状、规格、内容、印色由国家税务总局规定。

第十二条 全国范围内发票换版由国家税务总局确定;省、自治区、直辖市范围内发票换版由省税务局确定。

发票换版时,应当进行公告。

第十三条 监制发票的税务机关根据需要下达发票印制通知书,印制企业必须按照要求印制。

发票印制通知书应当载明印制发票企业名称、用票单位名称、发票名称、发票代码、种类、联次、规格、印色、印制数量、起止号码、交货时间、地点等内容。

第十四条 印制发票企业印制完毕的成品应当按照规定验收后专库保管,不得丢失。废品应当及时销毁。

第三章 发票的领用

第十五条 《办法》第十五条所称经办人身份证明是指经办人的居民身份证、护照或者其他能证明经办人身份的证件。

第十六条 《办法》第十五条所称发票专用章是指领用发票单位和个人在其开具纸质发票时加盖的有其名称、统一社会信用代码或者纳税人识别号、发票专用章字样的印章。

发票专用章式样由国家税务总局确定。

第十七条 税务机关对领用纸质发票单位和个人提供的发票专用章的印模应当留存备查。

第十八条 《办法》第十五条所称领用方式是指批量供应、交旧领新、验旧领新、额度确定等方式。

税务机关根据单位和个人的税收风险程度、纳税信用级别、实际经营情况确定或调整其领用发票的种类、数量、额度以及领用方式。

第十九条 《办法》第十五条所称发票使用情况是指发票领用存情况及相关开票数据。

第二十条 《办法》第十六条所称书面证明是指有关业务合同、协议或者税务机关认可的其他资料。

第二十一条　税务机关应当与受托代开发票的单位签订协议，明确代开发票的种类、对象、内容和相关责任等内容。

第四章　发票的开具和保管

第二十二条　《办法》第十八条所称特殊情况下，由付款方向收款方开具发票，是指下列情况：

（一）收购单位和扣缴义务人支付个人款项时；

（二）国家税务总局认为其他需要由付款方向收款方开具发票的。

第二十三条　向消费者个人零售小额商品或者提供零星服务的，是否可免予逐笔开具发票，由省税务局确定。

第二十四条　填开发票的单位和个人必须在发生经营业务确认营业收入时开具发票。未发生经营业务一律不准开具发票。

第二十五条　《办法》第十九条规定的不得变更金额，包括不得变更涉及金额计算的单价和数量。

第二十六条　开具纸质发票后，如发生销售退回、开票有误、应税服务中止等情形，需要作废发票的，应当收回原发票全部联次并注明"作废"字样后作废发票。

开具纸质发票后，如发生销售退回、开票有误、应税服务中止、销售折让等情形，需要开具红字发票的，应当收回原发票全部联次并注明"红冲"字样后开具红字发票。无法收回原发票全部联次的，应当取得对方有效证明后开具红字发票。

第二十七条　开具电子发票后，如发生销售退回、开票有误、应税服务中止、销售折让等情形的，应当按照规定开具红字发票。

第二十八条　单位和个人在开具发票时，应当填写项目齐全，内容真实。

开具纸质发票应当按照发票号码顺序填开，字迹清楚，全部联次一次打印，内容完全一致，并在发票联和抵扣联加盖发票专用章。

第二十九条　《办法》第二十一条所称与实际经营业务情况不符是指具有下列行为之一的：

（一）未购销商品、未提供或者接受服务、未从事其他经营活动，而开具或取得发票；

（二）有购销商品、提供或者接受服务、从事其他经营活动，但开具或取得的发票载明的购买方、销售方、商品名称或经营项目、金额等与实际情况不符。

第三十条　开具发票应当使用中文。民族自治地方可以同时使用当地通用的一种民族文字。

第三十一条　单位和个人向委托人提供发票领用、开具等服务，应当接受税务机关监管，所存储发票数据的最大数量应当符合税务机关的规定。

第三十二条　开发电子发票信息系统为他人提供发票数据查询、下载、存储、使用等涉税服务的，应当符合税务机关的数据标准和管理规定，并与委托人签订协议，不得超越授权范围使用发票数据。

第三十三条　《办法》第二十五条所称规定的使用区域是指国家税务总局和省税务局规定的区域。

第三十四条　《办法》第二十六条所称身份验证是指单位和个人在领用、开具、代开发票时，其经办人应当实名办税。

第三十五条　使用纸质发票的单位和个人应当妥善保管发票。发生发票丢失情形时，应当于发现丢失当日书面报告税务机关。

第五章　发票的检查

第三十六条　税务机关在发票检查中，可以对发票数据进行提取、调出、查阅、复制。

第三十七条　《办法》第三十一条所称发票换票证仅限于在本县（市）范围内使用。需要调出外县（市）的发票查验时，应当提请该县（市）税务机关调取发票。

第三十八条　用票单位和个人有权申请税务机关对发票的真伪进行鉴别。收到申请的税务机关应当受理并负责鉴别发票的真伪；鉴别有困难的，可以提请发票监制税务机关协助鉴别。

在伪造、变造现场以及买卖地、存放地查获的发票，由当地税务机关鉴别。

第六章　罚则

第三十九条　税务机关对违反发票管理法规的行为依法进行处罚的，由县以上税务机关决定；罚款额在2 000元以下的，可由税务所决定。

第四十条　《办法》第三十三条第六项规定以其他凭证代替发票使用的，包括：

（一）应当开具发票而未开具发票，以其他凭证代替发票使用；

（二）应当取得发票而未取得发票，以发票外的其他凭证或者自制凭证用于抵扣税款、出口退税、税前扣除和财务报销；

（三）取得不符合规定的发票，用于抵扣税款、出口退税、税前扣除和财务报销。

构成逃避缴纳税款、骗取出口退税、虚开发票的，按照《中华人民共和国税收征收管理法》、《办法》相关规定执行。

第四十一条　《办法》第三十八条所称的公告是指，税务机关应当在办税场所或者广播、电视、报纸、期刊、网络等新闻媒体上公告纳税人发票违法的情况。公告内容包括：纳税人名称、统一社会信用代码或者纳税人识别号、经营地点、违反发票管理法规的具体情况。

第四十二条 对违反发票管理法规情节严重构成犯罪的,税务机关应当依法移送司法机关处理。

第七章 附则

第四十三条 计划单列市税务局参照《办法》中省、自治区、直辖市税务局的职责做好发票管理工作。

第四十四条 本实施细则自 2011 年 2 月 1 日起施行。

《国家税务总局关于修订〈增值税专用发票使用规定〉的通知》(国税发〔2006〕156 号)

各省、自治区、直辖市和计划单列市国家税务局:

为适应增值税专用发票管理需要,规范增值税专用发票使用,进一步加强增值税征收管理,在广泛征求意见的基础上,国家税务总局对现行的《增值税专用发票使用规定》进行了修订。现将修订后的《增值税专用发票使用规定》印发给你们,自 2007 年 1 月 1 日起施行。

各级税务机关应做好宣传工作,加强对税务人员和纳税人的培训,确保新规定贯彻执行到位。执行中如有问题,请及时报告总局(流转税管理司)。

附件:

1. 最高开票限额申请表(略)
2. 销售货物或者提供应税劳务清单(略)
3. 开具红字增值税专用发票申请单(略)
4. 开具红字增值税专用发票通知单(略)
5. 丢失增值税专用发票已报税证明单(略)

增值税专用发票使用规定

第一条 为加强增值税征收管理,规范增值税专用发票(以下简称专用发票)使用行为,根据《中华人民共和国增值税暂行条例》及其实施细则和《中华人民共和国税收征收管理法》及其实施细则,制定本规定。

第二条 专用发票,是增值税一般纳税人(以下简称一般纳税人)销售货物或者提供应税劳务开具的发票,是购买方支付增值税额并可按照增值税有关规定据以抵扣增值税进项税额的凭证。

第三条 一般纳税人应通过增值税防伪税控系统(以下简称防伪税控系统)使用专用发票。使用,包括领购、开具、缴销、认证纸质专用发票及其相应的数据电文。

本规定所称防伪税控系统,是指经国务院同意推行的,使用专用设备和通用设备、运用数字密码和电子存储技术管理专用发票的计算机管理系统。

本规定所称专用设备,是指金税卡、IC 卡、读卡器和其他设备。

本规定所称通用设备,是指计算机、打印机、扫描器具和其他设备。

第四条 专用发票由基本联次或者基本联次附加其他联次构成,基本联次为三联:发票联、抵扣联和记账联。发票联,作为购买方核算采购成本和增值税进项税额的记账凭证;抵扣联,作为购买方报送主管税务机关认证和留存备查的凭证;记账联,作为销售方核算销售收入和增值税销项税额的记账凭证。其他联次用途,由一般纳税人自行确定。

……

第六条 ……

本规定所称初始发行,是指主管税务机关将一般纳税人的下列信息载入空白金税卡和IC卡的行为。

(一)企业名称;

(二)税务登记代码;

(三)开票限额;

(四)购票限量;

(五)购票人员姓名、密码;

(六)开票机数量;

(七)国家税务总局规定的其他信息。

一般纳税人发生上列第一、三、四、五、六、七项信息变化,应向主管税务机关申请变更发行;发生第二项信息变化,应向主管税务机关申请注销发行。

第七条 一般纳税人凭《发票领购簿》、IC卡和经办人身份证明领购专用发票。

第八条 一般纳税人有下列情形之一的,不得领购开具专用发票:

(一)会计核算不健全,不能向税务机关准确提供增值税销项税额、进项税额、应纳税额数据及其他有关增值税税务资料的。上列其他有关增值税税务资料的内容,由省、自治区、直辖市和计划单列市国家税务局确定。

(二)有《税收征管法》规定的税收违法行为,拒不接受税务机关处理的。

(三)有下列行为之一,经税务机关责令限期改正而仍未改正的:

1、虚开增值税专用发票;

2、私自印制专用发票;

3、向税务机关以外的单位和个人买取专用发票;

4、借用他人专用发票;

5、未按本规定第十一条开具专用发票;

6、未按规定保管专用发票和专用设备;

7、未按规定申请办理防伪税控系统变更发行;

8、未按规定接受税务机关检查。

有上列情形的，如已领购专用发票，主管税务机关应暂扣其结存的专用发票和IC卡。

第九条 有下列情形之一的，为本规定第八条所称未按规定保管专用发票和专用设备：

（一）未设专人保管专用发票和专用设备；

（二）未按税务机关要求存放专用发票和专用设备；

（三）未将认证相符的专用发票抵扣联、《认证结果通知书》和《认证结果清单》装订成册；

（四）未经税务机关查验，擅自销毁专用发票基本联次。

第十条 一般纳税人销售货物或者提供应税劳务，应向购买方开具专用发票。

商业企业一般纳税人零售的烟、酒、食品、服装、鞋帽（不包括劳保专用部分）、化妆品等消费品不得开具专用发票。

增值税小规模纳税人（以下简称小规模纳税人）需要开具专用发票的，可向主管税务机关申请代开。

销售免税货物不得开具专用发票，法律、法规及国家税务总局另有规定的除外。

第十一条 专用发票应按下列要求开具：

（一）项目齐全，与实际交易相符；

（二）字迹清楚，不得压线、错格；

（三）发票联和抵扣联加盖财务专用章或者发票专用章；

（四）按照增值税纳税义务的发生时间开具。

对不符合上列要求的专用发票，购买方有权拒收。

第十二条 一般纳税人销售货物或者提供应税劳务可汇总开具专用发票。汇总开具专用发票的，同时使用防伪税控系统开具《销售货物或者提供应税劳务清单》（附件2），并加盖财务专用章或者发票专用章。

第十三条 一般纳税人在开具专用发票当月，发生销货退回、开票有误等情形，收到退回的发票联、抵扣联符合作废条件的，按作废处理；开具时发现有误的，可即时作废。

作废专用发票须在防伪税控系统中将相应的数据电文按"作废"处理，在纸质专用发票（含未打印的专用发票）各联次上注明"作废"字样，全联次留存。

第十四条 一般纳税人取得专用发票后，发生销货退回、开票有误等情形但不符合作废条件的，或者因销货部分退回及发生销售折让的，购买方应向主管税务机关填报《开具红字增值税专用发票申请单》（以下简称《申请单》，附件3）。

《申请单》所对应的蓝字专用发票应经税务机关认证。

经认证结果为"认证相符"并且已经抵扣增值税进项税额的，一般纳税人在填报《申请单》时不填写相对应的蓝字专用发票信息。

经认证结果为"纳税人识别号认证不符""专用发票代码、号码认证不符"的，一般纳税人在填报《申请单》时应填写相对应的蓝字专用发票信息。

第十五条　《申请单》一式两联：第一联由购买方留存；第二联由购买方主管税务机关留存。

《申请单》应加盖一般纳税人财务专用章。

第十六条　主管税务机关对一般纳税人填报的《申请单》进行审核后，出具《开具红字增值税专用发票通知单》(以下简称《通知单》，附件4)。《通知单》应与《申请单》一一对应。

第十七条　《通知单》一式三联：第一联由购买方主管税务机关留存；第二联由购买方送交销售方留存；第三联由购买方留存。

《通知单》应加盖主管税务机关印章。

《通知单》应按月依次装订成册，并比照专用发票保管规定管理。

第十八条　购买方必须暂依《通知单》所列增值税税额从当期进项税额中转出，未抵扣增值税进项税额的可列入当期进项税额，待取得销售方开具的红字专用发票后，与留存的《通知单》一并作为记账凭证。属于本规定第十四条第四款所列情形的，不作进项税额转出。

第十九条　销售方凭购买方提供的《通知单》开具红字专用发票，在防伪税控系统中以销项负数开具。

红字专用发票应与《通知单》一一对应。

第二十条　同时具有下列情形的，为本规定所称作废条件：

（一）收到退回的发票联、抵扣联时间未超过销售方开票当月；

（二）销售方未抄税并且未记账；

（三）购买方未认证或者认证结果为"纳税人识别号认证不符""专用发票代码、号码认证不符"。

本规定所称抄税，是报税前用IC卡或者IC卡和软盘抄取开票数据电文。

第二十一条　一般纳税人开具专用发票应在增值税纳税申报期内向主管税务机关报税，在申报所属月份内可分次向主管税务机关报税。

本规定所称报税，是纳税人持IC卡或者IC卡和软盘向税务机关报送开票数据电文。

第二十二条　因IC卡、软盘质量等问题无法报税的，应更换IC卡、软盘。

因硬盘损坏、更换金税卡等原因不能正常报税的，应提供已开具未向税务机关报税的专用发票记账联原件或者复印件，由主管税务机关补采开票数据。

第二十三条 一般纳税人注销税务登记或者转为小规模纳税人，应将专用设备和结存未用的纸质专用发票送交主管税务机关。

主管税务机关应缴销其专用发票，并按有关安全管理的要求处理专用设备。

第二十四条 本规定第二十三条所称专用发票的缴销，是指主管税务机关在纸质专用发票监制章处按"V"字剪角作废，同时作废相应的专用发票数据电文。

被缴销的纸质专用发票应退还纳税人。

第二十五条 用于抵扣增值税进项税额的专用发票应经税务机关认证相符（国家税务总局另有规定的除外）。认证相符的专用发票应作为购买方的记账凭证，不得退还销售方。

本规定所称认证，是税务机关通过防伪税控系统对专用发票所列数据的识别、确认。

本规定所称认证相符，是指纳税人识别号无误，专用发票所列密文解译后与明文一致。

第二十六条 经认证，有下列情形之一的，不得作为增值税进项税额的抵扣凭证，税务机关退还原件，购买方可要求销售方重新开具专用发票。

（一）无法认证。

本规定所称无法认证，是指专用发票所列密文或者明文不能辨认，无法产生认证结果。

（二）纳税人识别号认证不符。

本规定所称纳税人识别号认证不符，是指专用发票所列购买方纳税人识别号有误。

（三）专用发票代码、号码认证不符。

本规定所称专用发票代码、号码认证不符，是指专用发票所列密文解译后与明文的代码或者号码不一致。

第二十七条 经认证，有下列情形之一的，暂不得作为增值税进项税额的抵扣凭证，税务机关扣留原件，查明原因，分别情况进行处理。

（一）重复认证。

本规定所称重复认证，是指已经认证相符的同一张专用发票再次认证。

（二）密文有误。

本规定所称密文有误，是指专用发票所列密文无法解译。

（三）认证不符。

本规定所称认证不符，是指纳税人识别号有误，或者专用发票所列密文解译后与明文不一致。

本项所称认证不符不含第二十六条第二项、第三项所列情形。

(四)列为失控专用发票。

本规定所称列为失控专用发票,是指认证时的专用发票已被登记为失控专用发票。

……

第二十九条 专用发票抵扣联无法认证的,可使用专用发票发票联到主管税务机关认证。专用发票发票联复印件留存备查。

第三十条 本规定自2007年1月1日施行,《国家税务总局关于印发〈增值税专用发票使用规定〉的通知》(国税发〔1993〕150号)、《国家税务总局关于增值税专用发票使用问题的补充通知》(国税发〔1994〕056号)、《国家税务总局关于由税务所为小规模企业代开增值税专用发票的通知》(国税发〔1994〕058号)、《国家税务总局关于印发〈关于商业零售企业开具增值税专用发票的通告〉的通知》(国税发〔1994〕081号)、《国家税务总局关于修改〈国家税务总局关于严格控制增值税专用发票使用范围的通知〉的通知》(国税发〔2000〕075号)、《国家税务总局关于加强防伪税控开票系统最高开票限额管理的通知》(国税发明电〔2001〕57号)、《国家税务总局关于增值税一般纳税人丢失防伪税控系统开具的增值税专用发票有关税务处理问题的通知》(国税发〔2002〕010号)、《国家税务总局关于进一步加强防伪税控开票系统最高开票限额管理的通知》(国税发明电〔2002〕33号)同时废止。以前有关政策规定与本规定不一致的,以本规定为准。

《关于在全国开展营业税改征增值税试点有关征收管理问题的公告》(国家税务总局公告2013年第39号)

为了贯彻落实《财政部 国家税务总局关于在全国开展交通运输业和部分现代服务业营业税改征增值税试点税收政策的通知》(财税〔2013〕37号)精神,保障营业税改征增值税(以下简称营改增)改革试点的顺利实施,现将征收管理有关问题公告如下:

一、关于纳税人发票使用问题

……

(二)提供港口码头服务、货运客运场站服务、装卸搬运服务、旅客运输服务的一般纳税人,可以选择使用定额普通发票。

(三)从事国际货物运输代理业务的一般纳税人,应使用六联专用发票或五联增值税普通发票,其中第四联用作购付汇联;从事国际货物运输代理业务的小规模纳税人,应使用普通发票,其中第四联用作购付汇联。

(四)纳税人于本地区试点实施之日前提供改征增值税的营业税应税服务并开具营业税发票后,如发生服务中止、折让、开票有误等情形,且不符合发票作废条件的,应于2014年3月31日前向原主管税务机关申请开具营业税红字发票,不得开具红字专用发票和红字货运专票。需重新开具发票的,应于2014年3月31日前向原主管税务机关申请开具营业税发票,不得开具专用发票或货运专票。

二、关于税控系统使用问题

(一)自本地区营改增试点实施之日起,一般纳税人提供货物运输服务、开具货运专票的,使用货物运输业增值税专用发票税控系统(以下简称货运专票税控系统);提供货物运输服务之外的其他增值税应税服务、开具专用发票和增值税普通发票的,使用增值税防伪税控系统(以下简称防伪税控系统)。

(二)自2013年8月1日起,一般纳税人从事机动车(旧机动车除外)零售业务开具机动车销售统一发票,应使用机动车销售统一发票税控系统(以下简称机动车发票税控系统)。

(三)试点纳税人使用的防伪税控系统专用设备为金税盘和报税盘,纳税人应当使用金税盘开具发票,使用报税盘领购发票、抄报税;货运专票税控系统和机动车发票税控系统专用设备为税控盘和报税盘,纳税人应当使用税控盘开具发票,使用报税盘领购发票、抄报税。

货运专票税控系统及专用设备管理,按照现行防伪税控系统有关规定执行。各省国税机关可对现有相关文书作适当调整。

(四)北京市小规模纳税人自2012年9月1日起使用金税盘或税控盘开具普通发票,使用报税盘领购发票、抄报税的办法继续执行。

三、关于增值税专用发票(增值税税控系统)最高开票限额审批问题

增值税专用发票(增值税税控系统)实行最高开票限额管理。最高开票限额,是指单份专用发票或货运专票开具的销售额合计数不得达到的上限额度。

最高开票限额由一般纳税人申请,区县税务机关依法审批。一般纳税人申请最高开票限额时,需填报《增值税专用发票最高开票限额申请单》(附件2)。主管税务机关受理纳税人申请以后,根据需要进行实地查验。实地查验的范围和方法由各省国税机关确定。

税务机关应根据纳税人实际生产经营和销售情况进行审批,保证纳税人生产经营的正常需要。

四、关于货运专票开具问题

(一)一般纳税人提供应税货物运输服务,使用货运专票;提供其他增值税应税项目、免税项目或非增值税应税项目的,不得使用货运专票。

(二)货运专票中"承运人及纳税人识别号"栏填写提供货物运输服务、开具货运专票的一般纳税人信息;"实际受票方及纳税人识别号"栏填写实际负担运输费用、抵扣进项税额的一般纳税人信息;"费用项目及金额"栏填写应税货物运输服务明细项目及不含增值税的销售额;"合计金额"栏填写应税货物运输服务项目不含增值税的销售额合计;

"税率"栏填写增值税税率;"税额"栏填写按照应税货物运输服务项目不含增值税的销售额和适用税率计算得出的增值税额;"价税合计(大写)(小写)"栏填写不含增值税的销售额和增值税额的合计;"机器编号"栏填写货运专票税控系统税控盘编号。

(三)税务机关在代开货运专票时,货运专票税控系统在货运专票左上角自动打印"代开"字样;"税率"栏填写小规模纳税人增值税征收率;"税额"栏填写按照应税货物运输服务项目不含增值税的销售额和小规模纳税人增值税征收率计算得出的增值税额;"备注"栏填写税收完税凭证号码;其他栏次内容与本条第(二)项相同。

……

五、关于货运专票管理问题

(一)货运专票暂不纳入失控发票快速反应机制管理。

(二)货运专票的认证结果类型包括"认证相符""无法认证""认证不符""密文有误"和"重复认证"等类型(暂无失控发票类型),稽核结果类型包括"相符""不符""缺联""重号""属于作废"和"滞留"等类型。认证、稽核异常货运专票的处理按照专用发票的有关规定执行。

(三)稽核异常的货运专票的核查工作,按照《增值税专用发票审核检查操作规程(试行)》的有关规定执行。

……

六、本公告自2013年8月1日起实施,《国家税务总局关于修订〈增值税专用发票使用规定〉的通知》(国税发〔2006〕156号)第五条、《国家税务总局关于营业税改征增值税试点有关税收征收管理问题的公告》(国家税务总局公告2011年第77号)、《国家税务总局关于北京等8省市营业税改征增值税试点有关税收征收管理问题的公告》(国家税务总局公告2012年第42号)同时废止。

特此公告。

附件:

1. 代开货物运输业增值税专用发票缴纳税款申报单(略)
2. 增值税专用发票最高开票限额申请表(略)
3. 开具红字货物运输业增值税专用发票申请单(略)
4. 开具红字货物运输业增值税专用发票通知单(略)
5. 丢失货物运输业增值税专用发票已报税证明单(略)

《国家税务总局关于简化增值税发票领用和使用程序有关问题的公告》(国家税务总局公告2014年第19号)

为切实转变税务机关工作职能,进一步优化纳税服务,提高办税效率,国家税务总局开展了"便民办税春风行动",全面全程提速办税,给诚信守法的纳税人提供更多的办税便利，现将简化增值税发票领用和使用程序有关问题公告如下：

一、简化纳税人领用增值税发票手续

取消增值税发票（包括增值税专用发票、货物运输业增值税专用发票、增值税普通发票和机动车销售统一发票，下同）手工验旧。税务机关应用增值税一般纳税人（以下简称一般纳税人）发票税控系统报税数据，通过信息化手段实现增值税发票验旧工作。

二、简化专用发票审批手续

一般纳税人申请专用发票（包括增值税专用发票和货物运输业增值税专用发票，下同）最高开票限额不超过十万元的，主管税务机关不需事前进行实地查验。各省国税机关可在此基础上适当扩大不需事前实地查验的范围，实地查验的范围和方法由各省国税机关确定。

……

四、简化红字专用发票办理手续

一般纳税人开具专用发票后，发生销货退回或销售折让，按照规定开具红字专用发票后，不再将该笔业务的相应记账凭证复印件报送主管税务机关备案。

五、实行分类分级规范化管理

对增值税发票实行分类分级规范化管理，提高工作效率，减少办税环节。

（一）以下纳税人可一次领取不超过3个月的增值税发票用量，纳税人需要调整增值税发票用量，手续齐全的，按照纳税人需要即时办理：

1. 纳税信用等级评定为A类的纳税人；

2. 地市国税局确定的纳税信用好，税收风险等级低的其他类型纳税人。

（二）上述纳税人2年内有涉税违法行为、移交司法机关处理记录，或者正在接受税务机关立案稽查的，不适用本条第（一）项规定。

（三）辅导期一般纳税人专用发票限量限额管理工作，按照《增值税一般纳税人纳税辅导期管理办法》有关规定执行。

六、建立高效联动的风险防控机制

税务机关在做好纳税服务，提高办税效率的同时，充分利用信息化手段，建立高效联动的风险防控机制，科学设立风险防控指标，加强日常评估及后续监控管理，提升后续监控的及时性和针对性，跟踪分析纳税人发票使用及纳税申报情况。对纳税人发票使用异常且无正当理由的，税务机关可重新核定发票限额及领用数量。

本公告自2014年5月1日起施行。《国家税务总局关于修订〈增值税专用发票使用规定〉的通知》（国税发〔2006〕156号）第二十八条、《国家税务总局关于修订增值税专用发票使用规定的补充通知》（国税发〔2007〕18号）第一条第（五）项、《国家税务总局关于下放增值税专用发票最高开票限额审批权限的通知》（国税函〔2007〕918号）

第二条、《国家税务总局关于在全国开展营业税改征增值税试点有关征收管理问题的公告》(国家税务总局公告2013年第39号)第五条第(四)项同时废止。

特此公告。

附件:

1. 丢失增值税专用发票已报税证明单(略)
2. 丢失货物运输业增值税专用发票已报税证明单(略)

《国家税务总局关于增值税发票综合服务平台等事项的公告》(国家税务总局公告2020年第1号)

为贯彻落实党中央、国务院决策部署,进一步优化税收营商环境,深化税务系统"放管服"改革,便利纳税人开具和使用增值税发票,现将有关事项公告如下:

一、税务总局将增值税发票选择确认平台升级为增值税发票综合服务平台,为纳税人提供发票用途确认、风险提示、信息下载等服务。纳税人取得增值税专用发票、机动车销售统一发票、收费公路通行费增值税电子普通发票后,如需用于申报抵扣增值税进项税额或申请出口退税、代办退税,应当登录增值税发票综合服务平台确认发票用途。增值税发票综合服务平台登录地址由国家税务总局各省(自治区、直辖市和计划单列市)税务局(以下简称"各省税务局")确定并公布。

纳税人应当按照发票用途确认结果申报抵扣增值税进项税额或申请出口退税、代办退税。纳税人已经申报抵扣的发票,如改用于出口退税或代办退税,应当向主管税务机关提出申请,由主管税务机关核实情况并调整用途。纳税人已经确认用途为申请出口退税或代办退税的发票,如改用于申报抵扣,应当向主管税务机关提出申请,经主管税务机关核实该发票尚未申报出口退税,并将发票电子信息回退后,由纳税人调整用途。

二、纳税人通过增值税电子发票公共服务平台开具的增值税电子普通发票(票样见附件),属于税务机关监制的发票,采用电子签名代替发票专用章,其法律效力、基本用途、基本使用规定等与增值税普通发票相同。

增值税电子普通发票版式文件格式为OFD格式。单位和个人可以登录全国增值税发票查验平台(https://inv-veri.chinatax.gov.cn)下载增值税电子普通发票版式文件阅读器查阅增值税电子普通发票。

三、纳税人办理增值税普通发票、增值税电子普通发票、收费公路通行费增值税电子普通发票、机动车销售统一发票、二手车销售统一发票票种核定事项,除税务机关按规定确定的高风险等情形外,主管税务机关应当即时办结。

四、纳税人同时丢失已开具增值税专用发票或机动车销售统一发票的发票联和抵扣联,可凭加盖销售方发票专用章的相应发票记账联复印件,作为增值税进项税额的抵扣凭证、退税凭证或记账凭证。

纳税人丢失已开具增值税专用发票或机动车销售统一发票的抵扣联，可凭相应发票的发票联复印件，作为增值税进项税额的抵扣凭证或退税凭证；纳税人丢失已开具增值税专用发票或机动车销售统一发票的发票联，可凭相应发票的抵扣联复印件，作为记账凭证。

五、本公告自发布之日起施行。《国家税务总局关于简化增值税发票领用和使用程序有关问题的公告》（2014年第19号，国家税务总局公告2018年第31号修改）第三条同时废止。

特此公告。

附件：通过增值税电子发票公共服务平台开具的增值税电子普通发票票样（略）

《国家税务总局关于部分税务事项实行容缺办理和进一步精简涉税费资料报送的公告》（国家税务总局公告2022年第26号）

为深入贯彻党中央、国务院关于深化"放管服"改革、优化营商环境的决策部署，认真落实中办、国办印发的《关于进一步深化税收征管改革的意见》，切实减轻纳税人缴费人办税缴费负担，税务总局决定对部分税务事项实行容缺办理，进一步精简涉税费资料报送。现就有关事项公告如下：

一、税务事项容缺办理

（一）容缺办理事项

符合容缺办理情形的纳税人，可以选择《容缺办理涉税费事项及容缺资料清单》（附件1）所列的一项或多项税费业务事项，按照可容缺资料范围进行容缺办理。

容缺办理的纳税人签署《容缺办理承诺书》（附件2），书面承诺知晓容缺办理的相关要求，愿意承担容缺办理的相关责任。对符合容缺办理情形的纳税人，税务机关以书面形式（含电子文本）一次性告知纳税人需要补正的资料及具体补正形式、补正时限和未履行承诺的法律责任（附件3），并按照规定程序办理业务事项。

（二）容缺办理资料补正

纳税人可选择采取现场提交、邮政寄递或税务机关认可的其他方式补正容缺办理资料，补正时限为20个工作日。采取现场提交的，补正时间为资料提交时间；采取邮政寄递方式的，补正时间为资料寄出时间；采取其他方式的，补正时间以税务机关收到资料时间为准。

纳税人应履行容缺办理承诺，承担未履行承诺的相关责任。纳税人未按承诺时限补正资料的，相关记录将按规定纳入纳税信用评价。

（三）不适用容缺办理的情形

重大税收违法失信案件当事人不适用容缺办理。相关当事人已履行相关法定义务，经实施检查的税务机关确认的，在公布期届满后可以适用容缺办理。

超出补正时限未提交容缺办理补正资料的纳税人,不得再次适用容缺办理。

二、精简涉税费资料报送

(一)取消报送的涉税费资料

纳税人办理《取消报送涉税费资料清单》(附件4)所列的税费业务事项,不再向税务机关报送《取消报送涉税费资料清单》明确取消报送的相关资料。

(二)改为留存备查的涉税费资料

纳税人办理《改留存备查涉税费资料清单》(附件5)所列的税费业务事项,不再向税务机关报送《改留存备查涉税费资料清单》明确改留存备查的相关资料,改由纳税人完整保存留存备查。纳税人对留存备查资料的真实性和合法性承担法律责任。

本公告自2023年2月1日起施行,《废止的文件条款目录》(附件6)中列明的条款同时废止。

特此公告。

附件:

1. 容缺办理涉税费事项及容缺资料清单(略)

2. 容缺办理承诺书(略)

3. 税务事项通知书(容缺办理补正通知)(略)

4. 取消报送涉税费资料清单(略)

5. 改留存备查涉税费资料清单(略)

6. 废止的文件条款目录(略)

《国家税务总局关于纳税人销售其取得的不动产办理产权过户手续使用的增值税发票联次问题的通知》(税总函〔2016〕190号)

各省、自治区、直辖市和计划单列市国家税务局、地方税务局:

近接部分地区反映,需要明确营改增后纳税人销售其取得的不动产,办理产权过户手续使用的增值税发票联次问题。经研究,现将有关问题通知如下:

纳税人销售其取得的不动产,自行开具或者税务机关代开增值税发票时,使用六联增值税专用发票或者五联增值税普通发票。纳税人办理产权过户手续需要使用发票的,可以使用增值税专用发票第六联或者增值税普通发票第三联。

《国家税务总局关于加强增值税税控系统管理有关问题的通知》(税总函〔2016〕368号)

各省、自治区、直辖市和计划单列市国家税务局:

为进一步加强增值税税控系统管理,提高办税效率,提升纳税人对税控服务满意度,现将有关问题通知如下:

一、集团总部采取集中购买税控一体化解决方案的纳税人,其所需的税控专用设备可以直接向航天信息股份有限公司或国家信息安全工程技术研究中心，以及上述两家单位授权的销售单位（以下简称销售单位）购买。销售单位应保障税控专用设备的质量和如数供应，不得以任何理由推诿、拖延或者拒绝纳税人购买税控专用设备的要求。

各地税务机关要及时为纳税人或其书面委托的单位办理税控专用设备发行，不限定只为本省范围购买的税控专用设备进行发行。各地税务机关要进一步简化税控专用设备发行流程，提高办税效率。

二、纳税人购买税控专用设备后，销售单位不得向纳税人指定增值税税控系统维护服务单位（以下简称服务单位），不得强迫纳税人接受服务。纳税人可在所在区域范围内具备服务资格的服务单位间自行选择。

纳税人向服务单位提出安装要求后，服务单位应在3个工作日内完成纳税人增值税税控系统的安装、调试，不得以任何理由推诿、拖延或拒绝。

承担集团总部集中购买税控一体化解决方案的单位，应为纳税人做好增值税税控系统的维护服务，可以自建服务体系，并接受当地税务机关的监督管理，也可委托具备服务资格的服务单位提供服务，并承担相关责任。

三、严禁销售单位及服务单位借销售税控专用设备或维护服务之机违规搭售设备、软件、其他商品，或收取规定之外的各种名目的费用。《国家税务总局关于发布增值税发票税控开票软件数据接口规范的公告》（国家税务总局公告2016年第25号），已对纳税人使用的增值税发票税控开票软件相关数据接口规范予以发布，供纳税人免费使用，任何单位和个人不得向使用增值税税控系统的纳税人收取任何名义的开票软件接口费用。

四、各地税务机关要加强对销售单位、服务单位的监督管理，及时回应纳税人投诉，对存在问题的销售单位、服务单位责令其立即纠正，并限期整改。对违反规定的，按照《增值税税控系统服务单位监督管理办法》有关规定严肃处理。

《国家税务总局关于红字增值税发票开具有关问题的公告》（国家税务总局公告2016年第47号）

为进一步规范纳税人开具增值税发票管理，现将红字发票开具有关问题公告如下：

一、增值税一般纳税人开具增值税专用发票（以下简称"专用发票"）后，发生销货退回、开票有误、应税服务中止等情形但不符合发票作废条件，或者因销货部分退回及发生销售折让，需要开具红字专用发票的，按以下方法处理：

（一）购买方取得专用发票已用于申报抵扣的，购买方可在增值税发票管理新系统（以下简称"新系统"）中填开并上传《开具红字增值税专用发票信息表》（以下简称《信息表》，详见附件），在填开《信息表》时不填写相对应的蓝字专用发票信息，应暂依《信息表》所列增值税税额从当期进项税额中转出，待取得销售方开具的红字专用发票后,与《信息表》一并作为记账凭证。

购买方取得专用发票未用于申报抵扣、但发票联或抵扣联无法退回的,购买方填开《信息表》时应填写相对应的蓝字专用发票信息。

销售方开具专用发票尚未交付购买方,以及购买方未用于申报抵扣并将发票联及抵扣联退回的,销售方可在新系统中填开并上传《信息表》。销售方填开《信息表》时应填写相对应的蓝字专用发票信息。

(二)主管税务机关通过网络接收纳税人上传的《信息表》,系统自动校验通过后,生成带有"红字发票信息表编号"的《信息表》,并将信息同步至纳税人端系统中。

(三)销售方凭税务机关系统校验通过的《信息表》开具红字专用发票,在新系统中以销项负数开具。红字专用发票应与《信息表》一一对应。

(四)纳税人也可凭《信息表》电子信息或纸质资料到税务机关对《信息表》内容进行系统校验。

二、税务机关为小规模纳税人代开专用发票,需要开具红字专用发票的,按照一般纳税人开具红字专用发票的方法处理。

三、纳税人需要开具红字增值税普通发票的,可以在所对应的蓝字发票金额范围内开具多份红字发票。红字机动车销售统一发票需与原蓝字机动车销售统一发票一一对应。

四、按照《国家税务总局关于纳税人认定或登记为一般纳税人前进项税额抵扣问题的公告》(国家税务总局公告 2015 年第 59 号)的规定,需要开具红字专用发票的,按照本公告规定执行。

五、本公告自 2016 年 8 月 1 日起施行,《国家税务总局关于推行增值税发票系统升级版有关问题的公告》(国家税务总局公告 2014 年第 73 号)第四条、附件 1、附件 2 和《国家税务总局关于全面推行增值税发票系统升级版有关问题的公告》(国家税务总局公告 2015 年第 19 号)第五条、附件 1、附件 2 同时废止。此前未处理的事项,按照本公告规定执行。

特此公告。

附件:开具红字增值税专用发票信息表(略)

《国家税务总局关于保险机构代收车船税开具增值税发票问题的公告》(国家税务总局公告 2016 年第 51 号)

现对保险机构代收车船税开具增值税发票问题公告如下:

保险机构作为车船税扣缴义务人,在代收车船税并开具增值税发票时,应在增值税发票备注栏中注明代收车船税税款信息。具体包括:保险单号、税款所属期(详细至月)、代收车船税金额、滞纳金金额、金额合计等。该增值税发票可作为纳税人缴纳车船税及滞纳金的会计核算原始凭证。

本公告自 2016 年 5 月 1 日起施行。

特此公告。

《国家税务总局关于增值税发票开具有关问题的公告》（国家税务总局公告 2017 年第 16 号）

为进一步加强增值税发票管理，保障全面推开营业税改征增值税试点工作顺利实施，保护纳税人合法权益，营造健康公平的税收环境，现将增值税发票开具有关问题公告如下：

一、自 2017 年 7 月 1 日起，购买方为企业的，索取增值税普通发票时，应向销售方提供纳税人识别号或统一社会信用代码；销售方为其开具增值税普通发票时，应在"购买方纳税人识别号"栏填写购买方的纳税人识别号或统一社会信用代码。不符合规定的发票，不得作为税收凭证。

本公告所称企业，包括公司、非公司制企业法人、企业分支机构、个人独资企业、合伙企业和其他企业。

二、销售方开具增值税发票时，发票内容应按照实际销售情况如实开具，不得根据购买方要求填开与实际交易不符的内容。销售方开具发票时，通过销售平台系统与增值税发票税控系统后台对接，导入相关信息开票的，系统导入的开票数据内容应与实际交易相符，如不相符应及时修改完善销售平台系统。

特此公告。

《货物运输业小规模纳税人申请代开增值税专用发票管理办法》（国家税务总局公告 2017 年第 55 号发布，根据国家税务总局公告 2018 年第 31 号、2019 年第 45 号修正）

第一条　为进一步优化纳税服务，简化办税流程，方便货物运输业小规模纳税人代开增值税专用发票，根据《中华人民共和国税收征收管理法》及其实施细则、《中华人民共和国发票管理办法》及其实施细则等规定，制定本办法。

第二条　同时具备以下条件的增值税纳税人（以下简称纳税人）适用本办法：

（一）在中华人民共和国境内（以下简称境内）提供公路或内河货物运输服务，并办理了税务登记（包括临时税务登记）。

（二）提供公路货物运输服务的（以 4.5 吨及以下普通货运车辆从事普通道路货物运输经营的除外），取得《中华人民共和国道路运输经营许可证》和《中华人民共和国道路运输证》；提供内河货物运输服务的，取得《国内水路运输经营许可证》和《船舶营业运输证》。

（三）在税务登记地主管税务机关按增值税小规模纳税人管理。

第三条　纳税人在境内提供公路或内河货物运输服务，需要开具增值税专用发票的，可在税务登记地、货物起运地、货物到达地或运输业务承揽地（含互联网物流平台所在地）中任何一地，就近向税务机关（以下称代开单位）申请代开增值税专用发票。

第四条 纳税人应将营运资质和营运机动车、船舶信息向主管税务机关进行备案。

第五条 完成上述备案后，纳税人可向代开单位申请代开增值税专用发票，并向代开单位提供以下资料：

（一）《货物运输业代开增值税专用发票缴纳税款申报单》（以下简称《申报单》）。

（二）加载统一社会信用代码的营业执照（或税务登记证或组织机构代码证）复印件。

（三）经办人身份证件及复印件。

第六条 纳税人申请代开增值税专用发票时，应按机动车号牌或船舶登记号码分别填写《申报单》，挂车应单独填写《申报单》。《申报单》中填写的运输工具相关信息，必须与其向主管税务机关备案的信息一致。

第七条 纳税人对申请代开增值税专用发票时提交资料的真实性和合法性承担责任。

第八条 代开单位对纳税人提交资料的完整性和一致性进行核对。资料不符合要求的，应一次性告知纳税人补正资料；符合要求的，按规定代开增值税专用发票。

第九条 纳税人申请代开增值税专用发票时，应按照所代开增值税专用发票上注明的税额向代开单位全额缴纳增值税。

第十条 纳税人代开专用发票后，如发生服务中止、折让、开票有误等情形，需要作废增值税专用发票、开具增值税红字专用发票、重新代开增值税专用发票、办理退税等事宜的，应由原代开单位按照现行规定予以受理。

第十一条 纳税人在非税务登记地申请代开增值税专用发票，不改变主管税务机关对其实施税收管理。

第十二条 纳税人应按照主管税务机关核定的纳税期限，按期计算增值税应纳税额，抵减其申请代开增值税专用发票缴纳的增值税后，向主管税务机关申报缴纳增值税。

第十三条 纳税人代开增值税专用发票对应的销售额，一并计入该纳税人月（季、年）度销售额，作为主管税务机关对其实施税收管理的标准和依据。

第十四条 增值税发票管理新系统定期将纳税人异地代开发票、税款缴纳等数据信息清分至主管税务机关。主管税务机关应加强数据比对分析，对纳税人申请代开增值税专用发票金额明显超出其实际运输能力的，主管税务机关可暂停其在非税务登记地代开增值税专用发票并及时约谈纳税人。经约谈排除疑点的，纳税人可继续在非税务登记地申请代开增值税专用发票。

第十五条 各省、自治区、直辖市和计划单列市税务局可根据本办法制定具体实施办法。

第十六条 本办法未明确事项，按现行增值税专用发票使用规定及税务机关代开增值税专用发票有关规定执行。

第十七条 本办法自 2018 年 1 月 1 日起施行。《国家税务总局关于在全国开展营业税改征增值税试点有关征收管理问题的公告》（国家税务总局公告 2013 年第 39 号）第一条第（一）项和附件 1 同时废止。

《国家税务总局关于开展网络平台道路货物运输企业代开增值税专用发票试点工作的通知》（税总函〔2019〕405 号）

为进一步优化纳税服务，提高货物运输业小规模纳税人使用增值税专用发票的便利性，根据《中华人民共和国税收征收管理法》及其实施细则、《中华人民共和国发票管理办法》及其实施细则、《交通运输部 国家税务总局关于印发〈网络平台道路货物运输经营管理暂行办法〉的通知》（交运规〔2019〕12 号）等规定，税务总局决定在全国范围内开展网络平台道路货物运输企业代开增值税专用发票试点工作。现将有关事项通知如下：

一、试点内容

经国家税务总局各省、自治区、直辖市和计划单列市税务局（以下称各省税务局）批准，纳入试点的网络平台道路货物运输企业（以下称试点企业）可以为同时符合以下条件的货物运输业小规模纳税人（以下称会员）代开增值税专用发票，并代办相关涉税事项。

（一）在中华人民共和国境内提供公路货物运输服务，取得《中华人民共和国道路运输经营许可证》和《中华人民共和国道路运输证》。以 4.5 吨及以下普通货运车辆从事普通道路货物运输经营的，无须取得《中华人民共和国道路运输经营许可证》和《中华人民共和国道路运输证》。

（二）以自己的名义对外经营，并办理了税务登记（包括临时税务登记）。

（三）未做增值税专用发票票种核定。

（四）注册为该平台会员。

二、试点企业的条件

试点企业应当同时符合以下条件：

（一）按照《交通运输部 国家税务总局关于印发〈网络平台道路货物运输经营管理暂行办法〉的通知》（交运规〔2019〕12 号）规定，取得经营范围中注明"网络货运"的《道路运输经营许可证》。

（二）具备与开展业务相适应的相关线上服务能力，包括信息数据交互及处理能力，物流信息全程跟踪、记录、存储、分析能力，实现交易、运输、结算等各环节全过程透明化动态管理，对实际承运驾驶员和车辆的运输轨迹实时展示，并记录含有时间和地理位置信息的实时运输轨迹数据。

（三）与省级交通运输主管部门建立的网络货运信息监测系统实现有效对接，按照要求完成数据上传。

（四）对会员相关资质进行审查，保证提供运输服务的实际承运车辆具备合法有效的营运证，驾驶员具有合法有效的从业资格证。

试点企业代开增值税专用发票不得收取任何费用，否则将取消其试点企业资格。

三、专用发票的开具

试点企业按照以下规定为会员代开增值税专用发票：

（一）仅限于为会员通过本平台承揽的货物运输服务代开增值税专用发票。

（二）应与会员签订委托代开增值税专用发票协议。协议范本由各省税务局制定。

（三）使用自有增值税发票税控开票软件，按照3%的征收率代开增值税专用发票，并在发票备注栏注明会员的纳税人名称、纳税人识别号、起运地、到达地、车种车号以及运输货物信息。如内容较多可另附清单。

（四）代开增值税专用发票的相关栏次内容，应与会员通过本平台承揽的运输服务，以及本平台记录的物流信息保持一致。平台记录的交易、资金、物流等相关信息应统一存储，以备核查。

（五）试点企业接受会员提供的货物运输服务，不得为会员代开专用发票。试点企业可以按照《货物运输业小规模纳税人申请代开增值税专用发票管理办法》（国家税务总局公告2017年第55号发布）的相关规定，代会员向试点企业主管税务机关申请代开专用发票。

四、涉税事项的办理

（一）试点企业代开增值税专用发票应当缴纳的增值税，由试点企业按月代会员向试点企业主管税务机关申报缴纳，并将完税凭证转交给会员。

（二）试点企业办理增值税纳税申报时，代开增值税专用发票对应的收入不属于试点企业的增值税应税收入，无须申报。试点企业应按月将代开增值税专用发票和代缴税款情况向主管税务机关报备，具体报备的有关事项由各省税务局确定。

（三）会员应按照其主管税务机关核定的纳税期限，按规定计算增值税应纳税额，抵减已由试点企业代为缴纳的增值税后，向主管税务机关申报纳税。

五、工作要求

（一）各地税务机关应高度重视网络平台道路货物运输企业代开专用发票试点工作，总结前期开展互联网物流平台企业代开专用发票试点工作的经验，严格按照税务总局部署落实好相关工作。

（二）各省税务局负责组织实施网络平台道路货物运输企业代开专用发票试点工作，按照纳税人自愿的原则确定试点企业。开展试点工作需要纳税人周知的其他事项，由各省税务局负责办理。

（三）各地税务机关应积极推动试点工作开展，加强试点企业的管理，分析试点企业运行数据。发现试点企业虚构业务、虚开发票等违法违规行为的，应立即取消其试点资格并依法处理。

（四）各地税务机关应与当地道路货运行业主管部门对接，充分利用和挖掘内外部大数据资源，深入开展物流行业经济分析和税收风险管理工作，及时总结试点经验，提升试点成效。试点过程中发现的情况和问题，请及时上报国家税务总局（货物和劳务税司）。

本通知自2020年1月1日起施行。《国家税务总局关于开展互联网物流平台企业代开增值税专用发票试点工作的通知》（税总函〔2017〕579号）同时废止。

《国家税务总局关于新办纳税人首次申领增值税发票有关事项的公告》（国家税务总局公告2018年第29号）

为了进一步深化税务系统"放管服"改革，优化税收营商环境，方便新办纳税人首次申领增值税发票，按照国务院关于进一步压缩企业开办时间的要求，税务总局决定压缩新办纳税人首次申领增值税发票时间。现将有关事项公告如下：

一、同时满足下列条件的新办纳税人首次申领增值税发票，主管税务机关应当自受理申请之日起2个工作日内办结，有条件的主管税务机关当日办结：

（一）纳税人的办税人员、法定代表人已经进行实名信息采集和验证（需要采集、验证法定代表人实名信息的纳税人范围由各省税务机关确定）；

（二）纳税人有开具增值税发票需求，主动申领发票；

（三）纳税人按照规定办理税控设备发行等事项。

二、新办纳税人首次申领增值税发票主要包括发票票种核定、增值税专用发票（增值税税控系统）最高开票限额审批、增值税税控系统专用设备初始发行、发票领用等涉税事项。

三、税务机关为符合本公告第一条规定的首次申领增值税发票的新办纳税人办理发票票种核定，增值税专用发票最高开票限额不超过10万元，每月最高领用数量不超过25份；增值税普通发票最高开票限额不超过10万元，每月最高领用数量不超过50份。各省税务机关可以在此范围内结合纳税人税收风险程度，自行确定新办纳税人首次申领增值税发票票种核定标准。

四、各省税务机关要根据本地区的实际情况，进一步明确新办纳税人首次申领增值税发票的办理时限、办理方式和办理流程，尽可能实现税控设备网上购买，并做好压缩新办纳税人首次申领增值税发票时间相关政策的宣传解释工作，确保符合条件的新办纳税人及时、顺利地领用增值税发票。

除新疆、青海、西藏以外的地区，本公告自2018年8月1日起施行；新疆、青海、西藏地区自 2018 年 10 月 1 日起施行。

特此公告。

《国家税务总局关于增值税电子普通发票使用有关事项的公告》（国家税务总局公告 2018 年第 41 号）

为了保障国税地税征管体制改革工作顺利推进，确保改革前后增值税电子普通发票有序衔接、平稳过渡，现将增值税电子普通发票使用有关事项公告如下：

一、新税务机构挂牌后，国家税务总局各省、自治区、直辖市和计划单列市税务局［以下简称"各省（区、市）税务局"］将启用新的发票监制章。增值税电子普通发票（含收费公路通行费增值税电子普通发票，下同）版式文件上的发票监制章，相应修改为各省（区、市）税务局新启用的发票监制章。

二、新启用的发票监制章形状为椭圆形，长轴为 3 厘米，短轴为 2 厘米，边宽为 0.1 厘米，内环加刻一细线，上环刻制"全国统一发票监制章"字样，中间刻制"国家税务总局"字样，下环刻制"××省（区、市）税务局"字样，下环字样例如："江苏省税务局""上海市税务局""内蒙古自治区税务局""新疆维吾尔自治区税务局"。字体为楷体 7 磅，印色为大红色。新启用的发票监制章样式见附件。

三、纳税人自建电子发票服务平台和第三方电子发票服务平台，应当于 2018 年 12 月 31 日前完成升级工作。电子发票服务平台升级后，生成的增值税电子普通发票版式文件使用各省（区、市）税务局新启用的发票监制章。电子发票服务平台升级前，生成的增值税电子普通发票版式文件可以继续使用原各省、自治区、直辖市和计划单列市国家税务局的发票监制章。

四、各省（区、市）税务局要利用多种渠道，切实做好增值税电子普通发票使用有关事项的宣传解释工作。要多措并举、扎实推进，将相关政策规定及时、准确告知自建电子发票服务平台的纳税人和第三方电子发票服务平台运营商，并督促其按时完成电子发票服务平台升级工作。

五、《国家税务总局关于推行通过增值税电子发票系统开具的增值税电子普通发票有关问题的公告》（国家税务总局公告 2015 年第 84 号发布，国家税务总局公告 2018 年第 31 号修改）附件 1 增值税电子普通发票票样中的发票监制章按照本公告规定调整。

本公告自发布之日起施行。

特此公告。

附件：发票监制章样式（略）

《国家税务总局关于稀土企业等汉字防伪项目企业开具增值税发票有关问题的公告》（国家税务总局公告 2019 年第 13 号）

为了适应稀土行业发展和税收信息化建设需要，现将稀土企业等纳入增值税汉字防

伪项目管理企业开具增值税发票有关问题公告如下:

一、自 2019 年 6 月 1 日起,停用增值税防伪税控系统汉字防伪项目。

二、从事稀土产品生产、商贸流通的增值税纳税人(以下简称"稀土企业")销售稀土产品或提供稀土应税劳务、服务的,应当通过升级后的增值税发票管理系统开具稀土专用发票;销售非稀土产品或提供非稀土应税劳务、服务的,不得开具稀土专用发票。

(一)本公告所称稀土产品包括稀土矿产品、稀土冶炼分离产品、稀土金属及合金、稀土产品加工费。《稀土产品目录》详见附件。

(二)稀土专用发票开具不得使用增值税发票管理系统"销售货物或者提供应税劳务、服务清单"填开功能。稀土专用发票"货物或应税劳务、服务名称"栏应当通过增值税发票管理系统中的稀土产品目录选择,"单位"栏选择"公斤"或"吨","数量"栏按照折氧化物计量填写。增值税发票管理系统在发票左上角自动打印"XT"字样。

(三)稀土企业销售稀土矿产品、稀土冶炼分离产品、稀土金属及合金,提供稀土加工应税劳务、服务的,应当按照《稀土产品目录》的分类分别开具发票。

三、稀土企业需要开具稀土专用发票的,由主管税务机关开通增值税发票管理系统中的稀土专用发票开具功能,开票软件应当于 2019 年 6 月 1 日前完成升级,税控设备和增值税发票可以继续使用。

四、除稀土企业外,其他纳入增值税防伪税控系统汉字防伪项目管理企业使用的开票软件应当于 2019 年 6 月 1 日前升级为增值税发票管理系统,税控设备和增值税发票可以继续使用。

五、各地税务机关要做好本公告涉及企业的系统升级工作,确保相关企业通过系统顺利开具发票。各地税控服务单位要做好系统升级的技术支持服务,保障系统正常运行。

六、《国家税务总局关于将稀土企业开具的发票纳入增值税防伪税控系统汉字防伪项目管理有关问题的公告》(国家税务总局公告 2012 年第 17 号)自 2019 年 6 月 1 日起废止。

特此公告。

附件:稀土产品目录(略)

《国家税务总局关于在新办纳税人中实行增值税专用发票电子化有关事项的公告》(国家税务总局公告 2020 年第 22 号)

为全面落实《优化营商环境条例》,深化税收领域"放管服"改革,加大推广使用电子发票的力度,国家税务总局决定在前期宁波、石家庄和杭州等 3 个地区试点的基础上,在全国新设立登记的纳税人(以下简称"新办纳税人")中实行增值税专用发票电子化(以下简称"专票电子化")。现将有关事项公告如下:

一、自 2020 年 12 月 21 日起,在天津、河北、上海、江苏、浙江、安徽、广东、重庆、四川、宁波和深圳等 11 个地区的新办纳税人中实行专票电子化,受票方范围为全国。其中，宁波、石家庄和杭州等3个地区已试点纳税人开具增值税电子专用发票（以下简称"电子专票"）的受票方范围扩至全国。

自2021年1月21日起，在北京、山西、内蒙古、辽宁、吉林、黑龙江、福建、江西、山东、河南、湖北、湖南、广西、海南、贵州、云南、西藏、陕西、甘肃、青海、宁夏、新疆、大连、厦门和青岛等25个地区的新办纳税人中实行专票电子化，受票方范围为全国。

实行专票电子化的新办纳税人具体范围由国家税务总局各省、自治区、直辖市和计划单列市税务局（以下简称"各省税务局"）确定。

二、电子专票由各省税务局监制，采用电子签名代替发票专用章，属于增值税专用发票，其法律效力、基本用途、基本使用规定等与增值税纸质专用发票（以下简称"纸质专票"）相同。电子专票票样见附件。

三、电子专票的发票代码为12位，编码规则：第1位为0，第2—5位代表省、自治区、直辖市和计划单列市，第6—7位代表年度，第8—10位代表批次，第11—12位为13。发票号码为8位，按年度、分批次编制。

四、自各地专票电子化实行之日起，本地区需要开具增值税纸质普通发票、增值税电子普通发票（以下简称"电子普票"）、纸质专票、电子专票、纸质机动车销售统一发票和纸质二手车销售统一发票的新办纳税人，统一领取税务UKey开具发票。税务机关向新办纳税人免费发放税务UKey，并依托增值税电子发票公共服务平台，为纳税人提供免费的电子专票开具服务。

五、税务机关按照电子专票和纸质专票的合计数，为纳税人核定增值税专用发票领用数量。电子专票和纸质专票的增值税专用发票（增值税税控系统）最高开票限额应当相同。

六、纳税人开具增值税专用发票时，既可以开具电子专票，也可以开具纸质专票。受票方索取纸质专票的，开票方应当开具纸质专票。

七、纳税人开具电子专票后，发生销货退回、开票有误、应税服务中止、销售折让等情形，需要开具红字电子专票的，按照以下规定执行：

（一）购买方已将电子专票用于申报抵扣的，由购买方在增值税发票管理系统（以下简称"发票管理系统"）中填开并上传《开具红字增值税专用发票信息表》（以下简称《信息表》），填开《信息表》时不填写相对应的蓝字电子专票信息。

购买方未将电子专票用于申报抵扣的，由销售方在发票管理系统中填开并上传《信息表》，填开《信息表》时应填写相对应的蓝字电子专票信息。

（二）税务机关通过网络接收纳税人上传的《信息表》，系统自动校验通过后，生成带有"红字发票信息表编号"的《信息表》，并将信息同步至纳税人端系统中。

（三）销售方凭税务机关系统校验通过的《信息表》开具红字电子专票，在发票管理系统中以销项负数开具。红字电子专票应与《信息表》一一对应。

（四）购买方已将电子专票用于申报抵扣的，应当暂依《信息表》所列增值税税额从当期进项税额中转出，待取得销售方开具的红字电子专票后，与《信息表》一并作为记账凭证。

八、受票方取得电子专票用于申报抵扣增值税进项税额或申请出口退税、代办退税的，应当登录增值税发票综合服务平台确认发票用途，登录地址由各省税务局确定并公布。

九、单位和个人可以通过全国增值税发票查验平台（https：//inv-veri.chinatax.gov.cn）对电子专票信息进行查验；可以通过全国增值税发票查验平台下载增值税电子发票版式文件阅读器，查阅电子专票并验证电子签名有效性。

十、纳税人以电子发票（含电子专票和电子普票）报销入账归档的，按照《财政部 国家档案局关于规范电子会计凭证报销入账归档的通知》（财会〔2020〕6号）的规定执行。

十一、本公告自2020年12月21日起施行。

特此公告。

附件：增值税电子专用发票（票样）（略）

《国家税务总局关于推广应用全面数字化电子发票的公告》（国家税务总局公告2024年第11号）

为贯彻落实中办、国办《关于进一步深化税收征管改革的意见》明确的"稳步实施发票电子化改革""基本实现发票全领域、全环节、全要素电子化，着力降低制度性交易成本"要求，自2021年12月1日广东省、上海市和内蒙古自治区试点推行全面数字化电子发票（以下简称数电发票）以来，试点地区已逐步扩大至全国。试点推行工作平稳有序，取得了优化营商环境、提升行政效能、助力经济社会数字化转型的积极效果。国家税务总局决定，在全国正式推广应用数电发票，现将有关事项公告如下：

一、数电发票是《中华人民共和国发票管理办法》中"电子发票"的一种，是将发票的票面要素全面数字化、号码全国统一赋予、开票额度智能授予、信息通过税务数字账户等方式在征纳主体之间自动流转的新型发票。数电发票与纸质发票具有同等法律效力。

二、数电发票为单一联次，以数字化形态存在，类别包括电子发票（增值税专用发票）、电子发票（普通发票）、电子发票（航空运输电子客票行程单）、电子发票（铁路电子客票）、电子发票（机动车销售统一发票）、电子发票（二手车销售统一发票）等。数电发票可以根据特定业务标签生成建筑服务、成品油、报废产品收购等特定业务发

票。(样式见附件1)

三、数电发票的票面基本内容包括：发票名称、发票号码、开票日期、购买方信息、销售方信息、项目名称、规格型号、单位、数量、单价、金额、税率/征收率、税额、合计、价税合计、备注、开票人等。

四、数电发票的号码为20位，其中：第1—2位代表公历年度的后两位，第3—4位代表开票方所在的省级税务局区域代码，第5位代表开具渠道等信息，第6—20位为顺序编码。

五、税务机关建设全国统一的电子发票服务平台，提供免费的数电发票开票、用票服务。对按照规定不使用网络办税、不具备网络条件或者存在重大涉税风险的，可以暂不提供服务，具体情形由省级税务机关确定。

六、税务机关根据纳税人的税收风险程度、纳税信用级别、实际经营情况等因素，通过电子发票服务平台授予发票总额度，并实行动态调整。发票总额度，是指一个自然月内，纳税人发票开具总金额（不含增值税）的上限额度。

纳税人因实际经营情况发生变化需要调整发票总额度的，经主管税务机关确认后予以调整。

七、根据《中华人民共和国发票管理办法》《中华人民共和国发票管理办法实施细则》等相关规定，数电发票的开具需要通过实人认证等方式进行身份验证。

八、蓝字数电发票开具后，如发生销售退回（包括全部退回和部分退回）、开票有误、应税服务中止（包括全部中止和部分中止）、销售折让等情形的，应当按照规定开具红字数电发票。

（一）蓝字数电发票未进行用途确认及入账确认的，开票方发起红冲流程，并直接开具红字数电发票。农产品收购发票、报废产品收购发票、光伏收购发票等，无论是否进行用途确认或入账确认，均由开票方发起红冲流程，并直接开具红字数电发票。

（二）蓝字数电发票已进行用途确认或入账确认的（用于出口退税勾选和确认的仍按现行规定执行），开票方或受票方均可发起红冲流程，并经对方确认《红字发票信息确认单》(以下简称《确认单》，见附件2）后，由开票方开具红字数电发票。《确认单》发起后72小时内未经确认的，自动作废。若蓝字数电发票已用于出口退税勾选和确认的，需操作进货凭证信息回退并确认通过后，由开票方发起红冲流程，并直接开具红字数电发票。

受票方已将数电发票用于增值税申报抵扣的，应暂依《确认单》所列增值税税额从当期进项税额中转出，待取得开票方开具的红字数电发票后，与《确认单》一并作为记账凭证。

九、已开具的数电发票通过电子发票服务平台自动交付。开票方也可以通过电子邮件、二维码、下载打印等方式交付数电发票。选择下载打印方式交付的，数电发票的票面自动标记并显示"下载次数""打印次数"。

十、受票方取得数电发票后，如需用于申报抵扣增值税进项税额、成品油消费税或申请出口退税、代办退税、勾选成品油库存的，应当通过税务数字账户确认用途。确认用途有误的，可以向主管税务机关申请更正。

十一、单位和个人可以登录自有的税务数字账户、个人所得税 App，免费查询、下载、打印、导出已开具或接受的数电发票；可以通过税务数字账户，对数电发票入账与否打上标识；可以通过电子发票服务平台或全国增值税发票查验平台，免费查验数电发票信息。

十二、本公告自 2024 年 12 月 1 日起施行。

特此公告。

附件：1. 数电发票样式（略）

2. 红字发票信息确认单（略）

《国家税务总局北京市税务局关于开展全面数字化的电子发票受票试点工作的公告》（国家税务总局北京市税务局公告 2022 年第 3 号）

为落实中办、国办印发的《关于进一步深化税收征管改革的意见》要求，全面推进税收征管数字化升级和智能化改造，降低征纳成本，国家税务总局建设了全国统一的电子发票服务平台，24 小时在线免费为纳税人提供全面数字化的电子发票（以下简称"全电发票"）开具、交付、查验等服务，实现发票全领域、全环节、全要素电子化。经国家税务总局同意，决定在北京市开展全电发票受票试点工作。现将有关事项公告如下：

一、自 2022 年 6 月 21 日起，北京市纳税人仅作为受票方接收由内蒙古自治区、上海市和广东省（不含深圳市，下同）的部分纳税人（以下简称"试点纳税人"）通过电子发票服务平台开具的发票，包括带有"增值税专用发票"字样的全电发票、带有"普通发票"字样的全电发票、增值税纸质专用发票（以下简称"纸质专票"）和增值税纸质普通发票（折叠票，以下简称"纸质普票"）。

二、全电发票的法律效力、基本用途等与现有纸质发票相同。其中，带有"增值税专用发票"字样的全电发票，其法律效力、基本用途等与现有增值税专用发票相同；带有"普通发票"字样的全电发票，其法律效力、基本用途等与现有普通发票相同。

三、全电发票由各省、自治区、直辖市和计划单列市税务局监制。全电发票无联次，基本内容包括：二维码、发票号码、开票日期、购买方信息、销售方信息、项目名称、规格型号、单位、数量、单价、金额、税率/征收率、税额、合计、价税合计（大写、小写）、备注、开票人。

其中，电子发票服务平台为从事特定行业、发生特殊应税行为及特定应用场景业务（包括：稀土、建筑服务、旅客运输服务、货物运输服务、不动产销售、不动产经营租赁服务、农产品收购、光伏收购、代收车船税、自产农产品销售、差额征税等）的纳税人提供了对应特定业务的全电发票样式。

全电发票样式见附件。

四、全电发票的发票号码为20位，其中：第1—2位代表公历年度后两位，第3—4位代表各省、自治区、直辖市和计划单列市行政区划代码，第5位代表全电发票开具渠道等信息，第6—20位代表顺序编码等信息。

五、通过电子发票服务平台开具的纸质专票和纸质普票，其法律效力、基本用途和基本使用规定与现有纸质专票、纸质普票相同；其发票密码区不再展示发票密文，改为展示电子发票服务平台赋予的20位发票号码及全国增值税发票查验平台网址。

六、北京市纳税人使用增值税发票综合服务平台接收试点纳税人通过电子发票服务平台开具的发票。此外，也可取得销售方以电子邮件、二维码等方式交付的全电发票。

北京市纳税人取得通过电子发票服务平台开具的带有"增值税专用发票"字样的全电发票、带有"普通发票"字样的全电发票、纸质专票和纸质普票等符合规定的增值税扣税凭证，如需用于申报抵扣增值税进项税额或申请出口退税、代办退税的，应按规定通过增值税发票综合服务平台确认用途。

七、纳税人取得开票方通过电子发票服务平台开具的发票，发生开票有误、销货退回、服务中止、销售折让等情形，需开票方通过电子发票服务平台开具红字全电发票或红字纸质发票，按以下规定执行：

（一）受票方未做用途确认及入账确认的，开票方填开《红字发票信息确认单》（以下简称《确认单》，见附件2）后全额开具红字全电发票或红字纸质发票，无需受票方确认。

（二）受票方已进行用途确认或入账确认的，由开票方或受票方填开《确认单》，经对方确认后，开票方依据《确认单》开具红字发票。

受票方已将发票用于增值税申报抵扣的，应暂依《确认单》所列增值税税额从当期进项税额中转出，待取得开票方开具的红字发票后，与《确认单》一并作为记账凭证。

八、单位和个人可以通过全国增值税发票查验平台（https://inv-veri.chinatax.gov.cn）查验全电发票信息。

九、纳税人以全电发票报销入账归档的，按照财政和档案部门的相关规定执行。

十、纳税人应当按照规定依法、诚信、如实使用全电发票，不得虚开、虚抵、骗税，并接受税务机关依法检查。税务机关依法加强税收监管和风险防范，严厉打击涉税违法犯罪行为。

十一、本公告自 2022 年 6 月 21 日起施行。

特此公告。

附件：

1. 全电发票样式（略）

2. 红字发票信息确认单（略）

《国家税务总局北京市税务局关于进一步开展全面数字化的电子发票受票试点工作的公告》（国家税务总局北京市税务局公告 2022 年第 5 号）

为落实中办、国办印发的《关于进一步深化税收征管改革的意见》要求，继续加大全面数字化的电子发票（以下简称全电发票）推广使用力度，经国家税务总局同意，决定进一步扩大北京市纳税人可接收通过电子发票服务平台开具的发票的开票方范围。现将有关事项公告如下：

一、自 2022 年 11 月 7 日起，北京市纳税人可接收四川省试点纳税人通过电子发票服务平台开具的发票，包括带有"增值税专用发票"字样的全电发票、带有"普通发票"字样的全电发票、增值税纸质专用发票和增值税纸质普通发票（折叠票）。

二、根据推广进度和试点工作安排，通过电子发票服务平台开具发票的试点地区范围将分批扩大至全国，具体扩围时间以开票试点省（区、市）级税务机关公告为准。北京市纳税人可接收新增开票试点省开具的发票。

三、全电发票试点的其他事项仍按照《国家税务总局北京市税务局关于开展全面数字化的电子发票受票试点工作的公告》（2022 年第 3 号）的规定执行。

四、本公告自 2022 年 11 月 7 日起施行。

特此公告。

《国家税务总局上海市税务局关于进一步开展全面数字化的电子发票试点工作的公告》（国家税务总局上海市税务局公告 2022 年第 1 号）

为落实中办、国办印发的《关于进一步深化税收征管改革的意见》要求，结合前期全面数字化的电子发票（以下简称"全电发票"）试点情况，提升纳税人全电发票使用体验，税务机关对电子发票服务平台进行升级。经国家税务总局同意，决定进一步开展全电发票试点工作。现将有关事项公告如下：

一、自 2022 年 5 月 23 日起，在上海市部分纳税人中进一步开展全电发票试点，使用电子发票服务平台的纳税人为试点纳税人，具体范围由国家税务总局上海市税务局确定。其中，试点纳税人分为通过电子发票服务平台开具发票的纳税人和通过电子发票服务平台使用税务数字账户的纳税人，试点纳税人区分发票开具情形和税务数字账户使用情形分别适用本公告相应条款。

通过电子发票服务平台开具发票的受票方范围为上海市税务局管辖范围内的纳税人。

按照有关规定不使用网络办税或不具备网络条件的纳税人暂不纳入试点范围。

电子发票服务平台通过以下地址登录：https://etax.shanghai.chinatax.gov.cn。

二、全电发票的法律效力、基本用途等与现有纸质发票相同。其中，带有"增值税专用发票"字样的全电发票，其法律效力、基本用途与现有增值税专用发票相同；带有"普通发票"字样的全电发票，其法律效力、基本用途与现有普通发票相同。

三、上海市全电发票由国家税务总局上海市税务局监制。全电发票无联次，基本内容包括：动态二维码、发票号码、开票日期、购买方信息、销售方信息、项目名称、规格型号、单位、数量、单价、金额、税率/征收率、税额、合计、价税合计（大写、小写）、备注、开票人。

其中，试点纳税人从事特定行业、发生特殊商品服务及特定应用场景业务（包括：稀土、卷烟、建筑服务、旅客运输服务、货物运输服务、不动产销售、不动产经营租赁服务、农产品收购、光伏收购、代收车船税、自产农产品销售、差额征税等）的，电子发票服务平台提供了上述对应特定业务的全电发票样式，试点纳税人应按照发票开具有关规定使用特定业务全电发票。全电发票样式见附件1。

四、上海市全电发票的发票号码为20位，其中：第1—2位代表公历年度后两位，第3—4位代表上海市行政区划代码，第5位代表全电发票开具渠道等信息，第6—20位代表顺序编码等信息。

五、新设立登记且未使用增值税发票管理系统开具发票的试点纳税人应通过电子发票服务平台开具全电发票以及增值税纸质专用发票（以下简称"纸质专票"）和增值税纸质普通发票（折叠票，以下简称"纸质普票"）。

通过电子发票服务平台开具的纸质专票和纸质普票，其法律效力、基本用途和基本使用规定与现有纸质专票、纸质普票相同。其中，发票密码区不再展示发票密文，改为展示电子发票服务平台赋予的20位发票号码及全国增值税发票查验平台网址。

六、试点纳税人通过实名验证后，无需使用税控专用设备即可通过电子发票服务平台开具发票，无需进行发票验旧操作。其中，全电发票无需进行发票票种核定和发票领用。

七、税务机关对试点纳税人开票实行开具金额总额度管理。开具金额总额度，是指一个自然月内，试点纳税人发票开具总金额（不含增值税）的上限额度。

（一）试点纳税人通过电子发票服务平台开具的全电发票、纸质专票和纸质普票以及通过增值税发票管理系统开具的纸质专票、纸质普票、增值税普通发票（卷票）、增值税电子专用发票（以下简称"电子专票"）和增值税电子普通发票，共用同一个开具金额总额度。

（二）税务机关依据试点纳税人的税收风险程度、纳税信用级别、实际经营情况等因素，确定初始开具金额总额度，并进行定期调整、临时调整或人工调整。

定期调整是指电子发票服务平台每月自动对试点纳税人开具金额总额度进行调整。

临时调整是指税收风险程度较低的试点纳税人当月开具发票金额首次达到开具金额总额度一定比例时，电子发票服务平台自动为其临时增加一次开具金额总额度。

人工调整是指试点纳税人因实际经营情况发生变化申请调整开具金额总额度，主管税务机关依法依规审核未发现异常的，为纳税人调整开具金额总额度。

（三）试点纳税人在增值税申报期内，完成增值税申报前，在电子发票服务平台中可以按照上月剩余可用额度且不超过当月开具金额总额度的范围内开具发票。试点纳税人按规定完成增值税申报且比对通过后，在电子发票服务平台中可以按照当月剩余可用额度开具发票。

八、试点纳税人的电子发票服务平台税务数字账户自动归集发票数据，供试点纳税人进行发票的查询、查验、下载、打印和用途确认，并提供税收政策查询、开具金额总额度调整申请、发票风险提示等功能。

九、试点纳税人可以通过电子发票服务平台税务数字账户自动交付全电发票，也可通过电子邮件、二维码等方式自行交付全电发票。

十、自 2022 年 5 月 23 日起，试点纳税人应通过电子发票服务平台税务数字账户使用发票用途确认、风险提示、信息下载等功能，不再通过增值税发票综合服务平台使用上述功能。

非试点纳税人继续通过增值税发票综合服务平台使用相关发票功能。

试点纳税人取得带有"增值税专用发票"字样的全电发票、纸质专票、电子专票、机动车销售统一发票、收费公路通行费增值税电子普通发票等凭证，如需用于申报抵扣增值税进项税额、申报抵扣消费税或申请出口退税、代办退税的，应当通过电子发票服务平台税务数字账户确认用途。试点纳税人确认用途有误的，可向主管税务机关申请更正。

十一、试点纳税人可以通过电子发票服务平台税务数字账户对符合规定的农产品增值税扣税凭证进行用途确认，计算用于抵扣的进项税额。其中，试点纳税人购进用于生产或者委托加工 13% 税率货物的农产品，可以由主管税务机关开通加计扣除农产品进项税额确认功能，在生产领用当期计算加计扣除农产品进项税额。

十二、试点纳税人可通过电子发票服务平台税务数字账户标记发票入账标识。纳税人以全电发票报销入账归档的，按照财政和档案部门的相关规定执行。

十三、试点纳税人发生开票有误、销货退回、服务中止、销售折让等情形，需要通过电子发票服务平台开具红字全电发票或红字纸质发票的，按以下规定执行：

（一）受票方已进行用途确认或入账确认的，开票方或受票方可以填开并上传《红字发票信息确认单》（以下简称《确认单》，见附件2），经对方确认后，开票方全额或部分开具红字全电发票或红字纸质发票。

受票方已将发票用于增值税申报抵扣的，应暂依《确认单》所列增值税税额从当期进项税额中转出，待取得开票方开具的红字发票后，与《确认单》一并作为记账凭证。

（二）受票方未做用途确认及入账确认的，开票方填开《确认单》后全额开具红字全电发票或红字纸质发票，无需受票方确认。原蓝字发票为纸质发票的，开票方应收回原纸质发票并注明"作废"字样或取得受票方有效证明。

十四、纳税人发生《国家税务总局关于红字增值税发票开具有关问题的公告》（国家税务总局公告2016年第47号）第一条以及《国家税务总局关于在新办纳税人中实行增值税专用发票电子化有关事项的公告》（国家税务总局公告2020年第22号）第七条规定情形的，购买方为试点纳税人时，购买方可通过电子发票服务平台填开并上传《开具红字增值税专用发票信息表》（以下简称"《信息表》"）。

十五、单位和个人可以通过电子发票服务平台或全国增值税发票查验平台（https：//inv-veri.chinatax.gov.cn）查验全电发票信息。

十六、电子发票服务平台暂不支持开具机动车（含二手车）、通行费等特定业务全电发票，开具上述发票功能的上线时间另行公告。

相关发票功能上线前，试点纳税人可以通过增值税发票管理系统开具机动车增值税专用发票、机动车销售统一发票、二手车销售统一发票、增值税普通发票（卷票）、电子专票和增值税电子普通发票（含收费公路通行费增值税电子普通发票）。

十七、试点纳税人是辅导期一般纳税人的，在一个月内申请人工调整开具金额总额度的，应比照《国家税务总局关于印发〈增值税一般纳税人纳税辅导期管理办法〉的通知》（国税发〔2010〕40号）第九条的规定执行。

其中，增值税专用发票销售额包括带有"增值税专用发票"字样的全电发票、纸质专票和电子专票销售额。

十八、纳税人应当按照规定依法、诚信、如实使用全电发票，不得虚开、虚抵、骗税，并接受税务机关依法检查。税务机关依法加强税收监管和风险防范，严厉打击涉税违法犯罪行为。

十九、本公告自2022年5月23日起施行，《国家税务总局上海市税务局关于开展全面数字化的电子发票试点工作的公告》（国家税务总局上海市税务局公告2021年第3号）同时废止。此前未处理的事项，按照本公告规定执行。

特此公告。

附件：1. 全电发票样式（略）

　　　2. 红字发票信息确认单（略）

《国家税务总局上海市税务局关于扩大全面数字化的电子发票受票方范围的公告》（国家税务总局上海市税务局公告 2022 年第 2 号）

为落实中办、国办印发的《关于进一步深化税收征管改革的意见》要求，继续加大全面数字化的电子发票（以下简称"全电发票"）推广使用力度。经国家税务总局同意，决定进一步开展全电发票试点工作。现将有关事项公告如下：

一、上海市试点纳税人通过电子发票服务平台开具发票的受票方范围，在《国家税务总局上海市税务局关于进一步开展全面数字化的电子发票试点工作的公告》（2022 年第 1 号）第一条规定的受票方范围基础上，分批扩至全国。具体受票扩围时间以各省级税务机关试点公告为准。

上海市纳税人作为受票方可接收内蒙古自治区和广东省（不含深圳市）的试点纳税人通过电子发票服务平台开具的发票。

二、对于开票有误、销货退回、服务中止、销售折让等情形，需要试点纳税人通过电子发票服务平台开具红字发票的，若受票方暂未使用电子发票服务平台税务数字账户的，增值税发票综合服务平台为其新增了《红字发票信息确认单》的发起功能。

三、全电发票试点的其他事项仍按照《国家税务总局上海市税务局关于进一步开展全面数字化的电子发票试点工作的公告》（2022 年第 1 号）的规定执行。

四、本公告自 2022 年 6 月 21 日起施行。本公告施行前本市纳税人已收受的全电发票，按照本公告规定执行。

特此公告。

《国家税务总局上海市税务局关于进一步开展全面数字化的电子发票受票试点工作的公告》（国家税务总局上海市税务局公告 2022 年第 4 号）

为落实中办、国办印发的《关于进一步深化税收征管改革的意见》要求，继续加大全面数字化的电子发票（以下简称"全电发票"）推广使用力度，经国家税务总局同意，决定进一步扩大上海市纳税人可接收通过电子发票服务平台开具发票的开票范围。现将有关事项公告如下：

一、自 2022 年 11 月 7 日起，上海市纳税人可接收四川省的试点纳税人通过电子发票服务平台开具的发票，包括带有"增值税专用发票"字样的全电发票、带有"普通发票"字样的全电发票、增值税纸质专用发票和增值税纸质普通发票（折叠票）。

二、根据推广进度和试点工作安排，通过电子发票服务平台开具发票的试点地区范围将分批扩至全国，具体扩围时间以开票试点地区省级税务机关公告为准。上海市纳税人可同步接收新增开票试点地区开具的发票。

三、全电发票试点的其他事项仍按照《国家税务总局上海市税务局关于扩大全面数字化的电子发票受票方范围的公告》（2022 年第 2 号）的规定执行。

四、本公告自 2022 年 11 月 7 日起施行。

特此公告。

《国家税务总局上海市税务局关于全面数字化的电子发票开票试点全面扩围工作安排的通告》(国家税务总局上海市税务局通告 2023 年第 1 号)

为落实中办、国办印发的《关于进一步深化税收征管改革的意见》要求，继续加大全面数字化的电子发票（以下简称"数字化电子发票"）推广使用力度，根据《国家税务总局上海市税务局关于进一步开展全面数字化的电子发票试点工作的公告》（国家税务总局上海市税务局公告 2022 年第 1 号）及《国家税务总局上海市税务局关于扩大全面数字化的电子发票受票方范围的公告》（国家税务总局上海市税务局公告 2022 年第 2 号），在前期试点工作的基础上，现将上海市数字化电子发票试点全面扩围工作安排通告如下：

一、自本通告发布之日起，上海市新设立登记的纳税人纳入数字化电子发票开票试点范围。

二、本市纳税人自纳入数字化电子发票开票试点之日起，不再领用增值税电子专用发票及增值税电子普通发票。

三、纳税人确有特殊情形，无法纳入数字化电子发票试点，按现行发票管理规定向主管税务机关申请使用其他发票。

特此通告。

【《增值税法》原文】

第三十五条　税务机关与工业和信息化、公安、海关、市场监督管理、人民银行、金融监督管理等部门建立增值税涉税信息共享机制和工作配合机制。

有关部门应当依照法律、行政法规，在各自职责范围内，支持、协助税务机关开展增值税征收管理。

〖草案二次审议稿〗

第三十四条　税务机关与工业和信息化、公安、海关、市场监管、人民银行、金融监督管理等部门建立增值税涉税信息共享机制和工作配合机制。

有关部门应当依照法律、行政法规，在各自职责范围内，支持、协助税务机关开展增值税征收管理。

【条文释义】

本条规定了税务机关与相关政府机关的配合机制。

税务机关要想加强税收征管，及时发现涉税违法行为，就必须与工业和信息化、公安、海关、市场监督管理、人民银行、金融监督管理等部门建立增值税涉税信息共享机制和工作配合机制。目前，相关部门已经建立了上述增值税涉税信息共享机制和工作配合机制。

税务机关的税收征管工作离不开相关部门的支持与协助，因此，有关部门应当依照法律、行政法规，在各自职责范围内，支持、协助税务机关开展增值税征收管理。这里的"有关部门"主要包括工业和信息化、公安、海关、市场监管、人民银行、金融监督管理等部门以及法院、检察院等司法部门。

【法律法规与政策指引】

《中华人民共和国增值税暂行条例》（2017年修订）

第二十七条　纳税人缴纳增值税的有关事项，国务院或者国务院财政、税务主管部门经国务院同意另有规定的，依照其规定。

《增值税防伪税控系统管理办法》（2018年修正）

第一章　总则

第一条　为保证增值税防伪税控系统（以下简称防伪税控系统）的顺利推行和正常运转，防范利用增值税专用发票（以下简称专用发票）偷骗税的不法行为，进一步加强增值税征收管理，特制定本办法。

第二条　防伪税控系统的推广应用由国家税务总局（以下简称总局）统一领导，省级以下税务机关逐级组织实施。

第三条　各级税务机关增值税业务管理部门（以下简称业务部门）负责防伪税控系统推行应用的组织及日常管理工作，计算机技术管理部门（以下简称技术部门）提供技术支持。

第二章　认定登记

第四条　主管税务机关根据防伪税控系统推行计划确定纳入防伪税控系统管理的企业（以下简称防伪税控企业），下达《增值税防伪税控系统使用通知书》（附件1）。

第五条　防伪税控企业认定登记事项发生变化，应到主管税务机关办理变更认定登记手续。

第六条　防伪税控企业发生下列情形，应到主管税务机关办理注销认定登记，同时由主管税务机关收缴金税卡和IC卡（以下简称两卡）。

（一）依法注销税务登记，终止纳税义务；

（二）被取消一般纳税人资格；

（三）减少分开票机。

第三章　系统发行

第七条　防伪税控系统发行实行分级管理。

总局负责发行省级税务发行子系统以及省局直属征收分局认证报税子系统、企业发行子系统和发票发售子系统；

省级税务机关负责发行地级税务发行子系统以及地级直属征收分局认证报税子系统、企业发行子系统和发票发售子系统；

地级税务机关负责发行县级认证报税子系统、企业发行子系统和发票发售子系统；

地级税务机关经省级税务机关批准，可发行县级所属征收单位认证报税子系统、企业发行子系统和发票发售子系统。

第八条 防伪税控企业办理认定登记后，由主管税务机关负责向其发行开票子系统。

第九条 防伪税控企业发生本办法第七条情形的，应同时办理变更发行。

第四章 发放发售

第十条 防伪税控系统专用设备（以下简称专用设备）包括：金税卡、IC卡、读卡器、延伸板及相关软件等。防伪税控系统税务专用设备由总局统一配备并逐级发放；企业专用设备由防伪税控系统技术服务单位（以下简称服务单位）实施发售管理。

第十一条 主管税务机关需要增配专用设备的，应填制《防伪税控系统专用设备需求表》（附件2）报上级税务机关核发。

第十二条 地级以上税务机关接收和发放专用设备，应严格交接制度，分别填写《防伪税控系统专用设备入库单》（附件3）和《防伪税控系统专用设备出库单》（附件4），及时登记《防伪税控系统（专用设备）收、发、存台账》（附件5）。

各级税务机关对库存专用设备实行按月盘存制度，登记《增值税防伪税控专用设备盘存表》（附件6）。

第十三条 服务单位凭主管税务机关下达的《增值税防伪税控系统使用通知书》向防伪税控企业发售专用设备。

第十四条 服务单位应参照本办法第十二条的规定，加强企业专业设备的仓储发售管理，认真记录收发存情况。对库存专用设备实行按月盘点制度，登记《增值税防伪税控专用设备盘存表》（同附件6），并报同级税务机关备案。

第五章 购票开票

第十五条 防伪税控企业凭税控IC卡向主管税务机关领购电脑版专用发票。主管税务机关核对企业出示的相关资料与税控IC卡记录内容，确认无误后，按照专用发票发售管理规定，通过企业发票发售子系统发售专用发票，并将专用发票的起始号码及发售时间登录在税控IC卡内。

第十六条 新纳入防伪税控系统的企业，在系统启用后十日内将启用前尚未使用完的专用发票（包括误填作废的专用发票）报主管税务机关缴销。

第十七条 防伪税控企业必须使用防伪税控系统开具专用发票，不得以其他方式开具手工版或电脑版专用发票。

第十八条 防伪税控企业应按照《增值税专用发票使用规定》开具专用发票，打印压线或错格的，应作废重开。

第六章 认证报税

第十九条 防伪税控企业应在纳税申报期限内将抄有申报所属月份纳税信息的IC卡和备份数据软盘向主管税务机关报税。

第二十条 防伪税控企业和未纳入防伪税控系统管理的企业取得的防伪税控系统开具的专用发票抵扣联，应据增值税有关扣税规定核算当期进项税额，如期申报纳税，属于扣税范围的，应于纳税申报时或纳税申报前报主管税务机关认证。

第二十一条 主管税务机关应在企业申报月份内完成企业申报所属月份的防伪税控专用发票抵扣联的认证。对因褶皱、揉搓等无法认证的加盖"无法认证"戳记，认证不符的加盖"认证不符"戳记，属于利用丢失被盗金税卡开具的加盖"丢失被盗"戳记。认证完毕后，应将认证相符和无法认证的专用发票抵扣联退还企业，并同时向企业下达《认证结果通知书》（附件7）。对认证不符和确认为丢失、被盗金税卡开具的专用发票应及时组织查处。

认证戳记式样由各省级税务机关统一制定。

第二十二条 防伪税控企业应将税务机关认证相符的专用发票抵扣联连同《认证结果通知书》和认证清单一起按月装订成册备查。

第二十三条 经税务机关认证确定为"无法认证""认证不符"以及"丢失被盗"的专用发票，防伪税控企业如已申报扣税的，应调减当月进项税额。

第二十四条 报税子系统采集的专用发票存根联数据和认证子系统采集的专用发票抵扣联数据应按规定传递到增值税计算机稽核系统。

第二十五条 防伪税控企业金税卡需要维修或更换时，其存储的数据，必须通过磁盘保存并列印出清单。税务机关应核查金税卡内尚未申报的数据和软盘中专用发票开具的明细信息，生成专用发票存根联数据传递到增值税计算机稽核系统；企业计算机主机损坏不能抄录开票明细信息的，税务机关应对企业开具的专用发票存根联通过防伪税控认证子系统进行认证，产生专用发票存根联数据传递到增值税计算机稽核系统。

第七章 技术服务

第二十六条 防伪税控系统研制生产单位应按照总局制定的推行计划组织专用设备的生产，确保产品质量。严格保密、交接等各项制度。两卡等关键设备在出厂时要进行统一编号，标贴国家密码管理委员会办公室核发的"商密产品认证标识"。

第二十七条 各地税务机关技术部门应做好税务机关内部防伪税控系统的技术支持和日常维护工作。

第二十八条 系统研制生产单位应在各地建立服务单位，负责防伪税控系统的安装调试、操作培训、维护服务和企业用防伪税控系统专用设备的销售。

第二十九条　税务机关应与当地服务单位签订协议，明确工作程序、业务规范和双方的权利义务等事项。

第三十条　服务单位在向防伪税控企业发售专用设备时，应和企业签订系统维护合同，按照税务机关的有关要求明确服务标准和违约责任等事项，并报当地税务机关备案。

第三十一条　防伪税控系统使用过程中出现的技术问题，税务机关、服务单位应填制《防伪税控系统故障登记表》（附件8），分别逐级上报总局和系统研制生产单位，重大问题及时上报。

第八章　安全措施

第三十二条　税务机关用两卡应由专人使用保管，使用或保管场所应有安全保障措施。发生丢失、被盗的，应立即报公安机关侦破追缴，并报上级税务机关进行系统处理。

第三十三条　按照密码安全性的要求，总局适时统一布置更换系统密钥，部分地区由于两卡丢失被盗等原因需要更换密钥的，由上一级税务机关决定。

第三十四条　有关防伪税控系统管理的表、账、册及税务文书等资料保存期为五年。

第三十五条　防伪税控企业应采取有效措施保障开票设备的安全，对税控IC卡和专用发票应分开专柜保管。

第三十六条　任何单位和个人未经总局批准不得擅自改动防伪税控系统软、硬件。

第三十七条　服务单位和防伪税控企业专用设备发生丢失被盗的，应迅速报告公安机关和主管税务机关。各级税务机关按月汇总上报《丢失、被盗金税卡情况表》（附件9）。总局建立丢失被盗金税卡数据库下发各地录入认证子系统。

第三十八条　税务机关或企业损坏的两卡以及按本办法第六条规定收缴的两卡，由省级税务机关统一登记造册并集中销毁。

第九章　监督检查

第三十九条　税务机关应定期检查服务单位的两卡收发存和技术服务情况。督促服务单位严格两卡发售工作程序，落实安全措施。严格履行服务协议，不断改进服务工作。

第四十条　防伪税控企业逾期未报税，经催报仍不报的，主管税务机关应立即进行实地查处。

第四十一条　防伪税控企业未按规定使用保管专用设备，发生下列情形之一的，视同未按规定使用和保管专用发票处罚：

（一）因保管不善或擅自拆装专用设备造成系统不能正常运行；

（二）携带系统外出开具专用发票。

第四十二条　各级税务机关应定期检查系统发行情况，地级以上税务机关对下一级税务机关的检查按年进行，地级对县级税务机关的检查按季进行。

第十章 附则

第四十三条 本办法由国家税务总局负责解释。各地可根据本办法制定具体实施细则。

第四十四条 本办法自 2000 年 1 月 1 日起施行。

附件：

1. 增值税防伪税控系统使用通知书（略）
2. 防伪税控系统专用设备需求表（略）
3. 防伪税控系统专用设备入库单（略）
4. 防伪税控系统专用设备出库单（略）
5. 防伪税控系统（专用设备）收、发、存台账（略）
6. 增值税防伪税控专用设备盘存表（略）
7. 认证结果通知书（略）
8. 防伪税控系统故障登记表（略）
9. 丢失、被盗金税卡情况表（略）

《国家税务总局关于印发〈增值税税控系统服务单位监督管理办法〉的通知》（税总发〔2015〕118号）

各省、自治区、直辖市和计划单列市国家税务局：

为进一步加强税务机关对增值税税控系统服务单位的监督管理，不断优化对增值税纳税人的开票服务，在广泛征求意见的基础上，国家税务总局制定了新的《增值税税控系统服务单位监督管理办法》（以下简称监督管理办法），现印发给你们，并就有关事项通知如下：

一、纳税人可自愿选择使用航天信息股份有限公司（以下简称航天信息）或国家信息安全工程技术研究中心（以下简称国家信息安全中心）生产的增值税税控系统专用设备。

二、纳税人可自愿选择具备服务资格的维护服务单位（以下简称服务单位）进行服务。服务单位对航天信息或国家信息安全中心生产的专用设备均可以进行维护服务。

三、服务单位开展的增值税税控系统操作培训应遵循使用单位自愿的原则，严禁收费培训，严禁强行培训，严禁强行搭售通用设备、软件或其他商品。

四、税务机关应做好专用设备销售价格和技术维护价格的收费标准、增值税税控系统通用设备基本配置标准等相关事项的公示工作，以便接受纳税人监督。

五、各地要高度重视纳税人对服务单位的投诉举报工作。各级税务机关应设立并通过各种有效方式向社会公布投诉举报电话，及时处理增值税税控系统使用单位对服务单位的投诉举报。省国税局负责对投诉举报及处理情况进行跟踪管理，按月汇总相关情况，随服务质量调查情况一并上报国家税务总局。

六、税务机关应向需使用增值税税控系统的每一位纳税人发放《增值税税控系统安装使用告知书》（附件1，以下简称《使用告知书》），告知纳税人有关政策规定和享有的权利。服务单位应凭《使用告知书》向纳税人销售专用设备，提供售后服务，严禁向未持有《使用告知书》的纳税人发售专用设备。

七、税务机关和税务工作人员严禁直接或间接从事税控系统相关的商业性经营活动，严禁向纳税人推销任何商品。

八、各级税务机关应高度重视服务单位监督管理工作，严格落实监督管理办法，认真履行监督管理职责。对于工作失职渎职、服务单位违规行为频发的地区，将按有关规定追究相关单位或人员的责任。对服务单位监管不力、问题频出的地区，税务总局将进行通报批评并要求限期整改。

附件：
1. 增值税税控系统安装使用告知书（略）
2. 增值税税控系统通用设备基本配置标准（略）
3. 增值税税控系统安装单（略）
4. 增值税税控系统服务质量调查表（略）
5. 增值税税控系统服务质量投诉举报处理情况记录表（略）

增值税税控系统服务单位监督管理办法
第一章　总则

第一条　为保障增值税税控系统的正常运行，加强对服务单位的监督，根据《中华人民共和国税收征收管理法》及《国务院办公厅转发国家税务总局关于全面推广应用增值税防伪税控系统意见的通知》（国办发〔2000〕12号）有关规定，制定本办法。

第二条　本办法中的增值税税控系统，是指国家税务总局组织开发的，运用数字密码和电子存储技术，强化增值税发票管理，实现对增值税纳税人税源监控的增值税管理系统。

第三条　本办法中的服务单位，是指从事增值税税控系统专用设备（以下简称专用设备）销售以及为使用增值税税控系统的增值税纳税人（以下简称使用单位）提供增值税税控系统维护服务的企业或事业单位。

本办法中的专用设备，是指按照税务机关发票管理要求，能够保证涉税数据的正确生成、可靠存储和安全传递，经税务机关发行后方可与增值税税控系统配套使用的特定设备。

第四条　服务单位应当依据本办法的规定，为使用单位提供优质、高效、便捷的服务，保障使用单位能够正确使用增值税税控系统。

第五条 税务机关应依据本办法对服务单位专用设备的质量、供应、增值税税控系统操作培训以及系统安装、调试和维护等服务工作及投诉举报处理等情况进行监督管理。

第二章 监督管理内容

第六条 航天信息股份有限公司（以下简称航天信息）和国家信息安全工程技术研究中心（以下简称国家信息安全中心）要切实做好专用设备生产工作，保障专用设备的产品质量，对税务机关同意设立的所有服务单位提供相关技术培训和技术支持，保障专用设备及时供应。

航天信息和国家信息安全中心对其设立的服务单位制定统一的服务规范和内部监管办法，切实做好对设立的服务单位的监督管理工作。对其设立的服务单位评比考核须综合参考省国税局对本省服务单位监督管理意见，考评结果、服务单位建设情况及监督管理情况应报送国家税务总局。航天信息和国家信息安全中心与问题频发的服务单位承担连带责任。

第七条 省以下（含本级，下同）服务单位的设立、更换应商省国税局同意。

原则上地市均应设立服务单位。对于按地市设立服务单位有困难的地区，经省国税局同意可不按地市设立服务单位。

第八条 省国税局设立、更换第三方服务单位需报国家税务总局备案。

第九条 省服务单位保障本地区专用设备的及时供应，依据统一的服务规范和内部监管办法对设立的下级服务单位进行监督管理。对设立的下级服务单位评比考核须综合参考当地国税局对本地服务单位监督管理意见，考评结果、服务单位建设情况及监督管理情况应报送省国税局。省服务单位与问题频发的下设服务单位承担连带责任。

省服务单位应建立投诉举报处理机制，设立并公布统一的投诉举报电话，及时处理使用单位的投诉举报，并按月汇总报省国税局。

第十条 市以下（含本级，下同）服务单位按下列要求负责本地区专用设备的销售：

（一）根据增值税管理及使用单位的需要，保障专用设备及时供应。

（二）根据税务机关的《增值税税控系统安装使用告知书》（附件1），按照国家价格主管部门确定的价格标准销售专用设备，并通过增值税税控系统单独开具增值税发票，不得以任何借口提高专用设备销售价格和拒绝销售专用设备。

（三）不得以任何理由向使用单位强行销售计算机、打印机等通用设备、软件、其他商品或服务。使用单位自愿向服务单位购买通用设备、软件、其他商品或服务的，应进行书面确认。

第十一条 市以下服务单位按下列要求负责本地区使用单位增值税税控系统的培训：

（一）市服务单位应建立固定的培训场所，配备必要的培训用计算机、打印机、专用设备等培训设施和专业的培训师资，按照统一的培训内容开展培训工作，确保使用单位能够熟练使用专用设备及通过增值税税控系统开具发票。

（二）服务单位应在培训教室的显著位置悬挂《国家发展改革委关于完善增值税税控系统收费政策的通知》（发改价格〔2012〕2155号）、《财政部 国家税务总局关于增值税税控系统专用设备和技术维护费用抵减增值税税额有关政策的通知》（财税〔2012〕15号）、《增值税税控系统通用设备基本配置标准》（附件2）等展板。

（三）服务单位应向使用单位免费提供增值税税控系统操作培训，不得增加其他任何收费培训内容。

（四）培训应遵循使用单位自愿的原则。服务单位不得以培训作为销售、安装专用设备的前提条件。

第十二条 市以下服务单位按下列要求负责本地区使用单位增值税税控系统日常服务：

（一）使用单位向服务单位提出安装要求后，服务单位应在3个工作日内（含本数，下同）完成使用单位增值税税控系统的安装、调试，并填写《增值税税控系统安装单》（附件3）。

（二）服务单位应配备足够数量的服务人员，设立并公布统一的服务热线电话，及时向使用单位提供维护服务，保障增值税税控系统正常使用。对于通过电话或网络等方式不能解决的问题，应在24小时内做出响应，现场排除故障不得超过2个工作日。

第十三条 市以下服务单位按下列要求收取本地区使用单位增值税税控系统技术维护费：

（一）服务单位应与使用单位签订技术维护合同，合同中应明确具体的服务标准、服务时限和违约责任等事项。使用单位拒绝签订的除外。

（二）服务单位应按照国家价格主管部门确定的标准按年收取技术维护费，不得一次性收取1年以上的技术维护费。

第三章 监督管理方法

第十四条 不定期抽查。省国税局应对本地区服务单位的专用设备销售、培训、收费及日常服务等情况进行不定期抽查，并将抽查情况上报国家税务总局。

第十五条 问卷调查。市国税局应每年组织开展服务质量调查，抽取部分使用单位调查了解服务情况，根据使用单位的反映对服务单位的工作质量进行评价。调查可以采取电话调查、网络调查和实地调查等方式。调查时应通过《增值税税控系统服务质量调查表》（附件4，以下简称《服务质量调查表》）记录调查结果。

调查比例不得低于本辖区上年末使用单位总数的2%或不少于50户（含，下同）。

市国税局应于每年3月底前将调查情况汇总上报省国税局，省国税局应于每年4月10日前将调查情况汇总上报国家税务总局。

第十六条 投诉举报处理。各级税务机关应设立并公布统一的投诉举报电话，及时处理使用单位的投诉举报，建立投诉举报受理、处置、反馈制度。对使用单位的投诉举报处理情况应登记《增值税税控系统服务质量投诉举报处理情况记录表》（附件5，以下简称《投诉举报处理情况记录表》），按月汇总上报省国税局。省国税局对省以下税务机关投诉举报电话的设立公布及受理投诉举报情况进行跟踪管理。

受理投诉举报来源包括网络、信函、电话以及现场等形式。

（一）税务机关受理投诉举报后应及时自行组织或委托下级税务机关进行核实。

对于经核实投诉举报情况属实、服务单位违反有关规定的，属于有效投诉举报。对于无法核实或经调查投诉举报情况不实的，属于无效投诉举报。

（二）对于有效投诉举报问题得到解决的，由税务机关受理部门进行电话回访，听取使用单位的意见；对于有效投诉举报问题无法得到解决的，由税务机关受理部门向上一级税务机关报告，由上一级税务机关责成同级服务单位解决。

（三）税务机关应将投诉举报处理的过程和结果记入《投诉举报处理情况记录表》。

第十七条 联系制度。省国税局及市国税局每年至少与本地区服务单位召开一次联席会议。服务单位将服务情况及存在的问题，向税务机关报告。税务机关向服务单位通报调查及投诉举报情况，研究提高服务质量的措施。

第十八条 税务机关对不定期抽查、问卷调查、受理投诉举报以及日常管理中使用单位反映的情况进行汇总统计，作为对服务单位监督考核的依据。

第四章 违约责任

第十九条 服务单位发生下列情形之一的，主管税务机关应对服务单位进行约谈并要求其立即纠正：

（一）未按规定销售专用设备、安装专用设备、提供培训、提供维护服务，影响使用单位增值税税控系统正常使用的；

（二）未按本办法第二章有关规定履行服务单位职责的；

（三）未按规定处理投诉举报的；

（四）税务机关接到有效投诉举报，但一年内有效投诉举报率不超过1%的；

有效投诉举报率＝有效投诉举报户数/使用单位户数×100%

（五）税务机关对服务单位的调查结果不满意率在5%以上未超过10%的。

不满意率＝不满意使用单位户数/调查的使用单位总户数×100%

"不满意使用单位户数"是指在《服务质量调查表》中综合评价"不满意"的户数。

第二十条 服务单位发生下列情形之一的，省国税局责令相关服务单位进行整改，并停止其在规定地区半年内接受新用户的资格，同时向国家税务总局报告：

（一）发生本办法第十九条第（一）、（二）、（三）、（四）项情形之一，未纠正的；

（二）向使用单位强行销售计算机、打印机等通用设备、软件、其他商品或服务的；

（三）违反市场公平竞争原则，进行虚假宣传，恶意诋毁竞争对手的；

（四）对接到的投诉举报没有及时处理，影响使用单位正常经营，造成严重后果的；

（五）税务机关对服务单位的调查结果不满意率超过10%的；

（六）一年内有效投诉举报率在1%以上未超过5%或有效投诉举报在10户以上未超过30户的。

第二十一条　服务单位发生下列情形之一的，属于航天信息和国家信息安全中心授权的服务单位，省国税局应上报国家税务总局并建议授权单位终止其服务资格；属于省国税局批准成立的服务单位，省国税局终止其服务资格：

（一）以税务机关的名义进行有偿更换设备、升级软件及强行销售其他商品或服务的；

（二）未按本办法第二章有关规定发售专用设备，影响使用单位增值税税控系统正常使用，造成严重后果的；

（三）拒绝接受税务机关依据本办法进行监督管理的；

（四）由于违反法律和法规行为，造成无法正常为使用单位提供服务的；

（五）违反市场公平竞争原则，进行恶意竞争，造成严重后果的；

（六）一年内税务机关接到的有效投诉举报率超过5%或有效投诉举报超过30户的。

第二十二条　服务单位对税务机关做出的处罚决定不服的，可以向同级税务机关或上级税务机关申诉。

第五章　附则

第二十三条　本办法由国家税务总局解释。

第二十四条　本办法自2015年11月1日起施行，《国家税务总局关于修订〈增值税防伪税控开票系统服务监督管理办法〉的通知》（国税发〔2011〕132号）同时废止。

《国家税务总局关于印发〈增值税纳税申报比对管理操作规程（试行）〉的通知》（税总发〔2017〕124号）

各省、自治区、直辖市和计划单列市国家税务局：

为进一步加强和规范增值税纳税申报比对管理，提高申报质量，优化纳税服务，税务总局制定了《增值税纳税申报比对管理操作规程（试行）》，现印发给你们，请遵照执行。

本通知自2018年3月1日起执行，《国家税务总局办公厅关于增值税一般纳税人纳税申报一窗式管理流程的通知》（国税办发〔2003〕34号）、《增值税一般纳税人纳税申报"一窗式"管理操作规程》（国税发〔2005〕61号）、《国家税务总局关于做好增值税普通发票一窗式票表比对准备工作的通知》（国税发〔2005〕141号）、《国家税务总局关于执行增值税一般纳税人纳税申报一窗式管理操作规程的通知》(国税函〔2006〕824号)、《国家税务总局关于实施增值税普通发票一窗式比对的通知》(国税函〔2006〕971号)、《国家税务总局关于调整增值税一般纳税人纳税申报"一窗式"管理操作规程有关事项的通知》(国税函〔2008〕1074号)同时废止。

增值税纳税申报比对管理操作规程(试行)

一、为进一步加强和规范增值税纳税申报比对(以下简称"申报比对")管理,提高申报质量,优化纳税服务,根据《中华人民共和国税收征收管理法》和《中华人民共和国增值税暂行条例》等有关税收法律、法规规定,制定本规程。

二、申报比对管理是指税务机关以信息化为依托,通过优化整合现有征管信息资源,对增值税纳税申报信息进行票表税比对,并对比对结果进行相应处理。

三、主管税务机关应设置申报异常处理岗,主要负责异常比对结果的核实及相关处理工作。异常处理岗原则上不设置在办税服务厅前台。

四、申报比对范围及内容

(一)比对信息范围

1.增值税纳税申报表及其附列资料(以下简称"申报表")信息。

2.增值税一般纳税人和小规模纳税人开具的增值税发票信息。

3.增值税一般纳税人取得的进项抵扣凭证信息。

4.纳税人税款入库信息。

5.增值税优惠备案信息。

6.申报比对所需的其他信息。

(二)比对内容

比对内容包括表表比对、票表比对和表税比对。表表比对是指申报表表内、表间逻辑关系比对。票表比对是指各类发票、凭证、备案资格等信息与申报表进行比对。表税比对是指纳税人当期申报的应纳税款与当期的实际入库税款进行比对。

五、申报比对规则

(一)申报表表内、表间逻辑关系比对,按照税务总局制定的申报表填写规则执行。

(二)增值税一般纳税人票表比对规则

1.销项比对。

当期开具发票(不包含不征税发票)的金额、税额合计数应小于或者等于当期申报的销售额、税额合计数。

纳税人当期申报免税销售额、即征即退销售额的,应当比对其增值税优惠备案信息,按规定不需要办理备案手续的除外。

2.进项比对。

（1）当期已认证或确认的进项增值税专用发票（以下简称"专用发票"）上注明的金额、税额合计数应大于或者等于申报表中本期申报抵扣的专用发票进项金额、税额合计数。

（2）经稽核比对相符的海关进口增值税专用缴款书上注明的税额合计数应大于或者等于申报表中本期申报抵扣的海关进口增值税专用缴款书的税额。

（3）取得的代扣代缴税收缴款凭证上注明的增值税税额合计数应大于或者等于申报表中本期申报抵扣的代扣代缴税收缴款凭证的税额。

（4）取得的《出口货物转内销证明》上注明的进项税额合计数应大于或者等于申报表中本期申报抵扣的外贸企业进项税额抵扣证明的税额。

（5）按照政策规定，依据相关凭证注明的金额计算抵扣进项税额的，计算得出的进项税额应大于或者等于申报表中本期申报抵扣的相应凭证税额。

（6）红字增值税专用发票信息表中注明的应作转出的进项税额应等于申报表中进项税额转出中的红字专用发票信息表注明的进项税额。

（7）申报表中进项税额转出金额不应小于零。

3.应纳税额减征额比对。当期申报的应纳税额减征额应小于或者等于当期符合政策规定的减征税额。

4.预缴税款比对。申报表中的预缴税额本期发生额应小于或者等于实际已预缴的税款。

5.特殊规则。

（1）实行汇总缴纳增值税的总机构和分支机构可以不进行票表比对。

（2）按季申报的纳税人应当对其季度数据进行汇总比对。

（三）增值税小规模纳税人票表比对规则

1.当期开具的增值税专用发票金额应小于或者等于申报表填报的增值税专用发票销售额。

2.当期开具的增值税普通发票金额应小于或者等于申报表填报的增值税普通发票销售额。

3.申报表中的预缴税额应小于或者等于实际已预缴的税款。

4.纳税人当期申报免税销售额的，应当比对其增值税优惠备案信息，按规定不需要办理备案手续的除外。

（四）表税比对规则

纳税人当期申报的应纳税款应小于或者等于当期实际入库税款。

（五）申报比对其他规则

1.税务总局可以根据增值税风险管理的需要，对申报表特定项目设置申报比对规则。

2.各省国税机关可以根据申报比对管理实际，合理设置相关比对项目金额尾差的正负范围。

3.主管税务机关可以结合申报比对管理实际,将征收方式、发票开具等业务存在特殊情形的纳税人列入白名单管理,并根据实际情况确定所适用的申报比对规则。白名单实行动态管理。

(六)本条第(一)至(三)项比对规则为基本规则,第(四)至(五)项比对规则为可选规则。各省税务机关可以在上述比对规则的基础上,根据申报管理的需要自主增加比对规则。

六、申报比对操作流程

申报比对环节可以设置在事中或者事后,由省税务机关根据申报管理需要进行确定。主管税务机关通过征管信息系统或网上申报系统进行申报比对,并根据比对结果分别采取以下处理流程:

(一)申报比对相符

申报比对相符后,主管税务机关对纳税人税控设备进行解锁。

(二)申报比对不相符

申报比对不相符的,向纳税人反馈比对不相符的内容,并按照下列流程进行处理:

1.申报比对不符的,除符合本项第2点情形外,暂不对其税控设备进行解锁,并将异常比对结果转交申报异常处理岗。

2.纳税人仅因为相关资格尚未备案,造成比对不符的,应当对税控设备进行解锁。

3.异常比对结果经申报异常处理岗核实可以解除异常的,对纳税人税控设备进行解锁;核实后仍不能解除异常的,不得对税控设备解锁,由税源管理部门继续核实处理。

4.异常比对结果经税源管理部门核实可以解除异常的,对纳税人税控设备进行解锁。核实后发现涉嫌虚开发票等严重涉税违法行为,经稽查部门分析判断认为需要稽查立案的,转交稽查部门处理,经处理可以解除异常的,对纳税人税控设备进行解锁。

5.异常比对结果的处理期限,由主管税务机关根据实际情况确定。

七、由于出现信息系统异常等突发情形,影响正常纳税申报秩序时,省税务机关可以采取应急措施,暂停申报比对。在突发情形消除后,可以根据实际情况重新启动申报比对流程。

【《增值税法》原文】

第三十六条 增值税的征收管理依照本法和《中华人民共和国税收征收管理法》的规定执行。

〖草案二次审议稿〗

第三十五条 增值税的征收管理依照本法和《中华人民共和国税收征收管理法》的规定执行。

第五章 征收管理

【条文释义】

本条规定了增值税征收管理的法律依据。

我国税收立法实行实体法、程序法单独立法的模式，本法主要规范增值税的实体制度和部分程序制度，还有一些共同性的程序制度，规定在《中华人民共和国税收征收管理法》之中。因此，增值税的征收管理除了依照本法规定执行以外，还应当依照《中华人民共和国税收征收管理法》的规定执行。

【法律法规与政策指引】

《中华人民共和国税收征收管理法》（2015年修正）

第二章　税务管理

第一节　税务登记

第十五条　企业，企业在外地设立的分支机构和从事生产、经营的场所，个体工商户和从事生产、经营的事业单位（以下统称从事生产、经营的纳税人）自领取营业执照之日起三十日内，持有关证件，向税务机关申报办理税务登记。税务机关应当于收到申报的当日办理登记并发给税务登记证件。

工商行政管理机关应当将办理登记注册、核发营业执照的情况，定期向税务机关通报。

本条第一款规定以外的纳税人办理税务登记和扣缴义务人办理扣缴税款登记的范围和办法，由国务院规定。

第十六条　从事生产、经营的纳税人，税务登记内容发生变化的，自工商行政管理机关办理变更登记之日起三十日内或者在向工商行政管理机关申请办理注销登记之前，持有关证件向税务机关申报办理变更或者注销税务登记。

第十七条　从事生产、经营的纳税人应当按照国家有关规定，持税务登记证件，在银行或者其他金融机构开立基本存款账户和其他存款账户，并将其全部账号向税务机关报告。

银行和其他金融机构应当在从事生产、经营的纳税人的账户中登录税务登记证件号码，并在税务登记证件中登录从事生产、经营的纳税人的账户账号。

税务机关依法查询从事生产、经营的纳税人开立账户的情况时，有关银行和其他金融机构应当予以协助。

第十八条　纳税人按照国务院税务主管部门的规定使用税务登记证件。税务登记证件不得转借、涂改、损毁、买卖或者伪造。

第二节　账簿、凭证管理

第十九条　纳税人、扣缴义务人按照有关法律、行政法规和国务院财政、税务主管部门的规定设置账簿，根据合法、有效凭证记账，进行核算。

第二十条 从事生产、经营的纳税人的财务、会计制度或者财务、会计处理办法和会计核算软件，应当报送税务机关备案。

纳税人、扣缴义务人的财务、会计制度或者财务、会计处理办法与国务院或者国务院财政、税务主管部门有关税收的规定抵触的，依照国务院或者国务院财政、税务主管部门有关税收的规定计算应纳税款、代扣代缴和代收代缴税款。

第二十一条 税务机关是发票的主管机关，负责发票印制、领购、开具、取得、保管、缴销的管理和监督。

单位、个人在购销商品、提供或者接受经营服务以及从事其他经营活动中，应当按照规定开具、使用、取得发票。

发票的管理办法由国务院规定。

第二十二条 增值税专用发票由国务院税务主管部门指定的企业印制；其他发票，按照国务院税务主管部门的规定，分别由省、自治区、直辖市国家税务局、地方税务局指定企业印制。

未经前款规定的税务机关指定，不得印制发票。

第二十三条 国家根据税收征收管理的需要，积极推广使用税控装置。纳税人应当按照规定安装、使用税控装置，不得损毁或者擅自改动税控装置。

第二十四条 从事生产、经营的纳税人、扣缴义务人必须按照国务院财政、税务主管部门规定的保管期限保管账簿、记账凭证、完税凭证及其他有关资料。

账簿、记账凭证、完税凭证及其他有关资料不得伪造、变造或者擅自损毁。

第三节 纳税申报

第二十五条 纳税人必须依照法律、行政法规规定或者税务机关依照法律、行政法规的规定确定的申报期限、申报内容如实办理纳税申报，报送纳税申报表、财务会计报表以及税务机关根据实际需要要求纳税人报送的其他纳税资料。

扣缴义务人必须依照法律、行政法规规定或者税务机关依照法律、行政法规的规定确定的申报期限、申报内容如实报送代扣代缴、代收代缴税款报告表以及税务机关根据实际需要要求扣缴义务人报送的其他有关资料。

第二十六条 纳税人、扣缴义务人可以直接到税务机关办理纳税申报或者报送代扣代缴、代收代缴税款报告表，也可以按照规定采取邮寄、数据电文或者其他方式办理上述申报、报送事项。

第二十七条 纳税人、扣缴义务人不能按期办理纳税申报或者报送代扣代缴、代收代缴税款报告表的，经税务机关核准，可以延期申报。

经核准延期办理前款规定的申报、报送事项的，应当在纳税期内按照上期实际缴纳的税额或者税务机关核定的税额预缴税款，并在核准的延期内办理税款结算。

第三章 税款征收

第二十八条 税务机关依照法律、行政法规的规定征收税款，不得违反法律、行政法规的规定开征、停征、多征、少征、提前征收、延缓征收或者摊派税款。

农业税应纳税额按照法律、行政法规的规定核定。

第二十九条 除税务机关、税务人员以及经税务机关依照法律、行政法规委托的单位和人员外，任何单位和个人不得进行税款征收活动。

第三十条 扣缴义务人依照法律、行政法规的规定履行代扣、代收税款的义务。对法律、行政法规没有规定负有代扣、代收税款义务的单位和个人，税务机关不得要求其履行代扣、代收税款义务。

扣缴义务人依法履行代扣、代收税款义务时，纳税人不得拒绝。纳税人拒绝的，扣缴义务人应当及时报告税务机关处理。

税务机关按照规定付给扣缴义务人代扣、代收手续费。

第三十一条 纳税人、扣缴义务人按照法律、行政法规规定或者税务机关依照法律、行政法规的规定确定的期限，缴纳或者解缴税款。

纳税人因有特殊困难，不能按期缴纳税款的，经省、自治区、直辖市国家税务局、地方税务局批准，可以延期缴纳税款，但是最长不得超过三个月。

第三十二条 纳税人未按照规定期限缴纳税款的，扣缴义务人未按照规定期限解缴税款的，税务机关除责令限期缴纳外，从滞纳税款之日起，按日加收滞纳税款万分之五的滞纳金。

第三十三条 纳税人依照法律、行政法规的规定办理减税、免税。

地方各级人民政府、各级人民政府主管部门、单位和个人违反法律、行政法规规定，擅自作出的减税、免税决定无效，税务机关不得执行，并向上级税务机关报告。

第三十四条 税务机关征收税款时，必须给纳税人开具完税凭证。扣缴义务人代扣、代收税款时，纳税人要求扣缴义务人开具代扣、代收税款凭证的，扣缴义务人应当开具。

第三十七条 对未按照规定办理税务登记的从事生产、经营的纳税人以及临时从事经营的纳税人，由税务机关核定其应纳税额，责令缴纳；不缴纳的，税务机关可以扣押其价值相当于应纳税款的商品、货物。扣押后缴纳应纳税款的，税务机关必须立即解除扣押，并归还所扣押的商品、货物；扣押后仍不缴纳应纳税款的，经县以上税务局（分局）局长批准，依法拍卖或者变卖所扣押的商品、货物，以拍卖或者变卖所得抵缴税款。

第三十八条 税务机关有根据认为从事生产、经营的纳税人有逃避纳税义务行为的，可以在规定的纳税期之前，责令限期缴纳应纳税款；在限期内发现纳税人有明显的转移、隐匿其应纳税的商品、货物以及其他财产或者应纳税的收入的迹象的，税务机关可以责成纳税人提供纳税担保。如果纳税人不能提供纳税担保，经县以上税务局（分局）局长批准，税务机关可以采取下列税收保全措施：

（一）书面通知纳税人开户银行或者其他金融机构冻结纳税人的金额相当于应纳税款的存款；

（二）扣押、查封纳税人的价值相当于应纳税款的商品、货物或者其他财产。

纳税人在前款规定的限期内缴纳税款的，税务机关必须立即解除税收保全措施；限期期满仍未缴纳税款的，经县以上税务局（分局）局长批准，税务机关可以书面通知纳税人开户银行或者其他金融机构从其冻结的存款中扣缴税款，或者依法拍卖或者变卖所扣押、查封的商品、货物或者其他财产，以拍卖或者变卖所得抵缴税款。

个人及其所扶养家属维持生活必需的住房和用品，不在税收保全措施的范围之内。

第三十九条 纳税人在限期内已缴纳税款，税务机关未立即解除税收保全措施，使纳税人的合法利益遭受损失的，税务机关应当承担赔偿责任。

第四十条 从事生产、经营的纳税人、扣缴义务人未按照规定的期限缴纳或者解缴税款，纳税担保人未按照规定的期限缴纳所担保的税款，由税务机关责令限期缴纳，逾期仍未缴纳的，经县以上税务局（分局）局长批准，税务机关可以采取下列强制执行措施：

（一）书面通知其开户银行或者其他金融机构从其存款中扣缴税款；

（二）扣押、查封、依法拍卖或者变卖其价值相当于应纳税款的商品、货物或者其他财产，以拍卖或者变卖所得抵缴税款。

税务机关采取强制执行措施时，对前款所列纳税人、扣缴义务人、纳税担保人未缴纳的滞纳金同时强制执行。

个人及其所扶养家属维持生活必需的住房和用品，不在强制执行措施的范围之内。

第四十一条 本法第三十七条、第三十八条、第四十条规定的采取税收保全措施、强制执行措施的权力，不得由法定的税务机关以外的单位和个人行使。

第四十二条 税务机关采取税收保全措施和强制执行措施必须依照法定权限和法定程序，不得查封、扣押纳税人个人及其所扶养家属维持生活必需的住房和用品。

第四十三条 税务机关滥用职权违法采取税收保全措施、强制执行措施，或者采取税收保全措施、强制执行措施不当，使纳税人、扣缴义务人或者纳税担保人的合法权益遭受损失的，应当依法承担赔偿责任。

第四十四条 欠缴税款的纳税人或者他的法定代表人需要出境的，应当在出境前向税务机关结清应纳税款、滞纳金或者提供担保。未结清税款、滞纳金，又不提供担保的，税务机关可以通知出境管理机关阻止其出境。

第四十五条 税务机关征收税款，税收优先于无担保债权，法律另有规定的除外；

纳税人欠缴的税款发生在纳税人以其财产设定抵押、质押或者纳税人的财产被留置之前的，税收应当先于抵押权、质权、留置权执行。

纳税人欠缴税款，同时又被行政机关决定处以罚款、没收违法所得的，税收优先于罚款、没收违法所得。

税务机关应当对纳税人欠缴税款的情况定期予以公告。

第四十六条 纳税人有欠税情形而以其财产设定抵押、质押的，应当向抵押权人、质权人说明其欠税情况。抵押权人、质权人可以请求税务机关提供有关的欠税情况。

第四十七条 税务机关扣押商品、货物或者其他财产时，必须开付收据；查封商品、货物或者其他财产时，必须开付清单。

第四十八条 纳税人有合并、分立情形的，应当向税务机关报告，并依法缴清税款。纳税人合并时未缴清税款的，应当由合并后的纳税人继续履行未履行的纳税义务；纳税人分立时未缴清税款的，分立后的纳税人对未履行的纳税义务应当承担连带责任。

第四十九条 欠缴税款数额较大的纳税人在处分其不动产或者大额资产之前，应当向税务机关报告。

第五十条 欠缴税款的纳税人因怠于行使到期债权，或者放弃到期债权，或者无偿转让财产，或者以明显不合理的低价转让财产而受让人知道该情形，对国家税收造成损害的，税务机关可以依照合同法第七十三条、第七十四条的规定行使代位权、撤销权。

税务机关依照前款规定行使代位权、撤销权的，不免除欠缴税款的纳税人尚未履行的纳税义务和应承担的法律责任。

第五十一条 纳税人超过应纳税额缴纳的税款，税务机关发现后应当立即退还；纳税人自结算缴纳税款之日起三年内发现的，可以向税务机关要求退还多缴的税款并加算银行同期存款利息，税务机关及时查实后应当立即退还；涉及从国库中退库的，依照法律、行政法规有关国库管理的规定退还。

第五十二条 因税务机关的责任，致使纳税人、扣缴义务人未缴或者少缴税款的，税务机关在三年内可以要求纳税人、扣缴义务人补缴税款，但是不得加收滞纳金。

因纳税人、扣缴义务人计算错误等失误，未缴或者少缴税款的，税务机关在三年内可以追征税款、滞纳金；有特殊情况的，追征期可以延长到五年。

对偷税、抗税、骗税的，税务机关追征其未缴或者少缴的税款、滞纳金或者所骗取的税款，不受前款规定期限的限制。

第五十三条 国家税务局和地方税务局应当按照国家规定的税收征收管理范围和税款入库预算级次，将征收的税款缴入国库。

对审计机关、财政机关依法查出的税收违法行为，税务机关应当根据有关机关的决定、意见书,依法将应收的税款、滞纳金按照税款入库预算级次缴入国库,并将结果及时回复有关机关。

第四章 税务检查

第五十四条 税务机关有权进行下列税务检查:

(一)检查纳税人的账簿、记账凭证、报表和有关资料,检查扣缴义务人代扣代缴、代收代缴税款账簿、记账凭证和有关资料;

(二)到纳税人的生产、经营场所和货物存放地检查纳税人应纳税的商品、货物或者其他财产,检查扣缴义务人与代扣代缴、代收代缴税款有关的经营情况;

(三)责成纳税人、扣缴义务人提供与纳税或者代扣代缴、代收代缴税款有关的文件、证明材料和有关资料;

(四)询问纳税人、扣缴义务人与纳税或者代扣代缴、代收代缴税款有关的问题和情况;

(五)到车站、码头、机场、邮政企业及其分支机构检查纳税人托运、邮寄应纳税商品、货物或者其他财产的有关单据、凭证和有关资料;

(六)经县以上税务局(分局)局长批准,凭全国统一格式的检查存款账户许可证明,查询从事生产、经营的纳税人、扣缴义务人在银行或者其他金融机构的存款账户。税务机关在调查税收违法案件时,经设区的市、自治州以上税务局(分局)局长批准,可以查询案件涉嫌人员的储蓄存款。税务机关查询所获得的资料,不得用于税收以外的用途。

第五十五条 税务机关对从事生产、经营的纳税人以前纳税期的纳税情况依法进行税务检查时,发现纳税人有逃避纳税义务行为,并有明显的转移、隐匿其应纳税的商品、货物以及其他财产或者应纳税的收入的迹象的,可以按照本法规定的批准权限采取税收保全措施或者强制执行措施。

第五十六条 纳税人、扣缴义务人必须接受税务机关依法进行的税务检查,如实反映情况,提供有关资料,不得拒绝、隐瞒。

第五十七条 税务机关依法进行税务检查时,有权向有关单位和个人调查纳税人、扣缴义务人和其他当事人与纳税或者代扣代缴、代收代缴税款有关的情况,有关单位和个人有义务向税务机关如实提供有关资料及证明材料。

第五十八条 税务机关调查税务违法案件时,对与案件有关的情况和资料,可以记录、录音、录像、照相和复制。

第五十九条 税务机关派出的人员进行税务检查时,应当出示税务检查证和税务检查通知书,并有责任为被检查人保守秘密;未出示税务检查证和税务检查通知书的,被检查人有权拒绝检查。

《中华人民共和国增值税暂行条例》(2017年修订)

第二十六条 增值税的征收管理,依照《中华人民共和国税收征收管理法》及本条例有关规定执行。

《中华人民共和国税收征收管理法实施细则》(2013年修订)

第二章 税务登记

第十条 国家税务局、地方税务局对同一纳税人的税务登记应当采用同一代码,信息共享。

税务登记的具体办法由国家税务总局制定。

第十一条 各级工商行政管理机关应当向同级国家税务局和地方税务局定期通报办理开业、变更、注销登记以及吊销营业执照的情况。

通报的具体办法由国家税务总局和国家工商行政管理总局[①]联合制定。

第十二条 从事生产、经营的纳税人应当自领取营业执照之日起30日内,向生产、经营地或者纳税义务发生地的主管税务机关申报办理税务登记,如实填写税务登记表,并按照税务机关的要求提供有关证件、资料。

前款规定以外的纳税人,除国家机关和个人外,应当自纳税义务发生之日起30日内,持有关证件向所在地的主管税务机关申报办理税务登记。

个人所得税的纳税人办理税务登记的办法由国务院另行规定。

税务登记证件的式样,由国家税务总局制定。

第十三条 扣缴义务人应当自扣缴义务发生之日起30日内,向所在地的主管税务机关申报办理扣缴税款登记,领取扣缴税款登记证件;税务机关对已办理税务登记的扣缴义务人,可以只在其税务登记证件上登记扣缴税款事项,不再发给扣缴税款登记证件。

第十四条 纳税人税务登记内容发生变化的,应当自工商行政管理机关或者其他机关办理变更登记之日起30日内,持有关证件向原税务登记机关申报办理变更税务登记。

纳税人税务登记内容发生变化,不需要到工商行政管理机关或者其他机关办理变更登记的,应当自发生变化之日起30日内,持有关证件向原税务登记机关申报办理变更税务登记。

第十五条 纳税人发生解散、破产、撤销以及其他情形,依法终止纳税义务的,应当在向工商行政管理机关或者其他机关办理注销登记前,持有关证件向原税务登记机关申报办理注销税务登记;按照规定不需要在工商行政管理机关或者其他机关办理注册登记的,应当自有关机关批准或者宣告终止之日起15日内,持有关证件向原税务登记机关申报办理注销税务登记。

纳税人因住所、经营地点变动,涉及改变税务登记机关的,应当在向工商行政管理

[①] 2018年改为国家市场监督管理总局。

机关或者其他机关申请办理变更或者注销登记前或者住所、经营地点变动前，向原税务登记机关申报办理注销税务登记，并在 30 日内向迁达地税务机关申报办理税务登记。

纳税人被工商行政管理机关吊销营业执照或者被其他机关予以撤销登记的，应当自营业执照被吊销或者被撤销登记之日起 15 日内，向原税务登记机关申报办理注销税务登记。

第十六条　纳税人在办理注销税务登记前，应当向税务机关结清应纳税款、滞纳金、罚款，缴销发票、税务登记证件和其他税务证件。

第十七条　从事生产、经营的纳税人应当自开立基本存款账户或者其他存款账户之日起 15 日内，向主管税务机关书面报告其全部账号；发生变化的，应当自变化之日起 15 日内，向主管税务机关书面报告。

第十八条　除按照规定不需要发给税务登记证件的外，纳税人办理下列事项时，必须持税务登记证件：

（一）开立银行账户；

（二）申请减税、免税、退税；

（三）申请办理延期申报、延期缴纳税款；

（四）领购发票；

（五）申请开具外出经营活动税收管理证明；

（六）办理停业、歇业；

（七）其他有关税务事项。

第十九条　税务机关对税务登记证件实行定期验证和换证制度。纳税人应当在规定的期限内持有关证件到主管税务机关办理验证或者换证手续。

第二十条　纳税人应当将税务登记证件正本在其生产、经营场所或者办公场所公开悬挂，接受税务机关检查。

纳税人遗失税务登记证件的，应当在 15 日内书面报告主管税务机关，并登报声明作废。

第二十一条　从事生产、经营的纳税人到外县（市）临时从事生产、经营活动的，应当持税务登记证副本和所在地税务机关填开的外出经营活动税收管理证明，向营业地税务机关报验登记，接受税务管理。

从事生产、经营的纳税人外出经营，在同一地累计超过 180 天的，应当在营业地办理税务登记手续。

第三章　账簿、凭证管理

第二十二条　从事生产、经营的纳税人应当自领取营业执照或者发生纳税义务之日起 15 日内，按照国家有关规定设置账簿。

前款所称账簿，是指总账、明细账、日记账以及其他辅助性账簿。总账、日记账应当采用订本式。

第二十三条 生产、经营规模小又确无建账能力的纳税人，可以聘请经批准从事会计代理记账业务的专业机构或者财会人员代为建账和办理账务。

第二十四条 从事生产、经营的纳税人应当自领取税务登记证件之日起15日内，将其财务、会计制度或者财务、会计处理办法报送主管税务机关备案。

纳税人使用计算机记账的，应当在使用前将会计电算化系统的会计核算软件、使用说明书及有关资料报送主管税务机关备案。

纳税人建立的会计电算化系统应当符合国家有关规定，并能正确、完整核算其收入或者所得。

第二十五条 扣缴义务人应当自税收法律、行政法规规定的扣缴义务发生之日起10日内，按照所代扣、代收的税种，分别设置代扣代缴、代收代缴税款账簿。

第二十六条 纳税人、扣缴义务人会计制度健全，能够通过计算机正确、完整计算其收入和所得或者代扣代缴、代收代缴税款情况的，其计算机输出的完整的书面会计记录，可视同会计账簿。

纳税人、扣缴义务人会计制度不健全，不能通过计算机正确、完整计算其收入和所得或者代扣代缴、代收代缴税款情况的，应当建立总账及与纳税或者代扣代缴、代收代缴税款有关的其他账簿。

第二十七条 账簿、会计凭证和报表，应当使用中文。民族自治地方可以同时使用当地通用的一种民族文字。外商投资企业和外国企业可以同时使用一种外国文字。

第二十八条 纳税人应当按照税务机关的要求安装、使用税控装置，并按照税务机关的规定报送有关数据和资料。

税控装置推广应用的管理办法由国家税务总局另行制定，报国务院批准后实施。

第二十九条 账簿、记账凭证、报表、完税凭证、发票、出口凭证以及其他有关涉税资料应当合法、真实、完整。

账簿、记账凭证、报表、完税凭证、发票、出口凭证以及其他有关涉税资料应当保存10年；但是，法律、行政法规另有规定的除外。

第四章 纳税申报

第三十条 税务机关应当建立、健全纳税人自行申报纳税制度。纳税人、扣缴义务人可以采取邮寄、数据电文方式办理纳税申报或者报送代扣代缴、代收代缴税款报告表。

数据电文方式，是指税务机关确定的电话语音、电子数据交换和网络传输等电子方式。

第三十一条 纳税人采取邮寄方式办理纳税申报的，应当使用统一的纳税申报专用信封,并以邮政部门收据作为申报凭据。邮寄申报以寄出的邮戳日期为实际申报日期。

纳税人采取电子方式办理纳税申报的,应当按照税务机关规定的期限和要求保存有关资料,并定期书面报送主管税务机关。

第三十二条 纳税人在纳税期内没有应纳税款的,也应当按照规定办理纳税申报。

纳税人享受减税、免税待遇的,在减税、免税期间应当按照规定办理纳税申报。

第三十三条 纳税人、扣缴义务人的纳税申报或者代扣代缴、代收代缴税款报告表的主要内容包括:税种、税目,应纳税项目或者应代扣代缴、代收代缴税款项目,计税依据,扣除项目及标准,适用税率或者单位税额,应退税项目及税额、应减免税项目及税额,应纳税额或者应代扣代缴、代收代缴税额,税款所属期限、延期缴纳税款、欠税、滞纳金等。

第三十四条 纳税人办理纳税申报时,应当如实填写纳税申报表,并根据不同的情况相应报送下列有关证件、资料:

(一)财务会计报表及其说明材料;

(二)与纳税有关的合同、协议书及凭证;

(三)税控装置的电子报税资料;

(四)外出经营活动税收管理证明和异地完税凭证;

(五)境内或者境外公证机构出具的有关证明文件;

(六)税务机关规定应当报送的其他有关证件、资料。

第三十五条 扣缴义务人办理代扣代缴、代收代缴税款报告时,应当如实填写代扣代缴、代收代缴税款报告表,并报送代扣代缴、代收代缴税款的合法凭证以及税务机关规定的其他有关证件、资料。

第三十六条 实行定期定额缴纳税款的纳税人,可以实行简易申报、简并征期等申报纳税方式。

第三十七条 纳税人、扣缴义务人按照规定的期限办理纳税申报或者报送代扣代缴、代收代缴税款报告表确有困难,需要延期的,应当在规定的期限内向税务机关提出书面延期申请,经税务机关核准,在核准的期限内办理。

纳税人、扣缴义务人因不可抗力,不能按期办理纳税申报或者报送代扣代缴、代收代缴税款报告表的,可以延期办理;但是,应当在不可抗力情形消除后立即向税务机关报告。税务机关应当查明事实,予以核准。

第五章 税款征收

第三十八条 税务机关应当加强对税款征收的管理,建立、健全责任制度。

税务机关根据保证国家税款及时足额入库、方便纳税人、降低税收成本的原则,确定税款征收的方式。

税务机关应当加强对纳税人出口退税的管理，具体管理办法由国家税务总局会同国务院有关部门制定。

第三十九条 税务机关应当将各种税收的税款、滞纳金、罚款，按照国家规定的预算科目和预算级次及时缴入国库，税务机关不得占压、挪用、截留，不得缴入国库以外或者国家规定的税款账户以外的任何账户。

已缴入国库的税款、滞纳金、罚款，任何单位和个人不得擅自变更预算科目和预算级次。

第四十条 税务机关应当根据方便、快捷、安全的原则，积极推广使用支票、银行卡、电子结算方式缴纳税款。

第四十一条 纳税人有下列情形之一的，属于税收征管法第三十一条所称特殊困难：

（一）因不可抗力，导致纳税人发生较大损失，正常生产经营活动受到较大影响的；

（二）当期货币资金在扣除应付职工工资、社会保险费后，不足以缴纳税款的。

计划单列市国家税务局、地方税务局可以参照税收征管法第三十一条第二款的批准权限，审批纳税人延期缴纳税款。

第四十二条 纳税人需要延期缴纳税款的，应当在缴纳税款期限届满前提出申请，并报送下列材料：申请延期缴纳税款报告，当期货币资金余额情况及所有银行存款账户的对账单，资产负债表，应付职工工资和社会保险费等税务机关要求提供的支出预算。

税务机关应当自收到申请延期缴纳税款报告之日起20日内作出批准或者不予批准的决定；不予批准的，从缴纳税款期限届满之日起加收滞纳金。

第四十三条 享受减税、免税优惠的纳税人，减税、免税期满，应当自期满次日起恢复纳税；减税、免税条件发生变化的，应当在纳税申报时向税务机关报告；不再符合减税、免税条件的，应当依法履行纳税义务；未依法纳税的，税务机关应当予以追缴。

第四十四条 税务机关根据有利于税收控管和方便纳税的原则，可以按照国家有关规定委托有关单位和人员代征零星分散和异地缴纳的税收，并发给委托代征证书。受托单位和人员按照代征证书的要求，以税务机关的名义依法征收税款，纳税人不得拒绝；纳税人拒绝的，受托代征单位和人员应当及时报告税务机关。

第四十五条 税收征管法第三十四条所称完税凭证，是指各种完税证、缴款书、印花税票、扣（收）税凭证以及其他完税证明。

未经税务机关指定，任何单位、个人不得印制完税凭证。完税凭证不得转借、倒卖、变造或者伪造。

完税凭证的式样及管理办法由国家税务总局制定。

第四十六条 税务机关收到税款后，应当向纳税人开具完税凭证。纳税人通过银行缴纳税款的，税务机关可以委托银行开具完税凭证。

第四十八条 税务机关负责纳税人纳税信誉等级评定工作。纳税人纳税信誉等级的评定办法由国家税务总局制定。

第四十九条 承包人或者承租人有独立的生产经营权,在财务上独立核算,并定期向发包人或者出租人上缴承包费或者租金的,承包人或者承租人应当就其生产、经营收入和所得纳税,并接受税务管理;但是,法律、行政法规另有规定的除外。

发包人或者出租人应当自发包或者出租之日起30日内将承包人或者承租人的有关情况向主管税务机关报告。发包人或者出租人不报告的,发包人或者出租人与承包人或者承租人承担纳税连带责任。

第五十条 纳税人有解散、撤销、破产情形的,在清算前应当向其主管税务机关报告;未结清税款的,由其主管税务机关参加清算。

第五十一条 税收征管法第三十六条所称关联企业,是指有下列关系之一的公司、企业和其他经济组织:

(一)在资金、经营、购销等方面,存在直接或者间接的拥有或者控制关系;

(二)直接或者间接地同为第三者所拥有或者控制;

(三)在利益上具有相关联的其他关系。

纳税人有义务就其与关联企业之间的业务往来,向当地税务机关提供有关的价格、费用标准等资料。具体办法由国家税务总局制定。

第五十二条 税收征管法第三十六条所称独立企业之间的业务往来,是指没有关联关系的企业之间按照公平成交价格和营业常规所进行的业务往来。

第五十三条 纳税人可以向主管税务机关提出与其关联企业之间业务往来的定价原则和计算方法,主管税务机关审核、批准后,与纳税人预先约定有关定价事项,监督纳税人执行。

第五十四条 纳税人与其关联企业之间的业务往来有下列情形之一的,税务机关可以调整其应纳税额:

(一)购销业务未按照独立企业之间的业务往来作价;

(二)融通资金所支付或者收取的利息超过或者低于没有关联关系的企业之间所能同意的数额,或者利率超过或者低于同类业务的正常利率;

(三)提供劳务,未按照独立企业之间业务往来收取或者支付劳务费用;

(四)转让财产、提供财产使用权等业务往来,未按照独立企业之间业务往来作价或者收取、支付费用;

(五)未按照独立企业之间业务往来作价的其他情形。

第五十五条 纳税人有本细则第五十四条所列情形之一的,税务机关可以按照下列方法调整计税收入额或者所得额:

（一）按照独立企业之间进行的相同或者类似业务活动的价格；

（二）按照再销售给无关联关系的第三者的价格所应取得的收入和利润水平；

（三）按照成本加合理的费用和利润；

（四）按照其他合理的方法。

第五十六条 纳税人与其关联企业未按照独立企业之间的业务往来支付价款、费用的，税务机关自该业务往来发生的纳税年度起 3 年内进行调整；有特殊情况的，可以自该业务往来发生的纳税年度起 10 年内进行调整。

第五十七条 税收征管法第三十七条所称未按照规定办理税务登记从事生产、经营的纳税人，包括到外县（市）从事生产、经营而未向营业地税务机关报验登记的纳税人。

第五十八条 税务机关依照税收征管法第三十七条的规定，扣押纳税人商品、货物的，纳税人应当自扣押之日起 15 日内缴纳税款。

对扣押的鲜活、易腐烂变质或者易失效的商品、货物，税务机关根据被扣押物品的保质期，可以缩短前款规定的扣押期限。

第五十九条 税收征管法第三十八条、第四十条所称其他财产，包括纳税人的房地产、现金、有价证券等不动产和动产。

机动车辆、金银饰品、古玩字画、豪华住宅或者一处以外的住房不属于税收征管法第三十八条、第四十条、第四十二条所称个人及其所扶养家属维持生活必需的住房和用品。

税务机关对单价 5 000 元以下的其他生活用品，不采取税收保全措施和强制执行措施。

第六十条 税收征管法第三十八条、第四十条、第四十二条所称个人所扶养家属，是指与纳税人共同居住生活的配偶、直系亲属以及无生活来源并由纳税人扶养的其他亲属。

第六十一条 税收征管法第三十八条、第八十八条所称担保，包括经税务机关认可的纳税保证人为纳税人提供的纳税保证，以及纳税人或者第三人以其未设置或者未全部设置担保物权的财产提供的担保。

纳税保证人，是指在中国境内具有纳税担保能力的自然人、法人或者其他经济组织。

法律、行政法规规定的没有担保资格的单位和个人，不得作为纳税担保人。

第六十二条 纳税担保人同意为纳税人提供纳税担保的，应当填写纳税担保书，写明担保对象、担保范围、担保期限和担保责任以及其他有关事项。担保书须经纳税人、纳税担保人签字盖章并经税务机关同意，方为有效。

纳税人或者第三人以其财产提供纳税担保的，应当填写财产清单，并写明财产价值以及其他有关事项。纳税担保财产清单须经纳税人、第三人签字盖章并经税务机关确认,方为有效。

第六十三条 税务机关执行扣押、查封商品、货物或者其他财产时,应当由两名以上税务人员执行,并通知被执行人。被执行人是自然人的,应当通知被执行人本人或者其成年家属到场;被执行人是法人或者其他组织的,应当通知其法定代表人或者主要负责人到场;拒不到场的,不影响执行。

第六十四条 税务机关执行税收征管法第三十七条、第三十八条、第四十条的规定,扣押、查封价值相当于应纳税款的商品、货物或者其他财产时,参照同类商品的市场价、出厂价或者评估价估算。

税务机关按照前款方法确定应扣押、查封的商品、货物或者其他财产的价值时,还应当包括滞纳金和拍卖、变卖所发生的费用。

第六十五条 对价值超过应纳税额且不可分割的商品、货物或者其他财产,税务机关在纳税人、扣缴义务人或者纳税担保人无其他可供强制执行的财产的情况下,可以整体扣押、查封、拍卖。

第六十六条 税务机关执行税收征管法第三十七条、第三十八条、第四十条的规定,实施扣押、查封时,对有产权证件的动产或者不动产,税务机关可以责令当事人将产权证件交税务机关保管,同时可以向有关机关发出协助执行通知书,有关机关在扣押、查封期间不再办理该动产或者不动产的过户手续。

第六十七条 对查封的商品、货物或者其他财产,税务机关可以指令被执行人负责保管,保管责任由被执行人承担。

继续使用被查封的财产不会减少其价值的,税务机关可以允许被执行人继续使用;因被执行人保管或者使用的过错造成的损失,由被执行人承担。

第六十八条 纳税人在税务机关采取税收保全措施后,按照税务机关规定的期限缴纳税款的,税务机关应当自收到税款或者银行转回的完税凭证之日起1日内解除税收保全。

第六十九条 税务机关将扣押、查封的商品、货物或者其他财产变价抵缴税款时,应当交由依法成立的拍卖机构拍卖;无法委托拍卖或者不适于拍卖的,可以交由当地商业企业代为销售,也可以责令纳税人限期处理;无法委托商业企业销售,纳税人也无法处理的,可以由税务机关变价处理,具体办法由国家税务总局规定。国家禁止自由买卖的商品,应当交由有关单位按照国家规定的价格收购。

拍卖或者变卖所得抵缴税款、滞纳金、罚款以及拍卖、变卖等费用后,剩余部分应当在3日内退还被执行人。

第七十条 税收征管法第三十九条、第四十三条所称损失,是指因税务机关的责任,使纳税人、扣缴义务人或者纳税担保人的合法利益遭受的直接损失。

第七十一条 税收征管法所称其他金融机构,是指信托投资公司、信用合作社、邮政储蓄机构以及经中国人民银行、中国证券监督管理委员会等批准设立的其他金融机构。

第七十二条 税收征管法所称存款,包括独资企业投资人、合伙企业合伙人、个体工商户的储蓄存款以及股东资金账户中的资金等。

第七十三条 从事生产、经营的纳税人、扣缴义务人未按照规定的期限缴纳或者解缴税款的,纳税担保人未按照规定的期限缴纳所担保的税款的,由税务机关发出限期缴纳税款通知书,责令缴纳或者解缴税款的最长期限不得超过15日。

第七十四条 欠缴税款的纳税人或者其法定代表人在出境前未按照规定结清应纳税款、滞纳金或者提供纳税担保的,税务机关可以通知出入境管理机关阻止其出境。阻止出境的具体办法,由国家税务总局会同公安部制定。

第七十五条 税收征管法第三十二条规定的加收滞纳金的起止时间,为法律、行政法规规定或者税务机关依照法律、行政法规的规定确定的税款缴纳期限届满次日起至纳税人、扣缴义务人实际缴纳或者解缴税款之日止。

第七十六条 县级以上各级税务机关应当将纳税人的欠税情况,在办税场所或者广播、电视、报纸、期刊、网络等新闻媒体上定期公告。

对纳税人欠缴税款的情况实行定期公告的办法,由国家税务总局制定。

第七十七条 税收征管法第四十九条所称欠缴税款数额较大,是指欠缴税款5万元以上。

第七十八条 税务机关发现纳税人多缴税款的,应当自发现之日起10日内办理退还手续;纳税人发现多缴税款,要求退还的,税务机关应当自接到纳税人退还申请之日起30日内查实并办理退还手续。

税收征管法第五十一条规定的加算银行同期存款利息的多缴税款退税,不包括依法预缴税款形成的结算退税、出口退税和各种减免退税。

退税利息按照税务机关办理退税手续当天中国人民银行规定的活期存款利率计算。

第七十九条 当纳税人既有应退税款又有欠缴税款的,税务机关可以将应退税款和利息先抵扣欠缴税款;抵扣后有余额的,退还纳税人。

第八十条 税收征管法第五十二条所称税务机关的责任,是指税务机关适用税收法律、行政法规不当或者执法行为违法。

第八十一条 税收征管法第五十二条所称纳税人、扣缴义务人计算错误等失误,是指非主观故意的计算公式运用错误以及明显的笔误。

第八十二条 税收征管法第五十二条所称特殊情况,是指纳税人或者扣缴义务人因计算错误等失误,未缴或者少缴、未扣或者少扣、未收或者少收税款,累计数额在10万元以上的。

第八十三条 税收征管法第五十二条规定的补缴和追征税款、滞纳金的期限,自纳税人、扣缴义务人应缴未缴或者少缴税款之日起计算。

第八十四条 审计机关、财政机关依法进行审计、检查时,对税务机关的税收违法行为作出的决定,税务机关应当执行;发现被审计、检查单位有税收违法行为的,向被审计、检查单位下达决定、意见书,责成被审计、检查单位向税务机关缴纳应当缴纳的税款、滞纳金。税务机关应当根据有关机关的决定、意见书,依照税收法律、行政法规的规定,将应收的税款、滞纳金按照国家规定的税收征收管理范围和税款入库预算级次缴入国库。

税务机关应当自收到审计机关、财政机关的决定、意见书之日起30日内将执行情况书面回复审计机关、财政机关。

有关机关不得将其履行职责过程中发现的税款、滞纳金自行征收入库或者以其他款项的名义自行处理、占压。

第六章 税务检查

第八十五条 税务机关应当建立科学的检查制度,统筹安排检查工作,严格控制对纳税人、扣缴义务人的检查次数。

税务机关应当制定合理的税务稽查工作规程,负责选案、检查、审理、执行的人员的职责应当明确,并相互分离、相互制约,规范选案程序和检查行为。

税务检查工作的具体办法,由国家税务总局制定。

第八十六条 税务机关行使税收征管法第五十四条第(一)项职权时,可以在纳税人、扣缴义务人的业务场所进行;必要时,经县以上税务局(分局)局长批准,可以将纳税人、扣缴义务人以前会计年度的账簿、记账凭证、报表和其他有关资料调回税务机关检查,但是税务机关必须向纳税人、扣缴义务人开付清单,并在3个月内完整退还;有特殊情况的,经设区的市、自治州以上税务局局长批准,税务机关可以将纳税人、扣缴义务人当年的账簿、记账凭证、报表和其他有关资料调回检查,但是税务机关必须在30日内退还。

第八十七条 税务机关行使税收征管法第五十四条第(六)项职权时,应当指定专人负责,凭全国统一格式的检查存款账户许可证明进行,并有责任为被检查人保守秘密。

检查存款账户许可证明,由国家税务总局制定。

税务机关查询的内容,包括纳税人存款账户余额和资金往来情况。

第八十八条 依照税收征管法第五十五条规定,税务机关采取税收保全措施的期限一般不得超过6个月;重大案件需要延长的,应当报国家税务总局批准。

第八十九条 税务机关和税务人员应当依照税收征管法及本细则的规定行使税务检查职权。

税务人员进行税务检查时，应当出示税务检查证和税务检查通知书；无税务检查证和税务检查通知书的，纳税人、扣缴义务人及其他当事人有权拒绝检查。税务机关对集贸市场及集中经营业户进行检查时，可以使用统一的税务检查通知书。

税务检查证和税务检查通知书的式样、使用和管理的具体办法，由国家税务总局制定。

第八章　文书送达

第一百零一条　税务机关送达税务文书，应当直接送交受送达人。

受送达人是公民的，应当由本人直接签收；本人不在的，交其同住成年家属签收。

受送达人是法人或者其他组织的，应当由法人的法定代表人、其他组织的主要负责人或者该法人、组织的财务负责人、负责收件的人签收。受送达人有代理人的，可以送交其代理人签收。

第一百零二条　送达税务文书应当有送达回证，并由受送达人或者本细则规定的其他签收人在送达回证上记明收到日期，签名或者盖章，即为送达。

第一百零三条　受送达人或者本细则规定的其他签收人拒绝签收税务文书的，送达人应当在送达回证上记明拒收理由和日期，并由送达人和见证人签名或者盖章，将税务文书留在受送达人处，即视为送达。

第一百零四条　直接送达税务文书有困难的，可以委托其他有关机关或者其他单位代为送达，或者邮寄送达。

第一百零五条　直接或者委托送达税务文书的，以签收人或者见证人在送达回证上的签收或者注明的收件日期为送达日期；邮寄送达的，以挂号函件回执上注明的收件日期为送达日期，并视为已送达。

第一百零六条　有下列情形之一的，税务机关可以公告送达税务文书，自公告之日起满30日，即视为送达：

（一）同一送达事项的受送达人众多；

（二）采用本章规定的其他送达方式无法送达。

第一百零七条　税务文书的格式由国家税务总局制定。本细则所称税务文书，包括：

（一）税务事项通知书；

（二）责令限期改正通知书；

（三）税收保全措施决定书；

（四）税收强制执行决定书；

（五）税务检查通知书；

（六）税务处理决定书；

（七）税务行政处罚决定书；

（八）行政复议决定书；

（九）其他税务文书。

《营业税改征增值税试点实施办法》（财税〔2016〕36号附件1）

第五十五条 纳税人增值税的征收管理，按照本办法和《中华人民共和国税收征收管理法》及现行增值税征收管理有关规定执行。

《电力产品增值税征收管理办法》（2004年12月22日国家税务总局令第10号公布，根据2018年6月15日《国家税务总局关于修改部分税务部门规章的决定》修正）

第一条 为了加强电力产品增值税的征收管理，根据《中华人民共和国税收征收管理法》、《中华人民共和国增值税暂行条例》、《中华人民共和国增值税暂行条例实施细则》及其有关规定，结合电力体制改革以及电力产品生产、销售特点，制定本办法。

第二条 生产、销售电力产品的单位和个人为电力产品增值税纳税人，并按本办法规定缴纳增值税。

第三条 电力产品增值税的计税销售额为纳税人销售电力产品向购买方收取的全部价款和价外费用，但不包括收取的销项税额。价外费用是指纳税人销售电力产品在目录电价或上网电价之外向购买方收取的各种性质的费用。

供电企业收取的电费保证金，凡逾期（超过合同约定时间）未退还的，一律并入价外费用缴纳增值税。

第四条 电力产品增值税的征收，区分不同情况，分别采取以下征税办法：

（一）发电企业（电厂、电站、机组，下同）生产销售的电力产品，按照以下规定计算缴纳增值税：

1.独立核算的发电企业生产销售电力产品，按照现行增值税有关规定向其机构所在地主管税务机关申报纳税；具有一般纳税人资格或具备一般纳税人核算条件的非独立核算的发电企业生产销售电力产品，按照增值税一般纳税人的计算方法计算增值税，并向其机构所在地主管税务机关申报纳税。

2.不具有一般纳税人资格且不具有一般纳税人核算条件的非独立核算的发电企业生产销售的电力产品，由发电企业按上网电量，依核定的定额税率计算发电环节的预缴增值税，且不得抵扣进项税额，向发电企业所在地主管税务机关申报纳税。计算公式为：

$$预征税额 = 上网电量 \times 核定的定额税率$$

（二）供电企业销售电力产品，实行在供电环节预征、由独立核算的供电企业统一结算的办法缴纳增值税，具体办法如下：

1.独立核算的供电企业所属的区县级供电企业，凡能够核算销售额的，依核定的预征率计算供电环节的增值税，不得抵扣进项税额，向其所在地主管税务机关申报纳税；

不能核算销售额的，由上一级供电企业预缴供电环节的增值税。计算公式为：

$$预征税额 = 销售额 \times 核定的预征率$$

2.供电企业随同电力产品销售取得的各种价外费用一律在预征环节依照电力产品适用的增值税税率征收增值税，不得抵扣进项税额。

（三）实行预缴方式缴纳增值税的发、供电企业按照隶属关系由独立核算的发、供电企业结算缴纳增值税，具体办法为：

独立核算的发、供电企业月末依据其全部销售额和进项税额，计算当期增值税应纳税额，并根据发电环节或供电环节预缴的增值税税额，计算应补（退）税额，向其所在地主管税务机关申报纳税。计算公式为：

$$应纳税额 = 销项税额 - 进项税额$$

$$应补（退）税额 = 应纳税额 - 发（供）电环节预缴增值税额$$

独立核算的发、供电企业当期销项税额小于进项税额不足抵扣，或应纳税额小于发、供电环节预缴增值税税额形成多交增值税时，其不足抵扣部分和多交增值税额可结转下期抵扣或抵减下期应纳税额。

（四）发、供电企业的增值税预征率（含定额税率，下同），应根据发、供电企业上期财务核算和纳税情况、考虑当年变动因素测算核定，具体权限如下：

1.跨省、自治区、直辖市的发、供电企业增值税预征率由预缴增值税的发、供电企业所在地和结算增值税的发、供电企业所在地省、自治区、直辖市、计划单列市税务局共同测算，报国家税务总局核定；

2.省、自治区、直辖市范围内的发、供电企业增值税预征率由省、自治区、直辖市、计划单列市税务局核定。

发、供电企业预征率的执行期限由核定预征率的税务机关根据企业生产经营的变化情况确定。

（五）不同投资、核算体制的机组，由于隶属于各自不同的独立核算企业，应按上述规定分别缴纳增值税。

（六）对其他企事业单位销售的电力产品，按现行增值税有关规定缴纳增值税。

（七）实行预缴方式缴纳增值税的发、供电企业，销售电力产品取得的未并入上级独立核算发、供电企业统一核算的销售收入，应单独核算并按增值税的有关规定就地申报缴纳增值税。

第五条 实行预缴方式缴纳增值税的发、供电企业生产销售电力产品以外的其他货物和应税劳务，如果能准确核算销售额的，在发、供电企业所在地依适用税率计算缴纳增值税。不能准确核算销售额的，按其隶属关系由独立核算的发、供电企业统一计算缴纳增值税。

第六条 发、供电企业销售电力产品的纳税义务发生时间的具体规定如下:

(一)发电企业和其他企事业单位销售电力产品的纳税义务发生时间为电力上网并开具确认单据的当天。

(二)供电企业采取直接收取电费结算方式的,销售对象属于企事业单位,为开具发票的当天;属于居民个人,为开具电费缴纳凭证的当天。

(三)供电企业采取预收电费结算方式的,为发行电量的当天。

(四)发、供电企业将电力产品用于非应税项目、集体福利、个人消费,为发出电量的当天。

(五)发、供电企业之间互供电力,为双方核对计数量,开具抄表确认单据的当天。

(六)发、供电企业销售电力产品以外其他货物,其纳税义务发生时间按《中华人民共和国增值税暂行条例》及其实施细则的有关规定执行。

第七条 发、供电企业应按现行增值税的有关规定办理税务登记,进行增值税纳税申报。

实行预缴方式缴纳增值税的发、供电企业应按以下规定办理:

(一)实行预缴方式缴纳增值税的发、供电企业在办理税务开业、变更、注销登记时,应将税务登记证正本复印件按隶属关系逐级上报其独立核算的发、供电企业所在地主管税务机关留存。

独立核算的发、供电企业也应将税务登记证正本复印件报其所属的采用预缴方式缴纳增值税的发、供电企业所在地主管税务机关留存。

(二)采用预缴方式缴纳增值税的发、供电企业在申报纳税的同时,应将增值税进项税额和上网电量、电力产品销售额、其他产品销售额、价外费用、预征税额和查补税款分别归集汇总,填写《电力企业增值税销项税额和进项税额传递单》(样式附后,以下简称《传递单》)报送主管税务机关签章确认后,按隶属关系逐级汇总上报给独立核算发、供电企业;预征地主管税务机关也必须将确认后的《传递单》于收到当月传递给结算缴纳增值税的独立核算发、供电企业所在地主管税务机关。

(三)结算缴纳增值税的发、供电企业应按增值税纳税申报的统一规定,汇总计算本企业的全部销项税额、进项税额、应纳税额、应补(退)税额,于本月税款所属期后第二个月征期内向主管税务机关申报纳税。

(四)实行预缴方式缴纳增值税的发、供电企业所在地主管税务机关应定期对其所属企业纳税情况进行检查。发现申报不实,一律就地按适用税率全额补征税款,并将检查情况及结果发函通知结算缴纳增值税的独立核算发、供电企业所在地主管税务机关。独立核算发、供电企业所在地主管税务机关收到预征地税务机关的发函后,应督促发、供电企业调整申报表。对在预缴环节查补的增值税,独立核算的发、供电企业在结算缴纳增值税时可以予以抵减。

第八条 发、供电企业销售电力产品，应按《中华人民共和国发票管理办法》和增值税专用发票使用管理规定领购、使用和管理发票。

第九条 电力产品增值税的其他征税事项，按《中华人民共和国税收征收管理法》《中华人民共和国税收征收管理法实施细则》《中华人民共和国增值税暂行条例》和《中华人民共和国增值税暂行条例实施细则》及其他有关规定执行。

第十条 本办法由国家税务总局负责解释。

第十一条 本办法自 2005 年 2 月 1 日起施行。

　　附件：1.《电力增值税销项税额和进项税额传递单》（略）

　　　　　2.《发、供电企业税收检查情况通报单》（略）

《成品油零售加油站增值税征收管理办法》（2002 年 4 月 2 日国家税务总局令第 2 号公布）

第一条 为加强成品油零售加油站的增值税征收管理，堵塞税收管理漏洞，根据《中华人民共和国税收征收管理法》、《中华人民共和国增值税暂行条例》及有关税收政策规定，制定本办法。

第二条 凡经经贸委批准从事成品油零售业务，并已办理工商、税务登记，有固定经营场所，使用加油机自动计量销售成品油的单位和个体经营者（以下简称加油站），适用本办法。

第三条 本办法第一条所称加油站，一律按照《国家税务总局关于加油站一律按照增值税一般纳税人征税的通知》（国税函〔2001〕882 号）认定为增值税一般纳税人；并根据《中华人民共和国增值税暂行条例》有关规定进行征收管理。

第四条 采取统一配送成品油方式设立的非独立核算的加油站，在同一县市的，由总机构汇总缴纳增值税。在同一省内跨县市经营的，是否汇总缴纳增值税，由省级税务机关确定。跨省经营的，是否汇总缴纳增值税，由国家税务总局确定。

对统一核算，且经税务机关批准汇总缴纳增值税的成品油销售单位跨县市调配成品油的，不征收增值税。

第五条 加油站无论以何种结算方式［如收取现金、支票、汇票、加油凭证（簿）、加油卡等］收取售油款，均应征收增值税。加油站销售成品油必须按不同品种分别核算，准确计算应税销售额。加油站以收取加油凭证（簿）、加油卡方式销售成品油，不得向用户开具增值税专用发票。

第六条 加油站应税销售额包括当月成品油应税销售额和其他应税货物及劳务的销售额。其中成品油应税销售额的计算公式为：

成品油应税销售额 =（当月全部成品油销售数量 − 允许扣除的成品油数量）× 油品单价

第七条 加油站必须按规定建立《加油站日销售油品台账》(附表1,以下简称台账)登记制度。加油站应按日登记台账,按日或交接班次填写,完整、详细地记录当日或本班次的加油情况,月终汇总登记《加油站月销售油品汇总表》(附表2)。台账须按月装订成册,按会计原始账证的期限保管,以备主管税务机关检查。

第八条 加油站除按月向主管税务机关报送增值税一般纳税人纳税申报办法规定的申报资料外,还应报送以下资料:

(一)《加油站＿＿＿月份加油信息明细表》(附表3)或加油IC卡;

(二)《加油站月销售油品汇总表》;

(三)《成品油购销存数量明细表》(附表4)

第九条 加油站通过加油机加注成品油属于以下情形的,允许在当月成品油销售数量中扣除:

(一)经主管税务机关确定的加油机自有车辆自用油;

(二)外单位购买的,利用加油站的油库存放的代储油;

加油站发生代储油业务时,应凭委托代储协议及委托方购油发票复印件向主管税务机关申报备案。

(三)加油站本身倒库油;

加油站发生成品油倒库业务时,须提前向主管税务机关报告说明,由主管税务机关派专人实地审核监控。

(四)加油站检测用油(回罐油)

上述允许扣除的成品油数量,加油站月终应根据《加油站月销售油品汇总表》统计的数量向主管税务机关申报。

第十条 成品油生产、批发单位所在地税务机关应按月将其销售成品油信息通过金税工程网络传递到购油企业所在地主管税务机关。

第十一条 对财务核算不健全的加油站,如已全部安装税控加油机,应按照税控加油机所记录的数据确定计税销售额征收增值税。对未全部安装税控加油机(包括未安装)或税控加油机运行不正常的加油站,主管税务机关应要求其严格执行台账制度,并按月报送《成品油购销存数量明细表》。按月对其成品油库存数量进行盘点,定期联合有关执法部门对其进行检查。

主管税务机关应将财务核算不健全的加油站全部纳入增值税纳税评估范围,结合通过金税工程网络所掌握的企业购油信息以及本地区同行业的税负水平等相关信息,按照《国家税务总局关于加强商贸企业增值税纳税评估工作的通知》(国税发〔2001〕140号)的有关规定进行增值税纳税评估。对纳税评估有异常的,应立即移送稽查部门进行税务稽查。

主管税务机关对财务核算不健全的加油站可以根据所掌握的企业实际经营状况，核定征收增值税。

财务核算不健全的加油站，主管税务机关应根据其实际经营情况和专用发票使用管理规定限额限量供应专用发票。

第十二条 发售加油卡、加油凭证销售成品油的纳税人（以下简称"预售单位"）在售卖加油卡、加油凭证时，应按预收账款方法作相关账务处理，不征收增值税。

预售单位在发售加油卡或加油凭证时开具普通发票，如购油单位要求开具增值税专用发票，待用户凭卡或加油凭证加油后，根据加油卡或加油凭证回笼记录，向购油单位开具增值税专用发票。接受加油卡或加油凭证销售成品油的单位与预售单位结算油款时，接受加油卡或加油凭证销售成品油的单位根据实际结算的油款向预售单位开具增值税专用发票。

第十三条 主管税务机关每季度应对所管辖加油站运用稽查卡进行1次加油数据读取，并将读出的数据与该加油站的《增值税纳税申报表》《加油站日销售油品台账》《加油站月销售油品汇总表》等资料进行核对，同时应对加油站的应扣除油量的确定、成品油购销存等情况进行全面纳税检查。

第十四条 本办法自2002年5月1日起执行。

附件：1. 加油站日销售油品台账（略）

2. 加油站月销售油品汇总表（略）

3. 加油站____月份加油信息明细表（略）

4. 成品油购销存数量明细表（略）

《国家税务总局关于发布〈航空运输企业增值税征收管理暂行办法〉的公告》（国家税务总局公告2013年第68号）

为解决营业税改征增值税试点期间航空运输企业总分机构缴纳增值税问题，国家税务总局制定了《航空运输企业增值税征收管理暂行办法》，现予以发布。

《财政部 国家税务总局关于部分航空运输企业总分机构增值税计算缴纳问题的通知》（财税〔2013〕86号）附件1列明的航空运输企业总分机构，自2013年8月1日起按本办法计算缴纳增值税；附件2列明的航空运输企业总分机构，自2013年10月1日起按本办法计算缴纳增值税。

《国家税务总局关于发布〈营业税改征增值税试点期间航空运输企业增值税征收管理暂行办法〉的公告》（2013第7号）自2013年10月1日起废止。

特此公告。

航空运输企业增值税征收管理暂行办法

第一条 为规范营业税改征增值税试点期间航空运输企业增值税征收管理，根据

《总分机构试点纳税人增值税计算缴纳暂行办法》（财税〔2013〕74号文件印发）和现行增值税有关规定，制定本办法。

第二条　经财政部和国家税务总局批准，按照《总分机构试点纳税人增值税计算缴纳暂行办法》计算缴纳增值税的航空运输企业，适用本办法。

第三条　航空运输企业的总机构（以下简称总机构），应当汇总计算总机构及其分支机构发生《应税服务范围注释》所列业务的应纳税额，抵减分支机构发生《应税服务范围注释》所列业务已缴纳（包括预缴和补缴，下同）的税额后，向主管税务机关申报纳税。

总机构销售货物和提供加工修理修配劳务，按照增值税暂行条例及相关规定就地申报纳税。

第四条　总机构汇总的销售额，为总机构及其分支机构发生《应税服务范围注释》所列业务的销售额。

总机构应当按照增值税现行规定核算汇总的销售额。

第五条　总机构汇总的销项税额，按照本办法第四条规定的销售额和增值税适用税率计算。

第六条　总机构汇总的进项税额，是指总机构及其分支机构因发生《应税服务范围注释》所列业务而购进货物或者接受加工修理修配劳务和应税服务，支付或者负担的增值税税额。

总机构和分支机构用于《应税服务范围注释》所列业务之外的进项税额不得汇总。

第七条　分支机构发生《应税服务范围注释》所列业务，按照销售额和预征率计算应预缴税额，按月向主管税务机关申报纳税，不得抵扣进项税额。计算公式为：

应预缴税额 = 销售额 × 预征率

分支机构销售货物和提供加工修理修配劳务，按照增值税暂行条例及相关规定就地申报纳税。

第八条　分支机构应按月将《应税服务范围注释》所列业务的销售额、进项税额和已缴纳税额归集汇总，填写《航空运输企业分支机构传递单》（见附件1），报送主管税务机关签章确认后，于次月10日前传递给总机构。

第九条　总机构的纳税期限为一个季度。

第十条　总机构应当依据《航空运输企业分支机构传递单》，汇总计算当期发生《应税服务范围注释》所列业务的应纳税额，抵减分支机构发生《应税服务范围注释》所列业务当期已缴纳的税额后，向主管税务机关申报纳税。抵减不完的，可以结转下期继续抵减。计算公式为：

总机构当期汇总应纳税额 = 当期汇总销项税额 − 当期汇总进项税额

总机构当期应补（退）税额＝总机构当期汇总应纳税额－分支机构当期已缴纳税额

第十一条 航空运输企业汇总缴纳的增值税实行年度清算。

第十二条 年度终了后25个工作日内，总机构应当计算分支机构发生《应税服务范围注释》所列业务年度清算的应纳税额，并向主管税务机关报送《＿＿＿年度航空运输企业年度清算表》（附件2）。计算公式为：

分支机构年度清算的应纳税额＝（分支机构发生《应税服务范围注释》所列业务的年度销售额÷总机构汇总的年度销售额）×总机构汇总的年度应纳税额

总机构汇总的年度应纳税额，为总机构年度内各季度汇总应纳税额的合计数。

第十三条 年度终了后40个工作日内，总机构主管税务机关应将《＿＿＿年度航空运输企业年度清算表》逐级报送国家税务总局。

第十四条 分支机构年度清算的应纳税额小于分支机构已预缴税额，且差额较大的，由国家税务总局通知分支机构所在地的省税务机关，在一定时期内暂停分支机构预缴增值税。

分支机构年度清算的应纳税额大于分支机构已预缴税额，差额部分由国家税务总局通知分支机构所在地的省税务机关，在分支机构预缴增值税时一并补缴入库。

第十五条 总机构及其分支机构，一律由主管税务机关认定为增值税一般纳税人。

第十六条 总机构应当在开具增值税专用发票（含货物运输业增值税专用发票）的次月申报期结束前向主管税务机关报税。

总机构及其分支机构取得的增值税扣税凭证，应当按照有关规定到主管税务机关办理认证或者申请稽核比对。

总机构汇总的进项税额，应当在季度终了后的第一个申报期内申报抵扣。

第十七条 主管税务机关应定期或不定期对分支机构纳税情况进行检查。

分支机构发生《应税服务范围注释》所列业务申报不实的，就地按适用税率全额补征增值税。主管税务机关应将检查情况及结果发函通知总机构主管税务机关。

第十八条 总机构及其分支机构的其他增值税涉税事项，按照现行增值税有关政策执行。

附件：1. 航空运输企业分支机构传递单（略）
　　　2. 年度航空运输企业年度清算表（略）

《国家税务总局关于发布〈铁路运输企业增值税征收管理暂行办法〉的公告》（国家税务总局公告2014年第6号）

为明确营业税改征增值税后铁路运输企业总分机构缴纳增值税问题，国家税务总局制定了《铁路运输企业增值税征收管理暂行办法》，现予以发布，自2014年1月1日起施行。

特此公告。

附件：铁路运输企业分支机构增值税汇总纳税信息传递单（略）

铁路运输企业增值税征收管理暂行办法

第一条 为规范营业税改征增值税后铁路运输企业增值税征收管理，根据《中华人民共和国增值税暂行条例》（以下称增值税条例）、《营业税改征增值税试点实施办法》（以下称试点实施办法）、《总分机构试点纳税人增值税计算缴纳暂行办法》及现行增值税有关规定，结合铁路运输企业特点，制定本办法。

第二条 经财政部 国家税务总局批准，汇总申报缴纳增值税的中国铁路总公司及其所属运输企业（含下属站段，下同）适用本办法。

第三条 中国铁路总公司所属运输企业按照本办法规定预缴增值税，中国铁路总公司汇总向机构所在地主管税务机关申报纳税。

第四条 中国铁路总公司应当汇总计算本部及其所属运输企业提供铁路运输服务以及与铁路运输相关的物流辅助服务（以下称铁路运输及辅助服务）的增值税应纳税额，抵减所属运输企业提供上述应税服务已缴纳（包括预缴和查补，下同）的增值税额后，向主管税务机关申报纳税。

中国铁路总公司发生除铁路运输及辅助服务以外的增值税应税行为，按照增值税条例、试点实施办法及相关规定就地申报纳税。

第五条 中国铁路总公司汇总的销售额，为中国铁路总公司及其所属运输企业提供铁路运输及辅助服务的销售额。

第六条 中国铁路总公司汇总的销项税额，按照本办法第五条规定的销售额和增值税适用税率计算。

第七条 中国铁路总公司汇总的进项税额，是指中国铁路总公司及其所属运输企业为提供铁路运输及辅助服务而购进货物、接受加工修理修配劳务和应税服务，支付或者负担的增值税额。

中国铁路总公司及其所属运输企业取得与铁路运输及辅助服务相关的固定资产、专利技术、非专利技术、商誉、商标、著作权、有形动产租赁的进项税额，由中国铁路总公司汇总缴纳增值税时抵扣。

中国铁路总公司及其所属运输企业用于铁路运输及辅助服务以外的进项税额不得汇总。

第八条 中国铁路总公司及其所属运输企业用于提供铁路运输及辅助服务的进项税额与不得汇总的进项税额无法准确划分的，按照试点实施办法第二十六条确定的原则执行。

第九条 中国铁路总公司所属运输企业提供铁路运输及辅助服务，按照除铁路建设基金以外的销售额和预征率计算应预缴税额，按月向主管税务机关申报纳税，不得抵扣进项税额。计算公式为：

$$应预缴税额 =（销售额 - 铁路建设基金）\times 预征率$$

销售额是指为旅客、托运人、收货人和其他铁路运输企业提供铁路运输及辅助服务取得的收入。

其他铁路运输企业，是指中国铁路总公司及其所属运输企业以外的铁路运输企业。

中国铁路总公司所属运输企业发生除铁路运输及辅助服务以外的增值税应税行为，按照增值税条例、试点实施办法及相关规定就地申报纳税。

第十条 中国铁路总公司所属运输企业，应按月将当月提供铁路运输及辅助服务的销售额、进项税额和已缴纳增值税额归集汇总，填写《铁路运输企业分支机构增值税汇总纳税信息传递单》（见附件），报送主管税务机关签章确认后，于次月10日前传递给中国铁路总公司。

第十一条 中国铁路总公司的增值税纳税期限为一个季度。

第十二条 中国铁路总公司应当根据《铁路运输企业分支机构增值税汇总纳税信息传递单》，汇总计算当期提供铁路运输及辅助服务的增值税应纳税额，抵减其所属运输企业提供铁路运输及辅助服务当期已缴纳的增值税额后，向主管税务机关申报纳税。抵减不完的，可以结转下期继续抵减。计算公式为：

$$当期汇总应纳税额 = 当期汇总销项税额 - 当期汇总进项税额$$

$$当期应补（退）税额 = 当期汇总应纳税额 - 当期已缴纳税额$$

第十三条 中国铁路总公司及其所属运输企业，一律由主管税务机关认定为增值税一般纳税人。

第十四条 中国铁路总公司应当在开具增值税专用发票（含货物运输业增值税专用发票）的次月申报期结束前向主管税务机关报税。

中国铁路总公司及其所属运输企业取得的增值税扣税凭证，应当按照有关规定到主管税务机关办理认证或者申请稽核比对。

中国铁路总公司汇总的进项税额，应当在季度终了后的第一个申报期内申报抵扣。

第十五条 中国铁路总公司及其所属运输企业所在地主管税务机关应定期或不定期对其纳税情况进行检查。

中国铁路总公司所属铁路运输企业提供铁路运输及辅助服务申报不实的，由其主管税务机关按适用税率全额补征增值税。

第十六条 铁路运输企业的其他增值税涉税事项，按照增值税条例、试点实施办法及相关规定执行。

【《增值税法》原文】

第三十七条　纳税人、扣缴义务人、税务机关及其工作人员违反本法规定的,依照《中华人民共和国税收征收管理法》和有关法律、行政法规的规定追究法律责任。

〖草案二次审议稿〗

第三十六条　纳税人、扣缴义务人、税务机关及其工作人员违反本法规定的,依照《中华人民共和国税收征收管理法》和有关法律、行政法规的规定追究法律责任。

【条文释义】

本条规定了增值税相关法律责任。

由于《增值税法》主要规范增值税实体制度,与其他税种共用的程序性制度由《中华人民共和国税收征收管理法》和有关法律、行政法规统一规定,与增值税相关的法律责任也是由上述法律法规统一规定的。国家税务总局就增值税具体征管中的法律责任会作出一些具体规定,纳税人及其他主体也应当遵守。

【法律法规与政策指引】

《中华人民共和国税收征收管理法》(2015年修正)

第一章　总则

第一条　为了加强税收征收管理,规范税收征收和缴纳行为,保障国家税收收入,保护纳税人的合法权益,促进经济和社会发展,制定本法。

第二条　凡依法由税务机关征收的各种税收的征收管理,均适用本法。

第三条　税收的开征、停征以及减税、免税、退税、补税,依照法律的规定执行;法律授权国务院规定的,依照国务院制定的行政法规的规定执行。

任何机关、单位和个人不得违反法律、行政法规的规定,擅自作出税收开征、停征以及减税、免税、退税、补税和其他同税收法律、行政法规相抵触的决定。

第四条　法律、行政法规规定负有纳税义务的单位和个人为纳税人。

法律、行政法规规定负有代扣代缴、代收代缴税款义务的单位和个人为扣缴义务人。

纳税人、扣缴义务人必须依照法律、行政法规的规定缴纳税款、代扣代缴、代收代缴税款。

第五条　国务院税务主管部门主管全国税收征收管理工作。各地国家税务局和地方税务局应当按照国务院规定的税收征收管理范围分别进行征收管理。

地方各级人民政府应当依法加强对本行政区域内税收征收管理工作的领导或者协调,支持税务机关依法执行职务,依照法定税率计算税额,依法征收税款。

各有关部门和单位应当支持、协助税务机关依法执行职务。

税务机关依法执行职务,任何单位和个人不得阻挠。

第六条　国家有计划地用现代信息技术装备各级税务机关,加强税收征收管理信息系统的现代化建设，建立、健全税务机关与政府其他管理机关的信息共享制度。

纳税人、扣缴义务人和其他有关单位应当按照国家有关规定如实向税务机关提供与纳税和代扣代缴、代收代缴税款有关的信息。

第七条 税务机关应当广泛宣传税收法律、行政法规，普及纳税知识，无偿地为纳税人提供纳税咨询服务。

第八条 纳税人、扣缴义务人有权向税务机关了解国家税收法律、行政法规的规定以及与纳税程序有关的情况。

纳税人、扣缴义务人有权要求税务机关为纳税人、扣缴义务人的情况保密。税务机关应当依法为纳税人、扣缴义务人的情况保密。

纳税人依法享有申请减税、免税、退税的权利。

纳税人、扣缴义务人对税务机关所作出的决定，享有陈述权、申辩权；依法享有申请行政复议、提起行政诉讼、请求国家赔偿等权利。

纳税人、扣缴义务人有权控告和检举税务机关、税务人员的违法违纪行为。

第九条 税务机关应当加强队伍建设，提高税务人员的政治业务素质。

税务机关、税务人员必须秉公执法，忠于职守，清正廉洁，礼貌待人，文明服务，尊重和保护纳税人、扣缴义务人的权利，依法接受监督。

税务人员不得索贿受贿、徇私舞弊、玩忽职守、不征或者少征应征税款；不得滥用职权多征税款或者故意刁难纳税人和扣缴义务人。

第十条 各级税务机关应当建立、健全内部制约和监督管理制度。

上级税务机关应当对下级税务机关的执法活动依法进行监督。

各级税务机关应当对其工作人员执行法律、行政法规和廉洁自律准则的情况进行监督检查。

第十一条 税务机关负责征收、管理、稽查、行政复议的人员的职责应当明确，并相互分离、相互制约。

第十二条 税务人员征收税款和查处税收违法案件，与纳税人、扣缴义务人或者税收违法案件有利害关系的，应当回避。

第十三条 任何单位和个人都有权检举违反税收法律、行政法规的行为。收到检举的机关和负责查处的机关应当为检举人保密。税务机关应当按照规定对检举人给予奖励。

第十四条 本法所称税务机关是指各级税务局、税务分局、税务所和按照国务院规定设立的并向社会公告的税务机构。

第五章　法律责任

第六十条 纳税人有下列行为之一的，由税务机关责令限期改正，可以处二千元以下的罚款；情节严重的，处二千元以上一万元以下的罚款：

（一）未按照规定的期限申报办理税务登记、变更或者注销登记的；

（二）未按照规定设置、保管账簿或者保管记账凭证和有关资料的；

（三）未按照规定将财务、会计制度或者财务、会计处理办法和会计核算软件报送税务机关备查的；

（四）未按照规定将其全部银行账号向税务机关报告的；

（五）未按照规定安装、使用税控装置，或者损毁或者擅自改动税控装置的。

纳税人不办理税务登记的，由税务机关责令限期改正；逾期不改正的，经税务机关提请，由工商行政管理机关吊销其营业执照。

纳税人未按照规定使用税务登记证件，或者转借、涂改、损毁、买卖、伪造税务登记证件的，处二千元以上一万元以下的罚款；情节严重的，处一万元以上五万元以下的罚款。

第六十一条 扣缴义务人未按照规定设置、保管代扣代缴、代收代缴税款账簿或者保管代扣代缴、代收代缴税款记账凭证及有关资料的，由税务机关责令限期改正，可以处二千元以下的罚款；情节严重的，处二千元以上五千元以下的罚款。

第六十二条 纳税人未按照规定的期限办理纳税申报和报送纳税资料的，或者扣缴义务人未按照规定的期限向税务机关报送代扣代缴、代收代缴税款报告表和有关资料的，由税务机关责令限期改正，可以处二千元以下的罚款；情节严重的，可以处二千元以上一万元以下的罚款。

第六十三条 纳税人伪造、变造、隐匿、擅自销毁账簿、记账凭证，或者在账簿上多列支出或者不列、少列收入，或者经税务机关通知申报而拒不申报或者进行虚假的纳税申报，不缴或者少缴应纳税款的，是偷税。对纳税人偷税的，由税务机关追缴其不缴或者少缴的税款、滞纳金，并处不缴或者少缴的税款百分之五十以上五倍以下的罚款；构成犯罪的，依法追究刑事责任。

扣缴义务人采取前款所列手段，不缴或者少缴已扣、已收税款，由税务机关追缴其不缴或者少缴的税款、滞纳金，并处不缴或者少缴的税款百分之五十以上五倍以下的罚款；构成犯罪的，依法追究刑事责任。

第六十四条 纳税人、扣缴义务人编造虚假计税依据的，由税务机关责令限期改正，并处五万元以下的罚款。

纳税人不进行纳税申报，不缴或者少缴应纳税款的，由税务机关追缴其不缴或者少缴的税款、滞纳金，并处不缴或者少缴的税款百分之五十以上五倍以下的罚款。

第六十五条 纳税人欠缴应纳税款，采取转移或者隐匿财产的手段，妨碍税务机关追缴欠缴的税款的，由税务机关追缴欠缴的税款、滞纳金，并处欠缴税款百分之五十以上五倍以下的罚款；构成犯罪的，依法追究刑事责任。

第六十六条 以假报出口或者其他欺骗手段,骗取国家出口退税款的,由税务机关追缴其骗取的退税款,并处骗取税款一倍以上五倍以下的罚款;构成犯罪的,依法追究刑事责任。

对骗取国家出口退税款的,税务机关可以在规定期间内停止为其办理出口退税。

第六十七条 以暴力、威胁方法拒不缴纳税款的,是抗税,除由税务机关追缴其拒缴的税款、滞纳金外,依法追究刑事责任。情节轻微,未构成犯罪的,由税务机关追缴其拒缴的税款、滞纳金,并处拒缴税款一倍以上五倍以下的罚款。

第六十八条 纳税人、扣缴义务人在规定期限内不缴或者少缴应纳或者应解缴的税款,经税务机关责令限期缴纳,逾期仍未缴纳的,税务机关除依照本法第四十条的规定采取强制执行措施追缴其不缴或者少缴的税款外,可以处不缴或者少缴的税款百分之五十以上五倍以下的罚款。

第六十九条 扣缴义务人应扣未扣、应收而不收税款的,由税务机关向纳税人追缴税款,对扣缴义务人处应扣未扣、应收未收税款百分之五十以上三倍以下的罚款。

第七十条 纳税人、扣缴义务人逃避、拒绝或者以其他方式阻挠税务机关检查的,由税务机关责令改正,可以处一万元以下的罚款;情节严重的,处一万元以上五万元以下的罚款。

第七十一条 违反本法第二十二条规定,非法印制发票的,由税务机关销毁非法印制的发票,没收违法所得和作案工具,并处一万元以上五万元以下的罚款;构成犯罪的,依法追究刑事责任。

第七十二条 从事生产、经营的纳税人、扣缴义务人有本法规定的税收违法行为,拒不接受税务机关处理的,税务机关可以收缴其发票或者停止向其发售发票。

第七十三条 纳税人、扣缴义务人的开户银行或者其他金融机构拒绝接受税务机关依法检查纳税人、扣缴义务人存款账户,或者拒绝执行税务机关作出的冻结存款或者扣缴税款的决定,或者在接到税务机关的书面通知后帮助纳税人、扣缴义务人转移存款,造成税款流失的,由税务机关处十万元以上五十万元以下的罚款,对直接负责的主管人员和其他直接责任人员处一千元以上一万元以下的罚款。

第七十四条 本法规定的行政处罚,罚款额在二千元以下的,可以由税务所决定。

第七十五条 税务机关和司法机关的涉税罚没收入,应当按照税款入库预算级次上缴国库。

第七十六条 税务机关违反规定擅自改变税收征收管理范围和税款入库预算级次的,责令限期改正,对直接负责的主管人员和其他直接责任人员依法给予降级或者撤职的行政处分。

第七十七条 纳税人、扣缴义务人有本法第六十三条、第六十五条、第六十六条、

第六十七条、第七十一条规定的行为涉嫌犯罪的，税务机关应当依法移交司法机关追究刑事责任。

税务人员徇私舞弊，对依法应当移交司法机关追究刑事责任的不移交，情节严重的，依法追究刑事责任。

第七十八条　未经税务机关依法委托征收税款的，责令退还收取的财物，依法给予行政处分或者行政处罚；致使他人合法权益受到损失的，依法承担赔偿责任；构成犯罪的，依法追究刑事责任。

第七十九条　税务机关、税务人员查封、扣押纳税人个人及其所扶养家属维持生活必需的住房和用品的，责令退还，依法给予行政处分；构成犯罪的，依法追究刑事责任。

第八十条　税务人员与纳税人、扣缴义务人勾结，唆使或者协助纳税人、扣缴义务人有本法第六十三条、第六十五条、第六十六条规定的行为，构成犯罪的，依法追究刑事责任；尚不构成犯罪的，依法给予行政处分。

第八十一条　税务人员利用职务上的便利，收受或者索取纳税人、扣缴义务人财物或者谋取其他不正当利益，构成犯罪的，依法追究刑事责任；尚不构成犯罪的，依法给予行政处分。

第八十二条　税务人员徇私舞弊或者玩忽职守，不征或者少征应征税款，致使国家税收遭受重大损失，构成犯罪的，依法追究刑事责任；尚不构成犯罪的，依法给予行政处分。

税务人员滥用职权，故意刁难纳税人、扣缴义务人的，调离税收工作岗位，并依法给予行政处分。

税务人员对控告、检举税收违法违纪行为的纳税人、扣缴义务人以及其他检举人进行打击报复的，依法给予行政处分；构成犯罪的，依法追究刑事责任。

税务人员违反法律、行政法规的规定，故意高估或者低估农业税计税产量，致使多征或者少征税款，侵犯农民合法权益或者损害国家利益，构成犯罪的，依法追究刑事责任；尚不构成犯罪的，依法给予行政处分。

第八十三条　违反法律、行政法规的规定提前征收、延缓征收或者摊派税款的，由其上级机关或者行政监察机关责令改正，对直接负责的主管人员和其他直接责任人员依法给予行政处分。

第八十四条　违反法律、行政法规的规定，擅自作出税收的开征、停征或者减税、免税、退税、补税以及其他同税收法律、行政法规相抵触的决定的，除依照本法规定撤销其擅自作出的决定外，补征应征未征税款，退还不应征收而征收的税款，并由上级机关追究直接负责的主管人员和其他直接责任人员的行政责任；构成犯罪的，依法追究刑事责任。

第八十五条 税务人员在征收税款或者查处税收违法案件时，未按照本法规定进行回避的，对直接负责的主管人员和其他直接责任人员，依法给予行政处分。

第八十六条 违反税收法律、行政法规应当给予行政处罚的行为，在五年内未被发现的，不再给予行政处罚。

第八十七条 未按照本法规定为纳税人、扣缴义务人、检举人保密的，对直接负责的主管人员和其他直接责任人员，由所在单位或者有关单位依法给予行政处分。

第八十八条 纳税人、扣缴义务人、纳税担保人同税务机关在纳税上发生争议时，必须先依照税务机关的纳税决定缴纳或者解缴税款及滞纳金或者提供相应的担保，然后可以依法申请行政复议；对行政复议决定不服的，可以依法向人民法院起诉。

当事人对税务机关的处罚决定、强制执行措施或者税收保全措施不服的，可以依法申请行政复议，也可以依法向人民法院起诉。

当事人对税务机关的处罚决定逾期不申请行政复议也不向人民法院起诉、又不履行的，作出处罚决定的税务机关可以采取本法第四十条规定的强制执行措施，或者申请人民法院强制执行。

《中华人民共和国行政处罚法》（2021年修订）

第二条 行政处罚是指行政机关依法对违反行政管理秩序的公民、法人或者其他组织，以减损权益或者增加义务的方式予以惩戒的行为。

第四条 公民、法人或者其他组织违反行政管理秩序的行为，应当给予行政处罚的，依照本法由法律、法规、规章规定，并由行政机关依照本法规定的程序实施。

第五条 行政处罚遵循公正、公开的原则。

设定和实施行政处罚必须以事实为依据，与违法行为的事实、性质、情节以及社会危害程度相当。

对违法行为给予行政处罚的规定必须公布；未经公布的，不得作为行政处罚的依据。

第六条 实施行政处罚，纠正违法行为，应当坚持处罚与教育相结合，教育公民、法人或者其他组织自觉守法。

第七条 公民、法人或者其他组织对行政机关所给予的行政处罚，享有陈述权、申辩权；对行政处罚不服的，有权依法申请行政复议或者提起行政诉讼。

公民、法人或者其他组织因行政机关违法给予行政处罚受到损害的，有权依法提出赔偿要求。

第八条 公民、法人或者其他组织因违法行为受到行政处罚，其违法行为对他人造成损害的，应当依法承担民事责任。

违法行为构成犯罪，应当依法追究刑事责任的，不得以行政处罚代替刑事处罚。

第九条 行政处罚的种类：

（一）警告、通报批评；

（二）罚款、没收违法所得、没收非法财物；

（三）暂扣许可证件、降低资质等级、吊销许可证件；

（四）限制开展生产经营活动、责令停产停业、责令关闭、限制从业；

（五）行政拘留；

（六）法律、行政法规规定的其他行政处罚。

第十七条 行政处罚由具有行政处罚权的行政机关在法定职权范围内实施。

第二十七条 违法行为涉嫌犯罪的，行政机关应当及时将案件移送司法机关，依法追究刑事责任。对依法不需要追究刑事责任或者免予刑事处罚，但应当给予行政处罚的，司法机关应当及时将案件移送有关行政机关。

行政处罚实施机关与司法机关之间应当加强协调配合，建立健全案件移送制度，加强证据材料移交、接收衔接，完善案件处理信息通报机制。

第二十八条 行政机关实施行政处罚时，应当责令当事人改正或者限期改正违法行为。

当事人有违法所得，除依法应当退赔的外，应当予以没收。违法所得是指实施违法行为所取得的款项。法律、行政法规、部门规章对违法所得的计算另有规定的，从其规定。

第二十九条 对当事人的同一个违法行为，不得给予两次以上罚款的行政处罚。同一个违法行为违反多个法律规范应当给予罚款处罚的，按照罚款数额高的规定处罚。

第三十条 不满十四周岁的未成年人有违法行为的，不予行政处罚，责令监护人加以管教；已满十四周岁不满十八周岁的未成年人有违法行为的，应当从轻或者减轻行政处罚。

第三十一条 精神病人、智力残疾人在不能辨认或者不能控制自己行为时有违法行为的，不予行政处罚，但应当责令其监护人严加看管和治疗。间歇性精神病人在精神正常时有违法行为的，应当给予行政处罚。尚未完全丧失辨认或者控制自己行为能力的精神病人、智力残疾人有违法行为的，可以从轻或者减轻行政处罚。

第三十二条 当事人有下列情形之一，应当从轻或者减轻行政处罚：

（一）主动消除或者减轻违法行为危害后果的；

（二）受他人胁迫或者诱骗实施违法行为的；

（三）主动供述行政机关尚未掌握的违法行为的；

（四）配合行政机关查处违法行为有立功表现的；

（五）法律、法规、规章规定其他应当从轻或者减轻行政处罚的。

第三十三条 违法行为轻微并及时改正，没有造成危害后果的，不予行政处罚。初次违法且危害后果轻微并及时改正的，可以不予行政处罚。

当事人有证据足以证明没有主观过错的，不予行政处罚。法律、行政法规另有规定的，从其规定。

对当事人的违法行为依法不予行政处罚的，行政机关应当对当事人进行教育。

第三十四条 行政机关可以依法制定行政处罚裁量基准，规范行使行政处罚裁量权。行政处罚裁量基准应当向社会公布。

第三十五条 违法行为构成犯罪，人民法院判处拘役或者有期徒刑时，行政机关已经给予当事人行政拘留的，应当依法折抵相应刑期。

违法行为构成犯罪，人民法院判处罚金时，行政机关已经给予当事人罚款的，应当折抵相应罚金；行政机关尚未给予当事人罚款的，不再给予罚款。

第三十六条 违法行为在二年内未被发现的，不再给予行政处罚；涉及公民生命健康安全、金融安全且有危害后果的，上述期限延长至五年。法律另有规定的除外。

前款规定的期限，从违法行为发生之日起计算；违法行为有连续或者继续状态的，从行为终了之日起计算。

第三十七条 实施行政处罚，适用违法行为发生时的法律、法规、规章的规定。但是，作出行政处罚决定时，法律、法规、规章已被修改或者废止，且新的规定处罚较轻或者不认为是违法的，适用新的规定。

第三十八条 行政处罚没有依据或者实施主体不具有行政主体资格的，行政处罚无效。

违反法定程序构成重大且明显违法的，行政处罚无效。

《中华人民共和国刑法》（2023年修正）

第二百零五条 【虚开增值税专用发票、用于骗取出口退税、抵扣税款发票罪】虚开增值税专用发票或者虚开用于骗取出口退税、抵扣税款的其他发票的，处三年以下有期徒刑或者拘役，并处二万元以上二十万元以下罚金；虚开的税款数额较大或者有其他严重情节的，处三年以上十年以下有期徒刑，并处五万元以上五十万元以下罚金；虚开的税款数额巨大或者有其他特别严重情节的，处十年以上有期徒刑或者无期徒刑，并处五万元以上五十万元以下罚金或者没收财产。

单位犯本条规定之罪的，对单位判处罚金，并对其直接负责的主管人员和其他直接责任人员，处三年以下有期徒刑或者拘役；虚开的税款数额较大或者有其他严重情节的，处三年以上十年以下有期徒刑；虚开的税款数额巨大或者有其他特别严重情节的，处十年以上有期徒刑或者无期徒刑。

虚开增值税专用发票或者虚开用于骗取出口退税、抵扣税款的其他发票，是指有为他人虚开、为自己虚开、让他人为自己虚开、介绍他人虚开行为之一的。

第二百零五条之一 【虚开发票罪】虚开本法第二百零五条规定以外的其他发票,情节严重的,处二年以下有期徒刑、拘役或者管制,并处罚金;情节特别严重的,处二年以上七年以下有期徒刑,并处罚金。

单位犯前款罪的,对单位判处罚金,并对其直接负责的主管人员和其他直接责任人员,依照前款的规定处罚。

第二百零六条 【伪造、出售伪造的增值税专用发票罪】伪造或者出售伪造的增值税专用发票的,处三年以下有期徒刑、拘役或者管制,并处二万元以上二十万元以下罚金;数量较大或者有其他严重情节的,处三年以上十年以下有期徒刑,并处五万元以上五十万元以下罚金;数量巨大或者有其他特别严重情节的,处十年以上有期徒刑或者无期徒刑,并处五万元以上五十万元以下罚金或者没收财产。

单位犯本条规定之罪的,对单位判处罚金,并对其直接负责的主管人员和其他直接责任人员,处三年以下有期徒刑、拘役或者管制;数量较大或者有其他严重情节的,处三年以上十年以下有期徒刑;数量巨大或者有其他特别严重情节的,处十年以上有期徒刑或者无期徒刑。

第二百零七条 【非法出售增值税专用发票罪】非法出售增值税专用发票的,处三年以下有期徒刑、拘役或者管制,并处二万元以上二十万元以下罚金;数量较大的,处三年以上十年以下有期徒刑,并处五万元以上五十万元以下罚金;数量巨大的,处十年以上有期徒刑或者无期徒刑,并处五万元以上五十万元以下罚金或者没收财产。

第二百零八条 【非法购买增值税专用发票、购买伪造的增值税专用发票罪】非法购买增值税专用发票或者购买伪造的增值税专用发票的,处五年以下有期徒刑或者拘役,并处或者单处二万元以上二十万元以下罚金。

【虚开增值税专用发票、用于骗取出口退税、抵扣税款发票罪】【伪造、出售伪造的增值税专用发票罪】【非法出售增值税专用发票罪】非法购买增值税专用发票或者购买伪造的增值税专用发票又虚开或者出售的,分别依照本法第二百零五条、第二百零六条、第二百零七条的规定定罪处罚。

第二百零九条 【非法制造、出售非法制造的用于骗取出口退税、抵扣税款发票罪】伪造、擅自制造或者出售伪造、擅自制造的可以用于骗取出口退税、抵扣税款的其他发票的,处三年以下有期徒刑、拘役或者管制,并处二万元以上二十万元以下罚金;数量巨大的,处三年以上七年以下有期徒刑,并处五万元以上五十万元以下罚金;数量特别巨大的,处七年以上有期徒刑,并处五万元以上五十万元以下罚金或者没收财产。

【非法制造、出售非法制造的发票罪】伪造、擅自制造或者出售伪造、擅自制造的前款规定以外的其他发票的,处二年以下有期徒刑、拘役或者管制,并处或者单处一万元以上五万元以下罚金;情节严重的,处二年以上七年以下有期徒刑,并处五万元以上五十万元以下罚金。

【非法出售用于骗取出口退税、抵扣税款发票罪】非法出售可以用于骗取出口退税、抵扣税款的其他发票的，依照第一款的规定处罚。

【非法出售发票罪】非法出售第三款规定以外的其他发票的，依照第二款的规定处罚。

第二百一十条之一 【持有伪造的发票罪】明知是伪造的发票而持有，数量较大的，处二年以下有期徒刑、拘役或者管制，并处罚金；数量巨大的，处二年以上七年以下有期徒刑，并处罚金。

单位犯前款罪的，对单位判处罚金，并对其直接负责的主管人员和其他直接责任人员，依照前款的规定处罚。

《中华人民共和国税收征收管理法实施细则》（2013年修订）

第一章 总则

第一条 根据《中华人民共和国税收征收管理法》（以下简称税收征管法）的规定，制定本细则。

第二条 凡依法由税务机关征收的各种税收的征收管理，均适用税收征管法及本细则；税收征管法及本细则没有规定的，依照其他有关税收法律、行政法规的规定执行。

第三条 任何部门、单位和个人作出的与税收法律、行政法规相抵触的决定一律无效，税务机关不得执行，并应当向上级税务机关报告。

纳税人应当依照税收法律、行政法规的规定履行纳税义务；其签订的合同、协议等与税收法律、行政法规相抵触的，一律无效。

第四条 国家税务总局负责制定全国税务系统信息化建设的总体规划、技术标准、技术方案与实施办法；各级税务机关应当按照国家税务总局的总体规划、技术标准、技术方案与实施办法，做好本地区税务系统信息化建设的具体工作。

地方各级人民政府应当积极支持税务系统信息化建设，并组织有关部门实现相关信息的共享。

第五条 税收征管法第八条所称为纳税人、扣缴义务人保密的情况，是指纳税人、扣缴义务人的商业秘密及个人隐私。纳税人、扣缴义务人的税收违法行为不属于保密范围。

第六条 国家税务总局应当制定税务人员行为准则和服务规范。

上级税务机关发现下级税务机关的税收违法行为，应当及时予以纠正；下级税务机关应当按照上级税务机关的决定及时改正。

下级税务机关发现上级税务机关的税收违法行为，应当向上级税务机关或者有关部门报告。

第七条 税务机关根据检举人的贡献大小给予相应的奖励，奖励所需资金列入税务部门年度预算，单项核定。奖励资金具体使用办法以及奖励标准，由国家税务总局会同财政部制定。

第八条 税务人员在核定应纳税额、调整税收定额、进行税务检查、实施税务行政处罚、办理税务行政复议时，与纳税人、扣缴义务人或者其法定代表人、直接责任人有下列关系之一的，应当回避：

（一）夫妻关系；

（二）直系血亲关系；

（三）三代以内旁系血亲关系；

（四）近姻亲关系；

（五）可能影响公正执法的其他利害关系。

第九条 税收征管法第十四条所称按照国务院规定设立的并向社会公告的税务机构，是指省以下税务局的稽查局。稽查局专司偷税、逃避追缴欠税、骗税、抗税案件的查处。

国家税务总局应当明确划分税务局和稽查局的职责，避免职责交叉。

第七章 法律责任

第九十条 纳税人未按照规定办理税务登记证件验证或者换证手续的，由税务机关责令限期改正，可以处2 000元以下的罚款；情节严重的，处2 000元以上1万元以下的罚款。

第九十一条 非法印制、转借、倒卖、变造或者伪造完税凭证的，由税务机关责令改正，处2 000元以上1万元以下的罚款；情节严重的，处1万元以上5万元以下的罚款；构成犯罪的，依法追究刑事责任。

第九十二条 银行和其他金融机构未依照税收征管法的规定在从事生产、经营的纳税人的账户中登录税务登记证件号码，或者未按规定在税务登记证件中登录从事生产、经营的纳税人的账户账号的，由税务机关责令其限期改正，处2 000元以上2万元以下的罚款；情节严重的，处2万元以上5万元以下的罚款。

第九十三条 为纳税人、扣缴义务人非法提供银行账户、发票、证明或者其他方便，导致未缴、少缴税款或者骗取国家出口退税款的，税务机关除没收其违法所得外，可以处未缴、少缴或者骗取的税款1倍以下的罚款。

第九十四条 纳税人拒绝代扣、代收税款的，扣缴义务人应当向税务机关报告，由税务机关直接向纳税人追缴税款、滞纳金；纳税人拒不缴纳的，依照税收征管法第六十八条的规定执行。

第九十五条 税务机关依照税收征管法第五十四条第（五）项的规定，到车站、码头、机场、邮政企业及其分支机构检查纳税人有关情况时，有关单位拒绝的，由税务机关责令改正，可以处 1 万元以下的罚款；情节严重的，处 1 万元以上 5 万元以下的罚款。

第九十六条 纳税人、扣缴义务人有下列情形之一的，依照税收征管法第七十条的规定处罚：

（一）提供虚假资料，不如实反映情况，或者拒绝提供有关资料的；

（二）拒绝或者阻止税务机关记录、录音、录像、照相和复制与案件有关的情况和资料的；

（三）在检查期间，纳税人、扣缴义务人转移、隐匿、销毁有关资料的；

（四）有不依法接受税务检查的其他情形的。

第九十七条 税务人员私分扣押、查封的商品、货物或者其他财产，情节严重，构成犯罪的，依法追究刑事责任；尚不构成犯罪的，依法给予行政处分。

第九十八条 税务代理人违反税收法律、行政法规，造成纳税人未缴或者少缴税款的，除由纳税人缴纳或者补缴应纳税款、滞纳金外，对税务代理人处纳税人未缴或者少缴税款 50% 以上 3 倍以下的罚款。

第九十九条 税务机关对纳税人、扣缴义务人及其他当事人处以罚款或者没收违法所得时，应当开付罚没凭证；未开付罚没凭证的，纳税人、扣缴义务人以及其他当事人有权拒绝给付。

第一百条 税收征管法第八十八条规定的纳税争议，是指纳税人、扣缴义务人、纳税担保人对税务机关确定纳税主体、征税对象、征税范围、减税、免税及退税、适用税率、计税依据、纳税环节、纳税期限、纳税地点以及税款征收方式等具体行政行为有异议而发生的争议。

《国家税务总局关于纳税人虚开增值税专用发票征补税款问题的公告》（国家税务总局公告 2012 年第 33 号）

现将纳税人虚开增值税专用发票征补税款问题公告如下：

纳税人虚开增值税专用发票，未就其虚开金额申报并缴纳增值税的，应按照其虚开金额补缴增值税；已就其虚开金额申报并缴纳增值税的，不再按照其虚开金额补缴增值税。税务机关对纳税人虚开增值税专用发票的行为，应按《中华人民共和国税收征收管理法》及《中华人民共和国发票管理办法》的有关规定给予处罚。纳税人取得虚开的增值税专用发票，不得作为增值税合法有效的扣税凭证抵扣其进项税额。

本公告自 2012 年 8 月 1 日起施行。纳税人发生本公告规定事项，此前已处理的不再调整；此前未处理的按本公告规定执行。《国家税务总局关于加强增值税征收管理若干问题的通知》（国税发〔1995〕192 号）第二条和《国家税务总局对代开、虚开增值税专用发票征补税款问题的批复》(国税函发〔1995〕415号)同时废止。

特此公告。

《财政部　国家税务总局关于防范税收风险若干增值税政策的通知》(财税〔2013〕112号)

各省、自治区、直辖市、计划单列市财政厅(局)、国家税务局，新疆生产建设兵团财务局：

为进一步堵塞税收漏洞，防范打击虚开增值税专用发票和骗取出口退税违法行为，现将有关增值税政策通知如下：

一、增值税纳税人发生虚开增值税专用发票或者其他增值税扣税凭证、骗取国家出口退税款行为(以下简称增值税违法行为)，被税务机关行政处罚或审判机关刑事处罚的，其销售的货物、提供的应税劳务和营业税改征增值税应税服务(以下统称货物劳务服务)执行以下政策：

(一)享受增值税即征即退或者先征后退优惠政策的纳税人，自税务机关行政处罚决定或审判机关判决或裁定生效的次月起36个月内，暂停其享受上述增值税优惠政策。纳税人自恢复享受增值税优惠政策之月起36个月内再次发生增值税违法行为的，自税务机关行政处罚决定或审判机关判决或裁定生效的次月起停止其享受增值税即征即退或者先征后退优惠政策。

(二)出口企业或其他单位发生增值税违法行为对应的出口货物劳务服务，视同内销，按规定征收增值税(骗取出口退税的按查处骗税的规定处理)。出口企业或其他单位在本通知生效后发生2次增值税违法行为的，自税务机关行政处罚决定或审判机关判决或裁定生效之日的次日起，其出口的所有适用出口退(免)税政策的货物劳务服务，一律改为适用增值税免税政策。纳税人如果已被停止出口退税权的，适用增值税免税政策的起始时间为停止出口退税权期满后的次日。

(三)以农产品为原料生产销售货物的纳税人发生增值税违法行为的，自税务机关行政处罚决定生效的次月起，按50%的比例抵扣农产品进项税额；违法情形严重的，不得抵扣农产品进项税额。具体办法由国家税务总局商财政部另行制定。

(四)本通知所称虚开增值税专用发票或其他增值税扣税凭证，是指有为他人虚开、为自己虚开、让他人为自己虚开、介绍他人虚开增值税专用发票或其他增值税扣税凭证行为之一的，但纳税人善意取得虚开增值税专用发票或其他增值税扣税凭证的除外。

二、出口企业购进货物的供货纳税人有属于办理税务登记2年内被税务机关认定为非正常户或被认定为增值税一般纳税人2年内注销税务登记，且符合下列情形之一的，自主管其出口退税的税务机关书面通知之日起，在24个月内出口的适用增值税退(免)税政策的货物劳务服务，改为适用增值税免税政策。

（一）外贸企业使用上述供货纳税人开具的增值税专用发票申报出口退税，在连续12个月内达到200万元以上（含本数，下同）的，或使用上述供货纳税人开具的增值税专用发票，连续12个月内申报退税额占该期间全部申报退税额30%以上的；

（二）生产企业在连续12个月内申报出口退税额达到200万元以上，且从上述供货纳税人取得的增值税专用发票税额达到200万元以上或占该期间全部进项税额30%以上的；

（三）外贸企业连续12个月内使用3户以上上述供货纳税人开具的增值税专用发票申报退税，且占该期间全部供货纳税人户数20%以上的；

（四）生产企业连续12个月内有3户以上上述供货纳税人，且占该期间全部供货纳税人户数20%以上的。

本条所称"连续12个月内"，外贸企业自使用上述供货纳税人开具的增值税专用发票申报退税的当月开始计算，生产企业自从上述供货纳税人取得的增值税专用发票认证当月开始计算。

本通知生效前已出口的上述供货纳税人的货物，出口企业可联系供货纳税人，由供货纳税人举证其销售的货物真实、纳税正常的证明材料，经供货纳税人的主管税务机关盖章认可，并在2014年7月底前按国家税务总局的函调管理办法回函后，税务机关可按规定办理退（免）税，在此之前，没有提供举证材料或举证材料没有被供货纳税人主管税务机关盖章认可并回函的，实行增值税免税政策。

三、自本通知生效后，有增值税违法行为的企业或税务机关重点监管企业，出口或销售给出口企业出口的货物劳务服务，在出口环节退（免）税或销售环节征税时，除按现行规定管理外，还应实行增值税"税收（出口货物专用）缴款书"管理，增值税税率为17%和13%的货物，税收（出口货物专用）缴款书的预缴率分别按6%和4%执行。有增值税违法行为的企业或税务机关重点监管企业的名单，由国家税务总局根据实际情况进行动态管理，并通过国家税务总局网站等方式向社会公告。具体办法由国家税务总局另行制定。

四、执行本通知第一条、第二条、第三条政策的纳税人，如果变更《税务登记证》纳税人名称或法定代表人担任新成立企业的法定代表人的企业，应继续执行完本通知对应的第一条、第二条、第三条规定；执行本通知第一条政策的纳税人，如果注销税务登记，在原地址有经营原业务的新纳税人，除法定代表人为非注销税务登记纳税人法定代表人的企业外，主管税务机关应在12个月内，对其购进、销售、资金往来、纳税等情况进行重点监管。

被停止出口退税权的纳税人在停止出口退税权期间，如果变更《税务登记证》纳税人名称或法定代表人担任新成立企业的法定代表人的企业，在被停止出口退税权的纳税人停止出口退税权期间出口的货物劳务服务，实行增值税征税政策。

五、出口企业或其他单位出口的适用增值税退（免）税政策的货物劳务服务，如果货物劳务服务的国内收购价格或出口价格明显偏高且无正当理由的，该出口货物劳务服务适用增值税免税政策。主管税务机关按照下列方法确定货物劳务服务价格是否偏高：

（一）按照该企业最近时期购进或出口同类货物劳务服务的平均价格确定。

（二）按照其他企业最近时期购进或出口同类货物劳务服务的平均价格确定。

（三）按照组成计税价格确定。组成计税价格的公式为：

$$组成计税价格 = 成本 \times (1+ 成本利润率)$$

成本利润率由国家税务总局统一确定并公布。

六、出口企业或其他单位存在下列情况之一的，其出口适用增值税退（免）税政策的货物劳务服务，一律适用增值税免税政策：

（一）法定代表人不知道本人是法定代表人的；

（二）法定代表人为无民事行为能力人或限制民事行为能力人的。

七、增值税纳税人发生增值税违法行为，被税务机关行政处罚或审判机关刑事处罚后，行政机关或审判机关对上述处罚决定有调整的，按调整后的决定适用政策，调整前已实行的政策可按调整后的适用政策执行。

八、本通知自 2014 年 1 月 1 日起执行。

《国家税务总局关于纳税人对外开具增值税专用发票有关问题的公告》（国家税务总局公告 2014 年第 39 号）

现将纳税人对外开具增值税专用发票有关问题公告如下：

纳税人通过虚增增值税进项税额偷逃税款，但对外开具增值税专用发票同时符合以下情形的，不属于对外虚开增值税专用发票：

一、纳税人向受票方纳税人销售了货物，或者提供了增值税应税劳务、应税服务；

二、纳税人向受票方纳税人收取了所销售货物、所提供应税劳务或者应税服务的款项，或者取得了索取销售款项的凭据；

三、纳税人按规定向受票方纳税人开具的增值税专用发票相关内容，与所销售货物、所提供应税劳务或者应税服务相符，且该增值税专用发票是纳税人合法取得、并以自己名义开具的。

受票方纳税人取得的符合上述情形的增值税专用发票，可以作为增值税扣税凭证抵扣进项税额。

本公告自 2014 年 8 月 1 日起施行。此前未处理的事项，按照本公告规定执行。

《最高人民法院 最高人民检察院关于办理危害税收征管刑事案件适用法律若干问题的解释》(法释〔2024〕4号)

为依法惩治危害税收征管犯罪,根据《中华人民共和国刑法》《中华人民共和国刑事诉讼法》的有关规定,现就办理此类刑事案件适用法律的若干问题解释如下:

第一条 纳税人进行虚假纳税申报,具有下列情形之一的,应当认定为刑法第二百零一条第一款规定的"欺骗、隐瞒手段":

(一)伪造、变造、转移、隐匿、擅自销毁账簿、记账凭证或者其他涉税资料的;

(二)以签订"阴阳合同"等形式隐匿或者以他人名义分解收入、财产的;

(三)虚列支出、虚抵进项税额或者虚报专项附加扣除的;

(四)提供虚假材料,骗取税收优惠的;

(五)编造虚假计税依据的;

(六)为不缴、少缴税款而采取的其他欺骗、隐瞒手段。

具有下列情形之一的,应当认定为刑法第二百零一条第一款规定的"不申报":

(一)依法在登记机关办理设立登记的纳税人,发生应税行为而不申报纳税的;

(二)依法不需要在登记机关办理设立登记或者未依法办理设立登记的纳税人,发生应税行为,经税务机关依法通知其申报而不申报纳税的;

(三)其他明知应当依法申报纳税而不申报纳税的。

扣缴义务人采取第一、二款所列手段,不缴或者少缴已扣、已收税款,数额较大的,依照刑法第二百零一条第一款的规定定罪处罚。扣缴义务人承诺为纳税人代付税款,在其向纳税人支付税后所得时,应当认定扣缴义务人"已扣、已收税款"。

第二条 纳税人逃避缴纳税款十万元以上、五十万元以上的,应当分别认定为刑法第二百零一条第一款规定的"数额较大""数额巨大"。

扣缴义务人不缴或者少缴已扣、已收税款"数额较大""数额巨大"的认定标准,依照前款规定。

第三条 纳税人有刑法第二百零一条第一款规定的逃避缴纳税款行为,在公安机关立案前,经税务机关依法下达追缴通知后,在规定的期限或者批准延缓、分期缴纳的期限内足额补缴应纳税款,缴纳滞纳金,并全部履行税务机关作出的行政处罚决定的,不予追究刑事责任。但是,五年内因逃避缴纳税款受过刑事处罚或者被税务机关给予二次以上行政处罚的除外。

纳税人有逃避缴纳税款行为,税务机关没有依法下达追缴通知的,依法不予追究刑事责任。

第四条 刑法第二百零一条第一款规定的"逃避缴纳税款数额",是指在确定的纳税期间,不缴或者少缴税务机关负责征收的各税种税款的总额。

刑法第二百零一条第一款规定的"应纳税额"，是指应税行为发生年度内依照税收法律、行政法规规定应当缴纳的税额，不包括海关代征的增值税、关税等及纳税人依法预缴的税额。

刑法第二百零一条第一款规定的"逃避缴纳税款数额占应纳税额的百分比"，是指行为人在一个纳税年度中的各税种逃税总额与该纳税年度应纳税总额的比例；不按纳税年度确定纳税期的，按照最后一次逃税行为发生之日前一年中各税种逃税总额与该年应纳税总额的比例确定。纳税义务存续期间不足一个纳税年度的，按照各税种逃税总额与实际发生纳税义务期间应纳税总额的比例确定。

逃税行为跨越若干个纳税年度，只要其中一个纳税年度的逃税数额及百分比达到刑法第二百零一条第一款规定的标准，即构成逃税罪。各纳税年度的逃税数额应当累计计算，逃税额占应纳税额百分比应当按照各逃税年度百分比的最高值确定。

刑法第二百零一条第三款规定的"未经处理"，包括未经行政处理和刑事处理。

第五条 以暴力、威胁方法拒不缴纳税款，具有下列情形之一的，应当认定为刑法第二百零二条规定的"情节严重"：

（一）聚众抗税的首要分子；

（二）故意伤害致人轻伤的；

（三）其他情节严重的情形。

实施抗税行为致人重伤、死亡，符合刑法第二百三十四条或者第二百三十二条规定的，以故意伤害罪或者故意杀人罪定罪处罚。

第六条 纳税人欠缴应纳税款，为逃避税务机关追缴，具有下列情形之一的，应当认定为刑法第二百零三条规定的"采取转移或者隐匿财产的手段"：

（一）放弃到期债权的；

（二）无偿转让财产的；

（三）以明显不合理的价格进行交易的；

（四）隐匿财产的；

（五）不履行税收义务并脱离税务机关监管的；

（六）以其他手段转移或者隐匿财产的。

第七条 具有下列情形之一的，应当认定为刑法第二百零四条第一款规定的"假报出口或者其他欺骗手段"：

（一）使用虚开、非法购买或者以其他非法手段取得的增值税专用发票或者其他可以用于出口退税的发票申报出口退税的；

（二）将未负税或者免税的出口业务申报为已税的出口业务的；

（三）冒用他人出口业务申报出口退税的；

（四）虽有出口，但虚构应退税出口业务的品名、数量、单价等要素，以虚增出口退税额申报出口退税的；

（五）伪造、签订虚假的销售合同，或者以伪造、变造等非法手段取得出口报关单、运输单据等出口业务相关单据、凭证，虚构出口事实申报出口退税的；

（六）在货物出口后，又转入境内或者将境外同种货物转入境内循环进出口并申报出口退税的；

（七）虚报出口产品的功能、用途等，将不享受退税政策的产品申报为退税产品的；

（八）以其他欺骗手段骗取出口退税款的。

第八条 骗取国家出口退税款数额十万元以上、五十万元以上、五百万元以上的，应当分别认定为刑法第二百零四条第一款规定的"数额较大""数额巨大""数额特别巨大"。

具有下列情形之一的，应当认定为刑法第二百零四条第一款规定的"其他严重情节"：

（一）两年内实施虚假申报出口退税行为三次以上，且骗取国家税款三十万元以上的；

（二）五年内因骗取国家出口退税受过刑事处罚或者二次以上行政处罚，又实施骗取国家出口退税行为，数额在三十万元以上的；

（三）致使国家税款被骗取三十万元以上并且在提起公诉前无法追回的；

（四）其他情节严重的情形。

具有下列情形之一的，应当认定为刑法第二百零四条第一款规定的"其他特别严重情节"：

（一）两年内实施虚假申报出口退税行为五次以上，或者以骗取出口退税为主要业务，且骗取国家税款三百万元以上的；

（二）五年内因骗取国家出口退税受过刑事处罚或者二次以上行政处罚，又实施骗取国家出口退税行为，数额在三百万元以上的；

（三）致使国家税款被骗取三百万元以上并且在提起公诉前无法追回的；

（四）其他情节特别严重的情形。

第九条 实施骗取国家出口退税行为，没有实际取得出口退税款的，可以比照既遂犯从轻或者减轻处罚。

从事货物运输代理、报关、会计、税务、外贸综合服务等中介组织及其人员违反国家有关进出口经营规定，为他人提供虚假证明文件，致使他人骗取国家出口退税款，情节严重的，依照刑法第二百二十九条的规定追究刑事责任。

第十条 具有下列情形之一的，应当认定为刑法第二百零五条第一款规定的"虚开

增值税专用发票或者虚开用于骗取出口退税、抵扣税款的其他发票":

（一）没有实际业务，开具增值税专用发票、用于骗取出口退税、抵扣税款的其他发票的；

（二）有实际应抵扣业务，但开具超过实际应抵扣业务对应税款的增值税专用发票、用于骗取出口退税、抵扣税款的其他发票的；

（三）对依法不能抵扣税款的业务，通过虚构交易主体开具增值税专用发票、用于骗取出口退税、抵扣税款的其他发票的；

（四）非法篡改增值税专用发票或者用于骗取出口退税、抵扣税款的其他发票相关电子信息的；

（五）违反规定以其他手段虚开的。

为虚增业绩、融资、贷款等不以骗抵税款为目的，没有因抵扣造成税款被骗损失的，不以本罪论处，构成其他犯罪的，依法以其他犯罪追究刑事责任。

第十一条 虚开增值税专用发票、用于骗取出口退税、抵扣税款的其他发票，税款数额在十万元以上的，应当依照刑法第二百零五条的规定定罪处罚；虚开税款数额在五十万元以上、五百万元以上的，应当分别认定为刑法第二百零五条第一款规定的"数额较大""数额巨大"。

具有下列情形之一的，应当认定为刑法第二百零五条第一款规定的"其他严重情节"：

（一）在提起公诉前，无法追回的税款数额达到三十万元以上的；

（二）五年内因虚开发票受过刑事处罚或者二次以上行政处罚，又虚开增值税专用发票或者虚开用于骗取出口退税、抵扣税款的其他发票，虚开税款数额在三十万元以上的；

（三）其他情节严重的情形。

具有下列情形之一的，应当认定为刑法第二百零五条第一款规定的"其他特别严重情节"：

（一）在提起公诉前，无法追回的税款数额达到三百万元以上的；

（二）五年内因虚开发票受过刑事处罚或者二次以上行政处罚，又虚开增值税专用发票或者虚开用于骗取出口退税、抵扣税款的其他发票，虚开税款数额在三百万元以上的；

（三）其他情节特别严重的情形。

以同一购销业务名义，既虚开进项增值税专用发票、用于骗取出口退税、抵扣税款的其他发票，又虚开销项的，以其中较大的数额计算。

以伪造的增值税专用发票进行虚开，达到本条规定标准的，应当以虚开增值税专用发票罪追究刑事责任。

第十二条 具有下列情形之一的，应当认定为刑法第二百零五条之一第一款规定的

"虚开刑法第二百零五条规定以外的其他发票"：

（一）没有实际业务而为他人、为自己、让他人为自己、介绍他人开具发票的；

（二）有实际业务，但为他人、为自己、让他人为自己、介绍他人开具与实际业务的货物品名、服务名称、货物数量、金额等不符的发票的；

（三）非法篡改发票相关电子信息的；

（四）违反规定以其他手段虚开的。

第十三条 具有下列情形之一的，应当认定为刑法第二百零五条之一第一款规定的"情节严重"：

（一）虚开发票票面金额五十万元以上的；

（二）虚开发票一百份以上且票面金额三十万元以上的；

（三）五年内因虚开发票受过刑事处罚或者二次以上行政处罚，又虚开发票，票面金额达到第一、二项规定的标准60%以上的。

具有下列情形之一的，应当认定为刑法第二百零五条之一第一款规定的"情节特别严重"：

（一）虚开发票票面金额二百五十万元以上的；

（二）虚开发票五百份以上且票面金额一百五十万元以上的；

（三）五年内因虚开发票受过刑事处罚或者二次以上行政处罚，又虚开发票，票面金额达到第一、二项规定的标准60%以上的。

以伪造的发票进行虚开，达到本条第一款规定的标准的，应当以虚开发票罪追究刑事责任。

第十四条 伪造或者出售伪造的增值税专用发票，具有下列情形之一的，应当依照刑法第二百零六条的规定定罪处罚：

（一）票面税额十万元以上的；

（二）伪造或者出售伪造的增值税专用发票十份以上且票面税额六万元以上的；

（三）违法所得一万元以上的。

伪造或者出售伪造的增值税专用发票票面税额五十万元以上的，或者五十份以上且票面税额三十万元以上的，应当认定为刑法第二百零六条第一款规定的"数量较大"。

五年内因伪造或者出售伪造的增值税专用发票受过刑事处罚或者二次以上行政处罚，又实施伪造或者出售伪造的增值税专用发票行为，票面税额达到本条第二款规定的标准60%以上的，或者违法所得五万元以上的，应当认定为刑法第二百零六条第一款规定的"其他严重情节"。

伪造或者出售伪造的增值税专用发票票面税额五百万元以上的，或者五百份以上且票面税额三百万元以上的，应当认定为刑法第二百零六条第一款规定的"数量巨大"。

五年内因伪造或者出售伪造的增值税专用发票受过刑事处罚或者二次以上行政处罚，又实施伪造或者出售伪造的增值税专用发票行为，票面税额达到本条第四款规定的标准60%以上的，或者违法所得五十万元以上的，应当认定为刑法第二百零六条第一款规定的"其他特别严重情节"。

伪造并出售同一增值税专用发票的，以伪造、出售伪造的增值税专用发票罪论处，数量不重复计算。

变造增值税专用发票的，按照伪造增值税专用发票论处。

第十五条 非法出售增值税专用发票的，依照本解释第十四条的定罪量刑标准定罪处罚。

第十六条 非法购买增值税专用发票或者购买伪造的增值税专用发票票面税额二十万元以上的，或者二十份以上且票面税额十万元以上的，应当依照刑法第二百零八条第一款的规定定罪处罚。

非法购买真、伪两种增值税专用发票的，数额累计计算，不实行数罪并罚。

购买伪造的增值税专用发票又出售的，以出售伪造的增值税专用发票罪定罪处罚；非法购买增值税专用发票用于骗取抵扣税款或者骗取出口退税款，同时构成非法购买增值税专用发票罪与虚开增值税专用发票罪、骗取出口退税罪的，依照处罚较重的规定定罪处罚。

第十七条 伪造、擅自制造或者出售伪造、擅自制造的用于骗取出口退税、抵扣税款的其他发票，具有下列情形之一的，应当依照刑法第二百零九条第一款的规定定罪处罚：

（一）票面可以退税、抵扣税额十万元以上的；

（二）伪造、擅自制造或者出售伪造、擅自制造的发票十份以上且票面可以退税、抵扣税额六万元以上的；

（三）违法所得一万元以上的。

伪造、擅自制造或者出售伪造、擅自制造的可以用于骗取出口退税、抵扣税款的其他发票票面可以退税、抵扣税额五十万元以上的，或者五十份以上且票面可以退税、抵扣税额三十万元以上的，应当认定为刑法第二百零九条第一款规定的"数量巨大"；伪造、擅自制造或者出售伪造、擅自制造的可以用于骗取出口退税、抵扣税款的其他发票票面可以退税、抵扣税额五百万元以上的，或者五百份以上且票面可以退税、抵扣税额三百万元以上的，应当认定为刑法第二百零九条第一款规定的"数量特别巨大"。

伪造、擅自制造或者出售伪造、擅自制造刑法第二百零九条第二款规定的发票，具有下列情形之一的，应当依照该款的规定定罪处罚：

（一）票面金额五十万元以上的；

（二）伪造、擅自制造或者出售伪造、擅自制造发票一百份以上且票面金额三十万元以上的；

（三）违法所得一万元以上的。

伪造、擅自制造或者出售伪造、擅自制造刑法第二百零九条第二款规定的发票，具有下列情形之一的，应当认定为"情节严重"：

（一）票面金额二百五十万元以上的；

（二）伪造、擅自制造或者出售伪造、擅自制造发票五百份以上且票面金额一百五十万元以上的；

（三）违法所得五万元以上的。

非法出售用于骗取出口退税、抵扣税款的其他发票的，定罪量刑标准依照本条第一、二款的规定执行。

非法出售增值税专用发票、用于骗取出口退税、抵扣税款的其他发票以外的发票的，定罪量刑标准依照本条第三、四款的规定执行。

第十八条　具有下列情形之一的，应当认定为刑法第二百一十条之一第一款规定的"数量较大"：

（一）持有伪造的增值税专用发票或者可以用于骗取出口退税、抵扣税款的其他发票票面税额五十万元以上的；或者五十份以上且票面税额二十五万元以上的；

（二）持有伪造的前项规定以外的其他发票票面金额一百万元以上的，或者一百份以上且票面金额五十万元以上的。

持有的伪造发票数量、票面税额或者票面金额达到前款规定的标准五倍以上的，应当认定为刑法第二百一十条之一第一款规定的"数量巨大"。

第十九条　明知他人实施危害税收征管犯罪而仍为其提供账号、资信证明或者其他帮助的，以相应犯罪的共犯论处。

第二十条　单位实施危害税收征管犯罪的定罪量刑标准，依照本解释规定的标准执行。

第二十一条　实施危害税收征管犯罪，造成国家税款损失，行为人补缴税款、挽回税收损失，有效合规整改的，可以从宽处罚；犯罪情节轻微不需要判处刑罚的，可以不起诉或者免予刑事处罚；情节显著轻微危害不大的，不作为犯罪处理。

对于实施本解释规定的相关行为被不起诉或者免予刑事处罚，需要给予行政处罚、政务处分或者其他处分的，依法移送有关主管机关处理。有关主管机关应当将处理结果及时通知人民检察院、人民法院。

第二十二条　本解释自2024年3月20日起施行。《最高人民法院关于适用〈全国人民代表大会常务委员会关于惩治虚开、伪造和非法出售增值税专用发票犯罪的决定〉的若干问题的解释》（法发〔1996〕30号）、《最高人民法院关于审理骗取出口退税刑事案件具体应用法律若干问题的解释》（法释〔2002〕30号）、《最高人民法院关于审理偷税、抗税刑事案件具体应用法律若干问题的解释》（法释〔2002〕33号）同时废止；最高人民法院、最高人民检察院以前发布的司法解释与本解释不一致的，以本解释为准。

《最高人民法院关于虚开增值税专用发票定罪量刑标准有关问题的通知》（法〔2018〕226号）

各省、自治区、直辖市高级人民法院，解放军军事法院，新疆维吾尔自治区高级人民法院生产建设兵团分院：

为正确适用刑法第二百零五条关于虚开增值税专用发票罪的有关规定，确保罪责刑相适应，现就有关问题通知如下：

一、自本通知下发之日起，人民法院在审判工作中不再参照执行《最高人民法院关于适用〈全国人民代表大会常务委员会关于惩治虚开、伪造和非法出售增值税专用发票犯罪的决定〉的若干问题的解释》（法发〔1996〕30号）第一条规定的虚开增值税专用发票罪的定罪量刑标准。

二、在新的司法解释颁行前，对虚开增值税专用发票刑事案件定罪量刑的数额标准，可以参照《最高人民法院关于审理骗取出口退税刑事案件具体应用法律若干问题的解释》（法释〔2002〕30号）第三条的规定执行，即虚开的税款数额在五万元以上的，以虚开增值税专用发票罪处三年以下有期徒刑或者拘役，并处二万元以上二十万元以下罚金；虚开的税款数额在五十万元以上的，认定为刑法第二百零五条规定的"数额较大"；虚开的税款数额在二百五十万元以上的，认定为刑法第二百零五条规定的"数额巨大"。

以上通知，请遵照执行。执行中发现的新情况、新问题，请及时报告我院。

《最高人民检察院法律政策研究室关于税务机关工作人员通过企业以"高开低征"的方法代开增值税专用发票的行为如何适用法律问题的答复》（高检研发〔2004〕6号2004年3月17日）

江苏省人民检察院法律政策研究室：

你室《关于税务机关通过企业代开增值税专用发票以"高开低征"的方法吸引税源的行为是否构成犯罪的请示》（苏检研请字〔2003〕4号）收悉。经研究，答复如下：

税务机关及其工作人员将不具备条件的小规模纳税人虚报为一般纳税人，并让其采用"高开低征"的方法为他人代开增值税专用发票的行为，属于虚开增值税专用发票。对于造成国家税款损失，构成犯罪的，应当依照刑法第二百零五条的规定追究刑事责任。

第六章　附则

【《增值税法》原文】

第三十八条　本法自 2026 年 1 月 1 日起施行。《中华人民共和国增值税暂行条例》同时废止。

〖草案二次审议稿〗

第三十七条　本法自 年 月 日起施行。《中华人民共和国增值税暂行条例》同时废止。

【条文释义】

本条规定了本法的生效日期。

《增值税法》自 2026 年 1 月 1 日起施行，《中华人民共和国增值税暂行条例》同时废止。之所以留出一年的时间，主要是给国务院、财政部、国家税务总局等留出充足的准备时间。国务院还要以此为基础制定《中华人民共和国增值税法实施条例》。

【法律法规与政策指引】

《中华人民共和国增值税暂行条例》（2017 年修订）

第二十八条　本条例自 2009 年 1 月 1 日起施行。

《中华人民共和国增值税暂行条例实施细则》（2011 年修订）

第四十条　本细则自 2009 年 1 月 1 日起施行。

附录　增值税热点问答

一、征收管理

1. 现行增值税税率有哪几档？

答：现行增值税税率共4档：13%、9%、6%、0%。

2. 销售货物还未收款就开具发票，需要申报缴纳增值税吗？

答：根据《中华人民共和国增值税暂行条例》（国务院令第691号发布）第十九条的规定，发生应税销售行为，增值税纳税义务发生时间为收讫销售款项或者取得索取销售款项凭据的当天；先开具发票的，增值税纳税义务发生时间为开具发票的当天。

3. 销售货物向购买方收取的价外费用需要计入销售额计算缴纳增值税吗？

答：（1）《中华人民共和国增值税暂行条例》（国务院令第691号发布）第六条第一款规定："销售额为纳税人发生应税销售行为收取的全部价款和价外费用，但是不包括收取的销项税额。"

（2）《中华人民共和国增值税暂行条例实施细则》（财政部　国家税务总局令第50号）第十二条规定："条例第六条第一款所称价外费用，包括价外向购买方收取的手续费、补贴、基金、集资费、返还利润、奖励费、违约金、滞纳金、延期付款利息、赔偿金、代收款项、代垫款项、包装费、包装物租金、储备费、优质费、运输装卸费以及其他各种性质的价外收费。但下列项目不包括在内：（一）受托加工应征消费税的消费品所代收代缴的消费税；（二）同时符合以下条件的代垫运输费用：1.承运部门的运输费用发票开具给购买方的；2.纳税人将该项发票转交给购买方的。"

4. 企业购买的固定资产既用于一般计税方法计税项目，又用于简易计税方法计税项目，其进项税额能否全额抵扣？

答：根据《营业税改征增值税试点实施办法》（财税〔2016〕36号附件1）第二十七条第一款第一项的规定，下列项目的进项税额不得从销项税额中抵扣：用于简易计税方法计税项目、免征增值税项目、集体福利或者个人消费的购进货物、加工修理修配劳务、服务、无形资产和不动产，其中涉及的固定资产、无形资产、不动产，仅指专用于上述项目的固定资产、无形资产（不包括其他权益性无形资产）、不动产；纳税人的交际应酬消费属于个人消费。

因此，企业购买的固定资产，既用于一般计税方法计税项目，又用于简易计税方法计税项目，不属于上述不得抵扣情形，其进项税额可以全额抵扣。

5. 房地产开发企业向园林公司购买绿化用的草、树，取得免税发票，能否按开票金额的9%计算抵扣？

答：如该企业取得的是园林公司自产农产品开具的免税发票，应用于生产经营所需且不属于不得抵扣情形，可以按9%计算抵扣。

6. 我公司未纳入农产品增值税进项税额核定扣除试点，主要生产13%税率货物，请问是在农产品购入环节直接抵扣10%进项税额吗？

答：不能在购入环节直接抵扣10%进项税额。根据现行增值税政策规定，2019年4月1日后，纳税人购进农产品，在购入当期，应遵循农产品抵扣的一般规定，按照9%计算抵扣进项税额。如果购进农产品用于生产或者委托加工13%税率货物，则在生产领用当期，再加计抵扣1%。

7. 企业购进旅客运输服务，取得增值税电子普通发票，发票购买方开具个人名称，能否抵扣？

答：纳税人购进国内旅客运输服务，以取得的增值税电子普通发票上注明的税额为进项税额的，增值税电子普通发票上注明的购买方"名称""纳税人识别号"等信息，应当与实际抵扣税款的纳税人一致，否则不予抵扣。

8. 注明了旅客身份信息的火车票补票是否可作为国内旅客运输服务进项抵扣凭证？

答：取得注明旅客身份信息的国内铁路列车补票，可以按照《财政部　税务总局　海关总署关于深化增值税改革有关政策的公告》（财政部　税务总局　海关总署公告2019年第39号）第六条的规定计算抵扣进项税。

9. 取得航空公司开具的退票费增值税电子普通发票，是否可以作为购进旅客运输服务的发票进行抵扣？

答：按照《财政部　税务总局关于租入固定资产进项税额抵扣等增值税政策的通知》（财税〔2017〕90号）第二条的规定，纳税人为客户办理退票而向客户收取的退票费、手续费等收入，按照"其他现代服务"缴纳增值税。

因此，纳税人的退票费支出，不属于《财政部　国家税务总局　海关总署关于深化增值税改革有关政策的公告》（财政部　税务总局　海关总署公告2019年第39号）第六条所称"纳税人购进国内旅客运输服务"，应按照现行规定凭增值税专用发票抵扣进项税。

10. 小规模纳税人登记为一般纳税人后，小规模纳税人时期取得的专票是否可以抵扣进项税额？

答：一般情况下，小规模纳税人登记为一般纳税人后，小规模纳税人时期取得的专票不可以抵扣进项税额。但根据《国家税务总局关于纳税人认定或登记为一般纳税人前进项税额抵扣问题的公告》（国家税务总局公告2015年第59号）的规定，纳税人自办理税务登记至认定或登记为一般纳税人期间，未取得生产经营收入，未按照销售额和征收率简易计算应纳税额申报缴纳增值税的，其在此期间取得的增值税扣税凭证，可以在认定或登记为一般纳税人后抵扣进项税额。

11. 公司准备低价处理仓库中的商品，增值税是否需要进项税额转出？是否需要到税务局备案？

答：不需要。

12. 企业外购年货用作职工过年年节福利，取得的专用发票可以进项抵扣吗？

答：根据《中华人民共和国增值税暂行条例》（国务院令第691号）第十条第一项的规定，下列项目的进项税额不得从销项税额中抵扣：用于简易计税方法计税项目、免征增值税项目、集体福利或者个人消费的购进货物、加工修理修配劳务、服务、无形资产和不动产。

因此，用于职工福利的增值税专用发票进项税额不得抵扣。

13. 一般纳税人企业异地提供建筑服务，应如何纳税？向哪里申报纳税？

答：（1）一般纳税人跨县（市）提供建筑服务，适用一般计税方法计税的，应以取得的全部价款和价外费用为销售额计算应纳税额。纳税人应以取得的全部价款和价外费用扣除支付的分包款后的余额，按照2%的预征率在建筑服务发生地预缴税款后，向机构所在地主管税务机关进行纳税申报。

（2）一般纳税人跨县（市）提供建筑服务，选择适用简易计税方法计税的，应以取得的全部价款和价外费用扣除支付的分包款后的余额为销售额，按照3%的征收率计算应纳税额。纳税人应按照上述计税方法在建筑服务发生地预缴税款后，向机构所在地主管税务机关进行纳税申报。

（3）一般纳税人跨省（自治区、直辖市或者计划单列市）提供建筑服务在机构所在地申报纳税时，计算的应纳税额小于已预缴税额，且差额较大的，由国家税务总局通知建筑服务发生地所在地省级税务机关，在一定时期内暂停预缴增值税。

（4）纳税人提供建筑服务取得预收款，应在收到预收款时，以取得的预收款扣除支付的分包款后的余额，按照以下预征率预缴增值税：适用一般计税方法计税的项目预征率为2%，适用简易计税方法计税的项目预征率为3%。

按照现行规定应在建筑服务发生地预缴增值税的项目，纳税人收到预收款时在建筑服务发生地预缴增值税。按照现行规定无需在建筑服务发生地预缴增值税的项目，纳税人收到预收款时在机构所在地预缴增值税。

14. 小规模纳税人企业异地提供建筑服务，应如何纳税？向哪里申报纳税？

答：（1）小规模纳税人跨县（市）提供建筑服务，应以取得的全部价款和价外费用扣除支付的分包款后的余额为销售额，按照3%的征收率计算应纳税额。纳税人应按照上述计税方法在建筑服务发生地预缴税款后，向机构所在地主管税务机关进行纳税申报。

自2023年1月1日至2027年12月31日，增值税小规模纳税人适用3%征收率的应税销售收入，减按1%征收率征收增值税；适用3%预征率的预缴增值税项目，减按1%预征率预缴增值税。

按照现行规定应当预缴增值税税款的小规模纳税人，凡在预缴地实现的月销售额未超过10万元的，当期无需预缴税款。在预缴地实现的月销售额超过10万元的，适用3%预征率的预缴增值税项目，减按1%预征率预缴增值税。

（2）纳税人提供建筑服务取得预收款，应在收到预收款时，以取得的预收款扣除支付的分包款后的余额，按照以下预征率预缴增值税：适用一般计税方法计税的项目预征率为2%，适用简易计税方法计税的项目预征率为3%。

按照现行规定应在建筑服务发生地预缴增值税的项目，纳税人收到预收款时在建筑服务发生地预缴增值税。按照现行规定无需在建筑服务发生地预缴增值税的项目，纳税人收到预收款时在机构所在地预缴增值税。

15. 小规模纳税人如何登记为一般纳税人？登记成功有什么凭据？

答：纳税人办理一般纳税人登记的程序如下：

（1）纳税人向主管税务机关填报《增值税一般纳税人登记表》，如实填写固定生产经营场所等信息，并提供税务登记证件。

（2）纳税人填报内容与税务登记信息一致的，主管税务机关当场登记。

（3）纳税人填报内容与税务登记信息不一致，或者不符合填列要求的，税务机关应当场告知纳税人需要补正的内容。

经税务机关核对后退还纳税人留存的《增值税一般纳税人登记表》，可以作为证明纳税人成为增值税一般纳税人的凭据。

16. 企业的销售额达到多少需要登记为一般纳税人？

答：2018年5月1日起，增值税小规模纳税人标准为年应征增值税销售额500万元及以下。

根据现行增值税政策规定，增值税纳税人年应税销售额超过财政部、国家税务总局规定的小规模纳税人标准的，除"按照政策规定，选择按照小规模纳税人纳税的""年应税销售额超过规定标准的其他个人"两种情形不办理一般纳税人登记外，应当向主管税务机关办理一般纳税人登记。

上述所称年应税销售额，是指纳税人在连续不超过 12 个月或 4 个季度的经营期内累计应征增值税销售额，包括纳税申报销售额、稽查查补销售额、纳税评估调整销售额。销售服务、无形资产或者不动产有扣除项目的纳税人，其应税行为年应税销售额按未扣除之前的销售额计算。纳税人偶然发生的销售无形资产、转让不动产的销售额，不计入应税行为年应税销售额。

二、增值税优惠

17. 纳税人既销售免税货物又销售其他增值税应税货物的，能否享受增值税免税政策？

答：根据《中华人民共和国增值税暂行条例》（国务院令第 691 号发布）第十六条的规定，纳税人兼营免税、减税项目的，应当分别核算免税、减税项目的销售额；未分别核算销售额的，不得免税、减税。

18. 小规模纳税人已做税务登记，销售额不满多少可以免征增值税？

答：小规模纳税人分为按次纳税和按期纳税，以是否办理税务登记或者临时税务登记作为划分标准。凡办理了税务登记或临时税务登记的小规模纳税人，月销售额未超过 10 万元（按季纳税的小规模纳税人，为季度销售额未超过 30 万元，下同）的，可以按规定享受增值税免税政策。未办理税务登记或临时税务登记的小规模纳税人，除特殊规定外，则执行《中华人民共和国增值税暂行条例》及其实施细则关于按次纳税的起征点有关规定，每次销售额未达到 500 元的免征增值税，达到 500 元的则需要正常征税。如小规模纳税人提供应税行为没有开具增值税专用发票的，则按上述原则确定。

19. 2025 年小规模纳税人免征增值税政策如何规定？

答：2023 年 1 月 1 日至 2027 年 12 月 31 日，增值税小规模纳税人发生增值税应税销售行为，合计月销售额未超过 10 万元（以 1 个季度为 1 个纳税期的，季度销售额未超过 30 万元，下同）的，免征增值税。

小规模纳税人发生增值税应税销售行为，合计月销售额超过 10 万元，但扣除本期发生的销售不动产的销售额后未超过 10 万元的，其销售货物、劳务、服务、无形资产取得的销售额免征增值税。

20. 按季纳税的小规模纳税人，季度普通发票销售额不超过 30 万元，加上专用发票销售额超过 30 万元，请问普通发票销售额能否享受免征增值税优惠？

答：按季纳税的小规模纳税人以包括销售货物、劳务、服务、无形资产在内的应税行为合并计算销售额，判断是否达到 30 万元免税标准，其中包括开具增值税专用发票的销售额、开具增值税普通发票的销售额以及未开具发票的销售额。因此，上述情况不能享受免征增值税优惠政策。

21. 自然人出租不动产一次性收取多个月份的租金，如何适用免征增值税政策？

答：此前，税务总局明确，《中华人民共和国增值税暂行条例实施细则》第九条所称的其他个人，采取一次性收取租金（包括预收款）形式出租不动产取得的租金收入，可在对应的租赁期内平均分摊，分摊后的月租金收入不超过小规模纳税人免税月销售额标准的，可享受小规模纳税人免税政策。为确保纳税人充分享受政策，延续此前已出台政策的相关口径，小规模纳税人免税月销售额标准调整为10万元以后，其他个人采取一次性收取租金形式出租不动产取得的租金收入，同样可在对应的租赁期内平均分摊，分摊后的月租金未超过10万元的，可以享受免征增值税政策。

22. 增值税留抵退税的资料和流程是怎样的？

答：根据现行增值税政策规定，纳税人申请办理留抵退税，应于符合留抵退税条件的次月起，在增值税纳税申报期内，完成本期增值税纳税申报后，通过电子税务局或办税服务厅提交《退（抵）税申请表》。

税务机关按照"窗口受理、内部流转、限时办结、窗口出件"的原则办理留抵退税。

税务机关对纳税人是否符合留抵退税条件、当期允许退还的增量留抵税额等进行审核确认，并将审核结果告知纳税人。

纳税人符合留抵退税条件且不存在《国家税务总局关于办理增值税期末留抵税额退税有关事项的公告》（国家税务总局公告2019年第20号）第十二条所列情形的，税务机关应自受理留抵退税申请之日起10个工作日内完成审核，并向纳税人出具准予留抵退税的《税务事项通知书》。

纳税人发生《国家税务总局关于办理增值税期末留抵税额退税有关事项的公告》（国家税务总局公告2019年第20号）第九条第二项所列情形的，上述10个工作日，自免抵退税应退税额核准之日起计算。

纳税人不符合留抵退税条件的，不予留抵退税。税务机关应自受理留抵退税申请之日起10个工作日内完成审核，并向纳税人出具不予留抵退税的《税务事项通知书》。

23. 已计提加计抵减额的进项税额发生转出，是否需要调整加计抵减额？

答：按照现行规定不得从销项税额中抵扣的进项税额，不得计提加计抵减额；已计提加计抵减额的进项税额，按规定作进项税额转出的，应在进项税额转出当期，相应调减加计抵减额。

24. 一般纳税人销售自己使用过的固定资产（购进时用于免税项目而未抵扣），如何计算缴纳增值税？

答：根据《财政部 国家税务总局关于部分货物适用增值税低税率和简易办法征收增值税政策的通知》（财税〔2009〕9号）和《财政部 国家税务总局关于简并增值税征

收率政策的通知》(财税〔2014〕57号)的规定,一般纳税人销售自己使用过的属于《中华人民共和国增值税暂行条例》(国务院令第691号)第十条规定不得抵扣且未抵扣进项税额的固定资产,按简易办法依3%的征收率减按2%缴纳增值税。

25. 纳税人享受增值税即征即退优惠需要备案吗?

答:纳税人适用增值税即征即退政策的,应当在首次申请增值税退税时,按规定向主管税务机关提供退税申请材料和相关政策规定的证明材料。纳税人后续申请增值税退税时,相关证明材料未发生变化的,无需重复提供,仅需提供退税申请材料并在退税申请中说明有关情况。纳税人享受增值税即征即退条件发生变化的,应当在发生变化后首次纳税申报时向主管税务机关书面报告。

26. 软件产品的增值税即征即退税额如何计算?

答:(1)软件产品增值税即征即退税额的计算方法如下:

即征即退税额 = 当期软件产品增值税应纳税额 − 当期软件产品销售额 × 3%

当期软件产品增值税应纳税额 = 当期软件产品销项税额 − 当期软件产品可抵扣进项税额

当期软件产品销项税额 = 当期软件产品销售额 × 17%(自2019年4月1日起调整为13%)

(2)按照上述方法计算,即征即退税额大于零时,税务机关应按规定,及时办理退税手续。

(3)增值税一般纳税人在销售软件产品的同时销售其他货物或者应税劳务的,对于无法划分的进项税额,应按照实际成本或销售收入比例确定软件产品应分摊的进项税额;对专用于软件产品开发生产设备及工具的进项税额,不得进行分摊。纳税人应将选定的分摊方式报主管税务机关备案,并自备案之日起一年内不得变更。

专用于软件产品开发生产的设备及工具,包括但不限于用于软件设计的计算机设备、读写打印器具设备、工具软件、软件平台和测试设备。

三、纳税申报

27. 按季申报的小规模纳税人,季度销售收入低于30万元适用免征增值税政策,如何填写增值税申报表?

答:根据现行增值税政策规定,小规模纳税人发生增值税应税销售行为,合计月销售额未超过10万元的,免征增值税的销售额等项目应当填写在《增值税及附加税费申报表(小规模纳税人适用)》"小微企业免税销售额"或者"未达起征点销售额"相关栏次。

按季申报的小规模纳税人,季度合计销售额未超过30万元,在办理增值税纳税申报时,应将免税销售额填写在《增值税及附加税费申报表(小规模纳税人适用)》第10栏

"小微企业免税销售额"（如为个体工商户，应填写在第11栏"未达起征点销售额"）。如果没有其他免税项目，则无需填报《增值税减免税申报明细表》。

28. 按季申报的小规模纳税人，季度销售收入超过30万元适用减按1%征收增值税政策，如何填写增值税申报表？

答：根据现行增值税政策规定，适用减按1%征收率征收增值税的销售额填写在《增值税及附加税费申报表（小规模纳税人适用）》"应征增值税不含税销售额（3%征收率）"相应栏次，对应减征的增值税应纳税额按销售额的2%计算填写在《增值税及附加税费申报表（小规模纳税人适用）》"本期应纳税额减征额"及《增值税减免税明细表》减税项目相应栏次。

29. 差额征税的小规模纳税人，享受小微企业免征增值税优惠时，以差额前还是差额后的销售额确定？申报"免税销售额"时填哪个数据？

答：适用增值税差额征税政策的小规模纳税人，以差额后的销售额确定是否可以享受《国家税务总局关于增值税小规模纳税人减免增值税等政策有关征管事项的公告》（国家税务总局公告2023年第1号）第一条规定的免征增值税政策。

《增值税及附加税费申报表（小规模纳税人适用）》中的"免税销售额"相关栏次，填写差额后的销售额。

30. 一般纳税人购进国内旅客运输服务，取得符合条件的电子普通发票或者客票，如何填写增值税申报表？

答：纳税人购进国内旅客运输服务，取得增值税电子普通发票或注明旅客身份信息的航空、铁路等票据，按规定可抵扣的进项税额，在申报时填写在《增值税及附加税费申报表附列资料（二）》第8b栏"其他"中。

同时，第10栏"（四）本期用于抵扣的旅客运输服务扣税凭证"反映按规定本期购进旅客运输服务，所取得的扣税凭证上注明或按规定计算的金额和税额，第10栏包括第1栏中按规定本期允许抵扣的购进旅客运输服务取得的增值税专用发票和第4栏中按规定本期允许抵扣的购进旅客运输服务取得的其他扣税凭证。

31. 一般纳税人取得通行费电子发票，增值税如何认证抵扣及填写增值税申报表？

答：根据现行增值税政策规定，收费公路通行费增值税进项抵扣事项按照现行增值税政策有关规定执行。增值税一般纳税人申报抵扣的通行费电子发票进项税额，在纳税申报时应当填写在《增值税及附加税费申报表附列资料（二）》（本期进项税额明细）中"认证相符的增值税专用发票"相关栏次中。

纳税人取得通行费电子发票后，应当登录增值税发票综合服务平台确认发票用途（通过电子发票服务平台使用税务数字账户的试点纳税人应通过电子发票服务平台税务数字账户确认发票用途）。

32. 一般纳税人异地提供建筑服务，已在建筑服务发生地预缴增值税税款，在机构所在地申报抵减时，如何填写增值税申报表？

答：根据现行增值税政策规定，纳税人跨县（市）提供建筑服务，向建筑服务发生地主管税务机关预缴的增值税税款，可以在当期增值税应纳税额中抵减，抵减不完的，结转下期继续抵减。纳税人以预缴税款抵减应纳税额，应以完税凭证作为合法有效凭证。

一般纳税人异地提供建筑服务，已在建筑服务发生地预缴增值税的，在机构所在地办理增值税纳税申报时，在建筑服务发生地预缴的税款，应当填写在《增值税及附加税费申报表（一般纳税人适用）》第28栏"分次预缴税额"及《增值税及附加税费申报表附列资料（四）》"一、税额抵减情况"相关栏次。

33. 一般纳税人销售使用过的固定资产，适用简易办法依照3%征收率减按2%征收增值税政策，如何填写增值税申报表？

答：一般纳税人在办理增值税纳税申报时，减按2%征收率征收增值税的销售额，应当填写在《增值税及附加税费申报表附列资料（一）（本期销售情况明细表）》"二、简易计税方法计税"中"3%征收率的货物及加工修理修配劳务"相应栏次；对应减征的增值税应纳税额，按销售额的1%计算填写在《增值税及附加税费申报表（一般纳税人适用）》"应纳税额减征额"及《增值税减免税申报明细表》减税项目相应栏次。

34. 电子税务局办理增值税申报时，提示"申报表比对结果不通过"该如何处理？

答：（1）如监控级别为"强制"，比对结果为"不通过"的内容，请参见对应"比对结果信息"进行操作。如果显示申报表数据问题，请点击"返回填写申报表"回到【填写申报表】页面修改数据；如果选择继续提交，则需要前往办税大厅或在"我的待办"提交申报比对异常反馈后，待主管税务机关审批并解锁税控设备。

（2）如监控级别为"提示"，比对结果为"不通过"的内容，确认数据无误后可选择继续提交，无需进行异常反馈。

纳税人在增值税发票综合服务平台选择发票用途错误应如何处理？

答：根据《国家税务总局关于增值税发票综合服务平台等事项的公告》（国家税务总局公告2020年第1号）文件第一条的规定，税务总局将增值税发票选择确认平台升级为增值税发票综合服务平台，为纳税人提供发票用途确认、风险提示、信息下载等服务。纳税人取得增值税专用发票、机动车销售统一发票、收费公路通行费增值税电子普通发票后，如需用于申报抵扣增值税进项税额或申请出口退税、代办退税，应当登录增值税发票综合服务平台确认发票用途。增值税发票综合服务平台登录地址由国家税务总局各省（自治区、直辖市和计划单列市）税务局确定并公布。纳税人应当按照发票用途确认结果申报抵扣增值税进项税额或申请出口退税、代办退税。纳税人已经申报抵扣的发票，如改用于出口退税或代办退税，应当向主管税务机关提出申请，由主管税务机关核实情况并调整用途。纳税人已经确认用途为申请出口退税或代办退税的发票，如改用于申报抵扣，应当向主管税务机关提出申请，经主管税务机关核实该发票尚未申报出口退税，并将发票电子信息回退后，由纳税人调整用途。

35. 如何在电子税务局办理定期定额户自行申报？

答：定期定额户自行申报是指实行定期定额征税的个体工商户依照税收法律法规及相关规定确定的申报期限、申报内容，向税务机关申报缴纳税款的业务活动。

纳税人可以通过以下步骤办理定期定额户自行申报：登录电子税务局后，点击【我要办税】—【税费申报及缴纳】—【定期定额户自行申报】功能菜单。